모나크 교회역사 제4권

Reform and Conflict

개혁과 투쟁

중세 세계로부터 종교 전쟁까지, 서기 1350-1648

루돌프 W. 하인즈(Rudolf W. Heinze) 지음
원 종 천 옮김

존 D. 우드브리지 (John D. Woodbridge) 및
데이빗 F. 라이트 (David F. Wright)
고문편집인

팀 다울리(Tim Dowley), 시리즈 편집인

그리심

Reform and Conflict

by
Rudolph W. Heinze

translated by
Won, Jong-Chun

개혁과 투쟁

저자 : 루돌프 W. 하인즈(Rudolph W. Heinze)

루돌프 W. 하인즈(Rudolph W. Heinze)는 위튼 대학(Wheaton College)의 겸임교수와 오크 힐 대학(Oak Hill College)의 방문 학자이다. 그는 종교개혁의 역사와 사상에 대해 광범위하게 저술했고 전세계적으로 대학에서 강의했다.

존 D. 우드브리지(John D. Woodbridge)는 트리니티 이벤젤리칼 디비니티 스쿨(Trinity Evangelical Divinity School)의 교회사와 기독교 사상사 연구교수이다.

데이빗 F. 라이트(David F. Wright)는 에딘버러 대학(Edinburgh University)의 교부 및 개혁주의 기독교 교수이다.

팀 다울리(Tim Dowley)는 『기독교 역사 라이온 핸드북』(*The Lion Handbook to the History of Christianity*)을 비롯하여 많은 책을 편집했다.

번역: **원종천**(Won, Jong-Chun)

경기고등학교 졸업
미국 University of Pennsylvania (B.A.)
미국 Westminster Theological Seminary (M.Div., Ph.D., 역사신학 전공)
미국 Yale University, Westminster Theological Seminary 연구교수
아세아연합신학대학교 교무처장, 대학원교학처장, 대학원장 역임
전 한국복음주의역사신학회 회장

현, 아세아연합신학대학교 역사신학 교수

저서

『칼빈과 청교도 영성』 (도서출판 하나, 1994)
『청교도언약사상: 개혁운동의 힘』 (대한기독교서회, 1998)
『중세 영성의 진수: 성 버나드』 (대한기독교 서회, 2004)
『존 칼빈의 신학과 경건』 (대한기독교 서회, 2008)
-한국복음주의신학회 대상 수상 외 30여 편의 논문

역서

『칼빈의 언약사상』 (기독교문서선교회, 2009)

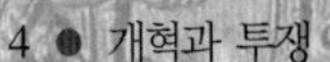

추 천 사

"하인즈가 가지고 있는 루터교와 앵글리칸 전통의 깊은 뿌리와 종교개혁의 다양한 양상에 대한 일생동안의 연구는 그 시대에 대하여 간결하고, 명료하며, 아름답게 쓰인 훌륭한 역사 기술의 결과를 가져다주었다. 가장 최근의 학문 내용을 인용했으며, 균형 있고 사료 분별한 이야기를 제공하기 위해 공헌한 원자료의 적절한 인용들이 주어졌다. 각주는 꼭 읽어야 한다. 그것이 저자의 놀라운 관찰을 보여주기 때문이다. 참고문헌은 포괄적이고 가장 최신의 학문을 위한 열쇠다.

학자들은 하인즈의 통찰이 자극적임을 알게 될 것이고, 교회역사에 관심 있는 자는 이 책이 서양 역사에서 결정적 전환점 중 하나인 시기에 대한 최고의 입문서임을 알게 될 것이다."

로버트 V. 슈너커(Robert V. Schnucker), 16th Century Journal 전 편집장 및 도서평론 편집장; 노스 아이오아 대학교(University of North Iowa) 종교학 교수

"'수정주의'를 위한 현대 방식의 범위와 중요성을 평가하는 매우 강력한 15개의 장들을 포함하며, 하인즈 박사의 새 책은 학생들에게 첨단의 교과서를 제공한다. 독자들은 그가 16세기 개혁들의 역설적 본질을 과격한 위기만이 아니고 위대한 크리스천 전통의 기초가 되는 영원한 진리로 보게 될 것이고, 그 진리에 모두 충성했던 본질적으로 보수적인 사건들의 연속으로 평가하는 방식을 환영할 것이다.

『개혁과 투쟁』은 구불구불한 지역을 종횡으로 움직이는 큰길뿐 아니라 옆길까지도 개관하여 높은 찬사를 받을 가치가 있다. 진정으로, 가장 복잡한 시기의 3차원적 역사에 대한 안내서로 너무도 소중하다는 것이 증명될 것이다."

피터 뉴먼 브룩스(Peter Newman Brooks)
로빈슨 대학(Robinson College) 교회역사 명예 연구원

"포괄적이고, 잘 쓰였으며, 가장 최신의 종교개혁 역사를 찾고 있는 모두에게 『개혁과 투쟁』은 첫 번째 선택이 되어야 한다. 하인즈 교수는 복잡한 주제를 명료하고 정확하게 설명한다. 역사기술의 관건이 정당하게 다루어진다. 종교개혁의 모든 중요한 주제는 충분하게 다루어지고 그 시대의 인간적 측면과 이 사건들에 관련된 다양한 사람들이 정당하게 강조되었다. 『개혁과 투쟁』은 학자들과 일반 독자들의 책 선반에 환영 받는 도서가 될 것이다. 동시에 본서는 대학 교실에서 사용되기 위한 좋은 교과서로 사용될 것이다."

로날드 H. 프릿츠(Ronald H. Fritze),
아덴즈 주립대학(Athens State University) 인문대학장

"『개혁과 투쟁』은 성숙한 종교개혁사 학자에 의해 잘 쓰이고 통찰력 있는 저작이다. 본서는 이 시기에 대해 균형 잡힌 접근을 하고 있다. 종교개혁 운동의 기초를 배우기 위한 건전한 자료로 활용되기에 충분하고 새로운 사회 이론과 현행 성별 연구를 알게 해주기에 충분할 정도로 최첨단이다. 이 시기에 대한 믿을 만한 안내를 추구하는 대학생들은 본서가 유용하고 즐겁다는 것을 알게 될 것이고, 루터, 칼빈, 그리고 그들 각자의 뜻에 대해 더 많이 알기 원하는 평신도 일반 독자는 누구나 즐거운 독서임을 발견할 것이다. 나는 본서를 모두에게 추천한다."

로버트 D. 린더(Robert D. Linder),
캔사스 주립대학교(Kansas State University)의 대학 수훈 역사교수

저자 서문

기록되었기 때문에 어떤 주장이 사실이라는 "교과서 심리"는 역사적 조망에 완전히 이질적인 것이다.

데이빗 베빙톤(David Bebbington) 1)

과거가 변하지는 않지만, 역사가들이 과거를 보고 설명하는 방법은 지속적 변화 상태에 있다. 새 연구, 새 방법, 그리고 새 질문은 일상적으로 과거에 새로운 빛을 비춘다. 그 결과로 역사가들은 어느 시기에 대한 그들의 이전 연구가, 아무리 상세하고 완벽하게 이루어진다 하더라도, 수정없이 새로운 세대의 학생들을 제대로 가르칠 수 있을지는 결코 확신할 수 없다. 과거 유명한 학자들로부터 종교개혁사를 배운 특권을 가진 자들은 롤란드 베인톤(Roland Bainton), 해롤드 그림(Harold Grimm), A. G. 디킨즈(A. G. Dickens), 그리고 G. R. 엘톤(G. R. Elton)과 같은 훌륭한 역사가들로부터 배운 것의 진가를 항상 깊이 인식할 것이다. 그러나 이 학자들이 과거 해석을 수정했던 것처럼, 그 제자들도 종교개혁의 새로운 이해 방법을 제안했다.

역사 연구에서 수정주의(revisionism)의 불행한 양상 중 하나는, 너무도 많은 경우에 새 세대의 역사가들이 그들의 선조들이 가르친 것에 대해 지나치게 비판적이라는 것이다. 그 결과, 그들은 과거에 어렵게 얻은 통찰을 포기하고 그 시기에 대해 과격하게 새로운 견해를 제안한다. 이 책은 과거의 위대한 학자들이 종교개혁에 대해 믿었던 것들과 함께 새로운 연구로부터 나온 해석들을 심각하게 취하려고 노력한 산물이다. 또한 이 책은 본인이 두 대륙에서 40년 동안 학생들에게 종교개혁사를 가르친 경험으로부터 얻은 통찰을 포함하고 있다. 과격하게 대조적인 설명을 제시하는 해석들을 합성시키는 노력이 이 책을 읽는 모든 사람

들을 다 즐겁게 할 수는 없지만, 복잡한 운동을 더 잘 이해하는 데 도움이 될 수 있기를 바란다.

이 책의 제목은 종교개혁의 위대함과 비극을 다 보여준다. 종교개혁은 교회사에서 역설적인 시기다. 그 한 세기 반으로부터 나온 교회가 "종교개혁 시대"를 강하며 동시에 약하다고 명칭했기 때문이다. 종교개혁은 모든 부류의 서방교회에 윤리적이고 교리적인 개혁을 가져왔다. 그러나 개혁은 교회를 약화시킨 교회들 사이의 투쟁과 쓴 분열의 대가로 이루어졌다. 오늘날 개신교와 가톨릭은 둘 다 종교개혁을 그들이 믿고 실천하는 것에 지대한 영향을 준 시기로 돌아볼 수 있다. 그들은 또한 헌신과 용기의 감동적 본보기를 제공해준 그 시대의 위대한 교회 지도자들을 정당하게 존경할 수 있다. 그러나 그 지도자들은 인간적 연약함을 동시에 가지고 있었고, 자신과 동의하지 않았던 동료 그리스도인들에게 매우 비기독교적인 방법으로 종종 반응했다. 그들은 또한 기독교계를 분리시켰고 끔찍한 피를 흘리는 결과를 초래했던 투쟁에 일조했다. 그 투쟁은 종교개혁의 마지막 시대를 특징지었다. 개혁과 투쟁은 1650년에 1500년과는 매우 다른 교회를 만들어냈다. 우리는 종교개혁의 개혁 양상으로 부터 많은 것을 얻었다. 그리고 투쟁으로부터 배운 것이 미래에 같은 실수를 저지르지 않도록 도와줄 수 있기를 바란다.

이 씨리즈를 후원해준 베이커 출판사(Baker Books)에 감사의 말씀을 전한다. 특히 이 책을 위해 수고한 스탭신에게 고마움을 표시한다. 그들은 나의 프로젝트 편집인 폴 브링커호프(Paul Brinkerhoff), 취득작품 편집인 채드 알렌(Chad Allen), 원고정리 부원 로이스 스툭(Lois Stuck), 그리고 색인을 준비해준 캐슬린 스트라탄(Kathleen Strattan) 등이다.

역자 서문

역사 기술의 공정성은 누구도 자신하기 어렵다. 자신의 공정성 주장이 항상 보편적으로 받아들여지지는 않기 때문이다. 그것이 기독교 역사라면 더욱 그럴 수밖에 없을 것이다. 기술자의 개인적 신학 노선과 신앙적 입장이 깃들여 있기 때문이다. 객관성을 유지하려고 해도 역사 기술은 자료의 선택과 선택된 자료의 해석이 불가피하기 때문이다. 우리에게 완전 중립이나 완전한 객관성이란 있을 수 없다. 누구도 자신의 형성배경과 자신이 처해있는 문화 역사적 상황을 완전히 벗어날 수는 없기 때문이다.

그럼에도 과거의 종교개혁사 기술은 교회 입장에 의해 지나치게 편파적이고 사실을 왜곡한 부분이 너무도 많았다. 감정적 해석과 영웅주의 만들기가 편만했고 저자의 신학적 교단적 배경이 지나치게 작용했던 것을 부인할 수 없다. 16세기 종교개혁자들의 입장이 상당 기간 동안 개신교의 입장을 대변했고, 그것에는 감정이 심하게 작용한 부분과 사실에 입각한 객관적 판단이 결여된 부분이 있었다. 20세기 중 후반에 와서야 이런 편견적 역사기술이 완화되기 시작했다. 1970년대의 루이스 스피츠(Lewis Spitz)와 1980년대의 스티븐 오즈먼트(Steven Ozment)는 종교개혁사 교과서 기술의 대표적 모범이었다. 그러나 2000년대에 들어선 지금 1970년대와 1980년대의 종교개혁사 역사 기술은 최근의 연구 결과들을 반영하지 못하고 있다.

본서 『개혁과 투쟁』이 대안으로 나왔다. 『개혁과 투쟁』은 종교개혁사 기술의 이러한 문제점을 잘 인식했다. 가장 최근의 자료들과 연구 결과들을 동원하여 철저하게 분석했고 저자 자신의 건전한 신학적 입장을 근본적으로 잘 유지하면서, 종교개혁 당시 여러 분파들의 입장을 객관적으로 잘 대변하려고 최선의 노

력을 했다. 해석에 있어서도 여러 가지 다양한 입장을 소개하며 그 중에서 가장 건전하고 공감이 갈 수 있는 입장을 취했다. 역사기술의 능숙함과 치밀함 그리고 해석의 정확함이 돋보이는 작업을 한 것이다. 『개혁과 부생』이 많은 신학도들과 성직자들 그리고 관심있는 성도들의 종교개혁사 공부에 큰 도움이 되기를 기대한다.

2010년 8월

원 종 천

차 례

지도와 그림

지도

그림

종교개혁사의 기술

이렇게 짧은 시기에 그렇게 흠모할만한 것들이 많이 나타났던 시대가 과연 있었는지 의심할 수 있는가? 왕국과 종교와 생활 상태에 그렇게 많은 변화가 나타난 적이 있었는가 말이다. 파두안(Paduan) 저자 [리비(Livy)]가 로마 역사를 기록했던 것처럼, 상황과 동기를 살피며 치밀하게 모든 것을 설명할 수 있는 능력을 가진 자는 고대와 같이 위대한 작품과 기념비를 만들어낼 수 있었다.

요한 슬라이단(Johann Sleidan)[1)]

종교개혁의 초기 역사들

요한 슬라이단(1506-1556)은 자신이 살고 있던 시기를 묘사하기 위하여 1537년 7월에 위에 소개된 말을 기록했다. 그 후 10년이 되기 전에 그는 종교개혁 시대의 첫 역사를 기록하는 도전을 받아들였다. 슬라이단은 정확한 역사 기록의 중요성과 어려움을 인식했다. 그는 프랑스 가톨릭 추기경의 비서로, 개신교 도시인 스트라스부르그(Strasbourg)의 고문관으로, 그리고 트렌트 종교회의(Council of Trent)의 참관인으로, 종교개혁을 종교 분열의 양쪽 시각으로 증언했다. 그는 첫 독일 전쟁 와중에 『찰스 5세의 통치 하에 있는 종교와 정부에 대한 해설』(*Commentaries on Religion and the State in the Reign of Charles V*)의 집필을 시작했고, 종교개혁이 만들어낸 교회의 분열을 법적으로 인정한 평화조약이 맺어진 1555년에 출판했다. 슬라이단은 심정적으로 개신교였지만, 종교개혁 이야기의 기술에 공정하려고 노력했다. 그는 "진리와 솔직함보다 역사기술을 더 꾸밀 수 있는 것은 없다"고 말했고, "둘 중 어느 것도 부족하지 않도록 최선을 다했다"고 주장했다.[2] 그럼에도 가톨릭은 그의 작품을 이단적이고 비학문적이라고 취급했고, 개신교는 그의 가톨릭에 대한 온건함을 비판했으며 개신교의 약점을 드러낸 것에 대해 숨겨진 채로 놓아드는 것이 낳았을 것이라고 지적했다. 그러나 그 책은 베스트셀러가 되었다. 책의 주제가 대단한 관심을 끌었고 저자가 자신이 살고 있는 시대의 위대한 드라마를 인식했기 때문이었을 것이다.

연구를 시작하기 전부터 슬라이단은 자신의 시대를 잘 알고 있었다. 교회와 정부의 급격한 변화의 시대는 교회의 개혁과 분쟁, 시민 투쟁, 그리고 왕국들의 전쟁을 포함하고 있었다. 종교개혁 시대가 중세의 말과 현대의 시작을 알렸다는 것에 현대 역사가들은 더 이상 확신하지 않지만, 비교적 짧은 시간 내에 유럽에는 중대한 변화가 분명히 발생하고 있었다. 종교개혁의 기술은 쉬운 일이 아니었다. 교회에 나타난 투쟁과 분열이 기독교 신앙에 헌신된 자로 하여금 자신의 종교적 믿음에 영향을 받지 않고 기술하도록 하는 것을 특별히 어렵게 만들기 때문이다. 슬라이단은 편견 없는 역사를 기술하려 했지만,[3] 그의 추종자들은 객관성을 주장하려 하지도 않았다.[4]

첫 종교전쟁이 종식된 직후, 보수주의 루터교 지도자 마티아스 플라키우스 일리리쿠스(Matthias Flacius Illyricus)는 유럽 전역에 걸친 도서관과 문서보관소에서 수집된 원고 자료에 기초해서 저술된 13권 전집을 출판했다. 『막데부르그 세기』(Magdeburg Centuries)란 제목으로 1559년과 1574년 사이에 출판된 이 저작은 철저한 연구가 반드시 편견 없는 역사로 인도하지는 않는다는 것을 보여준다. 『막데부르그 세기』는 교회역사를고대, 중세, 현대의 세 시기로 나눈 개신교 논증이었다. 내용은

13세기를 넘지 않았지만, 책의 주제는 고대교회의 순수성이 중세시대에 잃어버려졌고 종교개혁에서 회복되었다는 것이다. 그것은 교황제도를 최악의 것으로 조명했고, 여자 교황 조안(Joan)의 전설과 같은 악의적 험담을 역사적 사실로 소개했다.[5)]

『막데부르그 세기』를 대응하여 같은 편견을 가진 가톨릭 저작이 나타난 것은 별로 놀랄 일이 아니다. 1588년과 1607년 사이에 이태리 추기경 카에자르 바로니우스(Caesar Baronius)는 교회의 역사를 로마 가톨릭 관점으로 1193년까지 개관한 『교회 연대기』(*Ecclesiastical Annals*) 12권을 출판했다.[6)] 그의 연구가 고고학적 증거들을 포함힌 상당한 역사적 조사에 기초했지만, 여사적 진실 추구보다는 종교적 변증이 다시 그 저작의 주된 동기였다.

슬라이단의 저작 출판 이후 4세기 동안 초기 역사에 세워진 이 경향은 지속되었다. 자신의 종교적 신념으로 움직이는 역사가들은 당파적 역사를 계속하여 기술했다. 그 역사적 기술은 종종 철저하고 세밀한 연구에 기초했다. 그러나 그들의 결론은 증거보다는 종교적 편견에 의해 더 많은 영향을 받았다. 로마 가톨릭과 개신교 학자들은 모두 자신의 종교적 신념에 따라 종교개혁을 칭송하거나 비난했다. 개신교는 중세교회가 너무도 부패하여 종교개혁은 거의 필연적이었다고 주장하며 종교개혁을 옹호했다. 그들은 종교개혁자들의 전기를 기술할 때 성인전 수준의 긍정적인 방식으로 묘사하는 경향이 있었다. 로마 가톨릭 학자들은 종교개혁이 교회를 분열시켰고 사회를 세속화의 길로 인도한 재난으로 보았고, 개신교 종교개혁이 불필요했다는 것을 보여주기 위하여 중세교회에 대해 긍정적인 그림을 제시했다. 그들은 종교개혁자들에 대해 부정적인 견해를 가졌고 그들의 업적을 경멸적으로 묘사했으며, 가톨릭 종교개혁이 교회의 진정한 개혁을 가져다주었다고 주장했다.

여러 개신교 전통을 대표하는 학자들도 서로 간에 자주 동의하지 않았다. 루터교 학자들은 루터를 거의 잘못이 없는 사람으로 비친 반면(적어도 그가 로마 가톨릭 교회로부터 분리한 후) 칼빈과 츠빙글리에 대한 평가에는 종종 정당하지 않았다. 개혁수의 전통 학자들은 칼빈(Calvin)과 츠빙글리(Zwingli)가 그들의 영웅이었던 반면, 루터에 대해서는 자주 매우 비판적이었다. 개신교와 가톨릭은 양쪽 다 종교개혁의 좌파들을 묘사할 때 경멸의 용어로 "재세례파"라는 이름을 사용했다. 반면 메노나이트(Mennonite) 학자들은 재세례파를 종교개혁의 진정한 영웅들로 제시했다.

종교개혁 연구의 최근 발전 동향

종교개혁 후 당파 역사가 수 세기에 걸쳐 넘치는 동안, 어떤 학자들은 슬라이단의 전통을 지속했고 객관적 역사를 기록하려고 시도했다. 그들은 이데올로기적 입장을 방어하기보다 과거 그 자체를 이해하려했다. 기독교인들 사이에 나타났던 에큐메니칼 이해의 성장은 당파적 역사 이해를 축소시켰다. 모든 종교의 역사가들은 다른 관점에 대한 더 많은 이해와 깊이 있는 인식을 보여주었다. 새로운 연구와 새 방법론이 과거의 믿음에 대한 과격한 수정을 야기하면서, 1960년대부터 종교개혁에 대한 관심이 크게 증가했다. 역사가들은 더 이상 하나의 종교개혁에 대하여 기록하지 않는다. 그들은 그 시기가 한 명칭 하에 포함되기에는 너무도 중요하게 서로 달랐던 다양한 개혁 운동을 경험했음을 알고 있기 때문이다.[7] 그들은 또한 중세말 교회의 긍정적 업적을 인식한다. 어떤 자들은 중세말의 호소와 영향뿐만이 아니라 심지어 종교개혁의 필요성에 대해 의문을 제기한다. 종교개혁 학문에 대한 새로운 접근과 새로운 연구 영역은 그 시대에 대한 우리의 이해를 크게 넓혔고 오해들을 수정했다. 그러나 많은 질문들이 대답되지 않은 상태로 남아있고, 역사가들은 상충된 해석들을 지속적으로 논쟁하며 전 세대에 의해 소홀히 취급되었던 새로운 주제들을 조사한다. 그것은 종교개혁에서 여자의 역할과 어떻게 종교개혁이 일반 남자들과 여자들에게 영향을 주었는가 하는 것 등이다.

종교개혁 연구의 주된 새로운 경향 중 하나는 개혁운동이 일반 사람들의 삶에 어떤 영향을 미쳤는지에 대해 특별한 관심을 가진 학자들의 사회역사에 대한 기술이다. 이 연구들은 새 자료들로부터 정보를 얻었다. 과거 연구는 종교개혁의 정치적이고 신학적인 양상에 집중했고 종교개혁자들의 저작, 왕과 의원들의 편지, 황제 회의들의 결정, 시 회의록과 같은 전통적 자료를 사용했다. 종교개혁이 어떻게 사람들에게 영향을 주었는지를 이해하기 위해 노력하는 학자들은 공공 의견들에게 영향을 주기 위해 의도된 신문 보도와 소책자 같은 출판물들에 관심을 기울인다. 자서전과 개인 서신들도 16세기 유럽의 남자들과 여자들의 개인적 삶에 대한 속 내용을 알기 위해 사용된다. 종교개혁의 영향에 대한 질문에 답하기 위해 지방 도시와 교회의 기록보관물, 회의록, 유서, 교회법정 기록, 치리법정 내용, 교회 심방기록이 연구된다. 과거 역사가들은 이런 질문을 무시하든지 아니면 분명한 증거보다는 추론의 근거 위에 답했다.

이 모든 새 연구의 결과는 우리로 하여금 종교개혁의 인간 드라마에 대해 심지어 더 눈을 뜨게 한다. 그것의 대부분은 영웅적이나 때로 어떤 부분은 비극적이다. 같은 목표를 가지고 있는 사람들 사이에 발전된 극심한 경쟁, 깨진 우정, 동료 종교개혁자들 사이의 쓰라린 공격, 그리고 편견과 증오로 희생된 용감한 순교자들은 모두 종교개혁 인간 드라마의 부분이다. 종교개혁 역사는 많은 이유로 우리를 흥분하게 만든다. 양쪽의 종교적 입장에 영웅들이 있다. 그러나 그들 가운데는 현대인들에 의해 악인이라고 간주되는 많은 사람들이 있다. 대단한 인상을 남긴 자들도 연약함을 가지고 있었다.

용어

최근 연구는 과거 저작들에서 사용된 일부 표준 용어에 대해 의문을 제기했다. 우리도 이미 현대 역사가들이 『종교개혁들』을 제목으로 사용하는 것을 선호함을 주시했다. 단수 『종교개혁』이 통일된 운동을 암시하기 때문이다. 이 책이 20세기 중반에 쓰였다면, 아마도 제목이 『르네상스와 종교개혁』이 되었을 것이다. 그러나 오늘날은 『르네상스』라는 용어를 꺼려한다. 그것이 한 때 "암흑시대"라고 잘못 불리었던 시대가 끝난 이후 문화 부흥의 의미를 함축하기 때문이다. 심지어 "종교개혁의 기원"이란 표현에 대해서도 의문을 제기한다. 종교개혁이 일어날 수밖에 없었음을 암시하기 때문이다. 그리고 그것은 중세말 연구를 종교개혁을 필수불가결하게 만드는 요소들을 찾는 것만으로 인도하기 때문이다. 역사가들은 종교개혁이 복잡한 사건의 연속이었음을 지적한다. 그리고 "기원"에 대해 말하는 것은 실지로 존재했던 그 사건들 안에 더 큰 통일성을 암시한다고 지적한다.8)

어떤 학자들은 중세 교회로부터 떨어져 나온 운동을 시칭하는 '개신교(Protestant)' 라는 용어의 사용에 대해서도 심지어 불편해 한다. 이 용어는 1529년 스파이어의 두 번째 회의(the Second Diet of Speyer)에서 시작되었다. 그 때 독일 의회는 1526년 스파이어 첫 번째 회의(the First Diet of Speyer)의 결정을 투표로 뒤집었다. 그 회의는 신성로마제국 내에 있는 각각의 정치적 개체에 루터교 가르침을 금지한 1521년 보름즈 칙령(Edict of Worms)의 집행 방법을 스스로 알아서 결정하도록 했다. 1526년 회의에 의해 주어진 자유를 사용해 여러 군주들과 황제 도시들은 루터교주의를 소개하거나 촉진시켰었다. 스파이어 두 번째 회의가 이 자유를 빼앗아갔을 때, 여섯 군주들과 열네 황제 도시들은 '항의(protestatio)' 라고 불리는 법적 절차를 사용하여 거부했다. 그들은 국가적 회합을 통해 마지막 결정이 내려질 때까지 이전 회의의 종교적 동의가 집행되어야 한다고 주장했다. 그 결과로 그들은 "항의하는 지역들" 또는 "항의하는 자들"이라고 불리어졌다. "항의하는 자들"은 16세기 말 즈음에 "항의자(Protestant)"라고 바뀌어졌고 영어와 불어로 번역되었다. 이 용어는 궁극적으로 독일에서 원래 루터교도들을 지칭하기 위해 사용되었다. 루터교 군주들이 스파이어 회의에서 항의했기 때문이다. 그러나 나중에 그것은 모든 종교개혁 전통에 적용되었다. 18세기 말 '항의주의(개신교주의, Protestantism)' 란 용어는 중세 교회를 떠난 자들을 위한 일반적 지시어가 되었다. 종교개혁 동안 그 용어는 더 풍부한 의미로 사용되지 않았기 때문에, 어떤 역사가들은 그 용어 사용을 꺼려한다. 그들은 복음주의자들(evangelicals), 즉 "복음의 추종자들"이란 용어를 선호한다. 이것으로 종교개혁자들과 그 추종자들이 자신을 종종 묘사했기 때문이다. '항의자(개신교, Protestant)' 대신 종종 사용된 다른 용어는 '종교개혁 교회(Reformation churches)' 이다. 그러나 '항의자(개신교, Protestant)' 라는 용어가 널리 사용되었기 때문에, 그 단어의 의미는 오늘날 너무도 분명해졌다. 그리고 종교개혁 시기에 로마교회를 떠난 자들을 묘사하기 위해 그 용어를 사용하는 것은 너무도 당연해 보인다.

개혁과 투쟁 1350-1650: 개관

슬라이단이 그의 저작을 끝낸 지 거의 450년 후에 같은 시기의 역사를 다시 다루어보니, 어떤 그의 관찰은 여전히 진실로 남아있음을 알게 된다. 그러나 변화들은 너무 과격하여 1350년에 사망한 중세의 립 반 윙클(Rip Van Winkle)이 1650년에 깨어난다면, 그가 태어난 같은 세상을 볼 수는 없을 것이다. 슬라이단이 말한 것처럼, 많은 변화들은 흠모할 만하다. 서방 유럽의 모든 부류의 교회들은 교회에 중요한 변화를 가져온 상당한 행정적, 윤리적, 그리고 교리적 개혁을 경험했다. 그러나 그 개혁에는 중세 교회의 믿음과 관습을 고수하기 원하는 사람들과 많은 교리와 윤리 개혁이 필요하다고 믿었던 사람들 사이에 투쟁이 동반되었다. 개혁의 접근 방법과 신학이 다른 사람들 사이에 투쟁도 있었다.

종교개혁은 적어도 서방 유럽에 천 년 이상 동안 근본적 통합을 유지했던 교회 내에 분열을 초래했다. 천년의 종교적 통합 기간 후, 하나의 기독교회보다 많은 법적 존재는 수용하기 어려웠다. 그러나 대화나 억압이 교회의 통합을 회복할 수 없다는 사실이 명백해 졌을 때 그것을 억지로 받아드릴 수밖에 없었다. 종교적 분열은 정치적, 사회적, 그리고 경제적 요소들과 함께 1550년에서 1648년 사이에 유럽을 괴롭혔던 군사적 투쟁으로 인도되었다. 지방적 수준에서 교회, 마을, 조합, 그리고 가족 또한 투쟁을 경험했다. 쓰라린 증오가 평화롭고 사랑스러운 관계들을 대치했다. 그 무서운 투쟁들은 오랜 기간 동안 개혁의 원인을 손상시키기에 충분했다. 그리고 적어도 어떤 면에 종교개혁은 사회에 대한 교회의 영향을 증가시키기 보다는 감소시켰다. 이 연구는 제목을 종교개혁 시대의 두 특징으로부터 따왔다. 그것은 개혁과 투쟁이다. 우리는 또한 종교개혁을 앞서 갔던 시대를 본다. 종교개혁의 서곡으로서가 아니고 그 시대 자체의 의미를 위해서 보는 것이다. 그 시대에도 교회는 개혁과 투쟁을 경험했다.

앞부분은 종교개혁 이전 시대를 개괄적으로 다룬다. 1장은 여러 사건들이 발생한 배경을 묘사하고 중세 말 사회와 그 사회의 교회 역할을 전망한다. 2장은 연구의 전반적인 주제를 중세 말에 적용한다. 그들이 무엇을 성취했고 교회를 향해 매우 비판적이었던 많은 사람들의 관심을 왜 만족시키지 못했는지를 알기위해 중세말 개혁 운동을 조사할 것이다. 중세말 교회는 과거 개신교 역사가들이 수용하는 것보다 더 사회의 종교적 필요를 효과적으로 만족시켜 주었음이 명백하다. 그럼에도 많은 사람들이 교회로부터 분리되어 개신교 종교개혁을 지지했다. 이 분리의 원인을 2장의 후반부에서 조사할 것이다.

3장에서는 16세기 종교개혁의 발발로 인도한 사건들을 조사한다. 마틴 루터(Martin Luther)가 이 사건들의 주역이었기 때문에, 3장은 그의 삶, 그의 신학의 발전, 그리고 교회의 지속적 분열의 길을 인도하는 결과를 초래한 사건들을 집중적으로 살펴 볼 것이다. 종교개혁 시대의 다음 단계는 몇 개의 다른 개혁 운동의 정착과 종교개혁 교회들의 대단한 확장을 보았다. 루터교주의(Lutheranism)는 독일과 스칸디나비아의 상당한 지역으로 퍼졌고, 새 도시 운동은 스위스와 독일에 나타나게 되었다. 과격파 개혁운동은 유럽 전역에 걸쳐 나타났고 “관료 종교개혁자들

(Magisterial Reformers)"의 접근법과 신학을 거부한 자들에 의해 주도되었다. 그들은 관원들(magistrates) 또는 통치자들과 일을 했기 때문에 그렇게 불렸다. 제네바(Geneva)에서 존 칼빈(John Calvin)은 종교 개혁을 주도했고 여러 유럽 지역에서 그것을 모방했다. 왕 헨리 8세(Henry VIII)가 교회 개혁과는 거의 무관한 이유로 영국에서 종교개혁을 주도했지만, 영국 교회도 헨리의 딸 엘리자베스(Elizabeth)의 통치 하에 열매를 맺게 된 개신교 종교개혁을 경험했다. 이 시기에 스코틀랜드(Scotland)에서도 개신교 종교개혁이 견고하게 정착되었다. 각각의 이 개혁 운동은 개별적으로 다른 장에서 다룬다. 추가로, 유럽 사회의 주요 부분에 미친 개혁 운동들의 영향이 "여자들과 종교개혁"이란 제목 하에 다루어진다.

로마 교회와 개신교 운동 사이의 분열을 치유하려는 노력이 실패했을 때, 교황청은 자체적 개혁 종교회의를 소집했다. 그 종교회의는 중세교회 신학을 개신교와는 대립적으로 정의했고 로마 가톨릭 교회 내에 의미 있는 윤리적 영적 개혁을 시도했다. 가톨릭 개혁은 적극적인 선교 정책을 통해 유럽의 경계선을 지나 신세계의 포르트갈. 스페인, 프랑스 식민지들뿐만이 아니고 유럽 제국의 경계를 지나 먼 아시아 대륙까지 기독교를 전했다. 개신교는, 비록 선교 사업에는 그만큼 적극적이지 않았지만, 영국 식민지에 있는 아메리카 원주민들에게 복음을 전하려고 했다. 비 서방교회에서의 선교 사업과 발전 상황은 분리된 장에서 다룬다.

경쟁적인 개혁 운동의 슬픈 결과는 신학적이고 무력적인 투쟁이었다. 이 투쟁에 대한 두 장 가운데 첫 번째는 신학적 투쟁을 다룬다. 비록 총 보다는 말로 싸웠지만 이것들은 극렬한 언어와 증오로 표현되어 종종 거의 군사적 투쟁만큼 포악했다. 개신교와 가톨릭 사이의 투쟁 외에, 개신교도들은 서로를 대상으로 싸웠다. 루터교주의파, 츠빙글리파, 그리고 칼빈주의파는 서로 간에 극심한 논쟁에 휩싸였고, 루터교주의파 내에서와 칼빈주의파 내에서도 심각한 분열이 있었다. 분파들은 모두 재세례파(Anabaptists)에 비판적이었고 그들을 핍박하는데 일반적으로 다 한 몫을 담당했다. 나아가 재세례파는 자신들 사이에 또한 나뉘어졌고 그들의 목적을 추구하는데 폭력을 취하기도 했다.

무력 투쟁이 끝에서 두 번째 장의 주제다. 종교개혁 시대의 마지막 세기에 독일, 프랑스, 베네룩스 지역(Low Countries), 그리고 영국은 피비린내 나는 종교 전쟁으로 찢겨졌다. 어느 쪽도 상대를 절멸시키지 못했을 때, 그들은 결국 경쟁적 신앙고백들 사이에 지역을 나누며 정착지를 타협하기로 동의해야 했다. 개신교와 가톨릭이 아니고, 개신교들 사이에 싸운 영국 내전만 다른 결과를 가져왔다. 유럽 대륙에 종교개혁 시대의 종지부를 찍은 것은 30년 전쟁을 종결시킨 1648년의 웨스트팔리아 평화조약(Peace of Westphalia)이다. 영국은 내전 후 1660년에 스튜어트(Stuart) 왕조의 복귀가 따랐기 때문에 약 10년이 더 필요했다.

개혁과 투쟁으로 종교개혁의 이야기를 마친 후, 마지막 장은 종교개혁의 영구적 여파를 살펴본다. 예술, 과학, 경제, 정치사상, 그리고 교육 등에 미친 영향을 요약하고, 그것이 일반 사람들의 종교적 믿음에 어떤 변화를 가져다주었으며, 추구한 개혁이 실제로 어느 정도 성취되었는지를 조사한다. 그리고 교회 역사 300년을 뒤돌아보고 슬라이단이 자신의 시대에 대해 묘사했던 "왕국들, 종교들 그리고 지위들의 변화"가 얼마나 의미 있는 것이었는지 질문한다. 그는 그것이 엄청난 중요성을 가지고 있었다고 생각했으며, 최근까지 대부분의 학자들도 그렇게 생각했다. 그러나 오늘 역사가들은 종교개혁의 영향에 대해 어려운 질문들을 하고 있다. 종교개혁의 전반적인 영향은 무엇이었나? 그것은 유럽과 세상을 얼마나 변화시켰나? 종교개혁은 어느 정도까지 현대의 시작이었나?

제1장

중세 말의 교회와 사회

사방에 저주가 있고 공포가 사방에 있다… 나는 약간의 고통을 슬퍼하는 것이 아니다. 그 무서운 해 1348년은 우리 친구들을 빼앗아갔을 뿐 아니라 세상으로부터 모든 사람들을 빼앗아갔다.… 후대는 거의 전 지구의 인류가 없어져버린 시기가 있었다고 간주하지 않겠는가?… 과연 하나님이 인간에 대해 관심이 없으실 수 있는 것인가?

프란시스코 페트락(Francisco Petrarch)[1)]

이제 실로 생각 있는 모든 사람들이여 인간이 이 새 시대에 태어나도록 허락하셨음에 하나님께 감사하라. 이 시대는 희망과 약속으로 가득 차 있다. 우리는 과거 천 년 동안 보았던 것보다 탁월한 은사를 받은 훨씬 더 많은 사람들 때문에 이미 즐거워한다.

마테오 팔미에리(Matteo Palmieri)[2)]

중세 말 사람들은 놀라울 만한 대조들 가운데 살았다. 그것은 많은 사람들이 종말의 시대에 살고 있다고 느꼈던 죽음과 재난의 시대였다. 그러나 동시에 더 밝은 미래를 위한 창조성, 확장, 소망의 시대였다. 둘 다 중세 인문주의자들에 의해 기록되었던 위의 진술들은 이 역설을 잘 입증한다. 이 시기 초에 프란시스코 페트락(1304-1374)은 엄청난 숫자의 생명을 빼앗아가고 대단한 고통을 안겨준 흑사병(Black Death)의 공포를 한탄했다. 이 시대 말에 마테오 팔미에리(1406-1475)는 자신들이 문화적 "갱생(rebirth)"의 놀라운 시대에 살고 있다고 느꼈던 많은 인문주의 학자들 중 하나다. 역사가들은 이 갱생을 르네상스(Renaissance)라고 불렀다. 이 시대의 재난과 성취는 둘 다 교회에 심오한 영향을 미쳤다. 그리고 중세 말 기독교회의 역사를 이해하기 위해 우리는 교회가 그 안에서 섬겼던 환경을 보아야한다. 교회가 그 사회를 섬긴 방법이 이번 장의 후반부에서 다루어진다.

중세말의 재난들

14세기는 "재난의 시기"라는 명칭이 붙었고,[3] 그것은 유럽인들이 겪었던 자연재해와 인공재해의 연속적 공포의 시기를 묘사할 수 있는 가장 적절한 표현이었다. 재난연구가들은 14세기 중반에 춥고 습한 기후로의 점진적 변화가 가장 극한 정점에 도달했음을 발견했다. 그 기후 변화는 여러 가지 연속적인 문제를 야기했다. 평균 온도가 약간 떨어졌지만, 그것은 대홍수, 축소된 경작 기간, 그리고 경작 실패를 가져다주기에 충분했다. 특별히 심각한 경작 실패는 1315년에 나타났다. 기록자들은 그 때 여름비의 대 범람을 구약의 홍수와 비교한다. 유럽 전역에 농작물 수확은 실패였고, 그것은 심각한 기근을 초래했다. 기근이 너무 심해 사람들은 자녀들과 목매어 죽은 범죄자들의 몸을 먹었다는 소름끼치는 소문이 있을 정도였다. 홍수, 심한 눈, 그리고 추운 날씨는 한 세기를 걸쳐 지속되었다. 그리고 그것도 충분치 않다는 듯이 해충의 재해와 지진이 유럽인들의 비참한 현실에 보태졌다. 많은 사람들이 심판과 그리스도의 재림이 가까이 왔다고 생각했음은 놀랄 일이 아니다.

자연재해들은 당연히 경제적 문제를 초래했다. 과거 두 세기 동안에는 경제적 성장이 있었다. 새 토지는 경작이 잘 되었고 도시와 상업은 번성했다. 그러나 14세기 와서는 사정이 달라졌다. 경작이 잘 되어 많은 생산량을 출하하던 토지는 이미 고갈되었고, 경작 가능 토지 분량은 저하되었으며, 지엽적 토지는 지속적 사용이 불가능해져서 버려졌다. 더욱이 기후 변화는 토지의 생산성을 낙후시켰다. 유럽에 번영을 가져다주었던 과거 경제 성장은 침체기를 맞게 되었고, 대중에게 크나큰 어려움을 안겨주었으며, 심각한 사회문제를 초래했다. 도시에서는 조합들이 새로운 회원을 받아드리지 않았고, 시골 귀족들은 농노들에게 더 큰 부담을 부과했다. 실업과 고용저하는 유럽 대중의 삶의 질을 저하시켰고, 상부층의 경제적 탄압은 마침내 견딜 수 없는 상황에 도달했으며 도시와 농노들의 연속적 폭동을 불러일으켰다. 14세기 초 불만에 찬 노동자들은 플랜더스(Flanders)와 북 이태리에서 탄압자들에 대해 항거했다. 1378년 플로렌스(Florence)에서는 어느 기간 동안 심지어 도시를 장악해버린 가난한 노동자들의 대폭동이 있었다. 시골의 불만은 1358년 프랑스와 1381년 영국에 농노들이 폭동으로 연결되었다. 어떤 하층 계급 폭동들은 일시적 성공을 거두기는 했지만, 집권층들은 그들을 억제할 수 있었고 가난한 자들에게 더 심한 부담을 부과했다.

중세말의 문제는 전쟁이라는 인간이 만든 비극으로 더 심해졌다. 중세말 전쟁은 민간인들에게 특히 잔혹했다. 군인들은 지역 밖에서 살면서 지역 주민들을 약탈하고 강간했으며 때로는 학살을 저지르기도 했다. 퇴각 군대는 토지 말살 정책을 감행했다. 농작물과 농토를 불태워서 적개심을 가지고 있는 주민들에게 고통을 안겨주고, 전진하는 적군의 식량 공급을 차단하려는 의도였다. 군인들은 일반적으로 하층 계급으로부터 징집되었고 매우 적은 임금이 지급되었으며--때로는 전혀 지급 안됨--생계를 위해 전리품에 의존해야 했다. 전쟁이 끝났을 때, 군대는 가능한 신속하게 해체되었고 할 일 없는 과거 군인들은 떼를 지어 다니며 지방 주민들을 괴롭혔다. 이러한 강도행각은 백성들에게 고통을 가했고 이 시기의 혼란을 가중시켰다. 프랑스와 이태리는 그치지 않는 전쟁이 그 지역을 도탄에 빠뜨렸기에 그러한 강도행각에 의해 특히 고통을 겪었다.

1337년 서방 유럽에서 가장 번영하고 발전한 국가인 영국과 프랑스는 100년이 넘게 걸린 전쟁을 시작했다. 이 투쟁은 몇 개의 평화협정으로 일시적으로 중단되었지만, 궁극적 평화는 1453년에 와서야 이루어졌다. 그리고 이 선생은 유럽의 가장 부유한 지역을 황폐하게 만들었으며, 이것은 농노 계급에게 특별히 비참한 결과를 초래했다. 한 프랑스 영양사는 농노들의 재앙을 묘사하며 프랑스의 가장 부유한 지역에서 영국 군인들과 부르군디(Burgundian) 동맹국이 자행한 만행을 비난했다. 그는 다음과 같이 말했다. 그들은 "모든 곳을 다 약탈했으며,… 어느 곳도 토지를 경작할 수 없었고 씨를 뿌릴 수도 없었다.… 대부분의 농노들은 농지에서 일하기를 포기했고 절망에 빠져 있었다." 불평은 조롱으로 응해졌고 "그들의 사람들은 과거보다 훨씬 더 악랄하게 행동하여," 농노들은 "사라센들(Saracens)이 크리스천들보다 우리를 더 잘 대해주겠다"라고 불만을 터뜨렸다.4) 100년 전쟁 종식 후 영국은 소위 "장미 전쟁(Wars of Roses)"이라고 일컫는 내전을 1485년까지 겪어야 했다, 이 전쟁은 100년 전쟁에서 싸운 영국 군인들에게 새로운 무력 사용의 기회를 제공했다.

이태리 도시들도 마찬가지로 거의 지속적으로 전쟁을 치렀다. 도시들은 서로 싸웠고, 한 도시 내 분파들도 서로를 대상으로 내전을 치렀다. 한 분파가 패배하면 그 지도자들은 추방되고 재산이 몰수되었다. 그들은 망명 생활을 하며 복귀를 모사했고 강해지면 그들의 적을 공격하여 몰아냄으로 도시의 삶을 더욱 어렵게 했다. 이런 전쟁은 페트락(Petrarch) 같은 민감한 사람들에게는 우매하기 짝이 없는 것이었다. 1372년 플로렌스(Florence)와 피사(Pisa) 사이의 전쟁에 대해 평하면서 페트락은 전쟁의 합리성에 도전하는 "바보"의 이야기를 말했다. "우리 전쟁을 만드는 자들은 그의 말을 숙고하기 바란다. 전쟁이 일어나지 않기를 바란다. 아니면 우리가 전쟁의 파괴와 재난 아래로 떨어지기 전에 끝나기를 바란다. 그 후에 평화가 올 것이다. 비록 너무 늦기는 하지만, 그 평화는 좋을 것이다. 그러나 적절한 시기에 평화가 온다면 제일 좋을 것이다. 그러나 인간들은 현명한 충고에 귀를 닫아 버린다. 전쟁의 궁극적 승리는 총체적 광기라고 그들은 말한다."5)

알프스의 북쪽인 독일도 역시 "총체적 광기"로 고난을 겪었다. 오늘날의 독일은 신성로마제국의 한 부분이었다. 제국은 선출된 황제에 의해 다스려졌으며 그는 제국의 지방분권적 힘에 대항하여 지속적으로 투쟁해야 했다. 황제의 자리를 놓고 경쟁자들 사이에 수많은 내전이 일어났고, 그 전쟁 과정에서 황제의 권위는 추락했으며, 그 자리에 지방 세력들이 힘을 구축했다. 1378년의 금 칙령(Golden Bull)6)이 황제 선출의 방법을 규제했지만, 제국은 강력한 중심 세력의 부재 상태에서 지속적으로 분리되었다.

황제의 어려움은 시간이 지나면서 증가된 동방의 위협으로 말미암아 더 복잡해졌다. 과거 두 세기 동안 서방 군대들은 근동의 무슬림 통치자들을 대항해 연속적인 무력 도발을 시도했다. 이 십자군 전쟁들이 초기에 성공을 거두어 팔레스타인(Palestine), 레바논(Lebanon), 그리고 시리아(Syria)에 서방 십자군 국토들을 세웠지만, 무슬림들은 점진적으로 잃었던 영토들을 다시 빼앗았고, 1291년 마지막 십자군

국토들이 아크레(Acre)의 함락과 더불어 완전히 사라지게 되었다. 서방 군대들에 대한 무슬림의 성공을 보며, 혼란에 빠진 어떤 십자군은 "우리를 지켜주시던 하나님은 이제 주무신다, 그러나 마호메트(Mahomet)는 모든 힘을 가지고 역사 한다"고 한탄했다.7) 서방 관점에서 볼 때, 하나님은 서방 제국의 몰락 후 거의 천 년 동안 존속했던 동방 신성로마제국이 무너지며 무슬림의 진보가 계속되는 두 세기 동안 주무셨다.

신성로마제국의 새로운 적은 오토만 투르크족(Ottoman Turks) 이었다. 이들은 13세기 후반 작은 관할권으로부터 시작하여 다음 두 세기 안에 발칸 국가들(Balkans) 중 핵심 세력이 되었다. 그들은 능력 있는 군사 지도자들의 영도 하에 그 지역의 크리스천 통치자들을 무너뜨리면서 발칸 반도(Balkan Peninsula)를 점진적으로 정복해 나아갔다. 가장 치욕적인 패배가 1389년 코소보(Kossovo) 전쟁에서 발생했다. 투르크족은 세르브스(Serbs)와 다른 발칸 국가 군대로 이루어진 연합군을 무찌르고 대부분의 세르비안 귀족들을 죽였다. 서방이 놀라서 새로운 십자군을 동원해 반격에 나섰지만, 그들은 1396년 니코폴리스(Nicopolis)에서 무참히 짓밟혔다. 더욱 비참한 것은 프랑스의 군 최고사령관, 부르군디 군주의 후계자, 그리고 프랑스 왕의 두 사촌들이 포로로 잡혔고 그들을 구출하기 위해 엄청난 액수의 몸값을 지불해야 했다. 1402년 앙고라(Angora)에서 몽골(Mongol) 지도자, 타메르라네(Tamerlane)가 투르크족의 전진을 잠시 중단시켰지만, 15세기 후반에 술탄 모하메드 2세(Sultan Mohammed II)의 공격적 지도력 하에 투르크족의 공격은 재개되었다.

한 때 강력한 제국의 수도였던 콘스탄티노플(Constantinople)은 이제 단지 과거 영광의 그림자가 되었고 1453년 마침내 투르크족에게 함락되었다. 이것은 이미 오랜 동안 예측되었지만, 서방은 충격을 받았고 교황은 또 하나의 십자군을 소집했다. 그러나 이것은 아무 것도 이루지 못했고, 발칸 국가들을 향한 투르크족의 전진은 계속되었다. 결국 몬테네그로(Montenegro), 알바니아(Albania), 세르비아(Serbia), 그리고 보스니아(Bosnia)가 투르크 제국에 유입되고 말았다. 1480년 투르크족은 심지어 오란토(Oranto)의 이태리 도시를 점령했으나, 나플레스(Naples)의 왕이 신속히 재탈환했다. 모하메드 2세가 다음 해에 죽었고, 투르크족의 내전으로 말미암아8) 서방은 투르크족의 공격으로부터 잠시나마 유예를 얻을 수 있었으며, 시리아(Syria)와 이집트(Egypt)에 대한 공격을 감행하게 되었다. 1520년 술레이만 대제(Suleiman the Magnificent)는 공격을 재개했다. 6년 후 보헤미아(Bohemia)와 헝가리(Hungary) 왕이 모학스(Mohacs) 전쟁에서 피살되었고 투르크족은 비엔나(Vienna)의 문 앞에까지 와있었다. 종교개혁 시기 동안 "하나님의 채찍"으로 묘사되는 투르크족의 협박은 종교개혁자들과 정치 지도자들이 자주 사용하는 표현의 한 부분이었다. 앞으로 보겠지만 그것은 종교개혁에 주된 영향을 미치게 된다.

흑사병

유럽인들은 기후, 전쟁, 폭동, 그리고 경제적 침체 등의 재난을 겪었다. 동시에 모든 다른 재난들로 죽은 사람들의 숫자보다 더 많은 자들을 죽인 훨씬 더 심각한 문제에 직면하게 되었다. 그것은 경고도 없었고 사람들이 무슨 일이 일어나는지 알지도 못한 상태에서 찾아왔다. 흑사병이 유럽에 도달한 것은 1347년 이었다. 흑사병은 아마도 중국에서 시작되었고 러시아를 거쳐 타타르족(Tartars)이 카파(Caffa)라는 도시에서 게노에세(Genoese) 무역항을 정복하고 있었던 크리메아(Crimea)로 퍼졌다. 그 질병은 타타르 캠프에서 시작되었고, 타타르족은 시체들을 도시 안으로 투입시키며 그 전염병을 함락된 주둔군에게 퍼뜨렸다. 게노에세 족은 도주하면서 전염병을 함께 가지고 갔고, 그들의 배가 시실리(Sicily)에 있는 메씨나(Messina)에 도착했을 때, 대부분의 승무원들은 죽었거나 죽어가고 있었다. 이렇게 이 전염병은 유럽으로 잠입했고, 사람들이 면역이 없었기에 신속하게 퍼져 나아갔다. 1348년과 1351년 사이 3년 동안 전염병은 전 유럽을 휩쓸었고 유럽 인구의 끔찍한 숫자의 생명을 빼앗아 갔다. 당분간 가라앉았지만, 1362년과 1375년에 전염병은 다시 발발했고, 다음 세기 동안 전염병은 십년 마다 한 번 씩 찾아왔다.

이 전염병은 검은 쥐에 붙어살던 벼룩들에 의해 퍼졌다. 벼룩이 사람을 물면, 물린 자리에 농포가 생긴다. 삼일이 지나면 림프 혹이 부풀어 오르기 시작하며 피하조직에 출혈이 나타난다. 감염자는 극심한 통증, 신경계 장애, 심한 불안증, 그리고 공포 등을 겪으며 죽음이 훨씬 낳은 해결책이 되었다. 림프 마디에 영향을 준 림프선종의 형태 외에 훨씬 더 전염성이 강한 폐렴 증세가 나타났다. 당시 사람들은 그것을 "페스트(the pestilence)"라고 불렀지만, 5세기 후 독일 역사가들은 그것을 흑사병이라고 명명했다.[9] 사람들이 검게 변해서 그런 것이 아니고 (비록 희생자들에게 피하 조직의 출혈 때문에 검은 점 또는 검버섯이 나타나기는 했지만) 그것의 신랄한 독성의 결과로 너무도 무서웠기 때문이었다. 그것은 사람들 사이에 너무도 쉽게 퍼졌다. 한 사람이 병든 자의 옷만 접촉해도 감염되는 정도였다. 병든 자들을 돌보기 위해 온 성직자들이나 의사들도 종종 죽었고, 많은 사람들이 너무도 무서워서 병든 자들을 피했다. 그러므로 병든 자들의 고통은 증가되었다. 많은 경우 가장 열심히 돌보는 성직자들이 죽었다. 그들이 병들고 죽어가는 자들을 돌보았기 때문이다. 한 명의 운 좋은 생존자가 있었는데, 그녀는 시에나의 캐서린(Catherine of Siena)이라 불리는 14세기 테레사 수녀(Mother Teresa)였다. 1374년 전염병이 그녀의 고향인 이태리의 시에나를 강타했을 때, 그녀와 추종자들은 자신의 위험을 개의치 않고 전염병 희생자들을 계속 돌보았다.

14세기에는 죽은 자들의 구체적 통계가 존재하지 않았기 때문에 우리는 얼마나 많은 사람이 죽었는지 모른다. 그러나 장원 명부, 안수 명단, 그리고 시 기록과 같은 남아있는 문서들의 증거를 살펴보면 사망률을 추정해 볼 수 있다. 이러한 증거에 입각해 볼 때 1347-1350년 동안 유럽 인구의 삼분의 일이 죽었을 것으로 보나, 최근 역사가들은 사망률이 그 이상이었을 것이라고 주장한다. 사람들이 많이 모여 살았고 위생시설이 특별히 부실했던 도시와 읍에서는 사망률이 더 높았다. 때로는 읍내에 죽은 자들을 땅에 묻을 수 있는 충분한 사람들이 생존해 있지 않았다. 1300년에 34세이었던 평균 수명이 전염병의 정점에는 17세로 떨어졌다. 어떤 역사가들은 사회가 심각한 심리적 피해를 받았다는 확신을 갖지 못하지만, 흑사병이 사회의 전체적 윤곽에 중요한 영향을 미치지 않았다는 것은 믿기 어렵다. 어떤 현대 전쟁도 중세 말 전염병으로 말미암은 사망률에 다가 올 수 있을 만한 정도의 비극을 가져다주지 못했다. 우리는 두 개의 20세기 세계 대전의 사망률이 유럽 사회에 어떤 심오한 영향을 미쳤는지 알지 않는가. 사람들이 왜 이런 고난을 겪어야하며 이 전염병을 어떻게 싸워야하는지 알지 못하는 사회에 끼친 심리적 영향은 더욱 극심했을 것이다. 사람들은 무기력하게 질병의 공격을 기다릴 수밖에 없었다. 만일 그것을 피하려고 도주한다면, 그들은 그 질병을 새 지역으로 퍼뜨리는 결과만 가져다주었다.

심오하게 종교적인 사회는 하나님이 당신의 백성에게 왜 이렇게 끔찍하게 고난을 겪도록 허락하시는지 설명하려고 애써 시도했다. "하나님께서 인간에게 더 이상 관심을 가지시지 않을 수 있는 것인가?"라는 질문은 페트락만 한 것이 아니었다.

그것은 마치 하나님께서 당신의 백성에게 등을 돌리신 것처럼 보였고 아무도 왜 그런지 알지 못했다. 어떤 사람들은 하나님께서 죄 때문에 기독교 사회를 벌하시는 것이라고 생각했고, 어떤 사람들은 그 사회를 위해 자신들이 벌을 받을 수 있다고 느끼기도 했다. 실제로 1349년 토르나이(Tournai)라는 마을에서는 약 200명이 자신과 서로를 막대기와 채찍으로 때리며 사회의 죄 값을 대신 치르려하는 광경이 나타났다. '플라겔란츠' (Flagellants, 채찍질 고행자)라고 불리는 이들은 유럽이 과거 연속적 재난으로 고난을 겪던 1260년에 처음 나타났다. 흑사병에 대한 반응으로 채찍질 고행자 집단의 새로운 물결이 1349년에 나타났고, 현재의 벨기에, 네델란드, 독일, 스위스, 그리고 프랑스 동부에 걸쳐 퍼져 나갔다. 이것은 1349년 교황 클레멘트 6세(Clement VI)에 의해 금지되었고, 다음 세기에 콘스탄스 종교회의(Council of Constance)에 의해 공적으로 정죄되었다.

플라겔란츠는 전염병에 대한 매우 이상한 반응이었으나, 그들 자신에게 피해만 주는 것이었다. 다른 사람들은 사회의 고난에 대해 유대인들을 비난했고, 많은 유대인들이 1348-1349년에 분노한 폭도들에 의해 학살되었다. 이런 학살들은 종종 플라겔란츠의 출현과 연결되어있었다. 독일에서 가장 큰 유대 공동체가 살았던 마인츠(Mainz)에서는 플라겔란츠 모임 중에 학살이 시작되었고, 전체 유대 공동체가 피살되었다. 정부는 유대인들을 돕지 않았고, 도운 자들은 오히려 공격을 당했다.

다행히 이런 비정상적인 반응이 보편적인 것은 아니었다. 사실 많은 사람들은 교회에 더 가까워졌다. 죽음이 그토록 유행하고 있는 상황에서 사람들이 사후와 그것에 대한 확신에 대하여 더 심각하게 생각했다는 것은 놀랄 일이 아니다. 중세말에 사람들은 교회 생활에 더 깊이 관여했고, 우리가 앞으로 볼 것이지만, 사후 삶과 연관되는 관습들은 특별히 널리 보급되었다.

르네상스

이런 끔찍한 재앙을 겪고 있던 바로 그 때 유럽은 대단한 문화적 활력을 경험하고 있었다. 이 시기가 종종 "갱생(rebirth)"이라는 프랑스 단어인 르네상스라고 불린다. 한 때 역사가들은 문화와 고대 학식이 "암흑시대" 말엽에 "다시 태어났다"고 믿었다. 그들은 중세를 문화가 침체되고 고대 문헌의 학식이 버려진 어둡고 깨이지 못한 시기로 간주했다. 르네상스 개념은 또한 종교개혁과도 연관이 된다. 학식이 다시 태어나고 사람들이 스스로 생각하기 시작하자, 그들은 자신을 억압하고 무엇을 생각할 것인지 일방적으로 지시하던 교회의 사슬에 대항하여 반항했던 것이다. 19세기 역사학자 야콥 부르크하르트(Jakob Burkhardt)는 르네상스를 현대를 낳은 시기로 보았고, 이 시기에 개인성과 명예추구라는 현대적 개념이 출현했다고 강조했다.[10] 이 해석이 비록 중세의 그릇된 이해와 문화적 성취를 제대로 평가하지 못한 점에 근거하고 있지만, 문화적 창의성의 대단한 돌출과 고전 연구의 큰 관심이 14, 15 세기에 분명히 있었던 것은 사실이고, 그것은 서방 유럽의 학식을 변화시키는데 일조했으며 종교개혁에 중요한 영향을 남겼다.

이미 앞에서 본 것처럼, 중세 시대에 살았던 마테오 팔메리 같은 사람들은 자신을 계몽과 갱생 또는 고전 전통의 회복의 시대에 살고 있다고 생각했다. 페트락(1304-1374), 보카치오(Boccaccio, 1313-1375), 그리고 바사리(Vasari, 1511-1574)와 같은 당시 저자들은 그들이 살고 있던 시대를 묘사하기 위해 갱생 또는 갱신과 같은 표현들을 사용했다. 고전 전통의 회복과 자기 시대에 대한 적용이 중심적 관심사였고, 성취 가능성에 대한 대단한 낙관적 분위기가 있었다. 1338년 페트락은 미래에 대해 다음과 같은 큰 자신감을 표현했다. "앞으로 더 낳은 시대가 올 것이다. 이런 망각의 무기력함은 영원히 지속되지 않을 것이다. 암흑이 없어진 후, 우리 손자들은 과거의 순수한 빛남으로 돌아갈 것이다."[11] 그의 소망은 더 많은 고전 필사본들이 나타나고 학자들이 희랍어를 배우기 시작하면서 다음 세기에 실현되었다. 콘스탄티노플(Constantinople) 몰락 반세기 전, 학자들은 약 250개의 고대 필사본들을 투르크족(Turkish)의 침략으로부터 보호하기 위해 이태리에 가져왔다. 이 필사본들의 공개는 언어와 원문 비평에 커다란 관심을 불러일으켰다.

건축가들과 조각가들도 고전 시대 학식에 관심이 있었고, 그것은 고대 로마의 유적들로 그들을 인도했다. 필립포 브루넬레쉬(Philippo Brunelleschi, 1377-1446)는 고대 건축을 연구하며 로마에서 시간을 보냈고, 그의 발견들을 도시의 최초 르네상스 건물인 플로렌스(Florence)에 있는 찬란한 돔 성당과 파운들링스의 병원(Foundlings' Hospital)을 디자인하는 데 적용했다. 그와 함께 로마로 여행을 했던 도나텔로(Donatello, 1386-1466)는 고대 조각에 대해 배운 것을 다른 어떤 것과 비교도할 수 없는 다윗의 구리 조각상에 적용했다. 그는 또한 마르쿠스 오렐리우스(Marcus

Aurellius)의 로마식 마상 조각상을 모델로 사용하여 고전 시대 이래로 첫 실물 크기 구리 마상 조각상인 가테멜라타(Gattemelata)를 만들었다. 다른 플로렌타인(Florentine) 예술가들도 중세 전통으로부터 이탈했다. 마사치오(Masaccio)는 초기 플로렌타인 예술가 지오토(Giotto)의 작품을 근거로 실 삶을 배경으로 한 인물들을 그림으로 표현했고 실제적 인간 감정들을 묘사했다. 이것들은 중세의 평면적이고 비현실적인 유형과는 대조적인 것이었다.

플로렌스는 르네상스 문화의 가장 중요한 초기 중심지였고 유럽에서 가장 크고 번성한 도시 중 하나였다. 1434년 이후 플로렌스는 은행 사업으로 큰돈을 벌었고 예술에 특별히 후원을 아끼지 않았던 메디치(Medici) 가족에 의해 통치되었다. 그들의 후원으로 예술은 번성했고 르네상스 예술의 위대한 3인, 라파엘(Raphael, 1483-1520), 미켈란젤로(Michelangelo, 1475-1564), 그리고 레나르도 다빈치(Leonardo da Vinci, 1452-1519)에 이르러 절정에 달한다. 르네상스 교황청이 예술의 큰 후원자가 되었던 1470년부터 로마는 문화 지도자 위치에 있는 플로렌스를 도전하기 시작했고, 드디어 16세기에 플로렌스를 능가하게 되었다.

거대한 규모의 교황 프로젝트는 위대한 예술가들을 로마로 유혹했다. 1506년 교황 줄리우스 2세는 교황을 위한 거대한 무덤을 건축하기 위해 미켈란젤로를 로마로 초청했으나, 그 일을 완성하기 전에 줄리우스는 갑자기 그에게 후대가 영원히 감사할 새로운 과제를 주었다. 미켈란젤로는 그 후 3년 동안 비계(scaffold)에 등을 대고 시스틴 성당(Sistine Chapel)의 천장을 그렸다. 그는 여생의 대부분을 로마에 머물렀고, 파르네세 궁전(Farnese Palace)과 카피톨리네 언덕(Capitoline Hill) 위에 있는 고전 건물들을 포함한 다양한 건축 프로젝트에 공헌을 했다. 인생 말엽에 미켈란젤로는 베드로 성당(St. Peter's bacilica)의 완성을 위한 주 건축가 되었다. 1508년 라파엘은 바티칸(Vatican)에 있는 접견실들의 장식을 지휘하도록 줄리우스에 의해 로마에 초빙되었다. 그는 로마에서 그 유명한 마돈나(Madonnas)를 그렸고 1520년에 거기서 죽었다. 다빈치는 밀란(Milan)과 플로렌스에서 각각 최후의 만찬(The Last Supper)과 모나리자(Mona Lisa)를 그렸지만, 동시에 로렌조 데 메디치(Lorenzo de' Medici)의 아들, 교황 레오 10세(Leo X)를 위해 바티칸에 있는 벨베데레 궁전(Belvedere Palace)에 작업을 했다. 역설적으로 레오가 계획한 베드로 성당 건축은 루터가 95개 논제에서 투쟁했던 면죄부 매매에 의해 부분적으로 재정지원을 받았다.

르네상스 인문주의(Renaissance Humanism)

르네상스는 또한 "인문주의자"란 명칭을 가진 한 그룹의 지성인들의 사역을 통해 종교개혁에 중요한 영향을 남겼다. 그들은 고대 문헌을 복귀시키는데 헌신했던 사람들로 문학과 인문학에 전문가들이었고, 특히 교양 학문과 인문학 연구에 관심이 있었다. 과거 고전으로부터 영감을 얻어 그들은 가능한 많은 고전 필사본을 얻으려 했을 뿐 아니라, 정확한 고전 본문을 찾아내려고 애쓰며 고전 시대에 대한 정확한 그림을 찾아내려고 했다. 이런 목적을 가지고 그들은 잘못된 부분들을 교정하고 삽입 내용과 위조 부분을 알아내기 위해 필사본들을 비교했고, 원문대조비평(textual criticism) 방법을 개척해 나아갔다. 그들은 또한 라틴 언어를 고전의 최고 수준으로 회복시키는데 관심이 있었고 부적절하고 질이 떨어지는 중세의 라틴어를 혹독하게 비판했다.

이태리 인문주의에 빠질 수 없는 관심, 방법, 그리고 비평의 좋은 예는 라틴 번역자이고 문헌학자인 로렌조 발라(Lorenzo Valla, 1407-1457)의 경력에서 찾을 수 있다. 그의 관심 중 하나는 당대에 라틴어를 씨쎄로(Cicero)가 기술한 방법으로 사용하도록 가르치는 것이었다. 1441년 그는 『라틴 언어의 고상함』(*Elegance of the Latin Language*)이란 제목을 가진 저작을 출판했고, 거기서 그는 라틴 표현으로부터 중세의 흠을 지우려고 시도했다. 그는 또한 중세교회의 공식적 성경이었던 라틴어 번역 성경, 불가타(Vulgate)에 대한 비평적 연구를 했고, 고해성사와 면죄부의 교회 체계는 오역을 근거로 하고 있다고 암시했다. 그는 불가타가 파에니텐시아(*paenitentia*)(penance)로 번역한 희랍어 메타노이아(*metanoia*)는 "회개(repentence)"로 번역해야 옳다고 주장했다. 에라스무스(Erasmus)의 성경 연구에 대한 관심은 발라의 작품에 의해 자극되었고 그가 발라의 메타노니아(*metanonia*) 번역을 수용하여 16세기 종교개혁자들에게 영향을 주었다.

발라의 가장 잘 알려져 있는 작품은 『콘스탄틴의 허위 기부에 관하여』(*On the Falsely Believed and Lying Donation of Constantine*)란 제목의 저작으로 그가 아라곤(Aragon), 시실리(Sicily), 나플레스(Naples)의 왕, 알폰소(Alfonso)의 보호 하에 있는 동안 저술한 것이다. 이것은 교황청에 대한 신랄한 공격을 의미하는 것이었기에 그가 힘 있는 보호자를 가지고 있었다는 것은 다행한 일이었다. 원문비평의 방법을 사용하여 발라는 "콘스탄틴의 기부(the Donation of Constantine)"라 불리며 4세기 것으로 여겨왔던 문서가 위조라는 것을 설득력 있게 주장했다. 교황청으로 주장으로는, 물론 콘스탄틴 황제가 이 문서를 기록했다는 것이었다. 교황청 주장의 내용은 교황 실베스터(Sylvester)가 콘스탄틴 황제의 문둥병을 치유하자 황제는 교황에게 대단한 권력으로 보상했다는 것이며, 교황은 로마와 제국의 서쪽 땅의 감독권뿐만 아니라 알렉산드리아(Alexandria), 예루살렘(Jerusalem), 그리고 콘스탄티노플(Constantinople)의 총대주교들에 비해 우월권을 갖는다고 진술했다는 것이다. 발라는 이 문서의 언어가 아마도 4세기 보다는 8세기에 속하는 것이며, 콘스탄틴이 그런 기부를 했거나 또는 주요 관심이 영적이었던 실베스터 교황이 그것을 받았을 가능성도 매우 희박하다고 주장했다. 발라는 그의 학식을 동원하여 교황에 대한 직접적 공격을 가했으며, 이 위조는 분명히 교황청이 관여했고 후대 교황들이 허위인지 알면서 그대로 유지해 나아갔을 것이라고 주장했다. 그는 또한 교황의 세속권력 찬탈은 교회를 부패하게 만들었다고 주장했고, 로마인들과 유럽 통치자들에게 교황의 세속권력을 빼앗으라고 재촉했다. 당연히 발라는 이단종교재판소(Inquisition) 앞에 불려갔고 이단으로 고소당했다. 그러나 발라는 왕 알폰소에 의해 보호받고 있었기에 기각되었다. 더욱 놀라운 것은 발라가 교황청을 섬기는 일로 그의 경력을 마쳤다는 것이다. 알폰소 왕이 로마와 화해를 도모하자, 발라는 자신도 교황청과 평화를 갖는 것이 현명하다고 판단했고, 교황 유게니우스 4세(Eugenius IV)에게 용서를 구하는 사죄의 편지를 썼다. 유게니우스는 그의 요청을 무시했지만, 그의 후계자 교황 니콜라스 5세(Nicholas V)는 발라를 용서했고 그를 교황청 비서로 임명했다. 발라의 "콘스탄틴의 기부" 폭로는 수년 동안 비밀에 붙여졌으나 결국 1517년 출판되었고, 종교개혁자들은 교황제도 공격에 이 주장을 전폭적으로 활용했다.

르네상스 지성인들의 또 하나의 관심은 상충되는 종교적 믿음을 조화하려는 노력이었다. 누구보다 이 일에 가장 헌신적인 사람은 14세기 독일사람, 쿠사의 니콜라스(Nicholas of Cusa)였다. 하이델베르그(Heidelberg), 파두아(Padua), 그리고 콜론(Cologne)에서 교육을 받은 니콜라스는 1423년 교회법으로 박사학위를 받았다. 그는 성직자, 철학자, 신학자, 그리고 과학자이었고, 이슬람과 기독교 사이에 심각한 대립과 증오가 있는 시기에 양 쪽의 화합을 위해 열심히 노력했다. 콘스탄티노플이 무너지기 전에 그는 동방교회와 서방교회의 연합을 시도했다. 그 도시가 무너졌을 때, 그는 이슬람과 영구적 평화의 길을 추구하는 논문을 썼다. 그는 "하나의 정통 믿음"을 만들려는 시도로 여러 나라와 종교를 대표하는 자들이 예루살렘에서 모일 수 있도록 회담 소집을 추천했다. 그는 또한 쿠란(Quran)을 연구했고, 비록 그리스도의 신성과 부활을 거부함으로 쿠란이 근본적으로 기독교 믿음과 대립한다고 진술했지만, 선지자들과 그리스도를 선지자로 수용함으로 쿠란의 원칙들은 기독교의 가르침으로부터 유래되었다고 기술했다.

보편적 믿음을 찾으려는 동일한 노력이 플로렌틴 아카데미(Florentine Academy)의 목표 중 하나였다. 그 아카데미의 지도자는 마르실리오 피치노(Marsilio Ficino, 1433-1499)와 피코 델라 미란돌라(Pico della Mirandola, 1463-1494)였고, 그들은 세계적인 영적 조화와 모든 철학의 연합을 찾으려고 노력했다. 피치노는 모든 종교의 근원에서 진리를 찾을 수 있다고 생각했고 플라토(Plato)를 대단히 흠모했다.[12] 영적 조화를 이루기 원하는 인문주의자의 관심 측면에서 보았을 때, 16세기에 인문주의자들이 종교개혁으로부터 기인한 분열을 치유하려는 노력에도 주도적 역할을 하려했던 것은 놀랄 일이 아니다.

경제 성장, 새 기술 그리고 확장

이태리 르네상스가 문화적 성취의 정점에 도달했을 때, 유럽 경제는 서서히 회복하고 있었다.[13] 새로운 기술과 산업이 경제적 확장에 도움을 주었고 도시화의 성장을 야기했다. 대부분의 도시와 읍은 전염병으로 말미암은 인구 감소로 크게 상처를 받았으나, 15세기 중반 유럽의 인구는 점차적으로 성장하기 시작했고 증가하는 인구는 더 큰 상품의 수요를 창출했다. 그러나 모든 지역이 유익을 얻은 것은 아니었다. 북 이태리와 부르군디(Burgundy) 같은 지역은 직물 산업과 팽창하는 도시화에 입각하여 번영하는 경제를 이루었으나, 다른 지역들은 지속적으로 경제적 결핍과 침체를 겪어야했다. 유럽에서 가장 큰 도시들은 북 이태리에 있었다. 베니스(Venice)에 거의 100,000명에 달하는 주민들이 살고 있었고, 밀란(Milan)도 크기가 거의 같았으며, 플로렌스와 로마 같은 다른 이태리 도시들은 40,000명이 좀 넘는 인구가 있었다. 대조적으로 브루게스(Bruges)나 겐트(Ghent)와 같은 큰 북쪽 도시들은 아마도 30,000명 정도였고, 독일에는 몇 도시만이 20,000명이 넘었다. 영국은 런던

(London)만이 그 정도 크기였다. 경제 성장은 은행의 발전에 의해 지원을 받았고 동시에 은행을 성장시켰으며, 그것은 화폐 경제의 성장으로 연결되었다. 기술 개발은 또한 경제를 자극하는데 도움을 주었다.

탄광의 주요 기술 개발의 돌파구는 성장하는 경제를 뒷받침해주는 은과 동의 양을 현저하게 증가시켰다. 탄광을 더 깊이 팔 수 있게 하는 환기 체계와 탄광 물 제거를 위한 흡입 펌프의 발명은 제련 기술의 주요 발전과 동시에 나타났다. 구리 탄광의 급속한 발전은 새로운 시장의 개장과 동시에 일어났으며, 그것은 부분적으로 조선업의 기술적 진보 때문이었다. 15세기에 포르투갈 사람들(Portuguese)은 '경쾌한 돛배(caravel)' 를 개발했고, 그것의 기동성과 거친 바다를 견디어 낼 수 있는 능력은 1418년 프린스 헨리 네비게이터(Prince Henry the Navigator)에 의해 시작된 아프리카 해안 탐험을 지속하기에 필요한 유형의 배를 제공했다. 1488년 바톨로메유 디아즈(Bartholomew Diaz)는 '굿 호프 케이프(Cape of Good Hope)' 를 돌았고 십년 후에 바스코 다 가마(Vasco da Gama)는 인도에 도착했다. 포르투갈 사람들은 인도와 서 아프리카에 구리와 청동 가공품의 대단한 수요가 있다는 것을 알게 되었다. 그리고 새로운 탄광 기술로 인한 공급 증가는 새로운 상업 강국을 이룩하는데 큰 도움이 되었다. 디아즈가 '굿 호프 케이프' 로부터의 여정을 마치고 리스본(Lisbon)에 승리의 환호를 입고 돌아오고 있었다. 동시에 당시 잘 알려지지 않았던 크리스토퍼 콜럼부스(Christopher Columbus)라는 이름의 게노에세(Genoese) 바다 선장도 그 도시에 있었고 포르투갈 왕을 설득하여 심지어 더 용감한 임무를 지원받으려 시도했다. 4년 후 이웃 국가인 스페인의 통치자들의 후원으로 콜럼부스는 3척의 배(그중 둘은 경쾌한 돛배)를 동원하여 대서양을 건너, 두 대륙을 유럽 식민지화하고 경제적으로 착취하는 길을 열었다. 새 탄광 기술은 또한 종교개혁에 흥미로운 충격을 주었다. 탄광은 아우그스부르그의 푸거스 가문(the Fuggers of Augsburg)이라는 유럽의 거부 중 하나를 더욱 부자로 만들었다. 그들은 직물 산업으로 큰돈을 모아서 은행가들이 되었으며, 합스부르그 가문(the Hapsburgs)에 빌려준 돈의 대가로 탄광 채굴권을 얻어냈다. 그리고 그들은 타이롤(Tyrol)에서 은과 헝가리(Hungary)에서 구리를 채취하여 부를 늘려갔다. 앞으로 보겠지만, 푸거스 가문은 종교개혁의 발발로 인도된 사건에 한 역할을 했다. 탄광 붐으로부터 유익을 얻은 통치자들 가운데는 삭소니의 프레데릭 더 와이스(Frederick the Wise of Saxony)가 있었다. 많은 은 탄광이 그가 통치하는 삭소니 지역에 있었기 때문이다. 프레데릭은 그렇게 모은 부의 일부를 사용하여 비텐베르그(Wittenberg)에 새 대학을 설립했고 마틴 루터(Martin Luther)라는 젊은 교수의 봉급을 지급했다. 루터의 아버지 한스(Hans)는 농노의 아들로 구리 광산에 투자하여 부유하게 되었고, 그의 재능 있는 아들에게 탁월한 교육을 제공할 수 있게 되었다. 새 산업에 의해 만들어진 부는 알프스의 북쪽에 대학들을 세우는데 사용되었고, 그러므로 더 많은 교육 기회를 제공했다. 14세기 중반 전에는 대학들이 거의 전부 이태리, 프랑스, 그리고 영국에 국한되어 있었다. 그러나 15세기 말에 보면, 그 지역 밖에 23개의 대학이 있었고 유럽의 전체 대학 숫자는 배 이상 증가했다. 많은 새 대학들이 독일에 있었고 종교개혁에 중요한 역할을 했다.

종교개혁을 위해 더 의미 있는 것은 새로운 인쇄술이었다. 판목 인쇄는 얼마 동안 있었지만, 15세기 중반에 독일 금세공인 요한네스 구텐베르그(Johannes Gutenberg)는 대 규모 인쇄 산업의 탄생에 결정적 돌파구를 마련했다. 그의 가장 중요한 발견은 이동 활자의 발명이었고, 그것은 금속 활자에 접촉하는 잉크의 발전과 결합되었다. 기존의 포도 짜는 기구를 나사-레버 인쇄 기구로 변화시켜 활자 페이지의 인쇄를 가능케 했다. 구텐베르그 새 발명의 초기 산물은 구텐베르그 성경이었고 1455년에 인쇄되었다. 그것은 새 기술이었지만 감당할 수 있을만한 가격으로 나온 여러 종교 서적들 가운데 단지 첫 번째 것이었다. 구텐베르그 성경 출현 반세기 내에 인쇄기는 유럽 전역에 설치되었다. 1501년까지 유럽 전역 110 곳에 적어도 한 개의 인쇄기가 있었고 어떤 곳은 여러 개가 있었다. 예를 들어 베니스에는 약 150개의 인쇄기가 있었다. 인쇄는 이전에 비해 몇 분의 일 밖에 되지 않는 가격으로 대량의 책과 소책자를 만들어내는 것을 가능케 했을 뿐만 아니라, 원문의 균일성을 확보해주었고 손으로 복사된 필사본에 광범위하게 퍼져있는 복사 실수를 피하게 해 주었다.

어떤 16세기 사람은 인쇄술 발명가가 인류의 학식에 신적인 봉사를 해주었다고 칭찬했다. 인쇄기를 사용하는 어떤 사람은 하루에 많은 필기사들의 1년 생산량을 인쇄해낼 수 있다고 말했다. 인쇄술은 루터의 『95개 논제』(*Ninety-five Theses*)가 단 두 주 만에 독일 전역과 한 달 만에 유럽 전체에 퍼지는 것을 가능케 했다.

교회의 역할과 신학

중세말 사회는 기독교회의 전면적인 역할 때문에 현대 유럽 사회와는 근본적으로 달랐다. 1500년까지 기독교는 1000년 이상 동안 서방 사회에서 공적이고 유일하게 묵인된 종교였다. 유대인과 무슬림들은 기독교국(Christendom) 또는 기독교 공동체(*Corpus Christianum*, Christian body)의 국경 안에 살았지만, 그들은 외래인으로 간주되었다. 기독교국은 교회에 의해 정의된 참 믿음을 고백하는 자들로 구성되었다. 기독교국 내에 정치적 재분(subdivision)이 있었고 투쟁도 있었지만, 교회의 통일성과 교회에 바친 공통적 충성은 중세 사회에 근본적 통일을 가져다주었다. 기독교국은 세속적인 것과 영적인 것이 철저하게 얽혀있었기 때문에, 중세를 통해 직면한 문제 중 하나는 하나로 되어있는 기독교 사회의 수장이 영적 지도자가 되어야 하는지 또는 세속적 지도자가 되어야 하는지 이었다. 세속적 지도자는 이론적으로 황제였고, 역사가들이 신성로마제국이라고 불렀던 정치적이고 영적인 관할의 다양한 언어를 사용하는 자들의 집단을 이끄는 자였다. 서방 교회의 영적 수장은 교황이었고, 중세에 걸쳐 통치 관할의 한계를 놓고 황제와 교황 사이에 투쟁이 있었다. 많은 영역에 권위가 겹치는 부분이 있었다. 예를 들면, 감독은 상당한 토지와 부를 장악했던 강력한 세속적 통치자였으나, 그들은 동시에 주요 영적 책임과 권위를 가진 교회의 군림자 이었다. 계속되는 질문은 누가 감독을 선택할 권한을 가져야하는 것인가 이었다. 황제들과 교황은 여러 시기에 그 권한을 주장했고, 그들의 권한 행사가 그들의 목적과 목표에 동정적인 감독을 가지고 있는 것에 의존했기 때문에 양쪽 다 감독들을 장악할 필요가 있었다.

16세기가 시작되었을 때, 비록 교황이 세속 군주들과의 투쟁에서 패배하기는 했지만, 교회는 여전히 대단한 권한과 영향을 행사하고 있었다. 유럽의 어떤 지역에서는 교회가 가장 큰 토지 소유자였고, 많은 숫자의 사람들이 성직자이었다. 어떤 지역에는 인구의 10 퍼센트가 성직자이었다. 교황권은 그 자체로 주요 정치적 힘이었고 중앙 이태리와 다른 곳에 큰 토지를 장악하고 있었으며, 교회는 대단한 부를 소유하고 있었다. 나아가 교회는 거의 모든 영역에서 기독교국 사람들의 삶에 관여했고, 영적 필요뿐만이 아니라 사회생활의 필요도 채워주었다.

삶은 여러 방법으로 교회 달력에 의해 지배되었다. 성인의 날은 휴일을 제공했고, 주요 교회 축제는 중세말 사람의 단조로운 삶을 색깔, 화려한 구경거리, 그리고 드라마로 채워주었다. 교회의 성례는 세례로 시작하여 병자성사(extreme unction)로 끝나는, 탄생에서 죽음까지 한 사람의 삶에 매우 중요한 시점을 모두 표시해 주었다. 이 세상에서의 삶이 기독교 장례로 끝나지만, 교회의 섬김은 죽음으로 끝나지 않았다. 교회의 가장 중요한 기능이 사후의 삶을 제공해 주는 것이었기 때문이다. 중세말 수많은 사람들이 시기상조로 죽어나갈 때, 사람들은 항상 죽음을 생각하며 살았다. 결과적으로 한 사람이 어떻게 영생을 얻을 수 있고 교회가 그 탐구에 도움을 제공하는 수단이었던 성례란 무엇인지에 대한 교회의 가르침은 일반 사람들에게 매우 중요한 것이었다. 중세 사람들의 중심 질문이 "구원받기 위해 나는 무엇을 해야 하는가?" 이었지만, 그들은 아마도 가장 기초적인 신학만 이해했을 것이다.

많은 중세 신학은 기독교 시대의 첫 5세기 내에 규정되었고 연속적인 신조로 표현되었다. 그것은 대부분의 사람들이 믿음에 대해 이해했던 것을 가장 잘 표현했던 사도신경(Apostles' Creed)으로 시작했으며, 그것은 그들이 당연히 알아야할 것으로 기대되었고 신앙고백에서 검사받는 것이었다. 삼위일체 교리를 가르쳤던 니케아 신조(Nicene Creeds)는 미사 때 암송되었지만 일반 사람들이 사도신경만큼 잘 알거나 이해하지 못했다. 그리스도의 두 본질 사이의 관계를 정의한 아다나시안 신조(Athanasian Creed)는 특별한 날에 암송되었다.

규정된 신조 외에 서방교회의 신학에는 많은 다양성이 있었다. 역사가들은 교리적 입장이 분명하게 정의되고 사상의 자유를 거의 허용하지 않는 획일적 교회로 그린 전통적 그림은 신화라는 것을 점점 더 인식하고 있다. 교리의 다원주의, 불확실성, 그리고 심지어 개인주의 모두가 중세말 교회의 성격이었다. 한 현대 주석가는 "어떤 관건에는 아무도 무엇이 정확하게 교회의 공식적 가르침이었는지 확신할 수가 없었다"고 주장한다.[14] 심지어 교리 정의가 분명한 부분에서 조차, 종교개혁 때 보여주었던 정밀성을 보여주지 못했다. 적어도 기본적 동의는 있었지만 의문들이 남았던 두 개의 매우 중요한 교리적 주제는 칭의와 성례에 대한 것이었다. 이 두 개의 주제가 다 종교개혁 동안 많은 분열의 근원이 되었기 때문에, 우리는 중세교회가 그것에 대해 무엇을 가르쳤는지 알아 볼 필요가 있다.

이미 본대로 중세 신학에서 가장 중요한 질문은 사후 관련 내용이었다. 중세 사람들은 죽음의 현실과 지속적으로 직면해 있었기 때문에, 영생의 약속은 그들에게 특별히 중요했다. 중세말 사회에서 자녀의 반은 성인시기에 도달하지 못하고 죽는 것으로 생각할 수밖에 없었고, 자신의 삶에서 둘 또는 셋의 배우자를 잃는 것은 다반사였다. 칭의(justification) 교리는 죄인이 어떻게 하나님과 올바른 관계를 맺을 수 있고 사후에 생명을 가질 수 있는가의 질문을 다루었다. 그것은 중세말에 신학자들 사이에 커다란 논쟁의 주제이었다. 그들은 칭의가 한 순간에 발생되는 것은 아니고 예수 그리스도의 속죄로 가능해지는 일생을 거친 과정이라는데 동의했으나, 그 과정이 어디까지 죄인 된 인간의 책임인가 하는 것이 논쟁의 대상이었다. 아래의 그림이 근본적 동의가 있었던 교회의 가르침의 내용을 잘 보여준다.

중세 칭의 교리

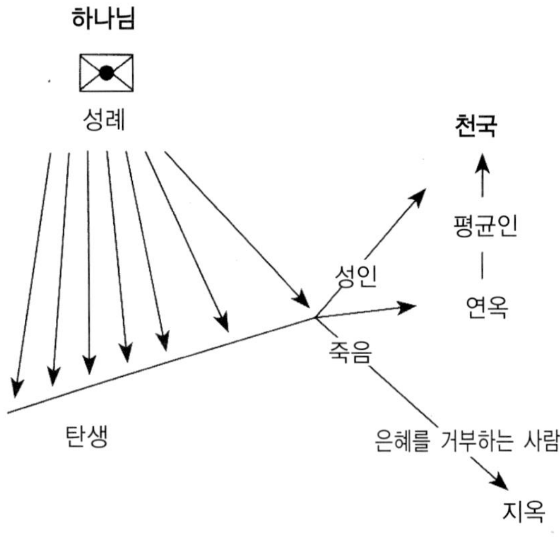

교회의 가르침에 의하면, 칭의 과정은 탄생 후 그리스도인 가정에 태어난 아기가 세례 받는 시점으로부터 바로 시작된다. 세례는 원죄의 사함을 주고 믿음을 창조하는 것으로 믿었다. 세례 전에 인간은 하나님의 부르심에 반응할 수 없으나, 세례 후에는 반응할 수 있고 하나님과 협동할 수 있다. 칭의는 "의롭게 만드는 것(to make righteous)"을 의미한다고 이해했다. 하나님은 인간이 의롭게 만들어지는 수단을 제공하고 인간도 또한 공헌을 한다. 세례로부터 시작하여, 성례는 하나님이 죄인에게 은혜를 주입하기 위하여 사용하는 도구다.

일생 동안 성례는 칭의 과정에서 돕는 역할을 한다. 모든 사람이 항상 죄를 짓듯이 인간이 죄를 졌을 때, 고해성사는 죄사함과 회복을 위한 기회를 제공한다. 고해성사는 두 부분으로 구성된다. 그것은 죄의 고백과 "보속(satisfaction)" 이다. 죄인은 자신의 죄에 대해 진정으로 미안한 마음을 가지며 참회하고 그것을 사제에게 고백한다. 그러면 사제는 면제(absolution)를 해주며 죄에 대한 죄책 또는 영원한 형벌을 제거한다. 그러나 현세적 형벌은 남게 되고 보속으로 그 형벌은 다루어진다. 사제는 보속을 치방히며, 보속의 내용은 헌금, 기도, 성지순례 또는 다른 공로적 선행으로 되어있다.

이 세상의 종착역에 오면 죄인들은 병자성사(the sacrament of extreme unction)를 받는다. 죽은 후에 그들은 세 가지의 가능한 장소 중 하나로 간다. 하나님의 은혜를 거부했거나 전혀 받지 않은 자는 지옥으로 가서 영원한 고통을 받는다. 이것은 종종 그림, 조각, 그리고 대중 문학을 통해 생생하게 표현되었다. 예외적으로 성인 같은 삶을 산 자들과 죽을 때 칭의 과정이 완성된 자들은 바로 천국에 간다. 그러나 대부분의 사람들은 죄에 대한 현세적 형벌을 속죄하기 위한 충분한 보속이나 고해를 치루지 못하기에 연옥에 가서 보속의 사역을 끝마친다. 그리고 연옥의 사역이 마쳐지면 천국에 간다. 그러므로 비록 연옥의 고통이 극심하기는 하지만 지옥에서의 끝이 없는 고통과는 대조적으로 한시적이다.

칭의에 대한 교회의 가르침은 하나님에게 중심 역할을 부여했다. 주입된 은혜가 구원을 가능하게 만들었기 때문이다. 구원은 자유선택에 달렸고, 주입된 은혜의 필요성을 거부하는 믿음은 펠라기안주의(Pelagianism)라고 불렀다. 그것은 중세 초에 이단으로 정죄되었다.[15] 중세말에는 인간이 구원받기 위해 하나님의 은혜가 필요하다는데 전혀 의심이 없었으나, 다만 그 과정에 인간의 역할이 논쟁거리가 되었다. 옥캄의 윌리암(William of Occam, 1280-1349)과 가브리엘 비엘(Gabreil Biel, 1420-1485)과 같은 신학자들의 관점은 구원을 향한 인간의 공헌에 큰 강조를 두었고, 종종 반-펠라기안주의(semi-Pelagianism)라고 불린다. 전적 펠라기안주의(Pelagianism)를 거부하면서도 이 신학자들은 인간의 책임을 보존하려했다. 하나님은 은혜로만 인간을 구원할 수도 있지만, 인간의 공로가 보상을 받는 체계를 만드시기로 선택하셨다는 것이다. 구원을 공로의 대가로 얻어내는 것이 충분치는 않지만, 하나님은 인간의 공로적 노력을 인식하시기로 했다는 것이며, 그것은 결국 구원을 위한 필수적 공헌 요소가 되었다. 비엘은 그의 입장을 이성적이고 설득력 있는 방법으로 설명했다. "하나님은 분명히 동시다발적으로 우리를 당신의 친구로 만들고 은혜의 선물 없이 우리의 선행을 공로로 받아드릴 수 있었다. 그러나 은혜의 도움 없이 우리가 어떻게 하나님과 친분관계를 유지할 수 있었겠는가? 그래서 누구든지 하나님에게 돌아오고 할 수 있는 것을 하는 자는 하나님으로부터 죄사함을 받을 것이라는 규칙(언약)을 만드셨다. 하나님은 돕는 은혜를 그 사람에게 주입하시고 그를 친분관계로 돌이키신다."[16)]

칭의에 대한 두 번째 입장은 펠라기우스의 4세기 반대자인 히포의 어거스틴(Augustine of Hippo)과 관련이 있다. 어거스틴은 인간이 오직 하나님의 은혜로 구원받았다고 가르쳤고, 어거스틴주의자(Augustinians)라고 일컫는 한 무리의 중세말 신학자들은 그의 견해를 굳건히 고수했다. 그들은 펠라기안주의자들을 적으로 생각했다. 펠라기안주의자들은 구원을 위한 인간 공헌에 지나친 강조를 했고 하나님의 은혜에 대해서는 충분한 강조를 하지 않았다고 생각했기 때문이다. 이 입장을 취한 자들은 어거스틴주의 수도사인 리미니의 그레고리(Gregory of Rimini)와 그의 동료이자 옥스퍼드 대학의 신학교수이고 후에 캔터베리(Canterbury)의 대주교로 임명된 토마스 브랫워다인(Thomas Bradwardine)이었다.[17)] 1344년 브랫워다인은 『펠라기안들에 반대하는 하나님의 입장』(*The Case of God against the Pelagians*)이란 제목으로 반-펠라기안(semi-Pelagian) 견해를 비판하는 논문을 섰다. 그는 이 논문에 두 세기 후에 나타날 개신교 종교개혁자들의 가르침과 매우 흡사하게 들리는 칭의에 대한 진술을 포함시켰다. "그리스도의 자녀인 모든 자는 의로워졌고 그리고 의롭다. 이것은 그들 자신 때문이 아니고 그리스도 때문이다.… 은혜는 주어인 것이지, 지불된 것이 아니다. 이런 이유로 그것은 은혜라 부른다. 거저 주었기 때문이다. 선행하는 공로를 가지고 은혜로 이미 받은 것을 살 수는 없다. 그러므로 죄인은 죄사함 받도록 첫 은혜를 얻은 것이다."[18)]

브랫워다인과 어거스틴주의자들은 그들을 반대하는 자들보다 인간의 잠재력에 대해 더 비관적인 견해를 가지고 있었다. 그들은 하나님의 직접적 도움 없이는 인간이 죄 안에서 전적으로 잃어버려졌고 하나님께 반응할 수도 없게 되었다는 것이다. 죄인은 어떤 방식으로도 하나님의 은혜와 자비를 받을 가치가 없으므로, 그것은 분명히 공로 없는 선물이었다. 그러나 그들의 가르침이 개신교 종교개혁자들의 가르침과 유사해도 어거스틴주의자들은 "적절한 시기에 태어나지 못한" 개신교들은 아니었다. 그들은 위에 설명된 구원의 형태를 믿고 있었기 때문이다. 즉, 칭의는 과정이고 대부분의 사람들은 그 과정의 부분을 연옥에서 보낸다는 것을 믿었다. 모든 개신교 종교개혁자들이 거부한 연옥의 교리는 중세말 교회 신학의 핵심 부분이었고 일반 대중의 종교생활에 중심적 역할을 했다.

사후 천국에 들어가기 전에 중간 상태가 있다는 믿음은 중세 시대에 교회의 공식직 가르침의 힌 부분이 되었다. 그것은 비록 알렉산드리아의 클레멘트(Clement of Alexandria), 암브로스(Ambrose), 그리고 오리겐(Origen)과 같은 몇몇 초기 교부들에게서 발견되고, 7세기에 그레고리 대 교황(Pope Gregory the Great)이 분명히 가르쳤지만, 13세기에 와서야 토마스 아퀴나스(Thomas Aquinas)가 세부적 해설을 했고, 1274년 리옹(Lyons) 종교회의와 1437년 플로렌스(Florence) 종교회의에서 교회의 교리로 공식적으로 채택 되었다.

연옥에서 보내야할 시간을 감소시키기 위해 중세 시대에 연속적인 관례들이 만들어졌다. 한 가지 방법은 죽은 자의 영혼을 위해 미사를 베푸는 것이었다. 부자는 미사를 통해 명복을 빌기 위한 예배당을 제공하고 자신의 영혼을 위해 미사를 베풀 사제를 후원할 기부금을 준비함으로 자신의 영혼의 건강을 위해 투자할 수 있는 기회를 가졌다. 명복을 빌어주는 예배당은 단순히 교회 또는 대성당 안에 구별된 공간 내 설치된 제단이면 되었고, 혹은 교회에 첨부된 별도의 건물일 수도 있었다. 그런 기부금을 개인적으로 준비할 능력이 없는 사람들은, 죽은 회원들을 위해 미사를 베풀어줄 사제를 후원하는 청약금을 지불하는 사람들의 모임인 종교단체(confraternity)를 만들었다. 이 종교단체는 종종 조합을 중심으로 만들어졌고 종교적이고 사회적인 기능을 가졌다. 연옥에 있는 영혼을 위해 미사를 베푸는 상황은 중세 초기에 이미 나타났지만, 이 관행은 중세말에 특별히 널리 퍼졌고 인기를 끌었다.

사람들은 연옥에 있는 영혼을 도와줄 수 있다고 교회가 가르쳐준 다른 관습들도 사용했다. 인기를 끌었던 한 가지 방법은 성지순례를 하고 성물(그리스도나 성인들과 관련된 물건)을 보는 것이었다. 유럽의 부유한 몇몇 지도층들은 대단한 분량의 성물을 수집했다. 예를 들면, 마틴 루터의 후원자인 삭소니의 프레데릭 더 와이즈(Frederick the Wise of Saxony)는 1493년 예루살렘에서 5일 동안 성물을 수집했다. 그리고 비텐베르그(Wittenberg)에 그가 수집한 만 개 이상의 성물을 안치하기 위한 성곽 교회 건축을 위해 상당한 돈을 투자했다. 그의 성물에는 헤롯(Herod)이 학살한 어린아이들 중 하나의 몸, 성모 마리아의 젖가슴에서 나온 우유, 그리고 그리스도가 태어난 마굿간의 밀짚 등이 있었다. 브란덴부르그의 알브렉트(Albrecht of Brandenburg)는 연옥에서 삼천구백만년 이상의 기간을 보내야할 사람을 해방시켜준다고 믿은 성물 수집을 가지고 있었다. 성물이라고 존귀하게 여겼던 대부분의 물건들이 오늘날에는 가짜라는 것을 의심할 사람들은 없지만, 당시 중세 사람들은 성물의 주장에 대해 의심하지 않았고 성물의 종교성에 대한 반대도 거의 찾아볼 수 없었다.

연옥의 기간을 줄일 수 있는 또 하나의 방법은 면죄부였다. 면죄부는 원래 십자군 전쟁에 참여하는 것과 같은 예외적인 경건의 선행을 행한 사람들에게 주어지는 것이었다. 그러나 중세말 교회는 면죄부를 매매하기 시작했고, 교황청은 그것이 그리스도, 성모 마리아, 그리고 성인들의 특별히 거룩한 삶을 통해 축적된 잉여공로에 기초하고 있다고 주장했다. 1342년 교황 클레멘트 6세는 '우니게니투스(*Unigenitus*)'라는 교황령을 발표했다. 교황령의 내용은 잉여공로가 면죄부를 통해 교황에 의해 분배될 수 있다는 것이며, 면죄부를 산 사람의 죄에 대한 현세적 형벌을 부분적으로 또는 전체적으로 치루는 것이라고 말했다. 1476년 교황 식스투스 6세(Sixtus VI)는 '살바토르 노스테르(*Salvator noster*)' 라는 또 하나의 교황령을 발표했다. 이것은 면죄부가 연옥에 있는 죽은 자의 영혼에 적용될 수 있다는 내용이다.

중세 시대에 걸쳐 연속적인 교리 정의는 성례를 다루었다. 처음에 신학자들은 성례의 숫자에 대해 의견이 일치하지 않았다. 11세기 피터 다미안(Peter Damian)은 12 성례가 있다고 말했으나, 다음 세기 성 빅토르의 휴(Hugh of St. Victor)는 성례에 대한 중요한 저술을 했는데 거기서 그는 30개의 성례를 말했다. 같은 세기에 중세신학의 표준 교과서를 저술한 피터 롬바드(Peter Lombard)는 성례의 숫자를 일곱으로 못 박았고 다음 세기에 토마스 아퀴나스는 칠 성례를 받아드렸으며 플로렌스 종교회의(Council of Florence)에서 공식적으로 확정되었다. 세례, 견진, 고해, 성찬, 병자 등의 다섯 성례는 모든 그리스도인에게 적용되고, 결혼과 서품의 마지막 두 성례는 달랐다. 일반적으로 마지막 두 성례 중 하나에 참여할 수 있었다. 서품은 성직으로의 입문을 의미하는 성례이고, 성직자에게는 결혼이 허락되지 않았기 때문이다.

중세 예배에서 가장 중요한 성례는 성찬이었고, 성찬 교리는 1215년 제4차 라테란 종교회의(the Fourth Lateran Council)가 화체 교리로 논쟁을 종식시킬 때까지 많은 신학적 논쟁의 근원이었다. 그 종교회의는 다음과 같이 정했다. "그리스도의 몸과 피는 빵과 포도주의 형태 아래에 제단의 성례 안에 진정으로 포함되어 있으며, 빵과 포도주는 본질에 있어서 하나님의 능력으로 그의 몸과 피로 변화되었다.… 예수 그리스도 자신이 사도들과 그 계승자들에게 준 교회의 열쇠에 의해 적절하게 안수 받은 사제 이외에는 누구도 이 성례의 효력을 발생할 수 없다."[19]

화체 교리는 포도주를 엎지르는 위험을 피하기 위해 참여자에게 빵만 주는 관습을 낳았다. 이 교리에 의하면 포도주는 바로 그리스도의 피이기 때문이었다. 이 관습은 공존(concomitance)의 교리로 정당화 되었고, 그 교리는 몸과 피가 두 요소에 다 있기에 평신도가 빵만 받을 때에도 둘을 다 받는 것이라고 말했다. 성찬은 중세 예배의 중심이 되었고 빵과 포도주의 성별 행위는 미사의 절정이 되었다. 빵과 포도주의 일반 요소들이 본질에 있어서 우주의 주가 되시는 예수 그리스도의 영광스러운 몸과 피로 변하는 순간이기 때문이다. 그런데 이것은 스크린 뒤에서 눈에 보이지 않게 발생하는 것이고, 회중은 평신도들이 일반적으로 예배드리는 교회의 회중석에 서있기 때문에 종을 울리고 빵과 포도주를 올리는 것(빵의 성별)으로만 알 수 있는 것이었다.

화체 교리는 개신교들이 후에 "우상"이라고 일컬은 많은 관습을 낳았다. 빵과 포도주는 그 앞에 타는 불과 함께 제단의 특별한 곳에 보존되었다. 사제들과 평신도들은 제단에 인사를 하며 그리스도 몸의 실재를 인식했다. 성별된 빵과 포도주는 숭배되었고 코르푸스 크리스티(Corpus Christi) 행렬로 운반되었다. 사람들은 적어도 일 년에 한 번 고백과 성찬에 참여하도록 요구되었지만, 그들은 그리스도의 현존에 함께 있고 이 놀라운 기적을 보려고 미사에 참여했다. 일반인들은 성별된 빵과 포도주가 기적적 능력을 가지고 있는 것으로 생각했고, 사람들은 은밀히 그것을 집으로 가져가서 병이 고쳐질 것이라는 소망을 가지고 병든 소에게 먹이는 것과 같이 교회를 경악하게 하는 방법으로 사용했다. 이런 방법으로 교회의 공식 신학은 일반인들에 의해 오해될 수 있었고, 그들의 필요를 충족시키는데 사용되었다.

대중적인 종교적 믿음과 관습

중세말의 종교적 믿음과 관습들은 교회가 가르치고 제공한 것에만 국한되지 않았다. 대중적인 종교적 관습과 믿음은 때로 공식적 종교와는 매우 달랐고, 어떤 경우에는 교회에 큰 도전이 되었다. 교회의 사역이 사후를 위해 돌봄을 베푸는 것이었던 반면, 대중 종교는 종종 현재의 삶에 더 많은 관심을 가지고 있었다. 교회 예식과 매우 달랐던 예식들이 농작물과 동물들을 보호하고, 질병으로부터 사람들을 보호하며, 아기 출산에 도움이 되고, 불임과 발기불능을 치료하기 위해 발전되었다. 그런 목적을 위해 교회의 예식들은 때로 변질되었고 모방되었다. 미신, 마술, 초자연적 행위, 점성술이 모두 중세 사람들의 신앙 체계에 수용될 수 있는 요소들이었다. 그들은 하나님으로부터 온 특별한 말씀을 가진 예언자라고 주장하며 때로 교회와 사회 질서에 심각한 위협을 주는 카리스마적 인물들에게 쉽게 끌렸다.

대중적 예언자에 의해 야기된 사회적 혼란의 한 좋은 예는 "니클라스하우젠의 북치는자(Drummer of Niklashausen)"와 관련된 사건들이다. 그 예언자는 한스 보엠(Hans Boehm)이란 이름을 가진 소몰이꾼으로 자신에게 설교를 하라는 성모 마리아의 환상을 받았다고 주장했다. 1476년 그는 독일의 니클라스하우젠이란 마을에 나타났고 설교를 시작했다. 어느 보고에 의하면 "그는 정부와 성직자에 대항하여 격렬하게 설교했다. 또한 끝이 뾰족한 구두, 터진 소매, 그리고 긴 머리에 대해서도 비난했다. 그는 또한 물, 평원, 그리고 나무는 모든 사람들에 의해 공유되어야하고 통행료와 수출 세금은 폐지되어야한다고 주장했다. 그는 전국이 죄와 음탕함으로 수렁에 빠졌다고 말하며, 우리 백성이 고해를 하지 않고 악한 삶의 방식을 바꾸지 않으면, 하나님은 독일 전체를 파멸로 몰고 갈 것이라고 말했다."[20]

환상의 내용과 어우러진 보엠의 설교는 놀라운 효력을 발휘했고, 집단적 성지순례를 하도록 일깨웠다. 같은 보고에 의하면 사람들은 자신의 죄를 고백했고, 구두의 뾰족한 끝을 잘랐으며(당시에는 끝이 뾰족한 구두가 유행이었음), 머리를 짧게 잘랐고, 장식품을 버렸다. 북치는자는 흠모의 대상이 되었고, 사람들은 그의 모자로부터 술(tufts)이라도 끊어내려고 했다. 그것이 병을 치유하는 능력이 있다고 믿었기 때문이다. 북치는자는 또한 성직자를 공격했고 그의 순례는 다음과 같은 영창을 했다. "오 하늘에 계신 하나님, 우리는 당신을 부릅니다, '키리에 엘레이손(*kyrie eleison*).' 우리 사제들을 붙잡아 그들 모두를 죽이도록 도와주옵소서, '키리에 엘레이손.' "[21]

결국 북치는자가 추종자들에게 교회에 무기를 가져오라고 선포했을 때, 당국이 개입을 했고 부르츠부르그(Wurzburg) 감독은 무장 가신들을 보내 그를 체포했다. 북치는자는 체포되었고 투옥되었지만, 군중은 성모 마리아가 그들을 당국의 해로부터 보호해 줄 것이라고 부르짖으며 감옥을 공격했다. 허지만 군인들은 군중을 향해 발포했고 많은 사람들이 죽거나 상처를 입었다. 북치는자와 다른 세 명은 화형에 처해졌고 그들의 재는 강에 버려졌다. 그러나 사람들은 북치는자가 처형당한 곳의 흙을 피내어 집에 가져와 거룩한 성물로 간직했다.

이 이야기는 대중 종교에서 나타날 수 있는 군중 광란과 사회질서에 대한 위협을 잘 보여준다. 교회는 비공식적 종교를 통제하려고 시도했으나, 그 과정에서 때로는 대중 믿음과 관습을 공식적 종교로 도입했다. 예를 들면, 공식적 경로 밖에서 기인된 예배 관례가 정상적 예배로 편입되었다. 그리스도를 당나귀에 앉히어 종려주일에 행렬하는 것, 성금요일에 성직자와 사람들이 맨발에 무릎을 꿇고 기어가며 십자가에 키스하는 것, 부활절에 무덤의 문을 여는 것 등의 성경 이야기들을 드라마적으로 그리고 상징적으로 재현하는 것이 예배의 반복적 부분이 되었고, 교회력에 나타나는 종려주일, 성금요일, 부활절, 승천절, 오순절과 같은 주요 축제일로 의식을 거행했다.

성인과 마리아의 숭배는 중세말 대중 경건의 특별히 중요한 부분이었다. 성모 마리아에 대한 격렬한 헌신은 너무도 중요하여 교회가 공식적으로 승인한 것은 아니지만 은연중에 수용하게 되었다. 마리아는 죄인과 그의 영광스러운 아들 사이의 중재자로 여겨졌다. 아들 예수는 구세주 보다는 재판관으로 종종 여겨졌기 때문이다. 헤롤트(Herolt)의 『마리아의 기적』(*Miracles of the Blessed Virgin*)과 같은 대중 서적은 죽은 자를 살리는 것을 포함하여 마리아가 베푼 놀라운 기적들을 묘사했다. 성인들에 대한 헌신에도 대중 경건의 비슷한 형태가 나타났다. 성인들은 중재자로 역할을 했고 치통으로부터 여행 안전에 이르기까지 이 삶의 모든 것에 도움을 준다고 당시 사람들은 믿었던 것이다.

성모 마리아 숭배와 관련된 또 하나의 대중적 관습은 성지순례였다. 유럽 전역에서 온 순례자들은 영국에 있는 성 알반스(St. Albans), 또는 사도 야고보의 무덤 장소로 알려진 스페인에 있는 싼티아고 데 콤포스텔라(Santiago de Compostela)와 같은 성인들과 관련된 장소를 향해 멀고 때로는 위험한 여행을 감행했다. 베드로와 바울과 연관이 되어 있고 교황의 주거지인 로마도 엄청난 양의 성물을 볼 수 있는 장소였고 가장 인기 있는 성지순례 장소 중 하나였다.

교회는 중세말 사람들의 삶에 중요한 역할을 했고, 그 사역은 매우 인기가 있었다. 재난, 대조, 투쟁의 시기에 교회는 특별히 중요한 기능을 했다. 대부분의 사람들이 정교한 기독교 신학의 내용을 따를 수는 없었지만, 삶에서 위로와 의미를 찾을 수 있을 만큼은 이해할 수 있었다. 때로는 교회의 가르침과 충돌되는 공식 경로 밖에서 종교적 경험을 찾으려 했지만, 그것이 기독교 믿음과 정면으로 반대되는 것이 아닌 한, 교회는 그러한 대중적 믿음과 관습들을 인정했다. 이런 관용의 예는 교회가 사회의 종교적 욕구를 효과적으로 채워주고 있었다는 것을 암시한다. 그러나 사회에는 일치하지 않는 많은 정연한 목소리가 있었다. 교회는 거의 모든 영역에서 실패하고 있었고 개혁의 절대적 필요를 가지고 있다는 것이었다.

중세말의 많은 개혁 운동은 교회의 문제를 다루려 했고, 많은 시기를 거쳐 교회는 내적 투쟁으로 찢겨졌다. 이것은 역사가들 사이에 중세말 교회의 건강과 그것의 실패가 종교개혁을 어느 정도 설명할 수 있는가에 대해 큰 논쟁을 불러일으켰다. 중세말 교회를 괴롭혔던 투쟁들과 종교개혁 전 시기에 있었던 개혁을 위한 노력들이 다음 장에서 다루어 질 것이다.

제2장

중세 말 교회의 개혁과 투쟁

얼마나 많은 사람들이 엄격하게 수도원 훈련을 받으며 살고 있는지 보라. 그들은 거의 밖에 나가지 않고 형편없는 음식을 먹는다. 그들은 열심히 일하고 말이 없으며 오랜 시간을 바라본다. 그들은 일찍 일어나고 기도에 많은 시간을 보내며 많은 공부를 하고 항상 훈련으로 자신을 지킨다.

토마스 아 켐피스(Thomas a Kempis)[1)]

신학자들만큼 행복한 사람들이 바로 "종교적"이라고 불리는 사람들과 "수도사"라고 불리는 사람들이다. 그러나 이 이름은 둘 다 잘못되었다. 이들 중 많은 사람들이 종교로부터 멀리 떨어져 있기 때문이다.… 모두 이런 사람들을 너무도 경멸한 나머지 그들 중 한 사람만 만날 가능성이 있어도 운이 없다고 생각한다. 그럼에도 그들은 자신에 대해 상당히 높은 의견을 유지하고 있다.

데시데리우스 에라스무스[2)]

역사적 논쟁

종교개혁 이전 시대에 베스트셀러이었던 작품에서 발견된 수도원주의에 대한 위의 묘사는 중세말 교회를 평가해야 하는 임무를 가진 역사가들에게 도전을 준다. 첫 번째 인용은 중세말 고전 경건 서적 중에서 취한 토마스 아 켐피스의 『그리스도를 따라서』(*The Imitation of Christ*)이다. 『그리스도를 따라서』는 종교개혁 이전 세기에 기록된 많은 경건 서적 중 하나로 중세말 교회의 건강함을 증언한다. 반면에 두 번째 인용은 에라스무스의 『어리석은 행동을 칭송하며』(*In Praise of Folly*)에서 취한 것으로 수도사와 사제들, 신학자들, 교회의 계급제도, 종교적 관습들에 대한 냉혹한 공격이다. 인쇄술의 도움으로 에라스무스는 인쇄 역사에서 첫 번째 베스트셀러 저자가 되었다. 『어리석은 행동을 칭송하며』는 600판 이상을 찍었다. 에라스무스의 책이 아마도 교회를 비판하는 문헌 중 가장 많이 읽히기는 했지만, 유일한 것은 아니었다. 개혁을 부르짖는 수많은 논문들이 종교개혁 전 세기에 기록되었고 아직 충분한 연구가 여전히 이루어지지 않았다. 많은 사람들이 교회가 절대적인 개혁의 필요성을 가지고 있었다고 생각했지만, 어떤 사람들은 교회가 사회의 종교적 욕구를 잘 충족시키며 다양한 방법으로 후하게 돕는 등 건강했다고 믿었다.

지속적으로 귀에 거슬리는 비판은 교회가 매우 심각한 문제를 가지고 있었음을 암시한다. 많은 정연한 목소리들이 이런 문제들을 알았고 교회에 대해 심하게 비판적이었으며 개혁을 주장했다. 저항 문헌은 교구 성직자에 대해 자주 비판적이었다. 그들은 비윤리적이고, 탐욕적이며, 그들이 담당하고 있는 교구 교인들의 종교적 복지에 관심이 없었고, 그들의 임무를 감당하지 못했다. 고위 성직자들과 특히 교황은 그들이 맡고 있는 직책을 불명예스럽게 만든다고 비판받았다. 종교적 남용을 비판하는 많은 분량의 15세기 문헌은 중세말 교회의 실패 측면으로 종교개혁을 설명하는 역사가들을 위해 좋은 증거를 제공한다. 이 견해를 가진 자들은 중세중엽 시대(1050-1300) 교회와 중세말(1300-1500) 교회를 종종 대조하며 설득력 있게 지속적 하락의 그림을 그린다. 그것은 특별히 교황의 하락에서 뚜렷하게 나타났다. 사회를 장악했고 윤리적 행동이 빛났던 이노센트 3세(Innocent III, 1198-1216)와 같은 교황들은 알렉산더 6세(Alexander VI, 1492-1503)와 레오 10세(Leo X, 1513-1521) 같은 르네상스 교황들과는 극렬히 대조된다. 그들은 유럽의 다른 통치자들과 경쟁하는 이태리 지방 군주들 정도였고 개인 윤리는 좋지 않았다.

그러나 다른 증거는 교회가 건강하고 인기가 있었으며 개혁의 과정에 있었음을 암시한다. 증가하는 평신도 경건운동, 평신도 종교단체의 인기와 집단적 기부금의 증가, 새 인쇄술에 의해 생산되는 수많은 경건 서적, 설교의 부흥은 모두 건강하고 생기 넘치는 교회를 증거했다. 교회의 인기는 교회 신축과 개축, 명복을 비는 사제들을 위한 기부금의 헌납, 성지순례 참여, 그리고 다른 여러 가지 방법으로 교회를 후원하기 위해 평신도들이 많은 돈을 쓴 것을 보면 알 수 있다. 예를 들면, 영국의 써폭(Suffolk)이란 곳에는 15세기에 교구 교회의 약 절반이 상당 부분을 개축했다. 평신도들은 또한 성물들과 기부 미사들에 상당히 많은 돈을 썼다. 종교단체는 매우 인기가 있어서 1517년 함부르그(Hamburg)라는 도시에만 99개의 단체가 있었고, 새롭게 만들어지는 종교단체의 이런 양상은 많은 도시에서 반복되었다. 이런 증거는 이와 같은 헌신의 표현들을[3] 연구한 역사가들로 하여금 중세말 교회가 하락의 상태에 있었던 것이 아니라는 결론을 내리게 했다. 사실 중세말 교회는 상당한 활기를 띠고 있었고 사회의 종교적 욕구를 놀랍게 잘 채워주고 있었다는 것이다. 그들은, 같은 비판의 반복이 교회의 하락보다는 오히려 교회에 대한 더 높은 기대를 반영하는 것일 수 있다고 주장한다. 종교개혁의 선구자로 한 때 간주된 중세말의 이단 운동들은 중세교회가 다수로부터 받은 큰 후원과는 대조되는 비교적 작은 운동들이었다고 이 역사가들은 주장한다.[4] 비록 개혁이 필요하기는 했지만, 개혁의 필요가 인식되었다는 자체가 교회의 건강함을 증명한다. 대부분의 평신도들에 의해 주어진 광범위하고 열정적인 교회 후원은 이단 운동들이 대중의 후원을 별로 받지 못했을 가능성이 높았을 것임을 말해준다.

두 개가 다 남아있는 증거에 기초하고 있으니, 우리는 이 두 가지의 극적으로 대조되는 중세말 교회에 대한 견해를 어떻게 조화시킬 수 있겠는가? 첫째, 모순적 증거로 보이는 어떤 것들은 자세히 보면 사실 모순이 아니다. 중세 교회는 큰 강점과 중요한 약점을 가지고 있었고, 그 강점을 드러내는 증거는 왜 교회가 많은 사람들에게 인기가 있었는지 설명해 준다. 그러나 열렬한 종교개혁자들의 저작에서 특징적으로 발견되는 과장법을 이해한다고 해도, 교회는 분명히 심각한 문제를 가지고 있었고, 그 문제 중 일부는 그 시기를 걸쳐 불같이 일어난 지속적 투쟁으로부터 기인했다. 리더십에 대한 투쟁은 교황의 분열로 연결되었고 결국은 누가 교회의 궁극적 권위를 가지는 것인가에 대한 투쟁으로 이어졌다. 그런 투쟁은 계급제도의 관심을 다른 데로 돌렸고, 그들로 하여금 적들과 싸우는데 교회의 자원을 남용하게 했으며, 교황으로 하여금 그들의 권한을 위협했던 개혁 운동에 대해 많은 의혹을 사도록 했다. 또한 평신도와 성직자 사이에 투쟁이 있었다. 이것은 때로 "반성직주의

(anticlericalism)"란 명칭이 붙여졌고 성직자에 대한 가장 큰 비판으로 이어졌다.

수많은 투쟁이 중세말 교회를 병들게 했지만, 과다한 개혁운동도 또한 중세말 교회의 특징이었다. 주교 관구를 개혁하려고 열심히 사역했던 경건한 감독들이 없지 않았고, 중세 시대의 위대한 전통에서 수도원들은 개혁의 대의를 도왔다. 교회의 제도화된 기관에서 기인되지 않았던 다른 운동들도 있었다. 토마스 아 켐피스(Thomas à Kempis)가 관련되었던 모임인 공동생활형제회(Brethren of the Common Life)와 같은 중요한 평신도 운동은 평신도의 영적 삶에 중요한 공헌을 했다. 인문주의자들이 가장 개혁을 부르짖은 사람들이었고 교회의 연약함을 지적하는데 특별히 큰 소리를 가했다. 이 장에서 우리는 중세말 교회의 투쟁들을 먼저 조사하여 그들이 어떻게 교회의 건강을 해치는데 기여했는지 알아보려 할 것이다. 그러나 우리는 균형 잡힌 그림을 제시하기 위한 노력으로 개혁 운동도 조사할 것이다. 이 장은 중세말 교회의 상황에 대한 모순적인 증거가 어떻게 조화될 수 있고 해결되지 않은 문제들이 어떻게 종교개혁의 배경을 제공하는지에 대한 제언으로 끝을 맺는다.

리더십의 투쟁

앞 장에서 거론된 중세 사회의 리더십에 대한 황제와 교황 사이의 투쟁은 초기에 교황의 중요한 승리로 결말이 났다. 그러나 이 싸움에서 교황은 출교와 같은 영적 무기를 정치적 싸움으로 보이는 것에 남용하여 그 특권을 잃어버리기 시작했다. 13세기 말 교황 보니파세 8세(Boniface VIII)는 프랑스의 필립 더 페어(Philip the Fair)와 투쟁을 시작했고 교황 권위를 위해 극단적인 주장을 하는 '우남 상탐(*Unam Sanctam*)' 이란 제목의 교황령을 발포했다. 교황령은 "모든 사람이 구원을 받기 위해서는 로마 교황에게 복종하는 것은 절대 필수적이다"라고 주장했지만,[5] 필립을 보니파세 8세에게 복종시키도록 설득하지는 못했다. 대신 그는 교황을 극심한 비윤리성과 이단으로 고소했고 재판을 위해 그를 프랑스에 데려오려고 이태리에 70세의 교황을 사로잡기 위한 군대를 보냈다. 보니파세는 도피했지만 그 후 곧 죽었고, 프랑스 사람, 보르도(Bordeaux)의 대주교가 클레멘트 5세(Clement V)라는 이름으로 교황의 자리에 올랐다. 클레멘트는 프랑스를 돌며 교황직위를 사용하다가 마침내 남부 프랑스의 교황 영토인 아비뇽(Avignon)에 정착했고 1314년에 죽었다. 클레멘트가 23명의 프랑스 추기경을 추가했기 때문에 이제 거의 프랑스인으로 이루어진 추기경단은 또 다른 프랑스 교황 요한 22세(John XXII, 1316-1334)를 세웠고 그는 아비뇽에 머물렀다.

다음 73년 동안 교황은 아비뇽에 거주했다. 페트락(Petrarch)은 이것을 교회의 바벨론 포로(Babylonian Captivity of the Church)라고 불렀다. 이것은 교황이 프랑스 왕의 포로이었다는 것을 암시하는 것이다. 프랑스 왕의 영토가 아비뇽에 위치한 교황의 지역을 둘러싸고 있었기 때문이다. 아비뇽 교황들은 많은 비판을 받았다. 물론 그 비판이 다 공정한 것은 아니었다. 클레멘트의 계승자인 요한 22세는 많은 잘못을 저질렀고 영적 지도자라기보다는 정치가이었지만,[6] 그의 후계자 베네딕트 12세(Benedict XII, 1334-1342)는 확실한 개혁가였다. 클레멘트 6세(Clement VI, 1342-1352)가 베네딕트를 계승했는데, 그는 아비뇽 교황이라는 사악한 평판을 거의 대부분 책임져야할 사람이었다. 클레멘트는 극심한 낭비벽을 가진 자로 윤리성에 의혹을 받았고 그의 사치스러운 교황청은 기독교계의 영적 지도자보다는 세속적 통치자의 궁전을 닮았다. 교황청의 남용은 페트락과 같은 지성인에 의해 특별히 명백하게 드러났다. 페트락은 경악을 금할 수 없었으며 그것을 "세상의 하수구"라고 불렀다. 파두아의 마르시글리오(Marsiglio of Padua, 1275-1342)와 옥캄의 윌리암(William of Ockham, 1285-1347)과 같은 당대의 위대한 사상가들도 비슷한 비판을 했다.

유럽에서 존경받고 거룩하다고 여겨지는 많은 사람들은 아비뇽 교황청을 중심으로 나타난 비도덕성을 심하게 비난했고 교황이 로마로 돌아오기를 요구했다. 1461년 성인으로 추앙된 시에나의 캐서린(Catherine of Siena, 1347-1389)은 교황청의 행동에 특별히 경악을 금치 못했고 로마의 감독이 로마에 있지 않다는 것은 잘못된 것이라고 말하며 많은 사람의 의견을 대변했고, 교황에게 로마로의 귀환을 요구하는 분노에 찬 편지를 보냈다. 브리기티네(Brigittine) 수도회의 창시자이며 1391년에 성인으로 추앙된 스웨덴의 성 브리제트(St. Bridget of Sweden, 1303-1373)는 캐서린과 함께 교황의 로마 귀환을 요구했다. 그녀는 교황의 남용에 대해 극심한 비난을 했고 교황은 "시기에 있어서 루시퍼와 같고, 빌라도보다 더 의롭지 못하며, 유다보다 더 혹독하고, 유대인들보다 더 혐오스럽다"고 말했다.[7] 이런 압력과 아울러 로마의 감독이 로마에 거주해야한다는 자신의 신념은 1377년 결국 그레고리 11세(Gregory XI, 1370-1378)를 로마에 돌아오게 했고, 그 다음 해 그는 죽었다.

그 때 프랑스 추기경들은 로마 군중 앞에서 새로운 교황을 선택하는데 어려움을 겪었다. 그들은 우르반 6세(Urban VI)라는 명칭으로 네아폴리탄(Neapolitan)을 교황으로 세웠기 때문에 로마 군중의 압력에 완전히 굴복한 것은 아니었다. 나플레스(Naples)가 이태리에 있었기는 하지만, 프랑스와 동맹관계였기에, 우르반은 어떤 면에 타협적 대안이었다. 그가 선출 된지 얼마 안 되어, 군중은 누가 교황으로 선출되었는지 모르고 교황 선거회의 장소로 침입했고 추기경들은 공포에 질려 도피했다. 우르반은 교회가 절실한 개혁이 필요했던 시기에 좋은 선택으로 보였다. 그는 개혁에 뜻을 가진 사람이었고, 위로는 로마 교황청과 추기경들로부터 시작하여 성직으로부터 세속적인 것들을 뿌리째 뽑고 부패한 관습들을 제거할 각오가 되어있었다. 그러나 그는 또한 격렬한 분노, 편집증, 과다한 권위의식증을 가지고 있었다. 우르반은 추기경들을 지나치게 학대하여 그들은 우르반을 교황으로 선출한 것이 큰 실수였다고 결론을 내렸다.

점차적으로 추기경들은 로마를 떠나 아나그니(Anagni)로 갔다. 아나그니에서 그들은 군중의 강압적 행위가 우르반의 선출을 무효로 만들었다고 선언했다. 그들은 우르반을 면직했고 아비뇽으로 돌아가서 제네바(Geneva)의 추기경 로베르트(Robert)를 교황으로 선출했으며, 그는 클레멘트 7세(Clement VII, 1378-1394)라는 직함을 취했다. 이것은 교회에 엄청난 문제를 야기했다. 같은 추기경단에 의해 선출된 두 명의 교황 중 누가 진정한 교황인지--첫 번째로 선출되었으나 군중의 압력에 의해 선출되었다고 인식되는 자인지, 아니면 두 번째 선출된 자인지? 이 문제를 해결할 수 있는 길은 없는 것처럼 보였다. 우르반은 그를 면직한 추기경들을 면직했고 29명의 새로운 추기경들을 선출했다. 그래서 결국 두 명의 교황뿐 아니라 두 개의 추기경단이 만들어졌다. 마지막 결과는 "대분열(Great Schism)"이라고 명칭 되었던 것이다.

교회는 역사에서 많은 교황 분열을 경험했으나 같은 추기경단이 두 교황을 선출한 적은 없었다. 유럽은 완전히 갈라졌다. 어떤 지역은 로마 교황을 후원했고, 다른 지역은 아비뇽에 거주하는 교황을 후원했다. 예상한대로 북부와 중부 이태리는 로마를 후원했고 프랑스는 아비뇽을 후원했다. 제국도 분열되었다. 100년 전쟁으로 말미암아 프랑스의 원수가 된 영국은 로마를 후원했고 스페인은 아비뇽을 후원했다. 통치자들도 동맹관계를 바꿨다. 1398년 프랑스는 아비뇽에 대한 인정을 취소했으나, 로마 교황이 힘을 얻는 것처럼 보였을 때, 시실리(Sicily)와 게노아(Genoa)는 그로부터 떨어져 나갔다. 두 교황은 다 자신의 추기경단을 가지고 있었기에 클레멘트나 우르반의 죽음으로 분열은 끝나지 않았다. 두 개의 추기경단이 각각 자신의 계승자를 선출했기 때문이다.

대분열(1378-1415) 기간 동안 4명의 로마 교황이 있었으나, 아비뇽 교황은 단지 두 명뿐이었다. 우르반은 1389년에 죽었고 보니파세 9세(Boniface IX, 1389-1404)에 의해 계승되었다. 보니파세는 아비뇽 교황, 클레멘트에 의해 즉시 출교되었다. 보니파세는 클레멘트를 출교하며 맞섰다. 클레멘트가 1394년에 죽었을 때, 만일 아비뇽 추기경들이 새 교황을 선출하지 않으면 분열이 끝날 수 있다는 소망이 생겼다. 그러나 그들은 흠잡을 데 없는 윤리성을 가진 페드로 데 루나(Pedro de Luna)를 교황으로 선출했다. 그는 분열을 종식시키기 위해서는 잘못된 선택이었다. 그는 베네딕트 13세(Benedict XIII, 1394-1423)란 직함을 취했고 자신이 합법적 교황이라는 굳은 신념을 가졌다. 다수의 교회 지도자들뿐만 아니라 유럽의 통치자들도 결단코 분열을 종식시키려했지만, 베네딕트의 고집은 분열을 연장시켰다. 베네딕트가 1423년에 죽었을 때 자신과 4명의 남은 추기경들을 제외하고 모두에게 분열은 끝났다. 그러나 분열을 끝내기 위해 사용된 방법은 누가 교회의 궁극적 권위를 가지고 있는가에 대한 새로운 투쟁을 만들어냈다.

권위에 대한 투쟁

경쟁적 교황들 사이에 권위에 대한 투쟁은 여러 대학 교수들로 하여금 교황이 교회에 대한 단독 통치권을 얼마나 가지고 있어야 하는지에 대한 의문을 갖게 했다. 어떤 자들은 교회의 궁극적 권위는 교황이 아니고 종교회의라고 주장하기 시작했다. 교회 역사에서 첫 5세기 동안 큰 교리 논쟁은 종교회의에 의해 해결되어 왔었고, 새 이론가들은 교회가 모종의 공의회주의적 통치로 돌아갈 것을 요구했다. 교황의 수장권을 거부하는 것은 아니지만, 그들은 교회의 마지막 권위는 교회 전체에 놓여야 한다고 주장했고, 교회에서 교황이 어느 개인 보다 더 높은 권한을 가지고 있지만, 그가 종교회의에 대표된 전체 교회보다는 우월하지 않다고 주장했다.

1393년 파리 대학은, 만일 경쟁 상황에 있는 교황들이 "형제적이고 우호적인 방식으로 재촉된" 후에도 사임하지 않거나 중재를 수용하지 않으면, "우리가 이런 모독적 분열에 대한 최상의 치유책으로 제안하는 세 번째 방법이 있다. 우리는 이 일을 종교회의에 넘겨야할 것임을 의미한다"고 진술했다. 베네딕트 13세의 원래 후원자 중 하나이고 베네딕트가 감독으로 임명했던 피에르 드알리(Pierre D'Ally)는, 베네딕트가 분열을 치유하려는 노력에 동참하지 않았을 때, 그와 결별했다. 드알리는, "교황의 자리를 놓고 여러 후보들이 있어서 전체 교회가 그중 어느 한 사람을 복종하지 않는 상황일 때에는… 교회는 교황의 권위 없이 종교회의를 소집할 수 있고 그리고 그렇게 해야 한다"고 주장했다.[8)]

이것이 바로 1409년에 일어난 사건이다. 그 해에 양쪽의 추기경들은 하나로 뭉쳐서 피사(Pisa)에서 종교회의를 소집하기로 한 것이다. 대립상태에 있던 두 교황은 이 종교회의를 수용하지 않고 대신 자신의 종교회의를 소집했으나, 피사 종교회의는 유럽 대부분의 황실로부터 지원을 받았고 500명 이상의 고위성직자들이 참석했다. 이 종교회의는 대립하고 있는 두 교황을 면직하고 새로운 교황, 알렉산더 5세(Alexander V)를 선출하여 분열을 해결하려 했다. 그러나 면직된 두 교황은 자신의 면직을 인정하지 않았고, 둘 다 자신의 주장을 밀고나갈 수 있는 충분한 후원을 유지할 수 있었다. 이제 3명의 교황이 대립하며 서로 자신이 진정한 교황이라고 주장하는 상황이 되었고, 결국 공의회주의 운동은 초기에 문제를 해결하기는커녕 더 복잡하게 만들었다.

알렉산더 5세가 1410년에 죽었을 때, 요한 23세(1410-1415)[9)]가 그의 자리에 선출되었고 교황의 세 노선이 지속될 가능성이 있게 되었다. 요한은 잘못된 선택이었다. 그는 젊어서 해적이었고 나중에 법학박사가 되었고 훌륭한 행정가이었으나, 그의 도덕성은 매우 의심스러웠다. 그는 또한 정치적 행보에서 명확하지 않은 것이 많았고 교황의 영적 권위를 회복할 사람은 아니었다. 다행히 그는 교황의 자리에 오래 있지 못했다. 그는 로마에 잠시 자리를 잡으려고 했으나, 1413년 나폴레스의 왕이 로마를 재탈환하자 도피했다. 요한 23세는 독일 황제 시기스문드(Sigismund)에게 도움을 요청했으나, 황제는 요한이 자신의 도움을 얻는 조건으로 새 종교회의를 소집하도록 요구했다. 그 결과 요한은 어쩔 수 없이 콘스탄스 종교회의(Council of Constance)를 소집하여 1414년에 모임을 시작했다.

콘스탄스 종교회의는 교회 역사에서 가장 깊은 인상을 남긴 종교회의 중 하나였다. 당시 기록자는 그 회의에 모두 12,460명이 참석했다고 보고했다. 그 가운데는 2명의 교황, 33명의 추기경, 47명의 대주교, 145명의 감독, 93명의 부감독, 132명의 수도원장, 155명의 수도원부원장, 5,000명의 영적 주, 29명의 공작, 32명의 왕자, 141명의 백작, 71명의 남작, 1,500명의 기사, 217명의 신학박사가 있었다. 이 대단한 모임은 황제가 후원을 했고 교황의 분열을 해결하는데 성공했다. 종교회의는 1414년부터 1418년까지 호수 변 도시인 콘스탄스에서 열렸고 3명의 교황 모두를 면직하고 완전히 새로운 교황을 선출함으로 리더십의 문제를 해결했다. 새 교황은 마틴 5세(Martin V)라는 직함을 취했다. 다행이 요한 23세와 루마 교황이 사임했기에 이것은 4명의 교황으로 이어지지 않았다. 비록 베네딕트는 그의 면직을 인정하지 않았고 1423년 그가 죽을 때까지 상대들을 정죄하며 스페인에 있는 그의 성에 머물렀으나,[10] 모든 기독교계는 종교회의의 결정을 수용했다.

교황 분열은 치유되었고 종교회의는 두 법령을 공포했다. 교회 통치에 있어서 종교회의에 영구적 위치를 부여하여 분열이 다시 일어날 수 없도록 확실히 하려했던 것이다. '사크로상타(*Sacrosancta*)' 법령은, 전체교회를 대표하는 종교회의가 그리스도로부터 직접 권위를 부여받았으며, 교황을 포함하여 모두가 믿음, 분열의 제거, 개혁과 관련된 그 법령에 순종해야한다고 진술했다. '프레퀸스(*Frequens*)' 라는 두번째 법령은 종교회의 모임을 정기화하도록 했다. 새 종교회의는 5년 후에 그리고 그 다음 회의는 7년 후에 열도록 명령했다. 그 후 종교회의는 매 10년 마다 열도록 했다.

교황이 종교회의 해결책을 수용할 의지가 있었다면, 콘스탄스 종교회의 결정은 권위에 대한 모든 문제를 해결했을 것이다. 그러나 그렇게 되지 않았다. 마틴은 종교회의 때문에 자신의 위치를 얻었고 추기경이었을 때는 공의회주의 운동에 동참했지만, 교황이 되어서는 종교회의의 권한을 제한하기 위해 지속적으로 싸웠고 교황의 권위를 축소시키는 모든 개혁에 저항했다. 종교회의의 법령인 '프레퀸스' 에는 순종하여 1423년 파비아(Pavia)에서 종교회의를 소집하기는 했지만, 다음 해에 종교회의가 반교황적 경향을 보이자 바로 해체시켰다. 대중의 압력에 못 이겨 그는 7년 후에 다시 종교회의를 열었다. 이 종교회의는 1431년 바젤(Basel)에서 만나기 시작했으나, 교황 마틴 5세는 종교회의가 본격적인 일을 시작하기 전에 죽었다.

공의회주의 운동에 강하게 반대했던 마틴의 후계자 유게니우스 4세(Eugenius IV,

1431-1447)는 바로 종교회의와 충돌하게 되었다. 교황의 자리에 오르기 시작한 때부터 그는 종교회의를 은밀히 훼손시키고 전적인 교황의 권위를 회복하려 했다. 교황이 된지 바로 얼마 후에 유게니우스는 종교회의를 해산시켰으나, 종교회의가 흩어지기를 거부하자 그는 뒤로 물러났고 해산 칙령을 철회했으며 치욕적인 조건을 수용했다. 그러나 종교회의의 과격한 회원들이 교황의 권한을 격렬하게 축소하려하자, 유게니우스는 온건파로부터 지지를 얻었다. 1437년 그는 종교회의를 페라라(Ferara)라는 이태리 도시로 옮겼고 2년 후에 플로렌스(Florence)로 이전시켰다. 종교회의의 많은 위원들은 이런 이동에 반대했고 바젤에 머물렀으나, 교황은 동방교회의 동의를 받아내는데 성공하여 상당한 추가 지지를 얻어냈다. 권위의 투쟁은, 바젤에 있던 남은 위원들이 유게니우스 6세를 면직하고 교황을 반대하는 펠릭스 5세(Felix V)를 1439년에 선출했을 때, 새로운 국면에 이르게 되었다. 이 시점에 왔을 때 유럽은 분열에 피곤했고, 유게니우스는 승리하게 되었다. 펠릭스는 1449년에 사임했고 바젤 종교회의는 로잔(Lausanne)으로 이동했으며 스스로 해체를 결정했다.

공의회주의 운동의 승리 후 반세기가 지나기 전에 교황 파이우스 2세(Pius II)는 교황칙령 '엑세크라빌리스' (*Execrabilis*, 1460)를 공포했다. 엑세크라빌리스는 교황에 대적하며 종교회의에의 상고를 강력한 언어로 금했고, 종교회의를 "오류이고 저주받을 것이라"고 선언했다. 교황 줄리우스 2세(Julius II, 1503-1513)는 종교개혁 직전에 또 다른 종교회의를 소집했으나, 그것은 명백히 교황에 의해 통제되었다. 공의회주의 운동에 대한 교황권의 승리는 교황칙령 '파스토르 아에테르누스' (*Pastor Aeternus*)에 확실하게 나타났다. 이 칙령은 1516년 교황 레오 10세(Leo X)가 공포했다. 그것은 "교황만이 종교회의를 초월하여 종교회의를 소집하고, 정회하고, 해산할 수 있는 능력, 권리, 그리고 전적 권위를 갖는다"고 선언했다. 이 칙령은 또한 이 시기 초에 보니파세 8세가 만들어 놓은 교황 권위에 대한 과격한 주장을 반복했다. 그것은 "영혼의 구원을 위해 모든 그리스도인들이 로마 교황에게 복종하는 것은 필수적이다"라고 진술했다.[11] 교황은 권위에 대한 투쟁에서 승리했다. 그러나 의미있는 개혁을 하기 위한 잠재력은 후에 교회 지도력의 주의를 분산시키며 나타난 싸움에 의해 훼손되었다. 교황이 교회에 대한 권위를 다시 얻었지만, 다음 반세기 동안 교황직에 선출된 사람들은 교회를 개혁시키는데 헌신하지 않았고, 그들의 윤리적 행실은 때로 개혁운동을 이끌기 보다는 자신들이 개혁되어야할 것처럼 보였다.

르네상스 교황

종교개혁 전 반세기 동안 교회를 통치했던 교황들은 대단한 예술의 후원자이었을 뿐만 아니라 좋은 행정가, 효과적인 정치가 그리고 군사 지도자였다. 그러나 그들은 대체적으로 좋은 영적 지도자는 아니었다. 의미 있는 개혁을 위한 길을 위에서부터 인도하기 보다는, 중세 중엽에 모든 교황들이 그랬던 것처럼, 르네상스 교황들은 르네상스 문화를 후원하고, 로마 도시를 재건하며, 자신의 친척들의 유익을 도모하고, 교황 영토의 소유를 확장하는데 집중했다. 그들은 종종 수치스럽게 친척들의 유익을 도모하여, 무능한 친척들을 교회의 고위직에 임명하고 교회의 재산을 이용하여 그들의 가족들을 부유하게 만들었다. 이태리 정치에 집중한 결과로, 르네상스 교황은 기독교계의 보편적 머리라기보다는 지방 싸움에 관련되어 있는 많은 이태리 세력들 가운데 하나로 보였다. 이 시기에 교황직에 있었던 어떤 사람들은 악명 높을 정도로 비윤리적이었고, 그들 삶의 스타일과 세상 권력을 추구하는 모습으로 자신의 직함을 불명예스럽게 했다. 다른 사람들은 르네상스 문화에 큰 공헌을 한 능력 있고 대체적으로 윤리적인 사람들이었다. 불행히도 가장 훌륭했던 르네상스 교황은 이 시기 초에 교황직에 있었고, 최악의 교황은 종교개혁으로 이어진 마지막 반세기에 있었다. 니콜라스 5세(Nicholas V, 1447-1455)는 첫 번째 진정한 르네상스 교황이었고, 가장 훌륭한 르네상스 교황 중 하나였다. 교육과 문화에 대한 그의 공헌은 대단했다. 그는 바티칸(Vatican) 도서관을 창설했고, 더 많은 필사본을 찾기 위해 밀사들을 유럽 전역에 보냈다. 그는 또한 아비뇽 교황통치와 대분열 동안 많은 건물들이 심하게 망가졌던 로마의 물리적 재건축을 개시했다. 1450년 니콜라스는 대 희년을 지휘했고, 그것은 수천 명의 순례자들을 로마도 끌어들였다. 교황제도가 이전 세기에 있었던 재난 이후 그 명성을 되찾는 것처럼 보였다. 니콜라스 5세는 교회개혁을 위한 약간의 후원도 보였다. 그는 개혁의 임무를 부여하며 전 공의회주의 이론가, 쿠사의 니콜라스(Nicholas of Cusa)를 비롯한 교황특사를 유럽 전역에 보냈다. 그의 교황직 마지막 기간은 1453년 콘스탄티노플(Constantinople)의 함락으로 어두워졌고, 2년 후 그가 죽기 전에, 교황 니콜라스 5세는 그 도시를 투르크족(Turks)으로부터 해방시키기 위해 십자군전쟁을 계획했다. 다음 두 교황, 칼릭스투스 3세(Calixtus III, 1455-1458)와 파이우스 2세(Pius II, 1458-1464)도 투르크족에 대항하여 십자군전쟁에 헌신했으나, 누구도 성공하지 못했다. 파이우스는 교황이 되기 전에 명성이 있었던 작가였고, 그의 선출은 인문주의자들에 의해 갈채를 받았다. 그는 심각한 성직자였고 – 보내지는 않았지만 – 심지어 투르크족의 술탄(sultan)에게 보내는 편지를 작성했다. 그 편지에서 그는 쿠란의 가르침을 배척하려했고 기독교 믿음을 요약했으며, 술탄이 기독교로 회심하고 세례를 받도록 촉구했다. 그는 자신의 친척들을 부유케 하기 위해 교황직을 사용한 죄가 있었지만, 파이우스 2세는 니콜라스 5세와 더불어 가장 훌륭한 르네상스 교황 중 하나로 우뚝 선다.

불행히도 교황 파이우스 2세를 계승한 자들은 같은 영적 헌신을 가지지 못했다. 교황 바울 2세(Paul II, 1464-1471)는 거만하고 허영에 들뜬 자로서 그의 삼촌이 교황 유게니우스 4세(Eugenius IV)이었기 때문에 원래 교회의 고위직에 올랐었다. 그는 중요한 개혁의 기회를 놓쳤고 예술 작품을 수집하고 고대 로마의 유적들을 복구하는데 노력을 기울였다. 그는 전시와 사치를 좋아했고 그의 궁전은 세속 군주의 것을 닮았다.

바울 2세의 계승자, 교황 식스투스 4세(Sixtus IV, 1471-1484)는 마찬가지로 대단한 낭비가이었다. 그는 추기경들을 매수하여 교황직을 샀고, 그의 즉위식에 사용된 교황관은 100,000 금화로 교황 수입의 삼분의 일이 넘는 것이었다. 식스투스 4세는 교황의 평판에 해가 되어버린 정책을 시작했고, 이태리 국가들 사이의 전쟁을 특징지은 이중성과 이해할 수 없는 행동에 관련되었다. 그는 연속적인 전쟁을 치렀고 그에게 편리한대로 동맹관계를 변경했으며, 그것에는 윤리성이나 신뢰성은 찾아볼 수 없었다. 그는 자신의 가족을 부유하게 만드는데 에너지를 소모했고 자기가 좋아하는 조카를 26세에 추기경으로 만들었다. 다른 조카는 1478년 지오바니 데 메디치(Giovanni de Medici)의 암살과 로렌조 데 메디치(Lorenzo de Medici)의 부상으로 이어진 유명한 음모에 관련이 있었다. 암살자들은 매우 부적절한 시간과 장소를 – 플로렌스에 있는 성당의 미사 시간 – 선택했으나, 이것이 조카에 대한 교황의 후원을 막지는 못했다. 죽은 자의 친척들이 범인을 살인하여 복수를 하자, 식스투스 4세는 플로렌스 시 전체를 출교했다. 교황으로 있는 동안 그는 34명의 추기경을 세웠고 그 중 6명은 그의 조카였다. 다른 르네상스 교황들로 마찬가지로 그렇게 했지만, 이런 식의 친척등용의 결과는 거의 이태리인들로 구성된 추기경단의 창설이었고, 그들은 대개 매우 부유한 이태리 집안에서 나왔다. 1431년에 추기경의 절반은 비이태리인들 이었으나, 1492년에는 23명의 추기경 중 단지 한 사람만 이태리인이 아니었다. 식스투스 4세가 자신의 명성으로 주장하는 업적은 로마의 재건축을 지속했다는 것, 교황 도서관 설립을 완성했다는 것, 그리고 자신의 이름을 딴 시스틴 성당(Sistine Chapel)을 위탁했다는 것이다. 불행히도, 개혁의 부르짖음이 어느 때보다 더 귀에 따갑게 울리는 시기에 그런 것들이 교회가 가장 필요로 하는 업적은 아니었다.

식스투스 4세의 계승자들은 교황직을 더 노골적으로 불명예스럽게 했다. 이노센트 8세(Innocent VIII, 1484-1492)가 악명 높게 세속적이 된 추기경들에게 뇌물을 주어 교황이 되었을 때, 그는 이미 16명의 사생아를 가지고 있었다. 그는 이 사실을 공공연하게 인정했고, 그들에게 교회의 비용으로 명예와 부를 주었다. 재정을 일으키기 위해 이노센트 8세는 면죄부를 팔게 했고, 교황청에 불필요한 새로운 직분들(이것도 팔았음)을 만들었다. 그러므로 그는 재정 개혁을 저항해야하는 새로운 관심을 갖게 되었다. 그는 투르족과 대항하여 기독교계를 연합시키려는 그의 선임자의 정책들을 포기했다. 즉, 매년 4만 금화(ducats)와 그리스도를 십자가에 못 박을 때 옆구리를 찌른 것으로 여겨지는 창을 받고 술탄의 형제 탈주자를 감옥에 유지하는데 동의함으로 필요한 새로운 재정 원천을 마련했다.

이노센트 8세가 죽었을 때, 추기경들은 또 다시 뇌물에 넘어갔고 자신들 중 한 사람인 로데리고 보르기아(Roderigo Borgia)를 교황으로 선출했다. 그는 알렉산더 6세(Alexander VI, 1492-1503)로 모든 교황들 가운데 아마도 가장 악명 높은 자였다. 교황제도에 대해 동정적인 역사를 기술한 저자는 다음과 같이 논평했다. “로데리고는 세속적이고 포악한 사람이었으며, 그의 선출 때에 적어도 3명의 여자를 통해 이미 8명의 아버지였다. 그런 사람이 베드로의 계승자에 적합한 사람으로 보였다는 것은 당시 교황제도의 타락에 대해 많은 것을 말해준다.”[12)]

알렉산더 6세는 교황이 된 후에도 정부(mistress)를 데리고 있었다. 그는 이미 60대에 들어서 있었다. 사람들은 그가 암살과 살인을 포함한 가장 포악한 행동을 할 수 있는 사람이라고 믿었던 것으로 보인다. 최악의 이야기는 아마 진실이 아니더라도, 그는 자신의 자녀들의 유익을 도모하는데 몰두한 분명히 전적으로 세속적인 통치자와 부도덕한 정치가였다. 이중 가장 유명한 예는 그의 아들 케사레 보르기아(Cesare Borgia)로, 그가 18세 밖에 되지 않았을 때 알렉산더는 그를 여러 자리의 감독으로 세운 것이었다. 케사레의 평판은 동일하게 악명 높았고, 심지어 자기 형제를 포함한 여러 명을 살인한 것으로 고소되었다. 니콜로 마키아벨리(Niccolo Machiavelli)가 쓴 르네상스 정치적 수완에 대한 고전 작품, 『군주론』(*The Prince*)은, 국가의 선을 도모하가 위해 어떤 윤리적 절제도 하지 않는 통치자를 그리고 있는 것으로, 케사레를 모델로 설정한 것이었다. 보르기아가 통치한 도시가 무법과 부패의 장소였다는 것은 놀랄 일이 아니다. 로마를 방문한 여행객들은 로마를 "돈, 권력, 그리고 정욕이 모든 것을 지배하는" 범죄자로 가득찬 도시라고 묘사했다.[13] 희년인 1500년에 로마를 방문했던 많은 순례자들은 독일과 다른 북쪽 나라의 경건한 사람들에게 충격을 주는 이야기들을 가지고 돌아왔다. 그러므로 20년 후에 그들 중 한 사람이 교황청과 충돌하게 되었을 때 로마에 대해 동정심이 별로 없었던 것은 놀랄 일이 아니다.

교황 알렉산더 6세가 1503년에 죽었을 때, 추기경들은 개혁자 파이우스 3세(Pius III)를 다음의 교황으로 선출했다. 불행히 그는 교황이 된지 6개월도 안되어 죽었고, 식스투스 6세의 조카 중 하나인 줄리우스 2세(Julius II, 1503-1513)가 교황직을 계승했다. 이노센트 8세와 알렉산더 6세와 비교하면 줄리우스는 대단한 발전이었다. 그는 어느 정도 진실성을 가지고 있었고 예술의 대단한 후원자였다. 후대들은 그가 미켈란젤로(Michelangelo)로 하여금 시스틴 성당의 천장에 그림을 그리게 하고 1505년에 성 베드로 성당을 대치할 새로운 성 베드로 성당의 건축을 시작하게 한 것에 항상 감사할 것이다. 줄리우스 2세는 또한 현명한 외교관이었고 교황 국가의 영토를 확장시킨 훌륭한 군사 지도자였다. 만일 그가 세속 군주였더라면, 줄리우스 2세는 대단한 통치자로 여겨졌을 것이나 좋은 영적 지도자는 아니었다. 1512년 그는 5차 라테란 종교회의를 소집했고, 5년 동안 모임을 가졌으나, 개혁의 성공은 찾을 수 없었다. 교회의 수장이 개혁 정책에 헌신되지 않았기 때문이다. 줄리우스는 라파엘(Raphael)의 그림에 잘 나타나있다. 그것은 그를 말을 타고 군복을 입은 자로 그리고 있다. 평화의 왕이라기보다는 성공적 국가의 승리적 지도자로 그를 보여준 것이다.

많은 사람이 줄리우스 2세에 대해 가진 인상은 1517년에 처음 출판된 익명의 소책자에 잘 나타난다. 아마도 에라스무스(Erasmus)에 의해 기록된 것으로 추정되는 이 글은[14] 매우 널리 읽혀졌고, 당시 어떤 사람은 "여기 모든 사람은 천국에서 제외된 교황 줄리우스에 대한 작은 책을 읽고 있다 --그리고 사람들이 그것을 별로 정죄하지 않는 것은 이상하다"라고 말했을 정도다.[15] 이 책은 성 베드로와 줄리우스 사이의 상상적 대화를 포함하고 있다. 줄리우스는 천국문에 나타나서 자신의 직분에 부응하는 예식을 갖추어 천국으로 환영해 달라고 요구했다. 대화에서 베드로는 줄리우스의 삶의 양식과 가치관을 예수 그리스도의 것과 대조한다. 줄리우스가 자신의 업적을 자랑하고 부, 군사력, 그리고 자신이 교황으로 받은 칭송에 빠져있을 때, 베드로는 그리스도와 사도들이 진정한 그리스도인의 가치관에 대해 무엇을 가르치셨는지 기억을 되살린다. 줄리우스가 "이것은 나에게 모두 새로운 것입니다"라고 말했을 때, 베드로는 줄리우스가 교황으로 자신의 직분을 수행했던 방법에 대해 다음과 같이 강하게 징죄한다. "그렇겠지. 네가 그렇게 많은 대사들, 동맹국들, 계획들, 군대들, 승리들에 바빴을 때, 어떻게 복음서를 읽고, 바울의 서신과 내 서신을 읽고 또 읽을 여가가 있었겠는가? 심지어 다른 예술도 탐욕스러운 관심으로부터 자유로운 마음을 선호한다. 그러나 그리스도의 훈련은 세상 관심의 모든 얼룩으로부터 완전히 깨끗해진 마음을 요구한다."[16] 이 대화는 줄리우스가 천국에 들어오는 것을 베드로가 거절하고 줄리우스가 다음과 같이 베드로를 위협하는 것으로 끝을 맺는다. "몇 달 기다리겠다. 그리고 내가 힘을 비축했을 때, 당신이 복종하고 나오지 않는다면 거기서 쳐 내릴 것이다."[17]

『줄리우스 엑스클루수스』(*Julius Exclusus*)는 종교개혁 시기에 유럽의 많은 사람들이 르네상스 교황을 보았던 방식을 보여주고, 교황 레오 10세(Leo X) 때 왜 교황의 남용에 대한 루터의 공격이 그렇게 인기가 있었는지 설명해 준다. 로렌조 더 마그니피센트(Lorenzo the Magnificent)의 아들, 교황 레오 10세는 전형적인 르네상스 군주였고 교활한 정치가였다. 그의 주요 관심은 이태리와 그의 고향 플로렌스(Florence)에 있는 교황의 소유물을 보호하고 그의 집안의 유익을 증진시키는 것이었다. 그는 무모하게 사치스러웠고, 엄청난 빚을 졌으며 그의 화려한 삶을 유지하기 위해 교회의 자원을 사용했다. 그는 예술에 대단한 열정이 있었고 친절한 사람이었으나, 교회 역사에서 가장 큰 도전 중 하나가 되어버린 것에 효과적으로 대응할 준비가 되어 있지 않았다. 레오 10세는 당시 상황의 심각성이나 루터 항거의 근본에 있었던 신학적 질문들을 이해하지 못했다. 더욱이 그와 그의 선조들의 행동들은 교황의 권위와 인기를 뿌리째 흔들었다. 르네상스 교황들은 후대를 위해 대단한 예술적 전통을 남겼다. 그러나 동시에 그것은 상당부분 종교개혁을 위한 준비 역할을 했다. 교황의 잘못된 행동들의 결과로 16세기 개신교 종교개혁자들은 교황을 비판했을 때 잘 받아드릴 수 있는 청중을 가지게 되었다. 그리고 그들은 르네상스 교황이 교회의 가장 높은 직책을 불명예스럽게 하지 않았더라면 가지지 못했을 추종 세력을 얻었다.

반성직주의

중세말 또 하나의 투쟁은 평신도와 성직자 사이의 갈등이었다. 역사가들은 이것을 "반성직주의"라고 불렀다. 성직자에 대한 비판은 많은 평신도들이 성직에 대해 반감을 가지고 있었음을 보여준다. 이런 비판이 넓게 퍼져있었다는 것에는 의심의 여지가 없고 상당부분 비판을 들을만했다. 감독들은 종종 화려하고 과시적인 삶을 사는 것과 영적임무를 수행하지 않는 것으로 악명이 높았다. 프랑스의 많은 감독들은 대부분 상위계급 출신의 비거주 왕실 직원들이었고 귀족계급의 젊은 자녀들이었다. 어떤 독일 감독들은 상당한 권력을 가진 제국의 주요 지역 통치자들이었고, 그들은 제국의 다른 군주들처럼 살았고 행동했다. 그들 중 세 명, 콜론(Cologne), 마인츠(Mainz), 그리고 트리에르(Trier)의 감독들은 황제 유권자들이었다. 황제 유권자는 전체가 7명이었기 때문에, 이 세 명은 특별히 큰 권력을 가지고 있었고 그들의 위치는 특별히 중시되었다. 르네상스 교황들처럼, 많은 감독들은 그들의 영적 임무보다 그들의 직분이 가져다 준 세속 권력과 부에 훨씬 더 헌신되어 있었다. 교구 사제들 또한 탐욕, 무지, 그리고 무절제 등의 악행으로 자주 비판을 받았다. 어떤 자들은 그런 비판을 받아야 마땅하나, 어떤 자들은 그렇지 않았다. 순찰 기록들은 많은 교구 사제들이 그들의 임무를 흠모할만하게 잘 수행했다고 보고하고 있다. 그러나 오늘날의 경우에서처럼, 자신의 임무를 성실하게 수행했던 자들보다 부도덕한 성직자가 필연적으로 더 많은 관심의 대상이 되었다.

성직자에 대한 비판은 윤리적 문제에만 국한되지 않았다. 세속 사업에 지나친 열심, 자만, 성직의 특권신분 주장, 그리고 성직자의 과세 요구 등은 평신도들의 많은 불평의 대상이었다. 성직자들이 자신의 권리와 특권을 보호하거나 자신이 선호하는 것과 물질적 이득을 추구하는 데 지나치게 관심이 많았기에, 더 영적인 성직자들을 기대했던 사회는 당연히 그들에 대해 비판적일 수밖에 없었다. 어떤 비판은 단순히 혐오와 분노를 표현했으나, 어떤 자들은 의미 있는 개혁에 대한 진정한 욕구를 드러냈다. 그것을 모두 정당하게 반성직주의로 보아야하는지는 논란의 대상이다. '반성직주의' 란 용어는 애매하다. 그것은 구별된 성직자의 개념 자체에 대한 반대로부터 개별 성직자에 대한 비판까지 다양한 방식으로 정의될 수 있다.

극심한 형태의 반성직주의는 일반적 현상은 아니었던 것으로 보인다. 평신도들이 교회나 성직 계급에 대해 반대했던 것은 아니기 때문이다. 그들은 사제제도에 입각한 사제신분을 수용했다. 앞에서 말했던 것처럼, 사람들은 계속해서 교회에 많은 헌금을 했고 자신의 성직자들을 대개 지지했다. 또한 평신도 지배자들이 교회로부터 소외되었다는 증거도 거의 없다. 그러므로 비판이 반드시 평신도가 반성직주의적이라는 징표는 아니다. 오히려 그것은, 영적 일에 깊은 관심을 가지고 있는 사회가 이런 일들을 소홀히 했던 성직자들에 대해 비판적이었을 수밖에 없다는 것을 암시한다. 평신도들은 영적 상황과 관계없기를 원치 않았다. 그들은 단순히 교회와 성직자들을 개혁하기 원했던 것이다. 그러나 개혁의 요구는 사실이었고 뚜렷한 남용을 반영했다. 당대 최고의 지성을 포함하여, 모든 영역에서 나오는 지속적인 비판은 단순히 높은 기대의 결과만으로 설명될 수 없었다. 또한 몇 명의 나쁜 성직자들에게 주어지는 공개적 평판으로 말미암아 어느 시대든지 기대할 수 있는 단순히 그런 종류의 비판을 반영하는 것도 아니었다. 무시하기에는 너무도 많은 영역에서 나오는 너무도 많은 비판이 있었다. 이것은 교회가 심각한 실패를 안고 있었음을 암시하며, 그 사회에서 가장 지적이고 날카로운 자들에게 개혁의 필요성은 너무도 명백한 것이었음을 보여준다.

위로부터의 개혁

개혁의 필요성이 명백했지만, 그것이 어떻게 이루어질 수 있는 것인지는 확실치 않았다. 교회 조직의 복잡성, 개혁에 대항하는 세력들, 그리고 문제의 거대한 크기는 개혁을 바라기는 쉬우나 이루어내기는 어렵게 만들었다. 가장 이상적인 종류의 개혁은 교황청에 의해 주도되는 개혁운동이었다. 그것이 가장 효과적이고 분열의 위험을 피할 수 있기 때문이다. 이것이 바로 중세 중엽에 교회가 개혁되었던 방법이다. 그러나 우리가 본바와 같이 르네상스 교황들은 개혁 의지가 없었고, 교회의 계급제도는 어떤 면에 그것이 만들려고 했던 체제의 덫에 걸려있었다. 지도자들은 그들이 즐기고 있는 권력과 사치를 포기하려 하지 않았다. 개혁의 또 하나의 가능성은, 과거에 일반적으로 사용되었던 방법으로, 새 수도원이나 개혁된 수도원에 의한 개혁이었다. 중세말에 몇 개의 개혁적 수도원이 설립되었고 수도원 규칙을 엄격히 준수해 인기를 끌었지만(옵저번트 어거스티니안-- Observant Augustinian --그리고 프란시스칸 - Franciscan), 교회에 전체적인 영향을 미치지는 못했다.

교구 감독들도 그들의 교구에서 때로 개혁을 시도했다. 사람들은 감독들이 성직자를 감독하고 비윤리적 삶을 살거나 자신의 임무를 소홀히 하는 자를 치리해주기 원했다. 1215년의 4차 라테란 종교회의는 감독에게 교구 대회를 열고 정기적으로 순찰을 하도록 명령했다. 그러나 많은 교구의 크기와 순찰에서 감독이 겪는 장애 때문에, 부지런하고 헌신된 감독도 자신의 책임을 효과적으로 이행하기 어려웠다. 실제로 유럽의 여러 지역에 있는 성직자의 상태는 크게 차이가 있었다. 시골 지역에서는 교구제도가 엉망이었다. 사제들은 제대로 교육을 받지 않았거나 전혀 받지 못했다. 교회는 성직자들을 적절하게 후원할 재정적 능력이 부족했고, 교회 부의 상당 부분은 세속적 용도로 전향되었다. 그러므로 그러한 교회를 진정으로 개혁하려 하는 감독은 심각한 장애물에 부딪혔다. 개혁의 뜻에 헌신된 감독은 가난한 성직자로부터 상당한 반대에 부딪히기 일 수였다. 그들은 자신의 수입을 더 감소시킬지 모르거나 또는 더 많은 부담을 안겨줄지 모를 어떤 개혁의 노력에도 분노했다. 그럼에도 성직자를 감독하는 책임을 심각하게 생각했던 15세기 감독의 많은 예가 있다. 그들은 순찰을 했고 개혁 법령을 공포했으며, 성직자가 영적 책임을 수행하는데 더 부지런하라고 권면했고, 비윤리적인 삶을 살고 있는 성직자를 치리했다. 그러나 능력 있고 의식 있는 감독의 노력도 당시 필요했던 전폭적이고 철저한 개혁을 가져오기에는 충분하지 못했다. 개혁된 교황 없는 위로부터의 개혁은 계급제도의 교회에서는 성공하기가 쉽지 않았다.

평신도 경건과 신비주의

중세말의 또 하나의 개혁 유형은 "밑에서의 개혁"이라고 명칭을 붙일 수 있다. 그것은 제도적 교회의 공적 통로 밖에서 기인했기 때문이다. 그것은 영적 갱신을 목적으로 설립된 평신도 연합체와 종종 관련되어 있었다. 그것의 힘은 개인의 영적 삶을 진작시키고 갱신을 경험했던 그리스도인들을 통해 더 많은 교회에 개혁을 가져다 줄 그들의 잠재력에 놓여있었다.

이 평신도 연합체 중 가장 잘 알려져진 것은 게라드 그루테(Gerard Groote, 1340-1384)에 의해 설립된 '공동생활형제회' 였다. 그루테는 카르투시안 수도회(Carthusian Order)에서 2년을 지낸 후에 선교 설교자가 되기 위해 떠났다. 그는 공동체 생활을 하기 원하는 평신도와 성직자를 자신의 주위에 모았으나 그들을 세상으로부터 격리하지 않았다. 수도사처럼 살면서 그들은 기도와 아울러 신체적이고 정신적인 일을 하며 일반 생활을 유지했으나, 서약은 하지 않았다. 어떤 회원은 성직자였고 다른 어떤 자는 평신도였으나, 그들은 함께 공동체 생활을 하며 살았다. 얀 부시(Jan Busch, 1399-1480)란 한 회원은 그들의 경건을 "디보티오 모데르나"("*Devotio Moderna*")라고 불렀고, 그들은 수도원 체제에 대안을 제시하는 것으로 여겨졌다. 회원들은 또한 앞에서 말한 『그리스도를 따라서』(*The Imitation of Christ*)와 같은 책을 썼다. 이 책은 개인 기도와 윤리적 자기갱신을 매우 강조했다. 그들의 몇 가르침은 16세기 종교개혁자들이 가르쳤던 것과 유사하다. 예를 들면, 츠볼레(Zwolle)에 있는 공동생활형제회를 위한 학교의 영적 조언자로 섬겼던 베셀 강스포르트(Wessel Gangsfort, ca. 1420-1489)는 루터가 매우 흠모했다. 실제로, 루터가 강스포르트의 책을 읽었을 때, 그는 "내 적은 루터가 모든 것을 베셀로부터 가져왔다고 생각할 수 있겠다"라고 평했다.[18] 그러나 베셀이 칭의와 같은 질문에 루터와 유사한 입장을 취했지만, 그는 교회의 전통에 충성했고 종교개혁 교리인 '오직 성경(*sola scriptura*)' 은 가르치지 않았다. 후에 나타날 개신교 가르침과의 친근성에도 불구하고, 형제회의 개혁을 향한 접근은 과격하지 않았고 기존의 체제에 진정한 위협을 가져다주지도 않았다.[19]

대중 경건의 두 번째 형태는 신비주의였고, 그것은 공식적 교회의 집단적 종교에 대항하여 개인적 종교를 강조했기 때문에 교회에 더 큰 위협을 제기했다. 신비가는 묵상과 기도를 통해 자신의 뜻을 하나님의 뜻과 연합시키려 했고, 교회의 공식적 통로 밖에서 얻을 수 있는 하나님과의 직적접이고 개인적인 관계를 강조했다. 이것은 교회와 성례가 하나님께 접근할 수 있는 유일한 방법이라고 가르쳤던 교회에 위협이 되었다. 과거 형태의 신비주의는 대개 수도원에 국한되었고 세상으로부터의 이탈을 수반했다. 그러나 13세기 후반 신비주의는 은둔처로부터 나왔고 모두에게 열려있는 신비주의 형태를 가르치기 시작했다. 중세말 신비주의의 영향력 있는 지도자중 한 사람은 도미니칸 수도사인 요하네스 엑크하르트(Johannes Eckhart, 1260-1337)였다. 그는 사색적이고 철학적인 저술 때문에 인생 말엽에 이단으로 정죄 받았다.[20] 에크하르트는 많은 평신도 청중에게 정기적으로 설교했고, 그의 설교에서 영혼이 하나님과 연합되는 것은 열심히 간구하고 그것을 얻기 위해 모든 것을 버릴 준비가 되어있는 자에 의해 성취될 수 있다고 가르쳤다. 엑크하르트의 영향은 두 명의 다른 도미니칸 설교자, 요한 타울러(Johann Tauler, 1300-1361)와 헨리 수소(Henry Suso, d. 1366)에 의해 다음 세대로 전수되었다. 그들은 라인랜드(Rhineland) 전역에 신비주의 가르침을 퍼뜨렸다.

신비가들의 설교에 영감을 받은 '하나님의 친구(the Friends of God)' 라고 불린 평신도 운동이 14세기에 출현했다. 이 운동은 스위스에서 시작했고 라인 계곡(Rhine Valley) 아래로 네덜란드에까지 퍼졌다. 기본적으로 중류층 운동이었지만, 여성들을 포함하여 모든 계층 사람들을 포함했으며 회원들은 경건, 사랑, 그리고 거룩의 삶을 살기로 헌신했다. 중세 중엽에 그런 운동은 프란시스칸(Franciscan)이나 도미니칸(Dominican)과 같은 수도회이었을 것이나, '하나님의 친구' 는 평신도 운동으로 남았다. 가장 잘 알려져 있는 스트라스부르그의 룰만 메르스윈(Rulman Merswin of Strasbourg)는 교회의 부패를 공격했고, 그는 부패를 '하나님의 친구' 의 영적 추구와 대조시켰다. '하나님의 친구' 에 의해 표현된 신비주의는 제도적 교회에 위협이 되기는 했지만, 그것은 결코 넓게 퍼진 운동이 되지 못했고 14세기와 그 전에 매우 강했다. 14세기 말 '하나님의 친구' 집단은 사실상 사라졌고, 신비주의가 지속적인 영행을 미치기는 했지만, 과거처럼 그렇게 중요하지는 않았다.

기독교 인문주의

종교개혁 직전에 교회에 대한 비판에 있어서 가장 논리정연하고 뚜렷하게 표현되었던 개혁운동은 인문주의였다. 로렌조 발라(Lorenzo Valla) 같은 이태리 인문주의자들은 그들의 학문을 통해 교회를 도전했지만, 가장 심각한 도전은 이태리 선구자들의 본보기에 영감을 받았던 북 유럽의 기독교 인문주의자들에 의해 제기되었다. 그들도 마찬가지로 고대 문헌에 관심을 가지고 있었으나 성경 필사본과 초대

교회에 관련된 문서와 같은 기독교 고대 문헌의 원본에 특히 관심을 가지고 있었다. 그들은 또한 스콜라주의로 알려진 막강한 중세 신학체계에 매우 비판적이었다. 스콜라주의는 아리스토텔레스 논리의 회복으로 13세기에 발전되었고, 토마스 아퀴나스(Thomas Aquinas, 1225-1275)와 같은 스콜라주의자들은 아리스토텔레스의 논리를 사용해서 기독교 믿음의 합리성을 입증하고 신학을 체계화했다. 스콜라주의가 초기에는 둔스 스코투스(Duns Scotus, 1265-1308)와 옥캄의 윌리암(William of Ockham, 1284-1347)과 같은 창의적 사상가들을 포함한 가장 훌륭한 중세 사상가들의 마음을 끌었지만, 중세 말기에 와서는 스콜라주의 신학자들은 대개 초기 논쟁들을 반복하는 경향이 있었다. 인문주의자들은 중세 스콜라주의자들의 지루하고 부적절한 철학적 경향을 비꼬았고, 그들은 자신들 말고는 누구도 질문하지 않는 것에 대한 답을 찾으려 하고 있다고 주장했다.[21)]

북 인문주의자들 가운데 가장 위대하고 가장 영향을 많이 끼친 사람은 수도원주의에 대한 비판으로 이 장 서두에 인용된 사람, 데시데리우스 에라스무스(Desiderius Erasmus, ca. 1467-1536)였다. "인문주의자들의 군주"라고 불렸던 에라스무스는 당대의 지성인이었고, 그가 공격했던 사람들도 그를 흠모했다. 그는 라틴어와 희랍어의 지식을 가지고 있는 인문주의자였던 사제의 사생아로 네덜란드에서 태어났다. 그의 양쪽 부모가 죽었을 때, 에라스무스는 그의 후견인에 의해 데벤터(Deventer)에 있는 학교로 보내졌고, 거기서 공동생활형제회에 의해 운영되고 있었던 숙박소에서 살았다. 1487년 그는 어거스티니안 참사의원(canon)으로 수도원의 삶에 입문했다. 1492년 그는 사제로 안수 받았고 3년 후 파리 대학에서 공부를 시작했다. 파리는 스콜라주의의 중심이었고, 스콜라주의 신학자들의 짜증나는 논쟁은 에라스무스를 지루하게 했으며 그를 신학 수업에서 소외시켰다. 1499년 그는 처음 영국을 방문했고 후에 성 바울 대학의 학장이 된 존 콜렛(John Colet)이 그에게 신약을 공부하라고 격려했다. 에라스무스는 1500년에 대륙으로 돌아왔고 희랍어를 열심히 연구했다. 이태리에서 3년을 보낸 후 그는 1509년에 영국으로 돌아와서 캠브리지(Cambridge) 대학에서 희랍어를 가르치고 신학을 강의했다. 1516년 그는 자신의 라틴어 번역과 함께 주석판(annotated edition) 희랍어 신약 성경을 출판했고, 1519년에는 두 번째 판이 나왔다. 이것은 종교개혁에 심오한 영향을 주었고 루터의 독일어 번역의 기초를 마련해 주었다.

[데시리우스 에라스무스(ca. 1467-1536)]
베자(Beza) 아이콘(*Icones*)에서 발췌한 그림

종교개혁이 시작되었을 때, 에라스무스는 유럽에서 가장 유명한 학자였다. 유럽의 주요 대학들은 그를 교수로 모시려했고, 당시 가장 막강한 군주였던 영국 왕 헨리 8세(Henry VIII), 프랑스 왕 프란시스 1세(Francis I), 그리고 헝가리 왕 등이 모두 그를 자기 나라에 초청하려고 편지를 썼다. 황제 찰스 5세(Charles V)는 에라스무스를 황실 자문의원으로 삼았고 그에게 연금을 주었으며, 교황 레오 10세(Leo X)와 아드리안 6세(Adrian VI)는 그에게 큰 존경을 표했고, 그를 로마에 초청했다. 에라스무스는 재능이 뛰어나고, 재치가 있으며, 품위 있는 학자였고, 만나는 모든 사람들을 매혹했다. 교회의 남용에 대한 그의 끈질긴 공격과 개혁의 요구는 무시될 수 없었다.

이 장은 『어리석은 행동을 칭송하며』(*In Praise of Folly*)에서 발췌한 수도원주의에 대한 에라스무스의 공격을 한 예로 시작했다. 이것은 1511년 그가 인기 정상에 올랐을 때 기록한 것이다. 에라스무스가 삶의 모든 영역에 있는 모든 사람들의 약점과 악함을 놀렸고 당시 대중 경건의 미신적 관습들을 풍자했지만, 그는 성직자에 대해 특별히 비판적이었다. 그는 사치스런 삶을 살고, 권력을 추구하며, 그리스도를 따르지 못하는 것을 놓고 교황을 후려쳤다. 세속 군주들의 삶을 흉내 내는 추기경들과 감독들에 대한 그의 비판은 마찬가지로 통렬했고, 심지어 낮은 계급의 교구 성직자들도 에라스무스의 신랄하게 비꼬는 재담을 피해가지 못했다. 그들은 자신의 상사들과 똑같은 열심을 가지고 자신의 물질적 유익을 추구하며 영적 책임을 소홀히 한다고 비난을 받았다. 가장 재치 있는 논평은 스콜라주의 신학자들에 대한 것이었다. 그는 그들이 "상상할 수 없을 정도로 교만하고 까다로워서" 그들에 대해 글을 쓰는 것이 마음에 내키지 않는다고 말했다. 그는 "그들이 집단으로 일어나서

600개의 결론을 가지고 나를 대항해 진군하며 철회하라고 강요할 것이다. 그리고 만일 그렇게 하지 않으면, 그들은 즉시 이단이라고 소리 지를 것이다"라고 두려워 했다.[22)]

비록 에라스무스의 정통성이 의심을 받았고, 종교개혁이 시작된 후에 그의 책이 금지 도서 목록에 올려졌지만, 그는 항상 교회에 충성스러웠다. 그의 저술의 목적은 교회로 하여금 개혁의 필요성을 인식하게 하고, 믿음을 평신도들에게 더 의미 있게 할 수 있는 개혁을 격려하려는 것이었다. 그는 스콜라주의 신학에 대한 공격을 방어했다. 그는 교회의 가르침에 도전하려는 것이 아니라, 진작시키려는 것이었다고 말했다. 그는 잘못된 태도로 행했던 모든 외적 형태와 관습을 공격했고, 위선자들을 보이는 곳마다 채찍질했다. 그는 복음서에 있는 그리스도의 가르침에 기초한 성경적 믿음을 강조했고 예식의 외적 준수보다는 내적 경건에 역점을 두었다.

에라스무스에 의해 대표된 인문주의가 종교개혁을 위한 길을 준비하는데 도움이 되었다고 사람들은 오랫동안 주장했지만,[23)] 어떤 역사가들은 이 연결성에 의문을 던졌다. 종교개혁자들이 사용했던 도구를 인문주의자들이 제공했던 것에는 의심이 없지만 – 에라스무스 판 희랍어 신약성경 – 개신교 종교개혁자들과 에라스무스 같은 인문주의자들 사이에 신학과 개혁 방법에 근본적인 차이가 있었다. 종교개혁이 시작된 후, 에라스무스는 공적으로 루터와 결별했고, 어떤 인문주의자들은 종교개혁에 동참했으나 어떤 자들은 반대했다. 인문주의는 대중 보다 대개 교육 수준이 있는 소수에게 잘 받아들여졌다. 인문주의자들은 교육과 배움을 통해 개혁을 강조했고, 그것은 교육 받은 엘리트에게 매혹적이었으나 일반 대중과 심지어 많은 성직자들에게는 그렇지 못했다. 결과적으로 인문주의는 교회의 모든 계층의 사람들에게 폭넓은 개혁을 가져다주기 어려웠다.[24)]

이단

밑으로부터 교회를 개혁하려는 노력은 인문주의 외에 또 있었다. 그들은 중세말 교회의 윤리와 아울러 교리를 공격했다. 교회가 이단으로 정죄한 두 주요 개혁 운동은 바벨론포로와 대분열 시기 동안 시작되었다. 첫 번째는 영국사람 존 위클리프(John Wycliffe)가 주도했고, 두 번째는 위클리프의 가르침에 빚을 진 보헤미안(Bohe-

[존 위클리프(ca. 1330-1384)]
베자(Beza) 아이콘(*Icones*)에서 발췌한 그림

mian) 설교자 존 후스(John Hus)가 이끌었다.

존 위클리프는 근본적으로 정통 신학자로 시작했던 옥스퍼드(Oxford) 철학자이고 신학자였으며, 교회의 남용을 공격했고 교황과 논란에 있던 왕을 후원했다. 그러나 교회에 대한 그의 공격이 지속되면서, 그는 더욱 과격해졌다. 그는 성경이 권위의 유일하고 진정한 근원이며 모든 사람들은 성경을 읽고 공부해야 한다고 가르쳤다. 위클리프 제자들의 작품으로 보이는 성경의 글자 대 글자의 영어 번역이 1382년에 나타났고 10년 후에는 더 잘 다듬어지고 읽기 좋은 번역이 나왔다. 이것은 틴데일(Tyndale)이 1520년대에 그의 번역을 내놓기까지 유일한 영어 번역이었다. 1377년 교황 그레고리 9세(Gregory IX)가 위클리프 가르침의 부분을 정죄하는 몇 칙령을 공포했지만, 왕의 삼촌인 가운트의 존(John of Gaunt)은 그를 보호했다. 위클리프가 더 과격해지자, 그는 이 후원을 잃어버리기 시작했다. 그는 성경의 권위를 주장했거나 본국어 번역을 후원한 것으로 문책 받은 것이 아니었다. 성경의 권위는 중세 시대에 즉시 수용되었고, 본국어로의 성경번역은 대륙에서 이상한 것이 아니었다. 그러나 위클리프가 화체 교리를 거부했을 때, 가운트의 존의 후원을 잃게 되었다. 1382년 5월 캔터베리(Canterbury) 대주교는 런던에서 위클리프의 사상을 정죄하는 종교회의를 소집했고, 그는 옥스퍼드를 떠나야 했다.

위클리프는 리체스터셔(Leicestershire)의 러터워스(Lutterworth)에서 교구 사제로 그의 여생을 보냈다. 그 시기에 교회와 전통적 가톨릭 교리에 대한 그의 반대는 더 날카로워졌고 더 근본적이 되었다. 그의 가르침의 어떤 부분은 교회에 특별한 위협을 제기했다. 예를 들면, 그는 죄인이 권력이나 재산에 권한이 없기 때문에, 만일 성직자가 그것을 남용한다면 세속 정부는 성직자의 재산을 몰수할 수 있다고 주장했다. 그는 또한, 참 교회는 부패한 계급조직으로 이루어진 지구상의 가시적 교회가 아니고 모든 선택된 자들로 구성된 비가시적 교회라고 주장했다. 나아가, 그는 교황과 추기경들이 교회의 정치를 위해 필요하지 않고, 자격이 없는 교황은 면직되어야 한다고 주장했다. 그는 성경이 교회의 유일한 권위의 근원이라고 주장했고 성경에서 발견되지 않는 어떤 교회 관습도 수용하지 않았다. 위클리프는 예배를 집례 하는 동안 뇌졸중으로 1384년 12월에 죽었다. 그는 출교당하지 않았기 때문에, 그의 몸은 성별된 땅에 묻혔다. 그러나 1415년 콘스탄스 종교회의(the Council of Constance)는 그를 이단으로 선언했고, 1428년 교황 마틴 5세는 위클리프의 뼈를 파내어 화형에 처하라고 명령했다. 사후 처형이 위클리프를 괴롭혔는지는 모르지만, 그의 추종자인 롤랄즈(Lollards)는 16세기까지 지속된 박해를 받아야했다.

위클리프에 의해 영향을 받은 또 하나의 집단이 있었는데, 그들 역시도 박해를 받은 보헤미아의 존 후스의 추종자들이었다. 후스는 농노 가문에서 태어났다. 그는 자신이 원래 돈과 명예 때문에 사제가 되었다고 인정했다. 그러나 그는 공부를 하면서 영적으로 더욱 열심이 생겼다. 그는 재능 있는 설교자였고, 1402년 프라하(Prague)에 있는 베들레헴 교회(Bethlehem Chapel)에 설교자로 임명되었다. 그 교회는 1391년 본국어로 설교를 제공하기 위해 설립되었다. 후스의 임명 직후, 위클리프의 가르침이 옥스퍼드에서 공부한 체크(Czech) 학생들을 통해 보헤미아에 들어왔다. 이 가르침은 매우 인기가 있었고, 그것을 막으려는 노력은 오히려 그 인기를 높여줄 뿐이었다. 후스는 그것에 의해 확실히 영향을 받았다. 후스는 위클리프의 화체 교리 거부를 결코 채택한 적이 없지만, 그의 추종자들은 평신도들에게 빵과 포도주를 다 분배해야 한다고 주장했다. 후스는 특히 교회의 남용을 비난했고, 본국어로 강력한 설교를 했으며 『데 에클레시아』

[존 후스(ca. 1372-1415)]
베자(Beza) 아이콘(*Icones*)에서 발췌한 그림

(*De Ecclesia*)라는 제목으로 교회에 대한 논문을 썼다. 그 논문에서 그는 교황이 그리스도의 대사(vicar)라는 것에 의문을 제기했다. "만일 베드로의 대사라는 자가 덕의 길을 간다면, 우리는 그가 베드로의 진정한 대사이고 그가 다스리는 교회의 주교라고 믿겠다. 그러나 만일 그가 그 반대의 길을 걷는다면, 그는 베드로와 예수 그리스도와는 다른 적그리스도의 사절이다. 만일 교황이 윤리에 있어서 베드로의 원칙과 다르게 살고 있고 만일 그가 탐욕스럽다면, 어느 교황도 사도들의 제 일인자인 베드로의 명백하고 진정한 계승자가 아니다."[25)]

후스는 성직자들의 남용과 비윤리성을 쓴 독설로 채찍질했고 개혁의 요구에 타협하지 않았다. 그는 적을 만들었지만, 대중의 대단한 지지를 얻었다. 그는 결국 프라하의 대주교에 의해 출교 당했고 남부 보헤미아의 마을에 스스로 귀향 가서 책을 쓰고 마굿간, 마을, 숲에서 설교했다.

콘스탄스 종교회의가 1414년 가을에 개최되었을 때, 후스가 초청되었다. 그의 친구들은 함정이라고 경고했으나 그는 초청을 수용했다. 그는 황제 시기스문드(Sigismund)로부터 안전통행권을 받았으나, 콘스탄스에 도착했을 때 이것은 무시되었다. 그는 투옥되었고 자신의 사상을 방어하거나 구체적인 고발에 대응할 기회를 얻지 못했다. 그가 자신의 입장을 주장하려했을 때, 받아들여지지 않았고, 시기스문드는 후스가 끔찍한 이단이고 보호받을 자격이 없다고 주장함으로 안정통행권 위반을 정당화했다. 시기스문드는 만일 후스가 자신의 주장을 철회해도 믿을 수 없기 때문에, 그를 구해주면 안된다고 법정에 말했다. 그는 자신에게 부여된 오류들을 절대 가르치지 않았기 때문에, 철회라는 것은 위증이 된다는 근거 위에 철회를 거부했다. 그 오류 중 하나는 후스가 하나님의 위격 가운데 4번 째 라는 것이다. 그는 정죄되었고 화형에 처해졌으며, "예수, 살아계신 하나님의 아들이시여, 저에게 자비를 베푸소서"라고 노래하며 죽었다.

그의 죽음은 보헤미아에서 국가적 항의 운동에 불을 붙였고, 그의 추종자들은 교회를 장악했다. 1420년 '프라하의 4 조항(Four Articles of Prague)' 이 출판되었다. 그것은 설교의 자유, 평신도를 위한 성찬 성배 허용, 성직자들에 의해 휘둘려지는 세속 권력의 종식, 성직자들에 의해 저지러진 끔찍한 죄에 대한 형벌을 요구했다. 후스의 추종자들은 자신을 '후사이츠(Hussites)' 라 불렀고, 두 주요 그룹으로 나누어졌다. 타보라이츠(Taborites)는 과격한 그룹으로 성인 숭배, 죽은자를 위한 기도,

화체, 면죄부 등 성경에서 발견할 수 없는 어떤 관습이나 믿음도 거부했다. 그들은 공동체 생활을 했고, 본국어로 예배를 드렸으며, 여자들을 포함하여 평신도들에게 설교를 허락했다. 우트라퀴스츠(Utraquists)는 온건했고 평신도에게 성배를 허락하는 타협에 도달하게 했다. 황제 시기스문드는 보헤미아 왕이 죽은 후 왕의 자리에 계승자가 되었고, 보헤미아를 무력으로 취하려했고 몇 번의 십자군전쟁을 일으켰다. 그러나 장님이고 군사지도자이며 군사기술의 혁신자인 얀 지즈카(Jan Zizka)의 영도하에 후사이츠(Hussites)는 1424년 지즈카가 죽을 때까지 계속된 공격을 견뎌냈다. 타보라이츠 운동이 드디어 패배하는 동안, 우트라퀴스츠는 1431년 바젤 종교회의(Council of Basel)에서 타협에 이르렀고, 성찬의 잔을 평신도에게 허용하도록 했다. 후스는 국가적 영웅으로 부상했고, 보헤미아의 후사이츠 후예들은 '보헤미아 형제회(Bohemian Brethren)' 라는 이름으로 존속했고 16세기에 종교개혁에 동참했다.

이단으로 정죄된 중세말 세 번째 개혁자는 이태리 도미니칸 수도사인 사바나롤라(Savanarola)였다. 그는 알렉산더 6세 교황시절에 플로렌스를 개혁하려 했다. 초기에 사바나롤라는 도시의 허영과 부도덕성을 정죄하고, 공화국 정부 설립을 요구하며 상당한 성공을 거두었다. 사람들은 놀음기구, 화장품, 가발, 마술과 음란 서적들을 불태웠다. 사바나롤라는 또한 플로렌스에 주요개혁을 가져왔고 교황 알렉산더 6세와 부패한 교황청을 비난했으나, 결국 그는 너무도 많은 적들을 만들었다. 알렉산더는 그를 출교했고, 플로렌스 정부는 그를 포기했으며 체포했다. 고문 하에 그는 거짓 선지자이며 정치적 음모를 꾸몄다고 고백했고, 1498년 5월 처형되었다.

이것들이 중세말의 이단의 가장 두드러진 예다. 이 운동들이 얼마나 폭넓은 지지를 얻었고 종교개혁의 선구자적 역할을 했는지는 논쟁의 대상이 되어왔다. 위클리프는 "종교개혁의 샛별"이라고 불렸고, 한 때 그의 가르침과 그의 추종

[지롤라모 사바나롤라 (1452-1498)]
베자(Beza) 아이콘(*Icones*)에서 발췌한 그림

자인 롤랄즈(Lollards)는 영국 종교개혁을 준비했다고 주장되어졌다. 오늘날 역사가들은 그런 해석과 중세말 이단이 끼친 영향에 대해 의혹을 갖는 경향이 있다. 그들은, 위클리프와 후스의 인기가 비교적 짧았고 비록 감동을 준 그 운동들이 잔존했지만, 많은 사람들에게 영향을 미치지는 않았다는 입장을 가지고 있다. 그러나 이 운동들은 교회에 대한 불만이 개혁을 위해 여러 사람들로 하여금 끔찍한 죽음을 무릎 쓰게 할 만큼 심각했다는 것을 보여주는 분명한 징표였다. 나아가 위클리프와 후스는 종교개혁자들의 일부 가르침을 예고했고, 그들의 추종자들은 결국 종교개혁과 일체가 되었다.

중세말 교회 – 평가

중세말 교회는 개혁과 투쟁의 흥미로운 혼합을 보여준다. 당시를 살고 있던 사람들은 교회에 협조적이었고 동시에 교회의 실패에 대해 매우 비판적이었다. 이 시기를 걸쳐 나타난 끊이지 않는 비판의 물결은 교회가 기대 수준에 미치지 못했다는 많은 사람들의 느낌을 반영하는 것이다. 교회와 종교 행위에 거금을 사용할 만큼 심각하게 종교를 취급하고 있던 사회는 교회와 성직자들이 자신의 삶을 사는 방식과 자신의 사역을 수행하는 방식에서 예수 그리스도의 가르침을 반영해 주기를 기대했다. 종교적인 일에 별 관심이 없어 보였던 부도덕하고 무지한 사제들과 물질에 관심이 있는 감독들은 물질적인 사회보다 그런 사회에 훨씬 더 모욕적인 것이었다. 교회가 하락을 겪었는지 아니면 중세말 사람들의 기준이 더 높아졌는지는 여전히 논쟁의 대상이다. 중세말 교회에 상당한 건강과 활기가 있었고, 많은 사람들이 자신의 종교적 욕구가 채워진 것에 대해 만족했던 것으로 보인다. 그러나 많은 다른 사람들은 교회가 자신의 사역을 수행한 방법에 대해 행복하지 않았고, 무자비하게 지속적으로 비난을 퍼부었다. 중세말 개혁운동에 관련된 대부분의 사람들은 성직자들의 실패에 가장 비판적인 자들이었다. 교회의 고위층이 개혁을 위한 이러한 부르짖음에 적절하게 대응하지 못한 것은 상당히 많은 사람들로 하여금 불만을 갖게 하는 상황을 만들어냈다. 불만을 가진 이런 많은 사람들이 16세기 종교개혁에 반응을 보이는 청중이 되었다. 중세말 신학은 또 하나의 문제를 제기했다. 비록 많은 사람들이 교회의 가르침과 사역이 삶의 비극의 현장에서 위안과 궁극적 구원의 확신을 제공했다고 느꼈지만, 종교적 질문에 신실하게 답을 찾으려는 많은 다른 사람들은 지극히 실망하지 않을 수 없었다. 하나님의 사랑과 평강을 발견하기 보다는 칭의, 연옥, 지옥, 하나님의 심판에 대한 교회의 가르침은 그들을 공포와 불안으로 가득 채웠다. 그런 사람 중 하나가 재능 많고 매우 민감한 독일의 수도사 마틴 루터(Martin Luther)라는 사람이었고, 그의 개인적인 종교적 고투가 16세기 종교개혁을 시작하게 했다.

제3장

마틴 루터와 루터교 종교개혁의 기원

> 돈으로 좌우되는 면죄부가, 도미니칸 수도회의 수도사이며 가장 철면피적 아첨꾼인 텟첼(Tetzel)에 의해 널리 선전되었다. 동시에 거룩의 추구에 열심이었던 루터는…면죄부에 대한 자신의 제안을 출판했다.…그는 1517년 '올 세인츠(All Saints)' 축제전 날 이것을 비텐베르그(Wittenberg) 성에 인접한 교회에 붙였다.…그것이 논쟁의 기원이었다. 그 상황에서 루터는 예식과 의식, 강제적으로 명령된 절제를 앞으로 타도하리라는 것을 아직 예측하거나 상상하지 못했다. 그는 당시 면죄부를 완전히 거부한 것이 아니기 때문이다.…이 불길은 점진적으로 멀리 그리고 넓게 퍼져나갈 것이었다.
>
> 필립 멜랑톤(Philip Melanchthon)[1]

1546년 마틴 루터가 죽은 지 얼마 안 되어 그의 친구이자 동료인 필립 멜랑톤은 종교개혁을 시작한 사건의 묘사를 이렇게 기록했다. 그가 기록한 것의 일부는 의심받기도 했지만,[2] 1517년 루터가 면죄부 매매에 대한 질문을 던진 (Ninety-Five Theses)를 저술했을 때, 그는 혁명을 시작하려는 어떤 의도도 없었다고 멜랑톤이 말한 것이 옳다는 것에는 의심의 여지가 없다. 당시에 작은 사건으로 보였던 것이 결국 주도적으로 참여했던 자들이 바라거나 예상하지 않았던 교회의 영구적인 분열로 이어졌다. 이 교회 혁명의 중심에 있었던 사람은 비교적 잘 알려지지 않았던 자로, 독일 수도사였고 대학 강사였다. 루터는 교회를 섬기기 위해 자신의 삶을 헌신하기로 결단한 사람이었기에, 그의 배경을 보면 어느 날 교회에 대항하여 반항할 것이라고는 상상할 수 없는 사람이었다. 무엇이 그를 교회의 충성스러운 아들로부터 교회가 가장 두려워하는 적으로 변하게 만들었는가? 어떻게 명백한 남용을 개혁하려는 합리적인 노력이 중세 교회의 가장 근본적인 믿음에 도전을 하고 교회를 영구적인 분열로 가게 했는가? 이런 것이 우리가 이 장에서 다룰 질문들이다.

1512년 까지 루터의 삶과 경력

마틴 루터는 삭소니(Saxony)의 작은 마을인 아이스레벤(Eisleben)에서 1483년 11월 10일에 태어났다. 그의 아버지 한스(Hans)는 토지를 소유한 농노의 장남이었다. 당시 막내가 토지를 유산으로 물려받는 것이 독일 그 지역의 관습이었기에, 한스는 직업을 찾기 위해 가족 농장을 떠났다. 그의 경력은 아이제나크(Eisenach)의 성공한 중산층 집안의 딸인 마가렛 린데만(Margaret Lindemann)과의 결혼으로 도움을 받았다. 둘째 아들 마틴이 태어난지 1년 후 가족은 번성하는 구리 탄광 산업의 중심지인 만스펠트(Mansfeld)라는 마을로 이사했다. 근면, 검소, 대출은--아마도 그의 아내 집안이 보증을 섰을 것임--한스의 경제적이고 사회적인 향상을 가져 왔을 것이다. 1530년에 죽기 전에 한스는 6개의 탄광 수갱(竪坑, shafts)과 두 개의 구리 주물공장의 부분적 소유주가 되었고, 만스펠트 사회의 존경받는 일원이 되었다. 그러나 성공은 쉽게 온 것이 아니었다. 한스는 거의 평생 동안 빚에 놓여 있었고, 그의 자녀들은 그로부터 검소와 훈련의 중요성을 배웠다.

마틴 루터는 성인으로 어린아이 시절 경험했던 엄격한 훈련의 유쾌하지 않은 기억을 가지고 있었다. 정신분석학 역사가들은 교회에 대한 루터의 반항을 설명하기 위한 노력의 일환으로 그의 양육과정에 대한 평을 사용했지만, 그의 경험은 15세기 말 독일에서 성장하는 어린아이의 매우 전형적인 모습이었다.[3] 루터는 분명히 엄한 양육기를 가졌으나, 동시에 그의 가정에는 진정한 사랑의 증거들이 있었다. 루터의 아버지는 아들의 학문적 재능을 인식했고 그가 탁월한 교육을 받을 수 있는 방법을

[마틴 루터(ca. 1483-1546)]
베자(Beza) 아이콘(*Icones*)에서 발췌한 그림

제공했다. 그는 6살 또는 7살의 나이에 만스펠트에서 학업을 시작했고 14세까지 거기 머물렀다. 1497년 그는 공부를 계속하기 위하여 큰 도시인 마그데부르그(Magdeburg)로 보내졌다. 루터는 공동생활형제회(Brethren of the Common Life)가 운영하는 학교에 갔다고 말했으나, 마그데부르그에는 학교가 없었던 것으로 보이는 관계로, 그가 공동생활형제회에 의해 운영되는 숙박소에서 살았을 가능성이 더 높다. 마그데부르그에서 1년을 보낸 후, 그는 어머니의 친척이 살고 있던 아이제나크(Eisenach)로 갔다. 그는 친척들에 둘러싸여 3년간의 행복한 생활을 지냈으며, 매우 좋고 오래 지속된 친구관계를 형성했고 탁월한 교육을 받았다. 특히 두 선생님이 루터에게 도움이 되었고, 한 분은 평생의 친구가 되었다. 그들은 루터의 재능을 인식했고 아마도 그가 에르푸르트(Erfurt) 대학에서 계속 교육 받도록 추천해 주었을 것이다. 여전히 그 때에도 빚에 놓여 있었지만, 루터의 아버지는 자기 아들의 교육을 위한 재정을 지원했다. 한스는 마틴이 특별한 재능을 가지고 있으므로 적절한 교육만 받으면 부모보다 더 낳은 삶을 살 수 있을 것이라고 생각했을 것이다.

에르푸르트는 독일에서 가장 오래된 대학 중 하나였고 3번째로 큰 대학이었다. 17세의 루터는 대부분의 교육을 받았던 작은 마을과는 사뭇 다른 환경에 던져졌다. 어떻게 보면 당연히 그는 첫 학위에서 그렇게 성공적이지는 않았다. 학사 학위 시험에서 57명 중 30위를 차지했던 것이다. 그러나 그는 석사학위 시험에서 17명의 후보 중 2등을 차지하며 상당한 향상을 보였다. 루터의 아버지는 그의 아들을 매우 자랑스러워했고 그를 석사 마틴(Master Martin)이라고 불렀다. 구리 광산의 아들은 그의 가족의 신분 훨씬 이상으로 올라섰고, 한스는 자신의 아들에 대해 더 큰 야망을 가지게 되었다. 그는 석사 마틴이 변호사가 되어 스스로의 생계를 잘 꾸릴 뿐 아니라 부모가 늙었을 때 잘 돌보아 줄 수 있기를 바랐다. 아버지의 뜻을 따라 루터는 1505년 5월 법률 공부를 시작했고, 그의 자랑스러운 아버지는 그의 공부에 도움을 주기 위해 매우 비싼 선물인, '코르푸스 주리스 시빌리스(*Corpus Juris Civilis*)' –당시 주요 법률 교과서– 한 권을 그에게 주었다. 마틴이 자신의 삶의 전 과정을 바꾸어 놓은 경험을 하기 전 까지 그의 미래의 방향은 정해진 것으로 보였다.

루터가 법률 공부를 시작했을 때 만스펠트에 있는 집에 가게 되었다. 아버지가 루터를 위해 결혼을 준비하려고 호출한 것인지, 아니면 루터가 자신의 진로를 과연 법률 쪽으로 정해야 하는지에 대한 약간의 의혹이 있어서인지는 정확하지 않다. 그가 법률 공부를 시작하기 전에 루터는 죽음과 영혼의 건강에 대해 깊이 생각하게 한 여러 경험이 있었다. 1505년 에르푸르트에 돌발한 질병은 두 명의 시험관의 생명을 앗아갔다. 그 전에 루터는 허벅지 동맥이 사고로 잘리는 경험을 했고, 죽음과 잠시 직면하게 된 적이 있었다. 그는 강렬한 영적 소용돌이를 경험했고 성경을 읽으며 어느 정도의 시간을 보냈다고 나중에 말했다.

루터가 부모님을 방문한 동안 무슨 일이 있었는지 우리는 모른다. 그러나 그가 에르푸르트로 돌아가는 동안 천둥을 동반한 폭우가 쏟아졌고 그는 나무 밑으로 피했다. 번개가 근처에 떨어지며 그를 땅에 내쳤고, 그는 공포에 질려 부르짖었다. "성 안나(St. Anna)여, 나를 도우소서, 나는 수도사가 되겠습니다."[4] 사람들이 이런 공포 상황에서 그런 종류의 맹세를 하는 것은 그리 이상한 일이 아니다. 그러나 대개 위험이 지나가면, 그 공포의 순간에 충동적으로 말한 것은 잊어버린다. 그는 나중에 자신의 맹세를 후회했다고 인정했지만, 1505년 7월 루터는 에르푸르트에 있는 어거스티니안 수행자들의 '옵저번트 수도회(Observant order)' 에 들어감으로 그의 친구들을 놀라게 했다. (친구들은 루터가 수도회에 들어가지 않도록 설득하려 했다.) 그의 아버지가 그의 결정에 얼마나 소름끼치게 생각했는지 여러 해가 지난 후에도 루터는 여전히 기억할 수 있었다. "아들을 사랑하는 마음으로 아버님은 제 연약함을 보시고 두려워하셨습니다. 저는 그 때 22세를 바라보고 있던 어린 나이였습니다.…저의 미래를 위한 아버님의 계획은 명예롭고 부유한 결혼으로 저를 결정짓는 것이었습니다. 저를 위하는 두려움이 아버님 마음에 생기셨고, 저에 대한 아버님의 분노는 한 동안 없어지기 어려운 것이었습니다."[5]

21세기에 이것을 듣는 사람들은, 왜 루터가 경제적 번영과 주위 사람으로부터 인정받을 미래가 보장된 직업의 가망성을 버리고 그의 모든 소유를 포기해야 하는 수도원에 들어가려 했는지 이해하기 어려울 것이다. 그러나 16세기 사람들은 천국과 지옥의 실체를 진지하게 믿었고, 세상에서의 삶은 잠시 동안의 순례이고 사후의 삶이 영원토록 지속된다고 믿었다. 이 세상에서 무엇을 했는가에 따라, 사후를 영원한 축복에서 보내든지 영원한 고통에서 보내든지 결정되는 것이었다. 지구상에서의 삶의 중요성은 우리가 어디서 영원을 보내는가를 결정하는 것이었다. 루터가 겪은 죽음과의 직면은 이 삶이 얼마나 허무한 것인지 그리고 자신의 구원에 대하여 얼마나 불확실했는지를 생생하게 알게 해 주었다.

앞장에서 본 것처럼, 중세신학은 칭의가 예수 그리스도 안에서 하나님의 은혜에 의존된 과정이면서도 인간의 노력이 중요한 역할을 한다고 가르쳤다. 강조를 어디에 두느냐에 따라, 이 신학은 위로를 줄 수도 있고 무서운 교리가 될 수도 있었다. 많은 사람에게 그것은 예수 그리스도 안에서 하나님의 자비에 의해 가능해진 구원에 이르는 안전한 길을 제공했다. 이 체계가 인간의 공헌을 약간 요구했지만, 하나님의 도움이 보장되었고, 그 과정에서 남는 자에게 궁극적 구원이 약속되었다. 그러나 특히, 인간의 공로를 크게 강조했던 중세말 전통에 입각하여 생각한 사람들에게는 이 체계가 공포와 두려움의 근원이었다. 구원을 공로로 얻어내기 위해 충분한 선행을 했는지 알 수 없었기 때문이다. 교회는 사람들의 선행만으로 구원을 얻는다고 가르친 적은 없지만, 대중적 차원에서는 구원을 위한 인간의 공헌이 너무 크게 인식되어 많은 사람들은 구원이 자신의 노력에 거의 의존되어 있다고 믿었다. 소년이었을 때 루터에게 노출된 대중 종교는 저주받은 자가 지옥에서 영원히 겪어야할 끔찍한 고통을 강조했다. 그리스도는 천국으로 가야하는지 지옥으로 가야하는지를 인간의 선행에 기초하여 결정하는 심판자로서 그려졌다. 그리스도는 오른 쪽 귀로부터 튀어나온 백합(구원받은 자를 상징함)과 왼쪽 귀로부터 불쑥 나온 검(저주받은 자의 운명을 상징함)을 가지고 무지개 위에 앉아있는 것으로 그려졌다. 그의 오른 쪽에 천사들은 구원받은 자들을 천국으로 인도했고, 왼쪽에는 마귀들이 저주받은 자들을 무덤에서 끌어내어 지옥으로 던졌다. 루터가 수도원에 들어갔을 때, 그는 후자가 자신의 운명이 될지 모른다고 두려워했다. 자신이 하나님께서 요구하시는 기준에 얼마나 많이 미치지 못했는가를 잘 알고 있었기 때문이다. 그는 수도사가 되어 모든 시간을 하나님을 즐겁게 해드리고 자신의 구원을 공로로 얻어내는데 사용할 수 있기를 바랐다. "만일 내가 수도원에 들어간다면…그리고 삭발하고 수도사의 겉옷을 입고 하나님을 섬기면 그는 나에게 보상을 하고 나를 환영할 것"이라고 생각했다고 루터는 나중에 말했다.[6)]

수도원의 첫 해는 평화로웠다고 루터는 후에 말했다. 그는 오전 2시에 예배로 시작하여 하루 동안 추가로 6개의 예배를 드리는 힘든 일정으로 바빴다. 그의 시간은 예배, 기도, 묵상으로 보내졌고, 적어도 첫 해는 그것이 고뇌의 영혼을 진정시켜 주는 듯 했다. 그가 수도원에 들어 온지 2년이 안 되어 루터는 사제로 안수를 받았고 첫 번째 미사를 거행했다. 그것은 대단한 사건이었다. 그의 아버지는 여전히 수도원에 들어간 아들의 불순종에 완전히 화가 풀리지 않았지만, 그에게 20 금화(guilders)의 헌금을 했고 20명의 손님을 예배에 초대했다. 그러나 축제 분위기가 되었어야할 상황이 위기로 돌변했다. 미사를 드리는 도중, 루터는 하나님 앞에 나올 자격이 전혀 없다는 인식으로 뒤덮였다. 사제가 "우리는 당신에게 살아계시고, 진실하신, 영원한 하나님을 드립니다"라고 말하는 미사의 부분에 도달했을 때, 루터는 공포에 떨었고 계속하기가 너무 힘들었다. 나중에 그는 이런 생각을 했다고 기록했다:

> 재요 먼지요 죄로 가득한 나는 살아계시고 영원하시며 진실하신 하나님에게 말하고 있다. 그러므로 기도하는 자가 떨고 기피하는 것은 당연하다. 오래 전에 내가 아직 수도사였고 처음으로 미사 법전에 있는, "가장 자비로운 아버지시여" 그리고 "우리는 당신에게 살아계시고, 진실하시며, 영원하신 하나님을 올려 드립니다"라는 말씀을 읽었을때, 나는 완전히 기절할 뻔했고, 이 말씀에 떨지 않을 수 없었다. "왕이나 군주를 보거나 그분들과 대화를 나눌 때에도 모두가 공포에 질릴 수밖에 없는데, 만유의 주가 되시는 위대하신 주님에게 말하고 있는 나는 얼마나 뻔뻔스러운지 측량할 수 없었다."[7)]

루터가 첫 미사에서 경험한 위기는 그의 전체 영적 문제를 잘 말해주었다. 그는 하나님의 거룩함과 완전하심을 압도적으로 인식했고 자신의 죄가 얼마나 큰지 마찬가지로 잘 알고 있었다. 그는 하나님을 만나기 위해서 내적 거룩함을 소유해야한다고 믿었고, 정직하게 자신을 점검해 보았을 때 그런 거룩함을 가지지 못한 것을 알고 있었다. 심지어 그의 가장 고상한 행위도 죄스러운 생각으로 흠이 묻어 있었고,

고해,[8] 금식, 자가형벌, 기도 등의 방법을 완전히 사용했어도, 자신의 죄를 속죄하기 위해 충분히 했는지 결코 만족할 수 없었다. 그의 삶의 후기에 기록한 여러 문헌들에서, 루터는 그가 느꼈던 고뇌와 의로우신 하나님의 진노를 가라앉히려는 그의 절실한 노력을 묘사했다. 그런 노력에도 불구하고, 루터는 부족한 자신을 발견하고 어찌할 바를 알지 못했다. 그는 진정한 참회와 완전한 고백을 위한 하나님의 기준에 도달하지 못한다는 것을 너무도 잘 알 뿐이었다. 그는 그리스도를 접근할 수 없는 "심하고 끔찍한 재판관"으로 보았기에, 위로와 용서를 위해 그에게 갈 수가 없었다. 아무리 열심히 노력해도 그는 자신의 노력이 의로우신 하나님의 진노를 결코 가라앉힐 수 없다는 인식에 고통을 겪고 있었다. 경건의 선행을 통해 하나님을 즐겁게 해드리려는 노력을 불가능을 가능케 하려는 소망이 없는 시도로 묘사했다. "나는 기도, 금식, 철야, 결빙으로 자해를 했다. 추위만으로도 나를 죽일 뻔 했다.… 이렇게 함으로 하나님 말고 무엇을 나는 찾으려 했는가? 그 하나님은, 수도회에서 요구하는 것에 대한 나의 철저한 준수와 나의 금욕적 삶을 보아주시리라 믿었던 그런 하나님이었다. 나는 지속적으로 꿈속을 걷고 있었고 진정으로 우상을 숭배하며 살고 있었다. 나는 그리스도를 믿지 않았기 때문이다. 나는 그리스도를 무지개 위에 앉아계신 극심하고 끔찍한 재판관으로만 여겼다."[9] 그의 동료 수도사들이 루터를 조롱하며 그가 자신에게 너무 많은 것을 요구한다고 말했지만, 그들은 루터를 위로할 수 없었다. 칭의에 대한 루터의 이해는 인간의 약점을 허용하지 않았기 때문이다.

루터는 영적 투쟁에서 그가 있던 수도회의 총대리(vicar-general), 요한 폰 스타우피츠(Johann von Staupitz)로부터 중요한 도움을 받았다. 스타우피츠의 칭의에 대한 이해는 예수 그리스도를 통한 하나님의 자비를 강조했다. 스타우피츠는 귀족 계급 출신이고 삭소니의 선제후 프레데릭 더 와이즈(the Elector Frederick the Wise of Saxony)의 어릴 적 친구였다. 프레데릭이 1502년에 비텐베르그(Wittenberg)에 새 대학을 시작하기 원했을 때 그는 스타우피츠를 호출했고 그를 성경 분야에 교수로 임명했으며, 그는 학장이 되었다. 스타우피츠는 바쁜 사람이었지만 수도회의 이 재능 있는 그러나 자신의 영적 투쟁에 몰입되어있는 새 회원과 시간을 보냈다. 그는 루터에게 고난당하신 그리스도를 가르쳐주었다. 그는 루터가 그리스도에 대한 잘못된 그림을 가지고 있다고 말했고 그리스도를 잔혹한 심판장보다는 구세주와 친구로 보아야한다고 가르쳤다. 스타우피츠는 또한 루터가 어려운 시간에 있는 동안 그를 도와줄 수 있는 유머감각이 있었다. 어느 시점에 그는 루터에게 "흔들 목마와 애완동물 죄(hobby horses and pet sins)"[10] 같은 것을 걱정하지 말고, 나가서 부모를 죽이는 것과 같은 제대로 된 죄를 범하라고 말했다. 루터와 스타우피츠가 개혁의 길에서 서로 다른 길을 택한 후에도, 루터는 그의 전 스승에게 진 빚을 여전히 인정하고 있었다. 1523년 그는 스타우피츠에게 이렇게 편지했다. "스승님을 통해서 복음의 빛이 처음 암흑으로부터 나와 내 심령에 비치기 시작했습니다."[11]

루터가 이 영적 문제와 싸우는 동안, 그는 신학 공부를 계속했고 가르치는 사역을 시작했다. 1508년 스타우피츠는 루터를 비텐베르그에 있는 어거스티니안 수도원으로 보내 새로이 건립된 대학에 아리스토텔레스(Aristotle)를 가르치게 했다. 그곳에서의 첫 머무름은 짧은 것이었다. 다음 해 그는 에르푸르트로 갔고 거기서 2년 동안 신학을 강의했으며 자신의 신학 연구를 계속했다.

1510년 루터는 자신이 속한 수도회가 보내 로마로 출장을 가게 되었다. 그는 대단히 흥분된 상태로 길고 힘든 여행을 떠났다. 큰 영적 유익을 얻을 수 있고 돌아가신 친척들을 도와드릴 수 있을 것으로 기대했기 때문이다.[12] 그는 다른 곳에서 찾을 수 있는 어떤 것도 능가하는 성물 수집을 관찰함으로 자신의 영혼에 유익을 줄 수 있기를 기대했다. 40명의 교황과 76,000명의 순교자들이 로마에 묻혀 있었고, 성물에는 가롯 유다가 자신의 목을 맨 밧줄, 모세의 불타는 나무 한 조각, 성 바울의 사슬, 그리스도를 배신할 때 유다에게 지불된 동전 등이 있었다. 라테란(Lateran) 앞에 있는 계단은 빌라도의 궁전 앞에 서 있었던 바로 그것이라고 주장했다. 그리고 각 계단 마다 주기도문을 반복하며 손과 무릎으로 28 계단을 모두 기어가면 연옥에서 영혼이 해방된다고 주장했다. 그가 죽기 일 년 전에 한 설교에서, 루터는 자신의 할아버지를 연옥에서 구하기 위해 올라갔던 계단 꼭대기에 도달했을 때, 자꾸 "그것이 사실인지 누가 아는가?" 라는 생각이 났었다고 말했다.[13] 루터가 이 사건을 30년이 지난 다음에 정확하게 기억했는지 의심할 수 있다. 그러나 로마에서 많은 것을 기대했던 루터가 자신의 경험으로 매우 실망했었다는 것에는 의심의 여지가 없다. 그는 이태리 사제들의 무능, 무지, 타락, 비윤리성에 충격을 받았고, 성찬에 대한 그들의 불경에 특히 고민했다. 그들은 미사를 너무 빨리 진행하여 그가 한 번 말할 때 그들은 여섯 또는 일곱 번을 말할 정도였다. 그는 그 거룩한 도시가 완전히 세속적 도시인 것을 알았고 환멸을 느끼며 떠났다.

그가 돌아온 바로 얼마 후, 스타우피츠는 루터에게 대학에서 성경 신학의 교수로 그의 자리를 이어받으라고 요청했고, 1511년 4월 마틴은 비텐베르그의 작은 마을로 이사를 했으며, 그곳에서 자신의 여생을 보냈다.[14] 스타우피츠는 루터에게 공부를 계속하여 신학 박사학위를 받으라고 격려했으나 젊은 수도사는 쉽게 설득되지 않았다. 비텐베르그에 있는 수도원의 안마당에서 있었던 대화에서 루터는 자신의 좋지 않은 건강에 호소했고 일의 양이 너무 많아서 죽을 것이라고 말했다. 스타우피츠는 이렇게 대답했다. "주님은 큰 계획을 가지고 있네. 그분은 천국에서도 당신 자신을 도와줄 수 있는 현명한 사람들이 필요하네. 자네가 죽으면, 자네는 거기서 주님의 조언자가 되어야 할 것이네."[15] 루터가 이 논리에 설득되지는 않았지만, 권위에 순종적인 그는 자신의 상관에 복종했다. 다음 해에 그는 박사학위를 받았고, 일 년 후인 1513년 루터는 비텐베르그 대학에서 성경 신학을 강의하기 시작했다. 또한 그는 어거스티니안 수도원의 설교자로 임명되었다. 상당히 많은 그의 사역 가운데, 그는 영적 부르짖음을 계속했고 그것은 자신의 신학에 점차적인 변화를 가져다주는 중요한 역할을 했다. "나는 신학을 모두 한 번에 배운 것이 아니"라고 루터는 나중에 말했다. "나는 계속해서 더 깊게 숙고해야 했고, 내 영적 시련은 이 일에 나에게 도움이 되었다. 우리는 연습 없이는 배우지 못하기 때문이다."[16] 퀸

루터의 신학적 발전

대학 강사로서 첫 10년 동안 있었던 루터의 신학적 발전은 강렬한 연구와 역사적 논쟁의 대상이었다. 1512년과 1519년 사이 어느 시점에 그는 칭의에 대한 새로운 이해에 도달했고 그것은 중세 전통과의 과격한 충돌로 이어졌다. 역사가들은 그의 소위 "종교개혁 돌파구"의 날짜에 대해 계속 논쟁을 벌이고 있지만, 그것이 루터가 대학에서 강의를 위해 준비하던 성경 연구로부터 출현한 것은 자명하다.

비록 중세 시대에 성경이 넓게 읽혀지고 연구되었지만, 루터가 에르푸르트에서 신학 교육을 받을 때 성경 연구는 중요한 부분이 아니었다. 에루푸르트 대학의 신학 교육은 대체적으로 중세말 스콜라신학자들의 저술에 집중하는 것이었다. 나아가, 당시 가장 일반적으로 사용된 주석법은 본문의 실제 의미를 흐리게 하는 경향이 있었다. 성경 해석의 표준 방법은 '쿠아드리가'(*Quadriga*)로 알려져 있었고, 그것은

성경 구절에 4가지 의미를 찾는 것이었다. 한 가지 의미는 문자적이었으나 다른 세 가지 의미는 영적이고 비문자적이었다. 즉, 풍유적(allegorical) 의미는 본문의 교리적 가르침을 표현했고, 비유적(tropological) 의미는 윤리적 가르침, 유추적(analogical) 의미는 하나님 약속의 미래 성취를 가리키는 것이었다. 이 방법이 약간의 유용한 결과를 가져다주기는 했으나, 성경 기자가 실제로 전달하려는 것은 본문의 네 가지 의미를 찾으려는 노력 가운데 자주 상실되었다. 신학자들은 성경을 신학적 제안을 지지하기 위한 연속적인 증명 본문으로 사용하는 경향이 있었다. 리라의 니콜라스(Nicholas of Lyra, 1265-1349)와 같은 저자들은 문자적 의미가 우선 되어야한다고 주장했지만, '쿠아드리가' 가 여전히 지배적이었다.

중세말 성경연구는 인문주의자들의 공헌으로부터 큰 자극을 받았다. 중세 방법을 완전히 포기하지는 않았지만, 그들은 근원으로 돌아가자는데 더 큰 강조점을 두었고, 성경 본문의 진짜 의미를 정하기 위해 본문의 더 세심한 학문적 연구를 중시했다. 그들은 또한 성경 연구를 위해 언어학적이고 문법적인 도구와 아울러 에라스무스(Erasmus)의 희랍어 신약 성경과 같은 새로운 판을 만들었다.

루터는 수도원에 있는 동안 성경을 많이 읽었다. 성경 본문들의 의미와 씨름을 하기도 했지만, 그는 성경을 사랑하게 되었고, 자신을 괴롭혔던 질문들에 대한 답을 얻기 위해 신학자들의 저술보다 성경을 보았다. 19세기 후반과 20세기 초반에 시편, 로마서, 갈라디아서, 히브리서에 대한 루터의 초기 강의들이 발견되어 그의 신학적 발전을 추적하는 것이 가능해졌다. 그는 1513년 여름에 시편을 강의하기 시작했고 그 강의를 1515년 10월까지 계속했다. 그 강의에는 이미 그의 신학이 변하는 징표가 나타나고 있었다. 유명한 종교개혁 학자 롤랜드 베인톤(Roland Bainton)은 그가 저술한 베스트셀러인 루터의 전기에서 시편 22편의 말씀인 "나의 하나님 나의 하나님 왜 나를 버리셨나이까?"에 대해 루터가 새롭게 이해한 내용이 어떻게 그리스도에 대한 루터 자신의 견해를 바꾸는데 도움이 되었는지 제안했다.

> 그리스도에 대한 언급이 분명했다.…이것의 의미가 무엇일까? 그리스도는 명백히 자신이 하나님에 의해 버려졌고 포기되어졌다고 느꼈다.…왜 그리스도는 그런 절망을 겪어야 했을까? 루터는 왜 자기 자신이 그런 것들을 가지고 있는지는 완벽하게 알고 있었다. 그는 전능하신 분 앞에서 연약했다. 그는 거룩하신

> 분 앞에서 순결하지 않았다…그러나 그리스도는 약하지 않았다. 그리스도는 불순하지 않았다. 그리스도는 불경건하지 않았다. 그렇다면 왜 그리스도가 항폐함으로 그렇게 압도되었는가? 유일한 대답은 그리스도가 우리 모두의 죄악을 스스로 담당하셨기 때문이었다. 죄가 없으신 분이 우리를 위해 대신 죄가 되셨고 우리의 소외됨에 참여하시려고 자신을 우리와 동일시 하셨다.…이건 그리스도에 대한 얼마나 놀라운 그림인가!…무지개의 심판자가 십자가에 버려진 자가 되었다.[17]

시편과 로마서에 대한 초기 강의에서 루터는 인간이 무엇을 하는가에 강조를 두었던 칭의 견해로부터 하나님이 무엇을 하시는가에 대한 강조를 두는 칭의 견해로 입장이 바뀌었다. 이것은 어거스티니안 입장이다. 스타우피츠도 이 입장을 취했으나, 그것은 여전히 중세적이었다. 칭의가 죄인이 점차적으로 의로워지는 과정으로 간주되었기 때문이다.

칭의에 대한 루터의 새로운 이해로 인도한 사건은 "탑 경험"이라고 불린다. 그것이 수도원의 탑에서 일어났다고 루터가 말했기 때문이다.[18] 루터는 그것을 자신의 신학적 발전의 중요한 전환점으로 묘사했지만, 학자들은 그것이 언제 일어났고 실제로 무슨 일이 발생했는지에 대해 의견이 나누어진다. 1545년에 저술된 그의 라틴어 저작 일 권 서문에서 루터는 그 경험이 시편에 대한 두 번째 강의를 하는 동안 발생했다고 말했다. 그러면 그것은 1518년에 발생한 것이다. 역사가들은 루터가 잡은 날짜를 오랫동안 의심했다. 그의 기억에 오류가 있었을 것이라는 의미다. 탑 경험에 대한 그의 설명이 사건 후 거의 30년이 지났기 때문이다. 그리고 그들은 일반적으로 그것이 1513년에서 1515년 사이에 일어난 사건으로 날짜를 잡는다. 그러나 최근에는 루터가 잡은 날짜를 받아드리는 것이 더 일반적이 되었다. 탑 경험의 날짜를 잡는 것이 별로 중요하지 않은 것으로 보이지만, 그것은 종교개혁의 발발을 설명하는데 중요한 역할을 한다. "만일 더 이른 날짜를 잡는다면, 그 결과는 [루터의 칭의에 대한 새로운 이해가] 필연적으로 로마와의 논쟁으로 이어졌을 것이다." 반면에, "만일 후기 날짜로 잡는다면," 그러면 "전통주의자들인 적들과의 논쟁이 그를 하나님의 의와 칭의에 대한 새로운 개념으로 인도한 것이 되는 것이었다."[19]

두 번째 문제는 실제로 루터가 무엇을 발견했는가를 결정하는 것이다. 또 다시 학자들은 여러 가지 다양한 해결책들을 제시했다. 그러나 루터의 새로운 신학의 내용과 어떻게 그것이 중세 신학과 다른지에 대해서는 일치가 되지 않는다.[20] 스스로 한 설명에서, 루터는 그 경험을 매우 상세하게 묘사했다. 그는 "하나님의 의"란 구절을 사용한 바울의 로마서 본문의 의미에 고민하고 있었다고 말했다. 그는 그것을 "하나님은 의롭고 불의한 죄인을 벌하시는" 공적 또는 능동적 의로움으로 이해해야 한다고 배웠기 때문에, 그 구절이 특별히 어려웠다고 주장했다. 그러나 그 구절을 "밤과 낮으로" 묵상한 후에, 그는 "자비로우신 하나님이 우리를 믿음으로 의롭게 하시는 수동적 의로움"에 대해 저자가 말하고 있다고 이해했다. 루터는 이 발견이 그에게 성경 전체를 새롭게 이해할 수 있는 문을 열어주었다고 그 영향을 묘사했다. "여기서 나는 완전히 다시 태어났고 열린 문을 통해 천국 그 자체로 들어갔다. 나는 거기서 전체 성경의 완전히 새로운 얼굴을 보았다."[21] 그는 어거스틴에게서 유사한 가르침을 발견했다고 말했으나, 어거스틴은 "전가에 대한 모든 것을 명확하게 설명하지 않았다."[22]

루터에게 그렇게 심오한 영향을 끼친 것은 무엇인가? 그는 실제로 어떤 것을 발견했는가? 이미 앞에서 말한 것처럼, 학자들은 다 동의하지 않는다. 그러나 우리 시대의 선도적인 루터 학자, 마틴 브렉트(Martin Brecht)는 루터 발견의 의미와 중요성이 매우 분명하다고 믿는다. "루터 발견의 본질적 중심은 하나님의 아들이고 참 인간 참 하나님이신 그리스도 안에서 하나님은 우리에게 자신의 의로움, 지혜, 힘을 거저 주신다는 인식으로 이루어진다. 이것이 복음의 내용이고, 이 믿음은 믿고 그러므로 의로워진다."[23] 우리 자신의 의로움에 의존하기보다, 우리는 그리스도의 의로움으로 덮여졌고 "그리스도가 가지고 있는 모든 것이 우리 것이고 순수한 자비로 보잘 것 없는 우리에게 거저 주어진 것이다."[24] 루터는 1519년 『두 종류의 의로움』(*Two Kinds of Righteousness*)에 대한 그의 설교에서 그의 새 믿음을 처음 분명하게 표현했다. 이것은 종교개혁의 돌파구를 이해 할 수 있는 본질적 열쇠를 제공한다. 그의 설교에서 그는 이렇게 말했다.

> 그러므로 그리스도를 믿는 믿음을 통하여 그리스도의 의로움이 우리의 의로움이 되고 그 분이 가진 모든 것이 우리 것이 된다. 아니, 그 분 자신이 우리 것이 된다. 그러므로 사도는 로마서 1장에서 그것을 "하나님의 의"라고 부른다. 복음에서 "하나님의 의가 드러나나니…그것은 '의인은 믿음으로 말미암아 살리라' 라

고 기록된 것과 같으니라." 마지막으로 같은 서신 3장에서 그런 믿음이 "하나님의 의"라고 불린다.…이것은 아담이 잃어버린 원래 의로움의 자리에 주어진 것이다.[25]

칭의에 대한 루터의 새 견해는, 칭의가 더 이상 죄인이 의롭게 만들어지는 과정으로 여겨질 수가 없었다. 중세 견해에는, 의로움은 하나님이 인간 안에서 역사하시는 것이고, 인간은 그것을 성취하기 위해 협력하는 것이다. 루터에게, 하나님이 죄인을 의롭게 하시는 의로움은 그들 안에서 이루어지는 것이 아니다. 그것은 항상 외래적인 것이고 예수 그리스도의 의로움에 완전히 의존했다. 더욱이, 그것은 믿음을 통해 한 번에 이루어지는 것이었다. 루터는 "자신을 이미 구원받은 사람으로 보았지, 구원의 길을 따라 단지 무겁게 걸어가는 자로 보지 않았다.… 선행을 요구하는 그리스도인의 삶은 구원의 조건이 아니라 구원의 결과였다."[26] 칭의가 죄인을 의롭게 만드는 것이 아니고 죄인이 의로워짐을 선언을 하는 것으로 이해되어야 하는 것이지만, 이것이 믿는 자가 죄인이 더 이상 아니라는 것을 의미하지는 않았다. 그리스도인은 의로워졌고 동시에 죄인이다. 비록 믿는 자가 믿음으로 완전히 의로워져도, 그들은 또한 전적으로 그리고 완전히 죄인으로 남는다. 믿는 자들의 삶을 통해 계속되는 그리스도가 만드신 새로운 본질과 옛 죄의 본질 사이의 지속되는 투쟁이 있다. 그러나 새 본질은 칭의를 위해 선행을 해야겠다는 충동 하에 더 이상 있지 않다. 오히려, 그것은 옛 것에 대항하여 싸우고 그리스도 안에 있는 하나님의 사랑에 반응하여 하나님의 뜻을 행하려 한다. 『두 종류의 의로움』에 대한 설교에서 루터는 두 번째 형태의 의로움을 하나님이 우리 안에서 역사하시는 것으로 묘사했다. 루터는 그것이 "첫 번째 종류의 의로움의 산물로, 실제로 그것의 열매와 결과"라고 말했다.[27]

루터의 "종교개혁 돌파구"는 중세 교회와의 난절을 거의 불가피하게 만들었다. 의롭게 되는 과정의 한 부분이었던 중세의 가르침과 의식의 모든 양상들은 불필요하게 되었다. 그것은 공로적 선행, 연옥, 성례를 통한 은혜의 주입, 의롭지 않은 사람과 거룩하신 하나님 사이에 중재를 하는 사제직, 면죄부, 그리고 그 가르침들과 관련된 대중적 종교 의식들을 포함했다. 죄인은 사는 동안 그리스도의 의로움으로 옷 입혀져 하나님 앞에 선다. 그리고 그들은 공로를 세울 필요가 없다. 그리스도의 공로로 말미암아 그들이 필요로 하는 모든 공로를 이미 다 가지고 있었기 때문이다. 그들은 의롭기 때문에 하나님께 직접 접근할 수 있고, 죽을 때 직접 하나님 품으로 간다. 사는 동안 그들은 하나님 앞에서 자신의 위치에 대해 걱정할 필요가 없다. 그들은 하나님 앞에서 의롭다는 믿음으로 확신을 가지며 보상이나 형벌에 대한 어떤 걱정 없이 하나님을 자유롭게 섬길 수 있다. 그 자유는 하나님께서 예수 그리스도 안에서 그들에게 보여주신 사랑에 의해 동기가 부여된 것이다. 교회는 의로우신 하나님과 불의한 인간 사이에 중재하는 몸이 아니었고, 교회의 역할은 믿음을 창조하고 강화시키기 위해 성경을 가르치고 성례를 집행하는 것이었다. 연옥은 새로운 신학에서 있을 곳이 없어졌고, 면죄부와 같은 연옥과 관련된 의식들은 불필요해졌다. 루터는 자신이 발견한 것이 무엇을 함축하는지 즉시 충분하게 인식하지는 못했지만, 그것은 결국 그를 중세 교회의 많은 신학과 의식들과의 단절로 인도했다.

면죄부 논쟁과 종교개혁의 시작

만일 루터가 생각한 탑 경험의 날짜를 수용한다면, 그 경험은 1517년 10월 루터가 95개 논제를 기술하고 종교개혁이 시작된 사건 후에 일어난 것이다. 95개 논제는 면죄부 매매에 관해 의심스러운 신학과 심각한 남용에 대항하기 위해 기록되었다. 대학 강의에서 루터는 교회의 남용에 대해 점점 더 비판적이 되었다. 한편으로 그는 교회를 사랑했고 이단적 후스주의자들(Hussites)과의 어떤 관련도 거부했지만, 그는 후스와 비슷한 방법으로 교회 상류층의 사치스럽고, 비영적인 삶의 방식, 거룩한 것을 망령되게 하는 것, 성직자들의 비윤리적 삶, 그리고 수도원주의의 양상들을 공격했다. 루터는 비윤리적인 감독들을 비판하면서도, 그들을 복종해야 한다고 여전히 주장했다. 심지어 면죄부 매매에 대한 그의 주장도 반항적 행위로 의도된 것이 아니라, 면죄부 매매자들이 교황의 평판을 해치고 있는 방법에 대해 교회에 경종을 울리려 했던 것이다. 공식적 가르침에 의하면, 면죄부는 죄에 대한 현세적 형벌을 감면하거나 교회가 명령한 보속의 행위를 다른 것으로 대체하는 방법이었던 것이다. 교회는, 그리스도가 사함을 얻어내신 죄에 대한 영원한 형벌과 보속의 형태로 교회가 부과한 현세적 형벌을 조심스럽게 구별했었다. 나아가 면죄부를 받은 사람들은 참회하고 죄를 고백해야 한다는 것을 분명히 가르쳤었다. 그러나 때로는 그런 기술적인 것들이 면죄부를 팔려는 열심 가운데 간과되어 버리고 말았다.

1515년 교황 레오 10세(Leo X)는 면죄부 수입으로 베드로 성당의 건축을 완성하려는 의도를 가지고 전면대사(plenary indulgence)를 공포했다. 면죄부 매매는, 브란덴부르그의 선제후 조아킴(Elector Joachim of Brandenburg)의 24세 동생인 브란덴부르그의 알브렉트(Albrecht of Brandenburg)가 1514년에 마인츠(Mainz)의 감독이 되기 위해 빌린 빚을 갚도록 수입의 절반이 지정되면서, 독일 정치와 복잡하게 얽히게 되었다. 마인츠는 기독교계에서 가장 큰 주교교구였을 뿐만 아니라, 황제 선택에서 일곱 표 중 하나를 가지고 있었다. 브란덴부르그의 통치자도 선제후였기에, 이것은 일곱 표 중 두 표가 한 가족의 손으로 들어가게 되는 것이었다. 기존 교회법에 의하면 알브렉트의 선출은 엄밀히 불법이었다. 그는 대주교로 요구되는 법적 연령에 도달하지 못했고, 이미 마그데부르그의 대주교였으며, 할베르스타트(Halberstadt) 감독의 집행관이었다. 이런 이유로 알브렉트는 교황의 면제가 필요했다. 레오는 상당한 액수의 돈을 대가로 면제를 허용해 줄 용의가 있었다. 당연히 성당 건축을 위해서 사용하려고 계획했던 것이다. 알브렉트는 교황에게 29,000 레니쉬(Rhenish) 금화(gold gulden)를 지불하기로 동의했다. 그러나 그는 그런 큰돈이 금방 준비될 수 없었기에, 푸거(Fugger) 은행으로부터 빌렸다. 복잡한 삼자 관계의 조정을 거쳐, 레오 10세는 알브렉트가 면죄부 매매 수입의 절반을 받아 푸거스에 갚는데 사용할 수 있도록 동의했다. 대신 레오는 베드로 성당의 완공을 위한 재정 보조를 위해 나머지 절반을 받았다.

면죄부 매매는 조심스럽게 조직화되었다. 연옥의 고통을 피하거나 이미 연옥에 있는 친척들을 돕는데 관심이 있는 사람들에게 특별히 호소력을 발휘할 수 있도록 매매 상품은 잘 광고되었다. 알브렉트에 의해 공포된 지시에 따라 면죄부는 "모든 죄를 사하는" 전면대사를 제공하는 것이었고 연옥의 형벌은 "완전히 지워지는" 것이었다. 추가로, 이미 연옥에 있는 사들을 위해 구매한 면죄부는 그들의 형벌을 안전히 사해주어서 "기부자가 참회의 마음을 가질 필요가 없고 입으로 고백하는 것도 필요가 없게 되는 것"이었다. 이것은 돈만이 영혼을 연옥의 끔찍한 고통으로부터 해방시켜줄 수 있는 것처럼 보이도록 만들었다. 면죄부 매매 설교자들에 의해 사용된 인기 있는 슬로건은 이 거래의 자동적 성격을 강조했다. "동전이 돈궤에 떨어지자마자, 영혼이 연옥으로부터 솟아오른다." 설교자들은 면죄부로부터 나오는 대단

한 유익을 "가장 효과적인 방법으로" 제시하고 "그것을 모든 능력을 동원하여" 설명하라고 지시받았다[28]

면죄부를 가장 잘 판매한 자 중 하나는 1504년부터 푸거스와 교황을 위해 면죄부를 팔았던 도미니킨 수도사, 존 텟첼(John Tetzel)이었다. 한 때 그는 성 베드로가 복음으로 영혼을 구원했던 것 보다 더 많은 영혼을 구원했다고 자랑하기도 했다. 그는 또한 상당한 봉급, 여행 경비, 큰 상여금을 받는 등 자신의 사역에 대해 극진한 대우를 받았다. 텟첼은 대단한 판매원이었고 어떻게 대중의 관심을 불러일으키는지 아는 사람이었다. 팔에 낀 교황복과 금으로 수를 놓은 벨벳 방석 위에 높이 올려진 면죄부 교서(the bull of indulgence)와 함께, 그는 엄숙한 행렬로 마을에 들어감으로 시작했다. 십자가가 장터에 설치되었고 텟첼은 지옥, 연옥, 천국에 대한 설교를 했다. 그들이 연옥에 계신 돌아가신 부모님을 어떻게 도울 수 있는지 말할 때, 그는 청중의 양심에 특히 호소했다.

> 당신은 통곡하고 계신 죽은 부모님과 다른 사람들의 이런 목소리를 듣고 계시지 않습니까? "나에게 자비를 베푸소서, 나에게 자비를 베푸소서, 우리는 심한 벌과 고통을 당하고 있습니다. 조금의 헌금으로 당신은 나를 구원할 수 있습니다. 그런데 당신은 그렇게하고 싶지 않는 모양이군요." "아버지가 아들에게 그리고 어머니가 딸에게 하는 소리에 귀를 여십시오…우리는 너를 낳았고, 길렀고, 돌보았고, 세상의 좋은 것들을 남겨 주었다. 많은 돈이 드는 것도 아닌데, 왜 그렇게 너는 잔인하고 혹독한가? 우리를 구원하기 원치 않는가? 너는 우리를 화염 속에 놓아두어 약속된 영광에 천천히 들어가도록 하는구나."[29]

프레데릭이 면죄부 판매자들을 자기 영토에 허락하지는 않았지만, 1517년 봄 텟첼은 비텐베르그 근처 마을에 있었고, 루터의 교구민들은 그를 들으러 갔으며 면죄부를 샀다. 비텐베르그에 돌아왔을 때, 그들은 어떤 참회의 모습이나 삶의 변화에 대한 조금의 헌신도 없이 면제 받기를 기대했다. 그들은 천국으로 들어가는 길을 샀다고 생각했다.

루터는 자신의 교구민들의 구원에 대해 근심했고 면죄부 설교자들이 재정적 이득을 위해 사람들을 그릇 인도하고 있음에 분노했다. 루터가 텟첼의 설교를 들은 적은 없지만, 그는 고해성사에서 교구민들의 보고를 들었고 끔찍하게 느꼈다. 그는 이미 면죄부와 면죄부 설교자들이 사람들을 그릇 인도하는 방법에 대해 비판적으로 설교했다. 그는 또한 『면죄부에 대한 논문』(*Treatise on Indulgences*)을 저술했고, 합법적 사용은 수용했지만 그 남용에 대해서는 비판했다. 1517년 10월 31일 루터는 마인츠의 대주교인 알브렉트에게 공손한 편지를 써서 면죄부 설교자들이 일반인들에게 전달하는 잘못된 이해에 대한 근심을 표현했다. 그는 "평범한 사람들"이 "그런 문서를 사면 구원을 확보한다"고 믿는 것과 "돈이 상자 속에 소리를 내는 순간 영혼이 연옥에서 구원을 받는다"고 믿는 것에 특히 고민했다. 이 편지에 그는 면죄부에 대해 기술한 『95개 논제』(*Ninety-five Theses*)를 동봉해서 대주교가 "면죄부에 대한 의견이 매우 다양한 것임을 볼 수" 있게 했다. 알브렉트에게 이 편지를 보낸 후에 루터가 비텐베르그의 교회 문에 『95개 논제』를 붙였을 가능성이 높다.[30)]

교회 역사에서 결국 가장 중요한 문서 중 하나가 되어버린 『95개 논제』는 남용을 개혁하려 했던 교회의 충성스러운 아들에 의해 기록되었다. 그것은 혁명의 외침도 아니었고 일반인들을 선동하는 것도 아니었다. 그것은 라틴어로 기록되었고, 서론 진술로부터 명백하게 나타나듯이 학계에 주어졌던 것이다. "진리에 대한 사랑과 관심으로, 그리고 그것을 이끌어내려는 목적으로, 성직자 마틴 루터 주재 하에 다음의 제목이 공공 논의의 주제가 될 것이다.…이 문제를 구두로 논쟁하기 위해 개인적으로 참석할 수 없는 자는 누구나 글로 해주기를 그는 요구한다."[31)]

『95개 논제』는 분노에 차서 기술되었으나, 면죄부의 사용이나 교황을 공격하려고 의도되었던 것은 아니다. 비록 루터가 면죄부를 위해 주장되었던 몇 권한에 대한 의문을 분명히 제기했지만, 교회에 대한 근원적인 도전은 아니었다. 예를 들면, 그는 죄를 사해주거나 영혼은 연옥에서 구출해주는 면죄부의 권한을 거부했고 면죄부는 단지 교회에 의해 부과된 형벌들을 면해줄 수 있는 것이라고 주장했다(조항 5-11). 나아가, 면죄부는 회개 없이는 아무런 가치가 없고 "진정으로 회개하는 그리스도인은 누구든지 형벌과 죄책으로부터 절대적 사면을 얻을 수 있고 이것은 면죄부 없이 그에게 주어진다"(조항 36)고 주장했다. 루터는 면죄부가 기초하고 있는 "공로의 보고(treasury of merit)"에 대한 믿음에 의혹을 던졌다(조항 56-66). 그는 면죄부의 구매가 거짓 안정감을 생성해서는 안 되며 사랑의 선행으로부터 이탈시켜서도 안 된다고 걱정했다(조항 41-43). 그는 심지어 "면죄부에 대해 재갈물리지 않은 설교"에 의해 교황이 비방을 당하고 있다고 주장했다. 이것은 "유식한 자들로 하여금 거짓 고소를 받는 교황의 명예를 보호하기 어렵게 만들거나, 적어도 평신도의 날카로운 비판을 막기 어렵게" 만드는 것이라고 말했다(조항 81). 계속되는 조항에서(조항 83-89) 루터는 "날카로운 비판" 몇 가지를 목록에 올렸다. 그것은 "가장 하찮은 이유인, 성당을 짓는 더러운 돈으로 수많은 영혼을 구원할 수 있다면," 교황이 왜 "가장 거룩한 사랑과 영혼의 최상의 필요를 위해 연옥을 비워버리지" 못하는지의 질문을 포함했다(조항 82). 루터는 면죄부에 의해 발생되는 거짓 안심에 대한 경고로 끝낸다. "그들이 평화의 거짓 확신보다 많은 시련을 통해 천국으로 들어가는 것에 더 확신을 갖게 하라"(조항 95).[32)]

루터가 요구한 논쟁이 실제로 열렸다는 증거는 없다. 『95개 논제』는 아마도 필사본으로 붙여졌을 것이고 루터의 몇 친구들 사이에 유포되었을 것이다. 아마 루터가 모르는 사이에 인쇄소에서 한 부를 얻었을 것이고, 그것이 독일어로 번역되었을 것이며, 짧은 시간 내에 인쇄본들이 독일 전역과 국경을 초월하여 퍼졌을 것이다. 루터는 반응에 놀랐다. 그는 "그렇게 대단한 소동"을 일으킬 의도가 없었으나 바로 그런 것이 발생한 것이다. 당연히 텟첼은 루터를 공격했다. 그는 루터를 후스와 위클리프 전통의 이단이라고 불렀고, 루터가 친구라고 여겼던, 바바리아(Bavaria)에 있는 인골슈타트 대학(University of Ingolstadt)의 신학자, 요한 엑크(Johann Eck)로부터 심지어 더 악랄한 공격이 들어왔다. 독설의 특별한 재능을 보이며, 엑크는 루터를 "이단적이고, 반항적이며, 건방지고, 뻔뻔스럽고, 동시에 머리가 멍하고, 단순하며, 무식하고, 교황을 경멸하는 자"라고 불렀다.[33)]

그러나 루터는 또한 상당한 지지와 심지어 환호를 받았다. 1518년 4월 그는 하이델베르그(Heidelberg)에 있는 자신의 수도회 모임에 참석했다. 그곳에서 루터는 어거스틴의 신학을 변호하는 논쟁을 갖게 되었으나 면죄부는 언급조차 안했다. 그의 주장은 잘 수용되었고 그는 승리의 기쁜 마음으로 돌아왔다. 다음 그는 『95개 논제』의 긴 해설을 썼고, 그것은 교황에게 간청으로 보내졌다. 헌정사에서 루터는 교황이 이 일을 공정하게 판단하리라는 확신을 표현했다. "저는 저의 모든 존재와 제가 가진 모든 것을 가지고 당신의 거룩한 발 앞에 나 자신을 드립니다.…저는 당신의 목소리를 그리스도의 목소리로 여길 것입니다. 그리스도는 당신을 통해 말씀하십니다."[34)] 헌정사의 겸손하고 복종적인 어조에도 불구하고, 루터는 물러서지 않았다. 오히려 그는 전에 썼던 것을 수호했다. 그는 성경의 권위 외에는 어떤 권위도 수용하지 않겠다고 말하며 교회의 개혁을 요구했다.

1518년 봄, 면죄부 논쟁은 독일 신학자들 사이에 말다툼 정도였다. 그러나 약간의 초기 지연 후, 로마에서는 이 골치 아픈 독일 수도사를 최종적으로 다룰 준비가 이루어지고 있었다. 1517년 12월 알브렉트는 루터가 자신에게 보낸 문서를 로마에 전달했다. 그는 교황이 "그런 오류"[35]를 어떻게 역공할 것인지 알 것으로 확신했다. 그러나 레오 10세는 심각한 신학적 질문을 다룰 능력이 없었다. 그는 상황의 심각성을 이해하지 못하는 것으로 보였다.[36] 그의 반응은 발전되고 있는 위기를 단지 더 악화시키는 방법으로 나타났다.

아마도 자신을 정통교리의 수호자로 여기고 교황청(Curia)에서 중요한 위치를 확보하고 있는 도미니칸들의 압력 하에, 거만한 62세의 도미니칸 신학자, 실베스터 프리에리아스(Sylvester Prierias)가 루터에게 답장을 보내도록 위임되었다. 그는 3일 만에 답장을 보냈다. 그 답장은 루터가 『95개 논제』에서 제기한 질문들은 무시했고, 교황의 권한을 내세우며 위협과 무차별한 주장으로 일관했다. 이 답장에는 이런 진술이 들어 있었다. "누구든지 로마 교회와 교황의 가르침을 믿음의 무오한 법칙으로 받아드리지 않는 자는 이단이다. 심지어 성경도 그 권한과 권위를 교회와 교황으로부터 얻어낸다."[37] 황제 맥시밀리안(Maximilian)은 루터가 위험한 이단이라고 확신했고, 황제의 추방령과 함께 교회의 정죄를 집행하기로 이미 동의했다. 8월 23일 아우구스트 레오(August Leo)는, 아우그스부르그(Augsburg)에서 열리게 되어있는 독일 군주들의 모임에 교황 대사였던, 추기경 카제탄(Cajetan)에게 루터를 체포할 수 있는 권한을 부여했다. 그것은 루터가 로마로 끌려와서 교황 법정에서 재판을 받도록 하기 위함이었다.

루터가 프리에리아스의 공격을 심각하게 받아들이지 않았지만,[38] 로마의 호출은 불길한 징조였다. 정당한 재판이 거의 불가능하다는 것을 루터는 알고 있었고, 후스(Hus)에게 무슨 일이 있었는지 그는 잘 알고 있었기 때문이다. 필사적으로 루터는 프레데릭(Frederick)의 비서이고 개인 지도 신부인 조지 스팔라틴(George Spalatin)을 통해 그의 군주 프레데릭 더 와이즈(Frederick the Wise)에게 간청했다. 스팔라틴은 루터와 그의 군주 사이에 중재자로서 핵심적인 역할을 했다.[39] 프레데릭은 놀라운 사람이었다. 그가 성물과 면죄부를 믿었고, 평생 동안 루터와 다른 신학적 입장을 가지고 있었으며,[40] 루터가 좀 더 화해적인 방식으로 반응을 보이기를 바랐지만,

그는 계속해서 루터를 지지했고 그가 정당한 공청회를 갖기를 요구했다. 만일 그가 루터를 계속 밀어준다면, 카제탄은 그의 집에 불명예를 가져다주겠다고 프레데릭을 경고한 후에도, 선제후는 카제탄이 "초라한 작은 수도사"라고 부른 사람을 포기하지 않았다.[41] 루터에 대한 프레데릭의 끈질긴 지원에 대해 많은 이유가 언급되었지만, 아마 가장 일리 있는 답은 그가 기독교 군주로서 자신의 사람 중 하나를 포기할 준비가 되어있지 않았다는 것이다. 루터는 특히 그의 대학의 유명한 교수였고, 논란의 여지가 없는 증거 없이는 형벌을 받아서는 안 된다고 생각한 것이다. 프레데릭은 그의 신분에 충실했다. 즉, 그는 정치적 게임을 어떻게 하는지 알았다. 그는 권력의 자리에 있었고, 황제 맥시밀리안은 인생 말엽에 와 있었으며, 프레데릭은 새 황제를 선출할 7명 중 하나였기 때문이다. 이 모든 것이 루터의 목숨과 종교개혁을 구원하는데 결정적인 역할을 했다.

1518년 9월 프레데릭은 추기경 카제탄에게 부탁하여, 루터가 아우그스부르그에서 공청회를 갖도록 만들었다. 루터는 결국 죽을 수밖에 없을 것이라고 생각하고 갔다. 루터는 이렇게 말했다. "이제 나는 죽는구나, 부모님에게 얼마나 불명예스러운 일인가."[42] 카제탄은 박식한 신학자였고 루터의 면죄부에 대한 공격이 실제로 이단적이 아니라는 것을 알았다. 초기에 그는 친절로 루터를 진정시키려 했고, 루터는 그를 대단한 존경심으로 대했다. 그러나 그들 사이의 차이점을 해결하는데 진보는 없었다. 세 번의 모임에서 카제탄은 루터가 자신의 주장을 철회하고 교회의 평화를 깨뜨리는 일을 중단하라고 계속 주장했고, 루터는 자신이 성경으로 잘못되었다고 증명되기 전에는 철회할 수 없다고 선언했다. 세 번째 면담은 특별히 시끄러웠고 두 사람 다 서로에게 소리를 지르며 끝났다. 이 모임 후 카제탄은 프레데릭에게 편지를 써서, 그가 루터의 보호를 중단하고 루터를 로마로 보내거나 삭소니에서 추방하라고 재촉했다.

1518년 9월 교황 레오 10세는 '쿰 포스트쾀(*Cum Postquam*)' 이라는 교서를 공포하여 면죄부에 관해 많은 쟁점들을 정리했다. 그것은 면죄부가 죄에 대한 현세적 형벌에만 적용되지 죄책에는 적용되지 않는다고 진술했다. 그리고 죄책은 고해성사를 통해서만 사함을 받는다고 말했다. 또한 단지 지구상에서의 현세적 형벌과 연옥에서의 형벌만 면죄부를 통해 감소할 수 있고 지옥의 영원한 고통에는 적용되지 않는다고 진술했다. 그러나 그것은 루터가 의혹을 던졌던 공로의 보고를 인정했고, 교황이 연옥에 죽은자들의 유익을 위해 공로의 보고를 사용할 수 있다고 진술했다. 그 교서는 카제탄이 루터에 대항하여 사용하던 주장을 반복했고, 면죄부를 공포할 수 있는 교황의 권한을 변호했으며, 반대 의견을 말하는 모든 수도사와 설교자의 견해를 정죄했다.

루터는 자신의 긴박한 상황을 인식했다. 특히 프레데릭이 계속해서 자신을 지지해 줄 것인지 분명하지 않기 때문이었다. 11월 25일 그는 스팔라틴에게 편지를 했다. "나는 로마로부터 정죄를 매일 예상하고 있습니다. 그러므로 나는 여러 가지를 정리하고 모든 것을 준비하고 있습니다. 그래서 만일 때가 오면 아브라함처럼 가려고 준비하고 있습니다. 어디로 갈지 모르지만, 하나님은 모든 곳에 계시기에 나의 갈 길을 확신하고 있습니다."[43] 스타우피츠는 루터에게 비텐베르그를 떠나서 자신과 잘츠부르그(Salzburg)에서 합류하라고 재촉했다. 루터가 떠나려 할 때, 스팔라틴으로 부터 전갈을 받았다. 프레데릭은 루터가 머무르기를 원한다는 것이었다. 프레데릭이 12월 8일 카제탄에 편지를 보내, 루터가 편견이 없는 재판관이나 종교회의에 의해 이단으로 죄가 증명되지 않는 한, 루터를 교황에게 보내는 것을 완강히 거부했다는 것이다.

황제 선출과 라이프치히(Leipzig) 논쟁

늙은 황제 맥시밀리안의 인생이 끝나자, 선제후 프레데릭의 중요성은 극적으로 증가했다. 그를 계승할 가능성이 가장 높은 후보자인 스페인의 합스부르그(Hapsburg) 왕, 찰스(Charles)는 교황 레오 10세가 가장 선호하지 않는 사람이었다. 그가 이미 유럽의 많은 지역을 통치하고 있었기 때문이다.[44] 신성로마제국을 그의 소유에 추가하는 것은 그를 너무 막강하게 만드는 것으로 레오는 그가 교황을 장악할 것을 두려워했다. 결과적으로, 레오는 선거인 중 하나를 제외시키게 되는 상황을 피하려고 특별히 애썼다. 그가 맥시밀리안의 죽음이 가까워오고 있다는 것을 들었을 때, 레오는 삭손(Saxon) 귀족인 칼 폰 밀리티츠(Karl von Militiz)를 보내서 프레데릭에게 "덕의 금장미(Golden Rose of Virtue)"를 증정하여 그의 호의를 얻으려했다. "덕의 금장미"는 교회에 현저한 섬김을 하는 통치자에게 매년 주는 높이 평가 받는 상이었다.

1월에 루터를 만난 밀리티츠는 문제를 해결한 것에 대한 공을 인정받기 위해 매우 이중적으로 행동했다. 그는 루터를 공손히 대했고 모든 자들에게 수용될 수 있는 해결책을 찾으려 했다. 그러나 그것은 관건을 직면하지 않는 것을 의미하는 것이었다. 루터는 협조적이었고 그도 해결책을 찾으려 했다. 그들도 그렇게 한다면, 루터도 그의 적들에게 더 이상의 공격은 삼가겠다고 약속했다. 그는 심지어 교황에게 겸손한 편지를 썼다. 편지에서 루터는, 여전히 자신의 행동을 변호하면서도, 교회에 해를 끼치고 싶지 않았고 사람들에게 교회에 충성을 재촉했다고 말했다. 그러나 이 편지는 보내지지 않았다. 한편 밀리티츠는 자신의 성공을 교황이 확신할 수 있도록 하기 위해 왜곡된 보고를 했다. 그 보고에서 밀리티츠는 루터가 자신과의 만남에서 교회에 순종하기로 했다고 레오가 믿도록 유도한 것이다. 3월 레오는 루터에게 편지를 써서 그를 더 이상 "멸망의 자식"이 아니고 "내 사랑하는 아들"이라고 불렀고,[45] 그를 로마에 초청하여 그가 자신의 철회를 반복할 수 있도록 하고 여행비를 지급하도록 했다.

황제 맥시밀리안은 1519년 1월 12일 죽었다. 프레데릭을 포함하여 다른 후보를 찾으려는 교황 레오 10세의 노력에도 불구하고, 찰스가 1519년 6월 선출되었다. 그의 선출은 매우 새로운 정치적 상황을 창출했다. 황제 찰스 5세는 샬레메인(Charlemagne) 이래 유럽에서 이제 가장 강력한 군주가 되었으나, 19세의 황제는 나름대로의 문제를 안고 있었다. 유럽의 통치자들은 찰스의 막강한 권력을 염려했고, 그 중 특히 프랑스 왕, 프란시스 1세(Francis I)가 대표적인 경우였다. 프랑스 왕국은 합스부르그(Hapsburg) 권력에 의해 둘러싸여 있었고, 프란시스는 찰스와 화해할 수 없는 적이었으며 그와 지속적으로 전쟁을 치렀다. 동쪽에는 술레이만(Suleiman the Magnificent, 1520-1566)의 통치 하에 있는 오토만 투르크족(Ottoman Turks)이 제국의 경계를 위협했고, 1526년 모학스(Mohacs) 전쟁에서 헝가리안들(Hungarians)을 무찔렀으며 1529년에 비엔나(Vienna)를 포위 공격했다. 정치적 상황은 종교개혁에 중요한 영향을 끼쳤다. 교황은 종교개혁 보다는 황제의 권력을 축소시키는데 더 관심이 있었고, 찰스는 그의 정치적 문제로 항상 정신이 없었으며 제국의 분열이 진행되는데 효과적으로 대응하지 못했다. 찰스는 또한 투르크족에 대항하여 루터교 군주들의 지원이 필요했으므로 그들을 소외시킬 여유도 없었다.

찰스 5세가 선출된 지 바로 얼마 후에, 루터교 종교개혁이 라이프치히 논쟁의 결과로 새로운 국면에 들어갔다. 라이프치히 논쟁은 선거 전 날 시작했다. 이 논쟁은 루터와 그의 비텐베르그 동료, 안드레아스 보덴스타인(Andreas Bodenstein) [그의 태생지를 따라 칼슈타트(Karlstadt)라고 불렀음]를 루터의 옛 적수, 엑크(Eck)와 적대적으로 대면시켰다. 칼슈타트는 『루터의 95개 논제』에 대한 엑크의 공격에 대응했고, 둘은 서면 논쟁으로 들어갔다. 그 다음 엑크는 칼슈타트에게 공중 구두 논쟁으로 도전했다. 루터는 공격을 받지 않으면 침묵을 지키겠다고 밀리티츠에게 약속했기 때문에 처음에는 관계하지 않았다. 그러나 1518년 12월 칼슈타트에 대한 엑크의 반응은 명백히 루터의 입장을 향하고 있었으며, 이런 상황에서 루터는 자신이 답변하는 것이 마땅하다고 느꼈다. 엑크는 루터의 이런 반응을 반겼다. 그가 편지에서 말했듯이, 그는 항상 루터와의 논쟁을 의도하고 있었고 드디어 그 기회가 왔던 것이다. 그는 루터가 교황의 권위에 대한 입장에서 정통의 경계를 벗어났다고 확신했고, 논쟁을 통해 루터의 이단성을 공중에 드러내어 자신의 명예를 높이기 원했다.

논쟁은 1519년 6월 27일부터 7월 16일까지 라이프치히 대학에서 열렸다. 논쟁은 칼슈타트와 엑크가 자유의지와 선행을 위한 은혜의 필요성에 대한 질문을 논의하는 것으로 시작했다. 엑크는 더 능력있는 토론자였고, 칼슈타트는 떨어지는 기억력으로 상대에 의해 조롱당했다. 그는 가져온 참고 문헌들을 계속 보아야했기 때문이다. 엑크는 칼슈타트를 능가했고, 7월 4일 루터가 논쟁에 들어왔을 때 드디어 적수가 되는 두 상대가 마주치게 되었다.

엑크는 이단으로 정죄된 존 후스(John Hus)와 일치시킬 수 있는 발언을 하게끔 루터를 함정으로 몰고 가려 했다. 후스는 라이프치히에서 특히 증오의 대상이었다. 지난 세기에 후사이트(Hussite) 전쟁 동안 보헤미안들(Bohemians)은 삭소니(Saxony)의 국경을 넘어 공격했기 때문이다.[46] 정죄된 이단과의 연결로 인한 죄책을 입증하기 위한 엑크의 노력은 대체적으로 성공적이었다. 교황의 권위에 대해 후스가 루터와 동일한 입장을 취했다고 엑크가 지적하자, 루터는 "후스의 보는 내용이 다 이단적인 것은 아니다"라고 대응했다. 삭소니 공작령 통치자, 조지(George) 공작은 공회당 전체에서 들릴 수 있는 목소리로 이렇게 소리쳤다고 보고되었다. "재앙이 그에게 임할 지어다."[47] 엑크의 카드는, 과거에 후스의 견해가 콘스탄스 종교회의에서 정죄되었음을 알리고, 그리고 루터로 하여금 후스처럼 종교회의의 권위에 도전하고 성경의 유일한 권위를 주장하도록 만들어서 그를 후스와 같은 이단으로 만드는 것이었다. 어느 시점에 논쟁은 매우 뜨거워졌고 루터는 언어를 라틴어로부터 독일어로 바꾸었으며 "사람들에 의해 오해되었다"고 주장했다. 그리고 그는 독일어로 그의 가장 과격한 진술을 했다.

> 나는 종교회의가 때로 오류를 범했고 때로 범할 수 있다고 주장한다. 또한 종교회의는 믿음의 새로운 내용을 제정할 권위를 가지고 있지도 않다. 종교회의는 본질적으로 신적 권위가 아닌 것으로부터 신적 권위를 만들어 낼 수 없다. 종교회의들은 서로 모순되기도 했다.… 성경으로 무장한 평범한 평신도는 교황이나 종교회의 보다 더 믿어져야 한다.… 교회나 교황이 믿음의 내용을 제정할 수 없다. 이것은 성경으로부터 와야 한다. 성경을 위하여 우리는 교황과 종교회의를 거부해야 한다.[48)]

엑크는 루터가 바로 이런 말을 해주기 원했던 것이다. 엑크는 이렇게 반응했다. "교황이나 종교회의보다 한 개인의 성경 해석에 더 많은 무게를 두는 이것은 보헤미안 바이러스다."[49)]

논쟁은 연옥과 면죄부에 대한 논의로 계속되었으나 이 두 관건에 대해서는 놀라울 정도의 동의가 있었다. 루터는 연옥에 대한 믿음은 아직 거부하지 않았지만, 엑크가 성경적 방어로서 인용한 마카비스 후서(2 Maccabees)의 구절은 수용하지 않았다. 그것이 정경에서 온 것이 아니고 외경에서 온 것이라고 루터는 주장했던 것이다. 엑크는 면죄부 설교의 남용을 방어하려는 시도는 하지 않았으나, 루터가 교황의 권력에 도전하는 것에 대해 또다시 비판했다. 마지막 연설에서 엑크는 종교개혁 초기 동안 계속 루터를 괴롭혔던 내용을 강조했다. 어떻게 루터가 수 세기 동안의 교회 가르침에 대항하여 자신이 성경을 옳게 이해한 유일한 사람이라고 주장할 수 있는가 질문했던 것이다.

루터는 새로운 문제를 안고 집에 갔다. 그는 논쟁에 실망했으나, 더욱 중요한 것은 그가 한 때 이단이라고 증오했던 사람과 유사한 입장을 취했음을 인식했다는 것이다. 1520년 2월 교회에 대한 후스의 논문을 읽은 후, 루터는 이렇게 썼다. "나는 존 후스의 모든 가르침을 가르쳤고 고수했다. 그러나 지금까지 그것을 몰랐다. 존 스타우피츠도 본의 아니게 같은 것을 가르쳤다. 간단히 말해서 우리는 모두 후스주의자들인데 그것을 몰랐을 뿐이다. 심지어 바울과 어거스틴도 실제로 후스주의자들이다."[50]

그러나 이제 루터는 또한 후스의 교리와는 중요하게 다른 칭의에 대한 입장에 도달했다. 그리고 그는 후스가 남용을 공격했을 때 그는 중세교회의 교리를 공격했다고 지적함으로 자신을 보헤미안 개혁자로부터 구별했다. 비록 엑크는 자신이 논쟁에서 이겼다고 믿었고 콜론(Cologne) 대학과 루베인(Louvain) 대학은 루터를 정죄했지만, 심판관의 역할을 부여받은 파리 대학과 에르푸르트 대학은 초기에 평결을 내리는데 실패했다. 논쟁 2년 후, 파리 대학은 루터를 정죄하는 것으로 마침내 반응을 보였으나, 그들의 보고는 라이프치히 논쟁을 심지어 언급하지 않았다.

그동안 루터는 독일의 영웅이 되었다. 학생들이 비텐베르그로 몰렸고, 루터는 인문주의자 공동체로부터 의미 있는 지원을 받았다. 인쇄소는 루터를 좋아했다. 출판되자마자 바로 다 팔려버리는 책들을 루터가 그들에게 공급했기 때문이다. 1517년과 1520년 사이에 거의 40만권에 달하는 루터의 여러 가지 출판물이 팔렸다. [가톨릭 신학자 요한네스 코크라우스(Johannes Cochlaeus)는 모든 출판물이 다 "은밀한 루터교도의 것"이라고 언젠가 불평했다.]

엑크와 루터는 둘 다 자신의 입장을 보호하기 위해 글을 썼으나, 엑크는 루터를 글로만 공격하는 것에 만족하지 않았다. 논쟁이 끝난 며칠 후, 엑크는 프레데릭에게 편지를 써서 루터에 적대적 행동을 취하도록 재촉했다. 프레데릭은 반응을 보이지 않았다. 그러나 엑크가 1519년 10월 후스주의 이단 입장을 취하고 있는 루터를 정죄하라고 제안하며 교황 레오 10세에게 편지를 썼을 때, 그는 긍정적인 반응을 받았다. 1520년 봄 엑크는 로마에 가서 루터 정죄문서 준비에 착수했다.

1520년이 되었을 때 루터는 상당히 과격하게 변해 있었다. 그는 또한 놀라울 정도로 많은 양의 책을 썼다. 라이프치히 논쟁 후 반 년 내에, 루터는 16개 논문과 100개 이상의 설교를 내 놓았다. 이것은 새로운 루터를 보여주는 것이었다. 물론 이 글들은 충분한 시간을 가지고 준비되지 못했다. 루터는 초안을 별로 수정하지 않았고 때로는 자신의 입장을 과장하기도 했다. 그럼에도, 중세 기독교의 배경 내에서 개혁하려 했던 루터와는 대조적으로, 새 루터는 중세교회의 전통과 관습으로부터 자신이 얼마나 과격하게 이탈했는지 과감하게 보여주었다. 1520년 그는 중세 정통 교리와 도저히 화합될 수 없는 견해를 표현하는 세 가지 소책자를 썼다. 그 외에, 루터의 소책자가 출판되기 전에 루터를 정죄하는 교황 칙령이 기록되었지만, 교황 레오 10세는 이 소책자에서 루터를 이단으로 정죄할 수 있는 증거를 찾는데 전혀 어려움이 없었다. 그 책자들은, 루터가 자신의 새로운 신학의 함축적 의미를 점점 더 이해하기 시작하면서 얼마나 과격하게 되었는지 잘 보여준다.

1520년의 소책자들

루터의 첫 소책자, 『교회 상태의 개혁에 관해 독일 크리스천 귀족들에게 보내는 공개편지』(*Open Letter to the Christian Nobility of the German Nation Concerning the Reform of the Church Estate*)는 1520년 8월에 출판되었다. 이 책자에서 루터는 독일 귀족들에게 교회를 개혁하라고 요청했다. 성직자들이 개혁의 대의에 무관심하게 되었기 때문이라고 그는 주장했다. 그는 교황과 그의 지지자들이 교회 개혁을 위한 모든 노력에 대항하기 위해 자신을 보호하기 위한 세 가지 벽을 세웠다고 주장했다. 천 번째 벽은 영적 계급이 세속적 계급 보다 우월하다는 주장이었다. 그것은 분리된 계급이기 때문에 세속 권력은 영적 계급에 관여할 수 없다는 것이었다. 두 번째 벽은 교황만이 성경을 해석할 수 있다는 주장이었다. 그리고 세 번째 벽은 교황만이 종교회의를 소집할 수 있다는 것이었다.

루터는 첫 번째 벽을 만인제사장 교리로 부수어버렸다. 그는 이렇게 말했다. "교황, 감독, 사제, 수도사들을 영적 계급이라고 부르고 군주, 영주, 기술공, 농부들을 세속적 계급이라고 부르는 것은 순전히 허구다." 오래 동안 수용된 중세 믿음을 과격하게 수정하며, 그는 "모든 크리스천은 진정으로 영적 계급이고, 그들 사이에는 직분 말고는 아무런 차이가 없다"고 주장했다.[51] 제사장직을 언급하는 신약 성경의 본문들을 근거로, 그는 그리스도를 믿는 모든 사람이, 성직자와 평신도 다 함께, 진정한 제사장이라고 주장했다. 성직자는 안수 때 주어진 어떤 지워지지 않는 품성으로 구별되는 것이 아니다. 감독이 그를 성별한다고 제사장이 되는 것이 아니다. 모든 세례 받은 그리스도인은 이미 제사장이다. 그러나 모든 사람이 다 안수 받은 사역의 직분을 행사하라고 부름 받은 것은 아니다. 그러므로 회중은 그들 중 한 사람을 선택하여 전체 회중을 대신하여 그 자리에서 행동하게 하는 것이다. 제사장은 직분을 가진 자 외에는 아무 것도 아니고, 사회를 두 계급으로 나눈 중세의 행위는 "허위와 위선의 조각"이었다.[52]

다음에 루터는 "교황만이 성경을 해석할 수 있다는 것은 언어도단의 공상 우화"이고 어떤 성경 구절에 의해서도 입증될 수 없다고 말하며 두 번째 벽을 공격했다.[53] 성경은 모두에게 열려있으며 성령의 인도를 추구하는 모든 진정한 믿는 자들에 의해 해석될 수 있다. 루터는, 교황만이 종교회의를 소집할 권한이 있다는 핑계를 위한 성경적 지지나 역사적 증거는 없기 때문에, 세 번째 벽이 다른 벽들과 함께 무너졌다고 주장했다.

이 책의 두 번째 부분에서, 루터는 교황과 추기경들을 호되게 질책했다. 그는 로마에 너무 팽배하게 자리 잡은 세속성과 비윤리성에 대해 무제한적 공격을 시작했고, 그는 이것이 "하나님을 너무도 끔찍하게 경멸하여 적그리스도 자신도 더 혐오스럽게 통치할 수 없는 정도"라고 주장했다.[54] 책자의 세 번째 부분은 개혁이 필요하다고 루터가 느끼는 일들의 긴 목록이 있었으며, 그것은 국가에 대한 교황 권한의 제거와 자체적인 궁극적 상소 법정을 가진 독일 교회의 창립을 포함하고 있었다. 그는 또한 전체 기독교계를 위한 종교적이고 윤리적인 개혁을 요청했다.

『독일 귀족에게 보내는 공개편지』는 독일어로 쓰였고 일반 대중을 향하고 있었다. 두 달 후 루터는 라틴어로 『교회의 바벨론 포로』(*The Babylonian Captivity of the Church*)라는 제목을 가진 또 하나의 소책자를 썼다. 거기서 그는 중세 성례의 전 체제를 공격했다. 그는 일곱 성례 모두를 논의했으나, 세례, 성찬, 그리고 고해만 그리스도에 의해 제정되었다고 주장했다. (그는 나중에 고해가 성례임을 거부했다.) 성찬이 가장 많은 고려 대상이었다. 루터는, 이스라엘이 바벨론에 포로로 잡혀있던 것과 유사하게, 로마가 교회를 포로로 잡고 있었다고 주장했다. 그리고 그는 성찬에서 세 가지 속박을 밝혀냈다. 첫 번째는 평신도들로부터 잔을 금하는 것이고, 두 번째는 화체설이며, 세 번째는 미사를 희생제사로 생각하는 것이었다. 『교회의 바벨론 포로』가 루터의 초기 책자들 가운데 가장 혁명적으로 여겨지는 것은 놀랄 일이 아니다. 그 안에서 그는 이단으로 정죄되었던 자들이 취한 믿음의 내용과 사신을 동일시했고, 그러므로 중세 정통교리의 심장을 쳤기 때문이다. 빵과 포도주를 평신도에게 주라고 주장하면서, 그는 의도적으로 후스주의 입장을 수용했다. 위클리프는 화체설의 교리를 거부함으로 정죄되었고, 그 교리에 의문을 던짐으로 루터는 특별히 위험한 땅을 밟고 있었다. 1215년의 제4차 라테란 종교회의가 화체설을 교회가 수호해야 하는 신학의 부분으로 만들었기 때문이다. 마지막으로, 루터가 그리스도의 희생제사가 성찬에서 반복되는 것을 거부했을 때, 그는 중세 경건을 위해 중요한 근거였던 교리에 대항했던 것이다.

세 번째 책자는 1520년 10월에 있었던 루터와 밀리츠의 또 다른 모임에서 기인했다. 그 모임에서 밀리츠는 루터로 하여금 경건 책자를 동반하여 교황에게 화해 편지를 쓰도록 설득함으로 투쟁을 해결하려고 다시 시도했다. 루터는 이에 동의했고, 이 두 가지가 1520년에 출판되었다. 이 편지에서 루터는 화해를 시도했지만, 그가 과거에 표현한 입장으로부터는 전혀 물러서지 않았고, 재치가 부족했다. 그는 교황 레오 10세를 동급으로 대했고 로마교회가 너무도 타락하여 "심지어 적그리스도 자신도, 만일 온다면, 그것의 사악함에 더 이상 추가할 것을 생각할 수 없을 것이다"라고 말했다. 루터는, 레오의 조언자들과 부패한 교황청이 교황을 잘 못 인도하여 그가 "늑대들 사이의 양"이 되었다고 심지어 말했다. 루터는 교황에게 "평화와 선한 소망의 징표로서" 바친 논문을 포함시켰다. 그것은 "간단한 형태에 담은 크리스천 삶의 전체"를 담고 있었다.[55]

이 편지가 화해를 위해 어떤 공헌을 할 수 있었으리라고 믿기는 어렵지만, 『그리스도인의 자유』(*The Freedom of the Christian*)라는 제목의 논문은 두 개의 이전 소책자와는 어조와 내용에서 확실히 달랐다. 그것은 변증적이기 보다는 화해적이고 경건했으며, 칭의에 대한 루터의 새 교리와 그리스도인의 삶을 위한 함축을 아름답게 요약했다. 그것은 두 개의 모순으로 보이는 제안을 진술하며 이렇게 시작했다. "그리스도인은 모든 자들 가운데 완전히 자유로운 주이며, 누구의 지배도 받지 않는다. 그리스도인은 모든 자들 가운데 완전히 충성스러운 종이며, 모두에게 지배를 받는다."56) 그리스도인은 율법 하에 사는 것이 아니고 복음 하에 사는 것이기 때문에 완전히 자유롭다. 그리스도께서 그의 구원을 위해 필요한 모든 것을 다 하셨고, "그는 자신을 의롭게 만들고 자신을 구원할 어떤 행위도 필요 없다. 믿음만이 그 모든 것을 충분히 가져다주기 때문이다." 그리스도의 의로움이 그의 것이 되었고, "모든 죄가 그리스도의 의로움에 의해 삼켜졌다."[57] 그리스도인은 칭의를 위해 선행을 할 필요로부터 자유롭지만, 바로 이 자유는 그를 자발적인 노예로 만든다. 그는 예수 그리스도 안에서 하나님의 사랑을 경험했기 때문에, 하나님에 대한 사랑과 감사에서 우리나와 그의 이웃을 비이기적으로 섬기지 않을 수 없다. 그가 비록 선행을 할 필요로부터 자유롭지만, 그는 자신을 다른 사람의 노예로 만든다. 이전 소책자들과는 대조적으로, 루터가 신랄한 언어로 중세 교회의 가르침을 공격하지는 않았지만, 『그리스도인의 자유』도 역시 과격했다. 그것은 교회의 많은 가르침과 의식을 거부한 루터의 새 신학에 기초했기 때문이다.

파문과 보름즈(Worms) 회의

1520년 말이 되었을 때 루터는 분명하게 교회로부터 이탈했고, 바로 그 해에 루터가 파문된 것은 놀랄 일이 아니다. 그러나 파문장은 어떤 소책자도 나타나기 전에 이미 준비되었다. 사실, 루터는 파문장이 독일어로 출판된 후에 『그리스도인의 자유』를 저술했다. '엑스수르게 도미네'(*Exsurge Domine*)란 제목을 가진 파문장은 "주여 일어서서 당신의 대의를 판단하소서"라고 쓴 서두로부터 거의 엑크의 작품이었다. 그것은 "야생의 수퇘지"가 주님의 "포도원"을 침범했다고 주장했고 그 수퇘지의 파괴적 본성이 41개의 오류 목록으로 상세하게 열거되었다. 그것은 루터가 가르친 것으로, 파문장은 이런 오류를 더 이상 묵인할 수 없다고 진술했다. 정죄 조항들의 대부분은 고해성사, 면죄부, 그리고 연옥에 관한 루터의 견해에 대한 것이었다. "종교회의에 의해 정죄된 존 후스의 어떤 조항은 가장 기독교적이고, 진실 되며, 복음적이다"라고 라이프치히에서 한 루터의 발언이 포함된 것을 보면 엑크의 영향은 명백했다.[58)]

파문장은 1520년 6월에 출판되었고, 루터는 파문이 효력을 발생하기 전에 철회를 위한 60일의 기간이 주어졌다. 파문장을 배포한 자들은 종종 화난 군중으로부터 저지를 받았다. 그들은 독일 영웅이 로마에 의해 정죄되는 것에 분노했다. 파문장에 대한 루터의 반응은 전혀 화해적이 아니었다. 1520년 12월 10일, 파문장이 비텐베르그로 보내진지 정확히 60일이 지난 후, 비텐베르그 대학의 학생들과 교수들은 모닥불을 세우고 스콜라주의 문서들과 교회법 책들을 불살랐다. 감정에 휩싸여 떨면서 루터는 군중에서 나와 교황 파문장을 불 속으로 던졌고 다음과 같이 말한 것으로 되어있다. "당신이 하나님의 진리(또는 성도들)를 혼동시켰기 때문에, 오늘날 주님은 당신을 혼동시킨다. 당신과 함께 불 속으로 들어가라!"[59)] 1521년 1월 3일 루터의 파문은 다른 교황령으로 공식적으로 선포되었다. 그것은 그를 법의 보호를 받지 못하는 이단으로 선언했고 그에게 보호를 제공하는 자들도 이단으로 정죄될 것이라고 진술했다. 로마와의 단절은 이제 완결 되었다. 그러나 교황은 세속 권위자들의 도움 없이 파문장을 집행하기는 어렵기 때문에, 루터 정죄의 결정적 사건은 보름즈에서 열리는 황제 회의에 그가 나타나는 1521년 4월에 발생하게 되었다.

1521년 3월 6일, 교황 파문이 효력을 발생한지 2개월 후, 황제 찰스 5세는 루터를 보름즈 회의에 소환했다. 소환장은 교황 대사 지롤라모 알레안데르(Girolamo Aleander)의 반대에 불구하고 발송되었다. 그는 교회가 이미 루터의 가르침을 정죄했기 때문에 세속 권위의 역할은 교황의 판결을 단순히 집행하는 것뿐이라고 주장했다. 찰스는 또한 루터가 공공 모임에서 자신 앞에 오는 것을 꺼려했다. 그러나 찰스는 마침내 프레데릭에게 양보하여 루터가 보름즈 회의 앞에 나오는 것에 동의했다. 프레데릭이 루터가 공청회 없이는 정죄될 수 없다고 주장했고, 만일 루터에게 공정한 공청회가 주어지지 않는다면 대중의 반란이 있을 것을 독일 군주들이 두려워했기 때문이었다. 루터는 안전통행권 하에 호출되기로 동의 되었으나, 공식 논쟁은 없기로 했다. 단순히 자신의 입장을 철회할 기회가 루터에게 주어지는 것으로 결정 되었다. 루터는 자신이 결정적인 시험에 직면하고 있음을 알았고 대단한 불안을 안고 보름즈로 갔다. 비록 그가 비텐베르그에서 보름즈로 2주 여행을 하며 한 도시에서 다음 도시로 지나갈 때마다 열광적인 환영을 받았지만, 마찬가지로 황제의 안전통행권을 가졌던 후스에게 어떤 일이 있었는지 그는 너무도 잘 알고 있었다. 에르푸르트에서 기립 박수를 받았을 때, 루터는 이렇게 말했다. "나는 내 종려 주일을 가졌다. 이 화려한 행렬이 단지 유혹인지 아니면 나에게 다가올 순교의 징표인지 의혹스러울 뿐이다."[60]

루터는 1521년 4월에 보름즈에 도착했다. 다음 날 오후 4시 그는 황제, 선제후들, 군주들, 그리고 제국의 모든 지위들 앞에 나타났다. 루터는 이 대단한 회합에 너무 긴장이 되어서 그의 진술은 간신히 밖에 이해될 수 없었다. 그는 쌓인 책을 직면했고 공적 종교재판관이며 트리에르(Trier) 주교의 종교법 고문(the chancellor of the bishop)인 요한 폰 데르 엑켄(Johann von der Ecken)으로부터 질문을 받았다. 질문은 그 책들이 루터의 것이며 그가 쓴 것을 철회하고 싶은가 하는 것이었다. 루터는 간신히 들릴 수 있는 말로 대답했다. 그 책들은 자신의 것이고 다른 책들도 썼다고 말했다. 두 번째 질문에 대한 답을 위해 그는 숙고할 추가 시간을 요구했다. 답을 고려하기 위해 하루가 주어졌지만, 루터가 자신의 견해를 고집하면 어떤 파괴적 결과가 올 것인지에 대한 경고를 받았다. 그는 "기독교계의 일반적 평화와 조용함"을 고려하라고 주의를 들었고 "자신의 개인적 의견에 의존하지" 말라고 권면을 들었으며, "보편적 기독교 종교를 던져버리거나, 세상을 충동하거나, 가장 낮은 자들을 가장 높은 자들과 혼동하거나, 많은 거룩한 마음과 영혼을 유혹" 하지 말라고 경고를 받았다.[61] 그 날 밤 루터는 몇 개의 메모를 썼다. 그것은 보존되었고 동요를 드러내지 않았으나, 그가 받은 경고를 생각하며 고민하지 않았다고 믿기는 어렵다. 그는 자신의 생애에 가장 어려운 결정을 내려야하는 상황이었다. 루터가 철회를 거부한다면 후스의 운명을 겪을 것이나, 더욱 두려운 것은 그의 철회거부가 천 년 동안의 교회 가르침에 대항하며 자기가 옳다고 주장하는 것을 의미하게 되고 그가 사랑하는 교회에 분열과 심각한 혼란을 가져올 위험을 무릎쓰게 된다는 것이었다.

다음 날 루터는 두 시간 동안 기다린 후, 오후 6시에 답을 하도록 안내받았다. 그러나 이번에 루터는 자신 있고 잘 준비된 모습으로 나타났다. 자신의 모든 책을 방어할 준비가 되어 있는지 아니면 그가 쓴 모든 것을 철회하고 싶은지 다시 질문을 받았을 때, 루터는 직접적 대답을 피하려 했다. 그는 자신의 책들이 많은 다양한 주제를 다루고 있다고 지적했다. 믿음과 그리스도인의 삶을 다룬 것들은 날카롭지도 않고 변증적이지도 않으며, 그의 적들도 그것에서 반대할 어떤 것도 찾지 못하는 것이었다. 다른 책들은 교회를 파괴하는 교리를 가르치는 교황과 교황주의자들에 대항하고 있었다. 만일 그가 그것을 철회한다면, 그는 교황의 독재를 추가시킬 뿐이었다. 어떤 책자들은 "내 종교와 내 신앙고백에 적합하지 못하고 오히려 더 가혹하지만,"[62] 성경에 의해 잘못되었다고 증명되지 않으면 그는 취소할 준비가 되어 있지 않았다.

엑켄은, 이단들이 항상 성경에서 피난처를 취했고 루터는 자신이 성경을 제대로 이해한 유일한 사람이라고 믿는 교만한 자가 되어서는 안 된다고 지적하며 루터에게 대답했다. 엑켄은 루터에게 빠져나갈 실을 주지 않고 직접적인 대답을 요구함으로 자신의 진술을 마쳤다. 루터는 철회할 용의가 있는가, 없는가? 그러자 루터는 유명해진 연설에서 "뿔 없이 이빨 없이" 직접적인 대답을 했다. "성경의 증거나 명확한 이치로 확신이 서지 않는다면 (나는 내 믿음을 교황이나 종교회의에만 두지 않는다. 그들은 계속해서 오류를 범했고 서로에게 모순이 되었기 때문이다), 나는 내가 제시한 성경적 증거에 묶여있고, 내 양심은 하나님 말씀에 사로잡혀 있다. 나는 아무 것도 철회할 수 없고 철회하지 않겠다. 자신의 양심에 거슬려서 행동하는 것은 안전하지도 옳지도 않기 때문이다. 하나님이시여, 나를 도와주소서. 아멘."[63)]

그리고 루터는 공회장을 떠났으나, 그의 청문회는 끝나지 않았다. 황제는 그를 정죄할 준비가 되어 있었으나, 제국의 선제후들은 황제를 설득했다. 그들은 루터의 오류를 지적하고 철회를 얻어 낼 목적으로 그의 저술을 조사할 위원회를 설치하게 했다. 루터는 트리에르(Trier)의 대주교가 인도하는 그룹을 며칠 더 만났다. 대주교는 루터를 설득하여 물러서게 하려했다. 견고하게 서는 것은 이런 상황에서 특히 어려웠다. 루터는 자신과 비논쟁적인 논의에 들어간 합리적인 사람들과 얼굴을 맞대며 관계하고 있었기 때문이다. 그러나 루터는 자신의 입장을 고수했다. 루터는 성경을 근거로 자신이 잘못되었음이 증명되지 않는 한, 자신이 쓴 것을 철회하지 않으려 했다. 그는 위원회와 4월 25일까지 만났다. 그리고 다음 날 비텐베르그로 떠날 수 있도록 허락해달라고 요청했다.

21세의 황제가 안전통행권의 약속을 지켰고 루터는 나중에 새 안전통행권 하에 보름즈를 떠나도록 허락받았다. 이것 때문에 역사의 과정은 변했을지도 모른다. 황제 찰스 5세는 1521년 5월 26일 보름즈 칙령을 공포한 후, 드디어 루터에 대해 행동을 취하기 시작했다. 보름즈 칙령은 루터를 이단으로 그리고 인정된 정치적 권위에 대한 불순종으로 고소했고 그를 황제 금지령 하에 두었다. 황제의 모든 신하들은 그를 돕거나 심지어 그와 의사소통하는 것도 금지되었고, 이것을 어기면 체포되거나 재산이 몰수되는 것이었다. 황제는 루터의 모든 책을 불태우도록 명령했고, 루터에 대한 교황 파문장을 집행하도록 했다. 루터는 이제 죽음의 판결 하에 놓인 숨어 다니는 무법자가 되었다. 그는 여생을 죽음의 판결과 함께 살게 되었으나, 프레데릭이 그를 계속 보호했기 때문에 살아남을 수 있었다. 프레데릭은, 루터가 보름즈로부터 집으로 돌아가는 길에 투링기안(Thuringian) 숲에서 기사들에 의해 납치되어 아이제나크(Eisenach)를 내려다보는 바르트부르그(Wartburg) 성으로 데려가도록 준비했다. 루터는 그곳에서 열 달 동안 위장하여 숨어있었다.

종교개혁의 시작 단계는 끝났다. 교회와 정부 둘 다 루터를 정죄했다. 그러나 그의 입을 막을 수는 없었다. 종교개혁의 다음 단계는 독일 종교개혁의 전파와 강화 그리고 다른 개혁운동의 출현을 보게 될 것이다. 이장의 시작에서 제시한 질문으로 돌아가 보면, 개혁자에서 혁명가로 넘어 간 루터의 변화는 점진적으로 이루어졌다.

그의 초기 개혁 요청에 대한 반응은 그 변화에 가장 중요한 역할을 했다. 그러나 결정적인 요소는 1517년 이후에 나타났을 가능성이 높은 루터 신학의 변화였다. 첫 번째 루터 전기에 나오는 멜랑톤(Melanchthon)의 평가는 옳았다. 그는 혁명을 시작할 의도가 없었고 "평온을 갈망했다." 그러나 "조금씩 그는 다른 주제들로 끌려들어 갔다."[64]

제4장

루터교 종교개혁의 강화와 전파

> 나는 부활절까지 이곳에 숨어있을 것이다, 그리고 성경 주석을 쓸 것이고 신약 성경을 독일어로 번역할 것이다. 이것은 너무도 많은 사람들이 가지고 싶어 하는 것이다.…모든 마을이 성경 해석자를 가지게 되고 성경이 모든 언어로 소유되며 모든 자들의 마음과 손에 거하기를 하나님께 기원한다.
>
> 마틴 루터 (Martin Luther)[1)]

루터는 1521년 바르트부르그 성(Wartburg Castle)에서 그의 동료 어거스티니안 수도사, 존 랑게(John Lange)에게 이 말을 썼다. 랑게는 에르푸르트(Erfurt)에서부터 루터의 친구였고, 루터는 그에게 자신의 여생을 바칠 임무를 시작할 의도를 알렸다. 종교개혁과 독일 언어에 남긴 루터의 가장 위대한 유산 중 하나는 바르트부르그 성에서 시작한 성경의 독일어 번역이었다. 그것이 성경의 첫 독일어 번역은 아니었다. 종교개혁이 시작되기 전에, 적어도 18개의 독일어 번역이 있었고, 루터가 썼을 때, 랑게는 마태복음을 번역하는 중에 있었다. 그러나 루터의 번역이 가장 영향력이 큰 것으로 입증되었고 루터교 종교개혁의 전파와 강화에 중요한 역할을 했다. 루터는 교회를 분열시키기를 결코 원하지 않았지만, 교회에 의한 그의 파문과 정부의 정죄를 포함한 2년 동안의 사건은 그의 교회 개혁 노력이 분열로 갈 수 밖에 없는 것을 의미했다. 그의 추종자들이 자신의 이름을 사용하는 것을 루터는 꺼렸지만, 결과는 "루터교" 종교개혁이 되었다.[2)]

바르트부르그 성에서의 루터

보름즈 회의에서 돌아오는 길에 납치된 후에 루터는 10개월을 바르트부르그 성에서 보냈다. 그는 턱수염과 곱슬머리를 길렀고, 기사 "융커 요르그"("Junker Jorg") [조지 경(Sir George)]로 위장하여 거의 감금되어 있었다. 그의 적들로부터는 안전했지만, 바르트부르그에서 보낸 루터의 시간은 그의 인생에서 매우 어려운 시기 중 하나였다. 그는 의혹, 우울, 지속적인 건강 문제와 투쟁해야 했다. 영양 음식은 그의 위장을 불편하게 했고, 변비와 불면에 시달렸으며, 한 때는 5일 동안 잠을 못자고 지냈다. 그는 또한 친구와 동료로부터의 분리가 매우 어렵다는 것을 알았고 사단의 공격은 그에게 사실이고 지속적이었다. 그는 이렇게 기록했다. "나는 사단과 천 개의 전투가 있다고 이 지루한 고독에서 당신께 말할 수 있다. 하늘나라의 영적 악함과 싸우는 것 보다 성육신한 마귀--즉, 사람들--에 대항하여 싸우는 것이 훨씬 더 쉽다. 종종 나는 떨어지고 다시 하나님의 오른 손에 의해 올려 진다."[3)]

루터는 그의 친구 필립 멜랑톤(Philip Melanchthon)에게 육체적 영적 문제로 너무 고통스러워서 "지난 8일 동안 나는 아무 것도 쓰지 못했고 기도도 못했고 공부도 못했다"고 불평을 털어 놓았다.[4)] 그리고 그는 의료적 도움을 얻으려고 에르푸르트에 가려고 떠날 생각을 했다. 모든 문제와 자신의 게으름에 대한 불평에도 불구하고, 바르트부르그 성에서의 시간은 루터의 삶에서 가장 생산적이었다. 1년 내에 그는 루터교 종교개혁의 중요한 가르침을 출발시킨 12권의 책을 썼고, 신약성경을 번역했다.

이 책들 중 첫 번째는『고백에 관하여: 교황이 그것을 요구할 권한이 있는지』란 제목으로 중세 사제직의 권력의 주요 근원 중 하나와 오래 지속된 중세교회 관습을 공격했다. 1215년의 제4차 라테란 종교회의는 평신도가 사제에게 적어도 일 년에 한 번 고백을 해야만 한다는 필수조건을 제정했다. 루터는, 그리스도인이 자신의 죄를 서로에게 고백하라고 그리스도께서 규정하셨기 때문에, 이것이 필요하지 않다는 결론을 내렸다. 로우바인 대학(Louvain University) 교수, 제임스 라토무스(James Latomus)에 의해 공격을 받았을 때, 루터는 죄, 은혜, 그리고 인간 본성의 중심적 질문을 다루고 자신의 칭의 교리를 가장 철저하게 설명한 논문으로 대응했다. 루터는 7월에 삭소니의 공작 조지(Duke George of Saxony)의 개인 성직자, 제롬 엠제르(Jerome Emser)의 공격에 비꼬는 답변으로 대응했다. 그는 여기서 다시 만인제사장론을 강조했다.[5] 10월 루터는 비텐베르그에서 있었던 사건에 대한 반응으로 『개인 미사의 폐지에 관하여』라는 제목의 논문을 썼다. 그곳에서 칼슈타트(Karlstadt)와 다른 사람들은 과격한 혁신을 수개하고 있었다. 빵과 포도주가 둘 다 평신도에게 분배되어야 한다고 주장하며, 이것을 하지 않는 자는 죄를 범하는 것이라고 칼슈타트는 선언했다. 그는 또한 금혼의 맹세는 죄가 되는 것이고 폐지되어야 한다고 선언했다. 9월 멜랑톤은 모든 사람에게 빵과 포도주를 다 분배하며 학생들과 성례를 드렸고, 10월 어거스티니안 수도회는 개인 미사를 중단했다. 루터의 논문은 균형 잡힌 접근과 목회적 심령을 보였다. 개인 미사의 폐지와 평신도가 성찬에서 빵과 포도주 둘 다 받는 것을 지지하면서도, 루터는 누구에게도 이 변화를 강압적으로 요구해서는 안 된다고 주장했다. 그리고 미사를 계속해서 옛 방식으로 드리는 자들은 그것 때문에 정죄되어서는 안 된다고 주장했다. 그는 또한 자신도 의혹을 가지고 투쟁했고, 때로 자신에게 이렇게 물었다고 고백했다. "너만이 지혜로운 사람인가? 모든 다른 사람이 오류를 범하고 있고 그렇게 오랫동안 오류를 범했을 수 있는가? 네가 실수하여 이 많은 사람을 오류도 인도하여 모두를 영원히 정죄 받게 하면 어떻게 할 것인가?"[6]

다음 달 루터는 비텐베르그의 사건에 대한 반응으로 또 하나의 논문을 썼다. 어거스티니안 형제들이 대거 수도원을 떠나기 시작했을 때, 깨끗한 양심을 가지고 떠날 수 있도록 하기 위해 루터는 그들의 행동에 정당성을 부여해주는 것이 필요하다고 느꼈던 것이다. 자신의 아버지에게 헌정한 매우 개인적인 서작에서, 루터는 이 주제를 균형 잡힌 방법으로 다루었다. 그는 성경이 금혼을 요구한다는 개념을 이미 거부했다. 그리고 금혼 서약은 이성과 인간의 본질에 반한다고 주장했다. 그는 특히 서약이 갖는 정신과 의도를 공격했다. 그는 대부분의 수도사들이 서약을 하는 이유가 공로를 쌓기 위함이라고 주장했고, 그것은 명백히 잘못이었다고 생각했다. 그러나 만일 수도사가 예수 그리스도의 공로만을 신뢰하며 서약을 한다면 수도원주의는 잘못되지 않았다고 말했다. 그는 또한 그런 서약이 영속적이거나 강제적은 아니라고 주장했다. 그리스도인의 자유가 서약을 하는 것과 취소하는 것을 둘 다 허용해야하기 때문이다. 그러나 그는 수도사와 수녀들이 수도원을 떠나라고 강요하는 것에 주의를 주었다. 그들은 그 결정을 스스로 하도록 완전한 자유를 가져야하기 때문이다.

바르트부르그 성에 있는 동안, 루터는 스스로 설교를 쓸 수 없는 성직자들을 돕기 위해 짧은 설교들의 수집을 준비했다. 그러나 그의 가장 중요한 저작은 11주의 매우 짧은 기간에 완성한 신약성경의 독일어 번역이었다. 번역 작업은 쉬운 일이 아니었다. 그는 독일 백성이 자기들의 언어로 쉽게 이해할 수 있는 번역을 만들어 내려고 무단히 애를 썼다. 적절한 단어를 찾기 위해 그리고 일반 사람들에게 보편적으로 사용되는 표현을 기용하기 위해 지속적으로 투쟁했던 것이다. 예를 들면, 그는 천사가 마리아에게 하는 인사의 불가타(Vulgate) 번역을 거부했다. 독일 사람들은 "은혜로 가득한 마리아를 환영하라"를 잘못 이해할 수밖에 없다고 지적했다. "문자적으로 번역하면 독일 사람이 그것을 어떻게 이해하겠는가? 그는 금으로 가득 찬 지갑, 또는 맥주로 가득 찬 나무통의 의미는 안다. 그러나 은혜로 가득 찬 소녀를 어떻게 이해하겠는가? 나는 단순히 '마리아를 사랑하라' 라고 말하겠다. '사랑하라' 란 단어보다 더 풍부한 의미를 가진 단어가 있겠는가?[7]

루터는 또한 독자들이 본문을 이해하는데 도움을 주기 위해 서문과 주석을 썼다. 서문에서 루터는 성경의 어떤 책을 다른 책보다 더 선호했다. 예를 들면, 그는 요한은 예수의 설교를 다루었고 다른 복음서들은 그의 사역을 강조했기 때문에, 요한복음이 다른 세 복음서보다 우월하다고 진술했다. 그는 요한, 바울 서신, 그리고 베드로전서를 "모든 성경책들 가운데 진정한 낟알과 골수"라고 불렀고, 야고보서를 "지푸라기 서신"이라고 불렀다. 그 이유는 "야고보서가 복음의 본질을 전혀 가지고 있지 않기" 때문이라는 것이었다.[8] 루터가 1522년 3월 비텐베르그로 돌아갔을 때, 신약성경 번역의 초고를 가져왔다. 멜랑톤은 그 필사본을 점검했고 헬라어 문제를 다루었으며, 1522년 9월 출판되었다. 루터는 그것으로부터 아무런 경제적 유익을 얻지 못했지만 – 그는 공짜로 몇 권도 얻지 못해 실망했다 – 출판사에게는 대성공이었다. 12월에 두 번째 인쇄가 나왔고, 1522년에서 1534년 사이에 신약성경 20만권이 팔린 것으로 추정된다. 구약성경을 번역하는 데는 12년이 더 걸렸다. 그렇게 해서 첫 비텐베르그 성경 완성본이 1534년 9월에 나왔다. 사람들의 일반 언어로 매우 효과적으로 전달되는 독일 성경은 종교개혁의 전파와 독일 언어 발전에 중요한 영향을 끼쳤다.

비텐베르그의 혼란과 루터의 귀환

위에 거론된 몇 개의 논문을 쓰게 한 비텐베르그의 혼란스러운 사건은 과격한 개혁을 소개한 루터의 추종자들 때문이었고, 루터와 프레데릭은 그것을 수용할 준비가 되어있지 않았다. 1521년 말경 칼슈타트와 어거스티니안 수도사인 츠빌링(Zwilling)은 사람들을 휘젓는 불같은 설교를 시작했다. 츠빌링의 설교는 너무 효과적이라 어떤 자들은 그를 두 번째 루터라고 불렀다. 칼슈타트는 1521년 크리스마스 날 성직복을 입지 않고 성찬을 드렸으며 평신도에게 빵과 포도주를 다 분배했다. 그는 또한 성직자가 결혼해야한다고 제창했다. 츠빌링은 나아가 수도원이 해체되어야하고 수도사와 수녀는 공개적으로 모욕을 당해야 한다고 말했다. 이 설교에 자극을 받은 군중은 폭력을 휘두르기 시작했고 교회에 침입하여 제단과 성인의 그림을 파괴했다.

동시에 근처 마을 츠비카우(Zwickau)에서 온 세 사람이 비텐베르그에 도착했다. "츠비카우 선지자들"이라고 불렸던 이 사람들은 비텐베르그에 더 큰 소란을 일으켰다. 그들은 과격한 가르침 때문에 츠비카우를 떠나야했던, 직공, 니콜라스 스토크(Nicholas Storch)에 의해 인도되었고, 비텐베르그 학생이었던, 대장장이, 토마스 드렉셀(Thomas Drechsel)도 있었다. 그들은 성령으로부터 직접 계시를 주장했고 유아세례 거부와 직업적 사역이나 조직화된 종교 필요성의 거부 등을 비롯한 과격한 교리를 설교했다. 그들은 환상과 꿈을 통한 특별 계시와 그리스도의 임박한 재림을 강조했다. 루터의 동료들인 멜랑톤과 유스두스 요나스(Justus Jonas)는 그들의 주장에 큰 충격을 받았다. 멜랑톤은 너무 충격을 받아 선제후 프레데릭에게 루터를 귀환시키라고 요청했다. 루터만이 적절하게 대응할 수 있겠다고 그는 느꼈던 것이다. 1522년 1월 13일 루터는 메랑톤에게 거짓 선지자들을 어떻게 식별하는지 알려주었다. "먼저, 그들은 스스로를 증거하기 때문에, 그들을 즉시 수용할 필요가 없다. 사도 요한의 조언에 의하면, 영들은 검사되어야 한다. 그들을 검사할 수 없다면, 판단을 연기하라는 가말리엘의 충고가 있다. 지금까지 나는 그들이 말하거나 행동한 것 중 사단이 또한 할 수 없거나 흉내 낼 수 없는 것을 들은 것이 없다."[9]

그동안 마을 지방 의회는 칼슈타트 방식의 성찬 집행을 포함한 약간의 혁신을 소개했다. 그러나 황제 회의가 모든 종류의 종교적 혁신을 금했기 때문에, 선제후의 입장은 달랐다. 프레데릭은 진리의 길을 가로막고 싶지 않았으나, 무질서를 허용할 수는 없었다. 그래서 그는 1522년 2월 17일 모든 혁신의 중지를 명했고, 독일에 보편적 결정이 내려질 수 있을 때까지 옛 질서를 회복하라고 지시했다. 루터는 처음에 약간의 변화에 대해 기뻐했고 너무 천천히 움직이는 것에 대해 심지어 선제후에게 잔소리를 했으나, 폭력과 사회 붕괴에 괴로웠다. 귀한하지 말라는 선제후의 긴급 명령에도 불구하고, 루터는 어거스티니안 수행자로 위장하여 3월 6일 비텐베르그로 돌아왔다. 그는 시 교회에서 8개의 설교를 했다. 이것은 그 상황에 심오한 영향을 주었다. 그것은 루터가 설교하기 시작했던 주일을 따라 이름 지어, 인보카비트(Invocavit) 설교라고 불렸다. 설교에서 루터는 걱정을 표현했다. 그 걱정은 개혁 그 자체에 관한 것 보다는 개혁이 소개되고 있는 방법에 대한 것이었다. 첫째, 그는 변화를 주도하는 자들에게 다른 사람들의 연약함을 고려하며 오래참고 남을 모욕하지 않는 그리스도인의 사랑을 소홀히 하고 있다고 권면했다. 그는 또한 폭력의 사용과 그리스도인의 자유의 소홀에 대해 경고했다. 종교적인 건들에 있어서는, 설득을 사용해야 하며 변화를 위해 복음을 설교해야한다고 주장했다. 심지어 미사도 힘으로 폐지되어서는 안 된다고 말했다. "그것에 동의하도록 강요되어 있고, 자신이 어디에서 있는지, 그것이 옳은지 그른지 아직 알지 못하는 많은 자들이 있다.…우리는 먼저 사람들의 마음을 얻어야 한다. 그러나 그것은 내가 하나님 말씀만을 가르치고 복음을 설교하며 '사랑하는 군주들과 목자들이여 미사를 포기하십시오. 그것은 옳지 않습니다, 그것을 할 때 당신은 죄를 짓습니다' 라고 말할 때 이루어진다.…그러나 나는 그것을 그들을 위한 법령으로 만들려고 하지 않겠고 일반법으로 재촉하지도 않겠다."[10] 루터는 또한 믿음을 위험하게 하지 않는 의례나 의식에 변화가 있어서는 안 된다고 말했다. 성직자의 결혼, 수도원주의, 금식, 형상과 그림의 적절한 사용과 같은 비본질적인 것들에 대한 결정은 전적으로 개인의 양심에 맡겨져야 한다는 것이었다.

루터의 설교는 직접적인 영향을 가져다주었다. 한 학생은 이렇게 평했다. "바울처럼, 마틴은 사람들이 성숙하여 딱딱한 음식을 위한 준비가 될 때가지 어떻게 우유를 먹여야하는지 안다." 다른 학생은 이렇게 말했다. "한 주 내내 루터는 그가 쓰러뜨렸던 것을 제자리로 되돌려 놓는 것 외에는 아무 것도 하지 않았다. 그리고 그는 우리 모두를 해야 할 일로 확실하게 인도했다."[11] 이 설교들은 문제를 효과적으로 다루었다. 츠비카우 선지자들은 마을을 떠났고,[12] 츠빌링은 자기 방식의 오류를 인식했고 루터와 화해했으며, 루터는 그를 목양의 자리에 추천했다. 그러나 칼슈타트는 자신의 믿음을 고집했고 행동이 더 극심해 졌다. 그는 항상 학문적 명예를 추구했었ᄀ 신학, 민법, 그리고 교회법에 박사 학위를 가졌으며, 대학에서 명예로운 교수직과 교회의 부주교직을 가지고 있었다. 그러나 그는 이 모든 자신의 명예를 포기했다. 칼슈타트는 농부의 옷을 입고 "형제 앤디(Andy)"라고 불러달라고 부탁했다. 1523년 여름 그는 비텐베르그를 떠났고 올라문데(Orlamunde)에서 교구 목사가 되었으며, 그곳의 목회에서 매우 인기가 있었고 독일 전역에서 많은 지지를 얻었다. 그는 또한 농민 반란(Peasants' Revolt)의 지도자 중 한 사람인 토마스 뮨처(Thomas Muntzer)와 친하게 되었으나, 폭력적 혁명은 반대했다. 농민 전쟁이 독일에서 발발했을 때, 칼슈타트는 농민들을 설득하여 폭력을 피하려 했지만, 자신이 반항자로 취급되는 것을 알았다. 루터는 그가 더 이상의 공개적 활동을 중단한다는 조건 하에 1525년 7월 비텐베르그에서 그에게 피난처를 허락했다. 그러나 1529년 칼슈타트는 삭소니(Saxony)를 떠났고, 몇 년 동안 독일을 떠돌아다니다가 결국 스위스로 가게 되었으며 츠빙글리(Zwingli)의 신학에서 자신을 발견하게 되었다. 1534년 그는 바젤(Bazel) 대학에서 구약 신학을 가르치는 자리에 임명되었다. 그는 또한 부처(Bucer)와 함께 개신교 종교개혁자들의 화합을 위해 일했다. 그는 대단하고 많은 영향을 끼친 경력을 남기고 1541년 12월 전염병으로 죽었다. 그는 90여개의 많은 글을 평생 동안 남겼다.

농노 반란

지금까지 묘사된 사건은 루터의 최선의 모습을 보여주었다. 3년 후 루터의 최악의 모습을 보여주는 사건이 발생했다. 1524년과 1525년 남부 독일과 오스트리아의 농노들은 자신들에게 점점 큰 부담이 된 경제적 변화에 대항하여 항거하며 반란을 일으켰다. 반란은 1524년 여름에 검은 숲(Black Forest) 지역에서 발발하여 우퍼 수와비아(Upper Swabia)와 부르템베르그(Wurttemberg)로 퍼졌다. 1525년 봄 그것은 독일 전역으로 퍼졌다. 3월 농노 지도자들이 메밍겐(Memmingen)에 모였고 12개 조항이란 형태로 그들의 목적이 담긴 목록을 작성했다. 대부분의 조항이 경제적이고 사회적인 불만을 표현했으나, 그것에 종교적 정당성을 부여했다. 루터의 만인제사장론과 그리스도인의 자유론이 사회 신분의 동등과 봉건 상납금으로부터의 자유를 의미하는 사회-경제적 관점으로 해석되었다. 예를 들어, 조항 3번은 이렇게 진술했다. "그리스도는 귀중한 피를 흘림으로 높은 자와 낮은 자를 막론하고 예외 없이 우리를 구속했고 샀다. 따라서, 우리가 자유로워져야하고 그렇게 되고 싶어 하는 것은 성경과 일치한다."[13)]

루터는 처음에 이 반란을 무시했으나, 12개 조항은 그를 자극했다. 4월 그는 『평화로의 권면: 스와비아 농노들의 12개 조항에 대한 대답』이란 제목의 책자로 반응했다. 농노들을 "친애하는 형제들과 친구들"이라고 부르며, 루터는 그들의 대의에 동정을 표현했고 군주들과 귀족들이 농노들을 취급한 것에 대해 그들을 꾸짖었다. 그는 반란이 복음에 대한 군주와 귀족들의 저항과 농노들에 대한 그들의 착취의 결과라고 말했다. 그러나 루터는, 예수 그리스도를 따르는 자들이 잘못된 것을 고치기 위해 무력에 의지할 수는 없다고 경고했다. 심지어 정부가 억압적이라 하더라도, 그리스도인은 힘으로 정부에 반항하는 것이 금지되어 있다고 말했다. 그는, 농노와 정부 양쪽이 다 잘못이고 법적 해결을 찾기 위해 중재안에 순종해야 한다고 결론을 내렸다.

4월 21일부터 5월 4일까지 루터는 삭소니를 돌며 농노들에게 설교했으며 반란과 그것이 가져다 준 파괴를 직접 경험했다. 그러나 그의 영향이 폭력을 중단시키기에 적합하지 않다는 것을 곧 알게 되었다. 노르드하우젠(Nordhausen)에서 아유자들은 그의 설교를 방해했고 폭력은 가라앉지 않고 지속되었다. 4월 말, 약 40개의 수도원들과 많은 성들 그리고 에르푸르트(Erfurt) 시와 잘충엔(Salzungen) 시가 반란자들의 손에 들어갔다. 프레데릭은 임종에 가까웠고,[14)] 평화로운 해결책이 반란자들과 논의될 수 있다는 희망을 붙잡고 있었으며 힘으로 반응하기를 원치 않는 것으로 보였다. 5월이 되자, 루터는 더 이상 참을 수 없었다. 분노에 차서 그는 『살인과 강도를 행하는 농노 집단에 대항하여』(*Against the Murdering and Robbing Hordes of*

Peasants)라는 제목의 소책자로 농노들을 공격했다. 그것은 농노들에 대한 맹렬하고 노골적인 비난으로 그들을 "미친개처럼" 행동한다고 고발했으며, 복음의 이름으로 행동한다고 주장하는 12개 조항에 있는 그들의 진술은 "거짓 외에는 아무것도 아니라"고 폭로했다. 루터는, 농노들이 복종하겠다고 서약한 통치자들에게 순종의 약속을 어기고 "복음이 없는 이 끔찍하고 무서운 죄"를 은폐함으로 죄를 범했다고 지적했다. 이렇게 행동한 사람들은 자비를 받을 가치가 없다고 루터는 생각했기에, 반란자들을 어떻게 다루어야하는지 묘사하는데 친절한 단어를 전혀 사용하지 않았다. "그러므로 할 수 있는 모두는 은밀하게 또는 공개적으로 쳐부수고, 죽이고, 찔러라. 반란자들보다 더 악독하고, 상처를 주고, 마귀적인 것은 있을 수 없다는 것을 기억하라. 이것은 마치 미친개를 죽여야 할 때와 같다. 그를 치지 않으면, 그는 너를 칠 것이고 너와 함께 나라 전체를 칠 것이다."[15)]

군주들은 농노들을 짓밟기 위해 루터의 조언이 필요 없었다. 루터가 팜플랫을 썼을 때 그들은 이미 반응을 보이고 있었고, 팜플랫이 출판되었을 때 농노들은 이미 개신교와 가톨릭 무력에 의해 5월 15일 프랑켄하우젠(Frankenhausen) 전투에서 패배 당했다. 군주들은 농노들에게 교훈을 가르치기로 결심했고, 루터의 팜플랫이 대중에 도달하자 피비린내가 뒤따랐다. 이것은 루터를 더욱 잔인하게 만들었다. 이 팜플랫은 루터가 어떤 상황에서 결정을 내리기 위해 이성 보다는 감정을 허락한 끔찍한 예였다. 그것은 또한 분명히 개혁 운동에 방해가 되었다. 루터가 소책자를 설명하고 정당화 하려했고 몇 몇 개인적인 경우에 선처를 위해 군주에게 호소했지만, 손상은 이미 크게 입혀졌다. 루터교 운동이 대중의 지지를 어느 정도 잃은 것은 놀랄 일이 아니다.

루터교주의의 조직화와 전파

농민 반란의 부정적 영향에도 불구하고, 루터교 종교개혁은 계속해서 퍼져나갔다. 비텐베르그는 대학에서 공부한 학생들이 종교개혁의 믿음을 가지고 고향에 돌아감으로 선교활동의 중심이 되었다. 인쇄활동은 루터교주의 전파에 주요 역할을 했다. 4절판 크기로 출판되고 목판 삽화가 일반적으로 포함된 팜플랫이 독일에 홍수를 이루었다. 목판 형태의 예술은 글을 읽지 못하는 대중을 움직이는데 효과적으로 사용되었다. 정치적 만화가 반대편을 공격하고 풍자하며 종교개혁의 가르침을 대중화하기 위해 사용된 또 하나의 시각적 방법이었다. 1525년 루터교주의가 에르푸르트(Erfurt), 막데부르그(Magdeburg), 누렘부르그(Nuremburg), 스트라스부르그(Strasburg), 그리고 브레멘(Bremen)과 같은 주요 독일 도시에 세워졌다. 헤세(Hesse), 브란덴부르그(Brandenburg), 브런스위크-루네부르그(Brunswick-Luneburg), 슐레스비히-홀스타인(Schleswig-Holstein), 만스펠트(Mansfeld), 그리고 질레시아(Silesia)를 비롯한 다른 독일 공국들도 1528년까지 루터교도가 되었다. 루터교주의가 독일 전역으로 퍼져나가면서, 지도자들은 교회를 조직해야 했고, 믿음을 유지하고 전파하기 위해 교육받은 설교자를 공급해야하는 도전에 직면하게 되었다. 추가로, 교회는 루터의 가르침을 정기 예배의 부분으로 만드는 예배식서가 필요했다.

새 교회에 긴급히 필요한 것은 혼란으로부터 질서를 가져올 관리 감독과 성직자들의 봉급이었다. 1527년, 형 프레데릭의 사후 삭소니의 통치자가 된 존 더 스텟페스트(John the Steadfast)는 자신의 영토에 있는 교회들을 순찰하기로 결정했다. 당연히 순찰자들은 교회에 매우 다양한 상황들을 발견했다. 어떤 성직자들은 새 믿음을 열광적으로 포용했지만, 다른 성직자들은 루터가 가르친 것에 대한 이해가 거의 없거나 전혀 없었다. 어떤 자들은 십계명이나 주기도문을 반복할 수도 없었고, 많은 자들이 성경의 가르침에 완전히 무지했다. 평신도와 성직자를 다 가르치기 위한 방법을 마련하기 위해 루터는 1529년 평신도를 위한 소요리문답(*Small Catechism*)과 성직자와 가장들의 교육을 위한 대요리문답(*Large Catechism*)을 준비했다. 소요리문답 서문에서 루터는 "나도 순찰자였을 때, 최근 발견한 통탄하고 비참한 상황"이라고 불렀던 것을 묘사했다. 전형적인 루터의 방식으로 그는 이 상황을 매우 감정적으로 묘사했다.

> 마을에 있는 평민들은 기독교 교리에 대해 전혀 지식이 없었다. 그리고 아아! 많은 목사들도 아울러 가르칠 수 있는 능력이 없었다.…그럼에도, 모두가 자신이 그리스도인이라고 주장하고, 세례 받았고, 거룩한 성례를 받는다. 그러나 그들은 주기도문, 또는 신조, 또는 십계명을 인용할 수 없다. 그들은 어리석은 짐승과 비합리적인 돼지처럼 산다. 허나 복음이 왔으니, 그들은 모든 자유를 전문가들처럼 남용하는 것을 잘 배웠다.[16)]

순찰에 의해 드러난 교회의 비참한 상태는 선제후 존 더 스텟페스트로 하여금 멜랑톤이 '목사들을 위한 순찰자들의 가르침'(*Instruction of the Visitors to the Pastors*)이란 제목의 법령을 만들도록 했다. 그것은 반항하는 성직자의 징계를 명하고, 일반 예배 순서를 공급했으며, 감독이 삭소니의 각 네 구역 성직자들을 관리 감독하고 선제후에게 보고하도록 했다. 루터는 정부로부터 독립된 교회를 선호했고 순찰을 군주가 임시 감독 역할을 하는 비상수단으로 간주했다. 그러나 임시 해결책이 독일 교회에 영구적 형태가 되어버렸다.

약간의 망설임 후에 루터는 일반어로 된 예배서식을 준비했고, 1525년 크리스마스 때 비텐베르그에서 처음 사용되었다. 그것은 많은 중세 예배를 담았으나, 성직복과 장식품과 같은 외적인 것들의 사용에는 자유를 허락한, 구 라틴 예식의 수정판이었다. 새 예배의 두 가지 핵심 부분은 일반어 설교와 회중 찬송이었다. 명료한 언어로, 루터는 믿음을 전하고 그리스도인들을 들어 올리는 수단으로 음악에 대한 자신의 믿음을 표현했다. "모든 미치광이들이 그런 것처럼, 음악을 경멸하는 자는 나를 즐겁게 하지 않는다. 음악은 하나님의 선물이고 증여이지, 인간의 재능이 아니기 때문이다. 음악은 마귀를 물리치고 많은 사람들을 행복하게 한다. 그것은 모든 진노, 무절제, 교만, 그리고 다른 악덕들을 잊어버리게 유도한다. 나는 신학 다음으로 음악에 가장 높은 위치와 가장 위대한 명예를 부여한다."[17)]

루터 자신 "내 주는 강한 성이요(A Mighty Fortress)"를 포함하여 많은 찬송가를 만들었다. 이 찬송은 종교개혁을 위한 일종의 축가가 되어버렸다. 루터가 죽기 전에 많은 찬송들이 모든 상황을 위한 다양한 판들의 씨리즈로 보급되었다. 루터교회는 "노래하는 교회"라는 명성을 얻게 되었다.

첫 루터교 신조들

루터교주의가 성장하면서 루터교 세속 통치자들은 황제 찰스 5세의 힘에 대항하여 자신을 보호하기 위한 정치적 조직을 만들었다. 1522년 새 교황 아드리안 6세(Adrian VI)는 보름즈 칙령(the Edict of Worms)의 집행을 요구했으나, 누렘부르그(Nuremburg)에서 개최된 협의는 강력한 행동을 취하는 것을 피했다. 그것은 "제안된 종교회의의 결정을 기다리고 있는, 논쟁이 있을 만한 주제를 모두가 피하라"[18)]

고 단순하게 진술했다. 1526년 스파이어(Speyer)에서 새로운 모임이 열렸다. 이것은 황제 찰스 5세가 프랑스와 오토만 제국(Ottonman Empire)과의 투쟁에서 독일 군주들의 지지가 마침 특별하게 필요했던 때였다. 이 협의는 종교회의나 국가적 회의가 열리고, 그것이 개별 통치자들에게 넘겨져 "스스로 통치하고 알아서 처신하여, 우리가 소망하고 신뢰하여 하나님과 황제폐하에게 답변할 수 있도록"[19] 할 수 있을 때까지, 보름즈 칙령의 집행을 효과적으로 중지시켰다. 이틀 후에 투르크족은 모학스 전쟁(the Battle of Mohacs)에서 승리했고 헝가리 왕 루이 2세(the Hungarian king, Louis II)는 피살되었다. 그 결과 찰스 5세는 독일 군주들에게 더 의존하게 되었다. 투르크족이 제국의 동쪽 경계로 진군했기 때문이다. 그러나 1526년에 얻은 관용은 오래가지 않았다. 1529년의 두 번째 스파이어 협의(the Second Diet of Speyer)는 1526년 교령을 철회했고, 보름즈 칙령이 다시 부과되었다. 대부분의 공국들(principalities)은 호응했지만, 6명의 영토 군주들은 14개 자유 도시들과 연합하여 황제에 대항해 강력한 항의를 했다. "항의하는 자들(the protesting estates)"이란 표현은 프로테스탄트(Protestant)란 용어의 기초가 되었고, 결국 로마 가톨릭 교회를 떠난 모두에게 적용되었다.

1530년 찰스 5세는 화해를 추구했고 투르크족에 대항하는 공동전선를 이루기 위해 대단한 노력을 했다. 그는 특별히 강한 입장에 서게 되었다. 비엔나(Vienna)에서 투르크족을 물리쳤고, 프랑스와 이태리 교황청의 연합 병력을 무찔렀으며, 2월에 볼로나(Bologna)에서 교황 클레멘트 2세(Clement II)에 의해 왕관을 받았기 때문이다. 아우그스부르그에서 회의가 소집되었고, 선제후 존 더 스텟페스트는 루터, 요나스, 부겐하겐(Bugenhagen), 멜랑톤에게 신앙진술을 작성하라고 요청했다. 이것이 아우그스부르그 신조(Augsburg Confession)로 알려지게 된 것이다. 루터는 선제후와 그의 무리와 함께 삭소니 영토에 있는 남쪽 끝 성, 코부르그(Coburg)까지 여행했다. 여전히 그는 불법이었기 때문에, 삭소니를 떠나는 것은 안전하지 않았고, 그의 동료들이 아우그스부르그에서 화해를 추진하는 동안 코부르그에서 5달 동안 머물렀다. 멜랑톤이 아우그스부르그 신조를 작성했지만, 그것을 완전히 승인한 것은 루터였다. 초안을 읽은 후에, 루터는 그것이 "나를 매우 즐겁게 해주고 나는 그것에 어떤 것도 향상시키거나 바꿀 것을 알지 못하며, 그렇게 하는 것은 적절하지도 않다. 나는 그렇게 부드럽고 조용히 걸을 수 없기 때문이다"라고 평했다.[20]

아우그스부르그 신조가 "부드럽고 조용하게" 걸었다는 말은 양쪽 간의 공통점을 강조했다는 것을 의미한다. 신조는 두 부분으로 구성되었다. 첫 번째 부분은 신앙의 조항들이었고, 두 번째 조항은 평신도에게 컵의 허용, 성찬의 희생제사 성격의 거부, 성직자 금혼에 대한 반대, 수도원 서약의 폐지 등과 같은 관건에 대한 루터교 입장을 설명했다. 전체적으로 신조를 서명하는 자들이 가톨릭 신앙을 떠나거나 어떤 새로운 교리를 만들려는 의도가 없음을 강조했고, 재세례파의 혁신들과 이단들을 정죄했다. 그것은 연옥, 성인 숭배, 화체설, 그리고 만인제사장과 같은 논쟁을 일으킬 수 있는 주제들은 피했으나, 칭의에 대한 루터교 입장은 분명히 가르쳤다. 또한 교회의 연합을 위한 최소의 요구사항들을 포함했다. "교회의 진정한 연합을 위해서는 복음의 교리와 성례의 집행에 대해 동의하는 것만으로 충분하다. 인간적 전통, 즉, 인간에 의해 제정된 의식들과 예식들이 모든 곳에서 다 같아야할 필요는 없다."[21]

로마 가톨릭 신학자들은 아우그스부르그 신조에 대한 반응을 작성했다. 그것은 "아우그스부르그 신조에 대한 논박"(the Confutation of the Augsburg Confession)이라 불렸고 성경과 전통으로부터 나오는 가톨릭 입장을 수호했으며 논쟁의 쟁점들에 대한 어떤 양보도 허용하지 않았다. 황제는 "논박"을 회합에서 읽혔고 루터교 군주들이 수용할 것을 주장했다. 그들은 거부했고, 어느 정도의 동의라도 얻어내려는 몇 번의 다른 시도들 후에, 멜랑톤은 "아우그스부르그 신조를 위한 해명"(the Apology for the Augsburg Confession)을 작성했다. 그것은 아우그스부르그 신조의 일곱 배가 되는 분량이었고, 가톨릭과 루터교 입장의 차이점들을 강조했다. 그것의 분위기는 상당히 호전적이었다. "해명"은 확실히 화해를 위한 문서는 아니었고, 황제가 그것을 받기조차 거부했을 때, 루터교 대표들은 떠났다. 분열을 치유하기 위한 노력은 실패로 돌아갔다.

1531년 루터교 정치세력은 황제 찰스 5세의 공격 가능성에 근심하지 않을 수 없었고, 슈말칼딕 연합체(Schmalkaldic League)란 방어체세를 결성하여 공격에 대비했다. 이것으로 루터교 귀족들과 도시들은 황제가 공격할 경우 서로 돕겠다고 약속하게 된 것이다. 루터는 그런 연합체를 지속적으로 반대해 왔다. 성경이 권세에 대한 복종을 가르쳤기 때문이다. 그러나 루터는 귀족들이 제시한 법적 주장에 마침내 설득되었다. 그들은 황제가 나라 법을 위반할 때에는 독일 헌법이 귀족들로 하여금 황제를 저항할 수 있도록 허락했다고 주장했다. 연합체는 원래 삭소니(Saxony), 헤세(Hesse), 브론슈바이히-뤼네부르그(Braunschweig-Luneburg), 안할트(Anhalt), 만스펠트(Mansfeld), 그리고 막데부르그(Magdeburg)와 브레멘(Bremen)과 같은 도시도 포함했다. 또한 그것은 브란덴부르그(Brandenburg)와 뷰르템베르그(Wurttemberg)와 여러 자유도시들과 같은 중요한 영토들도 포함했다.

1532년 투르크족은 비엔나(Vienna)를 공격했고, 찰스는 루터교도들에게 양보하지 않을 수 없었다. 누렘부르그 평화조약(Peace of Nuremburg)이라 부르는 휴전협정은 종교적 해결을 연기시켰고, 종교회의 전에는 루터교 세력들에 대하여 어떤 공격도 하지 않을 것이라는 계약을 체결했다. 1533년 찰스는 프랑스와 교황의 연합체로부터 추가 공격의 위협을 받았다. 그의 계속되는 정치적 문제들은 사실상 루터교 종교개혁을 구출했다. 그것이 황제의 주의를 분산시켰고, 루터교 운동이 아직 연약할 때 황제 권력이 루터교주의를 진압하는데 사용되지 못하게 했기 때문이다. 그동안 슈말칼딕 연합체는 더 강해졌고, 루터교도들은 점점 더 소외되었으며 타협에 더 소극적이 되었다. 교황이 1537년 오랫동안 연기되었던 종교회의를 마침내 호출했을 때, 루터교 귀족들은 루터에게 새 신앙고백의 작성을 요청했다. 그 결과로 나온 것이 '슈말칼딕 조항(Schmalkaldic Articles)' 이었고, 루터교 입장의 교리적 선언이었다. 당시 루터는 죽음에 가까웠다고 느꼈고, 그것을 자신의 교리와 믿음의 마지막 진술로 여겼다. '슈말칼딕 조항' 은 루터교 교리를 매우 과격하고 비타협적으로 주장했기에, 한 역사가는 그것을 "루마로부터의 진정한 루터교 독립 선언"이라고 부른다.[22]

루터의 후반기

루터가 슈말칼딕 조항을 저술했을 때, 그의 인생은 십년도 남지 않았다. 그 기간이 질병과 논란으로 물들어져 있었지만, 루터의 인생은 부인과 가족으로 매우 고조되어 있었다. 1525년 농노전쟁 기간 동안 루터는 캐서린 폰 보라(Katherine von Bora)란 이름의 수녀와 결혼했다. 그녀는 2년 전 11명의 수녀들과 비텐베르그 수녀원을 탈출했다. 모든 다른 수녀들은 결혼을 하든지 아니면 떠났으나, 캐서린은 루터가 소개한 남자와의 결혼을 고집스럽게 거절했다. 그러나 그녀는 루터나 그의 동료인 암스도르프(Amsdorf)와는 결혼할 용의가 있다고 말했다. 아마도 루터는 4월에 아버지를 방문했을 때 그의 결정에 영향을 받았을 것이다. 그 때 루터의 아버지는 루터가 수도원을 떠나서 기쁘고 그가 결혼하여 자손을 갖기 바란다고 말했다. 나중에 루터는 자신의 아버지를 즐겁게 해드리고, 교황을 괴롭히며, "천사를 웃게 하고 마귀를 울게 하며," 그의 증언을 인치기 위해 결혼했다고 진술했다.[23)]

그들이 1525년 6월 13일 결혼했을 때, 루터는 42세였고 케이티(Katie)는 26세였다. 루터는 당시 솔직하게 인정했다. "나는 나의 아내에 대해 열정적인 사랑이나 뜨거움을 느끼지 못하나, 나는 그녀를 소중하게 여긴다."[24)] 그러나 케이티는 루터를 위한 완벽한 배우자가 되었고, 시간이 지나며 그녀에 대한 루터의 진정한 애정은 커져가기만 했다. 그녀는 루터가 특히 약한 영역에 강했다. 루터는 돈이 쓰거나 주기 위한 것이라고 생각했고, 빚에 대해 걱정해 본적이 없다. 그리고 그는 많은 돈을 안겨줄 설교와 출판에 대한 대가를 받지 않았기 때문에 그의 수입은 제한되어 있었다.[25)] 캐서린은 수입과 지출 사이의 간격을 줄일 방법을 찾아야 했다. 그녀는 농장을 경영하고 정원을 가꾸며 돼지를 키우고 맥주를 만들며 하숙을 치루었다. 1532년 선제후 존 더 스텟페스트가 루터에게 어거스틴 수도원과 그 땅을 주었다. 그것은 1층에만 40개의 방을 가진 3층짜리 건물이었고, 루터 가족은 학생과 손님을 위해 충분한 방을 가지게 되었으며, 그 집은 항상 많은 사람으로 붐볐다. 사실 그 당시 삶이 매우 혼잡했기에 루터가 일을 제대로 할 수 있었는지는 의문스럽다. 안할트의 프린스 조지(Prince George of Anhalt)가 비텐베르그를 방문하는 동안 루터와 머무를 것을 고려했을 때, 그는 좀 더 평화로운 장소를 택하는 것이 좋을 것이라는 충고를 받을 정도였다. "루터의 집은 잡다한 아이들, 학생들, 소녀들, 과부들 그리고 청년들로 가득 차 있습니다. 이런 이유로 그곳에는 많은 혼란이 있고, 많은 사람들은 훌륭하시고 존경받는 분을 위해서 그 장소를 추천하지 않습니다.…루터의 집에 이런 상황이 존재하고 있음으로, 나는 귀하께서 그곳에 머무르는 것이 좋지 않다고 생각합니다."[26)]

루터 집안은 여섯 자녀(세 아들과 세 딸)로 축복을 받았다.[27)] 루터는 자신의 아이들을 무척 사랑했고 바쁜 일정에도 불구하고 그들에게 좋은 아버지였다. 또한 아내에 대한 루터의 많은 이야기가 말해주듯이, 케이티도 사랑하고 감사하게 되었다. 루터가 가장 사랑했던 바울의 갈라디아 서신에 대해 말할 때, 그는 그것을 "나의 캐서린 폰 보라"라고 불렀다. 그는 한 때 그리스도보다 그녀에게 더 많은 것을 기대하고 그녀를 더 신뢰했다는 자신의 죄를 고백했다. 결혼에 대한 루터의 감사는 케이티와의 20년 기간 동안 더 깊어졌다. 루터가 "첫 사랑은 술에 취한다. 술독이 빠져나갔을 때, 진정한 결혼의 사랑이 온다"라고 기록했을 때, 자신의 경험을 묘사하는 것이라고 생각된다.[28)]

케이티 또한 루터가 마지막 10년 동안 많은 질병으로 고생할 때 그를 잘 돌보았다. 1524까지 루터의 건강은 괜찮았다. 그러나 1527년부터 그의 건강은 급격히 나빠지기 시작했다. 1년 전에 그는 신장결석으로 고생했다. 그는 많은 양의 튀긴 청어와 겨자를 깃든 찬 완두콩으로 결석을 제거했다고 알려진다. 1527년 4월 루터는 가슴 통증, 어지러움, 졸도가 찾아왔고 잠시 설교를 중단해야만 했다. 1527년 7월 루터는 자신이 죽을 것 같다고 생각할 만한 연약한 기간을 경험했고, 심각한 우울증에 사로잡히기도 했다. 안펙퉁겐(*Anfectungen*)이라고 불렀던 이 고통은 루터의 일생 동안 지속되었다. 이 통증이 왔을 때, 루터는 하나님으로부터 소외되었다는 느낌과 절망에 사로잡혔다. 멜랑톤에 보낸 편지에 루터는 그가 어떻게 느꼈는지를 이렇게 묘사했다. "나는 죽음과 지옥에서 일주일 이상을 보냈다. 내 온 몸은 고통 가운데 있었고, 나는 여전히 떨고 있다. 그리스도에게 완전히 버려져서, 나는 절규와 신성모독의 혼란과 폭풍 하에 고통을 겪었다. 그러나 성인들의 기도로 하나님은 나에게 자비를 베풀기 시작하셨고 아래의 불 속에서 내 영혼을 끄집어 내셨다."[29)]

루터의 어지러움증은 계속되었고, 그는 1532년 다시 두 달 동안 설교를 포기해야했다. 또한 그는 다리 통증으로 죽을 때까지 고통을 겪었다. 나아가 신장결석, 통풍, 변비, 그리고 치질로 고생을 했다. 이 육체적 문제와 과로, 끝임 없는 논란과 계속적인 인신공격은 그의 좋지 않은 성질과 적에 대한 신랄한 공격을, 용서되지는 않지만, 설명해 준다.

루터는 자신과 동의하지 않는 자에게 많은 인내심을 가지지 못했고, 나이가 들면서 적들에게 더 통렬한 공격을 퍼부었다. 16세기에 발생되는 논란에서 상스러운 언어가 보편적으로 사용되기는 했지만,[30)] 그의 인생 말기에 상대편에 대한 비합리적인 공격은 자신의 명성을 상당히 훼손시켰다. 루터는 가톨릭에 대해 가장 극심한 공격을 퍼부었다. 그들은 복음의 적들이기 때문에 루터는 그들을 위해 더 이상 기도할 수가 없었고, 그의 기도는 이제 교황청에 대한 저주를 포함했다. 루터는 또한 자신의 성찬론과 다른 견해를 가진 재세례파와 다른 종교개혁자들을 공격했고, 그들의 구원을 의심했으며,[31] 우리는 이미 농노들에 대한 그의 신랄한 공격을 보았다. 그러나 루터의 가장 수치스러운 작품은 1543년에 저술한 『유대인들과 그들의 거짓들』이란 제목을 가진 소책자였다. 이것은 루터가 1523년에 저술한 "예수 그리스도는 유대인으로 탄생되었다"라는 제목을 가진 에세이와는 너무도 달랐다. 거기서 루터는 유대인들을 자비로 대해야하고 기독교 사회에서 일과 무역을 하도록 허락해야 한다고 권고했다. 유대인들이 "우리 그리스도인들의 가르침을 듣고 삶을 보아" 궁극적으로 회심하도록 소망해야 한다고 말했다. 루터는 유대인들이 회심할 때 심지어 동정심을 표현했고, "만일 그들 중 어떤 자가 목이 곧다면, 어찌할 것인가?"라고 질문하며, "사실 우리도 모두 다 좋은 그리스도인은 아니다"라고 말했다.[32] 20년 후 루터는 매우 다른 태도를 보였다. 유대인들이 기독교로 많이 회심하지 않았고, 오히려 유대인들이 그리스도인들을 유대교로 회심시키려하며 할례를 준다는 잘못된 소문에 실망하여, 루터는 그들을 혹독하게 공격했던 것이다. 루터는, 그들의 회당과 학교를 불태워야하고, 그들의 집이 파괴해야 하며, 랍비들의 가르침을 금지해야 하고, 그들의 종교서적들을 압수해야 하며, 상업행위를 금지시키고, 그들을 일용근로직에 강제 투입해야 한다고 말했다.

루터의 적들만 루터가 고집스럽고 어렵다고 느낀 것이 아니었다. 루터는 자신의 가장 유능한 친구 중 한사람인, 필립 멜랑톤에게도 종종 부담이었다. 멜랑톤은 몇 번 비텐베르그를 떠나려 했다. 때로 루터는 자신이 신경질이 많다는 약점을 인식했고 후회했다. 어느 때 루터는 자신의 부인에게 이렇게 말했다. "분노가 나를 놓아주지 않는다. 왜 나는 언급할 가치도 없는 작은 일에 때로 이렇게 분노하는지. 내가 가는 길에서 나를 만나는 자는 누구든지 그것 때문에 고통을 겪는다. 나는 아무에게 친절하게 말하지 않는다. 이건 정말 치욕스러운 일이 아닌가?"[33]

[필립 멜랑톤(1497-1560)]
베자(Beza) 아이콘(*Icones*)에서 발췌한 그림

루터는 그리스도인이 성도이며 동시에 죄인이라고 믿었으며, 그의 삶과 성격은 그의 신학을 확인하는 것으로 보였다. 일생동안 그와 함께 했고 그를 매우 인기 있는 사람으로 만들었던 루터의 다른 면은 자신에 대해 농담을 하고 자신을 비웃는 능력도 포함한 유머감각이었다. 그는 또한 가족, 좋은 맥주, 좋은 친구들을 포함하여 세상의 좋은 것들을 즐길 줄 알았다. 앞에서 말한 것처럼 루터는 음악을 사랑하는 사람이었다. 그는 음악이 하나님의 위대한 선물 중 하나라고 생각했으며, 음악은 마귀를 내쫓고 영혼을 치유하며, 우리의 영을 일으켜 세운다고 생각했다. 루터는 자신의 약점을 인정할 줄 아는 겸손한 사람이었다. 그는 결코 자신의 작품이 출판을 위해 모을 가치가 있는 것으로 생각하지 않았다. 그의 친구들이 말엽에 루터의 작품을 출판할 것을 고집했을 때, 그는 멜랑톤과 같은 사람들에게서 더 좋은 글을 찾을 수 있다고 말하는 변증적인 서문을 썼다. "내 책들은… 사건들의 당황케 하는 압력에 의해 즉흥적으로 나오거나 지배되었고, 그 결과 '원시적이고 무질서한 혼란' 으로 보여서 심지어 나 자신도 쉽게 정리할 수가 없다. 이런 이유로 나의 모든 책들이 영구적 망각 속으로 묻히고 더 나은 것들을 위한 자리를 만들 수 있기를 바랐다."[34)]

루터는 1546년 2월 만스펠트(Mansfeld)의 두 백작들 사이의 불화를 중재한 후에 죽었다. "당신은 그리스도와 당신이 가르쳤던 교리 위에 견고하게 서서 죽기를 원하는가?" 라는 그의 친구 유스투스 요나스의 질문에 대한 루터의 마지막 말은 힘찬 "그렇다" 였다.[35)] 루터가 죽을 것 같다고 생각했던 거의 20년 전에 유스투스 요나스는 더 자세한 고백을 기록했다. 그것은 이 장에서 잘 묘사되었다. 그는 자신이 가르쳤던 믿음에 대해 확신했고, 다르게 가르쳤던 자들에 대해 인내심이 없었으며, 자신의 약점을 수용할 준비가 되어있었고, 자신이 이해한 대로 하나님을 섬기기 위해 열정적으로 헌신했다. "나는, 하나님께서 나의 의지에 반하여 나를 부르신 섬김의 사역에 입각하여, 하나님의 말씀을 올바로 가르쳤음을 전적으로 인식하고 확신한다. 나는 믿음, 사랑, 십자가, 그리고 성례에 대해 올바르게 가르쳤다. 많은 자들이 내가 너무 혹독하게 진행한다고 나를 비난했다. 그렇다. 혹독하게 때로는 너무 혹독하게 했다. 그러나 이것은 모두의 구원에 대한 문제였다. 그것은 심지어 나의 적들도 포함했다."[36)] 케이티는 루터보다 4년 더 살았다. 그녀는 죽으면서 루터를 행복하게 만들 말을 남겼다. "나는 주 그리스도에게 달라붙을 것이다. 가시가 옷감에 달라붙는 것처럼 말이다."37)

독일 외부로 루터교주의 전파

루터가 죽었을 때, 루터교주의는 이미 독일 국경을 초월하여 퍼져나갔다. 독일 밖에서의 루터교주의 수용과 그 영향의 항구성은 장소마다 달랐다. 가장 크고 지속적인 성공은 스칸디나비아(Scandinavia)에서 있었다. 스칸디나비아에서 루터교주의는 그 지역의 정치적 투쟁과 너무 복잡하게 얽혀있었고 정치적 세력에 의해 위로부터 강요되었다. 그것은 독일의 많은 지역에서도 마찬가지였다. 강한 중심 세력이 없었던 동유럽에서는 루터교주의는 밑으로부터 올라왔다. 귀족들이 루터교의 가르침에 영향을 받았고 종교적 문제에 대해 군주들로부터 허가를 요구했다.

스칸디나비아를 먼저 보면, 그 지역의 현재 5개국(핀란드, 스웨덴, 노르웨이, 덴마크, 그리고 아이슬란드)은 1537년 '칼마르 연합(the Union of Kalmar)'에 의해 일시적으로 역동적인 통합을 이루었다. 물론 각 지역이 자체의 토지와 관습을 유지하기는 했다. 종교개혁 초기에 덴마크 왕은 크리스천 2세(Christian II, 1513-1523)였다. 그는 자신의 삼촌인 프레데릭 더 와이즈에 부탁하여 루터교 신학자를 덴마크 대학에서 가르치도록 했다. 칼슈타트가 잠시 그곳에 갔으나, 보름즈 칙령 후 덴마크 왕은 흥미를 잃었다. 아마도 신성로마제국의 황제, 찰스 5세를 불쾌하게 만들고 싶지 않았을 것이다. 덴마크 왕 크리스천 2세는 1523년 축출되었고, 루터교주의에 영향을 받았던 그의 계승자 프레데릭 1세는 루터교 설교자들로 하여금 종교개혁을 퍼뜨리도록 격려했다. 그는 귀족들의 지원을 받았고, 귀족들은 교회 재산을 갈취하여 부자가 되었다. 크리스천 2세가 왕좌를 탈환하려 시도했을 때, 프레데릭은 슈말칼딕 연합체에 합류했으나, 1533년 죽었다. 그 후 나라는 3년 동안 내란에 휩싸였다. 그 전쟁의 승리자는 크리스천 3세(Christian III, 1536-1559)였다. 그는 루터교주의에 헌신했고, 1536년 코펜하겐(Copenhagen)에서 개최된 국가적 회의에서 루터교주의는 국가종교로 소개되었다. 1537년 루터교 목사는 새 왕에게 왕관을 씌웠다. [전통적으로 이 일은 룬트(Lund)의 대주교가 해오던 일이었다.] 이것은 종교에 큰 변화가 있었음을 의미했다. 국왕 크리스천 3세는 덴마크 교회를 재조직하기 시작했다.

내란에서 크리스천 3세의 적을 지원했던 노르웨이는 크리스천의 승리 후 루터교주의를 수용하도록 강요당했고, 루터교 감독들이 가톨릭 감독들을 대치하여 임명되었다. 노르웨이에 속했던 아이슬란드는 덴마크의 지역이 되었고, 종교개혁이 위로부터 소개되었다. 양쪽 지역에서 루터교주의를 강요하려던 시도는 강력한 저항에 부딪혔다. 반면에, 스웨덴과 핀란드(당시 핀란드는 스웨덴에 연합되어 있었다)는 덴마크로부터의 독립을 위한 투쟁과 직접적으로 연결되어 있었다. 크리스천 2세는 스웨덴에 그의 통치를 잔인하게 강요했고, 1521년 많은 스웨덴 귀족들을 학살했다. 후에 구스타부스 바사(Gustavus Vasa, 1423-1560)로 알려진, 젊은 귀족, 구스타부스 에릭손(Gustavus Eriksson)은 덴마크에 대항하여 싸웠고, 1523년 스웨덴 협약에 의해 왕으로 선택되었다. 새 스웨덴 왕은 나라가 내란 후 실질적으로 파산했기 때문에 심각한 문제에 직면했다. 교회는 스웨덴 토지의 오분의 일을 소유했고, 이것이 파산한 나라에 큰 유혹이 된 것은 너무도 당연했다. 교황 레오 10세(Pope Leo X)가 스웨덴 반발을 제압하기 위해 덴마크를 지원했기에 더욱 그랬다. 이런 이유로, 덴마크에서 루터교주의가 승리하기도 전에, 스웨덴에서는 국가적 관심이 루터교주의를 채택하게 하는 원동력이 되었다. 1527년 '베스테라스 회의(the Diet of Vesteras)' 는 스웨덴 교회 재산의 몰수와 복음의 가르침을 합법화 했다. 그 다음 해 루터교주의는 왕의 인도 하에 점차적으로 소개되었다. 바사의 죽음 이후, 로마 가톨릭이었던 폴란드의 시기스문드(Sigismund)의 즉위는 1593년에 국가 회의(National Synod)를 소집하게 했고, 가톨릭주의가 다시 도입되는 것을 막기 위해 루터교주의를 재확인했다.

스칸디나비아에서 위로부터 종교개혁이 강요된 것과는 대조적으로, 동유럽에서는 서유럽의 상인들과 대학생들이 종교개혁을 소개했다. 폴란드는 이미 약한 군주체제였고, 왕은 귀족들 다수가 루터교주의로 개종을 시작했을 때 더 많은 권력을 잃었다. 루터교 사상은 1520년대 초 여러 마을로 파고들어왔고 심지어 발틱(Baltic) 해변 주변의 여러 감독들에 영향을 미쳤다. 이 운동을 저지하기 위한 로마 가톨릭 교회의 노력은 실패했고, 1540년대에는 칼빈주의가 들어오기 시작했다. (7장 "칼빈과 칼빈주의"를 보시오) 1555년 회의는 교회법정의 관할권을 중지시켰고, 개신교를 법적으로 인정했다. 1573년 바르사우 협약(the Compact of Warsaw)은 종교자유를 모든 종교 집단에 부여했다. 그러나 종교적 관용의 실험은 가톨릭 종교개혁의 호전적인 가톨릭주의(Catholicism)가 궁극적으로 개신교주의를 억압함으로 실패로 끝났고, 폴란드는 유럽에서 가장 강력한 로마 가톨릭 국가 중 하나가 되었다.

보헤미아(Bohemis)에서는 후싸이트(Hussite) 운동이 초기에 루터교주의를 잘 받아드렸으며, 루터교주의는 주변에 있는 모라비아(Moravia)로 펴졌다. 그러나 루터교도들과 구 보헤미안 종교 집단 사이의 연합이 실패로 돌아섰고, 보헤미아 개신교주의는 종교개혁 후기에 상부의 탄압으로 희생물이 될 수밖에 없었다. 헝가리(Hungary), 오스트리아(Austria), 그리고 트랜실바니아(Transylvania)로 이어진 루터교주의 전파는 그 지역에 살고 있던 많은 독일인들에 의해 도움을 받았다. 트랜실바니아에서는 12세기부터 그곳에서 살고 있던 독일인들이 루터교주의를 수용했고, 감독을 선출하여 아우그스부르그 신조를 자신의 교리 진술로 채택한 교회를 이끌게 했으나, 결국에는 칼빈주의가 루터교주의를 추방했다. 오스트리아는 합스부르그(Hapsburg) 땅의 중심에 있었으나, 오스트리아의 각 구역은 많은 지방 자율권을 가지고 있었고, 이것은 합스부르그 통치자, 페르디난드(Ferdinand)로 하여금 루터교주의를 억압하기 어렵게 만들었다. 여러 개신교 지도자들이 처형을 당했지만, 중요한 귀족들이 루터교주의로 회심했고, 그들의 자녀들이 비텐베르그와 같은 루터교 대학들에 공부하러 갔다. 몇 도시들이 또한 루터교 운동에 참여했지만, 종교개혁이 끝났을 때는 오스트리아 루터교주의 또한 가톨릭 종교개혁에 굴복하고 말았다.

아우그스부르그 평화협정(The Peace of Augsburg) 1555

루터 사후 독일 루터교주의는 억압을 예상할 수밖에 없었다. 협상을 통한 교회의 재결합 시도가 실패하자, 황제 찰스 5세는 드디어 루터교 귀족들에 대한 인내를 잃었다. 그 결과 황제는 무력을 사용하기로 결단했다. 루터가 죽은지 불과 몇 달 후인 1546년 7월 황제는 오래 지연된 공격을 감행했다. 처음에는 루터교 군주들이 더 큰 병력을 가지고 있었고 성공적인 출정을 했지만, 그들의 지도력에 분열이 생겼고 승리를 유지하지 못했다. 황제는 네덜란드와 이태리에서 병력의 도움을 받았고, 존 프레데릭의 선제후 자리를 뇌물로 제공하여 루터교 통치자인 삭소니의 모리스(Maurice of Saxony)의 배신을 설득해냈다. 1547년 4월 찰스의 지휘관 '알바의 공작(the Duke of Alva)' 은 뮬베르그 전투(the Battle of Muhlberg)에서 큰 승리를 거두었고 존 프레데릭을 체포했다. 루터 사후 15개월 만에 비텐베르그는 황제의 무력으로 함락되었고, 존 프레데릭은 대부분의 영토와 함께 선제후 직분을 상실했다. 존 프레데릭과 헤쎄의 필립(Philip of Hesse)는 투옥되었고, 황제는 막데부르그(Magdeburg)와 브레멘(Bremen) 도시를 제외하고는 독일을 완전히 장악했다.

찰스 5세는 소위 '아우그스부르그 잠정협정(Augsburg Interim)' 을 통해 가톨릭주의를 재 부과했고, 그것은 종교회의 때까지 효력을 끼쳤다. 성직결혼과 평신도 잔 허용 문제에 대해 약간의 양보가 주어졌지만, 이 협정의 다른 조항들은 교황의 수월성과 칠성례를 비롯한 로마교회 입장을 재확인했다. '아우그스부르그 잠정협정'이 성공적으로 집행되었더라면, 독일의 종교개혁은 억압되었을 것이나, 찰스의 승리는 루터교주의의 뿌리를 뽑기에는 너무 늦었다. 보름즈 칙령(the Edict of Worms)으로부터 25년이 지난 상황에서, 루터교주의 운동은 이미 너무도 많은 힘을 비축했고 군사적 승리로 억압하기에는 너무도 깊이 뿌리를 내렸다.

찰스는 자신의 군대가 주둔해 있는 곳에서만 협정을 집행할 수 있다는 것을 깨닫게 되었다. 다른 루터교 공국들은 협정을 집행하지 않으며 수동적으로 저항하거나, 협정을 수용하지 않으며 능동적으로 저항했다. 찰스의 군대를 성공적으로 물리친 막데부르그는 저항의 중심이 되었고, 함부르그(Hamburg), 브레멘(Bremen), 루벡(Lubeck), 그리고 궤팅겐(Gottingen)과 같은 다른 독일 도시들과 연합했다. 황제의 옛 적들도 그를 괴롭혔다. 황제가 승리 후 너무 강력해 질 것을 염려한 교황은 그의 군사를 철수시켰고, 투르크족은 헝가리를 다시 공격할 준비를 하고 있었다. 그런 동안 프랑스의 새 왕, 앙리 2세(Henry II)는 삭소니의 모리스와 동맹을 맺었다. 모리스는 황제에 대해 환멸을 느꼈고, 루터교 대의를 더 이상 배신하고 싶지 않았다. 모리스는 찰스 5세에 대항하여 싸웠고, 비록 모리스는 생명을 잃었지만 황제의 군사력이 더 이상 버티어내지 못하게 했고, 찰스는 루터교도들을 굴복시키려는 노력을 포기할 수밖에 없었다. 찰스는 많은 문제들로 일찍 노화했고, 그의 육신은 20대부터 고통을 겪어온 통풍으로 어려움을 겪었으며, 그것은 폭식으로 악화되었다. 황제 찰스 5세는 마침내 포기했다. 그는 자신의 모든 직책에서 물러났고, 스페인 수도원으로 은퇴하여 건강하지 못한 식습관을 지속하다가 1558년 9월 죽었다.

합스부르그 왕국은 이제 분리되었다. 찰스의 아들 필립은 스페인, 부르군디, 그리고 이태리 소유 영역들을 통치하게 되었고, 찰스의 동생 페르디난드는 황제 직위를 보유하고 독일과 동쪽 땅을 통치하게 되었다. 찰스는 은퇴하기 전에 페르디난드에게 루터교도들과의 평화협상을 위임했다. 이런 평화협상은 종교적 양보가 필요한

데, 찰스는 양심상 그것을 할 수 없겠다고 생각하여 이 협상을 그의 동생에게 위임했던 것이다. 1555년 찰스의 동생은 아우그스부르그 평화조약(the Peace of Augsburg)에 동의했다. 협약의 내용에 의하면, 루터교 군주들, 황제기사들, 그리고 자유도시들은 가톨릭 영토의 것과 동일한 안전이 보장되었다. 그러나 그것은 아우그스부르그 신조에 동의한 개신교도들에게만 적용되었다. 그래서 칼빈주의자들과 다른 개신교도들은 제외되었다. 그것은 또한 각 통치자가 자신 영토의 종교를 결정하고 모든 백성들은 순응해야만 한다는 원칙을 선언했다. 이 원칙은 17세기 법률가들에 의해 "누가 왕이든지, 그의 종교"(*Cuius regio, eius religio*)라고 표현되었다. 감독이나 수도원장 같은 교회 군주들의 경우에는 이 규칙에 예외가 적용되었다. 자기 지역의 종교에 만족하지 않는 자는 다른 지역으로 이주할 완전한 자유가 주어졌다. 아우그스부르그 평화조약은 정치세력이 교회를 확실하게 장악한 상태에서 독일 종교개혁의 첫 양상을 종식시켰다. 루터교주의는 종교의 자유를 허락 받았으나, 해결되어야할 다른 문제들이 남아있었고, 이 협정에서 제외된 칼빈주의는 이미 독일에 중요한 진입을 했다. 나아가 루터교도들 사이에 심각한 분열이 나타났다. 아우그스부르그 평화조약이 일시적인 해결책이었다는 것은 그리 놀랄만한 일이 아니다.

루터의 영향

아우그스부르그 평화조약 다음 세기에 루터가 시작한 운동에 대한 루터 자신의 영향은 그가 살아있을 때보다 더 강해졌다. 루터는 점점 흠 없는 영웅으로 여겨졌고 루터교회의 절대 권위자로 그려졌다. 최근의 연구는 루터의 이미지가 세 가지 다른 방법으로 사용되었다고 지적했다. 첫째, 루터는 교황과 종교회의의 권위를 대치한 선지자와 성경 해석의 권위자로 여겨졌다. 둘째, 루터는 추종자들에 의해 거짓 가르침을 직면하고 참 교리를 세우기 위한 권위있는 가르침을 주신 신생으로 여겼다. 셋째, 루터는 하나님께서 교회와 독일 백성을 교황의 억압으로부터의 해방을 위해 사용하신 선지자적 영웅으로 여겨졌다. 루터는 또한 기적을 행한 자로 그려졌고 중세 성인과 같은 식으로 공경되었다. 심지어 기적이 루터 형상 때문이라고 여겨졌다. 집을 불태운 화염 속에서도 전혀 해를 당하지 않은 루터의 그림에 대한 이야기가 퍼졌다. "불타지 않는 루터"의 기적이 하나님의 간섭 때문이라고 여겨졌다.[38] 또한 루터는 여러 전기의 주제가 되었다. 유럽 역사에서 그 누구보다도 많은 이야기가 루터에 대해 기록되었지만,[39] 철저한 연구도 객관성을 보장해 주지 않았고, 역사가들은 루터에 대해 심하게 대조적인 그림들을 제시했다.

루터가 죽은 지 얼마 되지 않아, 멜랑톤은 루터 전기를 저술했다. 그는 루터를 자신의 친구와 동료로 매우 긍정적인 그림을 제시했다. 동시에 루터의 적들은 매우 다른 그림을 그렸다. 1549년 요하네스 코크레우스(Johannes Cochlaeus)는 루터의 삶과 사역을 심히 부정적인 방법으로 표현한 루터 전기를 출판했다. 당시 편견으로 이루어진 초기 저작들은 후기 역사가들의 선입견에 가장 잘 들어맞는 유형의 루터를 구성하기 위한 증거를 제공하게 되었다.[40] 그 결과는 저자의 교회적 입장에 따라 루터를 완전히 폄하하려거나 무비판적으로 그를 칭송하려한 여러 개의 전기들로 나타났다. 지난 세기에 와서야, 저자의 종교적 입장에 맞추기보다 "진짜" 루터를 드러내려고 시도한 좀 더 객관적인 연구들이 과거 논쟁적 저작들을 대치했다.

1983년 루터 탄생 500주년 기념은 루터에 관한 엄청난 출판물을 내놓았으나, 많은 것들이 16세기 보다는 20세기에 적합한 루터를 제시했다. 모두가 자신의 것을 위해 루터를 주장하기에 여념이 없었고, 그를 현대 문제를 해결하기에 적합한 인물로 만들었다. 심지어 과거에 루터를 군주의 도구와 민중의 적으로 비난했던 독일민주공화국의 공산주의 정부도 이제는 그를 영웅으로 그렸다. 그러나 루터를 현대에 수용될 수 있는 인물로 제시하려는 자신의 목표를 달성하기 위하여 역사가들은 루터의 믿음과 성품에서 현대 기질에 잘 맞지 않는 부분들을 무시해야 했다. 이런 접근법은 16세기에 전혀 맞지 않는 루터를 만드는 문제를 야기했다! 500주년 기념 출판물의 논평에서, 유명한 튜더(Tudor) 역사가 제프리 엘톤(Geoffrey Elton)은 독자들에게 이렇게 말했다. 비록 "진짜" 루터는 "20세기에 매혹적이지" 않지만, 그는 우리 시대를 위해 많은 가르침을 가지고 있을 것이다. 엘톤은 다음의 내용을 예리하게 파악했다. 비록 우리 세상이 "사단, 그리고 루터를 자극한 사단의 사역과 타락에 대해 기독교적 확신을 가지지 못한다 하더라도, 그것은 죄가 너무도 퍼져있고 평화와 선한 행동을 파괴한다고 생각하기에 좋은 이유를 가지고 있다. 그것은 현대적 관심의 이런 저런 주제들을 위한 루터 신학의 의미에 대해 관심을 가지지 않으나, 루터로부터 심지어 그런 도움을 얻으려 할 것이다.…그러나 만일 루터로부터 도움을 얻으려 한다면, 분노에 차있고, 격렬하고, 입이 사납고, 열정적인 관심을 가진,

진짜 루터에게로 돌아가야 한다."[41]

이것이 우리가 그리려고 시도했던 루터다. 그의 성격적 흠에도 불구하고, 혹은 아마 부분적으로 그것들 때문에, 루터는 역사 항방의 변화에 도움을 주었고 앞으로 올 세대를 위해 풍성한 전통을 남겼다.

제5장

도시 종교개혁:
취리히(Zurich), 바젤(Basel), 스트라스부르그(Strasbourg)

> 1521년 보름즈 회의(the Diet of Worms)에서 작성된 황제 기록문은 "자유 황제의 도시들"이라는 제목 하에 전체 85개 도시의 목록을 가지고 있다…. 그 당시 이 중 65개의 도시는 황제의 직속권한 하에 있었다고 간주될 수 있다. 그들 중 대다수인 50개 이상은 16세기 동안 어떤 식으로든 종교개혁을 인정했다. 절반 이상의 도시들이 개신교가 되었고 그렇게 남았다.
>
> 번 몰러(Bernd Moeller)[1)]

고전이 된 번 몰러(Bernd Moeller)의 황제 도시와 종교개혁에 대한 1962년 에세이는 "종교개혁은 도시 사건이었다"[2)]라는 인용이 어느 정도 사실성을 가지고 있다는 것을 보여준다. 이것은 도시가 종교개혁의 가르침을 채택한 유일한 지역이거나 심지어 가장 중요했다는 것을 말하는 것도 아니다. 사실, 독일 인구의 10퍼센트만이 도시에서 살았기 때문에, 종교개혁의 매력이 도시에 제한되었다면, 전체적인 지지는 제한되었을 것이다. 그러나 명백히 종교개혁은 도시에서 상당한 추종세력을 가지고 있었고, 대부분의 개혁자들은 도시 지역에서 많은 활동을 했다. 어떤 자들은 그들의 전체 사역을 도시에서만 했다. [츠빙글리(Zwingli), 부처(Bucer), 에코람파디우스(Oecolampadius), 이 셋은 존 칼빈(John Calvin)과 함께 이 장에서 논의될 것이다.] 도시 종교개혁의 성공에 대한 설명은 다양하다. 그러나 사람들이 서로 가까이 모여 살았다는 것과 도시에는 글을 읽고 쓸 줄 아는 사람들의 비율이 훨씬 높았다는 것이 중요한 요소였다. 종교개혁 설교자들은 도시에서 청중들을 쉽게 찾을 수 있었고, 많은 개종자들이 성경과 종교개혁 문헌들을 읽을 수 있었다. 루터교도들이 독일 도시들에서 많은 성공을 거두었지만, 여러 역사가들은 츠빙글리와 부처 같은 종교개혁자들의 신학은 도시 인구에 훨씬 더 큰 호소력을 발휘했다고 주장한다. 그들은 루터의 신학이 개인에 더 큰 강조를 두었다면, 도시 개혁자들을 위한 출발점은 공동체였다고 주장한다.[3] 우리는 취리히, 바젤, 그리고 스트라스부르그의 세 주요 도시들에 나타난 도시 종교개혁의 과정을 추적하면서, 이 장에서 이 문제들을 다룰 것이다.

츠빙글리와 취리히

종교개혁자들 사이의 논란과 분열은 출발부터 종교개혁을 어렵게 했다. 최초 투쟁 중 하나는 루터와 스위스 종교개혁자 울리히 츠빙글리(Ulrich Zwingli) 사이에 발생했다. 그들의 신학은 그들이 사역했던 다른 배경과 다른 환경을 반영했다. 그러나 그들에게는 많은 공통점도 있었다. 그들은 거의 같은 나이였고, 각각 독일어 방언을 말했으며, 둘 다 농노 집안 출신이었다. 츠빙글리는 1484년 1월 1일, 토겐부르그 계곡(Toggenburg Valley)에 있는 빌트하우스(Wildhaus)라는 마을에서 태어났다. 그것은 스위스 연방의 한 부분이었다. 스위스 연방은 실질적으로 자율성을 가진 지역 또는 주로 느슨한 연합으로 연결되어 있었다. 그들은 옛날 적대 세력인 합스부르그와 같은 공동의 적을 직면했을 때는 협조할 수 있었지만, 연방을 구성한 지역들은 공통점이 별로 없었고 같은 언어도 사용하지 않았다. 그 지역들은, 지정학적으로 보았을 때, 대부분 농경사회를 이루고 있는 스위스 중심부의 지방 주들로부터 섬유산업을 가지고 있는 성 골(St. Gall)이나 인쇄 산업의 중심인 바젤과 같은 상업 중심지와 산업 도시들에 이르기까지 다양했다. 6,000명의 인구로 이루어져있는 취리히는 무역중심지였고 주변 시골 지역을 다스렸다.

츠빙글리 가족은 어느 정도 부유했다. 그의 아버지는 자신이 살고 있는 지방의 행정 사무관이었고, 그 지역의 주요 관료로서 일하고 있었다. 루터의 아버지처럼 그

울리히 츠빙글리(1484-1531)
베자(Beza) 아이콘(*Icones*)에서 발췌한 그림

도 아들에게 최상 수준의 교육을 제공해 줄 수 있는 재정적 수단을 가지고 있었다. 그는 울리히의 지적 능력을 잘 알고 있었고, 베쎈(Wessen)이란 근저 마을에 살고 있는 사제인 심촌에게 읽기와 쓰기를 배우라고 그를 보냈다. 열 살의 어린 나이에 울리히는 바젤에 보내졌고 거기서 라틴어를 공부했다. 그리고 그는 베른(Bern)으로 가서 인문주의의 제창자인 하인리히 보에플린(Heinrich Woeflin)에게 라틴어를 배웠다. 츠빙글리는 수도사가 거의 될 뻔했다. 츠빙글리는 아주 좋은 목소리를 가지고 있었고, 그의 음악적 재능에 관심이 있었던 도미니칸들(Diminicans)은 그를 수련 수사로 들어가라고 설득하려했다. 그러나 츠빙글리 아버지는 자기 아들을 수도사로 만들 준비는 되어있지 않았다. 그래서 그는 츠빙글리를 베른에서 끄집어내어 인문주의 중심지인 비엔나 대학(University of Vienna)에 보냈다. 그러므로 루터의 수도원 경험과는 대조적으로, 츠빙글리는 자신의 신학에 강한 영향을 끼친 인문주의 배경을 가지게 되었다. 츠빙글리는 1504년 학사학위, 1506년 석사학위를 받고 바젤 대학에서 공부를 마쳤다.

공식교육을 마친 후 츠빙글리는 글라루스(Glarus)에서 목회 임명을 받았고, 거기서 10년 동안 사제로 섬겼다. 글라루스에 있는 동안 츠빙글리는 고전과 어거스틴(Augustine) 같은 교부들을 공부할 수 있었다. 그는 헬라어를 독학했고 에라스무스(Erasmus)의 작품을 읽었으며, 1516년 그를 만났고 "인문주의 황태자"의 열성적 추종자가 되었다. 에라스무스의 헬라어 성경이 1516년에 출판되었을 때, 츠빙글리는 바울 서신들을 헬라어로 기억했다고 전해진다. 취리히 종교개혁 이후에도 에라스무스를 향한 츠빙글리의 흠모는 계속되었다. 그러나 츠빙글리는 결국 에라스무스와 결별했다.[4] 츠빙글리는 에라스무스가 그의 추종자들을 전면적 개혁으로 이끌

고 가기에는 너무 약했다고 보았던 것이다. 1513년 츠빙글리는 프랑스와 대항하고 있는 교황을 위해 싸우는 스위스 용병 파견군의 군목으로 섬겼다. 1516년 츠빙글리는 마리그나노(Marignano)에서 프랑스에 의해 약 10,000명 정도의 스위스 군인들이 죽는 대량 패배를 목격했다. 그 때 츠빙글리는 용병 무역의 극심한 반대자가 되었다.[5] 이 무역은 글라루스 마을 유지들에게 특히 커다란 재정적 유익을 가지다 주는 것이었기에, 츠빙글리는 그 지역에서 인기를 잃게 되었다. 그 결과 츠빙글리는 1516년 4월 글라루스를 떠났고 아인지델른(Einsiedeln) 교구로 옮겨졌고, 그곳에서 매우 인기 있는 설교가가 되었다. 아인지델른에는 수많은 순례자들을 오게 만든 '동정녀의 검은 성상(the Black Image of the Virgin)' 이란 사당이 있었고, 츠빙글리의 설교 능력은 널리 알려졌다. 취리히 대성당에 '시민 사제(People's Priest)' 라는 명성 있는 자리가 비게 되었을 때, 츠빙글리는 최상의 후보자였다. 비록 츠빙글리가 젊은 여자와의 성적 비행에 대해 방어해야했지만,[6] 선제후들은 그를 기꺼이 용서해 주기 원했고 1518년 츠빙글리는 그 자리에 선출되었다.

츠빙글리가 새 자리에 올랐을 때, 자신의 증언에 의하면 그는 이미 "그리스도의 복음"을 설교하기 시작했다.[7] 츠빙글리는 『95개 논제』를 1년 전에 출판했던 루터로부터 복음을 배운 것이 아니고 성경으로부터 배웠다고 주장했다. "이 지역에서 아무도 루터를 들은 적이 없을 때, 나는 1516년 그리스도의 복음을 설교하기 시작했다…. 나는 루터라는 이름을 들어보기도 전에 복음을 설교하기 시작했다…. 나는 루터라는 이름을 그 후 2년 동안 알지 못했고, 루터는 나를 가르치지 않았다. 나는 성경만을 따랐을 뿐이다."[8]

1519년 1월 1일, 그의 서른다섯 번째 생일날, 츠빙글리는 대성당에서 헬라어 본문을 가지고 연속 설교를 했다. 교회력에 입각하여 짜여 진 복음서와 서신 교훈을 가지고 설교하는 전통적인 방법을 유지하기 선호했던 루터와는 달리, 츠빙글리는 마태복음으로부터 시작하여 신약성경을 순서적으로 설교했다. 원 자료로부터 진리를 직접 찾아내는 인문주의 방법을 따라 츠빙글리의 중심 교리는 '솔라 스크립투라(*sola scriptura*, 오직 성경으로)' 였다. 1522년에 출판된 『하나님 말씀의 명백성과 확실성』(*Of the Clarity and Certainty of the Word of God*)이란 제목의 설교에서 그는 다음과 같이 말했다.

누구라 할지라도, 만일 자신의 생각에 따라 가르친다면 그의 가르침은 거짓이

> 다. 그러나 만일 하나님 말씀에 따라 가르친다면, 그가 가르치는 것이 아니고 하나님이 가르치시는 것이다…. 내가 젊었을 때, 나는 인간적 가르침에 너무 빠져있었다…. 그러나 나는 하나님 말씀과 하나님 영으로 인도되어, 결국 이 모든 것들을 제쳐놓고 하나님 말씀으로부터 직접 하나님의 가르침을 배워야 할 필요를 느끼게 되었다.[9)]

츠빙글리는 빼어난 음성과 놀라운 표현능력을 가진 대단한 설교자였다. 그는 장날에 설교를 들으러 주변 지역에서 온 사람들을 비롯하여 많은 군중을 모았다. 1519년 가을 취리히에 전염병이 돌았을 때 그의 인기는 높아졌다. 그 상황에서 그는 병들고 죽어가고 있는 사람들을 돌보기 위해 머물렀고, 결국 스스로 전염병에 걸려 거의 죽을 뻔했다.

전통적 가톨릭주의에 대한 도전은 1522년 별로 중요해 보이지 않는 관건 때문에 찾아왔다. 츠빙글리가 2년 이상 성경에 입각한 설교를 했을 때, 츠빙글리의 가까운 친구가 된 인쇄업자 크리스토퍼 프로샤우어(Christopher Froschauer)는 렌트(Lent) 기간에 자기 집에서 직원들이 함께 모이는 모임에 츠빙글리를 초청했다. 그런데 그들은 렌텐(Lenten) 금식을 깨고 소시지를 자르고 먹었다. 츠빙글리는 다른 사람에 시험이 될까봐 먹지 않았지만, 3월 22일 그는 설교에서 이 행동을 방어했다. 그는 금식을 깨는 것이 죄가 아니고 교회는 관련된 사람들을 벌할 수 없다고 주장했다. 먹는데 선택의 자유라는 제목의 설교가 출판되었고, 그 도시가 관할에 들어가 있는 콘스탄스(Constance)의 감독은 4월 7일 그 도시에 대리인을 보내어 교회법 위반에 대해 항거했다. 시의회 앞에 호출되었을 때, 프로샤우어는 성경의 가르침에 입각하여 자신의 행동을 방어했고, 만일 교회 지도자들이 하나님 말씀에 위배되지 않는 것에 대해 그들을 벌한다면 시의회는 그들을 방어해주어야 하고 "우리의 거룩한 권리를 보호해야" 한다고 말했다. 그는 또한 츠빙글리를 방어하며 "하나님께서 취리히에 독일 전역에서 찾을 수 없는 훌륭한 설교자를 주셨다"고 말했다.[10)]

두 번째 사건은 같은 해 여름에 발생했다. 츠빙글리와 몇 명의 성직자들이 콘스탄스 감독에게 성직자 결혼을 허락해 달라고 청원했다. 츠빙글리는 중세 교회의 성직자 결혼 금지가 하나님 법이 아니고 인간의 법에 의한 것임을 성경 연구를 통해 다시 한 번 확신했다. 그것은 성경에서 가르쳐지지 않았고, 독신의 은사는 모든 자에게 주어진 것이 아니기 때문에, 성직자에게 결혼이 허락되어야 한다는 것이었다. 다른 곳과 마찬가지로 스위스에서도 금혼 규칙이 거의 지켜지지 않았고, 많은 성직자들이 공개적으로 여자들과 살았으며 그들의 감독이 뻔히 알고 있는 상황에서 가족을 부양하고 있었다. 감독은 혼외에서 생기는 성직자의 아이들에 대해 벌금을 부과하여 수입을 챙겼다.[11] 그러나 결혼은 계속적으로 엄중하게 금지되었고, 감독은 그들의 호소를 거부했다. 그 후 감독의 반대는 무시되었고 금혼 규칙은 취리히에서 일반적으로 폐지되었으며, 시 공직자는 이 상황을 수용했다. 츠빙글리는 1522년 안나 라인하트(Anna Reinhart)와 결혼했으나, 교회에서 공개 결혼식을 한 1524년 4월까지 그 결혼을 비밀에 붙였다. 그동안 츠빙글리는 그의 설교에서 성인에게 기도, 면죄부, 성지순례, 성모 마리아 숭상을 비롯한 중세교회 관행의 많은 부분들을 공격했다. 시정부는 모든 설교가 성경에 입각해야 한다고 공고하여, 츠빙글리는 시정부로부터 중요한 지원을 받았다.

1522년 11월 츠빙글리는 '시민 사제' 로서의 직분을 사임하고 시의회로부터 새로운 설교권을 받았다. (그의 원래 승인은 감독에게서 받았고, 그러므로 이 움직임은 감독의 권위로부터의 독립을 의미하는 것이다.) 1523년 1월 츠빙글리는 공개 논쟁에서 자신의 입장을 수호할 수 있는 기회를 얻었다. 이 준비를 위해 그는 『67개 논제』(*Sixty-seven Theses*)를 제시했고, 이것은 그가 중세교회의 입장에서 얼마나 많이 이동했는지를 보여주었다. 그것은 강제 금식과 성직자 금혼뿐만이 아니라 연옥에 대한 믿음, 성찬의 희생제사, 성직자 중재의 필요, 그리고 성직자의 특별한 신분도 공격했다. 주장이 성경에 국한되었기에 논쟁은 츠빙글리에게 우호적으로 진행되었고, 그의 승리로 판결이 났다. 그러나 취리히 정부는 많은 전통적 종교 관습에 대해 즉각적인 중단 명령을 내리는 것을 거부했다. 1523년 10월 많은 사람이 행동에 옮긴 성상파괴의 돌발 상황이 성상과 미사의 질문에 대한 논쟁으로 연결되었다. 이 논쟁도 츠빙글리의 승리로 끝났으나, 정부 관리들은 정책적으로 완만한 변화를 고집했고 츠빙글리는 이것을 수용했다. 그들은 사회의 다수가 그런 변화를 수용할 준비가 되었다고 느낄 때 성상과 미사를 제거할 생각을 했던 것이다.

따라서 8개월 후인 1524년 6월 5일 시의회는 교회의 모든 성상들을 제거하라고 명령하고 대성당의 밝게 칠한 색깔이 흰색으로 덧칠해졌다. 추가로 츠빙글리는 중세 예배에서 사용된 음악을 반대했다. 그것이 하나님께 드리는 참된 예배를 증진시키는 것이 아니라 오히려 정신을 산란하게 만든다고 느꼈기 때문이다. 결과적으로 오르간 음악, 회중 찬송(시편 찬송은 제외하고), 그리고 성가대가 예배에서 제외되었다. 1527년 몇 년 동안 연주되지 않았던 대성당의 오르간은 제거되고 잘라졌다. 1524년 12월 도미니칸과 어거스티니안 수도원 집들은 몰수되었고, 1525년 4월 14일 미사는 공식적으로 폐지되었으며, 성찬이 본당 회중석에 있는 탁자에서 집행되는 단순한 예배로 대치되었다. 성경 말씀이 읽혀졌고, 회중은 빵과 포도주를 다 받았다. 루터와는 달리, 츠빙글리는 성경에 의해 특별히 금지되지 않은 관습은 유지될 수 있다는 개념을 수용할 준비가 되어있지 않았다. 성경이 교회에 관련된 모든 일에 궁극적 권위여야만 하고, 분명하게 성경적이지 않은 관습들은 철폐되어야 했다.

취리히 종교개혁은 변화를 가져오는데 시정부가 주요 역할을 했기에 느리게 진행 되었다. 츠빙글리는 사회에 대한 집단적 견해를 가지고 있었고 교회와 정부의 영역 사이를 구별하지 않았다. 그의 『67개 논제』에서 츠빙글리는 이렇게 말했다. "소위 영적 권위가 수찬정지를 주장하는 모든 권리와 보호는 세속정부에 속한다. 물론 그들이 그리스도인이라는 전제 하에서 그렇다."[12] 관리는 모든 도시 거주민을 대신하여 권위를 사용한다고 믿었고, 거주민은 교회를 구성하는 동일한 사람이었다. 그러므로 츠빙글리는 시정부가 1525년에 건립되었고 윤리법정은 '국내 관계 법정(a Court of Domestic Relation)'을 통해 공중도덕을 장악하도록 의도했다. 윤리법정은 다음 해에 세워졌다. 츠빙글리는 루터나 칼빈과도 달랐다, 즉 그는, 이것에 대해 처음에는 좀 부정적인 마음이 있었지만. 시의회가 출교나 수찬정지를 집행할 수 있는 권한을 갖도록 하기 원했다. 1525년과 1530년 사이에 츠빙글리 개념과 실행은 스위스와 울림(Ulim), 스트라스부르그(Strasbourg), 린다우(Lindau), 멤밍겐(Memmingen), 프랑크푸르트(Frankfurt), 그리고 콘스탄스를 비롯하여 남부 독일 도시들 사이에 신속하게 퍼져나갔다. 어떤 학자들은 츠빙글리의 집단적 접근이 도시들에 더 큰 호소력을 발휘했다고 믿는다. 이것은 왜 많은 남부 독일 도시들이 츠빙글리의 입장이 하나님과의 개인적 관계를 강조한 루터의 입장보다 더 끌렸는지를 설명해준다. 나아가 그들은 루터의 이신칭의가 공중도덕에 관한 도시적 관심에 역행한다고 주장한다.[13]

재세례파와 루터와의 투쟁

개혁의 늦은 속도와 교회와 정부에 대한 츠빙글리의 입장은 콘라드 그레벨(Conrad Grebel)이 이끄는 과격파 종교개혁자(Radical Reformers) 집단에 의해 거부되었다. 그들은 더 빠른 변화를 원했고, 교회는 사회 전체와 동일시하기 보다는 자신을 세상으로부터 자발적으로 분리한 참 믿는 자들의 모여진 공동체가 되어야한다는 입장을 결국 채택했다. 그들은 다음 장에서 다루게 될 첫 재세례파가 되었다. 츠빙글리는 또한 루터와 투쟁으로 들어가게 되었다. 그는 루터와 여러 분야에서 차이점을 가지고 있었다. 우리는 츠빙글리가 성상과 중세시대의 음악적 전통을 거부하는 것을 이미 보았다. 그러나 루터는 그것이 수용 가능할 뿐만 아니라 예배에 유익을 준다고 생각했다. 나아가 루터와 츠빙글리는 이신칭의 교리에 부여한 중요성에서 차이가 있었던 것으로 보인다. 루터는 개인의 하나님과의 관계에 대해 가장 큰 관심을 가졌다면, 츠빙글리는 취리히의 윤리와 영적 갱신에 더 많은 관심을 가졌다.[14] 루터와 츠빙글리의 차이는 성례, 특히 성찬에서 가장 크게 두드러졌다. 둘 다 중세 화체설과 희생제사 교리는 거부했지만, 루터는 "주 예수 그리스도의 참된 몸"이 "빵과 포도주 안에 그리고 밑에" 성례에서 분배된다고 계속 믿었다.[15] 그는 자신의 이해를 마태복음 26:26에 기록된 예수님 말씀, "이것이 나의 몸이다"의 문자적 해석에 근거했다. 그는 또한 성찬이 참 믿는 자들에게 효력적이라고 믿었다. 즉, 그것은, 성경이 약속했듯이, 죄사함과 믿음의 강화를 가져다준다는 것이었다.

츠빙글리는 성례로부터 얻는 유익과 그리스도 현존의 본질 둘 다에 대해 매우 다르게 이해했다. "이것이 나의 몸이다"라는 그리스도의 진술에 대한 그의 해석은 네덜란드 인문주의자, 코넬리우스 호엔(Cornelius Hoen)의 영향을 받은 것이었다. 호엔은 그리스도의 말씀이 문자적으로 받아드려질 수는 없고, "이다(is)"라는 단어는 "표시한다(signifies)"로 이해되어야한다고 믿게 되었다. 루터는 이것이 성경 말씀의 명백한 의미를 회피하는 것이라며, 호엔의 설명을 거부했다. 본문에 그리스도께서 "이다(is)"라는 단어를 사용하셨을 때 비유법을 사용하셨음을 암시하는 부분이 전혀 없다는 것이다. 루터는 "이것이 나의 몸이다"라고 주님이 말씀하셨을 때, 빵이 아니고 자신을 가리키는 것이라는 칼슈타트(Karlstadt)의 주장에 더 심한 반응을 보였다. 그리고 루터는 츠빙글리의 믿음을 칼슈타트의 과격한 교리와 연결시키는 경향이 있었고, 그것을 매우 혐오했다. 츠빙글리는 루터가 성찬에서 그리스도의 몸과 피를 물리적으로 받는 것이 불필요함을 명백하게 해주는 요한복음 6:63 "살리는 것은 영이니 육은 무익하니라"의 의미를 무시하고 있다고 주장했다. 나아가, 그리스도인들이 사도신경에서 그는 "하나님 우편에" 계시다고 고백하는 것처럼, 사도행전 1:9은 그리스도가 천국으로 올라가셨다고 말한다. 그러므로 그의 육신적 몸은 성찬에 현존할 수 없다는 것이다. 츠빙글리는 그리스도 두 본질의 연합을 거부하지 않으면서 두 본질의 구별성을 강조하는 경향이 있는 반면, 루터는 "우리 믿음이 그리스도는 하나님이고 인간이며 두 본질은 한 분이시고, 그러므로 이 분은 둘로 나누어질 수 없음을 고수하는 것"이라고 주장했다.[16] 루터는 그리스도 신성의 속성이 그의 인성에 교환된다고 믿었다. 그러므로 그는 모든 곳에 존재하시며 그리스도의 몸은 무소부재하다. 이것은 그리스도께서 시간과 공간의 제한을 받지 않고 동시에 여러 곳에 계실 수 있음을 의미한다. 루터는 츠빙글리가 "하나님 우편에" 계시다는 것의 의미를 잘못 이해했다고 주장했다. 그것은 특정 장소를 가리키는 것이 아니고 하나님의 전능하신 능력에 동참하는 것을 의미한다는 것이었다. 결국 루터는, 설교를 예배의 중심으로 만들고 성찬은 1년에 세 번이나 네 번 베풀 것을 언급한 츠빙글리보다 성찬을 훨씬 더 강조하게 되었다. 루터도 설교에 대단한 강조를 두었지만, 말씀과 성례가 그리스도인의 예배에서 연합되어야 한다고 믿었고 성찬은 매주 베풀어야한다고 주장했다.

루터와 츠빙글리 사이의 차이점은 연속 출판물에 나타난 자신의 견해 표현과 서로 다른 신학적 입상의 신술과 너불어 부적절한 욕설로 두드러졌다. 물론 츠빙글리의 반응이 필연적으로 루터의 분노를 불러일으켰지만, 평상시처럼 루터는 그의 욕설적 언어 사용으로 상대를 능가했다. 1525년 츠빙글리는 『참되고 거짓된 종교에 대해』(*On True and False Religion*)란 제목의 저작에서 그의 신학적 입장을 진술했다. 그리스도의 몸과 피가 성찬에서 진정으로 받아지는 것인가에 대한 질문에 대해, 그는 요한복음 6:63을 인용했고 루터가 취한 입장이 "모든 감각과 이성 그리고 이해와 믿음 그 자체에 의해 거부"된다고 공격했다.[17] 루터는 『"이것이 나의 몸이니"라는 그리스도의 이 말씀이 미치광이에 대항하여 여전히 견고하게 서있다는 것』(*That These Words of Christ "This is My Body" Still Stand against the Fanatic*)이란 제목으로 반응했고, 이것은 친절한 대화로 의도된 것은 아님을 보여주었다. 츠빙글리는 온건하고 평화적인 분위기가 되도록 의도한 논문으로 대답했다. 그것은 『마틴 루터에게 – 대항이 아니고 – 드리는 성찬론에 대한 친절한 해설』(*Friendly Exposition of the*

Eucharist Affair to-Not against-Martin Luther)이라고 제목이 붙여졌다. 비록 어조는 부드러웠지만, 전체적 메시지는 루터가 잘못되었고 자신의 실수를 수용하며 츠빙글리의 견해에 겸손하게 승복하라는 것이었다. 루터는 이것을 "친절한 해설"로 보지 않았고, 이 저작은 "좋은 말로 담겨졌지만, 교만, 고소, 고집, 증오, 그리고 거의 모든 사악함으로 가득 차" 있다고 말했다.[18] 『"이것은 나의 몸이다"라는 그리스도의 이 말씀은 미치광이에 대항하여 여전히 견고하게 서있다는 것』이라는 제목을 가진 루터의 반응에서, 그는 자신의 적에 대해 하나님을 망령되게 하고 구원에 위협을 주는 가르침으로 고집을 부리며 마귀와 연합하고 있다고 비난했다. 츠빙글리는 1527년 6월 루터를 교황주의자라고 비난하며 대응했고, 그의 "가르침은 갈봇집에서 나왔다"고 주장했다.[19] 루터는 그의 대응에서 욕설의 정점에 달했다. 그는 츠빙글리 책이 "지옥 독의 황태자"라고 경고했다. "왜냐하면 그 사람은 완전히 변태적이고 그리스도를 완전히 잃어버렸기 때문이다."[20] 츠빙글리는 출판물을 통한 전투에서 루터가 신학을 "꽃 정원에서 톱"과 같이 다룬다고 비난하며 마지막 펀치를 날렸다.[21]

두 사람 사이에 주고받았던 극심한 논박을 고려한다면, 그들이 마지막 논쟁이 있었던 다음 해에 서로 만나는 것에 동의했다는 것은 놀랄 일이다. 그들은 루터교 군주인 헤쎄의 필립(Philip of Hesse)의 재촉 때문에 꺼려하면서도 만날 수밖에 없었다. 필립은 황제가 프랑스 왕, 프란시스 1세(Francis I)와 그리고 교황과의 투쟁으로부터 잠시 휴식을 취할 수 있었기 때문에 공격할지 모른다고 염려했다. 이 협박 가능성 때문에 복음주의자들은 공동의 위협에 대항하기 위한 공동 전선을 구축해야할 필요가 있었다. 이 모임은 마르부르그(Marburg)에 위치한 필립의 성에서 열렸고 양쪽의 많은 지도자들이 참여했다. 감정적으로 격해진 두 대표 상대를 서로 대적시키기보다, 그 모임은 츠빙글리와 평화적인 멜랑톤 사이의 모임으로 시작했고, 루터는 동등하게 온유한 성격의 소유자인 에코람파디우스(Oecolampadius)를 만났다. 츠빙글리와 멜랑톤은 어떤 동의점에 도달했으나, 그 다음 날에 시작한 전체회의는 성찬에 대한 양쪽의 심각한 분열을 드러냈다. 루터는 "이것이 나의 몸이다"라는 그리스도의 말씀에 굳건히 섰고, 그는 성경이 성례 안에 그리스도의 실질적 존재를 가르친다는 자신의 주장을 증명했다고 생각했다. 그는 라틴어 표현인 "혹 에스트 코르푸스 메움"(Hoc est corpus meum, this is my body)을 분필로 탁자에 기록했고 그것을 벨벳 탁자 천으로 가렸다고 전해진다. 츠빙글리와 에코람파디우스도 마찬가지로 요한복음 6:63, "육은 무익하니라"가 그리스도의 몸과 피의 육신적 현존은 불필요하다는 그들의 요점을 증명했다고 확신했다.[22)]

논의가 다음 날에 계속되었지만, 이 중요한 차이점에 대해서는 어떤 동의에 도달할 수 없었다. 그들이 동의할 수 없다는 것을 인식했을 때, 루터와 츠빙글리는 부드러운 면을 드러냈다. 루터는 먼저 "나에게 당신의 견해를 신랄함이 아니고 친구처럼 전해준 것"에 대해 감사했고 츠빙글리에게는 다음과 같이 말했다. "츠빙글리 선생, 당신의 분노에도 불구하고 나는 당신께도 감사한다. 내가 당신에게 혹독했다면 사과한다. 나는 단지 인간일 뿐이다. 나는 진정으로 이 문제가 우리 상호 만족으로 해결될 수 있었으면 하고 바란다." 츠빙글리는 대답했다. "루터 박사, 나는 당신에게 내 분노를 용서해달라고 부탁한다. 나는 항상 당신과 친구관계를 원했고 지금도 여전히 그렇다."[23)] 그렇게 적대적이었던 모임을 끝내는 좋은 방법이었고, 더 좋은 것이 기다리고 있었다. 모임이 끝날 때, 참여자들은 14요지에 동의를 표현하는 진술에 서명했고, 열다섯 번 째 요지에는 이렇게 진술했다. "그리스도의 진정한 몸과 피가 육신적으로 현존하는지에 대해, 비록 이 시점에는 동의하지 못하지만, 그럼에도 불구하고 양심이 허락하는 한, 한 쪽은 다른 쪽에게 그리스도인의 사랑을 보여주어야 하고, 당신의 영으로 하나님께서 우리에게 진정한 이해로 확인할 수 있도록 양쪽 다 전능하신 하나님에게 열심히 기도해야 한다."[24)]

이것은 아름다운 진술이었고 추후의 논의와 궁극적 연합을 위한 다리를 제공해주었을 수 있었다. 그러나 슬프게도 마르부르그 이후 몇 달 만에, 양 쪽은 "서로에게 그리스도인의 사랑을 보인다"는 헌신을 망각했다. 회담 후 한 달도 되지 않아, 츠빙글리는 성 골(St. Gall)의 개혁자인 제롬 바디안(Jerome Vadian)에게 이렇게 말했다. "만일 얻어 맞아야할 자가 있다면 그것은 어리석고 고집 센 루터다."[25)] 회담이 끝난 바로 얼마 후 그의 친구인 스트라스부르그 인문주의자 니콜라스 그레벨(Nicholas Grebel)에게 편지를 쓰며, 루터는 그리스도인의 사랑으로 그가 무엇을 의미했는지 설명했다. 그는 이렇게 말했다. 비록 "우리가 심지어 우리의 적과 사랑과 평화를 가져야 하지만… 우리는 그들에게 분명히 말했다. 그들이 이 점에서 더 현명해 지지 않는다면 그들은 우리의 사랑을 가지기는 할 것이나, 우리는 그들을 그리스도의 형제와 일원으로 간주할 수는 없다."[26)]

1530년의 아우그스부르그 회담에서도, 양 쪽은 황제가 부과한 위협에 대해 공동 전선을 세울 수 없었다. 루터교 군주들은 성찬에 대한 차이 때문에 마틴 부처가 인도하는 스트라스부르그 신학자들이 아우그스부르그 신조(Augsburg Confession)에 서명하도록 허락하지 않았다. 그러므로 스트라스부르그는 콘스탄스, 멤멩톤, 그리고 린다우와 함께 다른 신조를 제시했다. 그것은 부처에 의해 작성된 테트라폴리탄 신조(Tetrapolitan Confession)로 루터교도들과의 차이점을 최소화하려고 시도했다. 츠빙글리는 더 과격한 신조인 '피데이 라티오(*Fidei Ratio*)'를 작성했으나 황제는 이것을 무시했다. 루터와 동의하려는 부처의 노력에도 불구하고, 루터는 어떤 타협적인 진술도 고집스럽게 거부했다.

이런 상황 가운데 츠빙글리는 스위스에 있는 가톨릭 주들과의 문제에 봉착했다. 마르부르그 회담 바로 전 짧았던 투쟁이 취리히의 승리로 끝났고 1529년 6월 첫 번째 '카펠 평화조약(Peace of Kappel)'이 맺어졌었다. 그러나 두 번째 전쟁이 1531년에 시작되었고, 취리히의 군대는 제대로 준비되지 못했으며 숫자적으로 열세였고 카펠 전투에서 대패했다. 철 군복을 입고 전투 도끼를 휘두르는 취리히 군대를 동반했던 츠빙글리는 전투에서 부상을 당했다. 취리히에서 츠빙글리의 후계자가 된 하인리히 불링거(Heinrich Bullinger)는 전투 상황을 다음과 같이 묘사했다. 적들은 전투지에서 츠빙글리의 부상당한 몸을 발견하여 그를 죽였고, 추종자들이 그의 시체를 찾아낼 수 없도록 네 토막으로 잘라 불태웠으며 그의 재를 변과 섞어 뿌렸다. 불링거는 죽은 개혁자를 찬양하는 말로 그의 묘사를 마쳤다. "그를 아는 모든 자는 지속적으로 그를 칭송했다."[27] 루터는 예외였다. 츠빙글리 죽음의 소식을 들었을 때 루터는 검을 사용하는 자는 검으로 망하리라는 말을 남겼다.

츠빙글리의 계승자들

츠빙글리의 죽음은 취리히 종교개혁의 끝이 아니었다. 그의 계승자 하인리히 불링거(Heinrich Bullinger, 1504-1575)는 능력 있는 대안이었을 뿐 아니라 성품과 신학에 있어서 그의 선임자보다 훨씬 온건했다. 츠빙글리가 죽은 후 불링거는 취리히 대성당의 목사와 츠빙글리파 식의 중세 감독인 안티스테스(*Antistes*)가 되었다. 그는 많은 저술을 남겼고 취리히를 넘어 영향을 미쳤다. 불링거는 특히 영국에서 존경을 받았다. 영국 종교개혁의 과정에서 불링거의 조언은 항상 중요한 역할을 했다. 메리(Marian) 핍박 시대에 그는 영국 난민들을 취리히에서 환영했고, 그들 중 몇 명은 엘리자베스(Elizabethan) 교회에서 감독이 되기도 했다. 그는 또한 유럽 전역에 걸쳐 정치 종교 지도자들에게 12,000개의 편지를 썼고 츠빙글리 사후 40년 내에 취리히를 국제적 개신교주의 중심지로 만들었다. 그의 생애에 불링거는 119개의 구별된 저작을 출판했고, 1549년부터 출판되기 시작한 기독교 교리에 대한 설교집인 『수십 년간의 설교』(*Decades of Sermons*)는 어떤 유럽 지역에서 칼빈의 『기독교강요』보다 더 많이 읽혀졌다. 그의 『바울 서신에 대한 주석』(*Commentaries on the Pauline Epistles*)도 마찬가지로 많이 읽혀졌고 7판까지 출판되었다.

불링거는 3개의 개혁주의 신조를 저술하는데 관련하며 개혁신학(Reformed theology)에 중요한 영향을 남겼다. 1536년 그는 바젤을 포함한 여러 스위스 개혁주의 도시 출신 신학자들과 합류하여 '제1 헬베틱 신조(First Helvetic Confession)' 로 알려진 스위스 개신교 교회를 위한 신조를 작성했다. 스트라스부르그의 두 개혁자인 마틴 부처와 볼프강 카피토(Wolfgang Capito)는 이 신조를 채택했고 루터교도들과 동의에 이르는 수단으로 사용할 수 있기를 바랐다. 불링거에 대한 루터의 초기 반응은 호의적이었으나, 그와 다른 스위스 종교개혁자들이 비텐베르그 협정(Wittenberg Concord)의 수용을 거부하고 불링거가 성찬에 대해 루터와 동의에 이르렀을 때, 루터는 불링거에 대항하여 강하게 반발했고 다시 논쟁으로 들어갔다. 1549년 불링거는 '콘센수스 티구리누스(Consensus Tigurinus)' 에서 칼빈과 동의에 이르렀고, 이것은 개혁주의 성례교리의 기초가 되었다. 드디어 불링거는 1566년 '제2 헬베틱 신조(Second Helvetic Confession)' 를 작성했고, 이것은 16세기에 가장 영향력 있고 종합적인 개혁주의 신조가 되었다. 그것은 프랑스, 헝가리, 폴란드, 그리고 스코틀랜드 개혁교회에 의해 채택되었다.

불링거는 신학적인 입장에서 일반적으로 츠빙글리를 따랐지만, 몇 영역에서 그와 달랐다. 예를 들어 그의 성례신학은 츠빙글리보다 성찬에 더 큰 중요성을 부여했고, 예정론에서 그는, 하나님께서 어떤 자는 구원으로 어떤 자는 저주로 미리 정하셨다는 츠빙글리의 이중예정론 대신, 하나님의 영원한 작정에 의해 택함 받은 자의 단일예정론을 가르쳤다. 불링거는 저주가 하나님의 영원한 작정보다는 인간의 죄와 하나님의 은혜에 대한 거부의 결과라고 믿었다. 정부가 교회를 장악하는 문제에 대해서는 츠빙글리와 동의하며 기독교 공동체가 기독교 정부 관리 하에 당연히 있어야 한다고 가르쳤다. 출교는 그러므로 관리들의 손에서 이루어져야지, 칼빈이 제네바에서 고집했듯이 교회의 손에 있는 것이 아니라고 했다.

불링거는 따뜻하고 베풀 줄 아는 사람이었다. 그는 츠빙글리 사후에 그의 가족들을 돌보았다. 불링거는 1529년 안나 아들리슈바일러(Anna Adlischwyler)와 결혼했고 여섯 아들과 다섯 딸을 낳았다. 그는 또한 13세인 루돌프 그발터(Rudolf Gwalther)라는 학생을 집으로 데려와 아들처럼 키웠다. 불링거가 1575년에 죽었을 때, 그발터(1519-1586)는 그의 후계자가 되었고, 정부교회인 취리히 모델을 보존하고 츠빙글리 저작 세권을 편집하며 그의 독일어 저작을 라틴어로 번역하여 첫 취리히 종교개혁자의 영향을 퍼뜨리는 역할을 했다. 마침내 그발터는 자신의 멘토의 영향을 영국 종교개혁에 끼치게 하여, 특히 영국에 정부교회의 모델을 보편화 시켰다. 츠빙글리 후계자들은 칼빈과 합류하여 개신교주의에서 개혁주의 분파를 세우는데 츠빙글리 영향이 계속되도록 분명히 했다. 츠빙글리는 또한 이 장에서 다룬 다른 두 도시인 바젤과 스트라스부르그의 종교개혁에 중요한 영향을 끼쳤다. 이 두 도시의 개혁을 이끌었던 요한네스 에코람파디우스와 마틴 부처는 마르부르그에서 츠빙글리와 함께 있었고, 둘 다 두 도시의 종교개혁을 일으키는데 지대한 역할을 한 인문주의에 영향을 받았다.

바젤의 인문주의와 종교개혁

바젤은 중세말에 교회개혁의 중심지였기 때문에 종교개혁이 꽃을 피우기 위한 적합한 장소였다. 유게니우스 4세(Eugenius IV)를 폐지하고 콘스탄스 종교회의에 의해 제정된 권위에 대한 입장을 유지하려고 시도하며 논란이 되었던 바젤 종교회의가 1431년부터 1449년 까지 그곳에서 열렸다. 유게니우스 4세가 종교회의를 페라라(Ferrara)로 이전시킨 후에도 대표들은 바젤에서 만났고 1439년에 대립 교황(anti-pope), 펠릭스 5세(Felix V)를 임명했다. 회의는 결국 1449년 합법적 교황에게 승복하고 분열은 치유되었지만, 바젤에는 오랜 교황 반대 활동과 개혁에 대한 깊은 헌신의 전통이 있었다.

바젤은 동시에 인문주의 중심지였다. 그곳은 츠빙글리가 바젤에서 공부하며 스콜라주의, 수도원서약, 면죄부를 반대하고 교회개혁에 헌신하는 동안 영향을 받은 인문주의 학자 토마스 비텐바흐(Thomas Wyttenbach)의 고향이었다. 1521년 에라스무스는 바젤로 왔고 인문주의 방식의 개혁에 헌신한 많은 다른 사람을 오게 했다. 나아가 바젤은 중요한 출판 중심지였다. 프로벤(Froben)과 아메르바흐(Amerbach)가 거기 있었고, 그 출판사들은 에라스무스의 작품을 비롯하여 많은 서적들을 계속적으로 내 놓았다.

에라스무스와 인문주의자들이 교회 개혁에 헌신하고 개신교 종교개혁자들과 더불이 성경 강조를 비롯하어 많은 동일한 입장을 가졌지만, 분명한 차이점들도 있었다. 이 차이점은 루터와 에라스무스 사이에 발생한 분열에서 가장 잘 입증된다. 처음에 루터와 에라스무스는 서로를 향해 대단한 존경을 보여주었다. 에라스무스는 루터의 개혁 노력을 환영했고 그를 보호해 주었다. 그러나 종교개혁에 관련된 논란이 점점 더 과열되자, 에라스무스는 중재를 통해 양 쪽이 해결책을 찾도록 재촉했다. 그는 관건의 양면에 대해 좋고 나쁜 것을 다 볼 수 있는 학자였고, 그런 입장에서 한 쪽 편을 든다는 것이 어려웠다. 그는 또한 논쟁에서 빠지고 싶어 했다. 그러나 중간 입장을 취하려했을 때, 그는 양족으로부터 공격을 받게 되었다. 처음에 에라스무스는 저술, 교부 작품들의 편집과 번역 등을 계속할 수 있었던 바젤의 자유로운 분위기에 매우 편안했다. 그러나 바젤로 이사한지 3년 후, 그는 루터와 논쟁을 벌이게 되었다. 에라스무스는 논쟁을 피하려 했으나, 루터와의 분열은 어떤 의미에서 그에게 강제적으로 주어졌다. 그는 가톨릭 쪽에 의해 루터에 대항하여 글을 쓰라고 재촉을 받았던 것이다. 마침내 1524년 8월 에라스무스는 글을 썼고 『자유의지에 관하여』(*Diatribe on Free Will*)란 제목의 저서를 출판하게 되었다.

『자유의지에 관하여』는 에라스무스가 헌신한 학문의 전통에 따라 세밀하게 쓰이고 깊이 연구된 작품이었다. 그는 인간이 조건적 자유의지를 가지고 있고 선행은 하나님 보시기에 공로적임을 주장하며 자신의 입장을 분명하고 간결하게 잘 진술했다. 그는 인간이 선행을 할 수 없다면 그것을 명령할 이유가 없다고 주장했다. 에라스무스에게 자유의지 거부는 인간으로 하여금 선행을 추구하지 못하도록 할 수 있기 때문에 위험한 교리였다. 그는 의지가 타락으로 노예가 되어있음을 수용했지만, 중세교회의 가르침과 같이 우리는 공로적 선행을 할 수 있는 제한적 자유를 가지고 있다고 주장했다. 에라스무스는 이 작품을 한 자리에 앉아서 기술했고, 교황 클레멘트 7세(Pope Clement VII), 황제 찰스 5세(Emperor Charles V), 그리고 루터에 대해 부정적인 글을 쓴 영국 왕 헨리 8세(King Henry VII of England)로부터 축하를 받았다.

루터는 에라스무스 책자의 4배 분량의 글을 썼고 『노예 의지』라는 제목을 붙였다. 이것은 루터의 가장 중요한 저술 중 하나였고, 자신이 나중에 말했듯이, 그의 요리문답과 더불어 자신의 사상을 가장 잘 표현한 글이었다. 그는 하나님의 뜻은 불변하시고, 모든 것을 결정하시며, 우리는 구원을 위해 아무런 공로를 세울 수 없다고 주장했다. 은혜는 하나님께서 시작하시고 하나님께서만 우리를 보존하시는 완전하고 거저주시는 죄사함이다. 인간은 스스로의 이성이나 능력으로 하나님께 반응할 수 없고, "구원이나 저주에 관련된 모든 일에 어떤 자유의지도 없고 하나님의 뜻이나 아니면 사단의 뜻에 포로가 되어 하인과 노예인 것이다."[28] 루터는 또한 중간 길을 찾으려는 에라스무스의 노력은 수용될 수 없다고 주장했다.

> 나는 에라스무스가 좋은 뜻을 가지고 성경의 모순과 앞서 언급한 어려움을 제거하기 위해서 나에게 추천한 온건한 중도 입장을 수용하거나 묵인할 수 없다. 경우가 더 좋아지는 것도 아니고 이런 중도 입장으로 어떤 것도 얻을 수 없다. 펠라기우스주의자들이 그런 것처럼 모든 것을 자유의지로 돌리지 않는다면, 성경의 모순은 여전히 남고, 공로와 보상, 하나님의 자비와 공의는 폐지된다. 그러므로 우리는 극단으로 갈 수 밖에 없고, 자유의지를 모두 거부하며, 모든 것을 하나님께 돌려야만 한다.[29]

루터는 자신의 논문을 긍정적인 분위기로 마쳤다. 자신은 에라스무스의 작품으로 많은 도움을 받았고, 비록 에라스무스가 이 점에는 잘못되었지만, 그를 귀하게 여기고 존경한다고 말했다. 그러나 루터는 자신의 전형적인 방법으로 에라스무스에 대해 말했던 긍정적인 것들을 뒤엎는 언급을 추가했다. 그는 이렇게 종결한다. "하나님은 당신을 이 논쟁의 주제와 같도록 뜻하지도 않으셨고 허락하지도 않으셨다."[30]

논쟁은 거기서 끝나지 않았다. 에라스무스는 루터의 책자를 자신의 인격에 대한 공격으로 간주했고, 1526년과 1527년 루터에게 통렬하게 반응하여 자신과 종교개혁의 관계를 단절했다. 종교개혁이 바젤에 왔을 때, 에라스무스는 프라이부르그(Freiburg)로 이사했고, 자신의 오리겐(Origen) 판의 출판 점검을 위해 바젤에 돌아온 1535년까지 거기 살았다. 그는 다음 해 바젤에서 죽었다. 그의 삶의 말기에는 많은 어려운 일이 그를 찾아왔다. 양 쪽이 그를 공격했고 파리 대학(University of Paris)은 그의 저서 일부를 검열했다. 가톨릭 종교개혁 동안 에라스무스의 글은 '금지 서적 색인'(Index of Prohibited Books)에 올랐다. 종교개혁의 소용돌이 속에 이 점잖은 학자는 상관없는 사람이 되어있었다. 그러나 그가 죽었을 때, 종교개혁의 가르침을 채택한 도시에서 그를 위한 성대한 장례식이 치러졌다. 그의 종교개혁 거부에도 불구하고 종교개혁 운동은 그에게 많은 빚을 졌기 때문이다. "에라스무스는 알을 낳았고 루터는 그 알을 부화시켰다"라는 말이 전해진다. 종교적인 일에 관해 궁극적 권위인 성경에 호소, 그의 헬라어 신약성경, 스콜라주의에 대한 공격, 그리고 교회의 남용에 대한 날카로운 풍자 등은 모두 종교개혁을 위한 길을 준비하는데 도움이 되었던 것이다.

요한네스 에코람파디우스(Johannes Oecolampadius)

종교개혁을 바젤에 가져온 사람 역시 에라스무스와 인문주의에 큰 빚을 졌다. 요한네스 에코람파디우스는 1482년 독일에서 태어났다. 그의 원래 이름은 후즈겐(Huszgen)이었으나, 인문주의 영향으로 그의 이름을 "등불" 또는 "반짝이는 빛"을 의미하는 에코람파디우스로 변경했다. 그는 하이델베르그(Heidelberg), 튜빙겐(Tubingen), 그리고 바젤을 비롯한 여러 대학에서 공부했다. 하이델베르그에서 그는 인문주의 학자 야콥 빔펠링(Jakob Wimpfeling)을 만났고 인문주의 집단의 중요한 일원이 되었다. 그는 또한 필립 멜랑톤(Philip Melanchthon)과 그의 종조부(great uncle)인 요한네스 로이클린(Johannes Reuchlin)을 알게 되었다. 로이클린은 에코람파디우스가 헬라어와 히브리어를 공부하도록 격려했다. 에코람파디우스는 훌륭한 어학자였고, 하이델베르그에서 헬라어로 강의했으며, 헬라어 문법을 서술했고, 히브리어에 상당히 능숙해지고 있었다. 그는 또한 볼프강 카피토(Wolfgang Capito)의 친한 친구가 되었다. 카피토는 나중에 에코람파디우스의 전기를 저술했다. 두 사람은 1515년에 바젤에 왔고 카피토는 대학의 신학 교수와 대성당의 설교자로 임명을 받았으며 에코람파디우스는 에라스무스의 헬라어 신약성경 새 판에 대한 각주와 주석을 완성하는데 도움을 주었다. 1518년 에코람파디우스는 신학박사 학위를 받았고,

종교개혁이 그의 삶과 사역의 방향을 바꾸지 않았더라면 36세의 나이에 인문주의 학자로서 촉망받는 직업을 바라보았을 것이다. 그는 처음 루터의 가르침을 접했을 때 아우그스부르그 성당의 설교자와 고해신부였다. 1520년 에코람파디우스는 조용하고 한적한 곳에서 교부들과 루터를 읽기 위해 아우그스부르그 근처에 있는 브리기티네(Brigittine) 수도원에 들어갔다. 그는 루터와 그의 반대파 사이에 어느 쪽을 택할 것인가 결정하기 위해 고민하며 이 문제를 해결 하려고 했던 것이다. 에코람파디우스는 루터가 그의 반대파보다는 진리에 더 가깝다는 결론을 내렸다. 그는 수도원을 떠나서 1523년 바젤에 돌아와 대학에서 이사야서를 강의했다.

에코람파디우스는 1523년 초기에 울리히 츠빙글리와 접촉이 있었고 가까운 친분관계가 형성되었다. 이제까지 그는 루터의 이신칭의 교리를 수용했고 공적으로 그것을 방어했다. 그는 또한 성직자 결혼을 제창했고 그의 강단을 사용하여 종교개혁자들의 가르침을 전하고 있었다. 점점 더 개신교도가 되면서, 에코람파디우스와 에라스무스의 우정이 위협을 받게 되었다. 특히 그는 이제 자유의지에 대한 논쟁에서 루터를 지지하는 것처럼 보였다. 에코람파디우스는 자신이 새롭게 임명된 도시를 종교개혁으로 인도했으나, 쉬운 일은 아니었다. 바젤은 심각하게 분열되었고 많은 반대가 있었다. 바젤은 루터 저작 출판의 중심지가 되었고, 시의회는 출판 사업이 시에 가져다줄 경제적 유익 때문에 환영했다. 그러나 그것은 많은 사람이 환영하지 않는 교리를 함께 가져왔다. 1522년 일부 바젤 설교자들이 종교개혁을 요구했고, 츠빙글리의 취리히 종교개혁의 본보기가 영향을 주기 시작했다. 사순절 금식은 철폐되었고, 시는 점점 분열되었다. 1523년 시의회는 성직자들이 복음만 설교하고 다른 사람들을 공격하는 것을 금지하는 명령을 내렸다. 1524년, 시의회가 에코람파디우스를 성 마틴 교회(St. Martin's Church)의 목사로 임명했을 때, 시의회의 허락 없이 예배에 변혁을 소개해서는 안 된다는 조건이 포함되었다. 감독과 대학은 여전히 가톨릭이었고 종교개혁 가르침을 반대했으며, 시의회는 중립을 지키려했다. 시에 더 심각한 혼란을 피하기 위해 검열법이 1524년 12월에 소개되었다.

다음해 에코람파디우스는 성찬에 대한 자신의 입장을 출판했다. 이것은 명백하게 츠빙글리 입장이었고 시의회를 더 긴장시켰으며, 성찬 논쟁을 위한 계획을 포기하게 했다. 그 후 에코람파디우스는 자신의 입장에 수정을 가하기 시작했다. 회중을 준비시키기 위해 성찬 주제에 대한 두 설교를 한 후 그는 미사를 중단했다. 시의회는 계속 중간 입장을 취하려 했지만, 종교개혁자들이 수도원과 교회 재산을 세속화하기 시작하면서 점점 종교개혁자들의 입장을 채택하게 되었다. 1527년 시의회는 성직자의 미사집행과 사람들의 강제 참여를 풀어주었다. 그러나 성직자 미사집행을 풀어주는 것과 더불어 시의회는 바젤에 새 감독을 영입했고, 1528년 2월 시민들이 다른 종교적 견해 때문에 서로를 증오해서는 안 된다고 선포하며 신앙의 자유를 유지하려 했다. 같은 해 에코람파디우스는 이제 45세가 되었고 26세의 과부 비브란디스 로젠블라트(Wibrandis Rosenblatt)와 결혼했다. (로젠블라트 이야기는 종교개혁의 여성에 대한 장에서 다루어질 것이다.)

1528년 이웃하고 있는 베른(Bern)의 종교개혁은 바젤의 종교개혁을 위한 마지막 자극이 되었다. 1529년 1월 6일 바젤 시의회는 6월에 열리게 되어있는 미사에 대해 공개 논쟁을 명령했다. 그러나 많은 바젤 사람들은 그 때까지 기다릴 수 없었다. 2월 시 조합들은 시의회에 최후통첩을 보냈고, 시의회가 주저하자 분노한 군중은 교회의 성상들을 부수기 시작했다. 에라스무스는 온건을 재촉했고 종교회의 개최를 위한 모임을 기다리도록 부탁했다. 그는 이 과격한 행동에 심한 충격을 받았고 1529년 5월 편지에서 다음과 같이 묘사했다.

> 대장장이들과 노동자들은 교회에서 그림을 제거했고, 성인 성상과 십자가상에 모욕을 퍼부었다. 이 상황에서 기적이 나타나지 않은 것이 이상할 정도였다. 성인들이 조금이라도 모욕을 당하면 기적이 항상 나타나는 것을 얼마나 많이 보았었는가. 교회나 수도원의 통로나 현관에 동상 하나 남아 있지 않게 되었다. 프레스코화는 석회로 덧칠하여 망가졌고, 태울 수 있는 것은 다 불태워졌으며, 나머지는 조각으로 부서졌다. 어떤 것도 사랑이나 돈을 위해 남겨지지 않았다. 오래지 않아 미사는 완전히 폐지되었고, 자신의 집에서 베풀거나 이웃 마을에 가서 참여하는 것도 금지되었다.[31)]

에라스무스는 이 편지를 쓰기 한 달 전에 바젤을 떠났고, 대학의 모든 교수들은 이민으로 나갔다. 시의회의 가톨릭 지도자들은 해고되었고, 복음주의 설교자들이 교회에 세워졌다. 설교자들은 메시지가 성경의 해설에 입각하도록 명령을 받았다. 설교는 주일 오전 8시, 점심 12시, 그리고 오후 4시에 하도록 했다. 시의회는 종교개혁 교리와 실천을 모든 도시 교회에 부과시켰고, 1529년 4월 예배순서와 교회치리를 출판했다. 같은 해 에코람파디우스는 마르부르그 회담(Marburg Colloquy)에 참여했고, 거기서 루터의 입장과 분명하게 달랐지만 평화로운 중재자가 되려고 했다. 회담이 실패로 끝난 이후에도, 그는 계속적으로 루터와 동의를 얻어내려고 노력했다. 그러나 에코람파디우스의 노력은 결실을 얻지 못했고, 치리권을 교회의 손에 가져옴으로 교회에 대한 시의회 권한을 제한하려는 노력도 실패에 그치고 말았다. 바젤 종교개혁 승리 2년 후, 개혁에 많은 공을 세운 에코람파디우스는 부인과 두 자녀를 남기고 죽었다. 그는 자신의 생애 마지막 달에 친구 츠빙글리가 카펠 전투에서 살해되었다는 소식에 큰 슬픔에 잠겼다. 에코람파디우스가 많은 공을 세운 바젤 종교개혁은 그가 죽을 때쯤 완결되었다. 중세 말 교회개혁 운동을 경험했던 바젤은 이제 도시 종교개혁의 훌륭한 본보기가 되었다. 시민들 간의 심각한 분열로 말미암아 시의회는 성급하지 않고 조심스럽게 새로운 가르침을 소개했던 것이다.

스트라스부르그의 종교개혁

바젤처럼 스트라스부르그는 중세 말 개혁의 전통을 가지고 있었고, 그것은 종교개혁을 위한 길을 준비하는데 도움이 되었다. 중세말 개혁 운동의 지도적 인물은 스트라스부르그에서 1478과 1510년 사이에 설교를 한 가일러 폰 카이제르즈베르그(Geiler von Kaisersberg)였다. 그는 대단한 설교자였고, 강단을 통해 스트라스부르그의 영적이고 윤리적인 개혁을 가져 오려했다. 그는 성직자와 교회 남용에 대해 매우 비판적이었고, 뇌물로 직분을 얻은 교황들을 강한 어조로 공격했다. 그는 또한 교리와 윤리의 근거로서의 성경의 중요성을 강조했다. 그가 다음과 같이 말했을 때 그는 거의 개신교처럼 들렸다. "교황도 황제도 하나님의 율법에 어긋나는 교리를 통과시킬 권한은 없고, 만일 그들이 그렇게 한다면, 불순종할 수 있을 뿐만 아니라, 양심에 의해 그것을 순종하지 말아야할 의무가 있다."[32] 그러나 성경을 권위의 근원으로 높이기는 했지만, 그는 여전히 교회의 가르치는 권위를 지지했고 성경의 일반어 번역을 승인하지 않았으며 일반 성도들이 인도를 받지 않고 성경을 읽는 것도 허락하지 않았다. 그리고 그는 만인제사장론이나 이신칭의 종교개혁 원칙에 동의하지 않았을 것이다.

결국 가일러는 제도적 개혁에 실망했고, 대신 "구원을 얻기 위해 하나님의 계명을 지키고 옳은 것을 하려하는" 개인의 개혁을 중시했다. 그는 몇 중심 교리와는 동의하지 않았겠지만, 스트라스부르그가 종교개혁을 준비하는데 도움을 주었다. 더욱이, 개혁이 스트라스부르그에 왔을 때, 그의 설교와 개혁자들의 설교의 차이를 인식하기는 쉽지 않았다. 예를 들어, 시의회가 교황 아드리안 6세(Adrian VI)에 의해 "루터교 이단"의 전파에 대한 질문을 받았을 때, 그들은 교황에게 "루터교 문제가 발생하기 오래 전"에 있었던 "가일러 박사"의 설교를 회상시켰다. 그들은 가일러의 설교와 종교개혁자들의 설교 사이에 별 차이가 없었지만, 그는 "대성당에서 설교" 했을 뿐 아니라 "알브렉트(Albrecht) 감독의 지지를 받았었다"고 주장했다.[33)]

개혁 설교의 중세말 전통의 관점에서 보았을 때, 종교개혁이 설교를 통해 스트라스부르그에 온 것은 당연했다. 첫 번째 종교개혁 설교자는 대성당 내에 있는 성 로렌츠(St. Lorenz) 채플의 시민사제(People's Priest)이며 1522년 복음적 설교를 시작한 마태 젤(Matthew Zell, 1477-1548)이었다. 그의 로마서 설교는 많은 청중을 끌어드렸고, 카이제르즈베르그가 사용했던 회중석 강단 사용이 거절되었을 때 그는 간이용 강단에서 설교했다. 다음 해, 몇 개의 도시 교회들이 개혁주의 설교자들을 공식적으로 취임시켰다. 1522년과 1524년 사이에 도시는 옛 교회의 특권을 공격하는 개혁주의 설교자의 취임에 동요가 된 사람과 중세교회의 입장에 확고하게 남아있는 통치계급 구성원으로 분명하게 분열되었다. 스트라스부르그에 종교개혁을 수립하려는 일부 사람들은 츠빙글리의 가르침에 열정적으로 헌신했으나, 다른 사람들은 루터교 입장을 채택하려 했다. 부분적으로 루터교 연합체에 합류하여 정치적 유익을 챙기려 했기 때문이었다. 바젤과 비슷한 식으로, 분열된 시의회는 종교개혁을 소개하는데 시간을 끌었다. 미사는 마침내 1529년에 폐지되었다. 그 해에 바젤은 개신교 예배를 집행했고 마르부르그 회담은 연합에 실패했으며, 그것은 스트라스부르그로 하여금 스위스를 선호하는 해외정책을 채택하는 것과 루터교 연합체에 가입하는 것 사이에 결정을 강요했다. 초기에는 츠빙글리파가 성공적이었고, 이미 본 것처럼 이것은 세 다른 도시와 더불어 아우그스부르그 회의에서 다른 신조를 제출하도록 스트라스부르그를 인도했다. 회의 후 루터교 군주들과의 정치적 연합을 우선으로 하는 집단이 시의회로 하여금 아우그스부르그 신조에 서명하도록 설득하는데 성공했고, 스트라스부르그는 1531년 슈말칼딕 연합체(Schmalkaldic League)에 가입했다.

마태 젤이 스트라스부르그에서 종교개혁을 시작했지만, 다른 세 사람이 중요한 공헌을 했다. 우리는 그 중 두 사람을 이미 만났다. 볼프강 카피토(1478-1541)와 마틴 부처(1491-1551)였다. 세 번째 사람은 카스파 헤디오(Caspar Hedio, 1494-1552)였다. 이 세 사람은 모두 인문주의에 큰 영향을 받았고, 카피토와 헤디오는 바젤 종교개혁에 관여했다. 카피토는 에라스무스의 친구였고 헬라어 신약성경의 출판을 도왔다. 그는 또한 에코람파디우스의 가까운 친구였다. 카피토는 에코람파디우스의 전기를 썼을 뿐 아니라, 에코람파디우스가 1531년에 죽었을 때 그의 과부인 비브란디스 로젠블라트(Wibrandis Rosenblatt)와 결혼도 했다. 카피토는 1523년 스트라스부르그에 왔고, 성 토마스 교회의 주임사제가 되었으며, 거기서 성직자들과 시의 지도자들에게 연속 신학 강의를 했고, 그것을 통해 많은 사람들이 종교개혁 신학으로 회심했다. 그는 또한 인문주의 연구를 계속했고, 1525년에 히브리어 문법과 하박국, 호세아, 그리고 창세기 주석을 라틴어로 출판했다. 나아가, 카피토는 1536년 비텐베르그 화합신조(Wittenberg Concord)에 서명하여 루터교와 화합을 시도했고, 인생의 마지막 5년을 취리히와 바젤의 신학자들을 설득하여 비텐베르그 화합신조에 서명하도록 했으나 뜻을 이루지 못했다. 카스파 헤디오도 기독교 인문주의자였고, 초기에는 바젤의 목사로 섬겼다. 그는 바젤에서 마인츠(Mainz)로 옮겼고 1523년 11월에 스트라스부르그 대성당의 주 설교자로 천거되었다. 자신의 설교를 통해 종교개혁을 퍼뜨리면서, 그는 학문적 추구를 계속하여 고대와 중세 작가들을 독일어로 번역했다.

마틴 부처(Martin Bucer)

네 번째이며 가장 영향력 있는 개혁자는 마틴 부처였다. 그의 영향은 도시 경계를 훨씬 넘어갔다. 다른 주요 종교개혁자들과는 달리, 부처는 비교적 가난한 집에서 자랐다. 그는 통장이와 산파의 아들이었고, 그의 부모는 그를 슐레트슈타데(Schlettstade)에 있는 할아버지 집에 보냈으며, 거기서 라틴어 학교를 다녔다. 1506년 15세의 나이에 그는 도미니칸(Dominican) 수도원에 들어갔고, 그 수도원은 1516년 그를 하이델베르그(Heidelberg)에 있는 수도원에 보냈다. 그는 거기서 대학에 다녔으며 석사학위를 얻었고 나중에 루터교 종교개혁 지도자 중 한 사람이 된 요한네스 브렌츠(Johannes Brenz)로부터 헬라어를 배웠다. 부처는 에라스무스의 저작을 읽고 영향을 받았다. 그는 1518년 하이델베르그 논쟁(Heidelberg Disputation)에 참여하여 루터의 가르침을 듣게 되었고, 그것은 부처의 삶과 신학에 오랜 영향을 남겼다. 1521년 부처는 자신의 수도원 서약으로부터의 면제를 요청했고 허락을 받았다. 그는 프란츠 폰 시킹겐(Franz von Sickingen) 법정 사제로 섬긴 후, 1532년 5월, 종교개혁자 중 빠른 시기에 결혼했고, 스트라스부르그에 정착했다. 거기서 젤(Zell)은 도시 관리들을 설득하여 부처가 신약성경을 매일 해설하도록 허락을 받아냈다. 성 오렐리우스(St. Aurelius)의 교구 사람들은 부처로부터 너무 좋은 인상을 받았고, 1524년 봄 그를 성 토마스 교회(St. Thomas's Church)의 목사로 선출했다. 다음 해 부처는 그의 출판물과 시의회의 개인적 영향을 통해 스트라스부르그에 개신교회를 세우고 조직하는데 주요 역할을 했다. 1534년 부처는 새 교회법과 요리문답을 출판했고, 1538년 『참된 목회적 돌봄에 관하여』(*Concerning True Pastoral Care*)란 제목의 저작을 출판했으며, 참된 개혁교회의 비전을 제시했다.

부처, 카피토, 그리고 헤디오는 모두 에라스무스를 매우 존경했고, 그들의 신학은 인문주의에 의해 영향을 받았다. 종교개혁의 중심교리를 고수하면서도, 부처는 그리스도에 대한 믿음이 그리스도인의 삶에 가져다주는 변화에 특별한 강조를 했다. 그는 교회 치리를 강조했고, 그것이 곧 그 변화를 도울 수 있도록 고안되었다. 그의 인생 말엽에 영국에서 이루어진 에베소서 강의에서, 그는 교회의 다섯 가지 표적을 제시했다. 그 표적 중 다섯 번째는 "삶의 의로움과 거룩함"이었다.[34] "거룩한 삶"을 보여주지 못하는 그리스도인은 "교회의 일반 성도들로부터 선택된 충성스러운 목자들과 선생들 그리고 장로들에 의해 집행되는 출교와 모든 종류의 치리로 점검되어야" 했다.[35] 치리는 그리스도인이 경건으로 성장하도록 돕고, 사회의 변화를 가져다주는데 돕는 역할을 하도록 의도되었다. 부처는 목사, 교사, 장로, 그리고 집사의 네 교회직분을 두었다. 치리는 취리히의 관습처럼 시 관

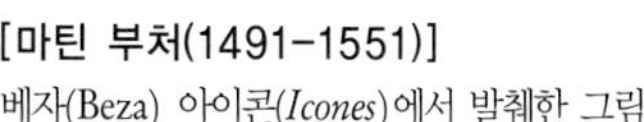
[마틴 부처(1491-1551)]
베자(Beza) 아이콘(*Icones*)에서 발췌한 그림

리들 보다 평신도 장로들의 손에 두어야한다고 생각했다. 그러나 스트라스부르그 시의회는 이것을 받아드릴 준비가 되어있지 않았고, 부처의 이상은 오랜 투쟁 끝에 칼빈의 제네바에서 이루어졌다. 그는 또한 성찬에 대해 츠빙글리와 달랐다. 마르부르그에서는 츠빙글리 편이었지만, 그 후에는 주요 목표가 루터와 스위스를 연합시키려했던 것으로 보인다. 그런 노력 가운데, 비록 성찬에 그리스도의 "실질적 존재"에 대한 믿음을 승인하는 진술을 했지만, 그는 종종 성찬에 대해 의도적으로 불분명했다.

교회 내에 화합을 이룩하고 경쟁 집단들 사이에 대화를 촉진시키려는 노력에서 부처는 진정으로 국제적 인물이 되었다. 그는 유럽 전역에 걸쳐 수 천 마일을 여행했으며 울름(Ulm), 프랑크푸르트 - 암 - 마인(Frankfurt-am-Main), 그리고 아우그스부르그(Augsburg)를 포함하여 많은 남부 독일 도시들에 교회를 조직하는 중요한 역할을 했다. 그는 또한 여러 다른 유럽 국가의 종교개혁에 영향을 주었다. 화합을 이루려는 노력에서 부처의 가장 큰 성공은 1536년 루터와 합의에 이른 비텐베르그 화합신조(Wittenberg Concord)이었다. 루터는 항상 부처에 대해 의심의 눈초리를 가지고 있었고 때로는 사람들을 화합시키려는 그의 노력을 혹독한 언어로 묘사했다. 그러나 멜랑톤의 도움으로 부처는 루터와 동의에 이르는데 성공했다. 그는 1530년에 동의를 얻어내려는 노력을 시작했고, 아우그스부르그 회의가 진행 중일 때, 루터를 만나기 위해 심지어 코부르그(Coburg)까지 갔으나, 동의에 도달할 수 없었기에 실망하며 모임을 떠났다. 그 모임 후 부처는 루터를 다음과 같이 묘사했다. 그는 "길을 종종 잃어버리고도 돌아가는데 힘든 사람이다. 그는 참 하나님을 두려워하고 진심으로 하나님을 영화롭게 하려한다. 그러나 그는 권면을 받을 때 날카로워진다." 부처는 현명하게 다음과 같이 결론을 내렸다. "이것이 하나님께서 그를 우리에게 주신 방법이며, 이것이 우리가 그를 수용해야만 하는 방법이다."[36] 부처는 후에도 노력을 계속했다. 그러나 츠빙글리주의 경향에 대해 항상 의혹을 품고 있던 루터에게 부처가 성찬에 대해 츠빙글리 입장을 고수하지 않는다고 설득시키기는 어려웠다.

1534년 12월 멜랑톤은 부처를 만났고 성찬에 대한 그의 입장이 수용할 만하다는 것을 알았다. 그러나 루터는 계속적으로 의혹을 품고 있었고 다음과 같이 기록했다. "내가 이 문제를 더욱 고려할수록 …이 소망 없는 연합에 대해 나는 더 비호의적이 된다."[37] 마침내 1536년 5월 부처와 카피토는 몇 명과 함께 루터와 그의 동료들을 비텐베르그에서 만났다. 루터가 그들의 동기에 대해 여전히 의혹을 가지고 있었지만, 드디어 그들은 남아있는 장애들을 극복했고, 스트라스부르그에서 온 그룹은 성례에 그리스도의 몸과 피의 실질적 존재를 수용했다. 그들은 또한 빵과 포도주가 단지 상징이라고 가르친 적이 없다고 주장했고, 만일 츠빙글리교도들이 상징적 존재를 가르쳤다면, 그것은 오류였다고 동의했다. "경건하지 않은 자(ungodly)"가 그리스도의 몸과 피를 받아야 하는지 아닌지에 대한 문제는 "자격이 없다(unworthy)"는 성경적 표현으로 대치하는 것으로 해결했고, 그것을 자신의 저주로 받는다는 것에 동의했다. 동의서를 자성하는 일은 멜랑톤에게 주어졌고, 1536년 5월 29일 서명했다. 부처와 카피토는 동의에 도달한 것에 기쁨의 눈물을 흘렸지만, 그것은 거의 스트라스부르그에서 온 그룹이 본질적으로 루터교 입장을 수용할 의지가 있었기 때문에 이루어진 것이다. 결과적으로 스위스가 비텐베르그 화합신조를 수용하도록 하는 노력은 실패로 돌아갔고, 루터교도들과 츠빙글리교도들 사이의 분열은 계속되었다.

부처는 또한 가톨릭과 개신교 사이의 분열을 치유하려는 노력에 활동적이었다. 그는 로마와의 분리가 영구적이라는 것을 수용하지 않았고 궁극적으로 연합이 회복되리라고 확신했다. 그는 1540년대 초기, 트렌트 종교회의(Council of Trent)가 기독교의 분열을 영구적으로 만들기 전, 하게나우(Hagenau), 보름즈(Worms), 레겐스부르그(Regensburg)에서 가톨릭과의 연합에 대한 논의를 위해 개신교 진영을 이끌었다. 그의 가톨릭 상대인 존 그로퍼(John Gropper)와 함께 부처는 양 쪽에 다 수용될 수 있기를 소망하는 레겐스부르그 문서(the Book of Regensburg)라는 타협적 교리를 작성했다. 이 문서는 1541년 레겐스부르그에서 개최된 회담의 논의를 위한 근거를 제공했고, 이것은 10장에서 더 자세하게 다루어질 것이다. 참석자들이 이신칭의 교리에는 동의할 수 있었지만, 회담은 성찬에 대한 차이를 해결할 수 없었기 때문에 실패했다. 회담 실패 후 10년 안에 황제 찰스 5세는 군사력으로 루터교 군주들을 무찔렀고, 1548년 아우그스부르그 잠정협정(Augsburg Interim)으로 자신 나름으로의 연합을 이루려고 시도했다. 당시 58세였던 부처는 그가 사랑하는 도시, 스트라스부르그를 떠나야만 했고 영국으로 도피했다. 그는 영국에서 남은 2년의 인생을 살았고 영국 종교개혁에 오래 지속 되는 영향을 남겼다. 부처는 또한 2세대 종교개혁자 중 가장 중요한 인물, 존 칼빈에게 영향을 끼쳤다. 칼빈은 스트라스부르그에서 3

년 이상의 기간을 보냈고 레겐스부르그 회담에 부처를 동행했다. 비록 칼빈은 당시 부처의 타협적인 모습에 비판적이었지만, 항상 자신이 부처에게 진 빚을 인식했다.

결론적으로 우리는 이 장 처음에 소개했던 질문으로 돌아간다. 도시에 살던 사람들에게 특별하게 호소력을 발휘한 구체적인 도시 신학이 있었는가? 묄러(Moeller)와 다른 학자들은 있었다고 믿는다. 도시 종교개혁자들은 그들의 출발을 루터 방식인 개인보다는 공동체로 삼았기 때문에 그들의 신학이 도시 거주민들의 공동체적 경험과 더 조화를 이루었다고 주장한다. 물론 그 해석이 일리는 있지만, 루터교주의도 도시에 살던 많은 사람들에게 호소력이 있었고, 도시 종교개혁자들과 루터 사이의 유사점이 차이점 보다 훨씬 더 크다는 것을 무시할 수 없다. 결과적으로, 도시에 살던 사람들에 대한 호소력에서 루터교주의와 개혁주의 신앙의 차이를 도출하려는 노력은 도시 종교개혁을 설명하기에 충분치 않아 보인다. 도시 종교개혁은 물론 유일한 특징들과 유일한 지도자들을 가지고 있었으나, 훨씬 보편적인 호소력을 가지고 있었던 더 큰 운동의 한 부분이었다.

제6장

과격파 종교개혁

마이클 새틀러(Michael Sattler)는 사형집행자에게 보내질 것이고, 집행자는 그를 사형 집행소로 데려가서 그의 혀를 자를 것이며, 마차로 끌고 가서 그 위에서 빨갛게 다른 부젓가락으로 그의 몸을 두 번 찢어 낼 것이고 문 밖으로 던져진 후에, 같은 방식으로 다섯 번 더 반복될 것이다.

마이클 새틀러의 재판과 순교[1)]

마이클 새틀러에 대한 이 묘사는 잔혹한 사형집행이 보편적이었던 시대에도 충격적인 것이다. 새틀러는 다른 사람에게 경각심을 불러일으키도록 그렇게 끔찍한 방법으로 사형에 처해야할 정도로 위험한 인물은 분명히 아니었다. 그는 과거 수도원 부원장이었고, 그리스도인들이 믿음을 지킨다는 명분으로 폭력을 사용해서는 안 된다고 진술한 슐라이타임 신조(Schleitheim Articles)의 저자였다. 새틀러는 분명히 평화적인 사람으로, "나는 마음이 온유하고 겸손하니 나에게 배우라"는 예수님의 명령을 중요하게 여겼다.[2)] 그러면 왜 그가 그토록 잔혹하게 처리되었는가? 재세례파(Anabaptists)라고 이름이 붙여진 자들은 왜 제거되어야 했는가? 왜 재세례파의 가르침을 수용하려는 사람들의 마음에 공포를 일으킬 만큼 위협하는 방법으로 사형을 집행했는가? 무엇이 그들을 결정짓는 믿음인가? 무엇이 이 장에서 다룰 여러 다른 운동들을 "과격파 종교개혁" 이란 제목 하에 한 데 묶을 수 있게 하는가?

이것이 이 장에서 우리가 다룰 몇 가지 질문이나, 답은 만족할 만큼 확실하지가 않다. 기존 위정자들과 관리들의 협력으로 이루어졌기 때문에 "관료 종교개혁"(Magisterial Reformation)이라고 불렀던 것과는 달리, 과격파 종교개혁은 개혁을 놓고 상충되는 신학과 서로 다른 접근 방법 때문에 여러 다른 분파로 쪼개져 나갔다. 전통적으로 "재세례파" 라고 불렀던 다양한 집단들이 너무도 서로 다르기에, 그들을 하나의 운동으로 취급하기가 어렵다. 심지어 개혁을 달성하려는 방법이 과격하게 달랐다. 그 방법은 마이클 새틀러의 평화주의로부터 토마스 뮌처(Thomas Muntzer)의 준비된 폭력까지 포함했다. 과격파 종교개혁에 대해 글을 쓰는 역사가들은 혼란을 가중시켰다. 그들은 때로 해석에서 역사적 사실보다는 자신의 선입견에 영향을 받았기 때문이다. 그 선입견은 수세기 동안 크게 달라왔고, 그래서 그들이 동일한 운동에 대해 말하는지 어려울 정도였다.

과격파 종교개혁에 대한 해석

개신교와 로마 가톨릭 역사가들은 양쪽 다 과격파 종교개혁을 매우 부정적인 방법으로 묘사해 왔다. '관료 종교개혁자들은 재세례파를 옳은 교리와 적합한 사회질서에 위협이라고 생각했다. 그리고 과격하고 폭력을 일삼는 부류는 그들의 공포를 확인시키는 것으로 보였다. 로마 가톨릭도 재세례파에 마찬가지로 관용을 베풀지 않았고, 그들을 마귀의 도구로 간주했다. 그 전통을 대표하는 역사가들이 기술한 역사는 정당하지 않았고 정확하지도 않았다.[3] 20세기에 와서 과격파 종교개혁 연구에 극적인 변화가 있었다. 어떤 역사가들은 이것을 "자유교회 역사 기술"이라고 불렀다.[4] 주로 교단 학자들이 과격파 종교개혁을 소홀히 했거나 재세례파를 매우 부정적으로 묘사했기 때문에, 한 단체의 학자들은--그들 중 "메노나이트 쿼터리 리뷰"(*Mennonite Quarterly Review*)의 편집장인 해롤드 S. 벤더(Harold S. Bender)가 가장 저명하다--잘못된 해석들을 수정하려고 노력했다. 일반적으로 그들은 훌륭한 학자였고 메노나이트 전통의 역사연구는 우리의 존경을 받을 만하다. 그러나 그들은 초기 저작에서 자신들의 전통에 대한 부당한 취급에 대항하고 있었기 때문에, 그들 또한 종종 반대 방향을 향해 극단적으로 나아가는 경향이 있었다. 이 학파의 역사가들은 폭력적 형태의 재세례파주의가 세워진 뮌스터(Munster)와 같은 장소에서 발생한 남용을 인정하지만, 이 탈선을 탄압의 탓으로 돌렸다. 그들은 주류 재세례파 운동은 평화적이고 관용적이었으며, 계속된 전통은 메노 시몬즈(Menno Simons)와 그의 가르침을 따른 메노나이트들(Mennonites)과 같은 사람들에게서 찾을 수 있다고 주장했다. 그들은 자신의 조상을 후손을 위해 인상적인 순교 전통을 보여준 용감한 믿음의 사람들로 제시했다. 제임스 스테이어(James Stayer)의 말을 빌리면, "역시기술학적 결과는 종교개혁의 미운 오리새끼를 그것의 가장 아름다운 백조로 만드는 것이 되었다."[5)]

자유교회(Free Church) 전통의 해석에 의하면, 재세례파주의의 구별되는 특징은 로마 가톨릭교회와 관료 종교개혁자들과 과격하게 다른 교회관이었다. 가톨릭과 관료 종교개혁자들은 교회가 전체 사회를 다 포함한다는 중세 양상을 유지했으나, 그와는 대조적으로 재세례파는 신약 성경의 교회 이해를 회복시키려 했다. 그 교회관은 폭넓은 사회로부터 분리된 모여진 공동체 개념이었다.[6)] 재세례파는 당시 국가교회에 순응을 거부했을 뿐만 아니라, 정부, 서약, 그리고 법정에 참여를 거절했기 때문에 핍박을 받은 것이다. 그들은 교회와 사회에 대한 이해를 수용하는데 위협이 되었기에 핍박을 받았다. 재세례파("다시 세례하는자들"를 의미함)라는 이름은 그들이 유아세례를 실효성이 없는 것으로 거부했기 때문에 정당하지 못한 용어다. 그러므로 성인을 세례 할 때 그들은 이것을 두 번째 세례로 간주하지 않았다. 반대파는 특징적인 것으로 그들을 확인시키기 위해 이 용어를 사용했고, 로마 법 하에 그들을 사형에 처하도록 그렇게 했다.[7)]

비록 자유교회 역사기술이 재세례파주의 이해에 중요한 공헌을 했지만, 그 결론은 차세대의 역사가들에 의해 도전을 받았다. 차세대 역사가들은 재세례파 운동에 대해 교파에 대한 충성심에 영향을 받지 않고 더 균형 잡힌 견해에 도달하기 위해 노력했다. 재세례파 연구에 중요한 전환점은 1962년 『과격파 종교개혁』(*The Radical Reformation*)이란 제목으로 출판된 조지 윌리암스(George Williams)의 기념비적 저작이었다.[8)] 윌리암스는 자유교회 역사기술에 빚을 지었지만, 그의 연구는 과거 교파적 역사를 초월했다. 서로 다른 모든 재세례파 그룹을 분류하고 재세례파 운동에 통일성을 부여한 공통적 특징을 확인함으로, 윌리암스는 사실상 불가능을 달성하려고 시도했다. 그는 과격파 종교개혁이 관료 종교개혁이나 가톨릭 종교개혁과 "같은 실체"였다고 믿었고, "원시적 기독교를 회복하고 그리스도 왕국의 임박한 재림을 준비하기 위해 상호 연관된 동력을 사용한 기존 체계와 신학으로부터의 과격한 이탈"이라고 묘사했다.[9] 윌리암스는 이 운동의 세 주요 분파를 확인했고, 그것을 재세례파, 성령주의파, 그리고 복음적 이성주의파라고 명칭 했다. 윌리암스의 저작이 과격파 종교개혁에 대한 어떤 심각한 연구를 위해서도 필수불가결한 것이지만, 재세례파를 연구하는 일부 주요 학자들도 그의 결론에 의문을 제시했다.[10]

최근 재세례파 연구에 새로운 동향이 나타났다. 일부 학자들이 "재세례파는 초기 종교개혁 운동과 농노 전쟁의 합법적인 후손이다"라고 주장하며[11], 재세례파를 과격파 종교개혁의 극렬한 표출이나 주류 개신교 운동으로부터 분리시키려는 노력을 거부했다. 루터교 종교개혁은 전통으로부터 루터의 과격한 분리로 시작되었다. 만인제사장론의 주장을 비롯한 루터의 초기 종교개혁 글에 표현된 믿음의 내용은 중세 사회가 기초로 삼고 있던 중세 교회의 핵심 믿음의 내용과 관련되어 있었다. 그러나 루터교주의는 나중에 제도화되었고 원래의 과격한 정신을 잃게 되었다. 스위스에도 같은 상황이 전개되었다. 그와는 대조적으로, 재세례파는 루터의 초기 글들에 함축된 원래 종교개혁의 반사제주의와 사회과격주의를 유지했고, 일부는 그들의 목적을 달성하기 위해 폭력을 사용할 준비까지 되어있었다.

특정 학자들이 재세례파의 과격한 성격을 강조한 반면, 다른 학자들은 재세례파라고 일반적으로 명칭 된 모든 집단이 다 과격하지는 않았다고 지적했다. 사실 일부는 훨씬 더 보수적이었고 주류 종교개혁자들보다 중세 가톨릭주의에 더 근접해 있었다. 세바스찬 프랑크(Sebastian Franck)와 카스파 슈벤크펠트(Caspar Schwenckfeld)와 같은 성령주의파로 불린 자들은, 비록 많은 교회 관습이 불필요하다고 거부했지만, 중세교회와 공식적으로 결별한 적이 없었다. 한스 뎅크(Hans Denck)와 한스 후트(Hans Hut)를 비롯한 다른 재세례파들은 오직성경(*sola scriptura*)과 이신칭의 종교개혁 교리를 거부했고, 종교개혁 보다는 중세교회의 믿음에 더 가까운 칭의 교리를 가르쳤다. 이 운동의 과다한 다양성은 다른 학자들로 하여금 운동의 통합적 믿음의 내용을 확인하는데 실망하게 했고, 진정한 재세례파를 자유교회 역사가들이 "변질(perversion)"이라고 여기는 것들로부터 구별할 수 있는 방법이 없다고 지적했다. 현재 재세례파 연구의 주요 학자 중 하나인 한스 고에르츠(Hans Goertz)는 "많은 재세례파 집단 중 어느 것이 진정한 재세례파인가라는 질문에 대한 역사적 대답은 없다" 고 주장한다.[12)]

과격파 종교개혁은 두 장소에서 거의 동시다발적으로 시작했다. 최초 지도자는 독일에서 활동했고 마틴 루터에 대항했던 토마스 뮌처였다. 뮌처가 루터에 대한 공격을 시작한 바로 얼마 후, 콘라트 그레벨(Conrad Grebel)이 인도하는 취리히의 과격파 종교개혁자 집단이 츠빙글리와 결별했다. 그레벨과 그의 추종자들은 일반적으로 이 운동의 평화적 날개로 인정되고 뮌처는 확실히 과격한 날개이었지만, 그들 사이에는 긴밀한 접촉이 있었고, 뮌처는 스위스 재세례파에 영향을 주었다. 1524년 9월 그레벨과 스위스 재세례파는 칭송으로 가득찬 편지를 뮌처에게 보냈다. 스위스 재세례파는 뮌처와 칼슈타트(Karlstadt)를 "가장 순수한 하나님 말씀의 선포자와 설교자" 라고 불렀고, 세례에 대한 그의 글은 "우리를 매우 즐겁게 한다" 고 진술했다. 스위스 재세례파는 뮌처를 칭송하는 반면, 루터와 츠빙글리의 절반의 종교개혁 시도를 비난했고, 뮌처는 "매일 성경을 왜곡하고 무지로 인도하는 이곳 우리들과 비텐베르그의 그곳 사람들보다 훨씬 더 순결하다" 고 평했다.[13)] 명백히 과격파 종교개혁을 일으킨 자들은 많은 공통점을 가지고 있었다. 그러나 동시에 많은 차이점도 있었다. 뮌처가 루터교 종교개혁을 거부한 것이 스위스 재세례파들이 츠빙글리를 공격한 것보다 시기적으로 우선하기 때문에 뮌처의 이야기를 먼저 시작하겠다.

토마스 뮌처(Thomas Müntzer)

루터처럼 토마스 뮌처도 삭소니(Saxony) 출신이었고, 경제적으로 부유한 집에서 태어났으며, 좋은 교육을 받았다. 라이프치히(Leipzig), 프랑크푸르트(Frankfurt), 그리고 비텐베르그(Wittenberg)에서 공부한 후, 그는 아마도 1514년 5월에 안수를 받았다. 그가 루터를 처음 만난 것은 1518년 그가 성 제롬(St. Jerome)에 대한 강의에 참석했던 비텐베르그에 몇 달 머물렀던 기간 동안이었을 것이다. 뮌처 연구에서 가장 큰 논쟁거리는 그가 루터에게 얼마나 많은 영향을 받은 것인가 이었다. 루터교 학자들은 뮌처가 루터의 제자로 시작했으나 과격하게 되었고 루터의 사상으로부터 결별했다고 주장해 왔다. 그러나 최근에 특히 독일 학자들 간의 경향은 뮌처에 대한 중세말 신비주의의 영향에 더 많은 중요성을 부여한다.[14)] 비록 초기에는 그가 루터의 추종자이었지만, 이것은 실제로 단지 피상적 애착이었다. 뮌처에 대한 주요 영향은 요한네스 에크하르트(Johannes Eckhart), 존 타울러(John Tauler), 그리고 『독일신학』(*German Theology*)이란 제목의 책이었다. 루터는 자신의 이신칭의 교리에서 신비주의로부터 과격하게 결별했지만, 뮌처는 계속해서 신비주의 전통을 추종했다. 루터에게 궁극적 권위는 성경이었지만, 신비주의자들처럼 뮌처는 내적 말씀을 강조했다.

뮌처 사상의 근거가 무엇이었든지, 초기에 뮌처와 루터는 매우 친한 사이였다. 뮌처는 1519년 7월 라이프치히 논쟁에 참석했고, 루터는 인문주의 설교자를 대신하기 위해 츠비카우(Zwickau)의 임시 직위에 그를 천거했다. 이 시점에 뮌처는 루터의 헌신된 제자로 보였다. 흥미롭게도 누군가에 대해 "루터교도"라고 부른 첫 번째 기록이 1519년 뮌처에 대한 가톨릭 변증에서 나타났다. 지방 프란시스칸들과의 논쟁에 대해 충고를 얻기 위해 1520년 7월 뮌처가 루터에게 편지를 썼을 때, 그는 편지에 "당신이 복음으로 태생시켜준 토마스 뮌처"라고 서명했다. 그리고 그는 루터를 "하나님의 친구들에게 모델이요 등대"라고 불렀다.[15] 그의 루터에 대한 태도는 다음 해 눈에 띄게 달라졌다. 1524년 뮌처는 루터에 대해 "비텐베르그에서 비영적이고 느슨하게 사는 육신이고, 성경에 대한 그의 도둑질과 왜곡은 우리 가엾은 기독교회를 너무도 슬프게 오염시켰다"고 말하는 소책자를 저술했다. 같은 책자에서 뮌처는 루터를 "기회주의 사제" 그리고 "거짓말 박사"라고 언급했다.[16] 분명히 두 사람 사이에 무언가 대단히 잘못된 일이 발생되었던 것이다!

루터와 뮌처의 결별은 뮌처가 츠비카우에 있는 성 캐서린(St. Catherine) 교회의 목사로 임명된 후에 시작되었다. 뮌처는 매우 능력 있는 설교자이었고 많은 가난한 직공과 노동자의 지지를 받고 있었다. 뮌처는 또한 성령의 직접 계시와 천년설을 가르치기 시작하며 루터로부터 멀어지기 시작했다. 츠비카우에 있는 뮌처의 반대파 중 한 사람은 뮌처가 "그의 미친 입과 교리로 모든 것을 혼란에 빠뜨리고 있다"고 루터를 경고했다.[17] 뮌처의 지지자들이 자신의 목적을 달성하기 위해 폭력을 사용했을 때, 루터는 비록 관련되지 않았지만, 뮌처에 대한 그의 지지를 철회했다. 뮌처는 츠비카우를 떠나 보헤미아로 갔고, 거기서 1521년 11월 1일 『프라하 성명서』(*Prague Manifesto*)를 출판했다. 거기서 그는 하나님께서 놀라운 일을 하실 것이고 성령을 통해 세상이 크게 새로워질 것이며 체코(Czechs)가 중심적 역할을 할 것이라고 선언했다. 그는 "새 교회가 여기에 시작될 것이고, 이 민족은 전 세계의 거울이 될 것이다" 라고 기록했으며, 그들이 "하나님 말씀의 수호를 위해 도우라" 고 호출했다. 마치 구약 선지자처럼 말하며, 뮌처는 또한 "만일 당신들이 거절한다면, 하나님은 투르크족을 통해 앞으로 당신들을 치실 것이라" 고 경고했다.[18] 성명서는 프라하 위정자들을 확신시키지 못했고, 뮌처는 1521년 프라하에서 추방되었다. 그리고 뮌처는 독일에 돌아왔고, 1522년 3월에 멜랑톤에게 쓴 편지에서 루터교 종교개혁의 늦은 속도에 대한 인내의 한계를 드러냈다. 비록 루터에 대해 여전히 높이 말했지만, 그는 동시에 이렇게 평했다. "우리가 가장 사랑하는 마틴은 작은 사람들을 불쾌하지 않도록 하기 위해 무지하게 행동한다…. 그러나 그리스도인들의 고통은 이미 문 앞에 와 있다…. 당신의 장난치는 시간을 버리라, 때가 왔다…. 당신 같은 섬세한 성경학자들이여, 뒤로 물러나지 말아라."[19]

뮌처의 편지는 루터가 바르트부르그 성에서 돌아온 후에 쓰였고, 그것은 종교개혁을 지체 없이 집행하려는 칼슈타트 노력의 결과였던 비텐베르그 문제들을 직면하게 되었다. 같은 기간 동안에 소위 츠비카우 선지자들이 직공 니콜라스 스토크(Nicholas Storch)의 인도 하에 성령의 직접 계시를 주장하며 추가적 혼동을 야기했다. 츠비카우 선지자들과 칼슈타트 그리고 비텐베르그의 문제와 관련된 사람들과의 경험은 과격파 종교개혁에 대한 루터의 태도에 지대한 영향을 미치게 되었다. 루터는 재세례파를 항상 스토크와 츠비카우 선지자들과 연결시켰다. 필립 멜랑톤은 모든 재세례파들이 한 번에 세상에 보내졌다라고 기록한 적이 있다. 뮌처는 자신이 츠비카우 선지자들과 아무런 공통점이 없다고 말했지만, 루터는 뮌처를 폭력과 츠비카우 선지자들의 교리와 연관시켰다. 1523년 봄 뮌처는 알스테드(Allstedt)에 있는 성 요한 교회(St. John's Church)의 목사로 임명되었고, 1524년 8월까지 거기 남았다. 그 때가 뮌처 사역의 절정기였다. 알스테드에서 뮌처는 첫 개혁 예배의식을 독일어로 기술했고, 성찬식에서 온 회중이 다 제정사(the words of consecration)를 말하는 정도까지의 대중 참여를 강조했다. 뮌처는 전 수녀와 결혼했고, 목회를 계속했으며, 루터와 평화 관계를 만들려고 노력했다. 1523년 7월 9일 편지에서 뮌처는 루터를 "아버지" 라고 부르며 자신은 츠비카우 선지자들과 아무런 관련이 없음을 확인시키려 했다. 뮌처는 "성경의 본문을 통해 입증할 수 없는 것을 말하려는 의도는 전혀 없다" 고 주장했고, 그들 사이의 우정관계를 회복하고 싶다고 말했다. 뮌처는

"주님께서 당신을 보호해주시고 옛 사랑을 회복시켜주시기를 기원한다"고 끝을 맺었다.[20] 그러나 루터는 뮌처의 화해 노력에 호의적으로 반응하지 않았다. 오히려, 루터는 뮌처의 성경 남용을 고발했고 알스테드 지도자들의 지지 철회를 충고했다.

그러자 뮌처는 루터와 완전히 결별했고 루터를 공격하기 시작했다. 뮌처는 루터를 진정한 믿음과 거룩한 삶을 가로막는 성경적 지성주의에 기초를 둔 열의 없는 개혁의 지도자로 간주했다. 알스테드 사람들이 뮌처의 설교를 들으러 떼를 지어 몰려왔고, 뮌처는 설교자로서의 그러한 성공으로 좀 지나치게 나아갔던 것으로 보인다. 나아가 뮌처는 자신이 진정한 개혁을 인도하라고 부름 받았다고 결론 내렸고, 선제후 프레데릭(the Elector Frederick the Wise)의 동생, 요한 공작(Duke John)과 요한의 아들 요한 프레데릭(John Frederick)에게 설교할 기회가 왔을 때, 루터 대신으로 들어설 수 있는 기회가 왔다고 생각했다. 설교는 1524년 7월 13일 알스테드에 있는 공작의 성에서 행해졌다. 그 설교에서 뮌처는 군주들이 길을 인도하여 하나님의 왕국을 건설하기 위해 폭력을 사용할 준비를 하라고 부르짖었다. 뮌처는 본문으로 다니엘이 벽에 쓴 육필을 느부갓네살 왕에게 설명하는 부분인 다니엘서 2장을 택했고 다음과 같이 선포했다.

> 새 다니엘이 일어나서 당신들을 위해 환상을 해석해야 한다…. 참된 통치자가 되기 원한다면, 뿌리로부터 통치를 시작해야 하고, 그리스도께서 명령하신대로, 택함받은 자들로부터 그의 적들을 쫓아내야 한다. 당신들은 이 목적을 위한 수단이다…그리스도께서는 그것을 충분히 말씀하신다…. 좋은 열매를 맺지 않는 모든 나무는 뿌리 채 뽑혀야하고 불속에 던져져야 한다…. 불경건한 자가 경건한 자들의 길에 방해가 될 때는 살 권한이 없다. 불경건한 자들을 제거하기 위해 검이 필요하다…. 그러나 이것이 질서 있고 적절한 방식으로 처리되기 위해서는 우리와 함께 그리스도를 고백하는 우리가 존경하는 어른들인 군주들이 그것을 해야만 한다. 그러나 만일 그들이 하지 않으면, 검이 그들로부터 빼앗겨질 것이다.[21]

군주들이 그 설교에 어떻게 반응했는지 알 수 없으나, 다른 통치자들이 뮌처가 알스테드에서 설교하는 것과 행하는 것을 인정하지 않았다는 것은 분명하다. 알스테드와 경계를 접하고 있는 만스펠트의 에르네스트(Ernest of Mansfeld)는 그의 백성들이 뮨처의 설교를 들으러 가는 것을 금했고, 뮨처는 그를 위협하며 대응했다. 알스테드 근처에서 성모 마리아에 봉헌된 예배당에 폭력을 사용한 '택함받은 자들의 연합체'(the League of the Elect)라 불리는 약 500명의 준군사조직을 뮨처가 결성했을 때, 위정자들은 뮨처의 과격성에 더 심한 걱정을 하게 되었다.

루터는 폭력이나 직접적 행동을 혐오하고 특별계시의 주장을 신뢰하지 않기 때문에, 뮨처의 활동과 믿음의 내용에 경악을 금치 못했다. 1524년 7월 루터는 선제후 프레데릭에게 "반항적 영"에 대항하여 행동을 취하라고 간청했다. 과격파들의 설교권을 인정했지만, 루터는 이렇게 말했다. "그들이 말씀으로 싸우는 것 이상을 하기 원하여, 파괴하고 폭력을 사용하기 시작하면, 당신은 간섭해야하고…. 그들을 나라에서 추방해야 합니다."[22] 8월 1일 요한 공작은 뮨처를 바이마(Weimar)에 불러서 설교와 출판을 금지했다. 추방당할 것을 예견하고, 뮨처는 한 주 후 알스테드에서 도망쳤다. 떠나기 전 뮨처는 『충성스럽지 않은 세상의 거짓 믿음의 철저한 노출』(*An Explicit Exposure of the False Faith of the Unfaithful World*)에서 루터를 공격했다. 이 글에서 뮨처는 참 믿음이 성령의 체험을 통해 온다는 견해를 재 언급하며 루터가 자신을 위해 명예를 추구하는 자이고 "불경건한 자들의 수호자"라고 맹렬하게 공격했다. 뮨처의 견해에 의하면 루터는 기존 위정자들의 도구였고 일반 대중의 탄압을 묵인했다. 뮨처는 뮬하우젠(Muhlhausen)에 있는 교회의 목사가 되기 전에 누렘베르그(Nuremberg)에서 루터에 대한 또 다른 공격의 글을 출판했다. 1525년 봄 뮨처는 전해 여름과 가을에 서남 독일에서 시작하여 봄에 독일 중앙으로 퍼지고 있는 농노 반란과 접촉하게 되었다.

1525년 5월 뮨처는 행동을 취할 준비가 되어있는 약 9,000명의 농노들이 모여 있는 프랑켄하우젠(Frankenhausen)으로 갔다. 뮨처는 그들의 지도자가 되었고 하나님이 그들 편이고 전쟁을 승리로 이끄실 것이라고 확신을 심어주었다. 그래서 농노들은 거의 농기구로 무장한 채 기마대와 대포로 무장된 전문 군대와 충돌하게 되었다. 전투의 결과에 대해서는 놀랄 것이 없다. 하나님께서 뮨처가 약속한 도움을 제공하지 않으신다는 것이 분명하게 되자, 농노들은 명령을 어기고 도주했다. 전투는 농노들의 끔찍한 도륙으로 끝이 났고, 상대 군대는 약간의 부상만 있었다. 그 후, 300명의 농노들이 참수 당했으나, 뮨처는 품위도 지키지 못하고 죽었다. 도륙의 와중에 뮨처는 전투장을 도피하여 마을 집의 침대 밑에 숨었다. 그는 발각되었고 고

문당했으며, 고백과 입장철회에 서명한 후 참혹하게 처형되었다.

반란의 참패 후 루터는 뮌처가 마귀의 도구였다고 주장하는 소책자를 썼다. 뮌처에 대한 루터의 비동정적 태도는 뮌처가 후에 공산주의 역사가들로부터 받은 칭송과 현저하게 대조된다. 그들은 뮌처를 민중의 위대한 영웅으로 보았고, 루터는 민중의 대의를 배신하고 군주들과 연합했다고 주장했다. 오늘날 역사가들은 뮌처에 대해 좀 더 균형 잡힌 견해를 가지고 있다. 뮌처는 분명히 많은 은사를 가진 헌신된 사람이었고, 과격파 종교개혁에 대한 그의 영향은 과거 역사가들이 인식했던 것 보다는 훨씬 더 컸다. 그러나 동시에 뮌처는 자신이 새로운 질서를 출범하라고 보내진 하나님의 선지자라는 확신에 의해 오도된 슬픈 인물이었다. 그 목적을 추구하기 위해 폭력에까지 의지하려 했던 뮌처의 의도는 뮌처와 그의 지도력을 신뢰했던 자들 모두에게 비참한 최후를 안겨주었다.

스위스 형제단

뮌처와 루터의 결별과 서로를 공격했던 맹렬한 변증들은 취리히에서 몇 가지 놀랄만한 유사한 사례들을 찾아볼 수 있다. 콘라드 그레벨(Conrad Grebel, 1498-1526), 필릭스 만츠(Felix Mantz, 1498-1527), 그리고 조지 블로락(George Blaurock, 1492-1529)을 비롯하여 츠빙글리를 초기에 지지했던 한 집단이 개혁의 늦은 속도와 그들 생각에 신약성경의 가르침이라고 여겼던 것과 일치하는 교회를 취리히에 세우기를 꺼려하는 츠빙글리에 환멸을 느끼게 되었다. 그레벨은 부유한 귀족 출신이었고 바젤(Basel), 비엔나(Vienna), 그리고 파리(Paris)에서 공부하며 탁월한 교육을 받았다. 1521년 10월 그레벨은 인문주의에 심취하여 취리히에 돌아왔다. 성경 언어 공부에 헌신된 인문주의자로서 마땅하게, 그레벨은 츠빙글리와 함께 헬라어와 히브리어를 공부하는 그룹에 합류했고, 츠빙글리의 가르침을 통해 그레벨은 인문주의에서 복음주의 기독교로 회심했다. 그레벨은 초기에 츠빙글리를 매우 존경했고 심지어 그를 복음의 회복자로 찬양하는 라틴어 시까지 썼다. 그는 또한 1523년 1월과 10월 취리히에 종교개혁을 정착시키는 공개 논쟁에 참여했다. 그러나 두 번째 논쟁에서 미사에 관한 결정이 시의회의 손에 남겨져야 한다는 견해를 츠빙글리가 수용했을 때, 그레벨은 그의 멘토의 철저한 종교개혁에의 헌신에 대해 의문을 가지기 시작했다.

1523년 12월 시의회가 사회의 분열을 피하기 위해 당분간 미사를 계속한다고 결정했을 때, 그레벨은 성경의 가르침에 위배되는 관습들을 관용하지 않는 새로운 시의회가 구성되어야 한다고 츠빙글리를 설득하려 했다. 츠빙글리가 그레벨의 계획을 거절했을 때, 그레벨은 츠빙글리가 성경의 가르침을 집행하기 보다는 관리들을 즐겁게 하려는데 더 관심이 있다고 생각했다. 1523년 12월 그레벨은 자신의 처남에게 "누구든지 츠빙글리가 목자로서 자신의 임무를 수행하고 있다고 생각하거나, 믿거나, 또는 말하는 자는 불경건하게 생각하고, 믿고, 그리고 말한다"고 편지를 썼다.[23]

그런 후 그레벨은 취리히에서 개혁이 속도에 환멸을 느낀 다른 자들과 합류하여 그들이 생각하는 신약성경의 가르침에 준하는 예배를 드릴 수 있는 은밀한 장소에서 모였다. 그레벨에 동참한 자들 가운데는 펠릭스 만츠와 조지 블로락이 있었다. 만츠는 사제의 사생아였고 훌륭한 교육을 받았으며 라틴어, 헬라어, 그리고 히브리어에 대해 풍부한 지식을 가지고 있었다. 만츠는 1519년 츠빙글리에 합류했으나, 그 후에 그도 역시 취리히의 개혁 속도와 본질에 대해 실망하게 되었다. 만츠는 앞에서 언급된 뮨처에게 보낸 편지에 서명했고 1525년 1월 발생한 세례 논쟁의 주역이 되었다. 만츠는 주변 스위스 영토에서 재세례파 믿음을 전하는데 주도적 역할을 하다가 순교 당했다.

실명이 조지 카야코브(George Kajakob)인[24] 블로락은 1523년 결혼을 하고 중세 교회와 결별한 스위스 사제였다. 블로락은 취리히에 왔고, 츠빙글리를 따르다가, 츠빙글리를 반대한 그레벨의 그룹에 합류했다. 블로락은 능력있는 설교자였고 1525년 취리히 근처에 있는 촐리콘(Zollikon)에 첫 재세례파 회중을 세웠다. 그는 또한 1525년 그 집단에 의해 세례를 받은 첫 번째 인물이었다.

세례는 스위스 재세례파와 츠빙글리 사이에 투쟁의 중심 관건은 원래 아니었다. 사실, 그들은 처음에 전체 공동체를 포함하는 중세 교회관을 거부하지 않았다. 그들은 취리히 종교개혁을 장악하는데 실패 한 후, 진정한 교회가 더 넓은 사회로부터 분리되어 모여진 공동체가 되어야한다고 주장하기 시작했다. 교회와 사회 사이의 관계에 대한 중세 이해를 나타내는 본질적 성례는 유아세례였다. 세례는 그리스도인 부모 – 유럽 인구의 거의 다를 포함하는 – 에게 태어난 모두를 출생 후 바로 교회의 회원으로 만들었다. 그러므로 유아세례의 거부는 새로운 재세례파 교회관의 핵심적 견해였고, 1525년 1월 그레벨과 만츠는 취리히 시의회 회의실에서 세례에 관해 츠빙글리와 논쟁을 가졌다. 시의회는 츠빙글리의 손을 들어주었고 그레벨과 만츠에게 추종자들과 모임을 중단하라는 명령을 내렸다. 그러나 그들은 모임을 계속했을 뿐만 아니라, 잠시 후 취리히의 공식적 종교개혁과 결별하는 결정적인 단계를 밟았다. 하나님의 인도하심을 기원한 후, 그레벨은 블로락에게 세례를 베풀었다. 재세례파의 입장에서 기록한 당시 연대기는 그것을 이렇게 묘사하고 있다:

> 기도가 끝났을 때, 제이콥(Jacob) 집안의 조지(George)가 일어나서 하나님의 뜻을 위하여 콘라드 그레벨에게 스스로의 믿음과 고백에 입각한 진정한 기독교 세례를 베풀어 달라고 요청했다. 그 요구와 욕망을 가지고 조지는 다시 무릎을 꿇었고, 콘라드는 그를 세례했다. 거기에 그를 위해 세례를 베풀 안수 받은 성직자가 없었기 때문이었다. 그리고 나서 다른 사람들이 조지에게 자신을 같은 방식으로 세례 해 달라고 요청했고, 조지는 그들의 요청에 따라 그렇게 했다. 그렇게 하나님에 대해 가장 큰 두려움을 가지고, 그들은 자신을 주님에게 드렸고, 각각은 복음의 사역을 위해 다른 사람을 인증하고 믿음을 배우고 지키도록 했다. 그리고 그것이 세상과 마귀 사역으로부터 분리의 시작이었다.[25]

스위스 재세례파는 또한 성경의 문자적 해석을 정부와의 관계에 적용했다. 산상수훈을 따르며, 그들은 맹세를 하거나 시민 임무들을 수행하는 것을 거부했고, 사도행전 2장에 묘사된 초대교회의 관습에 따라 물건통용 실천을 제창했다. 초기에 그들은 취리히와 스위스의 다른 지역에서 상당한 성공을 거두었다. 사람들은 자녀들의 세례를 중단했고, 독일 스위스에 걸쳐 여러 마을에서 많은 숫자의 성인들이 때로 강에서 침례를 받았다. 이 운동은 베른(Bern), 바젤(Basel), 그리고 성 갈(St. Gall)로 퍼져나갔다. 그레벨의 처남이 종교개혁의 지도자로 있던 성 갈에서는 심지어 위정자들도 동정적이었다. 그러나 이 운동이 퍼져나가고 있던 바로 그 시기에 농노전쟁이 독일에서 끓고 있었다. 그레벨과 만츠가 복음을 수호하기 위한 폭력사용을 반대하며 부르짖었지만, 폭력은 스위스에서도 발발했다. 나아가 좀 더 극단적인 재세례파에 의해 자행된 지나친 행동들은 원래 동정적이었거나 또는 적어도 관용을 베풀던 사람들의 지지를 잃게 했다. 예를 들면, 1525년 6월 촐리콘(Zollikon)에서 온 집단들이 취리히에 가서 길에서 소리를 지르며, 40일 내에 회개하지 않으면 곧 닥

칠 심판에 대해 경고했다. 그들은 심지어 츠빙글리를 계시록의 짐승으로 여겼다.

취리히 위정자들은 이것이 도시의 안정에 심각한 위협을 준다고 생각하여 재세례파 지도자들을 투옥시키거나 사라지게 했다. 1525년 3월 그레벨, 만츠, 그리고 블로락은 투옥되었고, 다른 재세례파들은 체포되어 고문을 받았다. 의회는 또한 "만일 이후로 누구든지 다른 사람을 재세례한다면, 우리 군주들에 의해 체포될 것이고 이제 공포되는 법령에 의해 어떤 자비도 없이 익사시킬 것이다"라고 법령을 공포했다.[26] 비록 그레벨, 만츠, 그리고 블로락은 성공적으로 탈옥했으나, 만츠는 다시 체포되었고 1526년 12월 손과 발이 묶인 상태에서 배에서 리만트 강(Limmant River)으로 밀어 넣어졌고, 많은 첫 재세례파 순교자들 가운데 한 사람이 되었다. 투옥되어 약해진 그레벨은 6개월 먼저 전염병으로 죽었고, 만츠와 함께 체포된 블로락은 노상 구타와 추방이 선고되었다. 블로락은 중앙 유럽에서 순회 전도자가 되었고, 타이롤(Tyrol)에서 많은 회중을 세웠으나, 1529년 체포되어 이단으로 화형 당했다.

마이클 새틀러(Michael Sattler)와 슐라이타임 조항(Schleitheim Articles)

탄압으로 스위스 형제단은 독일을 비롯한 다른 지역으로 퍼져나갔다. 독일에는 만츠가 처형당할 때쯤, 마이클 새틀러(1490-1527)라는 새로운 지도자가 나타났다. 새틀러는 프라이부르그(Freiburg) 근처 베네딕트 수도원의 부원장이었으나, 1525년 농노전쟁 동안 농노들이 수도원을 장악했을 때, 수도원을 떠나 스위스 형제단과 접촉하게 되었다. 새틀러는 1526년 재세례를 받았고 재세례파 지도자가 되었다. 취리히 부근을 전도한 후 새틀러는 스트라스부르그로 이동하여 마틴 부처(Martin Bucer)와 볼프강 카피토(Wolfgang Capito)를 만났다. 그들은 새틀러로부터 너무 좋은 인상을 받았고 그가 죽은 후에 그를 순교자로 간주했다. 2월 새틀러는 스위스-독일 경계에 있는 슐라이타임이란 작은 마을에서 스위스와 남부 독일 재세례파 집단과 만났다. 그리고 그들은 첫 재세례파 신조를 작성했다. 새틀러가 대부분의 신조를 썼고, 재세례파는 그것을 "형제 연합"("Brotherly Union")이라 불렀으며 역사가들은 그것을 슐라이타임 조항(Schleitheim Articles) 또는 슐라이타임 신조(Schleitheim Confession)라고 명칭 했다. 그것은 주요 재세례파 믿음의 내용을 정리한 7개 조항을 포함하고 있었다.

첫 번째 조항은 유아세례를 "교황의 첫 혐오"라고 부르며, 세례는 "회개하고 그리스도를 통해 죄사함 받았다고 진정으로 믿는 모두에게" 주어져야한다고 진술했다.[27] 두 번째 조항은 금지 또는 출교를 묘사하는 것으로, 죄에 빠진 믿는자들이 마태복음 18장의 규정에 입각하여 다루어져야한다고 진술했다.[28] 세 번째 조항은 "떡을 떼기"라고 불리는 성찬의 츠빙글리 견해를 보여주었다. 네 번째는 진정한 믿는 자들은 세상으로부터 분리되어야 하고, 다섯 번째는 회중에 의해 선출되는 목사들의 역할을 묘사했다. 여섯 번째와 일곱 번째는 "검"의 사용과 맹세를 다루는 긴 조항이었다. 검과 맹세는 둘 다 그리스도인들에게 금지되었다. "정부의 통치는 육신에 입각한 것이고, 그리스도인들의 통치는 성령에 입각한 것이기 때문에" 그리스도인들은 위정자가 되어서도 안 되었다.[29] 스위스 재세례파들과 후터라이트들(Hutterites)만 슐라이타임 조항을 전적으로 수용했지만, 그것은 재세례파 신앙의 표현이라고 널리 알려졌고, 츠빙글리와 칼빈은 그것에 대한 반박의 글을 썼다.

슐라이타임으로부터 돌아오는 동안 새틀러와 그의 부인은 체포되었다. 슐라이타임 조항의 복사본이 새틀러에게서 발견되었고, 그는 로텐베르그(Rottenberg)로 압송되었으며, 그는 부인과 다른 아홉 명과 함께 가톨릭 교리와 실천에 대한 위반으로 송사되었다. 그중 한 가지 혐의는 그가 투르크족에 대해 무저항을 가르쳤다는 것이었다. 재판에 대한 재세례파의 설명에 의하면 새틀러의 입장은, 검의 사용이 옳다면 그리스도인이라고 주장하며 하나님을 두려워하는 자들을 핍박하는 자들에게 사용하고 싶다는 것이었다. 새틀러는 유죄선언을 받았고 이 장의 앞 부분에 묘사된 끔찍한 죽음이 선고되었다. 새틀러의 부인이 입장 철회를 거부하자, 그녀에게 넥카 강(Neckar River) 익사 형이 집행되었다.

잔혹함을 이렇게 공개적으로 전시하는 것은 16세기에 사용한 일반적 위협의 방법으로, 다른 사람들이 그 운동에 참여하는 것을 막으려는 의도였다. 그러나 그것은 역효과를 주었던 것으로 보인다. 새틀러 죽음에 대한 설명은 읽혀졌고 다른 재세례파에 의해 그대로 수행되어 그들로 하여금 새틀러처럼 자신의 삶을 살도록 격려했다. 새틀러가 겪었던 이런 잔혹한 형 집행은 개신교와 가톨릭 지역 전체에서 반복되었다. 형 집행의 숫자가 과거에 생각했던 것만큼 많지는 않았음을 최근 연구는 보여주지만, 적어도 2,000명의 재세례파들이 16세기에 처형되었다. 그 처형 가운데

85퍼센트는 가톨릭 지역에서 발생했고, 그곳에서는 입장을 철회한 자들도 처형되었다. 개신교들은 투옥과 추방을 통해 재세례파주의를 억압하려 했고, 교리화를 통해 그들의 입장 변화를 유도했다.[30] 재세례파들에 대한 끔찍한 핍박은 당연히 정죄 받아야하지만, 역사가들은 재판 기록이 제공한 정보에 대해 고맙게 생각한다. 이것이 과격파 종교개혁뿐만 아니라 종교개혁 여자들에 대해서도 중요한 연구 자료를 주기 때문이다. 순교당한 많은 재세레파들이 여자였다.

마이틀 새틀러는 순교당한 많은 재세례파 지도자 중 하나였다. 사실, 과격파 종교개혁의 첫 세대를 주도한 잘 교육받고 능력 있는 모든 사람들은 처형당하든지 또는 젊은 나이에 죽었다. 최근 연구는 재세레파의 전체 숫자가 과거에 생각했던 것보다는 훨씬 적었다고 주장한다. 한 집단이 대체적으로 100명을 넘지 않았다. 그들은 또한 운동이라고 취급될 만큼 통합되지도 않았다. 그러나 초기에 그것은 빠르게 퍼져 나아갔고 위정자들을 특히 놀라게 했다. 재세례파 동정자에 의해 기록된 당시 연대기는 이 운동을 다음과 같이 호소했다:

> 재세례파들은 매우 빠르게 퍼져나갔고 그들의 가르침은 곧 땅을 뒤덮을 정도였다. 큰 군중이 운집했고 수천 명에게 세례를 베풀었으며 하나님을 향해 열정을 가진 많은 영혼들이 왔다. 그들은 사랑, 믿음 그리고 십자가를 져야할 필요 외에는 아무 것도 가르치지 않았다. 그들은 고난 가운데 겸손하고 인내하는 모습을 보여주었고, 연합과 사랑의 증거로 서로 떡을 떼었다. 그들은 충성스럽게 서로를 도왔고 형제라고 불렀다. 너무 빨리 성장했기에 세상은 그들의 상승세를 두려워했다. 그러나 이 두려움은 아무런 근거가 없는 것이었다. 그들은 극심한 독재로 핍박을 받았고 투옥되었으며, 낙인찍히고, 고문당하며, 불과 물과 검으로 처형되었다. 몇 년 동안 많은 자들이 죽음을 당했다. 피살된 자들의 숫자가 이천 명이 넘는다고 추정되었다. 그들은 순교자로 죽었고, 인내하며 겸손하게 모든 핍박을 견디어 냈다.[31]

그들에게는 초기 운동에 몇 명의 인상적인 지도자들이 있었다. 그들은 종종 서로 접촉했고 서로에게 영향을 주었지만, 동시에 그들은 서로 매우 달랐다. 다음에 논의되어질 세 명의 다양한 사람들은 과격파 종교개혁의 통일성과 다양성의 좋은 예를 제공한다.

다른 초기 재세례파 지도자들: 후브마이어(Hubmaier), 뎅크(Denck), 후트(Hut)

발타자르 후브마이어(Balthasar Hubmaier, 1480-1528), 한스 뎅크(Hans Denck, 1500-1527), 그리고 한스 후트(Hans Hut, 1490-1527)는 사역의 여러 시기를 거치면서 서로 접촉이 있었다. 아마도 후브마이어가 뎅크를 세례했고 뎅크는 후트를 세례했을 정도로 서로에게 영향을 주었던 것으로 보인다. 그러나 동시에 그들 사이에는 중요한 차이점들이 있었다. 후브마이어는 정부 후원 교회를 수용할 준비가 되어있었고 재세례파 사람들이 정부 관료가 될 수 있다고 믿었기에 소위 "관료 재세례파(Magisterial Anabaptist)"라고 불리었다. 후트는 행동하는 사람이었고 토마스 뮌처의 전통을 따라 종말론을 강조했으며 정부와 교회 관계에 대한 후브마이어의 견해를 완전히 거부했다. 뎅크는 성령주의자였고 상당한 학자였으며 교리적 논쟁을 피하려 했다. 후브마이어와 뎅크는 교육을 잘 받았으나 후트는 책장수였고 별로 교육을 받지 못했으며 전문 학자들을 경멸했다. 세 사람은 모두 농노 전쟁에 일부 관련이 되어있었고 토마스 뮌처의 가르침에 영향을 받았다. 그들은 1년 이내의 간격으로 다 죽었다. 모두 고통을 겪었으나 후브마이어만 처형을 당했다.

후브마이어는 신학박사 학위가 있었고 일반적으로 가장 뛰어난 재세례파 신학자로 여겨진다. 그는 바바리아(Bavaria)에서 태어났고 1503년 프라이부르그 대학(the University of Freiburg)에서 첫 학위를 받았다. 그는 잉골슈타트 대학(the University of Ingolstadt)에서 박사학위를 받았다. 라이프치히 논쟁(Leipzig Debate)에서 루터의 적이었던 엑크(Eck)가 거기서 가르쳤고, 후브마이어가 학위를 마친 후에 그 대학에서 강의를 했다. 그런 다음 그는 레겐스부르그(Regensburg)에서 대성당 설교자(cathedral preacher)가 되었다. 그 기간 동안 그는 열정적인 반-유대주의자이었고 가톨릭 관례에 헌신되어 있었다. 어느 큰 유대 공동체가 추방되고 그들의 회당이 무너지는 것에 그는 관련이 되어있었다. 바로 그 자리에 동정녀 마리아에게 바쳐진 교회가 세워졌고 후브마이어가 그곳의 지도신부가 되었다. 1521년 그는 오스트리아 마을인 발트슈트(Waldshut)로의 부름을 수용했고, 거기서 바울 서신과 에라스무스, 멜랑톤, 그리고 루터의 글들을 읽은 후에 변하기 시작했다. 1523년이 되었을 때 후브마이어는 분명한 개신교도가 되었고, 1524년 논쟁 후에 발트슈트는 종교개혁을 받아들였다. 후브마이어는 또한 츠빙글리 그리고 다른 스위스 종교개혁자들과 접촉이 있었다. 황제 찰스 5세의 동생이며 오스트리아의 통치자인 대공 페르디난드(Archduke Ferdinand)가 발트슈트를 위협했을 때, 후브마이어는 샤프하우젠(Schaffhausen)으로 갔고, 거기서 신앙의 자유를 위한 초기 탄원서 중 하나를 작성했다.

후브마이어는 1524년 10월 발트슈트로 돌아왔고, 칼슈타트의 글과 아마도 뮨처의 글까지 읽고 과격파 종교개혁 방향으로 변화하기 시작했다. 그는 또한 취리히 과격파들과 접촉이 있었고, 1524년 4월 60명과 함께 발트슈트에서 세례를 받았다. 그 후 그는 대략 300명에게 세례를 베풀었고, 믿는 자의 세례를 주장하는 글을 썼다. 얼마 후 후브마이어와 발트슈트 시는 농민전쟁에 연루가 되었다. 농노들이 패배하자,

후브마이어는 취리히로 도주했으나 체포되었고, 고문을 당했으며, 입장 철회를 강요당했다. 취리히를 떠날 수 있게 되자, 후브마이어는 모라비아(Moravia)로 가는 다른 재세례파들과 합류했다. 모라비아에는 종교적 자유가 허용되고 있었다. 그는 니콜스부르그(Nicholsburg)에 정착했고, 거기서 감독과 세속 통치를 겸임하고 있던 레온하르트 폰 리흐텐슈타인(Leonhart von Liechtenstein) 백작을 재세례파 믿음으로 회심시키는데 성공했다.

2,000명의 재세례파들이 리흐텐슈타인의 인정 많은 통치 하에 정착하면서, 재세례주의는 니콜스부르그의 정부종교가 되었다. 후브마이어는 자신 고유의 인쇄소를 소유했고, 여러 주제에 대한 많은 서적들을 출판했다. 출판물 중에는 『검에 관하여』(*On the Sword*)라는 제목의 소책자가 있었고, 거기서 그는 그리스도인이 정부 관료가 될 수 없다는 슐라이타임 조항(Schleitheim Articles)의 진술을 거부했다. 그러나 후브마이어의 정부 후원 재세례주의는 오래가지 못했다. 그의 오랜 숙적, 페르디난드(Ferdinand)가 1527년 보헤미아와 모라비아의 통치자가 되었을 때, 그는 후브마이어를 소환하여 비엔나(Vienna) 법정에 세웠고, 후브마이어는 1528년 3월 화형에 처해졌다. 삼일 후 그의 부인은 다뉴브(Danube) 강에 익사되었다.

후브마이어는 한스 뎅크를 세례했을 가능성이 높다. 그러나 뎅크는 다른 길을 갔고 다른 신학을 가르쳤다. 뎅크는 어퍼 바바리아(Upper Bavaria)에서 고등교육을 받은 부모의 아들이었다. 1517년에서 1519년까지 그는 잉골슈타트 대학에서 공부했고, 거기서 라틴어, 헬라어, 그리고 히브리어를 공부했고 당대의 신비주의 및 인문

주의 작가들을 읽었다. 레겐스부르그(Regensburg)에서 언어 교사로 섬긴 후, 뎅크는 바젤로 가서 교정자로 일했고 대학에서 에코람파디우스(Oecolampadius)의 강의를 들었다. 에코람파디우스의 영향으로 뎅크는 누렘부르그(Nuremburg)에 있는 성 세발트 학교(St. Sebald School)의 교장으로 임명되었고, 거기서 뮨처와 칼슈타트의 영향을 받았으며, 뮨처는 1524년 한 달 동안 그와 함께 머물렀다. 1525년 루터교 성직자들은 뎅크의 신학이 루터교주의 주요 교리로부터 많이 벗어난 것에 심히 염려가 되었고, 뎅크는 누렘부르그에서 추방되었다. 뎅크는 결국 아우그스부르그에 왔고, 아우그스부르그에 두 달 동안 머무르고 있었던 후브마이어는 뎅크가 1526년 니콜스부르그(Nicholsburg)를 향해 취리히를 떠난 후 그에게 세례를 베풀었을 것이다. 같은 해 뎅크는 불같은 전도자 한스 후트를 세례했으나, 뎅크는 다시 한 번 루터교 성직자들과 마찰을 겪었고 스트라스부르그(Strasbourg)로 가서 부처와 논쟁을 가졌다. 부처는 뎅크를 "재세례파 교황"이라고 부당하게 명칭을 붙였다.

뎅크는 교리적 논쟁을 피하려했던 사람이었기에, 1526년 12월 스트라스부르그를 떠났고 보름즈(Worms)로 갔다. 그는 보름즈에서 두 권의 중요한 저서를 출판했고 루드비히 하트처(Ludwig Hatzer)를 도와 구약 선지서를 번역했으며 1527년 4월 출판되었다. 그 후 7년 동안 이 저작은 21쇄를 거쳤고, 츠빙글리와 루터의 구약성경 번역에도 사용되었다. 그러나 뎅크는 정부와 다시 마찰을 빚게 되었고 보름즈를 떠나 바젤로 가게 되었다. 이 운동의 차질로 인해 실망하고 과격파 종교개혁의 분리적이고 분파적인 특성으로 환멸을 느낀 뎅크는 자신의 과거 스승인 에코람파디우스의 영향 하에 신앙고백서를 썼다. 뎅크는 그 신앙고백서에서 세례에 관한 믿음을 포함한 자신의 초기 견해를 완화시켰다. 논란을 피하려했고 과격파운동의 지도자로는 적합하지 않았던 이 점잖은 학자는 순교의 죽음은 모면할 수 있었다. 1527년 11월 그는 서른 한 살의 나이에 전염병으로 죽었다.

1528년 법정에서 한스 후트는 "똑똑한 사람으로, 다소 키가 크고, 옅은 갈색 머리와 노랑 콧수염을 가진 농노"로 묘사되었고, 그는 "매우 빠른 속도로" 세례를 베풀었다고 전해진다.[32] 뎅크가 후트를 세례했지만, 후트는 자란 배경, 성격, 그리고 개혁의 접근 방식이 뎅크와는 전혀 달랐다. 학자인 뎅크와는 대조적으로 후트는 독학을 했고, 학자라기보다는 기공이었으며, 매우 성공적인 재세례파 전도자가 된 행동파이었다. 후트는 1525년 봄 뮨처가 프랑켄하우젠(Frankenhausen)에서 종말론 설교를 하는 것을 들었고 농노 전쟁이 그리스도 재림의 서곡이라고 확신하게 되었다. 그 결과 후트는 농노들에 합류했고 프랑켄하우젠에서 패했을 때 간신히 살아남았다. 후트는 농노 반란이 조숙했고 그들이 자신의 영광을 추구했다는 것을 확신하고 실망하여 집으로 돌아갔으나, 여전히 그리스도께서 곧 오신다고 믿었다.

후트는 투르크족이 하나님 심판의 도구이고 그들의 정복은 그리스도 재림이 임박했다는 것의 표시라고 믿었다. 사실, 그리스도의 재림을 1528년 오순절로 날짜까지 잡았으며, 그것은 시간이 별로 많이 남지 않았음을 의미했다. 그러므로 후트는 광적인 순회사역을 시작했고 여기 저기 성급히 돌아다니며 설교하고 세례를 주었다. 그는 니톨스부르그로 갔고 1527년 5월 후브마이어와 논쟁에 들어갔다. 후트는 정부 관료와 재세례파 사이의 연합을 수호하려는 후브마이어의 입장을 거부했고, 후브마이어는 후트의 종말론 설교를 비판하며 그와 그의 추종자들은 "단순한 사람들에게 마지막 날의 정해진 시간 개념을 주었고… 그러므로 그들의 소유와 재산을 팔도록 유도했다" 고 주장했다.[33] 레온하르트 폰 리히텐슈타인(Leonhart von Liechtenstein) 백작은 후트의 과격한 사상에 경악을 금치 못했고 후트를 성곽에 감금시켰다. 그러나 후트는 탈옥했고 오스트리아로 가서 이 마을 저 마을을 다니며 설교하고 세례를 주며 회중들을 모았다. 1527년 8월 후트는 아우그스부르그로 가서 재세례파 지도자들의 모임에 참석했으나, 그것이 후트 여정의 마지막 종착지였다. 9월에 그는 체포되었고 법성에 세워졌다. 그러나 후트는 1528년 12월 6일 재판이 종결되기 전에 감옥에서 죽었다. 그럼에도 관리들은 그의 재판을 진행했다. 그의 시체는 법정에서 의자에 묶여졌고, 다음날 화형이 선고되었다.

후트, 뎅크, 그리고 후브마이어는 서로 의견이 일치하지 않았을 뿐 아니라, 개신교 종교개혁의 일부 중심 신앙에도 반대했다. 1527년 후브마이어는 자유의지에 대한 논문을 썼고, 개신교의 노예의지론 교리를 공격했다. 그는 노예의지를 단지 죄 가운데 계속해서 사는 것을 위한 구실로 여겼다. 개신교 가르침을 영리하게 풍자하며 후브마이어는 자유의지를 거부하는 자들을 공격했다. 노예의지는 "악한" 사람들이 "그들의 모든 죄와 악에 대해 하나님을" 비난하는 결과를 초래한다고 주장했다. 그들은 다음과 같이 말하며 그들의 죄에 대한 핑계를 대려고 했다는 것이다. "내가 간음자가 되고 창녀를 좇아가는 것은 하나님의 뜻에 틀림이 없다. 자, 하나님의 뜻이 이루어질 찌어다! 결국 누가 하나님의 뜻을 무너뜨리겠느냐? 하나님의 뜻이 아니라면, 나는 죄를 짓지 않을 것이다. 하나님이 뜻하신다면, 나는 죄짓는 것을 중단할 것이다."[34] 후트와 뎅크는 둘 다 이신칭의와 오직 성경(*sola scriptura*)의 종교개혁 교리를 거부했다. 중세교회의 믿음에 따라, 그들은 다 칭의와 성화를 한 과정으로 보았고, 성경과 전통의 권위를 수용했으면, 궁극적 권위는 내면적 말씀에 놓여있다고 믿었다.

과격파 종교개혁의 과격한 가장자리

후트의 극단주의와 내적 음성에 대한 강조는 그의 사후에 과격파 종교개혁을 매우 이상한 방향으로 인도했다. 그것의 대표는 후트가 설교한 적이 있는 프랑코니아(Franconia) 소재 우텐로이트(Uttenreuth) 마을에서 온 집단이었다. 후트의 꿈과 계시에 대한 문자적 가르침을 받아들였기에 '우텐로이트 꿈꾸는 자들(Uttenreuth Dreamers)' 이란 명칭을 가진 이 집단은 한스 슈미트(Hans Schmid)에 의해 인도되었다. 약 65명의 사람들이 슈미트 분파에 참여했고, 그것은 하나님께서 그들에게 직접 말씀하신 꿈과 환상을 가진 구성원들에 의해 특징지어졌다. 이 분파의 한 가지 이상한 특성은 결혼에 대한 그들의 태도였다. 성령께서 그들에게 결혼은 죄라고 계시했다. 그들의 배우자를 선택하는데 하나님의 음성을 따라가지 않았기 때문이라며, 대신에 누구를 결혼해야하는지 그들에게 계시했다. 열여섯 쌍은 "성령으로 결혼" 했다. 결혼이 성령의 뜻에 따라 이루어지지 않은 결혼 부부들은 함께 살도록 허락되었지만 성적 관계는 갖지 않도록 했다. 어떤 '꿈꾸는 자들' (Dreamers)은 자신을 하나님이라고 불렀고 세상의 종말은 매우 가깝다고 확신했다. 슈미트가 1531년 4월 체포되었을 때, 정부 관리들은 자신들이 찾아낸 것에 경악을 금할 수 없었고, 6월에 그와 다른 두 구성원들은 처형되었으며 다른 꿈꾸는자들은 한데 모여졌고 마을에서 추방되었다.[35]

우텐로이트 꿈꾸는자들은 작고 별로 중요하지 않은 분파였고, 아마도 그들이 이름을 딴 마을 주변 밖에는 알려지지 않았을 것이다. 그와는 대조적으로 북서 독일과 네덜란드의 과격파 종교개혁의 격렬한 표출은 유럽 전역을 통해 잘 알려졌고 당대와 차세대 역사가들의 눈에 재세례파의 신빙성을 떨어드리는 결정적 역할을 했다. 이 혁명적 집단은 리보니아(Livonia)에서 루터교 평신도 설교자가 된 멜키오르 호프만(Melchior Hoffman)이란 이름의 카리스마적 지도자를 따르는 자들에 의해 만들어졌다. 호프만은 칼슈타트의 영향으로 루터의 성례 신학을 거부했고, 과격하고 종말론적인 메시지를 설교하기 시작했으며, 결국 루터교주의를 버리고 츠빙글리주의자들과 합류했다. 1529년 호프만은 스트라스부르그로 가서 재세례파와 접촉했으며 1530년에 재세례파 운동으로 전환했다. 그리고 그는 그리스도가 곧 돌아오신다고 선포하기 시작했고 스트라스부르그가 그리스도의 왕국을 세울 곳이라고 말했다. 그러나 스트라스부르그 관리들은 냉담했고, 의회는 호프만의 체포를 명령했기 때문에 1530년 4월 그는 스트라스부르그를 떠났다.

그런 후 호프만은 네덜란드에서 종말론 메시지를 설교하기 시작했고, 기근, 재앙, 홍수를 포함한 자연재해와 경제적 문제 그리고 1531년과 1533년 사이에 있었던 혜성들의 출현과 같은 혼란은 사람들로 하여금 종말이 가까웠다는 확신을 갖는데 도움을 주었다. 그 결과 호프만에게 큰 군중이 따랐고, 그들은 호프만을 하나님의 선지자로 여겼으며, 그의 예언을 강렬하게 믿었다. 불행히 호프만도 자신의 예언을 믿었다. 호프만의 추종자 중 한 사람이, 새 시대가 오기 전에 호프만이 스트라스부르그에서 체포되고 6개월 동안 감옥에서 고생을 할 것이라고 예언했을 때, 호프만은 스트라스부르그로 돌아갔고 1533년 5월 20일 체포되었다. 그는 자신의 체포가 예언 성취의 결정적 단계라고 기대했기에 그것을 기쁨으로 받아드렸다. 당시의 기록에 의하면, "멜키오르가 자신이 감옥으로 갈 것을 알았을 때, 그는 때가 왔다고 하나님께 감사했다…. 그리고 그는 기꺼이, 즐겁게, 그리고 편안한 마음으로 감옥에 갔다."[36] 예언의 첫 부분이 성취된 것에 대한 호프만의 기쁨은, 그리스도가 돌아오지 않고 자신은 스트라스부르그 감옥에 남겨지게 되었을 때, 결국 사라지고 말았다. 십년 후 호프만은 추종자들의 혁명적 행동으로 혼란에 빠졌으며, 망가지고 잊혀진 사람으로 죽었다.

비록 호프만은 폭력을 삼갔지만, 멜키오라이츠(Melchiorites)라 불렸던 그의 제자들은 그렇지 않았다. 호프만의 투옥 후 그의 제자들은 두 그룹으로 분리되었다. 오베 필립(Obbe Philip)으로 대표된 한 그룹은 호프만 가르침의 무력적 적용을 거부했다.[37] 얀 마티즈(Ian Matthijs)가 인도했던 두 째 그룹은 불경건한 자들을 부수고 하나님 나라를 맞아드리는데는 검의 사용이 정당화 된다고 믿었다. 마티즈는 빵 굽는 사람이었고, 재세례파로 회심한 후에 스스로 지도자의 위치에 올랐다. 그는 자신이 선지자 에녹(Enoch)이라고 선포했고, 화란(Holland)을 돌며 하나님께서 곧 지구상에 당신의 천년 왕국을 세우고 독재자들을 파괴하실 것이라고 선포했다. 그는 결국 루터교 목사, 베른하르트 로트만(Bernhard Rothmann)이 앞으로 일어날 일을 준비했던 뮌스터(Münster) 도시로 갔다.[38] 루터교도로 시작했던 로트만은 1533년 뮌스터 도시가 종교개혁을 채택하는데 주도적인 역할을 했다. 그러나 로트만이 유아세례를 거부했을 때, 루터교도들과 가톨릭교도들은 연합하여 그를 도시로부터 추방하려 했다. 허지만 로트만은 사람들에게 너무 인기가 좋았고 그들은 로트만을 쫓아 낼 수 없었다. 1534년 1월 로트만은 마티즈에 의해 세례를 받았고, 마티즈는 뮌스터 재세례파의 지도자가 되었다.

마티즈는 뮌스터에서 24세의 회심자인 라이든의 존 보이켈스(John Beukels of Leyden)에 의해 합류되었다. 보이켈스는 떠돌이 재봉사이었으나 사업 실패 후 라이든에서 여인숙 주인이 되었다. 마티즈는 스트라스부르그가 아니고 뮌스터가 그리스도께서 돌아오실 곳이라고 선언했고, 1534년 2월 23일 재세례파가 시의회를 장악한 후 뮌스터의 실질적 지도자가 되었다. 그리고 그는 뮌스터를 새 예루살렘으로 만들려고 시도했고, 그의 정책들은 온건한 재세례파 사람들을 놀라게 했다. 도서관이 불태워졌고 성경 이외의 모든 서적들은 파괴되었다. 공동 소유제도가 도입되었고, 모든 마을 교회의 탑들은 파괴되었으며, 마티즈는 모든 시민들이 재세례를 받으라고 고집했고 거부하는 자들은 추방되었다. 약 2,000명의 시민들이 추방되었으나,[39] 재세례파들에게 "거룩한 도시 뮌스터"로 오라는 마티즈의 초청에 응한 사람들은 자신의 위치를 확보했고, 약 2,500명의 새 이주자들이 뮌스터로 왔다. 다른 사람들이 더 오려고 했으나, 뮌스터에 도착하기 전에 정부 관리들이 그들을 막았다. 뮌스터에서 일어나고 있는 상황을 보고 받고 놀란 가톨릭 감독은 개신교도들과 합류하여 도시를 점령하려 했다. 1534년 4월 4일 마티즈는 주님께서 자신을 승리로 이끄신다는 확신을 가지고 도시를 점령하려는 군대에 대항하여 출격을 감행했고 공격을 받아 죽었다.

그 후 존 보이켈스가 뮌스터의 지도자가 되었고 더 과격한 정책을 도입했다. 시의회는 해산되었고, 리더십은 열 두 명의 손에 쥐어졌으며, 그들은 자신을 "이스라엘의 열 두 장로"라고 불렀다. 심지어 작은 잘못에도 심한 형벌이 부과되었다. 신성모독, 간음, 음란뿐만 아니라 중상, 흠담, 불평까지도 사형에 처할 수 있는 죄가 되

라이든의 존 보이켈스(John Beukels of Leyden)(ca. 1509-1536)

베자 형상(Beza *Icones*)의 삽화

었다. 가장 논란이 된 문제는 1534년 7월에 도입된 강제적 일부다처제였다.[40] 로트만은 이 관례에 대한 성경적 근거를 구약의 족장들과 창세기 1:28("땅에 충만하고 번성하라")에서 찾았다고 주장했다. 또한 디모데전서 3:2에서 감독은 한 부인의 남편이 되어야한다고 말하기 때문에 다른 남자들은 한 사람 이상의 부인이 허락된다고 지적했다. 당시 인구의 70퍼센트가 여자이기 때문에 이 정책이 당위성을 가지고 있다고 주장할지 모른다. 그러나 동조하지 않는 자들에게 주어지는 심한 벌에도 불구하고, 그것은 전혀 대중적이 아니었고 많은 저항이 있었다.[41] 보이켈스는 스스로 열여섯 명의 부인을 취함으로 얼마나 이 정책을 지지하는지 보여주었다. 로트만은 결국 아홉 명의 부인을 가졌고, 대부분의 지도자들은 둘 또는 세 명의 부인 정도로 제한했다.

1534년 9월 포위 군대의 공격을 물리친 후, 존 보이켈스는 스스로에게 기름을 붓고 다윗 왕의 예를 인용하며 화려한 행렬과 예식을 갖추어 왕관을 썼다. 그러나 그의 왕위는 오래가지 않았다. 오랜 기간의 포위 후 마을이 기근으로 고통을 당했고, 포위한 군대는 마침내 벽을 뚫었고, 극심한 전투 후 거의 모든 거주자들을 살육했다. 로트만은 아마 전투에서 죽었을 것이고, 보이켈스와 그의 두 동료들은 생포되었다. 보이켈스는 부분적으로 자신의 입장을 철회했지만, 뮌스터의 어느 플랫폼에서 다른 두 사람과 함께 공개적으로 고문 사형에 처해졌다. 그들의 길을 따르려는 유혹에 넘어 갈 수 있는 모든 사람들에 대한 경고로, 세 사람의 시체는 철책에 넣어 성 람베르트 교회(St. Lambert's Church)의 탑에서 거꾸로 매달려졌다. 도시를 장악하는데 16개월이 걸렸고, 유럽의 통치자들은 포위된 도시 내에서 일어났던 일에 소름끼치지 않을 수 없었다. 도시가 함락되기 두 달 전인 1535년 4월, 독일 지도층은,

뮌스터 반란이 짓밟아지지 않는다면 "돌이킬 수 없는 불이익과 피해, 분열, 폭동 그리고 일반인들의 반란"을 초래할 것이라는 두려움을 표현했다. 마침내 그것은 "로마 제국과 모든 권위와 정직의 혼란과 패망으로 인도될" 것이라고 두려워했다.[42] 이 두려움을 생각해 보면, 재세례파들이 뮌스터 함락 후 훨씬 더 많은 핍박을 겪게 된 것은 놀랄 일이 아니다.

후터라이츠(The Hutterites)와 메노나이츠(the Mennonites)

뮌스터의 붕괴가 과격파 종교개혁의 평판을 악화시키는데 일조하면서, 과격파 종교개혁은 거의 대부분의 재세례파 집단들처럼 오래가지 못했다. 이와는 대조적으로, 평화주의에 헌신한 두 운동은 핍박을 극복했고 지금까지 지속되어 오고 있다. 그것은 후터라이츠와 메노나이츠이다. 후터라이츠가 둘 중 먼저이고, 그들은 훕후브마이어의 '관료 재세례주의(Magisterial Anabaptism)'를 거부한 재세례파 그룹으로 시작했다. 한스 후트(Hans Hut)에게 영향을 받은 200명은 야콥 비드만(Jacob Wiedmann)의 인도 하에 니톨스부르그(Nicholsburg)를 떠나 아우스텔리츠(Austerlitz)에 정착했고, 자신의 모든 소유물을 공유하기로 결정했다. 다른 사람들이 여기에 합류했고, 새 정착지가 아우스피츠(Auspitz)에서 시작되었으나, 곧 내부에서 분열이 발생했다. 이 시점에서 야콥 후터(Jacob Hutter)가 등장했다. 그는 나중에 자신의 이름을 딴 이 집단의 창시자는 아니었으나, 그것의 생존을 위해 중요한 역할을 했다. 그는 원래 모자 상이었고, 장사를 위해 여행을 많이 했다. 여행 도중 그는 재세례파를 접촉하게 되었고, 그들의 신조로 회심했으며 세례를 받았다. 그는, 타이롤(Tyrol)에서 재세례파 회중을 창설하는데 기여 한 조지 블로락(George Blaurock)이 처형을 당했을 때, 그 지역 재세례파의 지도자가 되었다. 핍박으로 그 집단은 모라비아(Moravia)로 이주했고, 그곳에서 후터의 소명과 지도력의 기술로 서로 싸우던 재세례파는 평화를 얻을 수 있었다. 후터는 또한 비조직적이었던 공동체주의를 전면적인 경제 공유체계를 갖춘 잘 조직된 공동체로 변화시켰다.

뮌스터 사건의 여파가 새로운 핍박을 초래할 때까지 후터라이츠는 후터의 지도력 하에 2년 동안 번성했다. 그 지역의 합스부르그(Hapsburg) 통치자, 페르디난드(Ferdinand)는 1535년 귀족들이 재세례파들을 추방하도록 억지로 강요했으나, 그들은 동굴과 숲속에서 살며 생존했다. 그러나 후터와 그의 부인은 쫓기다 체포되었다. 그는 채찍질 당했고, 차거운 물에 잠겨 졌으며, 1536년 2월 화형에 처해졌다. 같은 해 핍박은 가라앉았고 후터라이츠는 모라비아(Moravia)에 피난처를 찾았고, 거기서 산발적인 핍박을 견디며 버티어 나아갔다. 16세기 말 그들은 모라비아와 슬로바키아(Slovakia)에 70개의 거주지를 세웠고 약 20,000명이 그곳에 살았다. 후터라이츠는 30년 전쟁 동안 크게 고난을 당했고, 많은 사람이 트랜실바니아(Transylvanis)와 우크라이나(Ukraine)로 이주했다. 19세기에 소규모 집단이 북미에 정착했고, 거기서 생존했으며 번성했다.

종교개혁 시대에 살아남은 두 번째 재세례파 집단도 실지로 그 운동을 창시하지 않은 지도자의 이름을 취했다. 메노 시몬즈(Menno Simons, 1496-1561)도 후터처럼 심히 분열된 운동을 구출했다. 뮌스터 재세례파의 패배 후, 무력적인 멜키오라이츠는 귀족의 사생아인 얀 반 바텐부르그(Jan van Battenburg)의 지도력 하에 지속되었다. 그의 추종자들은 일부다처제를 계속했고 테러 집단을 조직했으며 농작물을 태우고 교회, 수도원, 그리고 장원들(manor houses)을 약탈하며 "불경건한자들"을 공격했다. 바텐부르그는 붙잡혔고 1538년 처형되었지만, 그의 무법 갱들은 수십 년 동안 베네룩스(Low Countries) 지역을 계속 괴롭혔다. 다행히 폭력적인 멜키오라이츠는 바텐부르그가 살해하려고 시도했던 다빗 요리스(David Joris, 1501-1556)가 인도한 평화주의 집단보다 숫자가 훨씬 적었다. 요리스는 호프만의 종말론적 믿음을 받아드리고 그것을 성령의 세례와 내적 조명을 강조하는 영적주의와 합성했고, 그의 추종자들이 핍박을 피하도록 하기 위해 자신의 참 믿음을 숨기고 외적으로 제도적 종교에 순응하도록 허용했다. 뮌스터의 몰락 후, 요리스는 가장 중요한 재세례파 지도자가 되었지만, 그의 리더십은 오래가지 못했다. 순회하는 삶에 지친 요리스는 부유층의 후원으로 안트베르프(Antwerp)에 정착했고 집필하며 시간을 보냈다. 1544년 요리스는 스위스로 이주했고 성인세례를 비롯한 많은 재세례파 믿음을 포기하고 거기서 1556년 죽었다.

요리스가 죽은 후 다수의 멜키오라이츠는 메노 시몬즈라는 이름을 가진 새 지도자의 추종자가 되었다. 메노 시몬즈는 뮌스터의 폭력, 호프만의 신비적 종말론 강조, 그리고 요리스의 영적주의와 핍박을 모면하기 위해 요리스가 허용한 타협 등을 거부했다. 시몬즈는 프리스란드(Friesland)의 가톨릭 사제였으나 종교개혁 책자들의 탐구와 성경 연구를 통해 개신교 신앙을 채택했다. 그가 1534년 처음 뮌스터라이츠를 접촉했을 때, 성경을 8년 동안 공부했었고 자신 스스로의 신학을 정립했다. 그러나 그것은 뮌스터에서 실천에 옮겨졌던 폭력과는 전혀 반대였다.[43] 1536년 초 시몬즈는 오베 필립스를 만났고, 세례를 받았으며, 그의 교구를 떠났다. 1540년 필립스가 재세례주의를 포기했을 때, 시몬즈는 필립스 그룹의 지도자가 되었다.

자신의 저작과 설교를 통해, 시몬즈는 흩어진 멜키오라이츠 집단들을 회중으로 조직화하려 했다. 1542년 관료들은 그의 목에 값을 걸었고, 그는 도망자가 되었다. 시몬즈는 밤에 설교하고 세례를 주었으며, 라인랜드(Rhineland)를 통과하여, 콜론(Cologne)을 돌아, 발틱(Baltic) 해안 위로 단지히(Danzig)까지 이동하며, 항상 관료들 보다 한 걸음 빨랐다. 1545년 "메니스츠(Mennists)"라 불렸던 그의 추종자들은 메노 시몬즈의 끈질긴 노력의 결과로 숫자가 상당히 늘었다. 시몬즈는 마침내 홀스타인(Holstein)이라는 지역에 정착했고, 1561년 자연사 했다. 그의 사역을 통해 시몬즈는 평화주의와 무저항을 강조했고, 공동체의 건강을 유지하기 위해 교회는 치리를 실천해야 한다고 생각했다. 그는 교회를 더 넓은 사회로부터 분리되어 나온 믿는 자들의 모여진 몸으로 보았고, 성경에 근거한 신학에 철저하게 헌신했다. 메노가 죽은 후 메노나이츠(Mennonites)는 내적으로 갈라졌지만, 그들은 강하게 성장해 나아갔다. 1570년 그들은 네덜란드에서 관용을 얻어냈고, 비록 여섯 개의 분파로 나뉘어졌지만, 16세기 말 베네룩스 지역에 100,000 명의 메노나이츠가 있었으며, 그것은 개혁교회보다 숫자적으로 약간 작은 정도의 크기였다. 1660년 한 메노나이트 목사는 『순교자의 거울』(*Martyr's Mirror*)로 알려진 책을 편찬했다. 그것은 그들의 초기 고난을 열거한 것으로, 가장 중요한 메노나이츠 책 중 하나가 되었다.

과격파 종교개혁: 평가

이 장에서 다룬 단체들과 지도자들은 과격파 종교개혁과 관련된 여러 운동들과 개인들의 견본일 뿐이다.[44] 그것들은 과격파 종교개혁의 놀라운 다양성과 왜 전체 운동의 통합된 특성들을 파악하기가 어려운지 예증하고 있다. 위정자들과 관료 종교개혁자들은 재세례파를 과격한 위협이라고 여겼다. 그들이 종교개혁의 원칙들을 비타협적인 방법으로 적용함으로 교회와 정부의 제도적 질서를 위협한다는 결론을 내렸기 때문이다. 예를 들어, 그들은 만인제사장론 가르침을 관료 종교개혁자들과는 대조적으로 문자적으로 취했다. 관료 종교개혁자들은 만인제사장론이 교육을 받지 못한 평신도들이 성직자들을 도전할 수 있는 것으로 이어질 수 있다는 인식을 하게 되어 불편했다. 재세례파들의 유아세례 거부는 시민 공동체와 종교 공동체의 일체성을 유지한 중세 사회의 핵심 원칙을 위협했던 것이다. 관료 종교개혁자들은 다른 기독교사회를 상상하는 것이 어려웠기에 가톨릭 상대들과 함께 유아세례를 절대 포기할 수 없었다. 재세례파의 유아세례 거부는 개인이 교회의 일부가 되기 원하는지 스스로 선택을 해야만 한다는 신념을 동반했다. 그래서 그들의 교회는 더 광범위한 사회로부터 분리되어 모여진 교회가 필연적으로 되어야했다.

재세례파는 종교개혁의 원칙인 '오직 성경'(*sola scriptura*)을 문자적으로 적용했다는 의미에서 과격파 종교개혁자들이었다. 관료 종교개혁자들이 교회 권위의 전통적 근거를 공격하자, 성경을 문자적으로 접근하기 원했던 자들에게 문이 열렸다. 세례와 삼위일체와 같은 교리에 대해 관료 종교개혁자들이 가르친 대부분은 교회의 전통과 가르침에 입각한 성경의 해석에 부분적으로 의존했었다. 권위를 거부한 후 과격파 종교개혁자들은 유아세례와 같은 교리들이 성경에 가르쳐지고 있는지 의문을 제기했고, 그중 가장 과격한 자들은 심지어 삼위일체 교리도 의심했다. 그들은 또한 개혁을 즉시 도입하기 원했고 미사, 성상, 그리고 수도원주의 같이 성경의 가르침을 위반하고 있다고 믿는 것을 제거하기 원했다. 각각의 경우, 관료 종교개혁자들은 이것이 사회와 연약한 양심에 불러일으킬 혼란을 걱정했으며 그렇게 빠른 속도로 움직일 준비가 되어있지 않았다. 그들은 모든 것이 세워진 권세에 의해 질서정연하게 이루어지기를 기대했다.

루터와 같은 종교개혁자들을 가장 힘들게 했던 관건은 토마스 뮌처와 같은 과격파들이 심지어 성경보다도 더 높은 권위에 호소할 준비가 되어있었다는 것이었다. 그것은 성령님의 직접 영감으로, 진리에 대해 완전히 주관적인 기준으로 인도한다고 생각했다. 뮌스터 사건은 이 방법이 극단으로 가면 어떻게 되는지를 잘 보여주는 끔찍한 본보기였다. 재세례파는 기본적으로 진실하고 용감한 남자들과 여자들이었다. 그들은 자신이 믿는 것에 대해 기꺼이 끔찍한 고문과 죽음을 당할 준비가 되어 있었다.

그러나 어떤 자들은 자신의 믿음을 강요하기 위해 폭력을 사용할 준비도 되어있었다. 과격파 종교개혁은 후터라이츠와 메노나이츠와 같이 폭력을 거부한 운동을 통해 가장 오랜 영향을 남겼다. 그들은 과격파 종교개혁의 훌륭한 전통을 보존했고 제도화했다.

제7장

칼빈과 칼빈주의

> 항상 그늘과 은거로 인도했던 세련되지 않고 부끄러워하는 성격 탓에, 나는 공중의 시각에서 물러설 수 있는 구석을 찾기 시작했다.…간략히 말해, 나의 유일한 목적은 알려지지 않고 은둔 상태에서 사는 것이었지만, 하나님께서는 다른 회전과 변화를 통해 나를 다르게 인도하셨고, 결국 하나님께서 나의 천성에도 불구하고 나를 어느 곳에 쉬라고 허락하지 않으셨다. 하나님은 나를 대중의 눈에 띄게 내놓으셨다.
>
> 존 칼빈(John Calvin)[1)]

존 칼빈은 자신의 인생과 사역을 돌아보며 1557년 위 이야기를 기록했다. 그것은 그가 대중에게 자신을 분석한 몇 안 되는 것 중 하나였다. 스스로 인정하듯이 칼빈은 공중의 눈을 피하기 원했던 매우 내성적인 사람이었다. 그러나 역설적으로 그는 개신교 종교개혁에서 가장 잘 알려진 인물 중 하나가 되었고 아마 누구보다도 미래 세대에 더 큰 영향을 끼쳤을 것이다. 루터가 종교개혁의 창시자였지만, 대부분의 유럽에 종교개혁을 전파한 사람은 칼빈이었고, 북미에 가장 큰 영향을 준 것이 칼빈주의였다. 칼빈은 또한 지금도 존경받고 많이 연구되고 있는 『기독교강요』 (*the Institutes of the Christian Religion*)라는 개신교 조직신학에서 가장 중요한 저작을 내

놓았다. 칼빈은 명확하게 글을 썼고 매우 효과적으로 의사소통을 했지만, 그는 매우 개인적이었기에 알기 어려운 사람이었다. 루터와는 대조적으로, 그는 자신에 대해 별로 이야기하지 않았다.

칼빈은 사람들이 그를 사랑하든지 아니면 증오하든지 양쪽으로 갈라지는 성향을 가진 역사적 인물 중 하나였다. 아마도 루터보다 더 칼빈은 자신의 충성된 추종자들의 존경의 대상이었고, 그의 신학과 행동이 혐오스럽다고 느낀 사람들에 의해서는 악한 비방의 대상이었다. 인기 있는 종교개혁 교과서의 저자에 의하면, 그는 "사람들이 좋아하든 아니면 싫어하든, 흠모하든 또는 혐오하든, 역사에서 강하고 일관성 있는 사람 중 하나였다."[2] 그의 비난자나 그의 흠모자도 그를 잘 못 해석했다. 예를 들면, 그는 거만한 고집불통과 느낌이 없는 독재자로 그려졌으나,[3] 칼빈이 변증을 즐겨하는 비타협적인 교리주의자라고 믿는 자들은 이 견해를 성경에 대한 그의 접근과 조화시키기 어려움을 느낄 것이다. 『로마서 주석』(*Commentary on Romans*)의 서론에서 칼빈은, 성경 해석에 있어서 "하나님께서는 당신의 종들이 각각 그들 주제의 모든 부분에 대한 충분하고 완벽한 지식을 소유하도록 축복하시지는 않으셨다"라고 지적했다. 이것은 "우리가 겸손을 지킬 수 있도록 하기 위해서"이고, 완전한 동의가 "이 현세에서" 이루어질 수 없기 때문에, 칼빈은 주석가들이 서로를 변증적인 방법으로 공격하지 말아야 한다고 주장했다.[4] 칼빈의 주석을 읽은 사람은 칼빈이 전면적으로 교리적 주석를 위해 본문을 사용하가 보다는 본문의 원래 의미를 명확하게 하려고 집중했기 때문에 특히 유용하다는 것을 알 것이다. 칼빈의 어떤 논문들은 그를 평화주의자로 드러낸다. 마귀가 "복음의 진보를 훼방하기 위해" 성찬에 대한 논쟁을 일으켰다고 주장하며, 칼빈은 마르부르그 회담(Marburg Colloquy)에서 양쪽을 비판했다. "양쪽은 다 오류를 범했다.… 즉, 그들은 서로를 인내하며 듣지 않았고 진정으로 함께 진리를 찾으려는데 헌신하지 않았다."[5]

칼빈의 흠모자들은 그의 비방자들이 한 것만큼 그를 잘못 제시했다. 칼빈의 전기 작가로 잘 알려진 윌리암 바우즈마(William Bouwsma)는 칼빈의 추종자들이 그를 실제로 어떤 잘못도 범할 수 없는 우상으로 만들었다고 지적한다. 제네바에 있는 칼빈의 흉상은 그의 흠모자들이 너무 자주 그를 어떻게 묘사했는지를 보여주는 좋은 예이다.

> 여기에 칼빈은 인식을 초월하여 스타일을 갖춘 인생의 두 배보다 더 크게 서있다. 견고하고, 단단하며, 움직일 수 없고, 우리가 보기에 그가 숙고하는 것에 대한 그의 약간 멍한 불만을 제외하고는, 냉정하게 서있다. 이 사람은 원래 인간의 연약함의 보편성에 대해 일관되게 유창했고 항상 자신의 내면을 바라보며 어떤 사람도 자신의 죄와 연약함과의 투쟁에서 자유롭지 못하다는 것을 스스로 기억시켰던 사람이다. 그런 그가 인성이 비워져 숭배의 감동을 만들어내고 자극을 주는 이상하게 모호한 우상으로 변조되어 버렸다.[6]

이런 칼빈의 이미지는 그가 멜링톤(Melancthon)에게 보낸 편지의 진술과는 대조된다. 칼빈은 이렇게 말했다. "교회에서 우리는 인간에게 얼마나 경의를 표하고 있는지 항상 주의해야 한다. 그가 누구든지 어떤 한 사람이 다른 사람보다 더 많은 권위를 가지고 있을 때 교회는 그것으로 끝나는 것이기 때문이다."[7] 진실 된 칼빈을 정확하게 보여주자면, 그를 경멸하는 자들의 상스러운 공격뿐만이 아니라, 그를 우상화하는 자들의 우상숭배 배후로 가야한다. 우리의 선입견이나 신조적 동맹보다 역사적 증거에 대한 평가에 의한 "역사적 칼빈 찾기"에 착수해야한다. 진실된 칼빈을 찾을 때, 이 추구는 노력의 가치가 있다는 것을 알게 될 것이다.

칼빈의 초기 인생과 사역

칼빈은 루터보다 26년 후인 1509년 7월 10일 피카르디(Picardy)에 있는 노용(Noyon)에서 태어났다. 그러므로 칼빈은 2세대 종교개혁자라고 말할 수 있다. 루터가 비텐베르그(Wittenberg) 대학에서 강의할 때, 칼빈은 글 읽기를 배우고 있었고, 루터가 『95개 논제』를 출판했을 때 칼빈은 여덟 살이었다. 칼빈과 루터는 만난 적이 없었고 그들의 성격은 전혀 달랐지만, 두 사람은 서로를 흠모했던 것으로 보인다. 루터가 칼빈의 글을 일부 읽었을 때, 깊은 감명을 받았다.

1539년 10월에 쓴 편지에서 루터는 칼빈이 스트라스부르그(Strasbourg)에서 섬기고 있는 것에 기뻤다고 말했다. 그리고 루터의 친구들은 루터가 칼빈을 매우 좋아했다고 보고했다[8] 칼빈이 루터의 심한 언어에 대해 때로는 비판적이었지만, 칼빈은 루터를 비난하는 자들에 대해 항상 루터를 방어했다. 로마 가톨릭 신학자 알베르투스 피기우스(Albertus Pighius, 1490-1542)에 대응하는 논문에서, 칼빈은 루터

존 칼빈(John Calvin, 1509-1574)
베자 형상(Beza *Icones*)의 삽화

에 대한 자신의 견해를 다음과 같이 요약했다. "우리는 루터를 그리스도의 놀라운 사도로 생각한다. 그분의 저작과 사역을 통해 복음의 모든 순수함이 우리 시대에 회복되었다."[9] 칼빈은 자신을 루터의 추종자로 여겼지 경쟁적 운동의 창시자로 생각하지 않았으나, 그렇다고 루터의 신학을 궁극적인 말씀으로 여기지도 않았다. 칼빈은 선배의 사역 위에 자신의 것을 세우는 것으로 보았다.

루터처럼 칼빈도 상류층으로 발전하는 가정 출신이었다. 그의 할아버지는 피카르디에 있는 마을의 통제조업자 또는 사공이었고, 그의 아버지는 가족을 고향에 남겨두고 노용으로 이주했다. 거기서 그는 루터의 아버지처럼 새로운 직업에서 성공을 했다. 칼빈이 태어났을 때 그의 아버지는 감독의 서기(notary)였고, 그의 똑똑한 젊은 아들 존(John)에 대해 더 높은 이상을 가졌다. 그는 먼저 존을 보내어 귀족 데 몬뜨모레(De Montmore) 가족의 아들들과 함께 교육을 받도록 했고, 거기서 귀족의 예의범절을 배우도록 했다. 존 칼빈이 열한 살 이었을 때, 그의 아버지는 아들을 위해 교회 성직록을 얻어냈고, 그것은 파리 대학(the University of Paris)에서 더 공부할 수 있는 수입이 되었으며, 거기서 그가 교회의 전문직을 가질 수 있도록 훈련받게 했다. 칼빈은 인문 교육을 받았고, 라틴어와 철학에 능통하게 되었으며, 마침 그때 그의 공부 방향이 바뀌게 되었다. 루터가 법학 공부에서 신학 공부로 이동한 반면, 칼빈은 정반대 방향을 가게 되었다. 그가 신학에 대한 진지한 연구를 시작할 때쯤, 그의 아버지는 노용의 성당 참사회와 논쟁이 있었고 신학 공부를 포기하고 법률 학위를 추구하라고 아들에게 권면했다.

칼빈은 교회법만 가르쳐주는 파리에서 민법을 공부할 수 없었기에, 1527년 늦게 올레앙(Orleans)으로 옮겼다. 2년 후 칼빈은 부르쥬(Bourges)로 가서 법학 공부를 계속했다. 그의 아버지가 1531년 5월에 돌아가셨을 때, 칼빈은 법률 공부를 포기했고 그의 지배적인 관심이 된 인문주의 문헌 연구를 추구했다. 칼빈은 파리에서 인문주의를 접촉하게 되었고, 콥(Cop) 가족과 우정을 발전시켰다. 아버지, 기욤 콥(Guillaume Cop)은 왕의 의사였고, 인문주의 친구로 둘러싸였으며 에라스무스(Erasmus)와 편지왕래를 했다. 칼빈은 또한 복음주의 정신을 가진 인문주의자 가운데 몇 친구를 얻었고, 아버지가 돌아가신 후 1531년에 파리로 돌아와서 문헌 공부를 했다. 1532년에 칼빈이 처음 내놓은 출판물은 세네카(Seneca)의 『데 클레멘티아』(*De Clementia*)에 대한 전형적 인문주의 주석이었다. 칼빈은 복음주의 기독교로 회심한 후에도 인문주의에 동정적이었고 항상 에라스무스와 프랑스 인문주의자 루뻬부르 데따블루(*Lefevre d'Etaples*)를 존경했다.

1533년 8월에서 1534년 5월 사이 어느 때 칼빈은 복음주의적 회심을 경험했다. 그는 그것을 1557년 『시편 주석』(*Commentary upon the Book of Psalms*)에서 묘사했다. 이것은 본 장의 첫 부분에 인용된 진술이 들어있는 바로 그 책이다. 칼빈은 이 사건을 "철학 공부를 그만두고 법률 공부를 시작한" 후에 발생된 것으로 묘사했다. 그는 "충성스럽게…내 아버지의 뜻에 순종하며" 그것에 자신을 적용했다. 그러나 칼빈에 의하면, 하나님은 그의 삶에 다른 계획을 가지고 계셨다.

> 내가 너무 고집스럽게 가톨릭의 미신에 빠져있어 깊은 수렁의 심연에서 쉽게 빠져나오지 못했기에, 하나님께서는 갑작스런 회심으로 내 마음을 굴복시키시어 가르침을 받을 수 있는 틀로 만드셨다. 내 마음은 이런 일에 있어서 어렸을 때 보다 훨씬 더 굳어 있었다. 참된 거룩함에 대한 약간의 맛과 지식을 받은 후에 나는 그 안에서 더 발전하기 위해 너무 강렬한 욕망으로 즉시 불이 붙었다. 그래서 비록 내가 다른 공부를 완전히 놓은 것은 아니었지만, 좀 소홀하게 되었다.[10)]

루터가 겪은 것 같은 대단한 영적 혼란의 시기를 통과한 것에 대한 언급은 없지만, 피기우스(Pighius)에 대항하는 그의 논설에서 칼빈은 루터의 투쟁을 이해했다고 말했다. 루터의 고통스러운 양심은 그가 "지옥으로부터의 괴물" 임에 틀림이 없다는 것을 말해준다는 피기우스의 비난에 대한 반응에서, 칼빈은 거룩한 사람들이 때로 "양심의 두려운 고문"을 경험한다고 말했다.[11)] 비록 칼빈은 그러한 "무서운 고문"을 겪어보았다고 말하지는 않았지만, 루터의 투쟁에 대한 그의 감정이입은 칼빈도 유사한 경험을 했을 것임을 암시한다.

1533년 '모든 성인의 날' (All Saints' Day)에 파리 대학의 새 총장이며 기욤의 아들인 니콜라스 콥(Nicholas Cop)은 소르본느(Sorbonne)의 스콜라주의 신학자들을 공격하고 칭의에 대한 자신의 개념을 제시하는 설교를 했다. 비록 그가 루터교주의에 의해 영감을 받은 것으로 보이는 진술을 에라스무스의 인문주의와 그리고 전통적인 가톨릭 경건과 혼합시켰고, 그 연설에서 드러난 신학이 프랑스 인문주의자들의 것과 과격하게 다르지 않았지만, 그는 소르본느의 보수적 교수들을 불쾌하게 했다. 그 결과 콥은 총장의 자리에서 축출 되었을 뿐만 아니라, 파리 의회 앞에서 고발에 대응하라고 호출되었다. 편견이 있을 수밖에 없는 법정의 공판을 겪기보다, 콥은 도시를 떠났다. 콥의 설교 작성에 어떤 식으로든 관련이 있었던 것으로 보이는 칼빈도 역시 파리를 떠났다.[12] 칼빈은 다음 해 다른 이름으로 프랑스를 돌며 여행을 했다.

10월 어떤 과격한 프랑스 개신교 그룹이 미사를 비난하는 플래카드를 파리, 올레앙, 그리고 몇 다른 도시들에 붙였다.[13] 이것은 왕의 분노를 샀고 대대적인 핍박을 초래했다. 칼빈의 동료 중 한 사람을 비롯하여 여러 명의 개신교도들이 화형에 처해졌을 때, 칼빈은 프랑스를 떠나 니콜라스 콥이 피신해 있던 바젤(Basel)로 갔다. 그곳에서 칼빈은 『기독교 강요』(*the Institutes of the Christian Religion*) 첫 판 출판을 준비했고, 1535년 8월에 집필을 완성했으며, 1536년 3월 바젤에서 출판했다.

칼빈의 신학

『기독교강요』는 칼빈의 신학을 명확하게 정리했고 가장 중요한 개신교 조직신학책이 되었다. 칼빈이 이 책을 집필한데는 두 가지 목적이 있었다. 프랑스의 프란시스 왕 1세(King Francis I)에게 바친 서문에서 칼빈은 초기 목적이 "종교에 관심을 가진 사람들이 참된 거룩함으로 훈련받도록 하기 위한 초보적인 내용"을 제공하는 것이라고 진술했다. 그것은 프랑스 개신교도들이 믿음을 이해하고 수호하도록 돕기 위한 요리문답 또는 입문서를 의도한 것이었다. 그러므로, 칼빈에 의하면, 『기독교강요』는 "교육을 위해 적합하게 만든 단순하고 초보적인 형태로 저술"되었다.[14] 두 번째 목적은 프란시스 1세에게 프랑스에서 비방을 당하고 부당하게 핍박을 받는 믿음의 진정한 가르침에 대해 알려주는 것이었다. 그래서 칼빈은 프랑스 개신교가, 적들이 주장하듯이, "모든 종류의 악을 위한 선동과 보호"의 원인이 아니라는 것을 프란시스 1세가 이해하도록 하려는 것이었다.[15] 1536년 판은 율법, 신조, 주기도문, 성례, 거짓 성례, 그리고 그리스도인의 자유를 다루며 여섯 장으로 구성된 매우 짧은 핸드북이었다.[16] 1539년에는 초판의 세배가 되는 두 번째 라틴어 판을 출판했다. 같은 해 칼빈은 『기독교강요』를 프랑스어로 번역했다. 확장된 라틴어 판이 1543년에 출판되었고, 1545년 프랑스어로 번역되었다. 네 번째 라틴어 판이 1550년에 나왔다. 미지막 라틴어 판이 1559년에 출판되었고, 다시 한 번 프랑스 번역이 그 다음해에 출판되었다. 대단하게 확장된 1559년 판은 표준판이 되었고, 초판과는 완전히 달랐다. 그것은 더 이상 새로운 믿는 자들을 위해 "단순하고 초보적인 형태로 기록된" 안내문이 아니었고, 가장 복잡한 믿음의 교리들을 상당히 세밀하게 다룬 정교한 신학적 교본으로 성장했다.

좋은 예는 후기 칼빈주의자들에게 중심 교리가 된 이중예정 교리다. 1536년 판에는 이중예정 교리가 단지 두 번만 언급되었고 중요성이 별로 부각되지 않았다. 예정을 다루는 부분은 대체적으로 그 교리가 하나님 백성의 재확신을 가져다주는 방법을 강조했다. 그런데 그 교리는 『기독교강요』가 확장되면서 더 중요성을 띠게 되었고, 1559년 판에는 네 장이나 할애 되었다. 칼빈은 예정을 다음과 같이 묘사했다. 그것은 "하나님께서 스스로 각 사람에 대해 기뻐하시는 무엇이든지 발생되도록 정하신 하나님의 영원한 작정이다. 모든 것이 동등하게 만들어지지 않았고, 어떤 자는 영생으로, 다른 자는 영원한 저주로 정해졌다. 따라서 각각이 양쪽 중 하나를 위해 창조되었기에, 우리는 그가 생명이나 죽음으로 예정되었다고 말한다."[17]

이 교리의 발전은 부분적으로 제롬 볼섹(Jerome Bolsec)의 가르침에 대한 반응이었다. 볼섹은 1551년 선택과 유기로의 하나님의 작정은 누가 믿음을 가질 것인지 안 가질 것인지에 대한 예지(foreknowledge)에 기초한다고 주장했다. 볼섹은 제네바(Geneva)에서 사라졌지만, 칼빈은 다음 해에 다시 예정 교리를 방어했다. 예정은, 후기 칼빈주의자들에게서처럼, 칼빈의 신학적 체계의 중심이 전혀 아니었다. 칼빈이 믿기로, 그것은 성경에서 분명히 가르치는 내용이고, 왜 어떤 자들은 복음을 받아드리고 다른 자들은 거부하는지를 설명하기 위해 고안된 단지 부수적인 교리였다. 칼빈은 왜 하나님께서 그런 선택을 하셨는지 설명하려고 하지 않았다. 이것은 하나님의 측량할 수 없는 판단을 알아내려고 하는 것이고, "주께서 자신에게만 감추시기 원하셨던 것을 인간이 벌도 받지 않고 캐고 들어가려고 하는 것은 옳지 않기" 때문이었다.[18] 칼빈은 예정이 믿는자들로 하여금 구원이 자신의 노력에 의존하지 않는다는 것을 확신시키려고 했기 때문에 그들을 위로해 주기 위한 목회지향적 교리로 그것을 가르쳤다. 그는 또한 예정교리를 성경의 분명한 가르침이라고 여겨지는 것 이상으로 정의하지 않도록 조심했다. 칼빈의 추종자들은 칼빈의 신학보다 예정교리에 훨씬 더 많은 비중을 두었고, 하나님 작정의 순서와 그리스도 속죄의 범위에 대해 논쟁하기 시작하면서 매우 상세하게 그것을 정의했다. 칼빈의 후계자 데오도어 베자(Theodore Beza)는 선택과 유기의 작정이 첫 인간들의 타락을 앞선다고 가르쳤다. 이 입장에 "타락전선택설"(supralapsarianism)이란 복잡한 제목이 주어졌고, "타락후선택설"(infralapsarianism)이라고 불리는 반대 입장을 취한 사람들은 이 작정이 타락 후에 왔다고 믿었다. 그리스도 속죄의 범위에 대한 논쟁은 또한 칼빈의 추종자들을 나누어 놓았다. 어떤 자들은 그리스도께서 선택된 자들만을 위해 죽으셨고 다른 사람들은 그리스도께서 모든 인류를 위해 죽으셨다고 믿었다.

예정은 『기독교강요』 3권에서 논의되고 있다. 칼빈은 그 주제를 끄집어내기 전에 우리가 하나님, 인간의 본질, 예수 그리스도의 사역, 그리고 구속의 교리를 어떻게 알 수 있는지 이미 논의했다. 칼빈은 모든 인간이 하나님에 대해 자연적인 지식이 있고 하나님에 대한 일반적인 지식은 창조의 관찰을 통해 얻을 수 있다고 믿었지만, 이 지식은 부적절하고 왜곡되었다고 믿었다. 하나님에 대한 진정한 지식은 성경적 계시를 통해서만 올 수 있다. 성경은 인간이 창조된 원래의 청결한 상태로부터 타락했고 자신을 구원할 능력이 없다고 계시한다. 그러므로 하나님은 하나님과 완전한 인간이신 예수 그리스도라는 품격을 통해 구세주를 보내셨다. 그리스도는 "당신께서 하나님의 공의로우신 심판을 만족시켜드리기 위한 대가로 우리의 육신을 제시하시기 위해, 그리고 동일한 육신으로 우리가 초래한 형벌의 값을 지불하시기 위해" 우리를 대신해 완전한 삶을 사셨다.[19]

그리스도의 속죄하는 죽음의 유익은 믿음으로 얻어진다. 칼빈은 이것이 "우리를 향한 하나님의 호의에 대한 견고하고 확실한 지식이고, 그리스도 안에서 거저주시는 약속의 진리 위에 세워졌으며, 그리고 우리의 마음에 계시되었고, 성령님으로 우리 마음에 인쳐졌다"고 정의했다.[20] 칼빈은 칭의(justification)가 인간의 의로운 행위를 통해 얻어진 어떤 공로에도 기초하지 않는다고 루터와 완전히 동의했다. 칭의는 예수 그리스도 안에서 오직 하나님의 자비에 완전하게 의존한다. 칼빈에 의하면, 칭의는 "하나님께서 마치 우리가 의로운 것처럼 당신의 호의 안으로 우리를 받아드리시는 수용이고… 죄사함과 그리스도 의로움의 전가로 구성된다."[21] 그리스도의 의로움이 전가된 것 외에, 믿는자는 중생하여 그의 태도와 동기가 변한다. 결과는 성화된 삶이다. 로마 가톨릭 신학과는 다르게, 칼빈은 칭의(justification)와 후기 신학자들이 부른 성화(sanctification) 사이를 분명하게 구별했으나, 두 개가 믿는자와 그리스도의 연합에서 흘러나오기 때문에 분리하지는 않았다. "믿는자와 그리스도의 연합은 칭의로 직접 인도한다. 그리스도를 통하여, 믿는 자는 하나님 보시기에 의롭다고 선언된다. 둘째, 믿는자와 그리스도의 연합 때문에 – 그의 칭의 때문에가 아니고 – 믿는 자는 중생을 통해 그리스도와 같이 되는 과정을 시작한다.… 칼빈은 칭의와 중생이 둘 다 믿음을 통해 믿는자가 그리스도와 연합한 결과라는 것을 주장한다."[22]

부처(Bucer)처럼, 칼빈은 성찬 신학에서 루터교주의(Lutheranism)와 츠빙글리주의(Zwinglianism)의 두 극단 사이에서 중간 길을 찾으려 했다. 그는 "우리가 상징에 너무 작은 가치를 부여함으로 그것이 어느 정도 연결되어 있는 의미로부터 끊어버려서도 안 되고, 지나치게 격상시켜서 신비 그 자체를 희미하게 해서도 안 된다"고 주의를 주었다.[23]

칼빈은 그리스도의 몸과 피가 빵과 포도주 안에 들어 있다는 루터의 믿음을 수용할 수는 없었지만, 우리는 성례에서 "하나님의 비밀스럽고 헤아릴 수 없는 능력에 의해" 특이한 방법으로 그리스도에 참여한다고 주장했다.[24] 칼빈은 그리스도 몸의 무소부재라는 루터의 견해를 거부했고, 그리스도는 하늘에서 하나님 우편에 계시기 때문에 빵 안에는 계실 수 없다고 주장했다. 그럼에도, 칼빈은 빵과 포도주가 그리스도 몸과 피의 단순한 상징 또는 징표라는 츠빙글리안의 믿음도 거부했고, 믿는자는 성찬에서 진정으로 그리스도와 영적으로 교제한다고 주장했다. 칼빈은 성찬을 "헛되거나 빈 상징" 보다는 더한 것으로 묘사했다. "하나님께서는 거기서 표시된 것을 참으로 영적 잔치에 앉아있는 모두에게 보여주시고 제공하신다. 그러나 그것은 참 믿음과 진심어린 감사로 이 위대한 유익을 받아들이는 믿는자들에 의해서만 유익이 되게 받아진다"고 칼빈은 주장했다.[25]

칼빈의 제네바 첫 체류(1536-1538)

『기독교강요』 첫 판 출판 후, 칼빈은 이태리에 있는 페라라의 공작부인(Duchess of Ferrara)을 방문했다. 공작부인은 왕의 여동생인 앙굴렘의 마구에리떼(Marguerite of Angouleme)의 사촌으로 개혁의 대의에 동정적이었다. 몇 명의 프랑스 복음주의 자들은 플라카즈 사건(Affairs of Placards-14장에서 논의됨) 후 피난처로 그녀의 저택에 모였다. 칼빈은 단지 몇 주만 머물렀고, 바젤에서 잠시 머문 후, 프랑스를 영구적으로 떠나려고 계획했기 때문에 프랑스로 돌아가서 자신의 일을 정리했다. 칼빈은 학자로서 평화롭게 연구하며 조용한 삶을 살 수 있는 스트라스부르그(Strasbourg)로 가기로 결정했다. 그러나 프랑스와 신성로마제국 사이의 전쟁의 결과로, 스트라스부르그로 직접 가는 길이 반대 편 군대에 의해 막혀버렸다. 어쩔 수 없이 칼빈은 제네바를 통해 우회했고, 당시 종교적이고 정치적인 전환 시기에 있었던 그 도시에서 하루 밤 정도만 머무르려고 계획했다.

제네바는 작은 도시로 종교개혁 전에 약 10,000명 정도의 거주민이 살고 있었다. 중세시대에는 감독에 의해 통치되었고, 15세기에는 사보이(Savoy) 공작들이 감독직을 장악했고, 감독들은 실질적으로 공작들의 꼭두각시가 되었다. 거의 모든 감독들은 사보야드 왕조(Savoyard dynasty)의 멤버였고, 부재자(absentees)였으며, 어떤 자들은 심지어 안수도 받지 않았다. 제네바가 사보이 장악 하에 있었지만, 그 도시는 자치권을 가지고 있었다. 남자 시민들은 4명의 지방행정관을 선출했고, 그들은 약 25명의 멤버로 구성된 의회를 만들었다. '200명 회의' (Council of Two Hundred)라고 불리는 두 번째 회의는 1527년에 만들어졌다. 16세기 첫 사분기에 혁명적 성향의 시민들로 이루어진 한 집단이 독립과 아울러 스위스 연맹과 긴밀한 관계를 추구했고, 사보이 장악을 저항했으며, 베른(Bern)과 프리부르그(Fribourg) 도시들의 지원을 얻어냈다. 1527년 감독은 도시에서 도주했고, 재장악을 노렸던 사보이의 노력은 1536년 베른의 도움으로 퇴치되었다. 베른은 1528년 개신교를 채택했고, 제네바도 그렇게 하도록 격려했으며 1533년 기욤 파렐(Guillaume Farel, 1489-1565)를 비롯한 개신교 설교자 집단을 보냈다. 파렐은 칼빈보다 20세나 위였지만, 나중에 제네바에서 칼빈의 가까운 친구와 동역자가 되었다. 그러나 칼빈의 증언에 의하면, 그는 달갑지 않으면서도 파렐이 사용한 의심스러운 전략에 대한 반응으로 관계를 맺게 되

기욤 파렐(Guillaume Farel, 1489-1565)
베자 형상(Beza *Icones*)의 삽화

었다.

칼빈은 제네바가 1536년 5월 종교개혁을 수용한지 3개월 후 그 도시에 왔고, "복음의 법과 하나님 말씀에 따라 살고 모든 교황적 남용들을 폐지하겠다"고 서약했다.[26] 그러나 그 서약의 수행은 단지 피상적으로 개신교인 도시에서는 만만치 않은 것이었다. 칼빈이 단지 하룻밤이 되리라고 생각했던 곳에 도착했을 때, 파렐은 이것이 필요한 도움을 그에게 주시는 하나님의 섭리라고 확신했다. 칼빈은 이렇게 기록했다.

> 파렐은 복음을 전파하려는 대단한 열정으로 불타있었고, 나를 잡기 위해 즉시 모든 노력을 기울였다. 내 마음이 개인적 연구에 헌신되어있고 그것을 위해 나는 다른 일로부터 자유로워지기를 원한다는 것과 그의 간청으로는 아무 것도 얻을 수 없다는 것을 파렐은 알게 되었다. 그런 후에 파렐은, 만일 도움이 절실하게 필요한데 내가 도움 주기를 거부하고 물러난다면, 하나님께서는 나의 은둔과 내가 추구하는 연구를 위한 조용한 삶을 저주하시기를 비는 말을 해버렸다. 이 저주로 나는 너무도 공포에 떨게 되었고, 내가 시작했던 여행을 단념했다.[27]

칼빈은 엄청난 일을 떠맡게 되었다는 것을 바로 알게 되었다. 그가 죽은 해, 칼빈은 제네바에서의 초기 시절을 회상했다. 파렐과 칼빈이 제네바를 진정으로 개혁된 도시로 변화시키려는 일을 하기 시작했을 때, 그들이 직면하고 있었던 너무도 큰 장벽들을 기억했다. 칼빈은 이렇게 말했다. "내가 이 교회에 처음 도착했을 때, 거의 아무 것도 없었다. 그들은 설교하고 있었고 그것이 전부 다였다. 그들은 성상들을 찾고 불태우는 것을 잘했다. 그러나 종교개혁은 없었다. 모든 것이 혼란이었다."[28] 칼빈은 제네바에 진정한 변화를 가져오려고 결단했고, 1537년 1월 그는 아직 감당할 준비가 안 되어 있는 제네바 시민들을 윤리적 제재 하에 두도록 하는 새 요리문답과 함께 교회법을 제시했다. 칼빈은 또한 출교권을 정부보다는 목사들의 손에 두려고 했다. 당연히 칼빈은 인기가 없었다. 칼빈은 "집 밖에서 50 내지 60발의 화승총으로 저녁에 조롱 인사를 받았다"고 회상했다. 그리고 "당신은 이것이 항상 나같이 가난하고, 겁 많은 학자를 얼마나 놀라게 할 수 있는지 상상할 수 있을 것이다"라고 말했다.[29] 베른에 세워진 개혁의 형태를 따르라는 압력도 베른으로부터 있었다. 베른의 종교개혁은 취리히(Zurich) 영향을 받았고, 취리히는 시정부가 치리와 예배를 비롯한 교회 삶의 많은 부분을 장악했다. 그러나 베른은 또한 중세 예배의 많은 부분들을 유지했으나, 그것들은 세례반(盤)의 사용, 성찬에서의 성체빵 사용, 그리고 크리스마스, 성모영보대축일, 그리고 승천일 등과 같은 전통적 기독교 성일 축제들과 더불어 제네바에서는 제거되었다. 새롭게 선출된 제네바 관리들이 이것의 복귀를 명령했을 때, 칼빈은 저항했다. 관건은 칼빈이 옳지 않다고 생각한 형태들의 단순한 회복보다는 정부의 교회 장악이었다. 그러므로 칼빈은 순종을 거부했고 심지어 정부의 행동에 대항하는 설교를 했다. 그 반응으로 관리들은 칼빈과 파렐의 설교를 금지했고, 그들은 그것을 무시했다. 칼빈은 또한 부활절에 성찬 집례를 거부했다. 칼빈은 공동체가 성례로 교제를 나눌 수 있기 전에 먼저 화해되어야한다고 믿었기 때문이다. 이 행동은 화해보다는 추방을 초래했다. 칼빈과 파렐은 직위에서 해제되었고 1538년 4월 도시를 떠났다.

스트라스부르그의 칼빈(1538-1541)

제네바에서 칼빈의 경험은 하나님의 소명을 자신이 진정으로 분별한 것인지 의심하게 했다. 안도감을 가지고, 이제 칼빈은 학문에 전념하려는 그의 원래 계획이, 파렐이 그를 끌어들였던 사역보다 자신의 은사와 하나님의 방향과 더 맞는다고 결론을 내렸다. 칼빈은 학문적 관심을 추구할 수 있는 바젤에 정착하려고 계획을 세웠다. 그런데 마침 그 때 부처가 스트라스부르그에 정착한 큰 프랑스어 회중의 목사를 찾고 있었고, 파렐이 칼빈을 제네바에 데려오기 위해 사용한 것과 같은 전략을 사용했다. 다시 한 번 칼빈은 그의 원래 의도로부터 비껴갔다. 칼빈의 말에 의하면,

> 나는 공공적인 임무의 돌봄과 부담으로부터 자유로운 조용한 삶을 살려고 했다. 그 때 그리스도의 가장 훌륭한 종, 마틴 부처가 파렐이 전에 기용한 것과 유사한 종류의 저항과 투쟁을 사용하여 나를 새로운 임무로 끌어들였다. 그가 내 앞에 내놓은 요나의 예에 놀라, 나는 가르치는 일을 계속하게 되었다. 그리고 나는 항상…눈에 띄지 않으려고 계속해서 열심히 노력했음에도 불구하고, 상황을 막을 수가 없었다. 내가 어떻게 강제적으로 황제회의까지 가게 되었는지 모르지만, 의도적이던 비의도적이던, 나는 많은 사람들의 눈앞에 나아갈 수밖에 없는 상황에 이르게 되었다.[30)]

제네바에서의 경험과는 다르게, 스트라스부르그에 가기로 한 결정은 칼빈의 생애에 가장 보람 있는 것 중 하나였다. 스트라스부르그에서 삼년만 보냈지만, 그것은 그의 생애에 가장 행복한 나날이었다. 칼빈은 스트라스부르그 아카데미에서 성경을 강의하는 교사로서 자신의 은사를 사용할 수 있었고 프랑스 이민교회 목사로서의 사역이 보람되다는 것을 발견했다. 칼빈은 많은 일들로 시간이 부족함에도 불구하고, 자신의 목회적 임무를 소홀히 하지 않는 훌륭한 목자임이 증명되었다. 칼빈은 또한 학문 활동을 위한 시간을 확보했고 앞에서 언급한 프랑스 번역과 더불어 『기독교강요』의 증보판을 완성할 수 있었다. 1540년 칼빈은 여러 권의 성경주석 중 첫 번째인 로마서 주석을 출판했다. 칼빈은 또한 제네바를 로마 가톨릭주의로 환원시켜려했던 가톨릭 인문주의 개혁자, 야코포 사돌레토(Jacopo Sadoleto, 1477-1547)에 대응했다. 칼빈의 훌륭한 종교개혁 수호는 그에게 국제적인 환호를 안겨주었다. 나아가, 칼빈은 1541년에 출판된 『성찬에 대한 짧은 논설』(*Short Treatise on the Lord's Supper*)과 아울러 가락과 함께 프랑스어로 운율을 맞춘 열아홉 개의 시편을 포함한 시편집을 집필했다.

칼빈에게 게으름이라는 것은 없었다. 가르침과 목회 임무, 그리고 학문 활동 가운데도 칼빈은 교회의 분열을 치유하기 위해 소집된 여러 국제회의에 또한 참여했다. 1539년 2월 프랑크푸르트(Frankfurt)에서 회의가 열렸고, 추후에 하게나우(Hagenau), 보름즈(Worms), 그리고 레겐스부르그(Regensburg)에서도 회의가 있었다. 칼빈은 그 중 세 모임에 참석했으며, 특히 1541년 4월 레겐스부르그 회담(Regensburg Colloquy)에서는 개신교도들과 로마 가톨릭들이 거의 동의에 이르기까지 했다.[31)] 칼빈은 프랑크푸르트 모임에서 필립 멜랑톤(Philip Melanchthon)을 만났고, 그들은 평생 친구가 되었다. 그들은 많은 관건에서 달랐고 서로 다른 성격을 가지고 있었지만, 학문에 대한 공통적 헌신과 교회분열을 치유하고자하는 욕망은 서로를 가깝게 이끌었다. 프랑크푸르트 모임 얼마 후, 칼빈은 편지에서 두 사람의 다른 접근과 루터교 실행에 대한 몇 칼빈의 반대에 대해 평했다. "나는 얼마나 지나치게 넘치는 예식에 관해 싫어하는지 필립의 면전에서 평이하게 말했다. 실제로, 그들이 준수하는 형태는 나에게 유대교와 큰 차이가 나지 않는다고 말이다. 내가 논쟁을 하려고 그를 압박했을 때, 필립은 그 문제에 대해 나와 논쟁하려 하지 않았고, 이 별 의미 없고 피상적인 의례와 의식에 좀 지나침이 있음을 인정했다."[32)]

멜랑톤은 항상 종교개혁자들 사이의 차이점들을 화합시키는 방법을 찾으며, 교회 내의 분열을 치유하려고 시도했다. 성찬에 관한 루터교 교리를 개혁주의 도시들에게 수용될 수 있는 방법으로 표현하려는 노력에서, 멜랑톤은 성찬에 대한 아우그스부르그 신조 10항을 수정했다. 원래 아우그스부르그 신조(Augsburg Confession)의 조항은 "그리스도의 몸과 피가 참으로 현존하고 주님의 만찬을 먹는 자들에게 분배되며, 달리 가르치는 자들을 거부한다"고 진술했다.[33)] 수정판은 단순히 다음과 같이 되어있다. "성찬에 관하여, 그들은 빵과 포도주와 함께 그리스도의 몸과 피가 성찬에서 먹는 자들에게 진정으로 주어진다고 가르친다." 그리고 그것은 "달리 가르치는 자들"의 정죄를 포함하지 않았다. 칼빈은 이 진술을 수용할 수 있었고 아우그스부르그 신조의 소위 '바리아타'(Variata)에 서명했다. 루터도 아마 수용했었을 것이나, 후대 정통주의 루터교도들은 그것을 거부했고, 1580년의 화합신조(the Book of Concord)는 원래 번안만 포함시켰다.[34)]

모든 다른 활동들 외에, 칼빈은 마틴 부처 및 다른 스트라스부르그 종교개혁자들로부터 종교 개혁의 실행에 대한 중요한 교훈들을 배웠다. 칼빈이 나중에 제네바에 소개한 교회조직은 여러 가지 면에서 스트라스부르그 모델의 복사판이었다. 나아가 칼빈은 요한 스투름(Johann Sturm, 1507-1589)이 개발한 훌륭한 교육 체계를 보았고, 나중에 제네바에서 재현했다. 스트라스부르그 기간은 생산적인 시간이었을 뿐만 아니라 칼빈에게 개인적으로 매우 행복한 시간이었다. 그는 드디어 하나님께서 자신을 위해 의도하신 장소를 찾았다고 느꼈다. 칼빈은 1540년 8월 스트라스부르그의 시민이 되었고 같은 달 결혼했다. 칼빈은 결혼 일 년 전, 부분적으로 마틴 부처의 행복한 결혼에 의해 자신도 부인이 있어야겠다는 확신이 생겼고 부인을 찾기 시작했다. 칼빈은 자신의 새로운 여정을 다른 문제들을 접근했던 것과 똑같은 매우 논리적인 방법으로 접근했고, 결혼을 해야겠다고 확신하여 심지어 결혼주례를 서줄 것으로 소망했던 파렐과 날짜까지 잡아놓았다. 그러나 칼빈은 여전히 적합한 여자를 찾아야 했고, 파렐에게 보낸 편지에 신부에게서 찾고 있는 속성들을 묘사했다. "나는, 사랑하는 자들이 잘 생긴 것을 보고 첫 눈에 반했을 때, 상대의 사악함들까지도 포옹하는 정신 나간 사랑을 하는 자가 아니다. 이것만이 나를 매혹하는 아름다움이다. 정숙하고, 너무 친절하거나 너무 까다롭지 않고, 경제적이고, 인내심이 있고, 그너기 내 건강에 관심을 가질 수 있으면 좋겠다."[35]

칼빈이 자신의 요구사항을 만족시키는 사람을 만나기 전, 그는 몇 명의 가능성 있는 사람들을 거부했고 찾는 것을 거의 포기했다.[36] 그러나 칼빈이 소망을 포기했을 바로 그 때, 두 명의 자녀를 가진 재세례파교도의 과부, 이델레뜨 데 부레(Idelette de Bure)를 발견했다. 그녀와 그녀의 남편은 칼빈에게 설득되어 자신의 신학을 바꾸었고 칼빈 회중의 멤버이었으며, 이델레뜨의 남편이 1540년 봄 전염병으로 죽었을 때, 마틴 부처는 칼빈이 부인으로 이 과부를 고려하라고 제안했다. 칼빈은 친구의 충고를 받아드렸고 8월 이델레뜨와 결혼했다. 루터와는 대조적으로, 칼빈은 미래 역사가들이 전기를 위해 사용할 수 있는 부인과의 관계에 대한 정보를 거의 남기지 않았다. 그러나 칼빈이 친구들에게 남긴 약간의 평들을 보면, 이델레뜨는 칼빈이 부인에게서 꼭 원했던 바로 그런 것을 갖춘 사람이었다. 칼빈은 한 번 그녀를 "내 사역의 충성스러운 보조"라고 묘사했고 "내 인생 최고의 동반자"라고 불렀다.[37] 그녀는 칼빈에게 세 자녀를 낳았으나 출생 후 곧 모두 죽었다. 결혼 9년 후 칼빈은 부인도 잃었다. 그녀는 사십의 나이에 죽었다. 칼빈은 큰 충격을 받았다. 칼빈은 그의 친구 파렐에게 이렇게 썼다. "나는 슬픔의 충격으로부터 내 자신을 지킬 수 있는 모든 것을 하고 있다… 주 예수여… 이 무거운 고난 하에 견디고 있는 나를 도와주소서."[38] 이델레뜨가 죽었을 때 칼빈은 불과 사십 세였지만, 그는 다시 결혼하지 않았다.

칼빈은 대부분의 결혼 생활을 제네바에서 했다. 1541년 9월 칼빈은 제네바에 돌아오기 위해 스트라스부르그에서의 행복한 삶을 정말 마지못해 떠났기 때문이다. 칼빈이 스트라스부르그에 있던 삼년 동안 제네바의 상황이 변했기 때문에 칼빈은 돌아오라는 초청을 받았다. 베른의 장악과 더불어 칼빈과 파렐을 대치한 목사들의 부적절함은 칼빈과 파렐을 계속해서 지지했던 제네바 사람들에게 특별히 괴로운 것이었다. 칼빈 지지자들이 시의회에서 다수를 차지하게 되었을 때, 그리고 베른이 제네바를 더 크게 장악하려고 한 시도가 실패한 후, 1540년 9월 칼빈이 돌아오도록 설득이 될 수 있는지 보기 위해 대표단이 스트라스부르그에 왔다. 칼빈은 초청에 전혀 고맙지 않았다. 사실 칼빈은 스트라스부르그의 행복한 삶을 떠나서 그렇게 고통을 당한 장소로 돌아갈 가능성에 끔찍했다. 칼빈은 파렐에게 보낸 편지에서 "내가 매일 천 번 이상 죽어야하는 저 십자가보다 오히려 백 번 죽는 죽음에 순종"하겠다고 말했다. 다른 편지에서 그는 제네바에 돌아가는 것을 왜 그렇게 꺼려하는지 설명하려 했다. "그곳에서의 나의 삶의 처절함을 기억할 때마다, 내 귀환의 제안에 어떻게 내 영혼이 소스라치지 않을 수 있겠는가… 하나님의 호의로 내가 구출되었는데…만일 내가 위험하고 파괴적인 깊은 수렁과 소용돌이로 다시 뛰어들기를 거부한다면 하나님은 나를 용서하지 않을 것이다."[39]

노이카텔(Neuchatel)에서 목사로 행복하게 안정된 파렐은 칼빈에게 돌아가라고 계속해서 설득을 시도했다. 불링거(Bullinger)를 비롯한 다른 사람들도 함께 칼빈의 귀환을 설득하려 했고, 특히 불링거는 제네바가 종교개혁에 결정적으로 중요한 장소라고 알려주었다. 칼빈은 일 년 동안 괴로워한 후, 초청을 받아들였다. 칼빈이 수용한 이유는 하나님께서 그를 다시 부르신다는 결론을 피할 수 없었기 때문이었다. 칼빈은 먼저 받은 편지에 대한 답장에서 파렐에게 이렇게 말했다. "내가 스스로 선택할 수 있다면, 당신의 충고를 도저히 따를 수 없을 것이다. 그러나 내가 나의 것이 아니라는 것을 기억할 때, 나는 내 심령을 주님을 위한 희생제물로 바치게 된다."[40]

비록 파렐은 돌아가지 않았지만, 칼빈은 계속해서 그와 편지 왕래를 했고 다른 사람들과는 나누지 않은 그의 가장 깊은 내면을 드러냈다. 그것은 진정한(real) 칼빈을 찾으려는 역사가들을 위해 진기한 자료를 제공한다. 불행히도 두 친구는 불화를 맞게 되었다. 그 이유는 1558년 파렐이 과부의 딸과 결혼을 결정하게 된 것이다. 이 과부는 프랑스에서 핍박을 피해 아들, 딸과 함께 파렐의 집에 머무르고 있었다. 만일 파렐이 과부와 결혼을 하기로 결정했다면, 아무런 문제가 없었을 것이나, 딸은 17세였고 파렐은 69세였다. 칼빈은 끔찍하게 느꼈고, 종교개혁을 위험에 빠뜨리고 가톨릭 비평가들에게 탄환을 실어주는 것이라고 파렐을 심한 말로 꾸짖었다. 그럼에도 파렐은 결혼을 강행했다. 칠 년 후에 신부는 과부가 되었으나, 파렐은 아들을 낳았다. 파렐은 그의 아들을 칼빈이라고 이름 지었다. 파렐은 자신의 결혼으로 우정이 깨진 후에도 칼빈을 계속해서 존경했다. 칼빈과 파렐은 둘 다 죽기 전에 제네바에서 마지막으로 한 번 만났다. 파렐은 칼빈이 죽기 삼 주 전에 그의 오래된 친구에게 쓴 마지막 편지에서 다음과 같이 말했다 "우리의 이음매 없는 협력관계는 하나님의 교회에 매우 유익했고 그 열매는 하늘에서 우리를 기다리고 있다."[41]

제네바 종교개혁 1541-1564

칼빈은 제네바에 대단한 환영을 받으며 돌아왔다. 그는 모피가 깃들인 검은색 벨벳 긴 의복이 주어졌고, 더 중요한 것은 성당 근처에 있는 루에 데 차노이네스(Rue de Chanoines)에 집이 제공되었고, 이델레와 두 자녀는 마차에 태워 스트라스부르그로부터 그 집으로 모셔왔다. 따뜻한 환영이 칼빈으로 하여금 시의회 일부 사람들을 불쾌하게 할 수 있는 프로그램을 주저하게 하지는 않았다. 그가 도착한지 여섯 주 내에 칼빈은 관리들에게 교회 치리에 강조를 둔 새로운 교회법을 제출했다. 칼빈은 의회에 드리는 진술에서 다음과 같이 경고했다:

> 당신들이 나를 목사로 원한다면, 당신들 삶의 무질서를 수정하시오. 만일 당신들이 신실함으로 나를 망명으로부터 다시 불렀다면, 당신들 가운데 넘치고 있는 범죄와 방탕을 제거하시오.…나는 우리 적의 장본인이 로마의 교황도 아니고, 이단도 아니고, 유혹자들이나 독재자들도 아니고, 나쁜 그리스도인들이라고 생각합니다. 선행이 없는 죽은 믿음이 무슨 소용이 있습니까? 악한 삶이 그것을 거짓으로 드러내고 행동이 말씀을 부끄럽게 하는 곳에, 심지어 진리 자체가 무슨 의미가 있겠습니까? 나에게 당신의 마을을 두 번 포기하게 명령하고 나를 놓아주어 새 망명지에서 내 상처의 쓰라림을 치유하게 하거나, 아니면 율법의 혹독함이 교회에 군림하게 하시오. 그것에 순수한 치리를 다시 제정하시오.[42]

교회법(Ecclesiastical Ordinances)은 그 "순수한 치리"를 이루기 위해 고안되었다. 그래서 제네바가 칼빈 생각에 믿음과 행실에서 진정한 크리스천 도시가 될 수 있도록 하기 위함이었다. 스트라스부르그의 유형을 따라 네 교회직분(목사, 장로, 집사, 그리고 박사)가 세워졌고, 장로와 목사들은 교회 치리를 책임지게 했다.[43] 교회법은 장로가 "모든 사람의 삶을 감독하고, 그들이 보기에 잘못을 저지르며 무질서한 삶을 사는 자들을 사랑으로 권면하며, 필요할 때에는 그들을 교회에 보고하여 형제애를 가지고 교정하도록 지명했다."[44] 목사들은 그룹으로 매주 만났고, 칼빈이 그 모임을 주도하며, 성경 구절들을 논의하고 교리적 순수함을 유지하도록 노력하는 것이었다. 장로들과 함께 그들은 치리법정(Consistory)을 구성했고, 교회치리를 다루기 위해 매주 목요일 만났다. 칼빈은 교회법정이 출교 권한을 가져야한다고 믿었다. 그러나 관리들은 이 권한을 유지하려 했고 교회법정의 추천을 제한하려 했다. 교회법은 현명한 완곡의 방법으로 이 이슈에 관한 논쟁을 피해갔다. 단, 만일 어떤 사람이 세 번 권면을 받은 후에도 죄에 지속적으로 빠져있다면, "그는 출교를 당할 것이고 이 일은 권위자들에게 보고될 것이다."[45] 출교를 할 수 있는 교회법정의 권한이 1555년 명확하게 확인되었을 때, 칼빈은 결정적인 승리를 얻었고, 이것은 제네바 교회법정을 유럽 어느 곳에 있는 유사한 기관들과 구별되게 만들었다.

최근까지, 교회법정 모임에서 있었던 일의 내용에 대한 지식은 매우 제한적이었다. 교회법정에 목요일 모임을 기록한 비서가 있었지만, 그 기록은 성급하게 그리고 매우 읽기 어렵게 기록되어서 16세기 프랑스 고서체 전문가만 읽을 수 있었다. 결과적으로 학자들은 1853년에 만들어진 기록부에서 발췌된 것들의 인쇄 사본을 과다하게 사용했다. 그러나 그것은 전체 사건의 5퍼센트만 포함했고, 오류들이 있었으며, 교회법정 내용의 대부분을 차지하고 있던 일반적인 것은 누락하고 눈에 띄는 사건들만 집중했다. 1987년 한 그룹의 학자들이 모든 교회법정 기록의 학문적 판을 만들어 내기 시작했고, 그것은 미래 학자들로 하여금 교회법정의 사역에 대해 훨씬 더 풍부하고 정확한 이해를 얻을 수 있도록 할 것이다.[46]

이미 출판된 기록은 교회법정이 치리 법정으로 잘 알려진 기능의 수행을 비롯하여 그리스도인들 사이의 논쟁들을 화해하려는 시도까지 많은 긍정적인 일을 했음을 보여준다. 교회법정 기록의 편집장에 의하면, "교회법정은 가족들, 이웃들, 그리고 사업 파트너들 사이의 논쟁을 해결하기 위한 장치를 마련하여 상담으로 도왔다. 그들은 법정에 호출되었고 그들의 문제를 이야기할 수 있는 기회가 주어졌다. 때로 문제는 개회중에 해결되기도 했다. 다른 경우에는 교회법정이 화해를 위한 추후 공공 봉사 제도를 조직하기도 했다."[47]

교회법정은 또한 교육을 격려했고 예배 참석을 권유했다. 예배는 매일같이 여러 시간대에 주어졌고 요리문답 강좌는 주일 예배 후 교회에서 모였다. 치리법정으로 역할을 할 때에, 교회법정은 성적 부도덕, 싸움, 신성모독, 그리고 "미신"이라 불렸던 가톨릭 관습 사용 등을 포함한 다양한 잘못에 대해 일 주일에 다섯 명 정도의 사람들을 징계했다. 그 사람이 회개의 표시를 보이면 징계는 해지되었다. 그것은 일반적으로 4분기에 한 번 씩 있는 성찬 중 하나 정도만 금지되는 것을 의미했다. 교회법정이 범죄 선고를 부과할 수는 없었기 때문에, 미카엘 세르베투스(Michael Servetus)와 같이 심각한 형벌을 초래할 가능성이 있는 사건들은 세속 법정에서 다루어졌다. 교회법정은 유명한 시민이나 정치적 권력을 가지고 있는 사람들에게 특별한 경의를 표하지 않았고, 윤리적 타락에 대해 그들을 벌하려는 칼빈의 의도는 교회와 정부 사이에 심각한 긴장으로 이어졌다.

제네바의 윤리를 개혁하려는 칼빈의 노력은 심하게 비판을 받았고, 그는 권위주의적 독재자로 그려져 왔지만, 윤리를 통제하려는 노력은 16세기 도시들에 특이한 것은 아니었다. 종교개혁 전, 제네바는 다른 도시들과 같이 술취함, 매춘 같은 윤리적 이슈에 대한 법들을 가지고 있었으나, 16세기 초 그것들은 강력하게 집행되지 않았다. 나아가 칼빈이 유일하게 제네바에서 가졌던 지위는 일반 목사였기 때문에, 그의 권력은 실제로 한계가 컸다. 칼빈은 어느 다른 목사보다 더 큰 권한을 가지고 있지 않았고, 그가 제네바에 있던 대부분의 시간동안 선거권도 가지고 있지 않은 외국인이었다.[48] 칼빈은 도시의 고용인이었고 정부의 변덕에 따라 해고되거나 심지어 도시로부터 추방될 수도 있었다.

교회법정이 제네바 사람들의 윤리적 행실 변화를 위해 성공을 거두었지만, 칼빈이 자신의 목적을 이루는 것에는 항상 성공적이지는 않았다. 특히 그의 정책들이 오래 동안 내려온 제네바의 관습과 충돌이 생길 때 그러했다. 예를 들어, 제네바 사람들은 많은 술집을 자주 다녔는데, 제네바 목사들은 그것이 도시의 윤리적 건강에 좋지 않다고 믿었다. 그래서 1546년 4월과 5월에 술집을 닫고 시 정부의 감독 하에 까페로 대치했다. 상욕, 춤, 그리고 놀음과 같이 술집에서 보통 잘 일어날 수 있는 비윤리적 관습은 금지되었다. 나아가 고객들은 음식이나 술을 받기 전에 기도하도록 요구되었고, 덕이 되는 대화를 자극하기 위해 프랑스 성경이 모든 식탁에 놓여졌다. 그 법은 당연히 인기가 없었고, 고객들이 자신의 사회활동에 이런 침해를 수용할 준비가 안 되어 있다는 것이 명백해지자 철회되었다. 21세기를 살고 있는 사람들은 어떤 교회법정의 행동도 받아들일 수 없다고 생각하겠지만,[49] 제네바 교회법정은 특이한 것이 아니었다는 것을 기억하는 것이 중요하다. 많은 다른 도시들도 유사한 기구를 가지고 있었고, 종종 그들이 내린 처벌은 같은 범죄에 대해 제네바 교회법정이 내린 것보다 훨씬 더 혹독했다.

제네바에서 칼빈에 대한 반대

제네바 개혁의 과정과 노력에서 칼빈이 많은 반대를 직면했다는 것을 놀랄 일이 아니다. 시민들은 종종 자신에게 부과된 치리에 분개했고, 교회법정이 유력한 시민과 권한과 영향력이 없는 자 사이에 구별을 두지 않았기 때문에, 칼빈은 때로 전에 그를 지지했던 사람을 비롯한 정부 요원과도 충돌을 겪었다. 어떤 시민은 그들의 개를 칼빈을 따라 이름지었고 – 감사의 표시로 의도된 것은 아님 – 칼빈 자신의 말에 의하면, "그들은 개를 내 발 뒷꿈치에 놓고, 그것은 내 긴 의복과 다리를 물었다." 어떤 사람은 그의 이름을 의도적으로 잘못 발음하여 그를 "카인(Cain)"이라고 불렀다.[50] 그들은 또한 칼빈을 "저 프랑스인"이라고 불렀고, 그것은 그들의 도시가 외국인들에 의해 장악되었다는 사실에 대한 분노를 드러내는 것이었다. 핍박을 도피하는 개신교도들이 제네바로 몰려오면서, 제네바는 피난민들을 위한 도시가 되었다. 대부분이 프랑스에서 왔으나, 이태리, 영국, 네덜란드, 그리고 독일에서도 왔다. 1560년에 보면 제네바 인구의 거의 절반이 피난민으로 구성되어 있었고, 1555년 칼빈 프로그램의 승리를 가져왔던 사람들도 실제로 이 외국인들, 특히 프랑스인들이었다.

칼빈은 또한 그의 신학에 반론을 제기했던 사람들의 반대에 부딪혔다. 세바스찬 카스텔리오(Sebastian Castellio)는 칼빈이 스트라스부르그에서 만난 인문주의 학자였다. 칼빈이 제네바에 돌아갔을 때, 카스텔리오에게 자신과 합류하자고 초창했고 라틴어 학교의 교장이 되어달라고 부탁했다. 그러나 카스텔리오가 칼빈의 일부 신학적 입장에 도전했을 때, 친구관계는 가라앉았다. 이 새로 온 사람이 목사직 수용을 요청했을 때, 의회는 그를 조사했고, 그 와중에 카스텔리오는, 아가서가 외설적이기 때문에 정경에 속하지 않는다고 말했다. 카스텔리오는 또한 그리스도께서 지옥으로 내려가셨다는 것에 대한 제네바 요리문답의 진술에 동의하지 않는다고 말했다. 의회가 그에게 목사직을 거부했을 때, 카스텔리오는 제네바를 떠나기로 결심했고, 칼빈은 심지어 그를 위해 추천서를 써주겠다고 제의했다. 로잔(Lausanne)에서 짧은 시간을 보낸 후에 그는 제네바로 돌아왔으나, 제네바 목사들 가운데 친구를 얻지 못했고, 그는 그들을 술취함, 불순함, 그리고 비관용으로 비난했다. 이것은 그의 추방을 초래했고, 카스텔리오는 바젤로 가서 결국 대학의 헬라어 교수가 되었다. 이 시점에서 카스텔리오는 칼빈과 완전히 결별했고, 그는 나중에 칼빈주의의 가장 심한 비판자 중 한 사람이 되었다.

칼빈의 신학에 반대한 또 하나는 제롬 볼섹(Jerome Bolsec)이었다. 그는 앞에서 본 것처럼, 칼빈으로 하여금 이중예정 교리를 더 정확하게 정의하도록 만드는데 일조한 사람이다. 볼섹은 칼멜라이트(Carmelite) 수도사였다. 그는 개신교로 회심 한 후에 제네바 근처에 자리를 잡았다. 그리고 그는 제네바에서 매주 신학 논의 모임에 참석하기 시작했고, 비록 대부분의 요점에서 칼빈 신학에 동의했지만, 예정에 관해서는 분명히 그에 동의하지 않았다. 1551년 10월 볼섹은 칼빈의 이중예정 교리를 공격했고, 그것은 하나님을 죄의 저자로 만든다고 주장했다. 그 결과 볼섹은 투옥되었고, 이단으로 법정에 서게 되었으며, 1551년 12월 제네바에서 영구히 추방되었다. 볼섹은 결코 칼빈을 용서하지 않았고, 베른에서 잠시 지낸 후, 프랑스로 가서 로마 가톨릭주의로 돌아갔다. 그는 칼빈과 그의 성품에 대해 신랄한 공격을 퍼붓는 전기를 쓰며 칼빈에 대한 그의 증오를 표현했다. 코크라우스(Cochlaeus)가 루터의 품행을 추락시키려고 시도했던 것처럼, 볼섹도 칼빈을 탐욕, 재정적 비행, 그리고 성적 죄로 뒤집어 씌웠다.

칼빈은 또한 자신이 프랑스 이민자이기에 받는 대중적 증오의 약점을 이용한 당파로부터 위험스러운 정치적 반대를 만났다. 아미 페린(Ami Perrin)은 1541년 칼빈을 제네바로 돌아오게 했던 의회의 한 당파 지도자였다. 그러나 그와 그의 장인은 교회법정 앞에 서라고 몇 번 호출을 받았던 이유로 교회법정의 권한에 반대했다. 그들은 종교개혁을 지지했지만, 칼빈의 치리 체계는 반대했고, 그 이유로 그들은 후에 "방탕자(libertine)"라고 불렸다.[51] 1552년이 되었을 때, 그들은 시정부를 장악했고 교회법정을 통해 치리권을 교회의 손에 유지하려는 칼빈의 노력에 도전할 준비가 되어 있었다. 이 시점에서 교회법의 모호한 진술은 칼빈의 적에게 도움이 되었다. 비록 칼빈은 교회법이 출교 권한을 교회법정에 부여하고 있다고 믿었지만, 아미 페린이 주도한 칼빈의 대적들은 시의회가 그 권한을 가지고 있다고 고집했다. 1553년 3월 지방행정장관들은 출교당한 모든 사람의 목록을 출교의 이유와 함께 달라고 교회법정에 요구했다. 교회법정이 거절했을 때 이 일은 난국에 처하게 되었고, 칼빈은 모든 일에 실패했다고 느껴 제네바를 변화시키는 노력을 포기하려고 생각했다. 당시 기록은 다음과 같이 말한다. "칼빈 선생은 항의했고, 만일 그가 은퇴하고 더 이상 일을 하지 않게 되면, 의회가 불쾌히 여기지 말 것을 부탁했다. 그것은 어떤 자들이 칼빈이 아프기를 바라고, 많은 자들이 불평을 하며, 말씀으로부터 등을 돌리는 것을 보았기 때문이었다."[52] 의회가 이 요청을 거절했지만, 칼빈은 제네바에서 자신의 영향이 가장 낮은 시기였다. 그런데 그 때, 몇 가지 예기치 못했던 상황이 칼빈의 위치에 결정적인 변화를 가져다주었고 그의 개혁 프로그램을 구출했다.

1553년 8월 프랑스에서 관료들에게 쫓기고 있던 스페인 사람, 미카엘 세르베투스는 이태리에 가는 길에 제네바에 잠시 들렀다. 세르베투스는 스페인의 부유한 가정에서 태어났고, 좋은 교육을 받았다. 그는 독립적인 마음을 가진 사람으로 많은 무슬림과 유대인이 있는 지역에 살았고, 그들의 회심에 가장 큰 걸림돌은 삼위일체 교리라는 결론에 도달했다. 그는 삼위일체에 성경적 근거가 없다고 믿었다. 로마 가톨릭주의를 거부한 후 세르베투스는 바젤로 갔고, 그의 비정통적 견해는 에코람파디우스(Oecolampadius)와 충돌을 빚게 되어서, 1531년 스트라스부르그로 갔다. 20세에 세르베투스는 『삼위일체의 오류』(*On the Errors of the Trinity*)를 출판했고 삼위일체 교리에 의문을 던졌다. 그 책은 심하게 비판을 받았고, 세르베투스는 입장철회를 출판하기로 약속했다. 그의 철회는 1532년 『삼위일체에 대한 대화』(*Dialogues on the Trinity*)로 출판되었으나, 그것은 분명히 철회가 아니었다. 자신의 견해를 좀 더 온건하게 표현했고 첫 번째 책의 주장이 철저하게 준비되지 않았다고 진술했음에도 불구하고, 그 책에 제시된 신학적 입장을 실제로 철회하지는 않았다. 그 결과 그는 스트라스부르그를 떠나야했고, 다음 20년을 프랑스에서 보냈다. 그는 프랑스에서 의학을 공부했고 베스트셀러가 된 책을 출판했다. 그는 아마 피의 폐순환에 대한 발견에 중요한 공헌을 했던 것으로 보인다. 세르베투스는 분명히 의학에 촉망받는 미래를 가지고 있었으나, 신학적 논쟁에 다시 관련되는 것을 막을 수 없었다. 1546

년 그는 칼빈과 편지왕래를 시작했고, 공손한 교리적 질문들이 결국 매우 적대적인 대화로 변했다.

세르베투스가 칼빈에게 유아세례에 관해 집필하고 있던 논문의 사본을 보냈을 때, 칼빈은 거론된 주제를 다루고 있는 『기독교강요』의 관련부분을 그에게 보냈다. 세르베투스는 칼빈이 어디가 잘못되었는지를 보여주는 주들과 함께 삼위일체에 관한 자신의 입장을 회신했다. 칼빈은 세르베투스의 "교만한 자랑"에 분노했고, 세르베투스가 제네바에 오고 싶다는 관심을 표현했을 때, 칼빈은 편지에서 파렐에게 다음과 같이 말했다. "세르베투스가 최근 나에게 편지를 썼고 그의 편지와 함께 많은 분량의 정신착란에 빠진 망상을 보냈습니다.…그것이 나에게 동의가 된다면, 여기에 오겠다고 합니다. 그러나 나는 그의 안전을 보장해 줄 수가 없습니다. 만일 그가 온다면 나는 그가 살아서 돌아가도록 허락하지 않을 것입니다."[53)]

이것은 불길한 말이었으나, 세르베투스는 단념하지 않았다. 그는 『기독교의 회복』(*Restitution of Christianity*)이란 제목의 또 다른 책을 썼고, 칼빈에게 보냈다. 그 책에서 세르베투스는 삼위일체, 원죄, 유아세례, 그리고 이신칭의에 관한 교리들에 의문을 제기했다. 그는 또한 칼빈을 공격했다. 이 후에 세르베투스는 프랑스에서 이단으로 체포되었고 투옥되었다. 아마도 칼빈의 정보 제공으로 말미암아 지방 관리들이 그를 체포했을 것이다.

세르베투스는 정원 벽을 넘어 탈출에 성공했고 이태리로 가려고 결심했다. 불행히도 그는 제네바를 통과하는 길을 택했고, 주일 칼빈의 설교를 들으러 교회에 가기로 결정했다. 세르베투스는 예배에서 인지되었고, 법정에 세워졌다. 유죄가 선언되고 처형을 앞에 두고, 세르베투스는 칼빈을 처형 받아야 할 악한 마술사로 묘사하며 비난했다. "가치없고 부끄러움도 없는 부정직한 사람"이라고 칼빈에 대항하여 사용한 그의 매도적인 발언은 도움이 되지 않았고,[54)] 이단으로 유죄판결을 받은 것은 놀랄 일이 아니다. 칼빈은 세르베투스를 화형보다는 참수를 받도록 노력했지만, 그 노력은 성공적이 아니었고, 1553년 10월 27일 철회하라고 계속 그에게 간청한 파렐에 의해 동행되어 처형장에 끌려가 화형을 당했다. 제네바 의회는 이 궁극적 처벌을 정당화 했다. 그 이유는 세르베투스의 가르침이 많은 영혼의 영원한 구원에 영향을 줄 수 있는 위협 때문이라고 주장했다. 고발의 내용은 다음과 같았다. "그는 예수 그리스도가 영원부터 하나님의 아들이 아니라고 말하며, 하나님의 아들에 대하여 끔찍하게 신성모독을 한다. 그는 유아세례를 마귀와 요술의 허위라고 불렀다. 저주받을 만한 그의 신성모독은 하나님, 하나님의 아들 그리고 성령님의 장엄함에 대하여 중상적이다. 이것은 많은 영혼의 살인과 파멸을 가져온다."[55)]

세르베투스 사건에 대해 후대가 칼빈의 역할에 대해 혹독한 비판을 하지만, 그 당시 대부분의 사람들은 칼빈을 칭찬했고, 제네바에서 크게 인정 받았다. 심지어 부드러움으로 잘 알려진 멜랑톤도 칼빈을 축하하며 다음과 같이 말했다. "나는 당신의 글을 읽었습니다. 그것에서 당신은 세르베투스의 끔찍한 신성모독을 명확하게 거부했습니다.… 나는 당신의 관료들이 이 사건을 공정하게 판결한 후에 신성모독자를 죽임으로 정당하게 행했다고 생각합니다."[56)] 세바스찬 카스텔리오(Sebastian Castellio)로부터 하나의 강한 비판이 들어왔다. 그의 책, 『이단은 핍박을 받아야 하는가?』(*Should Heretics Be Persecuted?*)는 세르베투스의 화형을 정죄했다. 카스텔리오는, 예수 그리스도를 따른다고 주장하는 자는 그분이 하신 것처럼 사랑과 자비로 다른 사람을 다루어야한다고 주장했다. 이것은 명백히 이단의 화형이 정당화될 수 없다는 것을 의미했고, 카스텔리오가 세르베투스의 견해를 수용하지는 않았지만, 표현의 자유와 다른 견해에 대한 관용을 주장했던 것이다. 오늘날 우리는 카스텔리오가 옳았다는 것을 쉽게 인식할 수 있다. 그러나 16세기에 칼빈의 행동은 카스텔리오의 관용 요구보다는 훨씬 더 많은 지지를 얻고 있었다. 우리는 후세대의 기준으로 칼빈을 판단하는 것을 조심해야 한다. 그는 단순히 그 시대의 기준을 수용하고 있었던 것이다. 모든 종교개혁자가 사형을 심각한 범죄에 대한 처벌로 수용했고, 루터만 제외하고 모두가 사형이 이단에게 적용되어야 한다고 받아들였다. 종교개혁 시대에는 많은 사람이 화형을 당했다. 그러나 제네바에서 칼빈 시대에 종교적인 견해로는 세르베투스가 유일하게 처형을 당했다.[57)] 나아가, 비록 칼빈이 분명히 승인은 했지만, 세르베투스를 사형에 처한 것은 제네바 의회이지 칼빈이 아니었다.

세르베투스의 처형이 칼빈에으로 하여금 후대의 배척을 사게 했지만, 그 시대에는 많은 지지를 얻었다. 이 사건을 통해 칼빈이 개신교도들 사이에 정통주의 수호자로 명성을 높였고 그의 상대를 믿지 않도록 하는데 도움을 주었기 때문이다. 그러나 그것이 칼빈 정책의 승리로 바로 인도되지는 않았다. 사실 1553년 11월 '200명 회의' 는 출교와 수찬정지의 마지막 결정은 의회가 해야 하는 것이라고 명료하게 진술했다. 당연히 칼빈은 이것을 받아드리지 않았고, 논란은 계속되었다. 그러나 칼빈의 명예가 올라가면서, 권력의 균형은 이동하고 있었고, 1554년 2월 선거에서 칼빈의 지지자들은 결정적인 승리를 얻어냈다. 칼빈 친구들의 정치적 힘의 성장 원인은 프랑스 이민자들의 선거권 획득이었다. 1550년과 1650년 사이에 제네바의 인구는, 개신교 난민들이 핍박 때문에 자기 나라들을 떠나 온 결과로, 12,100에서 21,400로 증가했다. 다수의 난민이 많은 부유층이 살고 있던 프랑스에서 왔다. 그들은 또한 교육을 잘 받았고 사회적 지위가 높아서, 재정문제로 어려움을 격고 있던 제네바 관리들은 부유한 프랑스 사람들의 재정 가능성을 보았다. 그 결과 1555년 4월 그들에게 선거권을 포함한 중산계급시민(bourgeois) 신분이 주어졌다.

동시에 칼빈의 반대파는 자신의 신뢰를 떨어드린 사건에 연루되었고, 그것은 그들의 주요 지도자들의 추방 또는 처형으로 이어졌다. 1555년 5월 16일 저녁, 페린을 비롯한 한 그룹의 칼빈 반대파가 저녁 식사를 위해 두 선술집에 모였다. 정치적 패배에 속이 상했고 증가하는 프랑스 이민자들의 영향이 두려워, 그들은 분노에 찬 말을 쏟아내었다. 그리고 좋은 음식과 과다한 음주를 하고 거리로 나아가 무장한 프랑스인들로 가득 차 있다고 생각한 집에 불을 질렀다. 그것은 계획된 음모도 아니고 큰 폭동도 아니었으며, 관리들이 명령을 내렸을 때 신속히 해산되었다. 그러나 칼빈과 그의 지지자들은 그들의 행동을 제네바 정부를 전복하고 프랑스 난민들을 살해하려는 시도로 보았다. 소위 음모자들은 체포되었고, 법정에 세워졌으며, 반역죄로 사형에 처해졌다. 페린과 몇 명의 지도자들은 도시에서 달아났고, 그들의 판결은 집행될 수 없었으며, 다른 사람들이 그들의 잘못된 행동에 대해 최고의 값을 치렀다.

칼빈은 이제 제네바에서 자신의 위치를 명백히 확보했다. 이 승리 전에 칼빈은 출교권에 대한 투쟁에서 승리를 이미 얻어 냈었다. 의회가 1553년 11월에 출교권은 궁극적으로 자신들의 손에 있다고 진술했지만, 칼빈과 의회는 계속적으로 그 결정을 놓고 투쟁했다. 1555년 1월 그들은 제네바 의회가 교회법을 준수하겠다고 동의하도록 만들었고, 그것은 사실 기존의 관습을 확인해 주는 것이었으며, 교회법정이 출교에 대해 최종적 권한을 가진 것을 의미했다.

칼빈 프로그램 중 또 하나의 핵심 부분은 그의 삶의 마지막 10년 안에 이루어졌다. 그것은 교육을 제공할 장소인 제네바 아카데미 설립이었다. 칼빈은 이것이 그의 프로그램 중 가장 중요한 것이라고 믿었다. 과거에 칼빈은 의회가 이것에 대해 행동을 취하도록 하려고 많이 노력했지만, 의회는 1558년 1월까지 필요한 재정을 공급하려 하지 않았다. 제네바 아카데미를 세우는 데는 1년이 더 걸렸고, 1559년 6월 5일, 데오도어 베자(Theodore Beza)를 초대 학장으로 맞이했다. 제네바 아카데미는 그 후에 번성했고, 5년 내에 예비 대학과정에 1,000명의 학생이 있었으며, 첫 4년 안에 160명 중 114명의 학생이 프랑스에서 왔다. 그들 다수는 고향에 있는 칼빈주의 교회를 목회하기 위해 돌아갈 목사들이었다.

칼빈은 이 성공을 생애 말엽에 이루었고, 제네바 아카데미를 창설한지 5년 만에 죽었다. 루터처럼 칼빈도 삶의 대부분을 좋지 않은 건강과 싸웠고, 늙어지면서 건강 문제는 더 심각해졌다. 자주 발생하는 질병에도 불구하고 칼빈은 자신의 사역을 계속해서 수행했지만, 그는 점점 더 약해졌다. 그는 더 이상 교회법정 모임에 정기적으로 참석하지 못했고, 1564년 2월 6일 마지막 설교를 했다. 4월 6일 칼빈은 불링거에게 보낸 편지에서 자신의 건강 상태를 이렇게 묘사했다.

> 내 옆구리 통증은 가라앉았지만, 폐가 담으로 가득 차 숨쉬기 어렵고 숨이 짧아지고 있다. 방광결석이 지난 열이틀 동안 문제를 일으켰다. 치질 혈관 종기 때문에 앉아 있거나 침대에 누워 있는 것이 너무도 고통스럽고, 말 타는 고통은 참을 수가 없다. 지난 삼일 동안은 통풍이 너무 힘들었다. 이 많은 고통이 나를 게으르게 만든다면 놀라지 않을 것이다. 음식 먹기도 힘들다. 포도주의 맛이 쓰다.[58)]

4월 27일 칼빈은 소의회(Little Council) 멤버들과 만나 마지막으로 권면을 하고 그들의 제네바 시 통치를 위해 하나님의 인도하심을 기원했다. 칼빈은 그들이 자신을 위해 해 준 모든 것에 감사했고 “내가 해야 하는 것에 비해 공적으로 사적으로 너무 적은 일을 한 것에” 용서를 구했다. 그는 또한 “때로 지나치게 가버린 나의 격렬함을 인내해 줌”에 감사를 표시했다.[59)]

다음 날 칼빈은 동료 목사들을 자신의 침대 옆에 불렀고, 길고 산만한 연설에서 자신의 사역에서 겪었던 어려움과 바른 교리를 가르치고 성경을 정확하게 해석하려는 자신의 노력을 묘사했다. 칼빈은 그들이 서로 평화를 유지하고 “비난과 날카로운 말들”을 삼가라고 권면했다. 칼빈은 또한 그들이 변화와 혁신을 하지 않도록 권면했다. “내가 이루어놓은 것이 유지되어야 한다거나 사람들이 그보다 더 좋은 것을 바라지 말아야 한다는 개인적 야망에서가 아니고, 모든 변화는 위험하고 때로는 해가되기 때문"이라고 칼빈은 말했다.[60] 통렬한 작별 인사에서, 모든 목사들은 떠나기 전에 칼빈과 악수했다. 칼빈은 5월 27일 죽었고 그가 요청한 대로 표시되지 않은 무덤에 묻혔다.

데오도르 베자(Theodore Beza)

칼빈은 후에 그의 첫 전기를 저술한 데오도르 베자에 의해 계승되었다. 그의 생애 후기에 칼빈과 베자는 가까운 친구가 되었고 제네바 목사들에게 보낸 마지막 편지에서 칼빈은 "임무가 막중하고 무겁기에 그가 짐을 잘 견디어 낼 수 있도록" 베자를 지지해 줄 것을 재촉했다.[61] 베자는 칼빈의 후계자로 자신이 직면한 도전에 잘 대응할 수 있는 자이었기에, 사실상 그런 일이 발생할 가능성은 별로 없었다. 베자는 칼빈보다 여덟 살 젊었으나, 그의 배경은 칼빈과 유사했다. 베자는 프랑스에서 태어났고, 소 귀족 구성원의 아들이었으며, 칼빈처럼 법을 공부했고 인문주의 연구에 몰두했었다. 1539년 베자는 파리로 이주하여 자신의 인문주의 관심을 추구했으나, 인문주의 학자가 되기보다는 개혁주의 신앙으로 회심했고 그의 삶의 행로는 극적으로 바뀌었다. 1548년 베자는 제네바로 도피했으나, 거기에 자신을 위한 자리가 없었기에 로잔 아카데미(Lausanne Academy)에서 헬라어를 가르쳐달라는 요청을 수락했고 후에 그곳의 학장이 되었다.

베자는 1559년 제네바 아카데미의 첫 학장이 되었고 여생동안 제네바에 남았다. 칼빈의 가까운 친구로 그리고 1551년 프랑스 교회에 평화를 주려했던 포이씨 회담(Colloquy of Poissy)에서 개혁주의 대의를 위한 대언자로, 그는 칼빈의 합리적인 후계자 였다(이 회담의 논의에 대해서는 14장을 보시오). 베자는 '존경받을 만한 목사들의 모임' (the Venerable Company of Pastors)의 의장이 되었고 1580년까지 그 자리를 유지했다. 베자는 16세기 후반에 칼빈주의 사상을 정의하고 표현하는데 주요 역할을 했고, 후에 "칼빈주의(Calvinism)"라고 정의되는 많은 믿음의 내용들이 그의 가르침에서 유래했다. 베자는 또한 루터교도들과 칼빈주의자들 사이의 분열을 치유하려 했던 종교 회담과 종교 전쟁 기간 동안 프랑스에서 있었던 회담과 대회에서 지도자 중 한 사람이었다. 베자는 쇠퇴시기에도 계속해서 글을 썼고 1593년 성찬에 대한 논문을 출판했으며 1599년까지 아카데미에서 교수로 봉직했다. 6년 후 그는 84세를 일기로 제네바에서 죽었다.

칼빈주의

비록 칼빈이 자신을 중심으로 발전되는 개인적 종교집단을 원하지 않았고 그의 추종자들이 그의 이름으로 불리는 것을 승인하지 않았지만, 그가 죽은 후 '칼빈주의자' (Calvinist)라는 용어가 그의 가르침을 따르는 자들을 묘사하기 위해 공통적으로 사용되었다. 칼빈을 반대하는 루터교도들은 칼빈의 가르침이 독일로 침투해 들어오는 것을 염려하여 루터교주의루부터 개혁주의 신앙을 구별하는 방법으로 '칼빈주의' (Calvinism)라는 용어를 처음 고안했다. 칼빈이 추종자들을 묘사하기 위해 자신의 이름을 사용하는 것을 반대했지만, 그 당시 그 용어는 칼빈이 죽음에 가까웠을 때 처음 사용되었고 그의 주장은 크게 들리지 않았다. 그래서 '칼빈주의' (Calvinism)가 개혁주의 신앙을 고수하는 자들의 믿음을 묘사하는 공통적 용도로 들어왔다. 16세기 후반 칼빈주의 믿음은 유럽의 상당 지역으로 퍼졌고, 프랑스가 심하게 영향을 받은 첫 지역이었다. 칼빈의 생애에 아마도 10,000명의 난민들이 제네바에 왔고, 그중 대다수가 프랑스에서 왔으며, 일부는 고향에 칼빈주의를 세우는데 도움을 주려고 나중에 돌아갔다. 칼빈은 처음에는 프랑스에 개혁주의 교회 조직을 격려하지 않았지만, 1555년 이후 신속하고 방대한 칼빈주의 확산이 있었다. 1562년에 1,750개의 프랑스 회중이 있었다고 추정된다. 이것은 프랑스 칼빈주의 교회가 모두 약 2,000,000명의 회원을 가지고 있었다는 것이 되며, 그것은 프랑스 인구의 약 10퍼센트를 차지하는 것이었다. 칼빈주의는 도시지역의 기술공들과 귀족들 사이에 가장 큰 영향을 주었고, 어떤 지역에서는 귀족의 40퍼센트까지나 칼빈주의자가 되었다. 1555년과 1562년 사이에 제네바는 적어도 88명의 목사를 프랑스에 보냈다. 그들은 제네바에 난민으로 와서 목회와 설교 사역으로 훈련을 받고 돌아갔던 것이다. 1552년 이후 프랑스 칼빈주의자들이 정부의 억압을 받았을 때, 피의 군주들에 의해 인도되지 않으면 칼빈은 저항을 재가하지 않았다. 그들을 핍박하는 자들에 대한 저항의 정치적 철학에서 칼빈주의가 칼빈의 생애 동안은 특별히 무력적이지 않았지만, 칼빈 사후 특히 1572년에 '성 바톨로메유 날 대학살 사건' (St. Bartholomew's

Day Massacre)에 수천 명이 살해된 후, 프랑스 칼빈주의자들은 훨씬 과격하게 되었다.

칼빈주의가 비록 1648년까지는 합법적 종교로 수용되지 않았지만, 팔라티네트(Palatinate), 나쏘(Nassau), 브란덴부르그(Brandenburg), 베젤(Wesel), 그리고 브레멘(Bremen)을 포함한 독일 주들과 도시들로 퍼져갔다. 팔라티네트의 선제후인 프레데릭 3세(Frederick III)가 1561년에 개혁주의 신앙을 채택했을 때, 루터교도들은 특히 놀랐다. 그는 황제를 선출한 일곱 선제후 가운데 하나였기 때문이다. 그는 결과적으로 모든 루터교 목사와 신학자를 해고했고 칼빈주의자로 대치했으며, 1563년 그의 두 신학자, 카스파 올레비아누스(Kaspar Olevianus, 1536-1587)와 자카리아스 울사이누스(Zacharias Ursinus, 1534-1583)는 하이델베르그 요리문답(Heidelberg Catechism)을 준비했고, 그것은 표준 개혁주의 요리문답 중 하나가 되었다. 칼빈주의는 또한 헝가리와 폴란드를 비롯한 유럽의 동부로 파고 들어갔고, 네덜란드에서는 특별히 성공적이었다. 네덜란드에서는 초기에 루터교 영향이 강했으나 칼빈주의가 1550년대에 퍼지기 시작했다. 1560년대에 스페인 대군주들이 칼빈주의 운동을 억누르려고 시도하면서, 베네룩스 지역(Low Countries)이 종교전쟁에 휩쓸렸다(전쟁 논의를 위해서는 14장을 보시오). 칼빈주의는 또한 영국 섬들에 퍼졌다. 영국 개신교 종교 합의가 엘리자베스(Elizabeth) 통치 시대에 마침내 이루어졌을 때, 영국의 신학은 온건한 칼빈주의로 묘사될 수 있었다. 가장 헌신된 영국 칼빈주의자들은 우리가 청교도라고 부르는 자들이었다. 그들은 결국 칼빈주의를 '새로운 세상' (New World)으로 확장시켰고, 거기서 대단한 영향을 끼쳤다. 동시에 스코틀랜드(Scotland)는 존 낙스(John Knox)의 지도력 하에 강한 칼빈주의자가 되었다.

칼빈주의 확장에 대한 이 간단한 개관 후, 우리는 이 장을 시작했던 질문으로 돌아간다. 칼빈은 능력 있고 겸손한 사람이었으나 루터처럼 자신의 잘못을 가지고 있었고, 그의 행동이 늘 쉽게 방어될 수 있는 것은 아니었다. 그는 제네바를 그의 제자 존 낙스가 "사도 시대 이후 이 지구에 있었던 가장 완전한 그리스도의 학교"라고 부른 것으로 변화시키기 위한 길고 어려운 싸움을 싸웠다.[62] 많은 사람이 제네바에 대한 이 묘사에 의문을 던지지만, 많은 헌신된 남자와 여자들은 복사되어야 할 이상을 제네바에서 보았고 칼빈이 제네바에서 이룩한 것을 자신의 고국에 소개하려고 시도했다. 제네바에서 칼빈의 성취는 대단했다.[63] 아마도 가장 위대한 것은

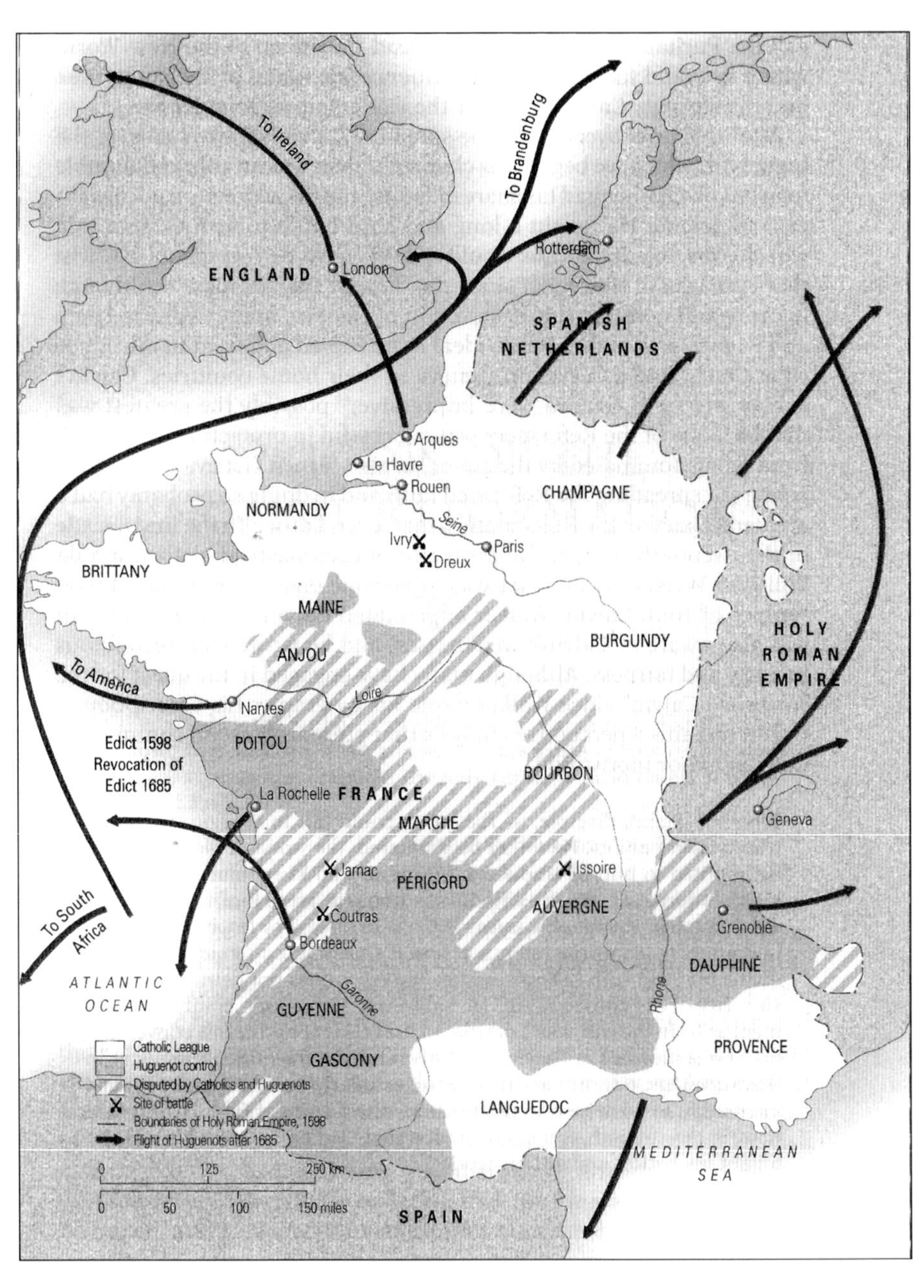

프랑스 개신교주의 1560-1683.

종교개혁자 가운데 그 혼자만 교회를 정부의 장악으로부터 보호하는 데 성공했던 것이다. 칼빈은 또한 제네바를 개혁주의 신앙을 확장하는 위대한 중심지로 만들었고 그렇게 함으로 루터보다 종교개혁에 더 큰 영향을 주었다. 20세기 첫 십년에 예일(Yale)의 교회사 교수, 윌리스턴 워커(Williston Walker)는 존 칼빈의 표준 전기 중 하나가 된 것을 저술했다. 워커는 칼빈의 강점들을 인정했으나 또한 칼빈의 약점들도 인식했고, 그는 면밀한 정직함과 공정성으로 저술했다. 워커가 칼빈의 전기를 저술한 후 비록 많은 사람들이 "역사적 칼빈"의 추구에 매진했지만, 칼빈에 대한 그의 묘사는 칼빈의 핵심 동기를 가장 잘 요약한 통찰력 있는 분석으로 여전히 남아 있다.

> 친구, 제자, 또는 적이든 아니든, 누구도 칼빈의 초월적 능력을 인식하지 않을 수 없다. 칼빈은 비방을 당할지 모르고, 중상모략꾼들에 의해 최악의 동기가 그에게 전가될지 모른다. 그러나 그를 아는 누구도 그의 대의에 대한 헌신을 의심할 수는 없다. 인간을 향해 종종 나타나는 그의 모든 교만에도 불구하고, 칼빈의 영은 하나님을 향해 겸손했다. 그분의 뜻을 행하고 가르치는 것이 의심의 여지없이 그의 첫째 의도였다. 그리고 칼빈이 너무 자주 하나님의 목적을 자신의 소망과 동일시한다고 해도, 그 오류는 그의 성별의 신실함을 손상시키지 않는다. 그는 자신의 오랜 육신적 연약함에 순종했다. 마치 그것이 지혜로운 하나님의 손으로부터 온 것처럼 그랬다. 삶의 위기들, 그의 회심, 제네바에서의 첫 정착, 그리고 그 사나운 도시에서의 어려운 사역으로 복귀 등에서 그는 평안, 학자적 명예, 그리고 하나님의 명령적 음성으로 여겼던 것에 대에 개인적 기호를 희생했다. 그는 하나님을 가장 먼저 놓았다. 하나님께서 자신의 할 일을 선택하셨다는 그 신념의 힘으로 그는 그의 싸움을 싸웠고 그의 할 일을 했다.[64]

제8장

영국 종교개혁의 기원

현 의회의 권한으로 우리의 통치권자이신 왕, 그의 후손들 그리고 이 왕국의 계승 왕들은 지구상에서 영국교회의 유일한 최고의 수장으로 정해지고, 수용되며, 간주될 것을 법령화 한다.

영국 의회, 수장령 (English Parliament, Act of Supremacy)[1)]

1534년 영국 의회에서 법령화된 위의 법제정은 영국 종교개혁과 유럽의 다른 16세기 종교개혁들과의 중심적 차이 중 하나를 잘 보여준다. 수장령이라고 제목이 붙은 이 법령은 국가의 수장이 동시에 영국교회의 수장이라고 선언했다. 우리가 이미 본 것처럼, 종교개혁자들은 교회에 대한 정부의 장악을 수용했지만 – 제네바의 중요한 예외는 있지만 – 영국에서만 그것이 국가의 입법부에 의해 이렇게 전면적인 방법으로 제정되었다. 이 법령의 구체적 문구에 의하면, 왕은 항상 영국교회 최고의 수장이었으나, 교황이 그 권한을 찬탈했다. 그러므로 의회가 왕과 그의 계승자들이 "지구상에 영국교회의 유일한 최고의 수장으로 정해지고, 수용되며, 간주될 것"이라고 명령하여 문제를 바로잡겠다는 것이었다. 앞으로 보겠지만, 종교적 동기가 전혀 없지는 않았지만, 국가의 필요가 영국 종교개혁을 시작한 입법의 일차적 고려였고, 종교개혁의 각 단계마다 의회에 의해 입법화되었다. 1941년 모리스 포위케(Maurice Powicke)는 다음의 논평으로 영국 종교개혁의 표준이 되는 짧은 연구 중 하나를 시작했다.

> 영국의 종교개혁에 대해 말할 수 있는 한 가지 확실한 것은 그것이 정부의 행위였다는 것이다. 왕이 교회의 수장이 되었고, 왕은 의회에서 수정된 조직, 의식서, 전례, 그리고 심지어 교회의 교리까지 재가를 했다. 왕 회의와 성직자들은 교회 업무를 파악했다. 왕은 감독들과 교회 정부의 성직자 회의와 협력했고 그는 교회 사건의 항소들을 결정하기 위해 위원회들을 제정했다.[2]

포위케가 영국 종교개혁의 초기 단계를 정확하게 묘사했지만, 역사가들은 왜 이것이 발생했는가와 영국민과 영국교회에 그것이 끼친 영향에 대해 계속 논쟁을 벌이고 있다.

영국 종교개혁에 대한 논쟁

"수정론"이라고 명칭 되어온 것이 출현하기 전까지, 영국 종교개혁의 표준 해석은 1964년에 출판된 딕킨스(A. G. Dickens)의 고전 『영국 종교개혁』(*The English Reformation*)에서 찾을 수 있었다.[3] 딕킨스는 종교적 동기가 영국 종교개혁을 일으키는데 중요한 역할을 했고 영국의 중세말 교회는 긴박한 개혁의 필요를 가지고 있었다고 주장했다. 딕킨스에게 롤랄디(Lollardy)[4]라 불린 중세 운동은 수많은 영국민들의 태도를 반영한 반성직주의와 광범위하게 퍼진 교회에 대한 불만을 공급했다. 롤랄디가 스스로 종교개혁을 일으킬 만큼 충분히 강하거나 넓게 퍼지지는 않았지만, 딕킨스는 그것이 16세기 종교개혁의 선구자였다고 주장했다. 나아가, 대륙 종교개혁의 영향이 주로 대학들을 중심으로 미성숙한 개신교운동을 낳았고, 많은 사람들은 이신칭의라는 개신교 교리에 매혹되었다. 주로 자신의 결혼 문제로 로마와 결별한 왕 헨리 8세(King Henry VIII)는 가톨릭이면서 교황은 거부하는 해결책에 만족했겠지만, 개신교주의는 왕이 죽었을 때 이미 영국에 깊숙이 들어왔다. 헨리의 아들 에드워드 6세(Edward VI)의 통치 하에, 전면적인 개신교 종교개혁이 소개되었으나, 에드워드가 죽었을 때, 헨리의 장녀, 메리(Mary)는 로마 가톨릭주의를 복귀시키려 했다. 메리는 백성을 이해하지 못했기에 실패했다. 그녀는 백성이 과거의 믿음으로 돌아가기를 열망한다고 생각했다. 이것이 아니라는 것이 증명되었을 때, 그녀는 핍박으로 돌변했고, 개신교주의를 뿌리 뽑는데 실패했을 뿐 아니라 로마 가톨릭주의가 영국에서 가지고 있던 마지막 소망을 훼손시켰다. 그녀의 여동생, 엘리자베스(Elizabeth)는 메리가 전혀 이해하지 못했던 영국민을 이해했고, 내구성 있는 개신교 해결을 소개할 수 있었다. 가톨릭 종교개혁으로 재생된 로마 가톨릭주의의 반대와 그 해결책에 만족하지 못한 열정적 개신교도들의 반발에도 불구하고, '엘리자베스의 합의' (Elizabethan Settlement)는 생존했다.

딕킨스의 해석은 1982년 스카리스브릭(J. J. Scarisbrick)의 포드 강의(Ford Lecture)에 의해 처음 심각하게 도전받았고, 2년 후 『영국민의 종교개혁』(*The Reformation of the English People*)이란 제목으로 출판되었다. 크리스토퍼 헤이(Christopher Haigh)와 이먼 더피(Eamon Duffy)는 스카리스브릭과 합류하여 딕킨스의 해석에 의문을 던졌고, 호평을 받은 몇 권의 책에서 주요 수정론자 입장을 제시했다.[5] 그들은 중세말 교회가 일반 대중들 사이에 그리고 개혁의 진행 도중에 매우 인기가 있었다고 주장했다. 롤라디와 같은 개신교 운동들은 중요했고, 개신교주의는 왕이 관련되기 전에는 영국에서 별 진전이 없었다. 그 결과, 헨리 8세가 교황과 결별했을 때, 그는 뜻이 없는 국가에 그의 종교개혁을 부과했고, 그는 거의 실패했다. 그의 아들 통치 하에, 개신교주의는 영국민의 기본 가톨릭주의에 얇은 겉치장뿐이었고, 그래서 메리는 환영을 받았으며 가톨릭주의를 회복시키려는 그녀의 노력은 그녀가 더 오래 살았더라면 성공했을는지 모른다. 가톨릭 대의를 위해서는 불행히도, 메리는 단지 5년 동안 통치했고, 여동생 엘리자베스가 거의 반세기 동안 왕국에 자신의 종교적 합의를 부과했다. 심지어 그 상황에도 엘리자베스는 완전한 성공을 거두지 못했다. 헤이에 의하면, 엘리자베스 통치 말기에 그녀는 "연합된 개신교 영국이 아니라, 깊이 분열된 영국"을 만들어 놓았다.[6]

수정론은 좀 소홀하게 취급되었던 분야에 많은 분량의 연구를 자극했고, 그것은 이 연구에 새로운 접근을 격려해주는 도움을 안겨 주었다.[7] 이 연구들은 영국 종교개혁이 딕킨스와 수정론자들이 상상했던 것보다 훨씬 더 복잡했다는 것을 밝히고 있다. 소위 "후수정론자들"은 논쟁에서 양쪽 논쟁의 약점들을 지적했다. 그들은 수정론자들이 이신칭의와 같은 개신교 교리의 진정한 매력을 이해하는데 실패했다고 주장하는 반면, 딕킨스는 이 내용을 분명하게 인식했으나 로마 가톨릭주의의 지속적인 힘에 적절한 주의를 기울이는데 실패했다고 주장한다. 새로운 세대의 학자들은 다수 인구에 대한 가톨릭 통치는 강했고 대부분의 사람들은 그들의 종교에 만족했다는 수정론자들의 주장을 수용하는 반면, 반성직주의가 영국 종교개혁에 중요한 역할을 했다는 것을 인식한다. 나아가, 상비군, 관료정치, 또는 봉급 받는 경찰력을 가지고 있지 않았던 영국 군주제는 법 집행 공무원으로 섬기고 의회에서 일하는 사회지도층 힘의 협조가 없이는 왕국에 그 뜻을 부과할 능력이 없었다. 후수정론자들이 영국은 1570년 후까지 개신교 국가가 되지 못했다는데 동의하는 반면, 1559년 이전에도 영국에는 많은 숫자의 개신교도가 있었다고 믿는다. 그들은 또한 종교개혁 신앙으로 회심한 자들이 그들의 지위, 그들의 헌신, 그리고 하나님께서 자신의 편이라는 확신에 있어서 중세 가톨릭주의에 충성스럽게 남은 다수에 비해 구체적인 이점을 가지고 있었다고 강조했다.[8)]

이 장과 다음 장에서 제시된 영국 종교개혁의 해설은 딕킨스, 수정론자들, 그리고 후수정론자들에게서 볼 수 있는 내용들을 합성하여 가장 최근의 학문 연구를 고려하는 균형 잡힌 그림을 그리려 한다.

롤라디와 반성직주의

영국 종교개혁에 대한 논쟁은 롤라디 연구에 새로운 관심을 자극했다. 롤라디는 한 때 종교개혁의 선구자로 여겨졌다.[9)] 우리는 이미 존 위클리프(John Wycliffe)의 가르침에서 롤라디의 기원을 보았다. 위클리프는 1384년에 죽었지만, 그의 추종자들은 계속해서 그의 가르침을 널리 퍼뜨렸다. 1394년 한 그룹의 기사들이 롤라드 믿음의 진술을 말하는 '12결론'(Twelve Conclusions)이라 불린 것을 만들었고 의회에 제시했다. 그들은 엄하게 반성직주의적이었고 영국교회를 로마에 예속시키는 것을 비롯한 중세말 교회의 많은 관습들을 정죄했다. 그들은 교회가 "교만한 교황제도의 유지로 오랜 기간 동안 눈이 멀었고 문둥병에 걸렸었다"고 주장했다.10) 롤라디는 처음에 법정에서 약간의 지지를 받았지만, 중요하게 취급 받기에는 그 요구가 너무 과격했고, 그 후에 롤라즈는 심각한 핍박을 받기 시작했다.

1401년 "이단을 화형에 처하는 법령"(The Statutes on burning Heretics)이 발효

되었고, 롤라드 귀족인 존 올드캐슬 경(Sir John Oldcastle)이 1414년에 권력을 잡으려 했을 때, 이 운동은 완전히 신뢰를 잃었다. 그러나 핍박에도 불구하고 롤라디는 지하 운동으로 살아남았고 비밀스럽게 롤라즈가 번역한 영어 성경 및 다른 롤라드 저작들의 사본을 배포했다. 그들은 비밀리에 만났고 일반적으로 교구 교회를 계속해서 참석했기 때문에 롤라즈의 숫자를 파악하는 것은 어렵다. 그들은 설교를 강조했고, 그들의 중심 관심은 일반어 성경이 평신도의 손에 들어가는 것이었다. 가장 놀라운 그들의 성취 중 하나는 매 주일을 위한 두 개의 설교와 교회력에 나타난 특별한 날들을 위한 설교들로 구성된 설교 순환의 생산이었다.[11] 1430-1460년 기간 동안에는 롤라디의 근거를 거의 찾아볼 수 없다. 아마도 '장미 전쟁' (Wars of Roses)이 위정자들의 관심을 다른 것으로 돌렸기 때문일 것이다. 그러나 16세기의 첫 10년 동안 감독들에 의해 집행된 연속적인 핍박은 여러 개의 롤라드 방들을 별견했다. 재개된 핍박들은 35개의 처형을 초래했고 런던(London), 브리스톨(Bristol), 이스트 앙글리아(East Anglia), 켄트(Kent), 그리고 이스트 에섹스(East Essex), 칠턴즈(Chilterns), 카츠월즈(Cotswolds)를 비롯한 영국의 주요 인구 집중 지역들에서 롤라디가 생존하고 있었다는 것을 보여주었다.

새로운 많은 연구에도 불구하고,[12] 16세기 첫 사분기에 롤라디가 얼마나 강했는지와 종교개혁에 대한 그것의 영향이 어떠했는지를 알기는 여전히 어렵다. 이 운동에 대한 우리의 지식이 거의 이단 재판에 기초하고 있기 때문에, 위정자들에 의해 발견되지 않은 많은 롤라드들이 있었는지도 모를 뿐 아니라 법정 기록들이 단지 빙산의 일각을 보여주고 있는지도 알 수 없다. 반면에, 수정론자들은 롤라디가 종교개혁에 거의 영향을 미치지 않은 아주 작은 소수의 운동이었다고 주장한다.[13] 어떤 지역의 재판 기록은 롤라디가 부유하고 영향력이 있는 사람들 사이에 특별히 강했다고 말한다. 나아가 아멀샴(Amersham)과 같은 지역에서는 거의 10 퍼센트의 인구가 롤라즈였을 가능성이 있다.[14] 롤라디가 교회에 실질적인 위험을 조래할 만큼 강하지도 않았고, 다수의 영국민이 교회에 불만을 가졌거나 그들이 반성직주의적이라고 말할 수 있을 만큼 널리 퍼지지도 않았지만, 롤라즈는 어떤 측면에 종교개혁을 내다보고 있었다. 비록 그들이 이신칭의의 주요 종교개혁 교리를 가르치지는 않았지만, 반성직주의를 비롯하여 일반어로 성경을 읽는 것과 설교에 대한 그들의 강조는 모두 영국 종교개혁을 위한 근거를 준비하는 데 도움이 되었다고 볼 수 있다.

수정론자들은 다수의 영국민이 자신의 교회에 행복했다고 믿고, 그들은 그 결론을 입증하는 많은 분량의 증거를 제공했다.[15] 그러나 분명히 중세 말에 교회와 성직자에 대해 매우 비판적인 사람이 많이 있었고, 혁명을 일으킨 사람은 대개 소수이다. 롤라즈는 교회에 대해 가장 과격하게 비판적이었지만, 다른 사람의 교회와 성직자에 대한 공격도 상당히 심했기 때문에 영국 사람들은 종교개혁 전에 일반적으로 반성직주의적이라고 추정했었다. 영국의 반성직주의 정도에 대해 심각한 질문이 야기되었지만, 그것이 존재하지 않았다고 주장하기에는 많은 증거를 무시해야하거나 변명을 늘어놓아야만 한다.[16] 성직자에 대한 비판은 일반적이었고, 종교개혁 전에 가장 널리 읽혀졌던 윌리암 랭랜드(William Langland)의 『부두 농부의 비젼』(*Vision of Piers Plowman*)과 제프리 초서(Geoffrey Chaucer)의 『캔터베리 이야기』(*Canterbury Tales*)와 같은 작품들은 성직자들을 매우 안 좋게 제시했다. 성직자는 종종 설교에서 비판의 대상이 되었고 윤리적인 개혁자는 특히 비판적이었다. 15세기 중엽 옥스퍼드 대학의 총장(Chancellor of Oxford University), 토마스 개스코인(Thomas Gascoigne), 16세기 요크의 총장(Chancellor of York), 윌리암 멜튼(William Melton), 인문주의 개혁자 존 콜렛(John Colet) 등은 성직자들의 잘못을 매우 자세하게 묘사했다. 헌신된 종교개혁자가 성직자의 윤리적 상태에 대한 정확한 그림을 제시한다고 신뢰할 수 있는지에 대해 수정론자들은 의문을 제기하지만, 종교개혁 전에 나타난 성직자에 대한 지속적인 비판은 영국민의 적소(elements)에 반성직주의가 어느 정도는 있었음을 암시한다.[17]

인문주의와 초기 영국 개신교주의

성직자에 대한 가장 지속적인 비판자 가운데는 영국 인문주의자들이 있었다. 첫 세대는 그들의 기술을 이태리에서 배웠으며, 헨리 7세(1485-1509) 통치 기간 여러 명이 그곳에서 공부했다. 에라스무스(Erasmus)가 1499년에 처음 영국에 왔을 때, 그는 거기서 만난 유식한 사람들에게서 깊은 인상을 받았다. 그 방문 기간 동안 그는 이태리에 있는 친구에게 다음과 같이 썼다.

> 나는 지금 광경 말고는 이태리를 그리워하지 않는다. 내가 친구 콜렛(Colet)을

> 들을 때, 나는 플라토(Plato) 자신을 듣는 것 같다. 그로신(Grocyn)에게 있는 사전적 지식의 완벽함에 누가 놀라지 않겠는가? 리나커(Linacre)의 판단보다 누가 더 날카롭거나 고상하거나 또는 더 좋을 수 있겠는가? 토마스 모어(Thomas More)의 성품보다 무엇이 자연을 더 부드럽게 더 달콤하게 또는 더 행복하게 만들었겠는가? 내가 나머지를 다 늘어놓을 이유가 있겠는가? 고대 문헌의 수확이 얼마나 두껍게 여기 모든 곳에 꽃을 피우고 있는지 놀랍다.[18]

에라스무스가 언급한 사람들은 왕 헨리 8세(1509-1547) 통치 기간 동안 영국 인문주의의 지도자적 인물들이 되었다. 에라스무스는 영어 말하는 것을 배우지는 못했지만, 영국에 여러 번 돌아갔고 영국 인문주의 발전에 중요한 영향을 미쳤으며, 그가 편지에서 언급한 몇 사람은 또한 그에게 영향을 미쳤다. 1505년 에라스무스가 영국을 두 번째 방문했을 때, 존 콜렛(John Colet, 1467-1519)은 에라스무스가 신약성경을 번역하도록 격려했다. 1510년과 1513년 사이에 에라스무스는 번역을 하면서 캠브리지(Cambridge)에서 강의했고, 새로운 세대의 영국 인문주의자들에게 영향을 주었다.

몇 인문주의자는 영국교회에서 높은 자리를 얻었지만, 그들은 계속해서 교회의 잘못에 비판적이었다. 콜렛은 런던에 있는 성 바울 성당의 수석사제가 되었고 교회 개혁을 격려하기 위해 그의 자리를 사용했다. 헨리 8세가 보좌에 오른 후 얼마 안 되어, 콜렛은 성직자의 세속성을 징계하는 설교를 했고, "교회 상태의 개혁"을 요구했으며 "어떤 것도 성직자들과 사제들의 세속적이고 세상적인 삶의 방식만큼 교회의 얼굴을 망가뜨리지 않았다"고 주장했다.[19] 존 피셔(John Fisher, 1469-1535)는 1504년에 로체스터(Rochester)의 감독이 되었고 설교를 통해 성직자들의 잘못을 지적하며 마찬가지로 비판적이었다. 몇 인문주의자는 정부의 높은 지위에 오르기도 했다. 토마스 모어 경(Sir Thomas More, 1477-1535)은 법률 직업을 추구하기로 선택했고, 결국 헨리 8세의 대법관이 되었다. 에라스무스는 모어의 집에서 『어리석음의 칭송』(*In Praise of Folly*)을 저술했고 그에게 바쳤다. 루터의 『95개 논제』(*Ninety-five Theses*) 출판 전 해에, 모어는 그의 가장 잘 알려진 작품으로 관용의 사회에서 이상적인 국가를 그린 『유토피아』(*Utopia*)를 출판했다.

종교개혁이 시작되기 전까지 영국 인문주의는 유럽대륙에서 평화로운 시대를 누리고 있었다. 이 운동과 관련된 사람들은 에라스무스와 그의 학문을 흠모한 가까운 친구들 이었다. 그들은 자유롭게 자신의 학문을 추구했고, 교회와 스콜라 신학을 비평했으며, 첼시(Chelsea)에 위치한 모어(More) 집의 우호적인 분위기에서 학문적이고 신학적인 질문으로 논쟁을 했다. 종교개혁이 시작되었을 때, 인문주의의 편안한 세상은 전면적인 혼란에 빠졌으며, 인문주의자들은 새로운 신학과 옛 신학 사이에 선택을 해야 했다. 모어와 피셔 같은 보수주의자는 선택에 문제가 없었다. 그들은 이제 자신의 문헌 기술로 종교개혁자들을 대항했고, 종교개혁 신학에 반대하는 변증적 책자를 맹렬하게 저술했으며, 루터를 개인적으로 공격했다. 그러나 그들의 왕이 로마로부터 결별했을 때, 그들은 훨씬 더 힘든 결정을 내려야하는 상황이 되었다. 그들은 결국 한 때 자유롭게 비판했던 교회를 위해 순교를 당해야 했다.

우리가 아는 것처럼, 에라스무스도 루터와 결별했으나, 같은 인문주의 전통에서 공부한 다른 사람들은 영국의 첫 세대 개신교도가 되었다. 그들은 대체적으로 대학에 모였고, 특히 에라스무스가 가르쳤던 캠브리지 대학을 중심으로 했으며, 한 그룹은 '화이트 호스 인' (White Horse Inn)이라 불린 캠브리지의 선술집에서 정기적으로 만나서 새로운 신학을 논의했다. 영국에 "철저한 루터교도는 없었" 지만, "그럼에도 우리는 1520년대 중반부터 캠브리지에 넓은 의미로 '복음주의적' (evangelical) 영향의 징표를 감지할 수 있었다."[20] 많은 첫 세대 영국 개신교도는 순교를 당했고, 그들의 이야기는 『순교서』(*Book of Martyrs*)라고 대중적으로 불린 영국 종교개혁에 대한 존 폭스(John Foxe, 1517-1587)의 해설에 포함되었다.[21]

토마스 빌니(Thomas Bilney, 1495-1531)는 첫 개신교 순교자였다. 그는 인문주의 배경을 가지고 있었고 자신의 증언에 의하면, 수준 있는 라틴어를 읽기 원했기 때문에 에라스무스가 번역한 라틴어 신약성경에 매료되었다. 그러나 신약성경을 읽는 동안 그는 이신칭의 교리를 믿게 되었다. 폭스에 의하면 빌니는 "경건한 사람이었으나… 체구가 작았" 으며 "훌륭한 설교자" 였다. 그는 휴 라티머(Hugh Latimer, 1485-1555)를 비롯한 여러 다른 초기 개신교도들의 회심에 공헌했다. 라티머는 빌니를 "온유하고 자비로우며 단순하고 선한, 이 세상에는 맞지 않는 영혼" 이라고 불렀다.[22] 빌니는 화체설을 비롯한 대부분의 교리에 정통파이었던 것으로 보이지만, 1527년 11월 체포되었고 이단으로 유죄 판결을 받았다. 친구들의 설득으로 철회를 했지만, 빌니는 12개월 동안 투옥되었고 그의 철회를 재확인 한 후에 가까스로 풀려나왔다. 진실한 양심의 사람으로 빌니는 자신의 철회에 대해 깊은 고민에 빠졌고, 자신을 이단 유죄판결로 이끌었던 교리를 다시 설교하기 시작했다. 이것은 다시 한 번 그의 체포로 이어졌고, 타락한 이단으로 그에게 더 이상의 자비는 없었다. 1531년 8월 미사에 참여하고 성찬을 받은 후에 빌니는 화형에 처해졌다.

빌니는 로버트 반즈(Robert Barnes, 1495-1540)를 회심시켰다. 반즈는 인문주의 배경을 가지고 있었고 에라스무스가 있었던 같은 시기에 루베인(Louvain)에서 공부했다. 반즈는 신학박사 학위를 취득하여 영국에 돌아왔고 캠브리지에 있는 오스틴 수도원(Austin Friars)의 수도원장이 되었다. 그는 '화이트 호스 인' 에서 모였던 그룹의 비공식 지도자였던 것으로 보이나, 1525년 12월 크리스마스 이브에 캠브리지에 있는 성 에드워드 교회(St. Eaward's Church)에서 행한 설교로 문제가 되었다. 반즈는 루터교도가 아니라고 주장했지만, 그는 재판에 회부되었고 유죄판결을 받았으며, 공개적 고해 명령을 받았다. 그는 또한 투옥되었으나, 화형에 처해질 것을 알았을 때, 자살 메모를 남김으로 관리들을 속여 옷을 메모와 함께 남기고 익사 자살을 한 것으로 위장했다.[23] 그들이 반즈의 시체를 찾기 위해 강을 파헤치는 동안, 반즈는 대륙으로 도주했다. 반즈는 결국 비텐베르그로 갔고, 거기서 루터의 친구가 되었으며 동시에 확고한 루터교도가 되었다. 헨리 8세가 로마와 결별한 후, 반즈는 영국으로 돌아왔고, 토마스 크롬웰(Thomas Cromwell)이 영국과 루터교 군주들 사이의 연합을 이룩하려는 노력에 쓰임을 받았다. 그러나 헨리 8세 통치 말기에 보수파의 반응으로 반즈는 이단으로 고발되었고 1540년 7월 화형에 처해졌다.

초기 영국 개신교 순교자 가운데 가장 중요한 인물은 윌리암 틴데일(William Tyndale, 1495-1536)이었다. 그 이유는 그가 영국 종교개혁에 결정적 역할을 한 성경의 새 영어 번역을 했기 때문이다. 틴데일은 글라우체스터셔(Gloucestershire)에서 태어났고 1512년 옥스퍼드(Oxford)에서 석사학위를 받았다. 그리고 틴데일은 잠시 캠브리지에서 시간을 보냈으나, '화이트 호스 인' 그룹과는 관련이 없었던 것으로 보인다.[24] 틴데일은 매우 유식한 사람으로 일곱 언어를 했고 매우 독립적이었으며, 어느 누구의 추종자도 아니었다. 대신 그의 주요 관심은 성경을 영국민들에게 그들의 언어로 보급하는데 있었다. 틴데일은 자신이 성경을 영어로 번역하는 일에 헌신되어 있다고 설명했다. 왜냐하면 "나는 성경이 그들의 눈앞에서 그들의 모국어로 평이하게 나타나 그들이 본문의 과정, 순서, 그리고 의미를 알도록 하지 않고서는

윌리암 틴데일(William Tyndale, 1495-1536).
베자 아이콘(Beza *Icones*)에서 발췌한 그림

어떤 진리로도 평신도들을 세울 수 없다는 것을 경험으로 감지했다."[25)]

롤라드 번역의 수사본들은 은밀하게 지속적으로 유통되었지만, 그것은 부적절하고 부정확한 번역이었고, 원어가 아니고 '라틴 불가타'(Latin Vulgate)에서 번역되었다. 틴데일은 성경의 원어인 헬라어와 히브리어 본문에 입각한 번역본을 만드는데 헌신되어 있었고 그것이 인쇄되어 많은 분량으로 출판될 수 있기를 바랐다. 틴데일은 그의 신약 번역을 도운, 런던의 인문주의 감독, 커트버트 턴스톨(Cuthbert Tunstall, 1474-1559)에게 자신의 서비스를 초기에 제공했다. 긴장되지 않은 시기에는 턴스톨이 틴데일의 과제를 지원해줄 준비가 되어있었을 것이다. 그러나 이 시기에는 심지어 턴스톨과 같은 학문적 인문주의자도 루터의 가르침을 격려하는 것으로 보일지 모르는 어떤 프로젝트도 쉽게 지원할 수가 없었다.

번역을 위한 교회 지원을 받으려는 자신의 노력이 거절 된 후, 틴데일은 불법적인 방법으로 선회했다.[26)] 루터의 저서를 대륙으로부터 수입하는 일에 관련된 옷감 상인으로부터 지원을 얻은 후, 틴데일은 자신의 번역 일을 위해 1524년 4월 독일로 갔다. 일 년이 좀 지난 후, 신약성경의 첫 사본이 콜론(Cologn)에서 출판되고 있었다. 그런데 독일 맥주를 너무 많이 마신 한 출판사 업자가 자신의 가게에서 진행되고 있는 일에 대해 자랑을 늘어놓았을 때, 첫 출판물이 위정자들에 의해 압수될 뻔했다. 틴데일은 출판된 종이를 가지고 간신히 도주할 수 있었고 그것을 보름즈(Worms)로 가져갔다. 1526년 봄, 보름즈에서 인쇄가 완성되었다. 짧은 시간 내에 사본들이 영국으로 밀수입되었고, 위정자들은 그것들을 사서 파손하여 시장에서 제거하려 했다. 틴데일은, 비록 그것들이 파손되고 있다는 것을 알았지만, 그것들이 팔렸다는 것에 행복했다. 그가 말한 것처럼, "전 세계가 하나님 말씀을 불태우는 것에 울부짖을 것"이기 때문이었다. 나아가 틴데일은 그가 받은 돈으로 "신약성경을

수정하여" 더 향상된 두 번째 판을 인쇄할 수 있었다.[27]

틴데일은 결국 안트워프(Antwerp)로 갔고, 거기서 영국 공동체의 보호 하에 그리고 영국 상인들의 지원으로 구약성경 번역을 시작했다. 그가 죽기 전에 틴데일은 자신의 신약성경 번역을 적어도 두 번 수정했고, 1530년 모세오경을 번역했다.[28] 1535년 5월 틴데일은 헨리 필립(Henry Phillips)이란 이름을 가진 동료 영국인에 의해 배신을 당했다. 필립은 아마도 런던의 새 감독, 존 스토크슬리(John Stokesley)로부터 돈을 받았을 것이다. 필립은 자신을 틴데일의 제자로 위장하여, 탄데일로 하여금 머무르고 있던 집을 나가서 두 경찰들이 잠복하고 있던 길거리로 유인했다. 틴데일은 체포되었고, 투옥되었으며, 이단으로 정죄되었다. 1536년 10월 텐데일은 "먼저 목졸려 죽임을 당한 후 화형에 처해졌다." 폭스에 의하면, 텐데일은 죽으면서 "큰 소리로 '주여, 영국 왕의 눈을 여소서.'"라고 외쳤다.[29]

틴데일을 만족시키리만큼 그것이 나타나지는 않았지만, 그의 번역은 그의 나라 사람들의 "눈이" 성경에 "열리도록" 도움을 주었다. 틴데일은 영어 성경의 아버지라 불릴 자격이 있고,[30] 그의 번역은 성경적 메시지를 효과적이고 정확하게 전달한 진정한 걸작이었다. 데이빗 데니엘(David Daniel)의 틴데일 전기에 의하면, "1526년 신양성경은… 헬라 언어를 잘 알고 있는 헬라 학자의 승리적 저작이고, 숙련된 번역자의 번역이다. 그는 필요시 도움을 얻기 위해 불가타의 라틴어와 에라스무스 그리고 독일어를 참고로 했고, 무엇 보다, 명료하게 하는 일이 아무리 어렵다 하더라도 모든 것을 명확하게 하려고 결단한 영어 작가였다. 하나님의 말씀은 독자만으로 이해될 수 있는 방법으로 직접 말해야 한다."[31]

틴데일은 또한 본문에 대한 복음주의적 이해를 제시하는 서문을 포함시켜 영어 성경을 읽을 때 독자가 개신교적 방향으로 영향을 받도록 했다. 그가 죽을 당시 틴데일 신약성경은 영국 전역에 널리 퍼져있었고, 그것을 읽은 일부 사람들은 틴데일이 바랐던 방향으로 분명히 영향을 받았다. 닉킨스는 추후 가톨릭 쪽으로 알려진 가문 출신인 로버트 플럼톤(Robert Plumpton)이 쓴 편지를 인용하며 이것을 입증했다. 1536년 플럼톤은 자신의 어머니에게 틴데일의 신약성경 한 본을 보내드렸고 그녀에게 편지를 써서 루터의 이신칭의 교리를 가르친 서문에서 발견한 교리에 대해 자신의 흥분을 표현했다. "주 안에서 사랑하는 어머니, 저는 어머니를 이단으로 인도하기 위해 이것을 쓰는 것이 아니고, 단지 하나님 가르침의 분명한 빛을 어머니에게 가르쳐드리려고 하는 것입니다. 어머니, 하나님께서는 어머니를 이 시간까지 사실 수 있도록 하시기 즐거워하셨기에, 당신은 하나님께 감사드릴 일이 많으십니다. 그리스도의 복음이 지금처럼 이렇게 진정으로 선포된 적이 없었기 때문입니다."[32)]

왕의 위대한 일

종교개혁 신학이 영국 대학들에서 첫 회심자들을 만들어 내고 틴데일이 영어 번역을 시작하는 동안, 종교개혁에 대한 영국의 공식적 반응은 모범적인 가톨릭 국가에서나 기대할 수 있는 것이었다. 루터의 책들을 파괴하라는 교황 레오 10세(Pope Leo X)의 칙령에 대한 반응으로 캠브리지에서는 책이 불살라졌다. 훨씬 더 장대한 책 화형식이 많은 영국인 구경꾼들과 감독들 그리고 외국 고관들이 참석한 자리에서 1521년 런던의 성 바울 성당에서 열렸다. 루터 신학에 대한 헨리 8세의 반응은 매우 부정적이었다. 그는 모어와 피셔에게 루터를 반대하는 글을 쓸 것을 위임했을 뿐 아니라, 1521년 루터의 『바벨론 포로』(*Babylonian Captivity*)에 대한 대응으로 그에게 '믿음의 수호자' (fidei defensor, defender of faith)란 직함을 안겨준 『칠성례의 수호』(*Assertio Septem Sacramentorum, Defense of the Seven Sacraments*)를 출판했다.[33)] 헨리 8세는 항상 "가장 크리스천적인 왕"이란 프랑스 왕의 직함을 시기했고 이제 자신을 '믿음의 수호자' 라고 부를 수 있는 것을 기뻐했다. 그러나 헨리는 하나님께서 자신에게 다스리라고 주신 왕국의 일이라고 생각하는 것과 충돌하지 않는 한에서만 "믿음의 수호자"가 될 수 있었다. 헨리가 새 직함을 자랑스럽게 얻은지 10년이 안되어 본 장의 서두에 인용된 법제정을 초래한 갈등이 결국 나타났다. 그 결과 왕 헨리 8세는, 교황이 자신에게 후사한 직함을 여전히 포기하지 않은 채, 교황의 권위에 대항하여 자신의 반항을 표현하는 또 하나의 왕의 직함을 추가했다. 그는 그 때부터 "영국과 프랑스의 왕, 믿음의 수호자, 아일랜드의 군주 그리고 영국교회의 그리스도 아래에 있는 지상의 최고 수장"이라고 불리었다.

헨리 8세에게 "최고의 수장"이란 직함을 준 법제정을 초래한 사건은 왕조 사건과 관련이 있다. 소위 '장미 전쟁' 이 요크(York)의 백장미와 랭캐스터(Lancaster)의 적장미를 맞붙게 했고, 두 경쟁 가문은 영국 왕좌를 차지하기 위해 오랫동안 싸움을 했다. 요크 족 왕, 리차드 3세(Richard III)가 '보즈워스 평지 전투' (the Battle of

Bosworth Field)에서 패하고 죽임을 당한 후, 1485년 헨리 튜더(Henry Tudor)란 잘 알려지지 않은 웨일즈 사람(Welshman)이 왕 헨리 7세(King Henry VII)로 즉위했다. 법적으로 더 정당한 사람이 전쟁에서 죽었기 때문에, 왕위에 오르기에는 매우 의심스러운 법적 주장을 했던 헨리 튜더는 랭캐스터 당의 지도자가 되었다. 그후 헨리 7세는 영국 왕좌에 튜더 왕조를 구축하려 했고, 영국에 좋은 정부를 만들고 왕조를 지속하기 위해 남자 후손을 둠으로 지지를 얻어내야 할 필요가 있었다. 그는 이 두 시도에서 성공적이었다. 헨리 7세는 죽을 때 두 아들이 있었지만, 그의 장남 아서(Arthur)는 죽었다. 결과적으로 튜더 왕조의 소망과 영국의 평화는 그의 생존하고 있는 아들에게 의존하게 되었고, 그는 1509년 왕 헨리 8세로 보위에 올랐다.

그의 아버지와는 달리, 17세에 보위에 오른 영국의 새 왕은 백성이 왕으로 기대할만한 인상적인 자태를 갖추었다. 헨리 8세는 키가 크고, 건장했으며, 당시의 한 묘사에 의하면, “내가 본 자 중 가장 잘 생긴 권력가”였다.[34)] 그는 또한 대단한 운동가였고, 좋은 목소리를 가진 훌륭한 음악가였으며, 작곡가였다. 그는 궁도에 뛰어났고, 대단한 기수(horseman)였으며, 마상 창시합에서 성공적으로 경쟁했다. 그는 또한 상당한 지성을 갖추었고, 신학을 이해하고 있었으며, 몇 가지 언어로 소통할 수 있었다. 그의 아버지가 죽은 후 바로, 헨리 8세는 그의 형의 과부이며 스페인의 퍼디난드(Ferdinand)와 이사벨라(Isabella)의 딸, 아라곤의 캐서린(Catherine of Aragon)과 결혼했다. 그것은 왕위 자리에 의심을 살 수밖에 없는 튜더 가문을 유럽의 잘 확립된 왕조 중 하나와 연결했기 때문에, 아주 좋은 결합이었다. 형제의 과부와 결혼하는 것은 교회법에 어긋나는 것이었기 때문에, 헨리는 결혼 전에 교황의 면제를 받아야 했다. 교황 줄리어스 2세(Julius II)는 기독교 국가의 강력한 새로운 군주 중 하나에게 은혜를 베푸는 것을 기뻐했기 때문에, 이것은 쉽게 얻어졌다.

헨리 8세의 통치는 훌륭하게 시작되었다. 그는 자신보다 여섯 살 위인 새 여왕을 사랑하는 것으로 보였고, 결혼 첫 몇 년 동안 지속적인 축제가 있었으며, 캐서린은 항상 그녀의 남편 옆에 있었다. 동시에 헨리는 영국 왕들이 좋아하는 운동--프랑스와의 전쟁--을 벌였고 몇 번의 군사적 성공을 거두었다.

헨리 통치 초기에 흠집을 낸 주요 원인은 캐서린이 아들을 낳지 못하는 것이었다. 그녀는 여러 번 임신을 했고 몇 명의 남자 아이를 가졌지만, 유산, 사산, 또는 조기 사망으로 이어졌다. 마침내 1516년 캐서린은 여자 아이를 낳았고 생존했으며 메리(Mary)라고 이름 지었다. 불행히도 메리는 헨리의 문제를 해결하지 못했다. 영국이 나라를 다스리는데 여왕을 받아드릴 수 있는지 분명하지 않았기 때문이다. 여왕 계승이 시도된 마지막 경우, 나라가 끔찍한 내전으로 찢어졌기에,[35] 헨리는 여전히 평화로운 계승을 확신하기 위해 남자 후손을 필요로 했다. 메리 탄생 후, 헨리는 베네치아 대사에게 그들은 여전히 젊고 "만일 이번에 딸이라면, 하나님의 은혜로 다음에는 아들이 나올 것이다"라고 말했다.[36] 그러나 아들은 나오지 않았고, 1525년이 되었을 때 캐서린은 더 이상 젊지 않았으며 임신 연령이 지난 것으로 여겨졌다.

아마추어 신학자인 헨리 8세는 캐서린이 그에게 아들 후손을 줄 수 없었던 이유를 성경에서 찾았다. 레위기 20:21은 다음과 같이 말하고 있다. "누구든지 그 형제의 아내를 취하면 더러운 일이라. 그가 그 형제의 하체를 범함이니 그들이 무자하리라." 당연히 헨리는 무자하지는 않았으나, 그는 편리하게도 그의 주장에서 이 약점을 간과했고 하나님께서 죽은 형의 부인과 죄 가운데 살고 있는 것에 대해 그를 벌하신다고 확신했다. 그는 또한 이 문제에 대한 해결책을 즉시 마련했다. 1527년 그는 대법관, 토마스 월지(Thomas Wolsey, 1473-1530)로 하여금 교황 클레멘트 7세(Pope Clement VII, 1523-1534)로부터 그의 결혼 무효를 확보하라고 위탁했다. 정상적인 상황이라면, 교황은 로마에 그렇게 충성스러웠던 군주에게 은혜를 베풀지 않을 이유가 없었으나, 무효로 결정이 날 진행을 월지가 시작한 그 달에 황제 찰스 5세(Emperor Charles V)의 군대가 로마 도시를 점령했다. 이제 실질적으로 황제 군대의 감옥수가 된 교황은 황제를 불편하게 할 위험을 무릅 쓸 수가 없었다. 황제는 아라곤의 캐서린의 조카로서 자신의 아주머니의 결혼이 무효화 선언되는 것을 받아드릴 준비가 되어 있지 않았다. 클레멘트는 불가능한 입장에 있었고, 그러므로 그는 2년 동안 이 진행을 연기시키고, 그의 딜렘마를 해결할 수 있는 어떤 일이 발생하기를 바랐다.[37]

처음에 캐서린과의 결혼을 무효화하려는 헨리 8세의 욕망은 자신의 결혼이 하나님의 율법에 반대된다는 신념과 평화로운 계승을 위한 염려에 의해 동기 유발되었던 것으로 보인다. 그의 백성이 또 다시 내전의 끔찍함을 경험하지 않도록 하기 위함이라고 생각했던 것이다. 그러나 헨리가 자신의 결혼을 무효화하는 과정을 시작했던 그 해에, 또 다른 고상하지 않은 동기가 상황을 복잡하게 만들었다. 36세의 군주는 법정에 있는 앤 볼레인(Anne Boleyn, 1507-1536)이란 이름의 20세 여인과 사랑에 빠졌던 것이다. 앤은 대단히 예쁘지도 않았고,[38] 그녀와의 결혼은 영국에 어떤 정치적인 유익도 주지 않는 것이었다. 헨리가 프랑스 공주와 결혼하기를 바랐던 월지는 전적으로 반대했으나, 헨리는 앤과의 결혼 추진에 완강했다. 헨리는 심지어 그녀에게 열정적인 사랑 편지를 썼고, 그것은 지금까지 남아 있으며 역사가들에게 그들의 관계 발전을 연구하는 수단을 제공한다.[39] 앤은 왕의 사랑에 반응했던 방법에서 매우 조심스러워했고 혼외 성관계에 대한 그의 욕망에 쉽게 넘어갈 준비가 되어있지 않았다는 것은 편지들을 통해 분명하게 드러난다.[40] 그 결과 헨리는 앤과 결혼할 수 있도록 캐서린과이 결혼을 종식시키기를 더 열망했으나, 교황은 어쩔 수 없이 지연 전략을 계속 사용했다.

헨리의 종교개혁

1529년 왕 헨리 8세는 교황에게 더 많은 압력을 가하기 위해 의회를 소집했다. 이것은 교회 비판가들로 하여금 종교개혁자들에 의해 오랫동안 비판되어 왔던 복수주의와 비거주 같은 남용을 개혁하는 법제정을 실행할 수 있는 포럼을 제공했다. 이 법들은 전통적으로 "종교개혁 의회"라고 불려왔던 것에 의해 통과된 몇 법령 중 첫 번째였다. 그것이 영국 교회와 로마를 점차적으로 분리시켰던 법제정을 실행시켰기 때문이었다. 가장 중요한 종교개혁 법안 중 하나는 '항소 금지 법령' (Act in Restraint of Appeals)라고 불렸고, 이것은 영국 법정에서 만들어진 판결에 대해 나라 밖의 법정에 항소하는 것을 금지했다. 이것은 "영국의 영역이 제국이기" 때문에 정당화되었고 그러므로 그것의 정부 관할 보다 더 높은 상위 관할이 없게 되는 것이었다.[41] 이 법령은 영국 법정의 결정이 로마에 항소될 수 있는 위험 없이 왕의 결혼을 무효화 시킬 수 있도록 만들어 진 것이었다. 이 법제정은 1533년 초 앤이 임신을 한 사실이 발견되었기 때문에 필요했다. 이제는 앞으로 나올 후손이 사생아가 되지 않도록 매우 신속하게 행동하는 것이 필요했다. 1533년 1월 헨리는 비밀리에 앤과 결혼했고, 3월 의회는 '항소 금지 법령' 울 통과시켰다. 5월 23일 캔터베리(Canterbury) 법정의 대주교는 헨리 8세와 캐서린의 결혼이 유효하지 않다고 선언했고, 6월 1일 앤 볼레인은 영국 여왕으로 즉위했다. 이 모든 것은 기가 막힌 타이밍으로 이루어졌다. 9월 7일 새로운 후손이 태어났기 때문이다. 그러나 불행히도 헨리에게 왕과 그의 조언자들이 장악할 수 없었던 한 가지 일이 있었다. 여자 아기가 태어난 것이다. 그들은 그 여자아이를 엘리자베스라고 이름 지었다. 헨리와 앤은 크게 실망하지 않을 수 없었다.[42] 일 년 후 의회는 '수장령' (the Act of Supremacy)을 통과시켰고, 영국 종교개혁의 첫 단계는 완결되었다.

헨리 8세의 결혼 문제는 영국의 종교개혁으로 이어졌다. 종교개혁의 첫 단계는 교황 대신 왕을 교회의 수장으로 세우는 것이었고, 이런 교회 정부의 변화 외에는 아무 것도 없었다. 이 변화는 비교적 저항 없이 수용되었으나, 헨리는 교황과 계속하여 연맹을 맺는 자들에게 자비를 베풀지 않았다. 가장 잘 알려진 가톨릭 순교자들은 존 피셔와 토마스 모어였고, 그들은 둘 다 1535년 처형되었다. 헨리가 자신의 새로운 왕의 직함을 추가했을 때, 그는 두 명의 새 조언자들로 하여금 더 과격한 종교개혁을 단행하게 했다. 1533년 토마스 크랜머(Thomas Cranmer, 1489-1556)는 캔터베리의 대주교로 임명되었고 토마스 크롬웰(Thomas Cromwell)은 왕의 정부에 가장 중요한 인물이 되었다. 이 두 사람은 다 개신교주의에 동정적이었고 복음주의적 교리를 영국 종교개혁의 첫 교리 진술인 1536년의 '10개 조항' (Ten Articles)과 1537년의 '감독서' (Bishops' Book)[43]에 소개하기 위해 긴밀히 함께 일했다. 개신교 가르침 전파에 도움이 되었던 매우 중요한 단계는 영어 성경이 모든 교구 교회에 비치될 것이라는 1538년 왕의 명령이었다.

헨리 종교개혁의 가장 파괴적인 사건은 영국 수도원들의 해체였다. 1535년 크롬웰은 영국에 있는 수도원의 상태를 조사하기 위한 위원회를 조직했다. 수도원에서 발견된 상당한 숫자의 윤리적 타락을 열거한 보고서는 1536년 3월 작은 수도원(1년에 200 파운드보다 적은 수입을 올리는 것들)은 해체되어 그 재신은 왕에게 양도된다고 명령한 의회 법령을 위한 정당성을 제공했다.

수도원 해체는 헨리 종교개혁에 대항하는 유일한 주요 반발을 촉발시켰다. 요크셔(Yorkshire) 반란의 지도자인 로버트 에스키(Robert Aske)는 종교적 동기를 강조하기 위해 그것을 "순례"라고 불렀으나, 경제적이고 사회적인 문제가 반란에 또한 관련되어 있었다. '은혜의 순례' (The Pilgrimage of Grace)는 일곱 북부 지역에 영향을 주었고, 1536-1537년의 가을과 겨울을 거쳐 지속되었다. 반란자들은 30,000명의 군대를 일으켰지만, 왕이 협상을 약속했을 때 쉽게 해산했다. 헨리 8세는 반란 지도자들에 대한 복수를 하기 위해 1537년 1월에 발발한 새 반란을 핑계로 사용했다.

토마스 크렌머(1489-1556)
베자 형상(Beza *Icones*)에서 발췌한 그림

'은혜의 순례' 는 수도원 해체를 위한 마지막 단계를 밟는데 도움을 주었다. 왕은 대 수도원들의 수도원장과 부원장에게 압력을 가해 반란자를 지원했던 자는 자신의 재산을 왕에게 넘기도록 했다. 이것은 추후에 의회 법령에 의해 확인되었다. 이 해체는 교회로부터 군주에게로의 거대한 재산 양도였고, 1539년부터 왕은 이 땅을 평민들에게 팔거나 부여했고, 이들은 이제 헨리의 종교개혁을 전복시키지 않을 새로운 경제적 관심을 갖게 되었다.

'은혜의 순례' 가 시작되었을 때, 아라곤의 캐서린과 앤 볼레인은 둘 다 죽었다. 캐서린이 1536년에 자연사 했을 때, 헨리와 앤은 즐거워했으나 앤의 즐거움도 오래 가지 못했다. 캐서린이 죽은 같은 달에, 앤은 유산을 했고 태아는 남성으로 밝혀졌다. 황제 대사는 "왕이 대단한 실망과 슬픔을 확실하게 보여주었다" 고 보고했다.[44] 헨리는 자신에게 남자 후손을 주지 못한 것에 대해 앤을 비난했고, 그 후로 앤은 왕의 호의를 받지 못했다.[45] 헨리는 또한 앤과 그녀의 다른 남자들과의 관계에 대해 점점 의심을 품게 되었다. 1536년 5월 그녀의 오빠, 비스카운트 로크포드(Viscount Rochford)를 비롯한 다섯 남자가 여왕과의 간음으로 고소되었다. 그들은 모두 같은 달에 처형되었고, 1536년 5월 19일 앤도 처형당했다.[46] 다음 날 헨리는 제인 시모어(Jane Seymore)와 약혼했다. 그는 열흘 후 그녀와 결혼했고, 1537년 10월 12일 제인은 오래 기다렸던 남자 후손을 낳았으며, 그를 에드워드(Edward)라고 이름 지었다. 제인은 왕과 왕국을 잘 섬겼으나, 그녀의 생명을 지불해야 했다. 에드워드 출생 12일후 제인은 해산 발열로 죽었다. 헨리는 여생에 세 번 더 결혼했으나,[47] 더 이상의 자녀는 가지지 못했다. 영국 종교개혁의 미래는 이제 헨리의 세 자녀, 메리, 엘리자베스, 그리고 에드워드 손에 놓이게 되었다.

왕 헨리 8세 통치 마지막 기간은 보수적 반응으로 특징지어졌다. 이것은 헨리가 나라에 나타나기 시작한 종교적 다양성에 대해 근심하게 되었기 때문이다. 1538년 11월 그는 개인이 "설교와 의사소통에서 미신적 발언과 잘못된 것들을 표현하는 거친 말 그리고 광신적인 견해를 사용하는 것"에 대해 불만을 표시하는 왕의 선언을 발포했다. 이 선언은 공식적 허가 없이는 영어서적의 수입이나 영어서적의 인쇄를 금지했다. 그리고 영어로 성경을 주석이나 서문을 포함하여 인쇄하는 것도 금했다. 1539년 4월에 작성된 선언의 초안은 "교회, 술집, 여인숙 그리고 다른 곳들과 회중에서" 일어나는 분파들 사이의 분쟁을 한탄했고 이 문제를 해결하기 위해 의회에서 법제정을 하겠다고 위협했다.[48] 같은 해 의회는 '6개 조항의 법령'(Acts of Six Articles)을 통과시켰다. 왕은 자신의 손으로 이것을 만들었고, 철회를 해도 화체설을 거부했던 자들을 사형과 재산몰수로 위협했다. 그것은 또한 떡으로만 성찬을 집행하는 것이 평신도를 위해 충분하다고 말했고, 성직자들의 금혼, 사적 미사, 그리고 비밀참회는 계속될 것이며, 순결 맹세는 계속되어야 한다고 말했다. 1540년 7월 보수파는, 토마스 크롬웰이 이단이고 배신자이기 때문에 권력에서 제거되고 처형되어야 한다고 왕을 확신시켰다. 동시에 로버트 반즈(Robert Barnes)와 같이 크롬웰과 함께 일한 자들도 이단으로 처형되었다. 그러나 토마스 크랜머는 생존했고, 1547년 1월 왕이 죽었을 때, 대주교 크랜머는 왕의 옆을 지키고 있었다. 헨리는 신하들이 자신의 목적에 부합되지 않을 때는 다 버렸지만, 크랜머 만큼은 버리지 않았고, 통치 말기에 보수파가 크랜머를 짓밟으려했을 때 헨리는 크랜머를 보호했다. 헨리 8세의 통치를 넘어 크랜머는 헨리 아들의 통치에서 완전히 개신교로의 해결을 준비하는데 중요한 역할을 하는 위치에 있게 되었다.

에드워드 종교개혁

에드워드 6세(Edward VI)가 아홉 살 이었을 때 아버지가 죽었기 때문에, 에드워드 대신 통치가 이루어지도록 왕에 의해 선택된 16명으로 섭정 의회가 구성되었다. 헨리 8세가 죽은 후 바로 그의 신하들은 헨리의 유지를 무시했고, 어린 왕의 삼촌이고, 소머세트의 공작(Duke of Somerset)인 에드워드 시모어(Edward Seymore)가 호국경(the Lord Protector)이 되었다. 그리고 소머세트는 정부를 장악했고, 크랜머는 캔터베리의 대주교로서 교회를 다스렸다. 두 사람은 다 개신교 해결에 헌신했고, 젊은 왕은 전적으로 지지했다. 즉위식에서 크랜머는 에드워드 6세가, 고대 이스라엘의 종교개혁을 시작했고 모든 이방 종교의 형태들을 제거했던 구약 소년 왕 요시아를 닮으라고 호소했다. 에드워드는 개신교주의에 동정적인 인문주의 교사들에 의해 훈련되었고 성경을 매일 읽었던 에드워드는 그 역할을 맡는 것이 너무 행복했다. 그러나 그의 대주교는 개혁 프로그램을 수행해 나가는데 조심스럽고 현명하게 움직였다. 개신교 종교개혁을 위한 지원이 여전히 비교적 제한되었기 때문이었다.[49]

점진적이고 단계적인 개혁은 저항을 최소화시키는데 도움을 주었다. 사람들에게 환영받지 못할 것으로 보이는 변화를 강요하기 보다는, 대주교 크랜머는 국민들의 마음을 변화시키려고 노력했고 복음적 신학의 교육 프로그램을 통해 그들의 마음을 얻으려고 했다. 자신이 저술한 열 두 개의 설교가 부분적으로 그 역할을 해 주었다. 1547년 7월 연속적인 법원 명령이 내려졌다. 그것은 이신칭의 종교개혁 교리를 가르치고 성경의 유일한 권위를 강조하는 설교가 매 주일 모든 교회에서 읽혀지도록 하는 명령이었다. 그 설교는 대중을 종교개혁 신학으로 교육시키려고 고안된 것이기에, 다른 내용을 가르치는 설교는 금지되었고 결국 완전히 폐지되었다.[50] 그 명령은 또한 신조, 주기도문, 그리고 십계명에 대한 교육을 주문했고 복음서와 신약서신의 교훈이 영어로 읽혀지도록 했다.

의회가 그 해 말에 모였을 때에는 더 과격한 개혁이 수행되었다. 떡과 포도주를 다 사용하는 성찬을 명령했고, 6개 조항(Six Articles)과 이단 법령을 무효화했다. 연옥교리를 구체적으로 공격하는 법령에 입각하여 명복을 빌기 위한 연보 기증 재산을 몰수했다. 1548년 촛불, 재, 종려, 거룩한 빵, 그리고 거룩한 물 등을 사용하는 예식들을 종식시켰고, 성상을 교회에서 제거하라고 명령했다. 이 변화가 대중 종교 관습의 심장부를 쳤지만, 변화에서 가장 민감한 부분의 영역은 예배와 특히 성찬이었다. 1547년 12월에 공포된 왕정 포고는 영국 교회를 장악하고 있었던 성찬 논쟁의 유형을 드러낸다. 그것은 사람들이 그리스도의 몸과 피가 어떤 방식으로 존재하는가에 대한 논쟁이었다. 그리스도의 몸과 피의 존재가 "실제적인지 상징적인지, 지협적인지 아니면 범위 내에서 제한적인지, 양과 위대함을 가지고 있는지 아니면 단순히 실체적인 것이고 본질만 가지고 있는지, 아니면 상징적이고 표현만인지"를 논하는 것이었다. 왕정 포고는 "우리 인간의 우둔함으로 얻을 수 없는" "하나님의 지혜와 영광의 무한하고 헤아릴 수 없는 깊이 안에 숨겨져 있는 신비"를 파헤치기 보다는 사람들이 성찬을 논의할 때 성경의 명백한 말씀에 자신을 국한 하라고 명령했다.[51)]

예배 형식의 변화는 저항에 부딪힐 가능성이 높았기 때문에 매우 조심스럽게 그리고 점진적으로 소개되었다.[52)] 1548년 12월 성찬에 대한 나흘간의 논쟁이 상원(the House of Lords)에서 개최되었고 감독들 사이에 깊은 분열을 드러냈다. 크랜머는 더 이상 빵과 포도주에 그리스도의 물리적 존재를 믿지는 않았지만,[53)] 그가 첫 영어 기도서를 만들었을 때 보수파를 불필요하게 자극할 수 있는 분명한 교리 진술은 피했다.54) 개신교와 가톨릭은 이 진술을 무엇으로 호명할 것인가 대해 동의하지도 못했다. 로마 가톨릭교도들은 그것을 미사(mass)라고 불렀으나, 개신교도들은 일반적으로 그 용어가 가톨릭 교리 냄새를 너무 풍긴다고 느꼈고 우상숭배라고 여겼다. 1549년 기도서에서 그것에 붙여진 제목은 성찬 신학에 대한 의도적 모호성을 드러낸다. 그것은 "주님의 만찬(the supper of the Lord) 그리고 미사라고 일반적으로 불리는 거룩한 교제(Holy Communion)"라고 불려졌다.[55)] 기도서는 교리적 진술을 포함하지 않았고, 기도서에 있는 요리문답은 성례를 다루지도 않았다. 첫 기도서가 출판된 지 한참 후인, 1550년까지 성찬에 대한 어떤 구체적인 진술도 나타나지 않았다. 1549년 1월 의회는 첫 영어 기도서를 승인했고 영국 전체에 그것의 사용을 명령했다. 그것은 영국 교회에서 사용되어진 난잡한 책들의 혼합물을 대치했고[56)] 과거의 예배 의식 전통과 현대적 가톨릭과 개신교 개혁 예배의식을 참고했다. 종교개혁의 핵심 교리에 대해 어떤 의혹도 남기지 않으면서도, 대주교 크랜머는 전통적 예식과 개혁적 예식 사이의 균형을 이룩하는데 대단한 적절함을 보여주었다. 언어학적으로 기도서는 대작으로 칭송를 받았다. 피터 뉴만 브룩스(Peter Newman Brooks)는 그것을 "어떤 기준으로 보나 놀라운 성과"라고 부르며, 크랜머의 "예배의식은 종교개혁 시기에 단순히 영어로 된 국가적인 예식만이 아니라 서방교회의 가톨릭 전통에 깊이 뿌리 내린 기도와 예배서"라고 지적했다.[57)]

아름다운 언어와 성찬 신학에 대한 조심스러운 접근이 모든 사람들을 만족시킬 수는 없었다. 자신에게 매우 중요했던 종교가 기도서에 의해 손상되고 있다고 느낀 사람들은 불만이었다. 때로는 영어를 사용하지도 않는 서쪽 지역 사람들은 전면적으로 영어를 사용하는 예배에 불쾌감을 느끼기도 했다. 기도서가 데본(Deven)과 콘월(Cornwall)에 소개되었을 때, 사제들에 의해 주도된 일반 사람들은 공개적 반발을 했다. '기도서 반발' (Prayer Book Rebellion)이라고 불리는 이 반발은 1549년 6월에서 8월까지 지속되었고, 반란자들이 경제적 및 다른 불평들을 가지고 있었지만, 그들이 작성한 불만의 진술에는 종교적 관심이 주된 내용이었다. 그 지역의 상류계급은 반란을 지지하지 않았기에 그것을 억압하는 것은 정부에게 비교적 쉬웠다. 경제적 불만으로 야기된 더 심각한 반란이 같은 해 봄과 여름에 영국의 중심부에 나타났다. 그것은 로버트 케트(Robert Kett)가 주도한 동 앙글리아(East Anglia)에서 큰 성공을 거두었고, '케트의 반란' (Kett's Rebellion)이라고 불린다. 반란자들은 3주 동안 중요한 도시인 노르위치(Norwich)를 점령했고, 결국 진압되기는 했지만, 이 반란은 소머세트 공작의 추락으로 이어졌으며, 그는 1549년 체포되고 투옥되었다. 소머세트는 날조된 반역죄로 1552년 1월 처형되었다.

워위크의 백작(Earl of Warwick)이며 나중에 노섬버랜드의 공작(Duke of Northumberland)이 된 존 더들리(John Dudley)가 이제 주도권을 잡았고, 종교개혁은 과격한 방식으로 진행되었다. 1549년 말, 감독에게 보낸 왕의 안내장은 모든 라틴어 예배서의 분쇄를 명령했다. 다음 해 복음주의자가 여섯 주교관구의 보수적 감독 자리를 차지했고, 교구 교회들은 제단, 장신구, 접시가 제거되었다. 1549년 기도서가 여전히 "너무 가톨릭적"이라고 느낀 과격한 개신교도들을 만족시키지 못했기 때문에, 1552년 영국교회는 새 예배의식을 받았다. 대주교 크랜머는 항상 두 번째 수정 기도서를 만들 의도가 있었을 것이나,[58] 그는 예배의식의 변화를 점진적으로 소개하려 했다.

크랜머는 마틴 부처의 현명한 충고로 기도서의 수정에 도움을 얻었다. 부처는 아우그스부르그 잠정협정(Augsburg Interim)이 체결되었을 때 스트라스부르그를 떠났고 캠브리지에 교수직을 얻었다.[59] 크랜머와 부처는 공통점을 많이 가지고 있었고, 부처는 콜론(Cologne)의 대주교인 헤르만 폰 비드(Hermann von Wied)가 자신의 주교관구에 온건한 개혁을 소개하려 시도했을 때 이미 그를 도왔다. 부처는 1549년 기도서를 평할 때 조심스럽게 표현했다. 그는 "하나님 말씀으로부터 취하지 않은 것은 아무 것도 발견되지 않았거나, 적어도 합리적인 해석에 입각하여 그것에 반대되지 않았다"고 말했다. 그러나 그는 "정당하게 해석되지 않는다면 하나님 말씀과 완전히 일관적이지 않게 보일 수 있는 약간의 작은 부분들"에 대해 이의를 가지고 있다고 말했다.60) 부처는 그 "약간의 작은 부분들"을 '켄수라'(Censura)라고 명칭된 확장된 평가에서 논의했다. 대부분의 그의 충고는 수정된 기도서에 채택되었고, 그것은 1549년 기도서에 남아있던 불분명 한 것과 가톨릭 의미로 해석될 수 있는 것을 제거했다. 새 기도서는 성찬의 명칭에 대해 의문을 남기지 않았고 "주님의 만찬 또는 거룩한 교제"(The Lord's Supper or Holy Communion)라고 명명했다. 그것은 또한 성찬의 루터교 해석에서 멀어졌다. 빵과 포도주의 분배 시에 선포되는 말씀은 달라졌고 빵과 포도주에 있는 그리스도의 존재에 대해 기념적 이해를 강조했다. 1549년 말씀인 "우리 주 예수 그리스도의 몸이 너희를 위하여 주어졌고 너희 몸과 영혼을 영생으로 보존한다"가 "이것을 먹고 그리스도가 너희를 위하여 돌아가신 것을 기억하며 너희 심령에 감사함을 가지고 믿음으로 그를 먹으라"로 바뀌었다.61)

심지어 그것도 일부 과격한 개신교도들에게는 충분하게 명백하지 않았다. 1549년에 제네바에서 영국으로 온 존 낙스(John Knox, 1513-1572)는 사람들이 성찬에서 무릎을 꿇어야한다고 말하는 예배 규정에 반대했다. 낙스는 이것이 빵과 포도주에 그리스도의 실질적 존재를 암시한다고 염려했기 때문이다. 그러므로 그는 무릎을 꿇는 것은 빵과 포도주를 흠모하려는 의도도 없고 그리스도의 자연적 몸의 존재를 의미하지도 않는다는 것을 분명하게 진술하는 수정된 예배 규정의 삽입을 주장했다. 크랜머가 추밀원(Privy Council)에 의해 이 수정을 요구받았을 때, 그는 강하게 반대했다. 크랜머는 추밀원에 날카로운 편지를 썼다. 이것은 크랜머의 성격과는 좀 다른 것으로 그가 이 문제에 대해 얼마나 강하게 느꼈는지를 잘 보여주었다. "저는 당신의 지혜를 알기에 당신께서 이 빛나고 조용하지 않은 영들에 의해 움직여지지 않을 것을 믿습니다. 이것은 그들이 자신의 환상을 추구하고 있으며, 상황이 조용하고 질서 정연할 때 계속해서 문제와 불협화음을 만들 것입니다. 만일 그런 사람들의 말을 듣는다면, 책이 매년 새롭게 만들어진다 하더라도, 그들의 의견에는 오류가 없지 않을 것입니다."62) 크랜머의 반대에도 불구하고, '검은 예배 규정'(Black Rubric) (가치 판단 때문이 아니고 문서의 색깔 때문)이라 불린 예배 규정은 책에 삽입되었다.

왕 에드워드 6세 통치의 말엽에 크랜머가 "빛나고 조용하지 않은 영들"이라고 불렀던 자들이 더 많은 변화를 요구하며 동요했다. 예를 들어, 츠빙글리 쪽 개신교도인 존 후퍼(John Hooper, d. 1555)는 글라우체스터(Gloucester)의 감독으로 임명되었을 때 1550년의 새 성직 수임식순(Ordinal)에 명기된 예배에 반대했다. 그것은 전통적 의상을 고수했고 수장의 맹세에 성인들을 포함시켰다.[63] 또 다시 크랜머는 더 과격한 개신교도들을 직면하게 되었고, 그들은 그의 온건한 개혁 방식에 반대했다. 젊은 왕이 자신의 펜으로 성인을 수장 맹세로부터 삭제하여 성인들에 대한 의문에 대해서 그날은 후퍼가 이겼지만, 그는 투옥의 위협 하에 성직복을 착용하도록 강요되었다.

대주교 크랜머는 왕 에드워드 6세가 죽기 전에 에드워드 종교개혁에 한 가지 더 공헌을 했다. 그는 종교개혁자들의 총회가 개혁교회를 위해 연합된 교리적 진술을 작성하기를 바랐으나, 이것이 실패하자 영국교회를 위한 자신의 신앙 진술을 기술했다. 그 진술의 '42개 조항' (Forty-two Articles)은 성경이 완전히 명백하지 않은 관건들에 대해 개신교도들을 불필요하게 분열시킬 수 있는 진술을 피했다. 그러나 그 조항은 이신칭의와 오직 성경의 중심 종교개혁 교리 선포에는 매우 분명했다. 42개 조항은 1553년 6월 반포되었다. 한 달도 안 되어 왕 에드워드 6세가 죽고 그의 계승자가 영국교회를 종교개혁 전의 신학으로 복구시켰을 때 42개 조항은 무용지물이 되었다.

에드워드 종교개혁의 여파는 무엇인가? 에드워드 6세의 5년 통치기간 동안 영국은 개신교 국가가 되었는가? 1977년 제프리 엘톤(Geoffrey Elton)은 현명하게 이렇게 평했다. "질문은 에드워드 종교개혁이 영국을 개신교로 만들었는가가 아니고 (성공을 위해서 충분한 시간이 없었음), 영국인들이 전체적으로 개신교 신앙을 받아드리기 위한 압력을 수용했는지 아니면 저항했는지 하는 것이다." 엘톤은 "인내로부터 열심까지 다양하기는 하지만 수용이 공통적인 반응이었다"고 주장한 반면,[64] 수정주의 역사가들은 저항이 더 일반적이었다고 주장했고 개신교주의는 에드워드 6세의 짧은 통치동안 왕국에 별로 영향을 미치지 않았다는 입장이었다. 잔존하는 문서들이 평균 영국인의 종교적 신앙을 결정하는 것을 매우 어렵게 만들었기 때문에 역사가들은 양쪽 견해를 위한 증거를 다 발견할 수 있었다. 노만 존스(Norman Jones)가 지적했듯이, "종교개혁 역사가들을 어렵게 만드는 문제 중 하나는 그들이 연구하는 대상들이 자신의 종교를 분명하게 하지 않는다는 것이다. 때로 그들은 자기가 무엇을 믿는지 개념이 없는 것처럼 보인다."[65] 예상할 수 있는 것처럼, 그것이 종교적 신앙과 실천에 과격한 변화를 동반했기에, 에드워드 종교개혁에 저항이 있었다. 두 번째 에드워드 기도서는 처음으로 교회 불출석에 벌금을 부여했다. 아마도 사람들이 새로운 예배로부터 멀리 할 것을 근심했기 때문일 것이다. 사람들은 예배를 방해했고 설교를 들을 때 공개적으로 지루함을 표현했으나, 놀라운 것은 그런 과격한 종교 변화에 대해 저항이 있었다는 것이 아니라 저항이 별로 없었다는 것이다. 에드워드 6세 통치가 종식되었을 때, 영국인들의 종교적 신앙에 분열이 있었다는 데는 의심이 없는 것으로 보인다. 복음주의자들이 분명히 소수로 남았음에도 불구하고, 그들은 남동 지역과 브리스톨(Bristol) 지역을 비롯하여 왕국의 가장 중요한 지역에 상당한 영향을 미쳤다. 에드워드의 계승자인 그의 이복누이 메리(Mary)는 가톨릭주의를 회복시키는 것이 기대했던 것만큼 쉽지 않다는 것을 알았다. 메리는 국민을 교회로 오게 하는데 어려움을 겪었고, 신앙보다 목숨을 포기하려는 사람들은 후대로 하여금 그녀를 "피의 메리"라고 불리게 하는 결과를 초래했다.

메리의 반응(Marian Reaction)

왕 에드워드 6세는 1553년 7월 6일 15세의 나이로 죽었다. 에드워드가 성인으로까지 살았더라면 영국의 역사가 어떻게 바뀌었을까 생각하게 된다. 에드워드는 훌륭한 젊은이였고 14세에 정부 일에 이미 참여하고 있었다. 그러나 1553년 5월 그의 건강은 급속하게 나빠지기 시작했고, 그의 통치 동안 이루었던 것을 보호하기 위해 그는 계승을 바꾸기 위한 노력에 협조했다. 그의 두 이복누이, 메리와 엘리자베스(Elizabeth)는 제외되었고, 헨리 8세의 누이동생의 14세 손녀, 레이디 제인 그레이(Lady Jane Grey)가 그의 후계자로 지명되었다. 1553년 5월 21일 제인 그레이는 노섬버랜드의 공작, 존 더들리의 아들과 결혼했다. 십대 여왕은 그 역할을 하기에 너무 준비가 되어있지 않았고, 의회가 제인에게 여왕이 되었다고 통보했을 때 기절하고 말았다. 그녀는 경악할 만한 이유를 가지고 있었다. 후계를 바꾸는 노력은 처음부터 실패하게 되어있었던 것이다. 심지어 개신교도들도 합법적인 후손 대신 보좌를 위해 법적으로 의혹이 있는 주장으로 여왕을 지지할 준비가 되어있지 않았다. 결과적으로 메리는 자신의 경쟁자를 폐위시키는데 어려움이 없었고, 심지어 노섬버랜드의 공작도 제인의 대의는 소망이 없다는 것을 신속하게 인식했으며 자신의 며

느리를 포기했고 7월 20일 메리를 여왕으로 선포했다. 그러나 그것은 그의 생명을 구원하지 못했다. 메리는 처음에 제인을 지지한 자들을 너그럽게 대했지만, 메리의 통치가 한 달이 채 되기 전에 노섬버랜드는 처형되었다. 노섬버랜드가 입장철회를 했고 자신의 이단성을 고백했기에, 그의 죽음으로 메리는 옛 신앙을 회복시키려는 노력에 첫 승리를 거두었다. 메리의 정책을 위해서는 불행하게도, 첫 승리가 너무 쉬웠기 때문에 그녀는 다른 개신교도들이 가지고 있는 신앙도 마찬가지로 피상적이라고 믿게 되었다.

메리가 여왕이 되었을 때 그녀는 37세였고, 그 시점까지 그녀의 전체 인생은 자신의 잘못과는 무관하게 비극의 연속이었다. 메리는 자신의 어머니가 불명예스럽게 되는 것을 보았고, 그녀 자신이 사생아라고 선언되었으며, 의회의 법령에 의해 승계로부터 제외되었다. 메리가 사랑했던 아버지는 그녀를 무시했고 그녀가 사생아로 여겼던 여동생에게 인사를 올리도록 강요했다. 건강하지 못하고 원치도 않은 아이로 자란 메리는 그녀의 종교를 유일한 위로로 삼고 초기 성인의 삶을 뒷전에서 살았다. 그러나 이제 여왕으로 메리는 자신의 인생에 위대한 야망을 실현하고 교회를 올바른 위치로 회복시킬 수 있는 기회를 얻게 되었다. 메리는 영국이 근본적으로 옛 신앙에 충성스럽다고 확신했고, 자신의 임무를 완성하는데 별 저항이 없을 것으로 완전히 기대했다. 메리는 튜더 가문(Tudors)의 지성과 행정능력을 물려받은 것처럼 보이지만, 그녀의 판단은 때로 깊은 종교적 헌신으로 가려져 있었다. 결과적으로 메리는 영국에 가톨릭 신앙의 영구적 회복을 이룩하는데 실패했고, 역사가들은 이 노력이 왜 실패했는지 오랫동안 논쟁을 벌였다. 예상할 수 있는 것처럼, 개신교도들은 그녀의 실패를 손쉽게 설명할 수 있었다. 팍스(Foxe)는 매우 정당한 하나님의 심판으로 간주했다. "메리 시기의 짧음을 보든지, 아니면 그녀가 가진 목적을 이루기 위해 나타난 불행한 사건들을 보든지, 우리는 이 땅과 어떤 다른 땅에서도 이 여왕 메리의 통치에서 나타난 것과 같이, (주어진 시간 안에) 하나님의 그렇게 많은 진노와 불쾌하심을 보여준 어떤 군주의 어떤 통치도 발견하지 못할 것이다."[66]

메리의 실패를 종교 정책의 이유로 보지 않는 사람들은 실패의 원인을 그녀의 성격적 문제와 통치자로서의 부적절성으로 돌리는 경향이 있다. 제프리 엘톤은 메리가 "교만하고, 독단적이며, 편협하고, 완고하며, 의심이 많고, 그리고… 다소 어리석다" 고 말하며 극심한 비난을 퍼부었다.[67] 가톨릭 역사가들은 당연히 동정적이었다. 수정주의자들은 메리가 여왕이었던 짧은 기간 동안 이룩했던 성취에 좋은 인상을 받았고 가톨릭주의의 영구적 회복을 이룩하는데 실패한 이유를 그녀의 조기 사망과 후손을 갖지 못한 탓으로 돌렸다.[68]

메리는 처음에는 백성들에게 원만한 정책을 펼치려 했다. 그녀의 "양심이 종교적 일에 자리 잡고" 있지만, "다른 사람들의 양심을 강요하거나 제한"하려 하지는 않았다. 오직 하나님께서 "거룩하고, 진실하며, 학식이 있는 설교자들에 의해 그들에게 하나님의 말씀을 여는 것을 통해" 그들을 설득하셔야만 한다고 생각했다.[69] 그러나 "거룩하고, 진실하며, 학식이 있는 설교자" 중 하나가 다음 날 '바울의 십자가'(Paul's Cross)에서 말씀을 전했을 때, 그는 강단을 습격한 사나운 무리로부터 구출되어야 했다. 분명히 모든 자들이 옛 신앙의 회복을 환영할 준비가 되어있지는 않았다. 그 다음 그 "진실하고 학식이 있는 설교자들" 중 하나가 런던에서 설교했을 때, 200명의 여왕 경호인이 설교자를 둘러쌓았고, 설교는 큰 충돌 없이 진행되었다. 일부는 여왕 메리의 옛 종교 회복 노력을 저항했지만, 대부분은 그들의 신앙생활에 매우 중요했던 성상, 형식, 그리고 예식들의 회복을 즐거워했고 환영했다. 많은 곳에서 이것들은 정부가 종교에 대한 입법을 시작하기도 전에 회복되었다. 메리가 권력을 가진 후에 투옥된 존 후퍼(John Hooper)는 영국에서 일어나는 일들에 대한 자신의 고뇌를 표현하는 편지를 1553년 9월 감옥에서 불링거에게 썼다. "왕국에 제단이 다시 세워졌고, 많은 처소에서 개인적 미사가 자주 행해졌으며, 하나님에 대한 진정한 예배, 참된 기원, 성례의 바른 집행 등은 모두 폐지되었다. 하나님의 것은 짓밟혀졌고 인간적인 것이 중요한 자리를 차지했다."[70]

메리는 처음에 천천히 조심스럽게 움직였다. 그녀의 통치 초기에는 인증되지 않은 설교를 금지하는 선포를 했으나, 여왕은 자신의 종교를 누구에게도 강요하지 않겠다고 계속 주장했다. 에드워드의 통치시절 투옥되었던 가톨릭 감독들은 여러 교구에서 개신교도들을 대치했고, 일부 개신교 감독들은 감독의 지위를 박탈당하고 투옥되었으며, 그 중에는 대주교 크랜머, 니콜라스 리들리(Nicholas Ridley, 1502-1555), 휴 라티머(Hugh Latimer, 1485-1555), 그리고 존 후퍼(John Hooper) 등이 있었다. 그들은 이단 법이 아직 복원되지 않았기 때문에, 메리통치 초기에 반란의 죄목으로 체포되고 투옥되었다. 1555년 10월 의회가 모였을 때, 에드워드 종교법을 폐지하고 헨리와 캐서린의 결혼 무효를 번복하며 메리의 사생아 신분을 면제했다.

그러나 의회는 메리의 뜻을 수용하는데 수동적으로 고분고분하지만은 않았다. 폐지령은 5일 동안 논쟁에 휩싸였고, 하원의 상당수는 입법에 반대했다.[71] 더욱이 수장령은 폐지되지 않았고, 이단 법은 복원되지 않았다. 그러므로 메리는 의회가 1554년 말 법령을 폐지할 때까지 "영국교회의 수장"이라는 자신이 증오했던 직함을 가지고 살아야 했다.[72] 1554년 3월 여왕은 에드워드 통치시대에 결혼했던 모든 사제의 성직록을 박탈하는 훈령을 공포했다.[73] 그 훈령은 또한 감독들이 "이단과 잘 알려진 범죄를 억압하기 위해 부지런히 노력하고, 특히 성직자들을 교정하고 처벌하는 일에 열심을 내라"고 명령했다.[74] 이것이 혹독한 핍박으로 이어지지는 않았다. 이단 법은 그 해 말까지 복원되지 않았고 메리는 개신교도가 영국을 떠나는 것을 기꺼이 허락했다. 약 800명의 남자, 여자, 그리고 아이들이 영국을 떠나 대륙으로 망명했다. 루터교 도시들이 그들을 환영하지 않았기에 대부분은 취리히, 프랑크푸르트, 또는 제네바로 갔다.

메리 통치 첫 해 그녀의 주요 관심은 남편을 찾고, 영국의 가톨릭주의 미래를 위해 결정적 역할을 할, 후손을 생산하는 매우 중요한 일을 진행했다. 메리의 나이 때문에 시간이 중요한 요소이었으나, 여왕이 누구와 결혼해야하는지에 대해서는 의견이 모아지지 않았다. 메리는 결국 스스로 결정했다. 그녀는 황제 찰스 5세(Charles V)와 협약을 맺고 그의 아들, 왕자 필립(Prince Philip)과 결혼하기로 조약을 맺었다. 필립은 나중에 스페인의 필립 2세가 되었다. 메리는 참모들의 충고를 받아드리지 않았고 의회의 반대에도 무릅쓰고 이 결정을 했다. 의회는 1553년 11월 스페인 사람과의 결혼을 진행하지 말라는 청원을 했다. 그럼에도 불구하고 결혼조약이 1554년 1월에 맺어졌다. 같은 달, 메리에 대한 반대가 심각한 저항으로 표출되었다. 3,000명의 켄트 사람들이 토마스 와이어트(Thomas Wyatt)의 지도력 하에 메리의 정책에 반대하는 반란으로 일어났고 런던에서 행진을 했다.

와이어트는 부분적으로 나마 개신교에 대한 동정심으로 동기 부여되었지만, 그를 따른 많은 사람들은 메리와 필립의 결혼 후폭풍으로 영국에 임할 것 같은 스페인 독재의 두려움에 대한 반응이었던 것으로 보인다.[75] 와이어트는 이 일을 시작한 지 일 년이 되지 않아 메리의 통치를 종식시키는데 매우 가까이 접근했다. 그러나 반란군이 런던의 성문 앞에 서있을 때 메리 여왕은 그녀의 군대를 용맹스럽게 일으켰고, 메리가 직면했던 심각한 반란은 퇴치되었다. 반란군의 패배 후, 와이어트와 약 100명의 추종자들은 처형되었다. 불행히도 제인 그레이(Lady Jane Grey)와 그녀의 남편은 반란에 관련되지 않았는데도 불구하고 처형되었다. 반란군이 왕위에 세우려 계획했던 여왕의 이복누이, 엘리자베스(Elizabeth)는 잠시 감옥 탑에 투옥되었으나, 개신교 영국의 미래를 위해 다행히 메리는 그녀를 처형하지 않았다.

왕자 필립과 여왕 메리는 1554년 7월 결혼했다. 필립은 메리보다 11세가 어렸다. 비록 그는 대중 앞에서 그의 신부에게 매우 잘해주었고 그녀는 그와 사랑에 빠졌던 것으로 보이지만, 필립이 그녀에게 정을 주었다는 아무런 징후는 없었다. 필립은 자신의 아버지를 순종하기 위해 결혼했고, 충성스러운 아들로서 자신에게 기대되었던 것을 행했을 뿐이었다. 황제 찰스 5세, 영국의 가톨릭교도들, 그리고 여왕은 11월 말 메리가 임신했다는 소식에 즐거워했다. 가톨릭 영국의 미래는 밝아보였다. 같은 달 추기경 레지날드 포울(Reginald Pole, 1500-1558)이 국가를 과거의 죄로부터 면제하고 왕국을 교황에 대한 충성으로 회복하기 위해 런던에 도착했을 때[76] 메리는 매우 즐거워했다. 포울은 후에 켄터베리의 대주교로 크랜머를 대체했다. 의회가 왕 헨리 8세의 종교개혁을 출발시켰던 입법을 취소하고 이단 법을 복원하면서 여왕은 승리감으로 그 해를 마무리했다.

여왕 메리는 그 후 6개월 동안 성공적으로 통치했다. 그러나 이후 상황이 대단히 잘못되기 시작했다. 첫째 임신이 잘못되었다. 여왕은 임신을 하지 않았던 것이다. 4월이 산달이었고 "내 딸의 배는 어떤가?"라는 황제의 질문에 구경꾼들은 여왕이 임신의 몸 상태를 분명히 보이고 있다고 반응할 수 있었다.[77] 그러나 여름이 되었을 때 메리가 임신한 적이 없었다는 것이 명백해졌다.[78] 왕자 필립은 1555년 8월 말 영국을 떠나 네덜란드에 있는 자신의 아버지와 합류했고, 찰스 5세가 왕위를 포기할 때 그의 대륙 소유를 통치하기 위해 머물렀다. 필립의 귀환을 원하는 메리의 요청에도 불구하고, 필립은 1557년 3월까지 영국에 돌아오지 않았다. 필립이 영국에 와서 잠시 머무르는 동안 그는 프랑스와의 의미 없는 전쟁을 위해 영국이 스페인과 동맹을 맺으라고 메리를 설득하려 했다. 여왕 메리가 기적을 위해 계속 기도하며 눈물을 흘렸지만,[79] 가톨릭 계승자는 나타나지 않았다.

메리는 자신이 실제로 임신하지 않았음을 발견했던 바로 그 해, 그녀 통치에서 가장 재앙적인 정책을 개시했다. 1555년 2월 4일 영어 성경의 생산을 도왔던 개신교 성직자, 존 로저스(John Rogers, 1500-1555)를 화형에 처했던 것이다. 그는 메리의 남은 통치 기간 동안 처형된 거의 300명의 개신교도들 중 첫 번째였다. 이 숫자를 대륙에서 처형된 수천 명과 비교하면, 메리는 개신교도들이 그녀에게 붙여준 "피의 메리"라는 명칭이 지나쳐 보일 수 있다. 그러나 영국의 기준으로 이 숫자는 충격적인 것이었다. 종교개혁 초기 20년 동안 약 60명이 이단으로 처형되었고, 에드워드 6세 통치에는 단지 두 명만 처형되었다. 종교개혁 전 한 세기 반 동안, 아마도 약 100명 정도의 롤라즈(Lollards)가 처형되었다. 그러나 메리의 짧은 통치 기간 동안 과거 두세기 동안의 거의 두 배 이상이 처형되었다. 왜 메리가 그런 정책을 시동했고 그것이 영국 기독교에 끼친 장기적 여파는 무엇이었는가에 대해 많은 가설이 있었다. 첫째 질문에 대한 가장 가능성 있는 대답은, 개신교도들이 자신의 믿음과 예배를 끝까지 포기하지 않고 미사에 대해 참람한 공격을 계속하는 집요함에 메리가 괴롭힘을 당했기 때문이었다는 것이다. 에드워드 기도서 사용을 불법화하는 법규에도 불구하고, 개신교도들은 지하, 공동묘지, 술집 뒷방, 거룻배, 그리고 힘이 있는 동정자들의 집을 비롯한 여러 곳에서 비밀리에 지속적으로 예배를 드렸다. 망명자들은 메리, 그녀의 감독들, 그리고 미사를 공격하는 많은 출판물을 생산하고 영국으로 몰래 들여왔다. 메리는 이단의 바이러스가 멸절되지 않는다면, 다른 사람들에게 영향을 줄 것이고 그들의 영생을 위협할 것으로 염려했다. 그녀는 불이 나라를 정화시키기를 소망했다.

메리와 그녀의 감독들은 많은 개신교도가 불에 직면했을 때 노섬버랜드의 공작처럼 행동하고 자신의 이단성을 포기하거나 비겁하게 죽으며 자신의 믿음을 불명예스럽게 할 것으로 기대했다. 그들은 "회심자들을 원했지 순교자들을 원했던 것이 아니었다."[80] 그리고 그들은 개신교 지도자들의 저항을 무너뜨리려고 특별히 노력했다. 존 후퍼는 처형을 맞이한 첫 번째 감독이었다. 후퍼는 자신의 성당 도시에서 처형을 당했고, 그를 핍박한 자들이 그의 저항을 분쇄하려고 부단히 노력했으며 그의 처형은 특히 잔인했지만, 후퍼는 자신의 처형자들을 용서하고 용감하게 죽었다. 폭스(Foxe)에 의하면, 그가 마지막으로 남긴 말은 "주 예수여 나의 영을 받으소서"이었다.[81] 옥스퍼드에서 1555년 10월에 처형당한 리들리(Ridley)와 라티머(Latimer)도 자신의 믿음을 굳게 지키며 동일한 용기를 가지고 죽었다.

처형당한 가장 중요한 감독은 영국 종교개혁에 중심적 역할을 했던 토마스 크랜머였다. 메리는 크랜머를 경멸할 충분한 이유를 가지고 있었다. 크랜머는 캔터베리의 대주교로서 지난 20년 동안의 사건들에 대해 그녀를 특별히 괴롭혔던 수많은 일에 책임이 있는 자이었다. 그것은 메리 어머니의 결혼 무효화로부터 그녀의 사랑하는 백성에게, 그녀가 믿기로, 너무도 많은 잘못된 가르침을 제공한 기도서에 이르기까지였다. 만일 크랜머가 자신의 믿음을 철회한다면 그것은 영국 개신교주의에 특히 심각한 타격이었을 것이다. 그러므로 이 목적을 달성하기 위해 모든 노력이 기울여졌다. 크랜머는 2년 반 동안 투옥되었고 대부분의 시간 그의 친구들로부터 격리되었다. 그는 66세의 나이에 건강이 좋지 않았으며, 그의 입장을 공격하는 현명한 논쟁에 매우 연약할 수밖에 없었다. 크랜머는 학자로서 열려있었고 모든 논의를 받아드릴 준비가 되어있었으나, 자신을 도와줄 수 있는 사람이 전혀 없는 상황에서 그는 마침내 무너졌다. 그의 마지막 편지일 것으로 여겨지는 글에서 그는 1555년 말 그의 친구 피터 마터(Peter Martyr)에게 하나님께서 자신의 연약함에도 함께 하신다는 자신감을 표현했다. 그는 다음의 말로 글을 마쳤다. "하나님께서 내가 끝까지 견디어 낼 수 있도록 도와달라고 나는 기도한다."[82] 처음에는 그 기도가 응답되지 않는 것처럼 보였다. 그 편지를 쓴지 바로 얼마 후 크랜머가 자신의 신앙을 철회하는데 서명을 했기 때문이다. 그것은 그가 압력을 받아 서명한 여섯 편지 중 첫 번째였다. 그러나 마침내 그는 다시 견고히 서서 그의 철회를 거두고 신앙 철회를 서명한 손이 자신을 배신했기 때문에 그것부터 화형에 처해져야 한다고 말했다. 폭스는 그의 죽음을 이렇게 기록했다. "이제 불이 그에게 왔고, 그는 자신의 오른손을 펼쳤으며, 그것을 불속에 집어넣었고, 불이 자신의 몸의 다른 부분에 오기 전까지 한동안 그 손을 불속에 놓았다. 모든 사람이 그의 손이 타는 것과 큰 소리로 '이 손이 잘못을 했다' 라고 울부짖는 것을 보았다. 불길이 위로 오르자, 그는 곧 죽었고 한동안 움직임이나 울부짖음이 없었다."[83]

크랜머가 죽은 후 메리는 2년 동안 통치했으나, 후손을 갖지 못했기 때문에 그녀가 죽은 후 가톨릭 반응은 지속될 수 없었다. 그녀 통치의 마지막 해는 특별히 혹독했다. 처음에는 대중적 여흥을 제공했을지 모를 핍박이[84] 점점 인기를 잃어가고 있었다. 대부분의 희생자들이 60명의 여인을 비롯한 평민이었기 때문이었다. 점점 더 많은 사람이 순교자를 비난하기 보다는 지지하기 시작했고, 그 결과 화형은 결국 비밀리에 집행되었다. 추기경 포울이 영국 교회에 진지한 개혁을 가져오고 백성에게 가톨릭 신앙을 가르치려는 대단한 노력을 기울였지만, 그를 직면하고 있던 도전은 감당하기 어려운 것이었다. 거의 절반의 인구가 20세 미만이었고 그들의 부모와 조부모가 한 때 그렇게 의미 있게 가지고 있었던 종교를 결코 알지 못했다. 메리가 몇 종교 가옥을 재건했지만, 수도원 토지는 복원되지 않았다. 포울이 교회 토지 손실을 인정하려 하지 않았지만, 많은 돈을 지불한 신사계급 사람들이 그것을 포기하려할 가능성은 없었다. 종교 조합의 회복과 연옥교리와 관련이 있는 부속예배당의 복원에 별 진보가 없었다. 동시에 영국은 수차례의 자연재해를 겪었고, 어떤 자들은 하나님의 심판이 배교의 땅에 임했다고 믿었다. 거친 날씨로 인한 부족한 수확은 심각한 기근으로 이어졌고, 전염병이 돌아 많은 생명을 앗아갔다. 영국 인구의 거의 20퍼센트가 메리 통치 말기에 죽었고, 1558년 1월 영국이 마지막 대륙 소유였던 칼라이스(Calais)가 프랑스에 넘어감으로 메리의 고통은 더욱 심해졌다.

여왕 메리는 1558년 11월 17일 죽었다. 이것은 대주교 레지날드 포울이 세상을 떠나기 12시간 전이었다. 헨리 8세의 자녀 가운데 하나만 살아남아 있었고, 메리의 사후 앤 볼레인(Anne Boleyn)의 딸이 여왕 엘리자베스 1세(1558-1603)로 평화롭게 보좌에 올랐다. 역설적으로 영국 종교개혁은 헨리 8세가 평화로운 계승을 확실히 하기 위해 남자 후손을 필요로 했기 때문에 시작했으나, 영국 국민은 그의 두 딸을 바로 수용했다. 엘리자베스는 특별히 쉽지 않은 상황을 아주 인상적인 방법으로 대처한 훌륭한 통치자로 판명되었다. 영국은 11년 동안 세 번의 종교적 변화를 경험했고, 종교전쟁은 이미 대륙 나라들을 괴롭히기 시작했다. 엘리자베스는 분열된 나라를 연합하고 유럽 대륙이 겪고 있는 종교개혁 시대와 동일한 비극적 결론으로부터 영국을 보호할 수 있는 종교적 합의에 도달해야하는 도전에 직면했다. 엘리자베스가 이것을 어떻게 달성하는지는 다음 장에서 다룰 것이다. 우리는 또한 엘리자베스가 영국 종교개혁을 굳건히 하려 했던 그 시기에 영국의 북쪽 이웃인 스코틀랜드(Scotland)에서 발생한 또 다른 종교개혁의 이야기를 할 것이다.

제9장

스코틀랜드 종교개혁과 엘리자베스 합의

여인에게 통치, 우월권, 지배, 또는 국가나 도시 등의 어떤 영역 위에 제국을 갖도록 하는 것은 자연과 하나님에게 어긋나고, 하나님의 계시된 뜻과 승인된 율법에 지극히 상충되는 것이며, 궁극적으로 질서, 또는 모든 공평과 정의의 전복이다.

존 낙스(John Knox)[1]

이것은 존 낙스가 자신의 유명한 책자, 『여인들의 악랄한 통치에 대항하는 첫 트럼펫 소리』(*the First Blast of the Trump against the Monstrous Regiment of Women*)를 시작하는 말이다.[2] 이 책자는 메리 튜더(Mary Tudor)와 스코틀랜드의 섭정, 가이즈의 메리(Mary of Guise)를 의식한 것이었지만, 영국 여왕 엘리자베스 1세와의 관계를 심각하게 훼손시켰다. 그 결과, 그것은 낙스의 개혁 활동의 위치를 변경하는데 중요한 역할을 했을 것이다. 낙스는 메리 튜더가 죽었을 때 다른 메리 시대의 망명객들과 영국으로 귀환하려고 계획을 세우고 있었던 것으로 보인다. 그러나 예상했던 대로 그는 영국에서 환영을 받지 않는다는 것을 알았다. 낙스는 이것을 스스로 알았고 "영국에 있는 나의 모든 친구들이여, 내 첫 돌풍은 나로부터 불어졌다"[3]라고 말했으며, 그 결과 그는 스코틀랜드로 돌아와서, 그곳에서 스코틀랜드 종교개혁을 위해 핵심적인 역할을 했다. 장기적으로, 낙스와 스코틀랜드 사람들은 그의 책자의 결과로 그에게 강요되어진 방향의 전환으로부터 유익을 얻었을는지 모른다. 본 장의 후반부에서 보겠지만, 낙스는 자신의 목적을 영국에서 이루지 못했을 것이다. 그러나 그는 자신의 고향인 스코틀랜드에서 종교개혁을 인도하는데 완전히 적합했던 것으로 증명되었다.

스코틀랜드의 종교개혁

스코틀랜드의 종교개혁도 영국 종교개혁처럼 복잡했고, 스코틀랜드 종교개혁 역사가들이 일부 중심적 질문에 서로 동의하지 않는다는 것은 놀랄 일이 아니다. 스코틀랜드 종교개혁 해석의 수정주의자들은 심지어 영국 수정주의를 앞선다.[4] 스코틀랜드 수정주의자들은, 증거가 암시하는 것처럼 또는 전 시대 학자들이 믿었던 것처럼, 스코틀랜드 교회가 그렇게 타락하지는 않았다고 주장한다. 그들은 또한 스코틀랜드 종교개혁이 칼빈주의와 장로교이었던 정도에 대해 의문을 제기한다. 예를 들면, 고든 도날슨(Gordon Donaldson)은 스코틀랜드 교회의 신학이 영국교회 신학보다 더 칼빈주의가 아니었고 장로교주의는 1570년대 후반까지 교리적 형태로 나타나지 않았다고 주장했다. 장로교주의 일부 양상에 대한 헌신이 처음부터 스코틀랜드 개혁자들 입장의 중심적 강령이었다고 주장하는 자들은 이 견해에 이의를 제기했다.[5] 마지막으로, 영국 종교개혁 수정주의와 유사한 방식으로, 역사가들은 종교개혁에 대한 대중적 지지 정도와 퍼져나간 속도에 이의를 제기한다. 그러나 한 가지 의심의 여지가 없는 것은 스코틀랜드의 정치적 상황과 스코틀랜드, 영국, 그리고 프랑스 사이의 관계가 스코틀랜드 종교개혁에 중요한 역할을 했다는 것이다. 그래서 이제 정치적 상황의 묘사로 이 부분을 시작한다.

중세에 영국은 여러 번 스코틀랜드를 정복하려고 시도했으나 성공하지 못했다. 윌리암 월러스(William Wallace, 1272-1306)와 같은 사람들이 주도한 영국인들에 대한 저항은 스코틀랜드 민속의 한 부분이 되었다. 스코틀랜드는 또한 프랑스와 오랜 관계를 가졌고, 영국은 그들의 북쪽 경계에 대한 프랑스의 강한 영향에 대해 항상 불편함을 느꼈다. 왕 헨리 7세는 스코틀랜드와의 문제를 자신의 장녀, 마가레트

(Margaret), 그리고 스코틀랜드의 왕 제임스 4세(King James IV, 1473-1513) 사이의 결혼 동맹으로 해결하려고 시도했다. 그러나 그들의 아들, 스코틀랜드의 왕 제임스 5세(1513-1542)가 헨리 8세의 조카였지만, 제임스 5세가 프랑스 가톨릭교도, 기즈의 메리(Mary of Guise)와 결혼했을 때, 프랑스의 영향은 또 다시 심각한 문제가 되었다. 헨리 8세의 통치기간 동안 영국은 스코틀랜드와 세 번 전쟁을 치렀고, 두 번째는 영국이 1542년 솔웨이 모스 전투(the Battle of Solway Moss)에서 왕 제임스 5세의 군대를 결정적으로 무찌르고 종식되었다. 두 주 후 제임스 5세는 죽었고, 후에 스코틀랜드의 여왕 메리(Mary Queen of Scots, 1542-1587)라고 알려질 메리 스튜어트(Mary Stuart)란 이름의 6일 된 아기를 후손으로 남겼다. 그녀의 어린 시절, 아란의 얼(Earl of Arran)이 섭정으로 스코틀랜드를 통치했다. 아란이 처음에는 영국의 동맹국 역할을 함으로 영국을 행복하게 하려 했지만, 아란도 결국 프랑스로 방향을 전환했다. 헨리 8세 말기에 그는 스코틀랜드와 프랑스를 대항해 싸웠다. 스코틀랜드와의 전쟁은 그의 아들의 통치로 지속되었고, 소머세트의 공작(Duke of Somerset)[왕 에드워드 6세의 호국경)(Lord Protector of Edward VI]은 북쪽 왕국의 장악을 유지하기 위한 비성공적 시도에 지나친 노력과 재정을 소모했다. 메리 스튜어트는 어린 소녀일 때 프랑스로 보내졌고, 거기서 가톨릭교도로 성장했다. 그동안 그녀의 어머니, 기즈의 메리는 1554년 스코틀랜드의 섭정이 되었다. 1558년 메리 스튜어트는, 다음 해 왕 프란시스 2세(King Francis II, 1559-1560)가 된 프랑스 보좌의 후손과 결혼했다.

개신교주의는 왕 제임스 5세의 통치기간 동안 처음으로 스코틀랜드에 들어왔다. 그것은 부분적으로 루터 도서의 유입으로 이루어졌다. 1525년 스코틀랜드 의회가 이런 무역을 금지하는 법령을 통과시켰지만, 그것은 스코틀랜드 개신교의 성장을 막지 못했다. 더욱이 틴데일의 영어 성경(Tyndale's English Bible) 번역이 스코틀랜드에 널리 통용되었다. 초기 스코틀랜드 개신교도 중 한 사람은 왕과 긴밀한 관계를 가진 중요한 귀족의 구성원, 패트릭 해밀톤(Patrick Hamilton, 1504-1528)이었다. 그는 1523년 성 안드류스 대학(the University of St. Andrews)에서 교사가 되기 전 프랑스와 독일에서 공부했던 인문주의자였다. 성 안드류스에 있을 때, 해밀톤은 루터의 가르침에 끌렸고 어떤 책을 저술했는데, 성 안드류스의 대주교, 데이빗 비톤(David Beaton, 1494-1546)은 이 책으로 인해 해밀톤을 이단으로 고소했다. 그 결과

해밀톤은 독일로 도피했고, 거기서 비텐베르그(Wittenberg)를 방문했다. 그가 1528년 초 성 안드류스에 돌아왔을 때, 비톤은 그에게 출두명령을 내렸고 그와 공식 논쟁을 하고 싶다고 말했다. 논쟁은 없었고, 해밀톤은 이단으로 고소되어 교회법정에 섰으며, 12시간 안에 유죄 판결이 나왔다. 그리고 그는 화형에 처해졌으나, 용감한 죽음으로 많은 사람들을 회심시켰다. 어떤 기록에 의하면, 그가 죽기까지 6시간이 걸렸지만, 해밀톤은 "어떤 조급함이나 분노의 표시도 없었고, 하늘을 향해 자신의 핍박자들에 대해 복수를 호소하지도 않았다."[6)]

스코틀랜드의 다음 순교자는 귀족 출신인 조지 위스하트(George Wishart, 1513-1546)였다. 위스하트는 대륙과 영국에서 많은 시간을 보낸 후에 1543년 스코틀랜드로 돌아왔다. 다음 몇 년 동안 그는 스코틀랜드를 돌며 교회에 들어가 가톨릭 관습을 비판하는 긴 설교를 하며 자신의 개신교 신앙을 전했다. 위스하트는 무장한 추종자 집단에 의해 보호되었고, 그 중 하나가 존 낙스(John Knox)였다. 낙스는 양 손 검을 가지고 다니며 위스하트의 경호원으로 행동했다. 위스하트가 낙스의 개신교 회심에 역할을 했을 것이며, 위스하트의 사역에 대한 대부분의 정보는 낙스가 1559년에서 1572년 사이에 저술한 『종교개혁의 역사』(*History of Reformation*)에서 나온 것이다.

위스하트도 결국 비톤의 제물이 되었다. 비톤은 1544년 5명의 개신교도를 처형한 호전적인 반-개신교 대주교였고, 두 번 위스하트의 암살을 시도했다. 1546년 비톤은 위스하트의 체포에 성공했고, 그를 이단으로 정죄했으며, 화형에 처했다. 그러나 비톤은 위스하트를 처형했을 때 자신의 죽음에 보장 서명을 한 것이었다. 위스하트를 추종하는 스코틀랜드 귀족들이 대주교에 복수를 결심했기 때문이다. 위스하트가 죽은지 두 달 후 16명의 스코틀랜드 귀족이 성 안드류스에 있는 비톤의 성에 침입하여 그를 죽였다. 암살자들이 무기를 들고 그에게 다가오는 것을 보았을 때, 비톤은 "나는 성직자다. 너희는 나를 죽일 수 없다!"라고 소리쳤으나, 그것이 복수심에 가득 찬 성난 스코틀랜드 귀족들의 분노를 잠재울 수 있으리라 생각했다면 오산이었다. 암살자 중 한 사람은 검을 들며 "위스하트의 피가 너에 대한 복수로 울부짖고 있으며, 하나님께서 보내신 우리는 복수 할 준비가 되어있다"라고 울부짖었다.[7)] 그를 여러 번 칼로 찌른 후, 그들은 그의 시체를 성 벽에 걸어 모든 자들이 보게 했고, 그들은 성을 점령했다.

존 낙스(John Knox, 1513-1572)
베자 아이콘(Beza *Icones*)에서 발췌한 그림

존 낙스는 비톤이 죽은 후, 성에 있는 그룹에 합류했고 그들의 설교자가 되었다. 그들은 프랑스 군대가 성을 함락하고 포로들을 프랑스로 데려간 1547년 7월까지 그 성을 점령했다. 중요한 죄수들은 다른 성들에 투옥되었으나, 낙스와 같이 저층계급 평민 출신들은 프랑스 군함에 노예로 끌려갔다.

존 낙스의 사역과 공헌

존 낙스는 군함 노예로 여생을 보냈었을 수 있었고, 그랬다면 군함 노예의 끔찍한 삶의 여건을 생각할 때 비교적 짧은 인생을 살았을 것이다. 그러나 19개월 동안의 투옥생활 후, 낙스는 아마도 왕 에드워드 6세의 직접적 중재의 결과로 풀려났다. 낙스는 그 후 영국으로 갔고, 거기서 대주교 크랜머와 추밀원(council)의 환영을 받았다. 그는 영국에서 5년을 보냈고, 처음에는 스코틀랜드 경계 근처에 있는 뉴캐슬(New Castle)과 버위크(Berwick)의 회중을 섬겼다. 1551년 낙스는 에드워드 6세의 여섯 군목 중 하나로 임명되었고 왕 앞에서 설교할 기회를 얻었을 뿐만 아니라, 로체스터(Rochester)의 감독과 영향력 있는 런던 교회의 교구목사로 초청받았다.

낙스는 명예로운 이 두 임명을 사양했다. 그는 첫 에드워드 기도서에 만족하지 못했고, 두 번째 기도서도 그를 만족시키지 못했다. 낙스는 "검은 예식법(black rubric)"을 추가할 것을 주장했으나 크랜머가 강하게 반대했다. 에드워드 6세가 죽었을 때, 낙스는 대륙으로 도피하여 먼저 제네바로 가서 칼빈을 만났고, 그 다음 취리히(Zürich)로 가서 불링거(Bullinger)를 만났으며, 결국 프랑크푸르트-암-마인(Frankfurt-am-Main)에 머물렀는데, 거기서 엘리자베스 교회에서 발생할 분열의 예고가 된 논쟁에 휘말렸다.

프랑크푸르트의 논쟁은 영국 청교도 한 그룹에 의해 『프랑크푸르트에 시작된 문제에 대한 짧은 해설』(*Brief Discourse of the Troubles Began at Frankfurt*)이란 제목으로 1574에 출판되었다. 존 낙스를 주요 지도자 중 한 사람으로 포함한 이 그룹은 1552년 기도서가 여전히 충분히 개신교적이지 않다고 느꼈다. 그들은 성직복, 호칭기도, 구두반응, '테 데움' (*Te Deum*), 그리고 하나님을 적절하게 예배하는데 방해가 된다고 느낀 다른 예배 요소를 제거하며 기도서를 수정했다. 1555년에 작성된 새로운 예배 순서가 나중에 스코틀랜드 교회의 공식 예배서인 '공동 예배서(the Book of Common Order)' 가 되었다.

리차드 콕스(Richard Cox)가 인도한 또 다른 그룹의 망명객들은 1552년 기도서를 작성한 대주교 크랜머를 도왔던 자들로, 그들은 영국인들의 기도서 사용에 어떤 변화도 있어서는 안 된다는 견고한 입장을 취했다. 콕스는 "영국에서 했던 것처럼 하라 그리고… 영국교회의 얼굴을 가져라" 고 말했다. 낙스는 이렇게 대답했다. "주님은 영국교회에 그리스도의 교회의 얼굴을 가질 것을 명하셨다."[8] 윌리암 위팅햄(William Whittingham)이란 이름의 망명객과 함께 낙스는 칼빈에게 호소했고, 칼빈은 다소 루터의 '인보카비트' (Invocavit) 설교 같은 것으로 들리는 매우 조심스러운 반응을 보였다. 칼빈은 1552년 기도서가 수정을 필요로 하는 것들을 포함하고 있다는데 동의했으나 잠시 동안은 관용을 베풀 수 있다고 생각했다. 많은 변화에 아직 적응이 안 된 자들에게 아량을 베풀라고 칼빈은 낙스와 위팅햄에게 권면했다. 양쪽은 의문스러운 정치적 계략에 의존했고, 반대파는 결국 시 정부를 설득하여 낙스를 추방하도록 했으며, 낙스는 어쨌든 이미 제네바로 돌아갔다. 거기서 그는 프랑크푸르트 회중에서 온 여러 지지자를 포함하고 있는 영국 난민 회중의 목사가 되었다. 장로들과 선출된 두 명의 목사에 의해 인도되는 제네바 회중은 나중에 발전된 장로교주의의 모델을 보여주었다. 1556년 2월에 소개된 예배순서는 영국 청교도들이 나중에 기도서를 대신하여 사용하기 원했던 예배 형식을 미리 맛보는 것이었다. 예배는 "성경의 해석" 이라는 제목이 붙었고, 이것은 설교의 중심성을 말하고 있었으며, 노래는 시편에 국한되었고, 획일적으로 준비된 기도는 폐지되었다. 예배의 주요 부분은 설교였고, 설교 후 질문과 논의가 이어졌다. 성찬은 한 달에 한 번 베풀어졌고, 성직자와 회중이 한 상에 함께 드렸다.

낙스는 제네바로부터 매우 깊은 인상을 받았으며, "사도 시대 이후로 지구상에 있었던 가장 완벽한 그리스도의 학교"라고 불렀다.[9] 그는 아마도 그곳에 머무르고 싶었을 것이다, 그러나 종교개혁은 스코틀랜드에 퍼져나가고 있었고 설교자들이 필요했다. 그는 1555년 9월 스코틀랜드로 돌아와 달라는 초청을 수락했다. 낙스는 9개월 동안 스코틀랜드의 여러 지역을 돌며 종교개혁 신학을 설교했고 미사에 참여하지 말라고 사람들을 촉구했다. 사람들을 성공적으로 설득하는 모습에 놀란 위정자들은 1556년 5월 낙스를 에딘버러(Edinburgh)에 호출했고, 그는 이단으로 고소되었다. 그러나 섭정 기즈의 메리가 이 상황에 개입했고 호출을 취소시켰다. 그녀는 헌신된 로마 가톨릭교도이었지만, 프랑스 동맹이 조금이라도 훼손될 어떤 행동도 하기 원하지 않았다. 낙스는 그녀에게 감사 편지를 보냈고 그녀에게 개신교도가 되어 달라고 초청했거나 적어도 개신교도들에게 관용을 베풀어달라고 요청했다. 메리는 그 편지를 경멸했고, 그 편지를 쓴지 6주 후, 제네바의 회중이 그에게 돌아오라고 요청했을 때, 낙스는 아내와 장모와 함께 제네바로 돌아갔다.[10]

여자들이 하나님의 율법을 어기는 행동을 한다고 느낄 때, 집안에 두 여인을 데리고 있다는 사실이 낙스의 여자들에 대한 태도를 부드럽게 하지는 않았다. 낙스는 여전히 기즈의 메리와의 경험에 대해 상처가 있었고 영국에서 또 다른 메리에 의해 고통을 당하고 있는 동료들의 핍박에 특별히 괴로움을 겪고 있었다. 낙스는 분노 가운데 유명한 소책자를 썼다. 그 책은 근본적으로 영국 여왕, 메리 튜더를 겨냥한 것이었지만, 여인 통치자들에 대한 경멸과 "약하고, 무르고, 인내심이 없고, 나약하고, 어리석다"고 묘사하는 등 일반적으로 여성에 대한 공격적인 표현으로 가득 차 있었다. 그의 충격적인 결론은, 만일 여성 군주에 의해 고통을 당한다면, 충성스러운 자들은 그녀를 제거해야할 의무를 가지고 있다는 것이었다. 그는 이 원칙을 특별히 메리 튜더에게 적용했고, 의회는 "본질적으로 괴물인 자를 명예와 권위의 자리에서 제거해야하고, 그래서 나는 여자를 남자의 기질을 가진 피복재라고 부른다. 여자가 남자 위에서 군림하는 것은 자연의 이치에 어긋나는 것이다"라고 말했다.[11] 후에 낙스는, 그리스도인은 우상을 섬기는 군주를 남자, 여자를 막론하고 전복해야 한다고 주장했고, 그리스도인은 하나님의 말씀에 의해 집권자들을 순종하도록 의무화되어 있다는 다른 종교개혁자들의 가르침이 죄라고 정죄했다. 낙스가 『첫 번째 나팔 소리』(*First Blast of the Trumpet*)를 출판했을 때, 자신의 개신교 지지자들 가운데에서도 많은 친구를 얻지 못했다. 칼빈은 그 책이 제네바에서 출판된 것에 대해 화가 났고, 그것을 읽은 후 낙스의 입장으로부터 자신을 분리했을 뿐만 아니라 제네바에서 그 책의 판매를 금지했다. 상황이 시간적으로 더 나쁠 수 없었다. 메리 튜더는 책 출판 후 몇 달 만에 죽었고, 여왕 엘리자베스 1세가 영국의 보좌에 올랐다. 낙스의 책자가 엘리자베스를 겨냥한 것은 분명히 아니지만, 그녀는 낙스를 결코 용서하지 않았다.

그동안 종교개혁은 스코틀랜드에서 진행되고 있었고, 에딘버러를 비롯한 여러 중요한 도시에서 개신교 회중들이 세워지고 있었다. 1557년 12월 '회중의 주들'(the Lords of Congregation)이라고 알려진 한 그룹의 귀족들이 스코틀랜드에 개혁주의 신앙을 세우기 위해 언약을 작성했다. 1559년 1월 낙스는 스코틀랜드로 다시 돌아왔고, 그의 불같은 설교는 우상파괴의 대중적 발발로 이어졌다. 영국인들의 도움으로 '회중의 주들' 은 기즈의 메리와 프랑스 동맹군에 대항해 무기를 들었다. 기즈의 메리가 죽음으로 스코틀랜드는 오래 끌던 내전에서 구출되었고, 1560년 7월 에딘버러 조약(Treaty of Edinburgh)은 영국과 프랑스 군대의 철수를 이끌어냈다. 스코틀랜드인들은 스스로 종교적 합의를 이끌어낼 수 있는 자유를 얻었고, 그들은 1560년 8월 스코틀랜드 의회가 열렸을 때 그렇게 했다.

소위 '종교개혁 의회' 는 미사와 교황 관할을 폐지했고 신학적으로는 대담하게 칼빈주의적 스코틀랜드 신앙고백을 채택했다. 나아가, 낙스를 포함한 위원회에 의해 편집된 『첫 계율서』(*First Book of Discipline*)는 감독 대신에 지휘자(superintendents) 체계를 세웠다. 낙스는 또한 스코틀랜드에 제네바 모습의 교회 조직을 세우려고 시도했다. 그것은 교회가 스스로 신학을 장악하고, 스스로 목사들을 선발하며, 출교 권한을 소유하는 것이었다. 지방과 국가적 교회 회의 체제가 세워져서 교회가 정부로부터 독립적으로 유지되도록 했으나, 그것은 전적으로 실행되지는 못했다. 낙스는 또한 스코틀랜드 교회에 자체적으로 예배의식을 제공했다. 1564년 프랑크푸르트에서 사용된 '공동 예배서' 란 제목을 가진 예배의식이 스코틀랜드의 공식 예배서로 채택되었다. 낙스는 에딘버러의 위대한 교구 교회인 성 가일즈(St. Giles) 교회의 목사로 섬겼고, 『종교개혁의 역사』(*History of the Reformation*)을 저술하기 시작했다. 그것은 스코틀랜드 종교개혁의 이야기를 자신의 관점으로 기록한 것이다. 낙스는 12년을 더 살았고, 그 대부분의 시간 그는 헌신된 로마 가톨릭교도인 새 여성 통치자의 지배를 받았다.

스코틀랜드의 메리 여왕

메리 스튜어트(Mary Stuart)는 1561년 8월 남편이 죽은 후 스코틀랜드로 돌아왔다. 그때 그녀는 18세였다. 그녀는 5세 때에 스코틀랜드를 떠났고 화려한 프랑스 궁전에서 자랐으며, 그곳에서 비판보다는 찬사에 익숙해 있었다. 그 결과 메리는 스코틀랜드에서 자신을 직면하고 있는 문제들을 다룰 준비가 되어있지 않았으며, 그 문제에는 그녀에 대한 비판을 누그러뜨리지 않는 불굴의 존 낙스가 포함되어 있었다. 그녀가 처음 도착했을 때, 영국 대사 토마스 랜돌프(Thomas Randolph)는, 그녀를 비판하며 "강단에서 천둥처럼 고함을 지르는" 낙스 말고는 모두 메리로부터 좋은 인상을 받은 것으로 보였다고 평했다.[12] 랜돌프는 과장을 했던 것으로 보인다. 분명히 일부 개신교도들은 그녀가 미사에 참석하는 것을 보고 너무 괴로워서 메리가 도착한 후 첫 주일 예배를 방해하려고 황실 예배실로 돌진하려 했기 때문이다. 메리는 어려운 입장에 놓이게 되었다. 그녀는 헌신된 로마 가톨릭교도로 개신교 국가를 이제 통치해야 하는 상황이 되었기 때문이다. 그녀가 그 직분을 얼마나 잘 감당했는지는 지속되는 논쟁이 대상이다. 자신의 신앙적 입장에 따라, 역사가들은 그녀에 대해 매우 비판적이거나 또는 그녀의 용기와 믿음을 극찬하기도 한다.[13]

메리는 로마 가톨릭교도로 자신의 예배실에서 지속적으로 예배를 드렸고, 동시에 개혁주의 스코틀랜드 교회의 성장을 허락했고 심지어 좋게 생각했다. 그러나 개신교주의에 대한 그녀의 느슨한 정책은 열성 가톨릭교도들 사이에서나 또는 헌신된 개신교도들 사이에서도 친구들을 얻지 못했다. 메리는 당연히 존 낙스의 마음도 얻지 못했다. 낙스는 성 가일즈의 강단에서 심지어 개신교 귀족에게도 곤란하게 들릴 정도로 냉혹하게 그녀를 공격하는 설교를 했다. 『종교개혁의 역사』에서 낙스는 여왕과 여섯 번의 면담을 가졌고, 거기서 그녀의 우상적인 관습을 비난하는 말들을 금하지 않았다고 말했다. 낙스는 어느 시점에 그녀에게 너무 열변을 토해 그녀는 "울부짖음"으로 일관했고 홍수와 같은 눈물을 흘렸다고 보고했다. 이 이야기는 스코틀랜드 종교개혁 역사에서 자주 반복되는 이야기지만, 그것을 그대로 수용하는 것은 다소 조심해야할 필요가 있다. 여왕과의 면담은 낙스 자신의 설명에 전적으로 의존하기 때문이다.

1564년 6월 낙스와 여왕의 지지자들 사이에 일어난 논쟁은 메리가 직면하고 있던 상황의 모습을 우리에게 일부 제공한다. 이 논쟁에서 낙스는 여왕 메리를 사단의 노예라고 부르며 비난했고, 사람들을 선동하여 그녀에 대항하게 했다. 낙스는 메리가 미사를 유지했기 때문에 그녀를 하나님에 대한 반역자라고 반응했다. 미사가 참 신앙을 묘사한다는 것을 메리가 진정으로 확신한다고 말했을 때에도, 낙스는 구약에서 자식들을 몰록(Moloch)에게 제물로 바쳤던 백성들도 그들의 종교가 참이라고 확신했으나 그들은 하나님을 대적하는 반란자들이라고 반응했다.

여왕 메리의 궁극적 몰락은 낙스와의 대결로 이루어진 것이 아니다. 오히려 이 무력한 여왕의 재난을 불러온 것은 오히려 그녀의 의문스러운 남성 편력이었다. 1565년 7월 메리는 단리 경(Lord Darnley)의 직위를 가진 헨리 스튜어트(Henry Stewart)란 이름의 미남 18세 스코틀랜드 귀족과 결혼했다. 얼핏 보면 그것은 좋은 선택이었다. 그가 로마 가톨릭교도이었고 영국과 스코틀랜드 양쪽 보좌를 주장할 수 있는 먼 가능성을 가지고 있었기 때문이다. 그러나 그는 매우 불안정하고 까다로운 젊은이였고 명랑한 여왕을 위해서는 부적절한 남편이었다. 그는 또한 메리와 그녀의 이태리 비서, 데이빗 리치오(David Riccio)와의 가까운 관계에 대해 미칠 정도로 질투를 했다. 헨리 스튜어트는 그 비서가 자신의 아내와 간음을 하고 있다고 의심했다. 리치오가 교황의 대리인이라고 의심하고 있던 개신교 귀족들은 질투에 찬 남편과 음모를 꾸몄고, 1566년 3월 9일 저녁 단리가 인도하는 20명의 무리가 홀리루드 궁전(Holyrood Palace)에 있는 여왕의 방으로 침입했다. 그들은 비명을 지르는 리치오를 메리와 함께 저녁 식사를 하던 방에서 끌어내어 칼로 찔러 죽였다.

낙스는 이 음모에 가담하지는 않았을 것으로 보이지만,[14] 그는 나중에 『종교개혁의 역사』에서 이 살인을 옹호하며 다음과 같이 말했다. "그 비열한 악당 데이빗은 주님의 해 1565년 3월 9일 국가를 남용한 죄와 다른 악행으로 인해 정당하게 벌을 받았다." 그는 이 살인을 "정당한 행위"라고 불렀고 살인자들은 "모든 칭송을 받기에 가장 합당"하다고 말했다.[15] 메리는 살인자들을 분명히 "칭송의 가치"가 있는 것으로 보지 않았고, 복수를 위해 오래 기다리지 않았다. 리치오의 살인 후 일년이 채 되기 전, 1567년 2월 밤 단리 경이 살고 있던 집이 화약으로 폭발했고 그는 정원에서 목 졸려 죽은 채 발견되었다. 이 살인을 수행한 것으로 의혹을 받은 자는 메리의 연인, 보스웰의 백작(Ealr of Bothwell), 제임스 헵번(James Hepburn)이었다. 단리가 죽은지 3개월 후 메리가 보스웰과 결혼하지 않았더라면, 그녀는 남편의 살인 스캔들을 극복하고 넘어갈 수 있었을 것이다. 이것은 심지어 메리의 지지자들에게도 너무 심한 것이었고, 귀족들이 그녀를 대항해 일어섰다. 메리는 체포되었고, 지난여름에 태어난, 그녀의 유아 아들 제임스가 왕으로 즉위했다. 메리는 도주하여 군대를 일으켰지만, 1568년 5월 12일 그녀의 군대는 모레이 백작(Earl of Moray)이 인도하는 군대에 의해 패배 당했고, 그는 유아 제임스의 섭정으로 임명되었다. 메리는 영국으로 도주했고, 사촌 엘리자베스에게 여러 문제들을 야기했다. 이 문제들은 이 장 후반에 다룰 것이다.

그 때 낙스는 늙었고 육신적으로 병들었으나, 설교를 위해 강단에 실려 가야 할 때에도 사역을 계속했다. 그는 1572년 11월 9일 성 가일즈에서 마지막 설교를 했고, 5일 후 죽었다. 낙스는 엇갈린 유산을 남겼다. 그는 스코틀랜드 종교개혁에 중심적인 공헌을 했고, 그것은 결론적으로 놀랍게 성공적이었다.[16] 그가 스코틀랜드에 세우려고 도왔던 전통에 서 있는 사람들은 그를 믿음의 가장 위대한 영웅 중 하나로 숭배한다. 다른 자들은 자신의 반대자에 대해 행한 악한 공격과 그의 반여성적 표현에 근거하여 그를 판단한다. 시대의 편견을 허용한다하더라도, 낙스가 『트럼펫의 첫 소리』에서 저술한 것을 옹호하기는 원하지 않는다. 그의 신랄한 말투는 그의 가장 열성적인 지지자들에게도 당혹스런 것이다.

그러나 낙스는 자신의 의견보다는 하나님의 심판을 표현하고 있다고 느꼈다. 인생 말기에 낙스는 다음과 같이 말했다. "많은 사람이 많은 불만을 소리 높여 표현했고, 나의 심한 혹독함에 대해 여전히 불평을 하지만, 내가 하나님의 무거운 심판으로 비난했던 사람들을 향한 증오로부터 내 마음은 항상 자유로웠다는 것을 하나님은 아신다."[17] 결론적으로 그의 연약함 또는 연약함의 부분적인 결과로 말미암아, 종교개혁에서 존 낙스보다 더 화려한 인물은 없다. 영국 대사인 토마스 랜돌프는 그의 장점과 약점을 다 고려하여 낙스에 대해 흥미로운 당시 평가를 우리에게 제공한다. 그는 낙스의 설교를 칭찬하며, "500개의 트럼펫이 우리 귀에 지속적으로 불어대는 것 보다, 한 사람의 목소리가 한 시간 안에 우리 안에 더 많은 생명을 공급할 수 있다"고 말했다. 그러나 그는 또한 이런 말을 했다. "나는 그의 행동과 설교의 성공을 그것의 방법 보다 더 칭찬한다."[18]

앤드류 멜빌(Andrew Melville)과 스코틀랜드 장로교주의

낙스가 죽은 후, 다른 사람들이 스코틀랜드 종교개혁의 지도자가 되었다. 메리의 유아 아들, 제임스 6세(James VI, 1567-1625)의 미성년 기간 동안, 개신교 섭정들이 왕국을 통치했다. 그 기간 동안 스코틀랜드 교회는 영국식 교회 정치제도를 따르기 시작했고 개신교 감독들이 1572년 소개되었다. 그 정책은 4년 후에 폐지되었고, 1578년 '두 번째 계율서' (Second Book of Discipline)는 장로교 유형의 교회제도를 제안했다. '프레스비테리' (*presbytery*)란 용어는 이 책에 사용되지 않았지만, 그것은 지방 모임(local assemblies), 지역 회의(provincial synod), 그리고 국가적 회의(national synod)를 마련했다. 이것은 감독을 제외했고 목사의 동등성을 제안했다. 1581년 '프레스비테리안' (presbyterian)란 단어가 이 체제를 묘사하는데 사용되었다. 장로교주의(Presbyterianism)는 일반적으로 한 스코틀랜드 귀족 집안의 막내이며 스코틀랜드 종교개혁의 새 지도자 중 하나인 앤드류 멜빌(1545-1622)과 연관이 있다. 그는 파리와 제네바에서 좋은 교육을 받았고, 특히 제네바에서는 데오도르 제바(Theodore Beza)에게서 배웠다. 1574년 멜빌은 스코틀랜드로 돌아와서 글래스고우 대학(Glasgow University)의 학장이 되었고, 1582년에는 스코틀랜드 총회장이 되었다. 그는 장로교 정치제도에 헌신했고 감독직의 제안을 통해 그 헌신을 흔들려는 모든 시도들을 거부했다.

멜빌은 총회장으로 '두 번째 계율서' 의 비준을 도왔고, 그것은 "장로교주의 대헌장(Magna Charta of Presbyterianism)"이라고 불렸다. 장로교제도는 감독제도와는 부분적으로 달랐는데, 그것은 좀 더 평등주의적 교회정치제도였다. 모든 목사들은 평등했고, 교회의 정치와 교회의 치리는 왕이 선택하는 감독들에 의해 위에서 부과되는 것이 아니라 회중 차원에서 시작되었다. 스코틀랜드에서는, 회중 차원에서, 목사와 평신도 장로들이 당회(session)라고 일컫는 것을 형성했다. 회중들의 모임이 '프레스비테리' (노회, presbytery)라고 불리는 지역의 통치 기구에 의해 결속되었고, 그것은 사역을 위한 후보들을 시험했으며, 안수를 했다. 지방 노회들은 대표를 지역회의(regional synods)에 보냈고, 통치 피라밋의 정상에는 전체 교회를 위해 정책을 세우는 국가적 회의(national synod)가 있었다. 그러나 '두 번째 계율서' 의 채택이 장로교주의의 성공을 의미하는 것은 아니었다. 반대가 계속되었기 때문인데, 특히

제임스 6세(1567-1625)
베자 형상(Beza *Icones*)의 삽화

감독제도가 성경에 제정된 유형의 교회정치제도라고 믿었던 자들로부터 반대가 컸다. 예를 들면, 성 앤드류스의 대주교, 패트릭 아담슨(Patrick Adamson)은 "감독직이… 하나님 말씀의 근거를 가지고 있고, 순수하게 사도시대로부터 지금까지 계속되었다"고 주장했으며, "목사들의 동등성"을 주장하는 것은 "재세례파적"이라고 강력히 주장했다.[19]

왕 제임스 6세는 장로교 정치제도가 교회 지도자를 선택할 수 있는 자신의 지배적인 권한을 제거하고 교회와 정부의 분리를 촉발하기 때문에 반대했다. 1584년 5월 소위 "검은 법령(Black Acts)"이 정부의 교회 장악과 감독 정치를 재확인했다. 그러나 그 법령이 법으로 남아 있음에도 불구하고, 장로교도들은 그들의 체제 발전을 비공식적으로 지속했다. 제임스 6세는, 앤드류 멜빌이 1596년 모임에서 왕이 교회에 종속된다고 말하며 왕을 "하나님의 어리석은 종"이라고 부르며 강의했을 때,[20] 장로교도들을 더욱 반대하게 되었다. 멜빌은 신하가 군주와의 관계에서 경계를 상당히 밟아버렸다는 것을 곧 알게 되었다. 1606년 제임스는 멜빌이 기록한 어떤 풍자적 글을 근거로 그를 투옥시켰고, 멜빌은 런던 감옥(London Tower)에서 4년을 보냈다. 감옥에서 풀려난 후, 멜빌은 프랑스로 망명했고 거기서 1622년에 죽었다.

여왕 엘리자베스 1세가 1603년에 죽었을 때, 스코틀랜드 왕 제임스 6세가 영국의 제임스 1세(1603-1625)가 되었다. 그가 왕이 된지 얼마 안 되어, 청교도 목사들은 영국의 종교적 해결을 위해 변화를 요청하는 청원을 가지고 그를 만났고, 그는 헴프톤 코드 회의(Hampton Court Conference)라고 알려진 모임에서 그들을 만나기로 동의했다. 청교도 목사중 하나가 제임스에게 스코틀랜드 장로교주의를 상기시키는 부주의한 발언을 했을 때, 제임스는 노회가 "하나님과 마귀로서 군주와 동의한다"고 반응했고, "그러면 누구도 만나서 자신이 원하는 대로 나와 내 각료와 모든 우리 진행 상황을 멋대로 견책할 것이다"라고 말했다.[21] 후에 왕 제임스와 그 후 그의 아들 찰스 1세(Charles I, 1625-1649)는 감독제도를 통해 스코틀랜드 교회에 대한 왕실의 지배를 주장하려고 시도했고 장로교주의를 억압했다. 이 노력은 결국 영국 혁명의 발발을 야기했고, 이것은 다음 장에서 다루어 질 것이다.

엘리자베스 합의

스코틀랜드가 종교개혁을 경험하고 있는 동안, 영국 종교개혁은 여왕 엘리자베스 1세(1558-1603)의 통치 하에서 견고해지고 있었다. 엘리자베스는 대단한 은사를 가지고 있었고, 그것은 심하게 분열되어 있는 나라를 통치하면서 자신이 직면하고 있는 도전을 처리하는데 유효하게 사용되었다. 그녀는 동시에 자신만의 약점도 가지고 있었다. "그녀의 허영은 악명이 높았고, 그녀의 혀는 날카로웠으며 '처녀로 살다 죽겠다'는 의도를 천명했음에도 성적 질투는 많은 개인 관계들에 상처를 주었다." 추가로 그녀는 어려운 결정에 직면했을 때, 흔들리는 경향이 있었다.[22] 그럼에도 엘리자베스는 그녀의 백성을 이해했고 그들의 감정을 능숙하게 다루는 방법을 알았으며, 그들이 그녀의 정책을 반대할 때에도 그들의 사랑과 충성을 소유할 수 있었다.

엘리자베스가 권좌에 올랐을 때, 영국교회는 11년 동안 3가지의 종교적 변화를 경험했다. 종교전쟁이 독일에서 막 종식되었고, 프랑스와 네덜란드가 비슷하고 긴 전쟁으로 들어갔다. 엘리자베스는 대륙에서 일어나고 있는 상황으로부터 자국을 보호하기로 결심했고, 그렇게 하는데 성공했다. 그러나 영국을 종교전쟁의 끔찍함으로부터 구원할 종교적 합의를 유지하려는 노력에 대한 강한 반대에 부딪히게 되었다.

엘리자베스는 자신의 개인적 신앙을 평생 은폐해야 했기 때문에 확실히 알기는 어렵고, 백성들이 원하는 것을 말하는 것에는 매우 능숙했다. 예를 들면, 그녀는 황제 대사에게 자신의 아버지 통치에서 유지했던 것과 같은 종교로 돌아가려고 계획하고 있다고 말했다. 그것은, 교황의 우월권을 받아들이지 않는다고 해도, 영국교회가 가톨릭 교리를 가지고 있는 것이 황제를 더 행복하게 만든다는 것을 알았기 때문이다. 사실 엘리자베스는, 비록 과격한 개신교에 동정적이지는 않지만, 개인 신앙에서 복음적이었을 가능성이 높기 때문에 자신의 아버지의 신학에 행복하지 않았을 것으로 생각된다. 엘리자베스는 성직자의 금혼과 예배에서의 예식과 장식을 선호한다는 의미에서 "가톨릭교도"이었다. 그녀는 또한 모든 교구에 설교 목사가 필요하다고 믿지 않았고 그녀 자신이 장악할 수 없는 설교보다는 훈계를 선호했다. 엘리자베스가 왕국을 연합시킬 합의를 찾는데 열심은 있었지만, 종교적 관용은 그녀나 그녀의 성직자들이 이상적이라고 생각하는 것은 분명히 아니었다. 그녀의 성직자장, 윌리암 쎄실(William Cecil)은 "두 종교의 관용이 있는 곳에 정부는 절대로 안전할 수 없다. 그 이유는 종교보다 더 큰 적대심은 없고, 하나님을 섬기는데 다른 입장을 가지고 있는 자들은 자신의 나라를 섬기는데 결코 동의하지 않는다" 고 말했다.[23)]

합의는 중요한 반대 상황에서 이루어졌으나, 한 때 믿었던 것과는 달리, 그 반대는 과격한 개신교도들이 아니고 보수적인 가톨릭교도들에게서 왔다.[24)] 두 가지의 의회 법령이 합의의 근거를 마련했다. 첫 번째는 여왕 엘리자베스 1세가 영국교회의 "최고 머리"가 아니고 "최고의 지배자(Supreme Governor)"라고 선언된 수장령이었다. 그리스도 이외에 누구도 교회의 머리라고 불리는 것에 불편함을 느낀 자들이 있었고, 특히 그 사람이 여자라면 더욱 그러했다. 이것은 통일령(Act of Uniformity)으로 이어졌고, 에드워드 법령의 양식을 따랐으며, 단일 예배 사용을 명령했고, 그것이 사용되지 않는 경우를 위해 등급이 매겨진 형벌 기준을 제공했다. 사용될 기도서는 "왕 에드워드 6세의 통치 5년과 6년에 의회에서 권위를 인정받은 것"이었고, 그것은 1552년 기도서였다. 그러나 여러 가지 변화가 이루어졌고, 그것은 "변경되고 수정된 호칭기도(Litany)와 성례 전달에서 참여자들에게 주어지는 추가된 두 문장"을 포함했다. 추가적으로 소위 "장식 예배규정"이 제공되어 "여왕 군주에 의해 다른 명령이 떨어질 때 까지, 교회의 장식과 성직자의 장식은 왕 에드워드 6세의 통치 두 번째 해에" 사용되어진 것으로 하도록 했다.[25)]

그 수정의 첫 번째는 호칭기도에서 "로마 감독의 독재와 그의 모든 혐오할 극악"으로부터 구원을 요청하는 기도를 제거했다. 이 변화가 로마 가톨릭교도들을 기쁘게는 했지만, 과격한 개신교도들은 그것이 적합한 기도라고 생각했다. 두 번째 변화는 훨씬 더 중요한 것이었다. 예배의식에 추가된 두 문장이 1549년 기도서에서 취한 것이었다. 빵이 성찬에서 분배되었을 때, 성직자는 "당신을 위해 주어지신 우리 주 예수 그리스도의 몸은 당신의 몸과 영혼을 영생으로 보존한다"라고 말하게 되어 있었다. 포도주를 나눌 때, 그는 "당신을 위해 흘려진 우리 주 예수 그리스도의 피는 당신의 몸과 영혼을 영생으로 보존한다"라고 말하게 되어 있었다. 두 문장이 1552년 말씀에 추가되었고, 그것은 다음과 같았다. "그리스도께서 당신을 위해 죽으셨음을 기억하며 이것을 가져다 먹고 믿음으로 감사함을 가지고 당신의 심령 안에 그를 먹으라" 그리고 "그리스도의 피가 당신을 위해 흘려졌다는 것을 기억하며 이것을 마시고, 감사하라."[26)]

이 변화의 중요성은, 칼빈주의자들과 루터교도들을 포함하여, 성찬에 그리스도의 몸과 피가 실제로 존재한다고 믿는 자들로 하여금 그들의 신학을 1549년 말씀 안으로 집어넣도록 한 것이다. 반면에 츠빙글리안들은 성례를 기념 잔치로 보고 빵과 포도주는 단순히 상징이라고 보았으며, 성례의 기념적 양상을 강조했다. 세 번째 추가, "장식 예배규정"은 앞으로 지속적인 논쟁의 근원이었다. 그것은 1549년 기도서에서 사용된 성직복의 복귀를 허용하는 것으로 이해되었고, 가톨릭교도들로 하여금 기도서를 사용하며 예배를 드리도록 도왔다. 적어도 성직복에서 만큼은 예배가 가톨릭 형식을 닮았기 때문이나, 극단적인 개신교도들은 중세교회 사제들과 관련이 있는 성직복에 행복하지 않았다. 그들은 그것을 희생 미사의 교리와 연관시켰기 때문이다. 합의의 다른 요소는 39조항이라고 일컫는 신학적 진술이었고, 그것은 1563년에 채택되었다. 그것은 이전 42개 조항의 수정판이었고, 성찬에서 실질적 존재의 구체적 거부를 포함했다.

합의가 1563년에 제정되었지만, 대부분의 학자들은 영국이 여전히 개신교 국가가 되기에는 여전히 멀었다는 데 동의한다. 심지어 합의를 집행하게 되어있는 평화의 사법관들도 믿을 수 있는 개신교도들이 아니었다. 1564년 그들의 종교적 믿음에 대한 추구는 "겨우 삼분의 일 정도가 종교 문제에 완전히 신뢰받을 수 있다"는 것이 드러났다.[27)] 교회는 또한 왕국을 개신교 신앙으로 회심시킬 수 있는 수준 있는 설교사역이 부족했다. 예를 들면, 감독의 방문자들은 1559년 서섹스(Sussex) 교회에 대해 다음의 보고를 했다. "거기 있는 많은 교회들에 설교가 없었고, 심지어 7년 동안 한 번도 없었으며, 어떤 곳은 12년 동안 한 번도 없었다. 교구들은 최근에 그곳에 설교하러 온 설교자들에게 그렇게 선언했다. 여왕 군주의 법령에 입각한 15분 설교(quarter sermons)를 갖는 교회들도 별로 없었다.… 대부분 그곳의 목사들은 매우 단순했다."[28)]

엘리자베스가 여왕이 되었을 때, 열성적인 가톨릭 메리의 감독과 헌신된 성직자는 자신의 직위를 사임했다. 란데프(Llandaff)의 감독만을 제외한 모든 감독들은 수장령에 대한 맹세를 거부했고, 그들의 직위는 박탈되었으며 개신교도로 대체되었다. 약 400백 명의 다른 메리 성직자들은 직위를 사임하거나 1559년과 1564년 사이에 박탈되었다. 공석이 된 감독 자리를 채우기 위해 엘리자베스는 메리 망명 귀환자들에게 의지할 수밖에 없었고, 그들 중 일부는 칼빈주의와 츠빙글리주의가 우세하던 도시에서 대륙 체류 기간 동안 훨씬 더 과격한 개신교주의 형태를 채택했었다. 그러나 엘리자베스는 캔터베리의 대주교로 섬길 사람으로 메리 시대에 유럽 대륙에 머무르지 않았던 자를 찾아내었다. 그는 매튜 파커(Matthew Parker, 1504 1575)였고, 앤 볼레인의 채플린 중 하나이었으며 에드워드 통치 말기에 링컨(Lincoln)의 학장 자리에 있었던 인물로, 메리 시대에 영국에 조용히 머무르며 생존할 수 있었다. 그는 영국 교회에서 가장 중요한 자리를 위한 엘리자베스의 선택이었다. 그것은 파커가 엘리자베스의 어머니와 관계가 있었고 메리 시절 망명하지 않았기 때문이었다. 파커는 훌륭한 선택이었음이 판명되었고, 그는 햇병아리 엘리자베스 교회를 십년 반 동안 이끌어갔다.

청교도 도전

파커는 많은 도전에 직면했다. 그중 중요한 것은 개신교회를 위해 필수적인 것으로, 교육되어진 사역의 모습을 제공하는 것이었다. 그는 또한 가장 훌륭한 성직자 중 일부는 때로 교회 합의에서 가장 시끄럽게 변화를 주장하는 자들임을 알게 되었다. 이들은 헌신되고 잘 교육된 개신교 집단으로 청교도라고 불렸다.[29] 그들의 적은 처음에 그들을 조소하기 위해 그 용어를 사용했고, 후대들은 그 명칭 하에 누가 포함되어야하는지 어려움이 있었다.[30] 그들은 가톨릭교도만이 아니고 열심이 덜한 개신교도 사이에도 인기가 없었다. 어떤 엘리자베스 소책자는 "훨씬 더 뜨거운 종류의 개신교도는 청교도라고 일컫는다"[31]고 말했고, "뜨거운 개신교도"는 사람들이 좋아하지 않았다. 그들은 종종 부당하게 그려졌다. 예를 들면, 당시 어떤 중상은 청교도를 "자신의 모든 영혼을 다해 하나님을 사랑하나, 자신의 모든 마음으로 이웃을 증오하는"[32] 사람으로 묘사했다. 헨리 파커(Henry Parker)는 1641년에 쓴 글에서 청교도에 대한 더 정확한 묘사를 남겼다. 비록 그들의 "교회 정치에 대한 반대"가 자신에게 고난을 안겨주었지만, "우리가 보통 청교도라고 부르는 자들은 엄격한 삶과 정확한 의견을 가진 자들로서 그들의 열심과 경건의 순수함 이외에는 어떤 것도 증오의 대상이 될 수 없었다."[33] 사실, 많은 청교도는 깊이 헌신된 그리스도인이었고, 영국을 그들이 원하는 개신교주의로 바꾸기 위해 때로는 여왕에게 대항하기까지 하며 열심히 일한 훌륭한 목사들이었다. 그들은 엘리자베스의 교회 합의를 완전히 수용하지는 않았지만, 결국에는 영국에 새로운 종류의 헌신되고 열심있는 개신교주의를 가져오는데 핵심적 역할을 했다. 그들은 또한 일반적으로 칼빈주의자들로서 탁월한 능력을 가진 신학자들이었다. 그들 중 많은 사람들은 메리 통치 시절 취리히나 제네바와 같은 개혁주의 도시들에서 시간을 보냈고, 거기서 가장 훌륭한 개혁주의 관습들을 접했다. 우리는 프랑크푸르트에서 서로 다른 집단의 망명객 사이의 예배 형식에 대한 차이가 큰 논쟁으로 이어진 것을 보았다. 청교도들은 엘리자베스의 기도서가 충분히 개신교적이 아니라고 느꼈고, 그녀의 통치 기간 동안 지속적으로 수정을 시도했다. 프랑크푸르트 논쟁은 청교도들이 기도서 수정을 시도하는 과정에서 엘리자베스 통치 시절에 나타난 투쟁의 전초적인 모습이었다.

엘리자베스 개신교도 중 또 다른 집단은 "순응주의자들"이라고 불렸다. 그들은 엘리자베스 합의를 당시 적합한 것으로 기꺼이 수용했기 때문이다. 수용주의자 중 많은 사람도 망명객으로 있었으나, 그들은 돌아와서 엘리자베스 교회에서 지도자의 자리를 차지했다. 그들도 청교도들이 너무도 가톨릭적이라고 생각했던 요소들을 포함하지 않은 합의를 선호했지만, 이것이 개신교회를 건설하는 큰 질문에 비해서는 이차적인 것으로 간주했다. 대부분의 영국 개신교도는 성경에 분명하게 금지되지 않은 것은 교회에서 사용할 수 있다는 것을 받아드릴 준비가 되어있었다. 반면에 청교도들은 "성경에 의해 정당화되어질 수 없는 것은 예배에서 불법적이다"라고 주장했다.[34] 에드먼드 그린달(Edmund Grindal, 1519-1583)은 후에 캔터베리의 대주교가 된 귀환 망명객으로 1567년 불링거에게 쓴 편지에서 순응주의자들의 태도를 다음과 같이 표현했다.

> 돌아오자마자 바로 감독이 된 우리는 사역으로 들어가기도 전에 현 논쟁거리가 된 것들을 제거하기 위해 길고 열심히 투쟁했다. 그러나 우리가 여왕이나 의회에 이길 수 없는 상황이 되어, 이 문제를 논의한 끝에 몇 예식의 문제 그

리고 그 자체로 불법적이지 않은 것들로 우리 교회를 버리지는 않는 것이 좋다고 판단했다. 복음의 순결한 교리가 그 모든 순수함과 자유로움을 가지고 여전히 그 안에 남아있기 때문이다.[35)]

이 논평은 토마스 샘프슨(Thomas Sampson)이란 이름의 또 다른 귀환 메리-망명객의 입장과는 극적으로 대조된다. 샘프슨이 돌아왔을 때 그는 여왕이 "성직자에게 하나님의 말씀에 의해 모든 것들을 정리할 수 있는 권한을 양도할" 때까지 엘리자베스 교회의 교회직분을 수용할 수 없다고 진술했다.[36)] 그린달과 다른 순응주의자들은 청교도들이 그렇게 강렬하게 느꼈던 질문의 일부를 아디아포라(*adiaphora*)로 여겼다. 아디아포라는 문자적으로 "사소한 것들"을 의미한다. 이 문제들에 대해, 성경에서 명령되지도 않았고 금지되지도 않았기 때문에 여러 가지 다른 실행과 믿음이 교회에서 허용될 수 있다는 것이었다. 그러나 샘프슨과 다른 청교도는 아디아포라의 개념을 거부했다. 비교적 사소한 것을 포함하여 "모든 것"이 "하나님 말씀에 의해 정리"되어야 한다는 것이다. 샘프슨은 결국 옥스퍼드의 그리스도 교회의 학장 지위를 수용했으나, 자신의 양심을 침해한 것에는 순응을 거부했고, 이것은 엘리자베스 교회에서 청교도와 관련된 첫 논란을 일으키는데 일조했다. 그것은 예복과 성직복의 질문과 관련되기에 "성직복 논쟁"(Vestiarian Controversy)이라고 불린다. 그러나 그것은 또한 다른 예식적 문제와도 관련이 된다.

"엘리자베스 합의"가 실행되었을 때, 많은 사람들은 그것이 교회에서 가톨릭 관습을 제거하는 단지 첫 단계라고 믿었다. 예배기구 주서에는 "다른 명령이 들어올 때까지" 예배기구는 사용되어야한다고 진술한 표현이 있었고, 그들은 그 표현이 엘리자베스 합의에 가톨릭주의 성직복을 제거할 변화가 곧 소개될 것임을 의미한다고 믿었다. 초기에 감독들은 성직자들에게 충분한 자유를 허용하여 특정한 성직복에 순응하지 않거나 또는 무릎을 꿇지 않고 서서 성찬에 참여하는 성직자가 징계를 받지 않았다. 그러나 합의 집행의 느슨함을 여왕이 알게 되었을 때, 그녀는 만족할 수 없었다. 1565년 1월 그녀는 대주교 파커에게 공식 편지를 썼고, "다양한 의견"에 대해 불만을 표시했으며, "특히 외적인 것들에서, 예법에 맞고 합법적인 의례와 예식이 교회에서 사용되어야 한다"고 말했으며, "다양한 것들, 새로운 것들, 차이가 있는 것들"을 조사하고 수정하라고 명령했다.[37)] 성직복에 관한 규칙을 엄하게 집행하기 원치 않았던 파거는 중도 노선을 가려고 했다. 1566년 3월 파커와 네 명의 감독에 의해 작성된 지령이 '통고'(*Advertisements*)라는 제목으로 출판되었다. 양보안이 만들어졌다. 성직자에게 성찬에서 성직복 착용을 더 이상 요구하지 않고 단지 "소매가 달린 말쑥한 백의"만 입으면 되는 것으로 했다.[38] 그러나, 논란으로 되어 있는 다른 건들에 대해 그것은 성찬이 앉거나 서서는 안 되고 무릎을 꿇고 받아야 하며 세례식에서 세례반을 사용해야 한다고 정했다.

'통고'는 다수가 합리적인 타협 해결이라고 여길 수 있는 것을 제공했다. 심지어 불링거는 대륙에서 편지를 쓰며 청교도들에게 순응하라고 촉구했고 "투쟁적 영을 양심이라는 이름 하에"[39] 숨기는 것에 대해 경고했다. 같은 편지에서 그는 그들이 "질서와 예절을 위해 사소한 관례적인 것들의 사용을 수용하여, 명백한 늑대들보다는 적어도 준비되지 않은 악한 목사들에 의해 장악되는 것이 후에 그리스도의 교회에 더 덕을 끼치지 않겠는가"를 고려하라고 요구했다.[40] 대부분이 이 충고를 받아드렸고, 몇 런던 성직자들이 순응에 거부하여 직위해제 당했지만, 단지 몇 명만이 영구적으로 면허를 잃었다.[41] 몇 어려워진 런던 목사는 개인 집과 건물에서 사역을 시작했고, 설교와 성례를 집행했다. 이것 중 가장 잘 알려진 것은 런던에 있는 "플러머 홀"(Plumbers' Hall)에서 열리는 예배였다. 그러나 그것은 1567년 경찰에 의해 발각되었고 억압을 받았다. 그것은 짧은 기간 동안 지속되었지만, 후에 분리주의의 뿌리 중 하나로 인식되었다. 성직복 논쟁은 실제로 아무런 해결을 보지 못했다. 청교도들은 받아들일 수 없는 합의의 부분들을 지속적으로 무시했고, 양심의 문제로 동정적이었던 감독들은 훌륭한 성직자들의 특이성을 눈감아 주었다.

예언운동과 장로교주의

청교도주의 발전의 다음 단계는 감독교회 정치제도에 대한 과격한 도전이었다. 새로운 논쟁은 캠브리지의 "레이디 마가레트 신학 교수"(the Lady Margaret Professor of Divinity), 토마스 카트라이트(Thomas Cartwright)에 의해 시작되었다. 그는 1570년 봄 사도행전에 대한 그의 대학 강의에서 영국교회는 교회정치제도에 있어서 신약의 유형에 맞지 않는다고 주장했다. 카트라이트가 완전한 장로교 교회정치제도를 체계화하지는 않았지만, 그의 개념은 1570년 12월, 캠브리지의 부총장인 존 위트기프트(John Whitgift)의 영향으로, 대학에서 직위해제 당하기에 충분했다. 카트라이트는 캠브리지를 떠나 제네바로 갔고 논쟁은 지속되었다. 1572년 6월 두 런던 목사, 존 필드(John Field)와 토마스 윌콕스(Thomas Wilcox)는 『의회에 드리는 권면』(*Admonition to Parliament*)이란 책을 출판했고, 현 교회정치제도를 정죄했다. 그들은 "대주교, 대집사, 주 감독, 총장 등의 이름은 교황의 가계와 그 직분들에서 나온 것임으로 그들이 사용하는 정치제도는… 반그리스도적이고 마귀적이며, 성경에 위배된다"고 주장했다.[42] 그 대신 그들은 장로교제도의 도입을 주장했다.

필드와 윌콕스가 뉴게이트 감옥(Newgate Prison)에서 1년을 보냈지만, 이것은 그들의 열심을 가라앉히지 못했고, 다른 사람들이 대의를 이어받았다. 『두 번째 권면』(*Second Admonition*)이 곧 나타났고 그것은 장로교제도를 더 상세하게 묘사했다. 이 논쟁은 창의적인 제목이 없는 연속적인 출판물로 특징지어졌다. 위트기프트는 『두 번째 권면』에 대한 답변으로 『권면에 대한 답변』을 출판했고, 카트라이트는 1573년 『두 번째 답변』이란 제목의 소책자로 대응했다. 다음 해 카트라이트의 지지자인 트래버스(Travers)는 『교회 치리에 대한 완전하고 분명한 선언』이란 제목의 책을 출판했고, 이것은 장로교제도의 체계적 해설을 제공했다. 장로교제도를 제창하거나 공격하는 많은 시도와 노력들이 있었지만, 논쟁의 첫 단계는 상대적으로 소수의 사람들만이 관련되었다. 카트라이트와 트래버스는 제네바에 있었고 필드와 윌콕스는 감옥에 있었으므로, 1575년까지 논쟁은 가라앉았다. 더욱이 캔터베리의 새 대주교는 청교도들이 친구로 여길 수 있는 인물이었고, 그들이 주창하는 개혁을 현 체제의 감독제도 내에서 이루어질 수 있다는 소망을 갖게 했다.

새 대주교는 에드먼드 그린달(Edmund Grindal)이었고, 그는 매튜 파커가 1575년에 죽었을 때 요크(York)에서 캔터베리로 자리를 옮겼다. 그린달은 청교도 감독이라고 불릴 수 있을 만한 인물이었다. 그는 기도서에 대한 청교도의 양심 문제를 이해했고 교육 수준을 갖춘 설교사역을 갖추는데 청교도와 마찬가지로 헌신되어 있었다. 그런 사람이 실권을 가지고 있었고 엘리자베스 감독의 첫 세대들은 대체적으로 청교도들의 관심에 동정적이었기 때문에, 미래는 밝아 보였다. 앞에서 본 것처럼, 엘리자베스 교회를 직면하고 있는 가장 큰 문제 중 하나는 적절한 교육 수준이 있는 설교사역의 부족이었다.[43] 대부분의 사람들이 성경을 읽을 수 없었기 때문에 설교는 특히 중요했고, 적절한 설교사역을 위한 훈련은 청교도들이나 대주교 그린달을 위해 주요 우선순위 중 하나였다. 청교도들이 설교 목사를 목회 현장으로 이끌어오는데 사용한 방법 중 하나는 "강좌(lectureship)"라 불리는 제도를 통해서였다. 만일 목사가 청교도 평신도들이 원하는 분량이나 종류의 설교를 못하거나 안한다면, 그들은 교회가 일반 예배를 위해 사용되지 않을 때 설교 할 강사(lecturer)라 불리는 다른 목사를 채용하는 것이었다. 개인 또는 자치정부, 무역노조, 또는 병원 등과 같은 단체들이 재정을 공급하여 강좌를 개설하도록 했다. 대부분은 즉각적인 문제를 해결하기 위해 세운 일시적 재단이었으나, 데드햄(Dedham) 강좌와 같은 것은 결국 영구적으로 기금이 조성되었다.

설교사역 발전에 도움을 주기 위해 고안된 또 하나의 방법은 "예언운동"(prophesyings)이라 불리는 현직 훈련의 유형으로, 이것은 일반적으로 장날에 장이 서는 마을에서 이루어졌다. 때로 그것은 지역 성직자들이 주도했고, 때로는 감독들이 직접 격려하기도 했다. 지역 목사들로 구성된 심사원단이 구성되었고, 그들은 의장의 주도 하에 그날 주어진 본문에 대한 여러 목사들의 설교를 들으러 모였다. 마을의 지도자 직분을 가진 자를 비롯하여 일반 군중도 참여할 수 있었다. 설교가 끝난 후 의장은 학식을 갖춘 자들에게 설교에서 제시된 교리에 대한 반응을 요구했고, 청중은 앉아서 설교자들이 언급한 성경 구절들을 찾았다. 모임이 끝났을 때, 사람들은 그들이 들은 것을 논의했고, 목사들은 설교자들을 돕기 위해 모임 밖에서 설교에 대해 개인적으로 평을 해 주었다. 하루의 일정은 저녁식사를 하며 공통 관심사에 대해 비공식적인 논의를 하고 끝났다. 예언운동은 "부분적으로 성직자들의 회합이고, 부분적으로 목사들을 위한 현직 훈련 과정이며, 부분적으로 영국 장이 서는 마을을 향한 팀 선교"로 묘사되었고,[44] 또한 전도 목적으로 이루어졌다. 강좌는 설교 목사들을 위한 자리를 제공해준 반면, 예언운동은 아직 훈련을 덜 받은 목사들을 위한 현직 훈련을 제공했다. 동시에 청교도들이 캠브리지와 옥스퍼드 대학들을 장악하면서, 대학들은 다음 세대의 청교도 목사를 배출하고 있었다.

청교도적 관점으로 보았을 때 모든 것이 잘 진행되고 있었다. 그러나 여왕 엘리자베스 1세가 예언운동에 대해 들었을 때 모든 상황은 달라졌다. 엘리자베스는 설교사역에 대해 청교도들이나 많은 그녀의 감독들과 같은 헌신을 가지고 있지 않았다. 그녀는 "성경과 설교를 그녀의 백성들에게 잘 읽어줄 수 있는" 목사들에 만족한다고 말한 적이 있다.[45] 엘리자베스는 무엇보다도 그녀의 교회에 평화를 유지하는데 관심이 있었고 깨지기 쉬운 종교적 합의를 위협할 수 있는 성직자들을 원치 않았다. 1576년 여왕은 대주교에게 예언운동을 억압하라는 명령을 내렸다. 그녀는 그린달의 용기와 신념을 수용하지 않았다. 여왕의 정책을 수정하도록 설득하기 위해 열심히 노력한 후에, 그린달은 그녀에게 다음의 편지를 썼다.

> 저는 모든 겸손으로 그러나 분명하게 다음을 고백할 수밖에 없습니다. 저는 안전한 양심을 가지고 하나님의 위엄을 모욕하지 않고는 언급된 실행을 억압하는 일에 저의 동의를 드릴 수가 없습니다. 더욱이 저는 그것을 철저하게 그리고 보편적으로 전복시키기 위한 법적 명령을 내릴 수가 없습니다. 만일 이런 저런 이유로 저를 이 자리에서 제거하는 것이 폐하의 즐거움이시라면, 저는 모든 겸손함으로 순종할 것이고, 제가 같은 것을 수용할 것을 다시 폐하께 알려드립니다.…저는 폐하께 간구합니다. 만일 제가 하늘에 계신 하나님의 위엄 보다 폐하의 땅의 위엄을 거스르는 것을 선택하게 된다면, 저를 용납하시옵소서.[46)]

이것은 매우 용감한 진술이었으나, 1577년 5월 대주교의 직위해제로 이어졌다. 그는 1583년 7월 죽을 때까지 직위해제 된 상태에 있었다.

갑자기 청교도들에게 매우 유망해보이던 모든 것이 흔들리기 시작했다. 그들은 동정적인 대주교를 잃었을 뿐만 아니라, 1575년과 1581년 사이에 예언운동을 지지했던 엘리자베스의 많은 첫 세대 감독이 죽었다. 그들은 새로운 세대의 강력한 반-청교도 감독들로 대체되었다. 청교도들은 이제 딜렘마에 직면했고 여러 가지 방법으로 반응했다. 필드, 트래버스, 그리고 카트라이트와 같은 청교도들은 장로교교회 정치제도를 도입하는데 더욱 헌신했다. 1580년대 초 카트라이트와 트래버스는 영국에 돌아왔고, 필드는 '클래시스' (classes)라고 불리는 성직자 지역 모임에 입각한 지하 장로교 조직을 구축하는 작업을 했다. 이 지역 모임은 즉흥적으로 일어났다. 그것은 부분적으로나마 예언운동의 억압에 대한 반응이었다. 가장 잘 알려진 모임은 '데드햄 클래시스' (Dedham Classes)이었다. 그 기록이 남아있기 때문이다. 그 모임에 참석한 대부분의 성직자들은 아마도 장로교제도에 헌신되어 있지는 않았으나, 마음이 맞는 형제들끼리 관심거리에 대해 논의하기 위해 만나고, 공통적인 문제에서 서로를 격려해주며, 억압된 현직 훈련 프로그램을 지속하기 원했다. 그러나 필드와 같은 장로교 지도자들은 클래시스에 다른 안건을 가지고 있었다. 그들은 클래시스를 태아적 장로교제도로 보았고 영국교회를 안으로부터 변화시키는 방법으로 사용하려 했다. 지방적 지역적 그리고 국가적 대회들을 개최하여 헌신된 청교도 목사들은 서로 접촉을 유지하고 의회 캠페인을 시작하여 선거에 영향력을 행사하기 위해 그 조직을 사용할 수 있었다. 그들은 1584년 실제로 이것을 시도했다.

의회에 영향을 끼치려는 청교도의 노력은 성공하지 못했으나, 청교도 지하조직은 새 대주교, 존 휘트기프트(John Whitgift)에 의해 시작된 청교도주의 공격에 대항하는데 효과적이었다. 그는 전에 카트라이트의 캠브리지 교수직 면직에 관련되었었고, 청교도들을 엘리자베스 합의에 순응하도록 강요되어야할 필요가 있는 "반란자들"로 간주했다. 1583년 10월 그는 연속적으로 법령을 공포했고 모든 목사는 그것에 동의해야한다고 주장했다. 그 법령 중 하나는 청교도들에게 특히 반감을 샀다. 그것은 "공동 기도서(the Book of Common Pryaer)가 그 안에 하나님 말씀에 위배되는 것을 하나도 포함하고 있지 않다… 그리고 그 자신은 공중 기도와 성례의 집행에서 규정된 그 책의 형식을 사용할 것이다"[47]라고 말했다.

그 조항의 표현은 너무도 정확했고 청교도들은 심각한 양심 문제에 직면했다. 그들은 설교가 예배의 중심이 되어야한다는 믿음에 맞도록 기도서 예배를 조정하는데 익숙했었다. 그들에게 기도서 예배의식에서 가장 심각한 문제 중 하나는 "그것이 가장 중요한 부분인 설교를 부속품으로 만드는 것"이었다.[48] 그들이 거부했던 백의와 예식들을 폐기하는 것 외에, 그들은 종종 예배를 잘라서 의식의 부분들을 제외하고 더 긴 설교를 할 수 있도록 했다. 그들은 또한 성례 집행을 자신의 신학적 믿음에 맞도록 조정하여 세례에서 십자가 상징을 사용하거나 성찬식에서 무릎을 꿇거나 웨이퍼(wafer) 대신에 일반 빵을 사용하는 것을 거부했다. 나아가 그들은 제단을 추호도 닮지 않은 식탁에서 검정 가운을 입고 성찬을 집행했다. 예배에서 이런 조정을 하면서 청교도들은 자신의 양심을 범하지 않고 영국 교회에서 목사로 남을 수 있었다. 그러나 그들이 이런 종류의 타협을 불가능하게 만드는 것으로 보이는 조항에 서명하라고 명령을 받았을 때, 그들은 어려운 선택에 직면하게 되었다. 그 조항에 서명을 하여 그들이 성경적이라고 믿었던 것들을 어겨야만 하거나, 아니면 그들이 자리를 잃고 영국 교회에 설교 사역을 세우기 위해 그동안 열심히 노력했던 모든 것을 무너뜨리는 위험에 놓이게 되었다. 필드와 같이 런던에서 강한 노선의 입장을 취하고 있는 자들은 포기하지 않고 이 관건에 타협은 있을 수 없다고 주장했으나, 온건한 청교도 목사들은 깊은 딜렘마에서 갈등하고 있었다. 그들은 자신이 영국교회에서 복음을 설교하도록 부르심을 받았다고 알고 있었다. 그러나 그들이 이것을 지속할 수 있기를 소망한다면 그들은 성경에 위배된다고 느끼는 조항에 서명해야할 필요가 있었다. 약 300명에서 400명 사이의 목사들이 동의에 거부했고 목사직에서 직위해제 되었다. 만일 청교도 평신도들이 간섭하지 않았고 양쪽에 타협이 이루어지지 않았더라면 대주교 위트기프트는 영국교회 강단에서 청교도들을 쓸어버렸을 것이다. '이해관계인 회의' (Privy Council)에 상소가 올라갔고 목사들과 그들의 평신도 지지자들로부터 수많은 청원이 쏟아졌다. 회의의 중요한 구성원들을 비롯한 평신도 지지자들의 봇물 같은 탄원은 결국 위트기프트를 물러서게 했고 청교도들이 조항에 조건적 동의를 할 수 있는 서명 승낙의 형태를 허용하게 했다. 위트기프트는 첫 라운드의 패배를 인식했다. 그는 청교도가 "법이 요구하는 한" 서명 승낙했을 때, 목사는 법이 그런 서명 승낙을 요구하지 않는다는 가정 하에 그렇게 했다는 것을 알았기 때문이다. 그는 또한 청교도가 "다른 것은 말고 공동 기도서만 사용하기로 약속했을" 때, 그는 그의 예배가 기도서에서 선별한 내용으로 구성된다는 것을 의미했다는 것을 알았다.[49)]

대주교 위트기프트는 전투에서 졌지만 전쟁에서 패배한 것은 아니었다. 여왕의 지원을 받아 그는 청교도에 대한 공격을 계속했고, 청교도들은 의회에서 항거했다. 1586년 청교도들은 다시 의회 선거에 영향을 끼치려했다. 그들은 의회에 개혁의 필요를 증명하기 위해 교구 성직자들로부터 만든 설문조사에 의해 지지받은 개혁 청원을 제안했다. 온건한 청교도들은 의회에서 상당한 지지를 받았지만, 과격한 장로교주의 형제들은 의회의 다수에게 수용될 수 없는 과격한 제안으로 말미암아 온건한 개혁을 달성하기 위한 노력을 위험에 빠뜨렸다. 예를 들면, 1586년 의회의 장로교 멤버인 안토니 코우프(Anthony Cope)는 '공동기도서'를 폐지하고 장로교 교회 정지체제를 구축하자는 법안을 제출했다. 그 법안은 너무도 과격하여 여왕이 개입했고 코우프와 네 명의 의회 청교도 멤버들을 체포하라고 명령을 내렸을 때 하원은 항의도 하지 않았다. 대부분의 청교도들은 장로교도들이 아니었고 합의의 일부분에 대한 이의에도 불구하고 영국교회 내에서의 사역에 헌신되어 있었다.

그 중 예외는 "분리파"라고 불리는 소수 집단의 청교도였다. 그들은 영국교회 개혁의 실패에 너무 실망하여 앞으로 유일한 길은 영국교회로부터 분리하는 것이라고 결정했다. 엘리자베스 시절에 분리주의는 중요하지 않은 운동이었지만, 차츰 숫자가 증가했고 엘리자베스 사후 반세기만에 중요하게 되었으며 결국 회중교회주의자와 침례교도의 출현을 위한 배경을 제공했다. 분리주의의 첫 표현은 앞에서 언급한 플러머 홀 모임과 종종 동일시된다. 그러나 플러머 홀 청교도는 진정한 분리주의자는 아니었다. 그들은 자신의 분리를 영국교회가 개혁될 때까지만 일시적인 것으로 생각했기 때문이다.

진정한 분리주의는 일부 청교도들이 제도화된 교회로부터 완전히 분리된 1580년대까지 나타나지 않았다. 가장 잘 알려진 분리주의자는 로버트 브라운(Robert Browne)과 로버트 해리슨(Robert Harrison)이고, 그들은 카트라이트가 해고될 때 캠브리지에 있었다. 브라운은 영국교회가 참 기독교회가 아니고 개혁될 수 없다는 결론에 도달했다. 국가 교회 대신에 그는 교회가 자유롭게 공동체에 참여하여 언약으로 함께 묶여진 "모여진(gathered)" 사람들의 공동체가 되어야한다고 제안했다. 교회는 성직 계급제도를 가져서는 안 되고, 감독들에 의해 선택된 목사들이 섬기는 지방 회중들이 각각 자신의 목사를 선출해야 한다고 주장했다. 1579년 브라운은 캠브리지에서 설교를 시작했고 감독들을 "탐욕스럽고 악한 사람들"[50]이라고 공격했으며 그들을 적그리스도와 동일시했다. 1581년 그와 해리슨은 노르위치(Norwich)에 분리파교회를 세웠으나, 브라운이 감옥생활을 한 후, 그들은 네덜란드(Netherlands)로 이주하여 그곳에서 새로운 분리파교회를 세웠다. 그들은 몇 가지 관건에 대해 서로 의견이 맞지 않는 것을 알게 되었고, 1583년 의견의 불일치가 너무 심하여 브라운은 자신의 교회에서 추방되었다. 다음 해 브라운은 영국으로 돌아와서 영국교회로 귀환했으며, 1591년 노스햄톤셔(Northamptonshire)에서 교구목사로 임명되었다.

브라운은 조금 일관성이 없었지만,[51] 다른 사람들은 분리파주의 믿음에 더욱 헌신했다. 영국교회가 배교했다고 생각했기에 교회를 떠난 존 그린우드(John Greenwood)와 헨리 베로우(Henry Barrow)는 런던에 분리파교회를 세운 것 때문에 1586년 체포되었고, 7년 동안 감옥에 있었다. 그 시기동안 그들은 분리파주의 문헌들을 계속 만들어냈다. 1593년 4월 위정자들은 극심한 행동을 취했고 그들을 사형시켰다. 몇 주 후 존 펜리(John Penry)라는 또 다른 분리주의자가 목매달아 처형되었다. 계속되는 핍박과 죽음의 위협으로 말미암아 분리주의자들은 영국을 떠났다. 1583년 런던에 있는 그린우드의 옛 회중은 당시 프란시스 존슨(Francis Johnson)에 의해 인도되고 있었으나 네덜란드로 이주했다. 여왕 엘리자베스 1세의 통치 말기, 영국 청교도들의 소수였던 분리주의는 사산한 것으로 보였다. 그러나 그것은 혁명 시기에 중요한 역할을 하며 돌아오게 된다.

가톨릭 도전

청교도들은 지나치게 '가톨릭적' 이라고 생각했던 부분을 제거하기 위해 '엘리자베스 합의' 를 수정하려는 노력을 기울였으나 실패했다. 그동안 다른 사람들은 청교도들과는 반대로 영국을 가톨릭 신앙으로 환원시키려고 노력했다. 이 노력에서 그들은 외국으로부터 도움을 얻어 왔었다. 그러나 그 도움은 1588년 고 메리 튜더의 남편이었던 스페인의 필립 2세가 영국을 정복하기 위해 함대를 보냈을 때 끝이 났다. 엘리자베스는 통치 첫 시기동안 영국 가톨릭교도들을 소외시키는 것을 피하기 위해 그들에 대해 조심스러운 정책을 추구했다. 원래 수장령에 대한 맹세를 두 번 거부하는 것에 대한 형벌은 죽음이었지만, 엘리자베스는 대주교에게 사실상 그렇게 하지 말라고 지시했다. 사람들이 영국교회 예배나 미사를 참석하지 않으면 벌금형을 받게 되어있었지만, 위정자들은 대부분의 경우 범법자들을 보지 못한 것으로 넘어갔다. 엘리자베스는 소위 "상징적 순응"[52]에 만족했고, 영국 가톨릭교도의 대부분은 외형적으로 순응했으며 여왕에 충성했다. 교황도 영국이 외교를 통해 가톨릭주의로 환원될 수 있기를 바라며 엘리자베스를 조심스럽게 다루었다. 거의 10년 동안의 외교정책 후, 교황 파이우스 5세(Pius V)는 그녀에 대해 혹독한 정책으로 선회했다. 1569년 영국 북부 지역에 반란이 일어났을 때 여왕 엘리자베스 1세가 자신의 백성에 의해 전복될 수 있다는 가능성을 보았기 때문이었다.

1570년 2월 파이우스 5세는 '레그난스 인 엑셀시스' (Regnans in Excelsis)라는 교황령을 공포했다. 그것은 엘리자베스를 "이단과 이단 선동자" 로서 출교시켰고 영국 여왕이라고 "위선적인 주장" 을 하는 그녀를 면직했다.[53] 북부 반란은 '레그난스 인 엑셀시스' 가 공포되었을 때는 이미 실패했고, 교황령은 영국 가톨릭교도를 어려운 입장에 놓이게 만들었다. 그들이 교황령의 명령을 수용한다면, 그들은 여왕에게 배신자가 되는 것이고, 엘리자베스를 그들의 여왕으로 수용한다면, 그들의 영적 지도자를 불순종하는 것이 되는 것이었다. 의회는 교황령에 대응하여, 교황령을 가져왔거나 또는 "다른자들을 로마와 화합시키거나 스스로 화해하는" 모든 자를 반역법에 포함시킨다는 입법을 법령화했다.[54] 이것은 영국 가톨릭교도의 문제를 가중시켰다.

1568년 영국 망명객, 윌리암 알렌(William Allen)은 스페인 계통 네덜란드에 신학교를 세우고 사제들을 훈련시켜 영국 가톨릭교도들을 섬기기 위해 영국으로 보냈다. 이런 사람들은 새 입법에 특히 영향을 받았고, 많은 사람이 위정자들에 의해 추격당하고 반역자로 처형되었다. 첫 가톨릭 사제는 1577년에 처형당했고, 여왕 엘리자베스 1세의 통치가 끝났을 때 200명 이상이 순교했다. 가톨릭교도들은 이것을 종교적 핍박이라고 여겼으나, 엘리자베스 위정자들은 사제들이 이단이 아니라 반역죄로 처형되었다고 주장했다. 처형 방법도 여왕 메리 통치 때 개신교도들이 고난을 겪었던 것과는 달랐다. 엘리자베스 가톨릭 순교자들은 목매달았고, 익사시켰으며, 사지를 찢어 죽였다 (이것은 반역자들을 사형에 처하는 방법이다). 반면 메리의 순교자들은 화형에 처해졌고, 그것은 이단을 처형하는 방법이었다. 메리 스튜어트(스코틀랜드의 여왕)가 1568년 영국으로 도피했을 때 엘리자베스의 문제는 복잡해졌다. 메리는 스코틀랜드의 반란자들에 대항하는 엘리자베스의 도움을 원했으나, 엘리자베스는 메리를 도와서 그녀가 스코틀랜드의 왕좌에 오르는 것을 결코 원하지 않았다. 엘리자베스는 스코틀랜드에 자신의 동맹자들이 따로 있었던 것이다. 청교도들은 메리가 처형되기를 원했으나, 엘리자베스는 자기 사촌의 처형을 원하지 않았고, 영국의 한 성곽이나 큰 집 등에 번갈아가며 18년 동안 가두었다. 이 시기동안 메리는 엘리자베스에 반항하는 여러 음모에 관련이 되었다. 엘리자베스는 항상 그녀를 보호했으나, 그녀의 비밀 정보국이 엘리자베스를 암살하고 메리를 왕좌에 세우려는 음모에 가담한 부인할 수 없는 증거를 제시했을 때, 엘리자베스는 어쩔 수가 없었고 1587년 메리의 처형을 허락했다.[55]

메리 스튜어트의 처형은 '엘리자베스 합의' 에 가장 큰 외국적 위협을 가져오는 역할을 했다. 영국에 대한 계획적 공격에 관해 망설이던 스페인의 필립 2세는 이제 영국 왕좌를 이어받으려는 프랑스 선호 통치자의 위험에서 자유로워졌고, 1588년 7월 그는 영국을 정복하여 로마 가톨릭주의로 회복시키기 위해 강력한 함대를 보냈다. 이 임무수행을 위해 구성된 군사력은 해공을 위해 집결된 가장 큰 규모 중 하나이었다. 그것은 130척의 배, 18,000명의 군인, 그리고 7,000명의 해군으로 구성되었다. 추가로 함대는 칼라이스(Calais)에서 파르마의 공작(the Duke of Parma)의 지휘하에 전쟁으로 강해진 군대 17,000명을 데려올 계획을 세웠다. 필립은 또한, 외국 군대가 도착하면 영국의 로마 가톨릭교도들이 그들의 이단 여왕에 대항하여 바로 일어날 것으로 기대했다. 1588년 7월 영국은 개신교 영국을 종식시킬지 모를 위협을 직면하게 되었다. 스페인 함대가 접근하면서, 영국은 공격적인 기도를 시작했다. 교회회의는 성직자들로 하여금 하나님의 도움을 위해 성도들이 기도하도록 움직이라고 명령했고, 모든 교구 교회에 특별 기도가 기록되었고 왕국이 무릎을 꿇고 적에 대항해 하나님의 도움을 간구했다.[56]

함대가 접근하면서, 영국은 두려움에 싸여 기다렸다. 그런데 갑자기 스페인에 모든 것이 잘못되기 시작했다. 좋지 않은 계획, 부족한 의사소통, 대단한 영국 선박조종술, 그리고 스페인 배들을 해협을 거쳐 영국으로부터 날라 가게 한 "개신교 바람"이 함대에 재앙을 불러왔다. 필립은 패배를 냉철하게 받아드렸지만, 영국은 그것을 하나님께서 자기들 편이시고 그들의 기도를 응답하신 확인으로 받아드렸다. 감사 축제가 영국 전역을 거쳐 개최되었고 하나님께서 승리를 주신 것으로 생각했다.[57] 승리는 엘리자베스가 죽은 후에도 계속되었고, 다음 세기에도 그것은 영국인들이 하나님에게 얼마나 특별한 사람들인지를 보여주는 예화를 위해 사용할 자료를 설교자들에게 제공했다. 로마 가톨릭교도들이 이 위기를 거치면서 견고하게 충성을 지켰지만, 그들은 스페인의 위협과 동일시되었고 "반-가톨릭주의를 점화시키는데" 도움을 주었다.[58]

합의 확보

가톨릭 스페인에 대한 승리는 영국교회의 인기를 상승시켰다. 하나님께서 영국에게 승리를 주셨다는 대중적 믿음의 관점에서 "만일 하나님께서 영국에 대해 그렇게 강하게 느끼신다면, 제도화된 교회가 그렇게 잘못되었을 이유가 없다"는 것이 논리적이라고 생각했다.[59] 결과적으로 이런 시기에는 교회에 대한 비판이 잘못된 충고가 될 수밖에 없었다. 그럼에도 1588년 10월 심지어 카트라이트와 트래버스와 같은 장로교 지도자들도 충격을 받을 정도의 극악한 공격을 담은 소책자 연속물의 중 첫 번째가 나타났다. 익명의 소책자는 잘 알려진 청교도 인쇄소에서 출판되었고 분명히 과격한 청교도들과 관련이 되어 있었다. 그것은 저자라고 풍자적으로 알려진 사람을 따라 '마틴 마프리레이트 소책자' (Martin Marprelate Tract)라고 불렸다.[60] 많은 사람들이 책자의 유머를 재미있게 보았지만, 그것은 광범위한 청교도 대의를 해치는데 도움을 준 감독들에 대해 상스러운 공격을 포함하고 있었다. 그것은 특히 위정자들을 분노하게 했고, 그들은 청교도주의에 대한 공격을 시작했다.

"칸커베리의 존(John of Kankerbury), 램버트의 교황(the pope of Lambert)" 그리고 "적그리스도의 선구자"[61]라고 낙인이 찍힌 대주교 휘트기프트가 분노한 것은 당연했고, 그는 미래의 대주교, 리차드 뱅크로프트(Richard Bancroft)의 지도력 하에 조사를 명령했다. 조사는 그 당시 억압되었던 클래시스(classes)와 대회(synods)로 이루어진 청교도 지하 장로교 조직을 밝혀냈다. 카트라이트와 8명의 저명한 지도자들이 체포되었고 법정에 세워졌다. 그들은 풀려났지만, 영국교회 정치제도를 변화시키려는 더 이상의 노력은 포기했다. 청교도 조직의 파괴로 정치적 역량은 훼손되었고, 엘리자베스의 합의에 대한 청교도 도전이 상당히 약화된 상태에서 엘리자베스의 통치는 종식되었다. 추가로, 청교도주의의 신학적 근거는 리차드 후커(Richard Hooker, 1554-1600)가 저술한 『교회 정치법에 대하여』(*Of the Laws of Ecclesiastical Polity*)란 방대한 저서에 의해 심각한 도전을 받았다.

성직복, 의식, 그리고 교회정치에 대한 차이점에도 불구하고, 청교도들과 순응주의자들은 소위 칼빈주의 일치감(Calvinist consensus)으로 연합되었다. 심지어 청교도들의 영구적인 적수, 위트기프트도 헌신된 칼빈주의자였다. 그러나 후커는 명백히 칼빈주의자가 아니었다.[62] 1581년 그가 '바울의 십자가' (Paul's Cross)에서 한 설교에서, 후커는 하나님은 모든 자들이 구원받기 원하시고, 구원받지 못한 자는 자신에게 주어진 은혜에 반응하지 않았기 때문에 정죄 받은 것이라고 주장했다. 1585년 후커는 월터 트래버스(Walter Travers)와 논쟁에 들어갔다. 그 논쟁에서 그가 표현한 많은 개념들과 주장들은 『교회 정치법』에 출판되었다. 그 저작은 여덟 권으로 구성되었고, 세 권은 후커 사후에 출판되었다. 그는 먼저 장로교 도전에 반응했고 영국교회에 대한 논리적이고 일관적인 방어로 진행했으며, 양극단의 중간 길을 가려했다. 그의 주장은 성경에 입각했지만, 그는 성경이 모든 질문에 대한 답을 제공한다고 믿지 않았다. 후커는 삼위일체와 같은 중요한 교리는 성경에 전면적으로 정의되지 않았고, 이성으로 추론될 필요가 있는 것이라고 지적했다. 그는 또한 성경이 특정한 교회정치제도 형태를 지정하고 있다고 믿지 않았다. 그는 여러 다른 상황에 의해 고안되는 다양한 교회정치제도 형태의 가능성을 수용했다. 나아가, 그는 종교개혁에 큰 강조를 두지 않는 경향이 있었고 중세교회가 참 교회의 부분임을 수용했다. 그리고 설교에 대한 청교도 강조와는 대조적으로 후커는 성례와 의식을 강조했다. 후커의 저작이 그의 사후 오래 동안 잘 알려지지 않았지만, 그의 저술은 후에 앵글리칸주의(Anglicanism)가 될 전통적 진술을 제공했다.

여왕 엘리자베스 1세가 1603년에 죽었을 때, '엘리자베스 합의'는 확보되었고 교회 개혁에 상당한 진보가 이루어졌다. 엘리자베스 통치 초기에 보았던 부진한 교회사역의 모습과는 대조적으로, 그녀가 죽었을 때 영국 교구교회 강단의 절반 이상이 교육 받은 설교 목사들로 채워졌고, 그 대부분은 대학 졸업생들이었다. 엘리자베스가 죽었을 때, 영국은 "미신과 교리에 대한 초보적 이해가 있었음에도 불구하고 의심의 여지없이 개신교 국가"였다.[63] 청교도들은 자신이 개혁을 이해한 방식으로 영국교회를 개혁하기 위한 노력에 성공하지 않았지만, 그들은 많은 것을 이루었고, 그들의 많은 목표들이 실현되었다. 대륙은 종교 전쟁으로 찢어졌던 반면, 1603년 영국인들은 지난 반세기 동안 비교적 종교적으로 평화를 유지했던 모습을 돌이켜 볼 수 있었다. 로마 가톨릭 위협은 무력화되었고, 장로교 도전은 패했으며, 청교도들은 엘리자베스 합의를 수성하려는 노력에 실패했지만, 대부분은 영국교회의 헌신된 구성원으로 남았다. 영국은 종교전쟁 없이 개신교 합의를 유지하는데 성공한 것으로 보였다. 그것은 대단한 업적이었다. 그러나 다음 반세기에 종교적 평화를 지속하려는 밝은 소망은 훼손되었고, 종교개혁 시대의 마지막 종교전쟁이 영국에서 벌어졌다.

제10장

가톨릭 종교개혁

안수에 관하여: 돌보지 않는다. 그들이 누가되었든지(교육을 받지 않았고, 끔찍한 윤리적 상태이고, 적정연령 이하이고), 그들은 거룩한 사역에 일상적으로 들어왔고 그것으로부터 많은 스캔들과 교회에 대한 경멸이 나왔다.…로마에 관하여: 정직한 방식들이 이 도시와 다른 교회들의 어머니이고 스승인 이 교회에 충만해야 한다.…[그러나] 창녀들이 점잖은 부인처럼 순회하거나 당나귀 등에 타고 다닌다. 귀족들, 추기경들 그리고 사제들이 대낮에 그들과 함께 교제한다.

교회 개혁에 대한 충고[1)]

위 진술은 마치 가톨릭교회에 대한 개신교의 비판으로 기록된 것처럼 읽혀진다. 그러나 사실 이것은 교황 바울 3세(Pope Paul III, 1534-1549)가 교회의 상태를 조사하고 개혁을 추천하기 위해 조직한 위원회로부터 받은 보고의 부분으로 기록된 것이다. 현대 정치가들은 자신이 관련되어 있을지 모르는 스캔들을 조사하기 위한 위원회를 임명하지 않는다. 그러나 교황은 많은 현대 정치가가 거의 하지 않는 것을 할 만큼 용감했다. 그는 반드시 지적해야할 필요가 있는 문제를 덮어버릴 가능성이 거의 없는 정의파 개혁자들을 위원회에 임명했다. 이 보고서는 1537년 출판되었고,

그 발견은 가톨릭들에게 너무도 황당했으며 개신교도들은 자신이 교회에 대해 말해 온 것이 옳았다는 증거로 그것을 열심히 인용했다. 이 보고를 위탁한 교황은 위원회 대표이었던 지도급 추기경들과 함께 개혁에 전념하기로 결단했다.[2] 이 발견의 출판은 가톨릭교회에서 폭넓은 개혁운동을 일으킬만한 중요한 자극이 되었다.

역사가들은 가톨릭 개혁운동에 다양한 이름을 부여했다. 개신교 역사가들은 "반-종교개혁(Counter-Reformation)"이라고 명명하는 경향이 있었는데, 그것의 주요 강조가 개신교주의의 충격에 "반격한다"는 것이었음을 암시한다.[3] 가톨릭 역사가들은 "가톨릭 종교개혁(Catholic Reformation)"이란 명칭을 선호했다. 그것이 이 운동의 긍정적인 면을 강조했고 가톨릭 개혁이 반드시 개신교 종교개혁에 대한 반응이 아님을 암시했기 때문이다. 제목을 사용한 것으로 역사가의 편견을 인식할 수 있던 시기가 있었으나, 이제 더 이상 그런 상황은 아니다. 종교적 편견이 가라앉으면서, 역사가들은 두 용어가 다 진리의 면을 가지고 있다는 것을 인식하기 시작했다. 예를 들면, 존 오말리(John O'Malley)는 "각각의 다양한 이름은 실체의 중요한 면을 붙잡기 때문에, 우리가 다양한 이름을 좋은 것으로 받아드릴 필요가 있다"고 믿는다.[4] 딕킨스(Dickens)는 반-종교개혁(*The Counter Reformation*)이라고 부른 것에 대한 연구를 시작하며 두 용어의 유용함에 대해 다음과 같이 평했다.

> 반-종교개혁 또는 가톨릭 종교개혁? 너무도 당연히 둘 다가 아닌가? 루터 전에 부흥의 물결에 공헌한 자들이 보이지 않는가? 그리고 심지어 루터의 반란 후에도, 가톨릭 성취는 루터와 싸우기 보다는 그리스도를 추구하는 것으로 스스로 믿던 남자들과 여자들의 것이다. 그러나 반면에 가톨릭 종교개혁은 늦게 출발했고 루터의 종교개혁은 매우 빨랐다는 것은 마찬가지로 분명해 보인다.…의심의 여지없이 이 위기는 자체를 개혁하려는 가톨릭주의를 더 큰 노력으로 자극했고, 자기-보호와 반-공격은 더 많은 자원을 필요로 했다. 이 사실들의 관점으로 보았을 때 둘 중 어느 제목도 다 수용할 수 있는 것이다.[5]

가톨릭 종교개혁의 기원

가톨릭 개혁은 중세에 시작했다. 교황의 분열을 종식시켜서 1414년 콘스탄스(Constance)에서 교회를 연합시켰던 공의회주의도 교회의 남용을 개혁하려 결단했었다. 그러나 15세기 대부분을 거쳐서 교황과 종교회의 사이의 투쟁은 개혁의 노력을 무디게 만들었다. 공의회주의 운동이 실패한 후, 교황 줄리우스 2세(Pope Julius II)는 1512년 로마에서 5차 라테란 종교회의(the Fifth Lateran Council)를 열었고, 그것은 교황 레오 10세(Leo X)로 계속되었다. 이것이 종교개혁이 시작되기 전 교회 개혁을 이루려는 마지막 공식 노력이었다. 종교회의는 거의 5년 동안 진행되었고, 비록 이태리와 스페인 감독들에 의해 장악되었지만, 많은 라틴 가톨릭 기독교계를 대표하는 교회 지도자들이 참여했다. 중요한 개혁을 위한 제안들이 있었고 개혁 교리들을 공포했다. 그러나 그것은 주요 개혁을 제도화하거나 공포된 교리를 실행에 옮기지 못했다. 궁극적인 분석에 의하면 그것은 심지어 개혁을 연기시켰을지도 모른다. 교황 레오 10세가 종교회의를 장악하기 어려웠고, 그것은 그 이후 교황들이 종교개혁 기간 동안 종교회의 소집을 더 꺼리게 만들었기 때문이다. 제5차 라테란 종교회의의 6개월 정회 기간 동안 루터는 『95개 논제』(*Ninety-five Theses*)를 기술했다.

르네상스 교황들이 개혁을 촉진시키는데 특별히 능동적이지는 않았지만, 교황과는 다른 근원에서 시작된 개혁운동은 루터 종교개혁 시작 훨씬 전에 넓게 퍼졌다. 그런 한 운동이 스페인 추기경 프란시스코 치메네스 데 씨스네로스(Francisco Ximenes de Cisneros, 1436-1517)였다. 그는 1459-1466년 동안 이태리에서 지냈고 인문주의와 접촉했다. 그는 스페인으로 돌아갔고 1485년 톨레도(Toledo)의 감독과 스페인 교회의 수석대주교가 되었다. 그는 거의 60세였지만, 수도원으로부터 시작하여 세속 성직자에까지 이르는 주요 개혁운동을 시작했다. 1507년 그는 추기경의 직위를 받았고 다음해 성직자들의 교육을 위해 자신의 재정으로 알칼라(Alcala)에 대학을 세웠다. 그는 또한 여섯 권의 '콤플루텐시안 다국어 성경' (Complutensian Polyglot Bible)의 인쇄를 재정적으로 지원했고, 그가 새 대학으로 인도한 인문주의 학자들에 의해 만들어졌다. 구약 부분은 히브리 원문, 라틴 불가타(Latin Vulgate), 그리고 헬라어 70인역(Greek Septuagint)을 평행 기둥으로 세워놓았다. 여섯 권째 책은 주석을 돕는 내용을 담았고, 교황 레오 10세에게 바친 서문에는 씨스네로스가 성경을 원어로 연구하는 자신의 인문주의 결단을 표현했다. 다언어 성경의 헬라어 신약성경은 에라스무스가 자신의 버전을 내놓기 2년 전인 1514년에 인쇄되었다. 그의 학문적 관심과는 대조적으로, 씨스네로스는 또한 스페인의 종교재판소장

(Inquisitor General of Spain)으로 섬겼다. 반대자들에 대한 비관용과 핍박이 스페인 개혁운동과 관련되어 있었다. 스페인 종교재판소는 15세기 후반 의심스러운 이단을 법정에 세우는 특별한 재판소로 세워졌다. 그것은 원래 세례 받은 유대인들이 다시 그들의 유대 신앙과 관습으로 돌아가는 자들을 염두에 둔 것이었다. 후에 그것은 또한 세례를 강요받았던 무슬림들(Muslims)에게 사용되었다. 그리고 종교개혁이 시작된 후, 개신교 성향으로 의심받는 자들에게 사용되었다.6)

씨스네로스는 또 하나의 개혁자 탄생 2년 후에 죽었다. 그 개혁자는 아빌라의 테레사(Teresa of Avila, 1515-1582)로 당대의 위대한 영적 신비주의자 중 하나였다. 그녀는 귀족 신분을 돈으로 산 부잣집의 응석받이로 자랐다. 테레사는 사치와 안락의 삶을 살 수 있었으나, 젊은 여자로 종교적 삶에 헌신했다. 그녀는 20세가 되었을 때 카멜라이트(Carmelite) 수도원에 들어갔고, 그 후 27년 동안 그곳에서 보냈다. 처음에 그녀는 엄한 수도원 규칙을 따르지 못했고 심지어 기도하는 것도 어렵게 느꼈다. 그녀는 자신의 자서전에서 이렇게 말했다. "수 년 동안 나는 자주 내 기도 시간이 끝났으면 하고 바라는 마음이 더 많았다.… 기도실에 들어갈 때마다… 나는 스스로를 기도하도록 만들기 위해 모든 용기를 불러 모아야만 했다."7)

40세에 테레사는 그리스도의 환상을 보았고 그것은 그녀 삶의 방향을 근본적으로 변화시켰으며 하나님을 섬기는 일에 자신을 완전히 헌신했다. 그녀는 카멜라이트 수도원의 느슨한 규칙준수가 더 이상 수용되어서는 안 된다고 생각했고, 친척과 친구의 지원으로 1562년 아빌라에 있는 개혁 수도원을 건립했다. 그것은 그녀가 스페인에 세운 16개의 새 수도원 중 첫 번째이었고, 그녀는 개혁을 설교하며 나라 전역을 돌아다녔다. 묵상과 기도를 통해 하나님과의 하나됨을 추구하는 일에 헌신하여 테레사는 여생에 『완전의 길』(*The Way of Perfection*)과 『내면의 성』(*The Interior Castle*)을 비롯한 신비주의 영성의 위대한 고전의 일부를 저술했다. 테레사는 60대 후반까지 살았고 힘이 넘치는 개혁의 추구를 늦추지 않았다. 그녀는 또한 계속해서 저술활동을 했다. 4개의 주요 저서 외에 그녀는 시, 묵상집, 그리고 약 500개의 편지를 썼다. 테레사와 동역자인 크로스의 존(John of the Cross, 1542-1591)은 신비적 영성 보급을 도왔고, 그것은 가톨릭 종교개혁의 주요 특성 중 하나가 되었으며, 그 운동에 영감을 받은 문학과 예술에 반영되었다. 테레사는 또한 비그리스도인과 개신교도를, 자신이 판단하기에 거짓 믿음으로부터 구출하는데 깊이 헌신했고, 그들의 회심을 위해 수녀들에게 계속 기도할 것을 촉구했다.

이태리에서 '신적 사랑의 수도회' (Oratories of Divine Love)라 불리는 집단이 교회 개혁에 주요 역할을 했다. 이것은 작은 종교 집단으로 종교적 실천과 기도 그리고 빈번한 교제를 통해 구성원의 내적 갱신을 추구했다. 그들은 또한 가난한 자를 섬김으로 믿음을 실천에 옮기는 일에 헌신했다. 이런 수도회의 설립을 위한 근본 영감은 성 게노아의 캐서린(St. Catherine of Genoa, 1447-1510)의 삶과 사역에서 나온 것이다. 병든자들의 돌봄으로 나타나는 그녀의 헌신적인 섬김과 심오한 영성은 1497년 부유한 평신도가 게노아에 수도회를 설립하도록 영감을 불어넣었다. 수도회는 플로렌스(Florence), 밀란(Milan), 베로나(Verona), 네이플즈(Naples), 그리고 파두아(Padua)를 비롯한 다른 여러 중요한 이태리 도시에 세워졌다. 게노아 수도회는 결국 로마로 이전했고, 거기서 야코포 사돌레토(Jacopo Sadoleto), 가에타노 티에네(Gaetano Thiene), 레지날드 포울(Reninald Pole), 지오반니 피에트로 카라파(Giovanni Pietro Carafa), 그리고 가스파로 콘타리니(Gasparo Contarini)를 비롯한 가톨릭 종교개혁의 많은 미래 지도자들이 구성원으로 참여했다. 이 단체는 기도, 묵상, 상호 격려, 그리고 제도적 교회의 개혁을 위한 토론을 위해 정기적으로 모였고, 1527년 로마의 약탈 후 해산되었지만, 그 영향은 구성원들의 개혁 활동을 통해 지속되었다.

로마의 약탈은 가톨릭 종교개혁에 중요한 영향을 끼쳤다. 그것은 이태리에서, 프랑스와 교황청을 비롯한 이태리 연합군의 세력과 싸우고 있는 황제 찰스 5세의 군대가 로마에 진격했을 때 발발했다. 그들의 지도자는 도시에 대한 공격에서 피살되었고, 그들이 로마를 함락시켰을 때, 봉급도 받지 못하고 지도자도 없으며 독일 개신교도들을 일부 포함한 군대는 도시를 약탈, 살인, 강간 등 한 주간의 탐닉으로 몰아넣었다. 그런 공격을 위임한 적이 없는 찰스는 거룩한 도시에서 행해진 신성모독을 알게 되었을 때 깊은 고민에 빠졌다. 그는 "그런 승리를 얻는 것 보다 승리하지 않는 것을 선호"하고 "교황에게 가한 불명예에 대해 큰 고통과 수치를 느낀다"고 주장했다.[8] 교회 지도자들은 더욱 고민에 빠졌고 발생된 일의 공포에 충격을 받았고, 비테르보의 자일즈(Giles of Viterbo)와 같은 사람들은 개혁을 위한 긴급한 필요성을 입증하기 위해 그것을 사용했다. 자일즈는 제 5차 라테란 종교회의에서 개회연설을 했고, 거기서 종교회의가 교회개혁의 길을 주도하도록 촉구했다. 종교회의가 그것에 실패했기 때문에, 로마의 약탈이 하나님에게 지극히 모욕적인 남용을 개혁하지 못한 교회의 실패에 대한 징벌이라고 자일즈는 주장했다. "오늘날이 얼마나 악하고 하늘이 얼마나 모든 고위층 사제직에 허용된 폭도에 분노하는지 당신들은 이해해야 한다(게으르고, 훈련되지 않고, 조직화되지 않고, 부도덕한 단순한 젊은이들, 은행가들, 상인들 그리고 군인들, 강탈자들과 포주들은 말할 것도 없고).…경건하지 않은 자들은 '하나님이 거룩한 것들에 관심이 있으시다면, 왜 이런 것을 허용하시는가?' 라고 말한다. 나는 그것이 이것을 허락하실 뿐만 아니라 하나님 스스로 그것을 그렇게 수행하신다고 반응한다."[9)]

지안 마테오 지베르티(Gian Matteo Giberti, 1485-1543)는 베로나의 감독으로 로마의 약탈에 반발한 자 중 한 사람이었다. 사실 지베르티는 자일즈처럼 사람들이 그렇게 해주기를 소망했었다. 지베르티는 그의 사역 초기에 로마 교황청의 구성원으로 레오 10세와 클레멘트 7세를 위해 일했으나, 로마 약탈 이후 그는 자신의 주교 관구(diocese) 개혁을 위한 깊은 헌신을 느꼈다. 그는 베로나로 돌아왔고 비리를 수정하려고 열심히 일했고 개혁을 도입하기 시작했다. 그의 첫 행동 중 하나는 주교 관구에 속한 모든 지역교회를 방문하고 성직자를 개인적으로 조사하는 것이었다. 그는 자격이 없는 성직자를 추방했고, 지역에 살고 있지 않는 성직자를 교회에 돌아오게 강요했으며, 여자와 살고 있는 성직자를 벌했다. 그는 또한 수도회를 개혁했고 고아원과 구빈원을 설립했다. 영적 책임을 소홀히 하는 많은 이태리 교회 지도자들의 허례적인 삶의 유형과는 대조적으로 지베르티는 절약과 근면의 본을 보여주었다. 베로나를, 의식 있는 감독이라면 달성할 수 있는 본보기로 만들어, 다른 감독이 자신의 노력을 따를 것으로 그는 기대했다.

로마 수도회의 구성원들에 의해 설립된 새 수도원 중 하나인 테아티네 수도회(Theatine Order)는 지베르티의 본을 따르는 여러 개혁 감독을 배출했다. 그것은 자에타노 티에네(Gaetano Thiene)와 지안 카라파(Gian Carafa)에 의해 1524년에 설립되어, 성직자 개혁을 통한 교회개혁에 헌신했다. 그것은 큰 수도회는 아니었지만, 사회 지도자들 및 교회 지도자가 된 이상을 추구하는 사람들을 끌어들였고, 주교 관구를 개혁의 길로 인도할 미래 감독을 훈련함으로 가톨릭 종교개혁에 중요한 영향을 미쳤다.

콘타리니(Contarini), 바울 3세, 그리고 레겐스부르그 회담 (Regensburg Colloquy)

이태리의 가장 헌신된 개혁자 중 몇 명이 '스피리추알리' ('영적인자들,' spirituali) 라고 알려졌다. 그 중에는 가스파로 콘타리니(Gasparo Contarini, 1483-1542)와 같은 '신적 사랑의 로마 수도회' (Roman Oratory of Divine Love)의 구성원들이 포함되었다. 콘타리니는 유명한 베네치안(Venetian) 가의 구성원이었고, 세속 직업으로 시 정부에 여러 요직을 가지고 있었으며, 1528년과 1530년 사이에 황제 찰스 5세의 대사로도 일했다. 전에 그는 루터가 경험했던 것과 같은 영적 위기를 경험했다. 그 위기 과정에서 콘타리니는 자신의 구원을 의심하기 시작했고, 자신의 노력으로는 자기 죄를 속죄할 수 없다고 인식했다. 루터처럼 콘타리니도 결국 예수 그리스도를 통한 하나님의 은혜에서 해답을 찾았다. 1523년 그는 이렇게 말했다. "나는 진정으로 확실한 결론에 도달했다… 누구도 어느 시기에 행위를 통해 스스로를 의롭게 할 수 없고 마음으로부터 성향을 제거할 수 없다. 바울이 말하는 것처럼 사람은 예수 그리스도를 믿음으로 얻어진 하나님의 은혜로 향해야한다… 우리는 다른 분, 즉 예수 그리스도의 의로움을 통해 우리 자신을 의롭게 해야 하고, 우리가 자신을 그분에게 연합했을 때, 그분의 의로움이 우리 것이 된다."[10)]

다른 스피리추알리도 비슷한 견해를 가지고 있었다. 그들의 입장이 칭의에 대한 개신교 견해와 완전히 일치하지는 않았지만, 종교개혁의 중심교리에 대한 개신교 입장과 그들의 견해와의 친밀감은 화합의 소망을 안겨주었다. 콘타리니는 개신교와의 화해를 위해 일 할 수 있는 기회를 얻게 되었고, 교황 바울 3세가 1535년 5월 그를 추기경으로 임명한 후 교회개혁 문제를 직면할 수 있는 기회도 갖게 되었다. 그리고 그는 로마에 거주하게 되었고 교황의 친근 참모 중 하나가 되었다. 그런 배경을 가지고 그는 개혁위원회의 제정을 제인했고, 본 장의 시두에 인용한 보고시를 작성하게 되었다. 콘타리니를 로마로 데려온 교황 바울 3세는 전형적인 르네상스 교황이었다, 그는 예술을 지원했고 사치스러운 삶을 살고 있었으며 자기 가문의 번영을 위해 일했다. 바울 3세는 자신이 교황으로 선출된 직 후 14세와 16세 된 손자들을 추기경으로 임명하여 심지어 노골적인 친척등용의 죄를 범했다. 그는 보고서가 심하게 비판한 바로 그 남용의 죄를 짓고 있었지만, 바울 3세는 교황청을 개혁

운동의 머리에 놓는데 중심 역할을 했다. 젊은 시절 그는 3명의 아들과 딸을 낳아 준 여인을 데리고 있었다. 그러나 그는 교황 줄이우스 2세가 그를 1509년 파르마(Parma)의 감독으로 임명한 후 그의 방식을 수정했다. 그는 감독으로의 책임을 심각하게 받아들였고, 종교개혁이 일어난 후, 교황청의 개혁 측과 자신을 동일시했다. 교황 클레멘트 7세가 죽었을 때, 바울 3세는 만장일치로 교황으로 선출되었다. 그는 67세이었지만, 15년 동안을 더 살았고 진지한 개혁의 길을 인도했다. 그는 개혁위원회를 임명했을 뿐만 아니라 그것을 헌신된 개혁자들로 채웠으며, 콘타리니 외에도 여러 스피리추알리 추기경을 세웠다. 그는 또한 우르술라인즈(Ursulines), 바나바이츠(Barnabites), 그리고 예수회(Jesuits)를 비롯하여 가톨릭 종교개혁에 주요 역할을 한 새 수도회를 인정했다. 마지막으로 그는 1545년에 오래 지연된 교회 종교회의를 소집했다.

교황 개혁위원회는 1537년 3월 교황에게 공식 보고서를 제시했다. 그 보고서는 난폭할 정도로 정직했고 개혁이 필요한 몇 영역을 찾아내는데 매우 예리했다. 그것은 교회의 많은 악이 교황청 행실 때문이었다는 진술로 시작했다. 교황의 권위에 대한 명백한 선언과 개혁에 대한 교황의 헌신에 대한 칭송을 하면서도, 보고서는 이전 교황들을 정죄하는데 표현을 조심하지 않았다. "교황께서는 이 악이 이전 여러 교황들의 의지로부터 나온 것을 아십니다.… 그리고 교황께서 모든 수익의 통치자이기에 자기의 것을 팔 수 있고, 그러므로 매간매직으로 유죄판결을 받을 수 없다는 [그들의 믿음]… 이것으로 트로잔(Trojan) 말이 하나님의 교회로 터져 들어가서 많은 무덤들이 병이 든 것처럼…당신의 명령을 순종하여 우리는 [이것을] 조사했고 당신에게 알려드립니다."11)

추기경들도 그들의 세속성과 영적 문제에 적절한 관심을 기우리지 못한 것에 대해 심하게 비판받았다. 보고서는 뇌물수수, 교황 권력의 남용, 교회법의 회피, 수도원의 느슨함, 그리고 면죄부의 남용 등을 포함하여 언급할 필요가 있는 부패의 예들을 열거했다. 본 장의 초기 인용에서 표현한 것처럼, 위원회의 구성원들은 로마의 상태에 대한 비판에 냉혹했다.

당연히, 보고서는 혼합된 대접을 받았다. 개신교도들은 기뻐했고 루터는 심지어 제목 페이지가 목판으로 된 독일 번역판을 출판했다. 제목 페이지는 3명의 추기경들이 여우 꼬리로 교회를 청소하려는 모습을 보여주었고, 추기경들은 전혀 기쁘지 않았다. 추기경 집단의 보수층 대다수는 자신들이 누리고 있는 유익이 제안된 개혁에 의해 위협 받는 것을 보았고 위원회의 일을 막아보려고 최선을 다했다. 콘타리니의 촉구로 콘타리니와 카라파를 포함한 위원회를 임명하여 교황의 관료정치를 개혁하려 했지만, 교황 바울 3세는 개혁을 강하게 추구하는데 실패했다. 1540년 12월 로마에 살고 있는 80명의 부재자 감독들을 자신의 주교관구로 돌아오도록 명령한 것은 그의 공헌이었다.

1530년대 후반에 가톨릭 개혁 운동은 잘 진행되고 있었으나, 개신교주의도 힘을 얻고 있었고 전파되어 가고 있었다. 가톨릭 개혁자들은 어떻게 개신교도들을 다룰 것인가에 의견이 나누어졌다. 콘타리니와 다른 스피리추알리는 그들과 화합하여 로마로 돌아오게 하는 길을 찾는데 헌신되어 있었고, 카라파와 같은 더 보수적인 개혁자들은 억압이 이단을 다루는 유일한 방법이라고 믿었다. 콘타리니는 황제 찰스 5세가 1540년에서 1541년까지 하게나우(Hagenau)와 보름즈(Worms)에서 가톨릭과 개신교 사이에 대화를 추진했을 때, 화해를 이룰 기회를 얻었다. 황제는 다른 외부의 위협을 다루기 위해 제국의 내적 평화가 절실하게 필요했다. 1541년 4월 화합을 이루려는 노력이 황제회의가 열리고 있는 레겐스부르그(Regensburg)로 이동했다. 앞에서 본 것처럼, 부처와 칼빈은 둘 다 레겐스부르그 회담에 참석했고, 거기서 양쪽은 그들의 논의의 근거로 가톨릭 인문주의자, 존 그로퍼(John Gropper)가 작성하고 마틴 부처(Martin Bucer)가 수정한 『레겐스부르그 문서』(*Regensburg Book*)를 사용했다.

회담의 가장 놀라운 성과는 참여자들이 칭의 교리에 대해 동의했다는 것이었다. 그 교리를 다루는 문서는 양쪽의 주요 관심사를 고려하는 방식으로 표현이 되었다. 개신교 입장은 칭의가 믿는자에게 전가되는 그리스도의 공로에만 근거한다는 것이었다. 성화 또는 그리스도인의 삶은 가톨릭이 믿었던 것처럼 칭의 과정의 부분이 아니라 이미 완성된 칭의에 대한 반응이다. 가톨릭 대표들이 칭의가 믿음으로 이루어진다고 양보한다고 해도, 그들은 칭의를 가져다주는 믿음은 의로움의 선행을 생산하는 것임을 분명히 했다. 마지막 표현은 칭의가 그리스도 의로움의 전가 덕분인 것으로 하여 양쪽 입장을 만족시키는 것으로 보였다. 그러나 그것은 또한 칭의 믿음이 의로운 행위의 결과를 가져다준다고 진술했다. 이런 의미에서 실제로 "이중 의로움"이 있었다. 첫 의로움은 전가되고, 두 번째 의로움은 내재적 의로움–성령에 의해 주어진 내적 의로움으로, 그것은 선행을 낳게 한다는 것이다.[12] 회담에 교황특사 역할을 하는 콘타리니는 이 동의를 대단한 돌파구로 생각했으나, 다른 자들은 그렇게 확신하지는 못했다. 루터는 그것을 "조각을 주어 맞춘 것"이라고 불렀고, 카라파와 그리고 다른 강경파 가톨릭은 그것을 공로와 연옥에 대한 가톨릭 가르침에 위협이라고 보았다.

회담이 칭의에는 동의했지만, 큰 걸림돌이 앞에 놓여있었다. 성찬에 대한 차이점을 극복하는 것보다 더 어려운 것은 없었던 것이다. 레겐스부르그 문서는 "빵과 포도주의 형태 하에" 그리스도의 몸과 피의 실질적 존재를 가르쳤으나,[13)] 화체(transubstantiation)라는 단어를 포함하지 않았기 때문에 콘타리니는 그 정의를 수용할 수 없었다. 그들이 9일 동안 논쟁했으나, 어떤 동의에도 도달할 수 없었고, 마침내 회담은 몇 개의 다른 영역에 있는 차이점들을 화해시키는 것에도 실패했다. 콘타리니는 실패를 수용하기 어려웠을 것이나, 오래 지연된 종교회의가 레겐스부르그에서 시작된 화해 사역을 계속하리라고 소망했다. 황제에게 전한 내용에서 그는 다음과 같이 기록했다. "몇 조항에서 개신교도들은 보편 교회의 공통적 이해로부터 떠났습니다. 하나님의 도움으로 그들이 그것을 거부하고 제 시간에 우리와 동의하게 될 것을 소망합니다. 그러면 모든 것이 전달될 것이고 교황과 사도직에 제출될 것입니다. 그러면 그분은 그 문제를 보편적 진리에 입각하여 비교적 짧은 시간 내에 소집될 종교회의에 상정할 것입니다."[14)]

콘타리니는 4년 후에 소집된 종교회의를 보지 못하고 1542년에 죽었다. 그의 죽음 전부터 교황청의 강경파는 대화보다는 억압이 개신교도들을 다루는 유일한 방법이라고 믿었고, 그들의 방법을 고집했다. 스페인에서 교황 대사로 일하는 동안 스페인 종교재판소(Spanish Inquisition)와 친숙해진 카라파는 이태리에 유사한 기관을 설치할 것을 제안했고, 1542년 7월 교황 바울 3세는 그에게 그렇게 할 수 있는 권한을 부여했다. 이태리에 종교재판소를 설치하려는 카라파 제안의 지지자 중 하나는 로마에 살고 있는 스페인 사람으로 가톨릭 종교개혁의 다음 단계에 주요 역할을 할 인물이었다. 그의 이름은 이그나시우스 로욜라(Ignatius Loyola, 1495-1556)이었다.

이그나시우스 로욜라(Ignatius Loyola)와 예수회(Jesuits)

그의 배경을 보았을 때, 이그나시우스 로욜라가 교회개혁의 지도자가 된다는 것은 거의 가능성이 없어 보였다. 그의 아버지는 바스퀘(Basque) 귀족이었고, 이그나시우스는 대가족의 막내였다. 원래 그는 사제직으로 가게 결정되어 있었으나, 너무도 관심을 보이지 않아 그의 아버지는 그를 왕 페르디난드(Ferdinand) 궁전의 급사로 보냈고, 거기서 그는 젊은이로 별 볼일 없는 삶을 살았다. 3년 후 로욜라가 일하던 요새를 프랑스가 공격했을 때 그는 잠시 군사 활동에 참여했다. 대포알이 그의 오른 다리를 부러뜨렸고 왼발은 부상을 당했다. 그의 다리가 원래 좀 이상이 있었기에 다시 부러뜨려져야했고 두 번 재수술이 시행되었다. 부상은 여생에 그를 절름발이로 만들었다. 그가 회복 중이었던 9개월 동안, 로욜라는 그의 평상 독서 – 기사들의 사랑 이야기들 – 를 요구했으나 그 성에는 중세 『그리스도의 삶』(*Life of Christ*)과 성인들의 전기집 밖에 없었다. 3인칭으로 기록된 그의 자서전에서 그는 이 독서의 충격을 다음과 같이 묘사했다. “이 책들의 빈번한 독서를 통해 그는 서술된 것에 대한 애정을 가지기 시작했다. 독서 중 생각에 잠기며, 그는 읽은 것을 깊이 묵상했다. 다른 시간에는 과거 자신의 생각을 장악하던 세상 것들을 생각했다.… 우리 주님의 삶과 성인들의 삶을 읽으며, 그는 곰곰이 생각하고 자신과 씨름했다. ‘내가 성 프란시스가 한 것과 성 도미니크가 한 것을 한다고 가정해 보자.’ ”[15]

로욜라는 하나님께서 자신 안에서 역사하시며 새로운 삶으로 인도하신다고 확신했다. 1522년 3월 그는 몬트세라트(Montserrat)에 있는 성모 마리아 성당을 순례했고, 거기서 그리스도를 향한 헌신으로 자신을 바쳤다. 그는 자신의 좋은 옷을 남에게 주었고, 거지 옷을 입었으며, 그의 검과 단도를 제단에 남겼다. 로욜라는 다음 해 대부분의 시간을 만레사(Manresa)에서 은둔하며 보냈고, 거기서 루터가 수도원에서 경험했던 것과 유사한 영적 투쟁을 겪었다. 그는 때로 금식하고 자신을 채찍질하며 무릎을 꿇고 기도하면서 7시간을 보내기도 했다. 루터처럼 그도 자신의 죄로 너무 고통스러워했고 자아의 죄죽임을 통해 자신의 죄책을 제거하려 했다. 두 사람의 투쟁은 어떤 면에 유사하지만, 그들이 도달한 해결은 근본적으로 달랐다. 우리가 아는 것처럼, 루터는 하나님과의 화해를 이룩할 수 없고 의로운 삶을 사는 자신의 노력으로 마음의 평화를 누릴 수 없다는 결론에 도달했고, 그래서 그는 예수 그리스도 안에서 자신을 하나님의 자비에 완전히 던졌다. 대조적으로 로욜라는 하나님의 뜻이라고 생각할 수 있는 것에 대체적으로 일치하는 삶에 도달할 수 있는 방법을 고안했다.

만레사에서 로욜라는 그의 가장 유명한 저서, 『영적 훈련』(*Spiritual Exercises*)을 집필하기 시작했다. 이 책은 30일 동안에 걸쳐 발생하는 특별히 고안된 훈련을 보여준다. 첫 주는 죄와 그 결과에 대한 묵상에 전념하고, 그 다음에는 3주 동안 그리스도의 삶을 묵상하며, 그리스도의 십자가, 부활, 그리고 승천으로 종결한다. 이 책 전체를 거쳐 기도에 대한 지시, 금욕적 삶을 위한 조언, 그리고 동기와 충동을 평가하는 방법이 있다. "교회와 함께 생각하기 위한 규칙"이란 제목의 부록이 영적 훈련에 추가되었다. 이 규칙은 교회를 향한 전적 헌신을 가르친다. 그것은 "우리는 우리 자신의 모든 판단을 비키고, 모든 것에 그리스도 우리 주의 진정한 배우자, 우리의 거룩한 어머니, 제도적 교회를 순종하도록 마음을 항상 준비하고 촉발시켜야한다"는 것을 진술함으로 시작한다. 13번째 규칙은 교회에 대한 순종을 심지어 더 강하게 강조한다. 그것은 다음과 같다.

> 우리가 모든 것에 안전하게 나아가기를 원한다면, 우리는 다음의 원칙을 견고하게 고수해야 한다. 나에게 희게 보이는 것을, 만일 제도적 교회가 검다고 말한다면 나는 검다고 믿을 것이다. 나는 신랑 되시는 그리스도 주 안에서, 그리고 그의 배우자인 교회 안에서, 영혼의 구원을 위해 다스리시고 통치하시는 단지 한 영만이 영향을 미친다는 것을 확신해야 하기 때문이다. 십계명을 주신 동일한 영과 주로 우리의 거룩하신 어머니가 다스려지고 통치되는 것이기 때문이다.[16)]

『영적 훈련』은 상당히 효과적인 것으로 증명되었고, 수세기 동안 많은 그리스도인들은 그것이 영적 여정에 유용하다는 것을 발견하게 되었다. 그것은 또한 로욜라가 창설한 새 수도회인 예수회(the Society of Jesus)를 위한 영적 훈련 책자를 제공했다. 『영적 훈련』은 초보자에게 훈련의 영과 교회를 향한 헌신적인 섬김을 일으키는데 도움을 주었다. 이것은 예수회를 가톨릭 종교개혁의 가장 효과적인 대리인으로 만들었다.

1523년 9월 로욜라는 예루살렘으로 순례의 길을 떠났고, 거기서 3주를 보내며 그리스도의 삶과 관련된 장소들을 방문했다. 그리고 그는 스페인으로 돌아와 그동안 소홀히 했던 교육을 추구했다. 그는 먼저 바르셀로나(Barcelona)에 있는 학교 아이들과 함께 라틴어를 공부했다. 1528년 2월 두 스페인 대학에서 공부한 후, 그는 파리 대학에 입학했다. 그는 37세였고, 부족한 학문적 배경을 가지고 있었고, 건강이 좋지 않았으며, 충분한 재정적 지원이 없었다. 그러나 부단한 노력과 훈련으로 로욜라는 그의 공부를 성공적으로 끝냈고 1534년 석사학위를 받았다.

대학에 있는 동안 로욜라는 그의 주변에 6명의 동일하게 헌신된 사람들을 모았다. 그들 가운데는 프란시스 싸비에르(그의 놀라운 아시아 선교사역은 12장에서 다룰 것이다), 그리고 트렌트 종교회의(the Council of Trent)에서 중요한 역할을 한 디에고 라이네즈(Diego Lainez)와 알폰소 살메론(Alfonso Salmeron)이 있었다. 로욜라가 대학을 떠난 후, 이 그룹은 가난과 절제의 서약을 했고 투르크족을 회심시키기 위해 예루살렘으로 가기로 서약했다. 만일 그것이 불가능하다면, 그들은 교황을 섬기기 위해 로마로 가기로 동의했다. 그들은 다음해 성지로 떠나기 위해 베니스(Venice)에서 만나기로 계획했으나, 그들이 거기 갔을 때 베니스는 투르크족과 전쟁을 치루고 있어서, 지중해를 건널 수 없게 되었으며 그들의 사명을 수행할 수 없게 되었다. 그들은 3년 동안 베니스 근처에 머물렀고 설교와 구제 사역을 했다. 여전히 예루살렘에 갈 수 없게 되자, 그들은 대안이었던 로마에서 교황 섬기는 일에 매진하기로 결정했다.

로마에 있는 동안 로욜라는 조직화되지 않은 방법으로 지속하기보다 수도회를 건립하고 교황의 승인을 얻어내라고 추천했다. 1539년 여름 로욜라 그룹은 교황 바울 3세에게 콘타리니의 지지를 얻어 새 수도회를 위한 세안을 세출했다. 콘타리니는 교회개혁을 위해 핵심적 힘이 될 수 있는 그들의 잠재력을 인식했다. 1540년 9월 교황은 일반적으로 잘 알려진 예수회를 공식적으로 인정하는 교황령을 공포했다. 원래의 설립강령에 의하면 예수회는 60명으로 제한되어 있었고, 각 회원은 다음의 서약을 하게 되어 있었다. "자신의 뜻을 포기하고, 자신을 교황과 그의 계승자들에게 특별한 서약으로 묶여있는 것으로 알아, 투르크나 어떤 다른 내륙 지방이나, 인디아나 또는 어느 곳이라도, 어떤 이단이나 분리주의자나, 또는 충성스러운 자들에게나, 그들이 우리를 보내는 어느 곳으로 아무런 불평 없이 가며, 오직 교황과 수도원장의 뜻에만 순종한다."[17)]

예수회는 강하게 훈련받은 수도회이었을 뿐만 아니라, 가장 총명하고 헌신된 자들만 받아들인 최상급 수도회이었다. 수도회의 완전한 멤버가 되기 전에, 지망자는 1년간의 일반 학문, 3년간의 철학 연구, 4년간의 신학연구를 비롯한 12년간의 극심한 훈련을 받아야했다. 훈련은 또한 설교, 실천신학, 그리고 『영적 훈련』을 포함했고, 수도회의 지배적인 특성은 상부의 권위에 절대적 순종이었다. 1553년 3월 기록되었고 종종 인용되는 편지에 로욜라는 권위에 대한 예수회의 믿음을 이렇게 묘사했다.

> 우리는 금식, 밤샘 그리고 다른 내핍에는 다른 수도회에 비해 뒤떨어질지 모른다.… 그러나 내 사랑하는 형제들이여, 우리 의지의 진정한 포기와 우리 판단의 단념과 아울러 순결하고 완전한 순종에 있어서 이 수도회에서 하나님을 섬기는 자들은 특출하기를 갈망한다.… 상급자는 신중하고, 선하고, 또는 하나님의 어떤 다른 은사로 자격을 갖추었기 때문이 아니고 단지 하나님의 자리와 권위를 가지고 있기 때문에 순종되어야 하는 것이다.[18)]

당연히 로욜라는 수도회의 총회장이 되었다. 그러나 그의 당선을 위해서 두 번의 투표가 필요했다. 첫 번째 투표에서 로욜라를 제외하고 모두가 그를 찍었으나, 그는 투표가 만장일치가 아니라고 수용을 거부했다. 두 번째 선거도 동일한 결과였고, 또 다시 그는 처음에 수용을 거부했으나, 결국에 그의 참회자의 고집으로 불가피한 일에 승복했다. 로욜라는 15년의 여생을 급성장하는 수도회를 운영하는데 바쳤다. 교황령은 예수회를 60명으로 제한했지만, 교황청은 그 후에 그 제한을 해제했고, 1556년 설립자가 죽었을 때에는 숫자가 100개의 수도회에 1,000명의 예수회 회원으로 증가했다. 그 때까지 예수회는 또한 거의 100개의 대학과 신학교(seminaries)를 설립했다. 원래 로욜라는 수도회의 멤버들을 훈련시키기 위해 신학교를 세울 계획이었으나, 결국 예수회 회원이 아닌 학생들이 상위계급과 사회의 교육받은 엘리트가 되기 위한 방법으로 공부할 수 있는 혼합된 대학들을 세우는데 설득되었다. 교황 바울 3세는 이 수도회가 자신의 개혁 프로그램을 수행하는데 특별히 유용하다는 것을 발견했고 외교적 임무를 비롯하여 수도회를 여러 방법으로 사용했다. 나아가, 예수회는 많은 구제활동에 참여했고, 예수회는 유럽 밖의 선교 사역을 위한 길을 인도했다.

예수회가 유럽의 여러 지역을 가톨릭주의로 환원시키기 위한 교황의 충격 군대 역할로 잘 알려져 있지만, 이것이 그들의 원래 의도한 역할도 아니고 우선적인 활동도 아니었다. 사실, 예수회는 개신교주의가 전혀 영향을 미치지 않은 두 지역인 포르투갈(Portugal)과 씨실리(Sicily)에서 가장 빨리 성장했다. 그럼에도, 로욜라는 개신교주의 전파에 의해 나타난 도전에 대응하는데 헌신했다. 이 헌신은 독일에서 가장 효과적인 예수회 선교사 중 하나인 피터 칸지우스(Peter Canisius)에게 보낸 편지에서 확실하게 표현되었다. 1554년 8월에 쓰인 이 편지는 개신교주의에 의해 나타난 위협과 참 종교의 회복을 위한 예수회의 역할을 지적했다.

> 이단들이 짧은 시간 내에 이룩한 진보와 그들의 악한 가르침의 독이 많은 나라들과 사람들에게 퍼져나가는 것을 보면…우리 사회는, 매우 큰 피해를 보수하는 효과적인 방법 가운데 하나님의 섭리에 의해 수용되었기 때문에, 적절한 단계를 준비하는데 열심이어야 할 것으로 보인다. 그것은 신속하게 적용되고 널리 채택되어 최상의 능력을 발휘해야한다. 그리하여 아직 건전한 것을 보존하고 특히 북쪽 나라들에서 이단의 재앙으로 병들어 무너진 것을 회복하여야 한다.[19]

이 편지는 개신교주의가 "건전한 신학"으로 도전받아야하고 "교리"가 "성경, 전통, 종교회의 그리고 박사들의 선한 논쟁으로" 증명되어야 한다는 것을 언급했다. 그것은 사람들에게 요리문답, 소책자, 그리고 팜플랫을 비롯한 개신교도들이 사용한 여러 방법들을 사용하여 그들이 이해할 수 있는 방법으로 가르쳐져야 한다는 것이었다. 이 편시는 이렇게 결론을 맺는다. "우리는 이단들이 사람들을 병들게 하는데 사용하는 것과 같은 열심을 치유하는데 사용해야 한다."[20]

로욜라는 이 편지를 쓰고 2년 내에 죽었다. 그는 수도회의 무수한 활동을 이끌었던 로마에서 그의 마지막 20년을 보냈다. 이 노력의 일환으로 그는 많은 편지를 썼고, 그것은 역사가들로 하여금 가톨릭 종교개혁에서 이렇게 중요한 역할을 한 이 놀라운 사람의 마음과 성품에 대한 통찰력을 제공한다. 루터처럼 그의 인생 후기 동안 좋지 않은 건강으로 고통을 받았으나 하나님의 소명이라고 생각한 것을 수행하는 그의 혹독한 활동은 전혀 늦추어지지 않았다. 로욜라는, 고통스러운 담랑증으로 고난을 받으며, 죽어가면서 그의 마지막 편지를 받아쓰게 했다. 기도로 밤을 보내며, 마지막 의식이 주어지기 전에 그는 1556년 7월 31일 이른 시간에 죽었다. 초대 예수회 회원 중 하나인 디에고 라이네즈(Diego Lainez)가 수도회의 총회장으로 로욜라를 계승했다. 라이네즈는 트렌트 종교회의가 개신교 칭의 교리와 어떤 타협

도 하지 않도록 확실히 하는데 핵심적 역할을 했다.[21)]

트렌트 종교회의 (Council of Trent, 1545-1565)

오래 지연된 종교회의가 1545년 트렌트에서 열리기 시작했다. 이것은 루터가 『95개 논제』를 기술한지 거의 30년 후의 일이었다. 루터는 1518년 11월 최초로 종교회의에 호소했고 많은 다른 사람들이 종교개혁 초기에 걸쳐 교회에 분열을 일으킨 문제를 해결하기 위해 지속적으로 종교회의를 바라보았지만, 회의는 계속해서 지연되었다. 정치적 경쟁, 특히 프랑스와 신성로마제국 사이의 전쟁은 종교회의 개최를 방해하는 핵심적 역할을 했다. 황제와 교황청은 종교회의에 대해 다른 목표를 가지고 있었고, 그것은 안건들에 대한 동의를 어렵게 했다. 황제 찰스 5세는 개신교도들을 포함한 종교회의를 원했고 윤리적이고 치리적인 개혁에 집중하며 교회의 분열을 치유하는 회의를 바랬다. 교황은 교황청에 의해 장악되며 윤리적 개혁에 집중하는 종교회의를 원했다. 교황은 중세 공의회주의 운동 때문에 자신의 권한을 위협할지 모르는 종교회의 소집에 매우 조심스러웠다. 교황청 멤버들은 그들의 특권을 보존하는 것에 대해 동일하게 염려했고 교회의 철저한 개혁에 헌신된 종교회의가 그들에게 역효과를 가져오지 않을까 두려웠다. 결국 황제와 교황의 의견 차이는 신학적이고 개혁적인 관건들을 번갈아 논의하는데 동의함으로 해결되었다. 또 다른 문제는 종교회의 장소 문제였다. 만일 독일에서 모인다면 종교회의는 황제에 의해 장악될 가능성이 높아질 것으로 보였고, 이태리에서 모인다면 교황청이 더 강한 입장에 놓이게 될 것이었다. 트렌트는 북 이태리에 있으면서 여전히 신성로마제국의 경계 내에 있었기 때문에 좋은 해결책을 제공했다.

바울 3세는 1542년 5월에 종교회의를 개최한다는 교황령을 공포했으나, 프랑스와 신성로마제국 간의 전쟁은 첫 모임을 3년 더 연기시켰다. 대표들이 마침내 1545년 12월 트렌트에 모였을 때, 그것은 특별히 경사스러운 모임은 아니었다. 단지 31명의 감독과 42명의 신학자가 첫 회의에 참석했고, 거의 대부분이 이태리인이었으며,[22)] 그 모임은 전체 교회를 대표한다고 말하기 어려웠다. 12월 어느 날에 이 종교회의가 교회역사에서 가장 중요한 종교회의가 되리라고는 상상하기 어려웠다. 회의는 18년 동안 3번의 분리된 국면으로 모였고, "모든 이전 18개의 종교회의가 남겨놓은 전체 분량보다 더 많은 입법 본문을 생산했다."[23] 회의를 인도하는 3명의 교황특사 중 하나인 추기경 포울(Pole)은, 1537년 교황 개혁위원회의 멤버였고, 1546년 1월 7일 두 번째 회의에서 청중에게 연설했다. 그는 연설에서 용감하게 말했다. "이단… 교회 윤리의 하락, 그리고… 내적이고 외적인 전쟁"을 회의가 특별히 언급할 필요가 있는 세 가지 영역으로 정의했고, 종교회의가 자신의 죄를 회개함으로 교회 내의 악을 다루는 것을 시작하도록 촉구했다. "그러므로 성부 하나님의 위대한 사랑과 우리 민족을 향한 당신의 자비 안에서 그리스도가 하신 것, 정의 그 자체가 이제 우리로 하여금 그리스도의 양떼에게 짐을 지어준 모든 악에 대해 우리 스스로를 책임지게 한다. 모든 죄를 우리는 우리 자신이 짊어져야한다. 관대함을 베푸는 것이 아니고 공의롭게 해야 하는 것이다. 진실은, 이 악행의 대부분이 우리가 원인이고 그러므로 우리는 예수 그리스도를 통해 하나님의 자비를 애원해야 한다."[24]

초기의 교리적 법령(degree)은 이 종교회의의 미래 전망을 위한 경향을 설정했다. 4월 권위에 대한 법령은 성경이 교회 권위의 유일한 근원이라는 가르침을 거부했고, "기록되지 않은 전통"과 성경은 동일한 권위라고 진술했다. 그러나 그 법령은 성경과 전통의 관계를 정의하지 않았다. 종교회의는 또한 불가타(Vulgate) 번역이 모든 다른 번역보다 우수하다고 선언했고 성경을 "거룩한 어머니 교회가 지켜왔고 지키고 있는 의미에 반하게 해석하려 하는" 자들을 정죄했다.[25] 칭의에 대한 절대적으로 중요한 법령은 1547년 1월에 공표되었다. 회의 법령 중 가장 긴 것으로 최종 버전은 16장과 33법규로 구성되었고 반대 입장을 정죄했다. 정죄된 입장 중에는, 칭의는 선행 또는 오직 믿음의 둘 중 하나로 이루어진다는 내용이 있었고, 칭의는 그리스도의 의로움의 전가에만 기초한다는 가르침도 있었다.[26] 그 결정은 칭의를 죄인이 의롭게 만들어지는 과정으로 제시했다. 칭의는 "죄사함뿐만 아니라, 의롭지 않은 사람이 의롭게 되는 은혜와 은사의 자발적인 수용을 통해 속사람의 성화와 갱신"으로 묘사되었다. 믿음은 칭의 과정의 시작이고, 그것은 인간의 공로 역할이 없이 시작한다. 그 과정을 완성하기 위해, 인간은 하나님의 은혜와 협력해야 한다는 것이다. 죄에 대한 영원한 형벌은 세례로 사함 받으나, 죄에 대한 현세적 형벌은 "금식, 헌금, 기도 그리고 다른 영적 삶의 헌신된 실행"으로 속죄되어야 하고, 그것은 "죄사함과 함께 영원한 형벌을 위한 것이 아니고… 현세적 형벌을 위한 것이다.

현세적 형벌은 거룩한 기록의 말씀이 가르치듯이 항상 전체적으로 사함 받는 것은 아니다." 정죄된 가르침 중에는 "현세적 형벌의 어떤 빚도 천국의 문이 열릴 수 있기 전에 이 세상에서나 연옥에서 방출되도록 남지 않는다는 것"이 있었다.[27)]

칭의에 대한 법령은 특별히 중요했다. 어떤 역사가의 말에 의하면, 그것은 "중세의 공유되어진 신학적 유산으로부터 개신교도들과 가톨릭교도들의 분리를 완성했고 새로운 가톨릭 정통주의를 창조했다."[28)] 그 법령이 공표된 직후, 종교회의의 첫 국면이 종결되었다. 다시 한 번 황제와 교황 사이의 경쟁이 회의에 영향을 주었고, 1547년 4월 루터교 군주들에 대한 찰스의 승리는 교황으로 하여금 지나치게 강력한 황제가 자신의 뜻을 강요할지 모른다는 두려움을 갖게 했다. 심각한 전염병의 발발은 종교회의를 교황 정부(Papal States)에 위치한 볼로냐(Bologna)로 이전하는 핑계를 제공했다. 종교회의는 황제의 권력 근거의 중심으로부터 더 멀리 떨어진 곳에서 열리게 되었다. 찰스는 분노했고 대표들이 트렌트로 돌아오라고 강요했다. 14명의 스페인 감독들이 트렌트를 떠나기를 거부했고, 찰스는 아우그스부르그 잠정협정(Augsburg Interim)을 통해 독일의 루터교도들과 화해하기 위해 스스로의 해결책을 찾으려 했다. 교황 바울 3세는 결국 굴복할 수밖에 없었고 1548년 2월 종교회의 정지를 명령했다.

바울 3세는 다음 해에 죽었고, 그의 후계자 교황 줄리우스 3세(1550-1555)가 혹독하게 경쟁적이었던 선거 후에 선출되었다. 레지날드 포울(Reginald Pole)은 한 표 차이로 낙마했다. 줄리우스는 개혁운동을 인도할 이상적인 후보가 아니었다. 그는 전형적인, 쾌락을 즐기는 르네상스 교회인이었고, 자신의 친척들을 위해 모든 것을 제공하는데 헌신했다. 그는 15세 소년을 파르마(Parma) 거리에서 발견했고, 그의 동생으로 하여금 그를 양자로 들이도록 했으며, 그 소년에 심취하여 스캔들을 일으켰다. 줄리우스는 그의 새 조카를 추기경으로 만들었고, 그것은 교회의 부패를 개혁하는데 헌신한 교황에게는 전혀 적절한 행동으로 보이지 않았다. 교황 줄리우스 3세는 또한 황제가 선호하는 후보자도 아니었다. 특히 그가 종교회의를 볼로냐로 이전하는 동의안을 제안했기 때문이었다. 그럼에도, 새 교황이 1551년 5월 트렌트에 종교회의를 재개함으로 개혁 사역은 지속되었다. 종교회의는 1년을 채우지 못했지만, 소회의들은 성찬과 고해에 대한 중요한 법령을 생산했다. 화체 교리가 거듭 주장되었고, 연속적인 법규에서 성찬에 대한 루터교, 츠빙글리파, 그리고 칼빈주의 입장들이 특별히 정죄되었다. 고해의 질문에 대해, 사제 앞에서의 구두 고백과 죄를 위한 보속 수행의 필요성이 확인되었다.

황제의 주장으로 몇 명의 루터교 대표들이 1555년 1월 종교회의에 참여하도록 허락 되었다. 이것은 종교회의에 개신교도들이 참여한 유일한 시간이었으나, 그들이 도착하기 전에 핵심적인 질문들이 결정되어 그들은 기쁘지 않았다. 그들이 논의에 허용된 유일한 문제들은 빵과 포도주 양쪽의 성찬과 성직자의 결혼이었다. 루터교도들은 회의가 모든 이전 교리적 결정들을 무효화하고 이미 공표되어버린 교리들을 새로 논의하기 시작하라고 주장했다. 당연히 그들의 요구는 받아들여지지 않았다. 잠시 후에 독일의 정치적 상황이 변하여 종교회의는 다시 중지되었다. 이번에는 중지를 야기한 황제 권력에 대한 두려움이 아니었고 배반자 루터교, 색소니의 모리스(Maurice of Saxony)에 의한 황제의 패배였다. 모리스가 전쟁에서 입장을 변경하여 황제를 공격했고, 트렌트의 대표들은 그가 자신들을 공격할까 두려웠다. 개신교 군대가 트렌트로부터 단지 몇 시간 거리였기에, 교황 줄리우스 3세는 이전하는 것이 현명하겠다고 결정했고, 1552년 4월 그는 종교회의를 정회했다. 종교회의는 거의 10년 동안 다시 모이지 못했다.

종교회의가 더 빨리 재개되지 못한 이유 중 하나는 1555년 5월 지오반니 피에트로 카라파(Giovanni Pietro Carafa)가 교황 바울 4세(Pope Paul IV)로 선출된 것이었다. 바울 4세는 깊이 헌신된 개혁자이었지만, 종교회의에 전적으로 반대했다. 그는 종교회의를 "아무리 좋게 보아도 쓸데없는 신학적 지껄임으로" 간주했다.[29] 쾌락을 좋아하는 줄리우스와는 대조적으로 카라파는 엄격한 개인적 금욕주의 삶을 살았다. 교황이 된 카라파는 삶의 많은 부분을 개혁운동에 바쳤다. 그는 '신적 사랑의 로마 수도회' (Roman Oratory of Divine Love)의 멤버였고, 교황 개혁위원회에서 섬겼으며, 엄격한 가난과 교회 부패 개혁에 헌신한 테아티네(Theatine) 수도회의 공동발기인 및 첫 수장이었다. 앞에서 본 것처럼, 그는 개신교도들과 화해를 하려했던 콘타리니의 시도에 반대했고 로마에 종교재판소 설립을 주도했다.

바울 4세가 교황이 되었을 때 그의 나이 79세였으나, 나이는 그를 약화시키지 않았다. 그는 어떤 형태의 이탈에도 전적으로 비관용적이었고 부도덕이나 교회 직분의 남용으로 죄책이 있는 모든 자들에게 순응과 개혁을 열성적으로 부과하려 했다. 매간매직을 방지하고 교황청의 부패를 개혁하려 했다. 그는 또한 허락 없이 수도원 밖에서 살고 있는 수도사들을 혹독하게 다루었으며, 그들을 징계하고 군함에서 일하도록 선고했다. 그는 칭의에 대해 비정통적인 견해로 비난을 받은 포울와 같은 다른 개혁자들도 공격했다. 포울이 당시 메리 여왕과 함께 영국에 가톨릭주의 회복을 위해 일하고 있었지만, 교황 바울 4세는 그를 로마로 소환하여 이단의 죄과를 받으라고 했다. 지도적인 가톨릭 개혁자 중 하나인 포울은 오직 메리의 대주교에 대한 그녀의 지원 때문에 이단으로 재판 받는 것으로부터 보호를 받을 수 있게 되었다. 로마 종교재판소의 사역을 확장시키는 동시에, 바울 4세는 교황 마지막 해에 첫 번째 '금지 도서의 로마 색인' (Roman Index of Prohibited Books)을 공포했다. 그 금지는 매우 광범위하여 성경의 모든 일상어 번역 및 모든 에라스무스(Erasmus)의 서적이 금지되었다. 한 때 바울 4세를 지지했던 자들이 한숨을 돌리며 1559년 8월 그의 죽음을 환영했다.[30)]

바울 4세의 계승자는 교황 파이우스 4세(Pope Pius IV, 1559-1565)로, 그는 그의 선임자들과는 근본적으로 달랐다. 금욕적이고 독재적인 바울 4세와는 대조적으로, 교황 파이우스 4세는 허용적이고 훨씬 세속적이었다. 그는 또한 자신의 20세 조카, 찰스 보로메오(Charles Borromeo)를 추기경과 밀란의 감독으로 임명하는 등의 친척 등용 죄를 범했다. 그러나 이것은 결국 훌륭한 선택이었다. 보로메오가 가톨릭 종교개혁의 중요한 인도자 중 하나가 되었기 때문이다. 파이우스 4세는 그의 선임자의 일부 독재적인 행위들을 뒤집었고 종교재판에 제한을 두었다. 그는 또한 '색인'(Index)의 수정을 시작했고 그것을 좀 더 합리적으로 제한적이 되게 만들었다. 그는 종교회의에 대한 바울 4세의 태도를 공유하지 않았고 1562년 1월 트렌트 종교회의를 재소집 했다.

200명의 감독들이 종교회의의 새 회의에 참석했고, 그들은 이태리 밖의 교회를 훨씬 더 잘 대표했다. 결과적으로, 이것은 또한 종교회의 중 가장 거친 국면이었다. 대거 참석한 스페인과 프랑스 감독들은 교황의 지배로부터 자기 나라 교회의 독립을 보호하려고 결심했다. 논쟁에 포함된 중심 질문 중 하나는 감독이 자신의 주교관구에 주거해야만 한다는 요구조건을 교황청이 면제해 줄 수 있는지 하는 것이었다. 만일 감독이 그들의 권한을 그리스도로부터 직접 받는다면, 교황은 면제해 줄 수 없었으나, 만일 그들의 권한이 교황으로부터 나온다면, 그렇게 할 수 있었다. 더 광범위한 질문은 그리스도께서 교회를 통치하는 권한을 베드로에게만 주셨는지 아니면 모든 사도들에게 주셨는지 하는 것이었다. 양쪽은 교부들에게 호소했고, 일부 회의는 매우 시끄러워졌으며, 대표들은 서로를 이단이라고 비난했고 주먹이 날아가기도 했다. 한편 그들의 평신도 지지자들은 트렌트의 길거리에서 서로 싸웠다. 마침내 종교회의는 모호하게 끝을 낼 수밖에 없었고, 감독은 사도의 계승자이고 성령께서 교회를 통치하도록 그들을 세웠다고 진술했으나, 교황 권한의 범위에 대해서는 구체적으로 규명하지 않았다.

종교회의는 교황의 권위를 다루는 질문을 해결하지 못했으나, 교리적 규명 과정을 지속했고 중요한 개혁 법령들을 연속적으로 공포했다. 희생 미사의 교리가 규정되면서, 교리적 법령은 개신교도와 가톨릭교도를 더욱 분리시켰다. 연옥의 존재에 동의했고, 연옥에 있는 영혼은 미사와 기도의 도움을 받으며, 천국에 있는 성인들의 도움을 요청하는 것은 좋고 유용한 것이라고 결의되었다. 치리 법령은 남용을 바로잡는데 중요한 역할을 하도록 했다. 아마도 가장 많은 영향을 준 것은 성직자 훈련을 위해 신학교가 모든 주교관구에 세워져야한다는 명령이었다. 이 명령이 실행되기까지는 시간이 걸릴 것이었지만, 그것은 가톨릭교회가 잘 교육받은 사제직을 얻는 결과를 가져다준 과정의 시작이었다. 나아가, 성직자의 재근(residence)과 성직자들의 삶의 방식의 개혁을 확실히 하기 위해 내연관계의 억압을 비롯한 방법들이 법령화되었다. 추기경과 감독의 임명을 위해 엄격한 기준이 세워졌고, 매년 감독의 주교관구 순찰이 이루어지도록 했다. 공식적 요리문답의 준비 및 미사전서(Missal), 일과기도서(Breviary), 그리고 색인(Index)의 수정과 같은 완결되지 않은 사무는 교황에게 위임되었고, 그는 1564년 1월 종교회의의 법령을 승인했다.

모든 분열과 함께, 종교회의는 대표들이 교황을 위해 순발적으로 환호하며 연합의 분위기로 막을 내렸다. 한 증인은 다음과 같이 말했다. "나는 많은 가장 근엄한 감독들이 우는 것을 보았고…전 날 낯선 자들처럼 서로를 대했던 자들이 심오한 감성으로 껴안는 것을 보았다."[31] 폐회 연설에서 의장직의 교황특사, 제롬 라가조누스(Jerome Ragazonus)는 종교회의의 성공과 실패에 대해 이렇게 말했다.

> 가장 행복한 날이 그리스도인들에게 밝아왔다. 그 날은 깨지고 파괴된 주님의 성전이 회복되고 완성되며, 모든 축복으로 가득 채워지기도 했고 최악의 파괴적인 풍랑으로 몰아쳐지기도 한 이 한 배가 항구에 안전하게 들어온 그런 날이

> 다. 아, 이 항해는 결행되었고 항해의 목적이었던 그들은 우리와 함께 승선하기로 결정했으며, 우리로 하여금 이 일을 맡게 한 자들은 이 건축물의 설립에 동참했다! 만일 그렇게 되었더라면, 실로 우리는 더 큰 기쁨을 위한 이유를 가지게 되었을 것이다. 그러나 분명한 것은 그것이 우리의 잘못으로 그렇게 된 것은 아니다.[32)]

어떤 관점에서 라가조누스는 트렌트 종교회의의 성과를 묘사하는데 통찰력이 있었다. 그는 또한 이 종교회의의 핵심적 실패가 분열을 치유하지 못했다는 것을 옳게 인식했다. 그러나 실패 책임에 대한 평가는 매우 의심스럽다. 두 번째 국면에서 있었던 별로 중요하지 않은 루터교의 대표를 포함시킨 것을 제외하고는, 종교회의는 개신교도들과 화해를 이루려는 실질적인 노력을 하지 않았다.

개신교주의와의 타협은 불가능했다고 믿는 자들의 관점으로 보면, 트렌트 종교회의는 그 업무를 잘 수행했다. 그것은 가톨릭 신앙을 모든 형태의 개신교주의로부터 차등화 하는 그러한 방법으로 교회의 신학을 규명했다. 그것은 또한 진정으로 개혁된 교회를 만들기 위한 약속을 담은 인상적인 개혁 입법을 법령화했다. 개혁된 교회는 가톨릭주의를 개신교 침투로부터 구출할 뿐 아니라 종교개혁 초기 단계에서 잃어버린 지역을 환원시키는 과정을 시작할 수 있도록 하겠다는 것이었다. 그러나 개신교도들과의 화해를 소망했던 콘타리니와 같은 자들에게, 트렌트 종교회의는 실질적으로 그 가능성을 제거해 버린 것이었다. 신학적 법령들은 개신교 신앙을 너무 구체적으로 정죄했기에, 후 세대들은 트렌트 종교회의의 교회법들과 법령들이 교회연합의 논의에 주요 걸림돌이 된다는 것을 알게 되었다. 트렌트 종교회의 후, 분열이 치유될 수 있는 유일한 길은 개신교도들이 자신의 신앙을 포기하거나 억압으로 버리거나 하는 것 밖에는 없는 것으로 보였다.

트렌트는 또한 포울과 같이 어거스틴 전통에 있거나 인문주의에 헌신된 가톨릭들에게는 패배였다. 종교회의의 신학적 법령들은 중세교회의 신학적 유산의 한 부분이라고 동일하게 주장할 수 있는 다른 가톨릭 전통에 대한 어떤 일부 가톨릭 전통의 승리를 표시했다.[33)] 거의 20년 후에 트렌트 종교회의의 사역은 종결되었다. 그 개혁이 얼마나 효과적으로 실천에 옮겨졌는지는 앞으로 볼 것이다.

트렌트 가톨릭주의의 영향

개혁 교황청은 트렌트 입법을 실행하는데 핵심적 역할을 했다. 교황 파이우스 4세는 트렌트 종교회의가 종식된 해 종교회의를 승인한 후 죽었다. 그는 교황 파이우스 5세(1566-1572)에 의해 계승되었다. 파이우스 5세는 엄격한 개혁자로 종교회의 결정을 실행에 옮기는데 헌신했다. 르네상스 교황들과는 대조적으로, 그의 개인적인 삶이나 그의 직분 임명에 세속적인 흔적이 전혀 없었다. 그는 로마에 매우 엄격한 유리적 기준을 부과하여 도시를 수도원으로 변모시킨다는 비난을 받았다. 그는 트렌트의 개혁 법령들을 이태리에서 실천에 옮겼을 뿐만 아니라 종교회의 결정이 가톨릭 세계 전역에 확실히 순환되도록 했다. 그는 로마 요리문답 및 수정된 일과기도서와 미사전서를 출판함으로 트렌트의 사역을 완결했다. 불행히도, 트렌트의 결정을 헌신적으로 강행하는데, 파이우스 5세는 종교재판소에 심하게 의존했고 그것의 활동을 심하게 확장했으며, 때로는 그 회의에 직접 참석했다. 그는 또한 정치적 기민함이 부족했고, 마지막 장에서 본 것처럼, 여왕 엘리자베스 1세를 출교하고 면직한 것은 영국 가톨릭교도들의 대의에 부정적인 영향을 끼쳤다.

동일하게 헌신된 개혁자들이 파이우스 5세를 이어 교황직에 올랐다. 그레고리 13세(Gregory XIII, 1572-1585)는 그의 선임자보다는 덜 엄격하고 별로 준엄하지 않았지만, 트렌트 결정을 수행하기 위해 열심히 일했고 감독직에 임명된 사림이나, 또는 추기경이 된 사람이 직분의 자격에 문제가 없도록 분명히 했다. 그는 또한 달력을 수정했다. 그레고리는 1582년 교황령에 의해 새 달력을 선포했다 – 적절하게 그레고리안(Gregorian) 달력이라고 불렸다. 가톨릭 국가들은 거의 즉시 그것을 받아들였지만, 종교개혁으로 인한 분열은 심지어 절실하게 필요했던 달력 수정에도 분명하게 나타났다.[34] 교황의 달력에 의심을 가졌던 개신교 정부들은 한 세기 이상 그것을 소개하지 않았다.

그레고리 8세 이후의 교황들도 개혁에 관심을 가지고 있었고 트렌트의 결정을 실행에 옮기는 단계를 밟았다.[35] 그러므로 종교개혁 시기 초기에는 개혁의 길에 주요 방해요소가 되었던 교황청이 이제는 개혁을 위한 가장 열심 있는 지지자가 되었다. 로마 교황청에 나타난 커다란 변화가 있었는데, 그것은 추기경이 더 이상 가족관계의 기초에 근거하여 임명되지 않았다는 것이다. 영적 자질과 개혁에의 헌신이 이제는 중요한 고려사항이 되었고, 이것은 그들의 행동 양식에서 자명하게 나타났다. 로마에 있는 바티칸 대사는 자신의 보고에서 그 차이점을 주시했다. "추기경들은 이제 모든 종류의 즐거움으로부터 멀어져있다. 그들은 더 이상 여자들 사이에서 가면을 쓴 채 말을 타거나 놀지 않는다.… 잔치, 게임, 사냥, 화려한 옷차림, 그리고 모든 형태의 외적 사치는 더 이상 없었다. 교황청에 더 이상 높은 지위에 있는 평신도가 없었기 때문이다. 사실, 과거에는 수많은 숫자의 교황 친척과 친분자가 그곳에서 발견되었다."[36] 슬프게도, 개신교주의를 억압하려는 교황의 결단은 때로 그리스도인의 관점에서 수용하기 어려운 행동을 야기했다. 예를 들면, 교황 그레고리 13세는 '성 바톨로메유 날의 대학살' (St. Bartholomew's Day Massacre)에서 있었던 프랑스 개신교도들의 끔찍한 대학살을 알게 되었을 때, 로마에서 감사예배를 드렸고 그 대학살을 "거룩한" 사건으로 축하하는 기념 메달을 발행했다.[37]

가톨릭 종교개혁은 또한 개혁 감독의 수가 상당히 증가함으로 유익을 얻었다. 그 중 가장 뛰어난 자는 밀란(Milan)의 대주교, 찰스 보로메오(Charles Borromeo, 1538-1584)이었고, 그는 성직자와 수도원을 개혁하고 교회를 혁신하며 학교와 대학들을 세워 밀란을 모델 대주교관구로 만들었다. 아일랜드(Irish) 교회는 특히 상당히 의식 있는 훌륭한 감독 그룹을 가지고 있었고, 그들은 부패를 효과적으로 혁신하기 위해 자신의 권력을 사용했다. 다른 나라들도 마찬가지로 능력 있고 헌신된 감독의 축복을 받았다. 그러나 이것은 유럽 전역에 걸쳐 나타나는 상황은 분명히 아니었다. "16, 17세기 감독 중 단지 소수만이 열심적인 개혁자들이라고 정확하게 묘사될 수 있다."[38] 무수한 폐해들이 프랑스 교회에서 지속되었고, 친척 등용이 무성했으며, 상당수의 감독이 거주하지 않았거나 복수직을 겸용하고 있었다. 개혁에 헌신된 감독도 항상 트렌트가 기대했던 그런 유형의 개혁을 자신의 주교관구에 가져오지 못했다. 한 가지 큰 문제는 트렌트 법령이 요구한 주교관구 신학교를 세울 재원을 찾는 것이었다. 단지 부유한 주교관구만이 신학교를 만들 수 있었고, 그 설립마저도 비교적 늦은 속도고 진행되었으며, 종교개혁 시기 말에도 많은 성직자들은 여전히 제대로 교육받지 못했다. 나아가, 감독은 모든 성직 임명을 장악하지 못했고, 많은 경우 개인 후원자가 교구 사제를 임명할 권리를 가지고 있었으며, 감독은 자격이 없는 후보자의 임명을 막을 수가 없었다.

교구 사제를 임명하고 훈련하는데 감독이 직면한 어려움에도 불구하고, 교구들에 상당한 발전이 있었다. 그것은 새로운 유형의 개혁 사제들이 종교개혁 말기에 더욱 일반화되었다는 것이다. 성직자의 부재현상이 현저히 감소했고, 윤리적 범죄는 덜 보편적이 되었다.[39] 순찰이 여전히 비리를 들추어냈지만, 순찰은 정기적으로 행해졌고, 순찰에 의해 적발된 비리를 바로잡기 위해 많은 노력이 주어졌다. 순찰은 개혁을 심각하게 생각한 교회의 표시였다. 또한 설교학이 새로운 신학교 훈련의 한 부분이 되었기에, 설교할 자격을 갖춘 사제의 숫자가 증가했다. 더 잘 훈련되고, 더 윤리적이며, 더 영적으로 헌신된 성직자가 믿음의 기초를 위해 가르침이 절실히 필요한 평신도의 신앙과 삶을 바로잡기 위해 열심히 일했다. 성 빈센트 데 폴(St. Vincent De Paul)은 1651년에 다음과 같이 말했다. "사실상, 가톨릭교도들의 훨씬 더 많은 부분이 명목상의 가톨릭교도였다. 그들은 자신의 아버지가 그들 전에 가톨릭교도였기 때문에 가톨릭교도였지, 그들이 가톨릭교도라는 것이 무엇을 의미하는지 알지 못했다."[40]

프랑스 역사가 장 델루미우(Jean Delumeau)는 중세시대에 인구의 다수가 진정으로 기독교화 되지 않았다고 말하며, 가톨릭과 개신교 양쪽의 성과는 대중적 종교로부터 기독교로의 회심이었다고 주장했다.[41] 설교, 요리문답, 예술, 그리고 다른 형태의 시각적 표현이 신앙을 가르치기 위해 사용되었다. 고해성사에 대한 새로운 강조가 있었고, "새로운 교회 가구인 고백 박스"의 사용으로 사제에게 드리는 개인적 고백이 추가되었다.[42] 예수회 회원은 고백에 특히 잘 훈련되었고, 이 기법을 사용하여 평신도들에게 삶의 변화를 가져오게 했다. 그들은 또한 신앙을 창의적인 방법으로 전달하는데 능숙했고, 종종 무대 공연과 대중적 표현 등을 사용했다. 구세군이 이 아이디어를 내놓기 훨씬 전에 이미 예수회 회원들은 종교적인 표현을 일반 사람들에게 친숙한 가락에 맞추었다. 예를 들어, 18세기 초 "새로운 프랑스의 '성령의 기원(Invocation to the Holy Spirit)' 이 흥미로운 제목으로 잘 알려진 대중가요, '나는 술 취한지 모른다' 의 곡조에 맞추어졌다."[43]

가톨릭 종교개혁의 핵심 관심은 개신교로부터 원래 그들의 영토를 회복하는 것이었고, 그것은 여러 방법으로 시행되었다. 개신교도들이 가톨릭으로부터 빼앗으려고 한 때 사용했던 방법을 사용하여 잘 교육받은 가톨릭 사제들은 이제 개신교도들을 공중 논쟁으로 도전했다. 성경과 개신교 신학 그리고 논쟁의 방법론으로 잘 훈련받아, 가톨릭 논쟁자들은 이 논쟁에서 훌륭하게 해 낼 수 있었다. 예수회 회원들

가톨릭 회복 ca. 1650.

은 또한 개신교도들을 끌어들이고 그들을 회복하기 위해 훌륭한 학교들을 사용했다. 그들은 심지어 적대적인 개신교 환경에 있는 학교를 침투했다. 한 노르웨이 예수회 회원은 자신의 정체를 밝히지 않고 스웨덴에 있는 신학교에 직위를 얻어서, 많은 자신의 학생을 가톨릭 신앙으로 은밀하게 데려왔다. 그는 30명을 가톨릭으로 전환시켰을 뿐 아니라, 일부는 더 많은 훈련을 받기 위해 심지어 로마로 갔다. 개신교도들을 향한 가장 성공적인 선교자 중 하나는 네덜란드 예수회 회원 피터 칸지우스(Peter Cansius, 1521-1597)였다. 그는 여행이 어려운 시대에 약 20,000 마일을 걷고 말을 타며 이동하면서 가톨릭 신앙을 전파했다. 수많은 설교를 하고, 예수회 회원 대학원대학들과 소년들을 위한 여러 대학들을 설립한 외에, 그는 신앙을 가르치기 위해 사제와 교육받은 성인을 위한 대요리문답, 청소년을 위한 중요리문답, 그리고 어린이를 위한 소요리문답 등을 포함한 세 가지 요리문답을 준비했다. 칸지우스는 교육, 논쟁, 그리고 설교를 통해 개신교주의로부터 과거 가톨릭 지역들을 회복시킨 가톨릭 종교개혁의 성공에 공헌한 크게 헌신된 사제 중 하나이었다. 다른 성공들은 훨씬 별로 바람직하지 못한 방법으로 달성되었다. 종교개혁 시기 마지막 세기에 프랑스, 벨기에, 오스트리아, 바바리아, 보헤미아, 그리고 폴란드는 모두 가톨릭주의로 환원되었다. 그러나 이것의 상당부분은 정치적 조작과 종교전쟁으로 달성되었다.[44)]

가톨릭 종교개혁은 개신교주의에 대항하는 것이었고 많은 현상들이 반-개신교적이었지만, 흥미롭게도 그것은 개신교 종교개혁과 많은 공통점을 가지고 있었다. 양쪽 종교개혁은 피상적 그리스도인을 교화하고, 대중 종교가 공식적 기독교보다 훨씬 더 중요했던 유럽 인구를 기독교화 하려고 했다. 가톨릭과 개신교 종교개혁은 둘 다 중세교회가 관용을 베풀었고 어떤 면에 장려했던 대중 종교에 정면 공격을 단행했다. 양쪽 운동은 중세교회에 상당 부분 결여되었던 교육받은 성직자를 배출했다. 양쪽 운동은 또한 평신도 교육을 강조했고, 개신교도와 로마 가톨릭교도는 양쪽 다 이 목적을 위해 요리문답과 설교를 만들었다. 두 운동은 많은 공통 목적을 가졌지만, 슬프게도 서로 다른 부분을 화합하는 것은 불가능했다. 그 결과는 종교전쟁과 기독교회의 영구적인 분열이었다. 라가조누스(Ragazonus)가 그 실패를 개신교도들 탓으로 돌리는 것은 잘못되었지만, 되돌아보면 그의 한탄을 흉내 내고 싶은 유혹이 생긴다. "오… 우리로 하여금 이 일을 하도록 한 자들이 그 건축물의 건립에 참여했더라면! 그러면 실로 우리에게 더 크게 기뻐해야할 이유가 있었을 것이다."

제11장

여성과 종교개혁

당신은 사도바울이 여자들에게 교회에서 잠잠하라고 말한 것을 상기시킨다. 나는 당신에게 같은 사도가 그리스도 안에는 더 이상 남자와 여자가 없다고 하신 말씀을 상기시킨다. 그리고 "나는 내 영을 모든 육체에 부어줄 것이고 너희의 아들과 너희의 딸들이 예언할 것이다" 라고 한 선지자 요엘의 예언을 상기시킨다. 나는 바리새인들을 나무라는 세례 요한인 체 하고 싶지는 않다. 나는 내가 다윗을 신랄하게 질책하는 나단이라고 주장하지 않는다. 나는 단지 그의 주인을 징계하는 발람의 당나귀가 되기를 갈망한다.

캐서린 젤(Katherine Zell)[1)]

이 글은 캐서린 젤이란 이름의 26세 가정주부가 스트라스부르그(Strasbourg) 개혁자, 마태 젤(Matthew Zell)과의 결혼에 대에 공격을 받자 기록한 것이다. 이것은 놀라운 것이다. 이것이 여자는 "교회에서 잠잠하라" 고 되어있는 시대에 여자로부터 나온 말이기 때문이다. 다행히 많은 여자들은 잠잠하지 않았고, 그 결과 그들은 종교개혁에 중요한 공헌을 했다. 4세기 동안 종교개혁 역사를 기술한 남자들은, 여자들이 정치적 지도자이거나 헨리 8세와 결혼하게 되는 불향한 경우를 제외하고는, 종교개혁의 여자들에 관심을 기우리지 않았다. 루터의 아내 캐서린(Katherine)이 약간의 관심을 받았지만, 역사가들은 일반적으로 종교개혁을 위한 여성의 공헌을 알지 못하였거나 그것에 대해 저술할 만한 충분한 공간을 할애할 만큼 중요하다고 생각하지 않았다. 메리 위즈너(Merry Wiesner)는 대부분의 종교개혁 역사가들이 여성을 "단순히 무시했다"고 말하며, "여자가 아버지와 남편의 경험을 공유했기에 성별이 별 차이를 만들지 않았거나, 아니면 여자는 종교개혁에 아무런 중요한 역할을 하지 않았다"고 생각했다.[2] 메리 위즈너가 이 논설을 기술했을 때 쯤, 역사가들은 드디어 종교개혁에 여성의 역할을 무시하지 않고 있었다. 지난 30년 동안 상당히 많은 연구가 이 주제에 대해 집중되었다. 가장 최근의 혁신은 성별 연구이고, "여자 또는 남자가 의미하는 것이 무엇인지 그리고 남자와 여자의 적절한 행동을 위한 기준이 무엇인지 등을 사회가 결정하는 방법"에 초점을 맞추었다.[3]

여성에 대한 종교개혁의 영향

종교개혁의 여성에 대해 심각한 관심을 준 첫 현대 역사가 중 하나는 종교개혁 역사가의 대표주자, 롤랜드 베인톤(Roland Bainton)이었다. 1971년 그는 종교개혁의 여성에 대해 3권 중 첫 번째를 저술했다. 『독일과 이태리 종교개혁의 여자들』(*Women of the Reformation in Germany and Italy*)이란 제목의 이 책은[4] 일반 독서대중에게 전문 역사가들에게만 알려져 왔던 여자들을 소개했다. 그 중 세 명, 캐서린 젤, 비토리아 콜로나(Vittoria Colonna), 그리고 비브란디스 로젠블라트(Wibrandis Rosenblatt)가 이 장에서 다루어진다. 베인톤은 서문에서 이 연구를 시작했던 이유를 다음과 같이 말했다.

> 나는 항상 정당하게 취급받고 있지 못했던 자들에게 관심을 가지고 있었고, 초기 연구에서 가톨릭과 개신교에게 핍박을 받았던 종교개혁의 이단들에 대해 전념했다. 두 번째 이유는 개혁이 보급되어가는 방법을 주시하는 것이다. 여자는 인구의 절반을 차지했고, 그들이 종교개혁 운동을 거부했더라면 이 운동은 중단되었으리라 확신한다. 세 번째는 종교개혁이 사회질서에 끼친 영향을 평가하는 것이다. 이것은 가족의 성격, 사회에서 여자의 위치 그리고 교회에서 여자의 역할과 관련 되어있다.[5]

베인톤은 종교개혁이 여성의 지위를 변화시켰고 그들의 운명은 상당히 향상되었다고 확신했지만, 오늘날 많은 역사가는 베인톤의 분석이 옳았다고 확신하지 못한다.[6] 그들은 종교개혁이 처음에는 여성에게 새로운 기회를 제공했고 가족에 대한 새로운 태도가 결혼과 어머니 역할을 독신보다 더 명예롭게 만들었지만, 종교개혁이 진행되면서 여성은 그들이 처음에 경험했던 자유를 상실했다고 주장한다. 나아가 개신교 유럽에서 수녀원의 폐쇄는 중세시대에 여성에게 제공했던 교육의 기회를 없애 버렸으며, 결혼과 양육의 단조롭고 고된 일을 피할 수 있고 심지어 여성의 삶을 명예롭게 해줄 수 있는 몇 안 되는 직업 제공의 가능성 중 하나를 제거했다. 여성운동 역사가들은 또한 개신교도들이 성모 마리아의 숭배와 여성 성인들을 거부함으로, 중세 교회가 교회에서 여성의 위치를 존중했던 방법들을 제거했다고 지적한다. 중세 시대 동안에는 여성이 다른 성인 여성을 중보하기 위해 그들에게 기도했으나, 종교개혁은 개신교도들 사이에 그런 관습을 종식시켰다.

여성운동 역사가들은 종교개혁의 결과로 여성이 무엇을 잃었는가를 강조하는 경향을 가지고 있었던 반면, 다른 역사가들은 여성이 무엇을 얻었는지에 집중한다. 데이빗 스타인메츠(David Steinmetz)는 목사 부인의 새로운 역할이 여성해방의 한 요소이었다고 주장했다. "사제들의 첩으로 그늘진 삶을 살았던 여성은 공식적으로 인정된 결혼 관계 안에서 남편과 성적 관계로 들어갈 수 있었다.… 현재 안수를 받으려는 여성이 목사 아내라는 직책을 억압으로부터의 여성해방을 위한 위대한 발걸음으로 간주하기에는 어려울지 모른다. 그러나 당시 관련된 여성에게는 종교개혁은 심오하게 자유를 가져다주는 사건이었다."[7]

개신교도들이 여성을 안수하지는 않았지만, 스타인메츠는 만인제사장의 개신교 교리가 여성이 사역에 중요한 역할을 해야 한다는 주장을 위해 의미 있는 기반을 제공했다고 확신했다. 그는 또한 "평신도 여성이 중세교회에서 수도회의 구성원으로 역할을 한 것보다, 개신교회의 삶에서 훨씬 더 큰 역할을 했다"고 신술했다.[8] 린달 로퍼(Lyndal Roper)는 그에 동의하지 않았다. 아우그스부르그의 여성에 대한 훌륭한 연구에서 그녀는 개신교회가 여성에게 기회를 열어주기 보다는 여성의 역할을 제한했다고 주장했다. "스트라스부르그 설교자 마틴 부처가 기능에 따라 구성한 새 교회 계급제도에는 성직 직분 범위 내에 여성을 위한 자리가 없었다. 종교개혁은 초기에 만인제사장론을 통해 교회에서 여성을 위한 사역 역할의 가능성을 제공했다. 그러나 그것은 개념적 가능성으로만 끝이 났고 원래 그 교리가 가지고 있었던 과격한 의미는 상실되었다."[9)]

이것이 이 논쟁에 나타난 주요 주장이었고, 이 주장의 글을 쓸 때에는, 어느 쪽도 종교개혁이 여성의 신분에 어떤 영향을 끼쳤는지 결정적인 증거를 제공하지 못했다. 아마도 가장 신빙성 있는 결론은 쉐린 마샬(Sherrin Marshall)이 종교개혁의 여성에 대한 에세이 모음집의 서론에서 제공한 것이다. "여성은 종교개혁과 반종교개혁 시기 동안 해방되었고 동시에 노예화되었다. 여성의 행동을 구체화한 고정관념을 받아드리고 그것에 맞추도록 강요한 한에는, 여성은 감금되었다.…그들이 새로운 활동을 추구하고 성별에 의해 제한되지 않은 영성의 정의를 창조한 한에는, 여성은 해방되었다."[10)]

본 장에서 우리는 종교개혁의 결과로 발생한 일부 변화와 여성에 대한 종교개혁자들의 태도를 논의한다. 우리는 또한 일부 특별한 여성의 삶과 사역을 연구하고 그들이 어떻게 종교개혁에 공헌했는지 보려고 한다. 종교개혁이 어떻게 여성의 신분을 변화시켰는지를 보기 위해서, 우리는 중세 시대에 성별에 대한 태도를 조사하며 시작한다.

중세 시대의 여성

중세교회는 1439년 플로렌스 종교회의(the Council of Florence)에서 결혼이 성례라고 공식적으로 선언했지만, 교회는 진정으로 영적인 자들을 위한 최상의 상태는 독신이라는 입장을 취했다. 여성은 자녀 양육을 위해 자연적으로 의도되었지만, 그 자연 기능을 포기하고 처녀로 남아 자신을 완전히 주님께 드린 여성은 특별히 귀하게 여겨졌다. 독신은 또한 남성을 위해서 더 명예로운 것으로 여겨졌으며, 성직자들은 독신이 되도록 요구되었다. 그러나 독신 성직자들은 종종 여성이 유혹의 근원이 되는 것을 알게 되었다. 세베스찬 브란트(Sebestian Brant)는 1494년에 출판된 그의 풍자적 시 『바보들의 배』(*Ship of Fools*)에서 이 유혹을 표현했다.

> 여성의 매력을 너무 많이 보면,
> 그의 윤리와 그의 양심은 해를 받고,

여성에게서 큰 즐거움을 얻으면,
그는 하나님을 바로 예배할 수 없다.[11)]

많은 성직자는 "여성의 매력"을 저항할 수 없었고 첩을 취함으로 그들의 독신 서약을 깨뜨렸다. 그들은 때로 이것을 감독의 승인 하에 했고, 감독은 그들에게 첩 유지를 위한 면허를 발급하며 세금을 매기거나 요금을 청구를 하여 성직 첩 제도를 수입의 원천으로 사용했다. 외형적으로 그런 성직자는 결혼한 것처럼 보였다. 그들은 첩과 함께 살았고, 때로 상당히 오랜 기간 동안 그렇게 했으며, 아이들도 있었다. 성직자는 그런 관계에서 유익을 얻을 수 있었을지 모르나, 여성에게 그 관계는 결혼을 통해서 얻을 수 있는 유익에 전혀 미치지 못했다. 그런 여성은 유산을 받을 권한이 없었고, 그녀의 자녀는 사생아였으며 아버지의 이름을 가지지 못했고 법의 보호를 받지 못했다.

일부 성직자는 여성을 심각한 위협으로 보았고 최악의 여성혐오증으로 반응했다. 예를 들어 1486년 두 명의 도미니칸 수도사, 하인리히 크레이머(Heinrich Kraemer)와 야콥 스펭거(Jacob Spenger)는 '말레우스 말레피카룸' (*Malleus Maleficarum*) (Hammer against Witches-마녀 잡는 망치)이라는 제목으로 마술(witchcraft)을 다루는 지도 책자를 종교재판관을 위해 썼다. 제목이 말하는 것처럼, 이 책은 근본적으로 마녀들을 향한 글이었으나, 저자는 여자들이 남자들 보다 왜 더 마법에 쉽게 빠져드는지를 설명하며 일반 여성에 대해 혐오스러운 내용을 그 책에 담았다. 여성이 더 미신적이고 남성보다 더 깊은 자극을 잘 받는다고 진술하는 외에, 크래이머와 스펭거는 여성은 "몸과 마음에서 더 약하기" 때문에 "마법의 주문 하에 더 잘 빠져드는 것은 놀랄 일이 아니다"라고 주장했다. 그들은 또한 여성이 창조부터 완전하지 못했다고 말하며, 여성이 그들의 생각에 왜 "남자보다 더 육신적"인지에 대한 새로운 설명을 제공했다. "여성은 구부러진 갈비뼈, 즉 가슴 갈비뼈에서 만들어졌기 때문에, 첫 여자 형성에는 결함이 있었고, 그 갈비뼈는 남자에게 반대 방향으로 구부러져 있었다. 이 결점으로 여성은 불완전한 동물이었기 때문에, 그녀는 항상 속인다."[12)]

크레이머와 스펭거는, 최상의 여성은 결혼과 양육의 자연 기능을 포기하고 그들의 삶을 수녀원에서 보내는 자라는 사회의 일반적 생각에 동의했을 것이다. 수녀원이 다른 곳에서는 제공되지 않는 교육과 직업을 위한 가능성을 열어 주었던 것은 사실이지만, 그것은 또한 자발적인 의지로 들어가지 않는 여자들에게는 감옥이 될 수 있었다. 때로 여자들은 여러 가지 이유로 가족들의 강요에 의해 종교적 삶으로 들어가도록 강요되었으며, 그것은 결혼을 위한 신부 혼인 지참금을 피하기 위한 노력을 포함했다. 반대로 종교적 삶에 성취감을 발견하는 자들은 수녀로서의 위치를 사용하여 사회와 교회에 영향을 끼쳤다. 시엔나의 캐서린(Catherine of Siena)과 스웨덴의 성 브리제트(St. Bridget of Sweden) 같은 비범한 여성들은 자비 사역을 통해 놀라운 방법으로 사회를 섬겼을 뿐만 아니라, 개혁을 위한 지속적인 요청으로 교회에 광범위하게 영향을 주었다. 그들은 교황청의 부패를 비난했고 바벨론 유수(Babylonian Captivity) 동안 교황이 로마로 돌아올 것을 요구했다. 노르이치의 줄리안(Julian of Norwich), 빙겐의 힐데가드(Hildegard of Bingen), 그리고 막데부르그의 멕트힐드(Mechthild of Magdeburg)와 같은 수녀들은 경건하고 신학적인 훌륭한 중세 문학 작품으로 자신의 신분을 유지할 수 있는 저작을 남겼다. 중세 시대에 정치적 영역에도 흔적을 남긴 아퀴테인의 엘레노(Eleanor of Aquitaine)와 아르크의 조운(Joan of Arc)을 비롯한 훌륭한 여성이 있었지만, 대부분의 중세 여성은 인정받지 못했고 남자들의 지배하에 고달프고 지루한 매우 짧은 삶을 살았다.

종교개혁자들의 태도

종교개혁은 교회와 사회에 여성의 역할에 대한 새로운 태도를 유발했는가? 그렇다면, 종교개혁자들의 믿음에 그런 변화의 뿌리를 찾을 수 있을 것이라고 기대할 수 있다. 결과적으로, 역사가들은 최근 종교개혁자들의 여성에 대한 태도를 찾아내는데 많은 노력을 기우렸다. 이것이 반드시 쉬운 일은 아니다. 일반적으로 그들은 여성을 특별히 다루는 글을 쓰지 않았기 때문이다. 그래서 여성에 대한 그들의 생각은 그들의 광범위한 출판물 가운데 일시적인 참고 자료로부터 긁어모아야만 한다.

당연하게도, 역사가들은 종교개혁자들의 견해에 사로 다른 결론에 도달했다. 예를 들면, 칼빈의 생각에 대한 두 개의 최근 연구는 다른 관점을 제공한다. 제인 더글러스(Jane Douglass)는 칼빈이 당시 예외적으로 여성을 위한 입장이었다고 판단했다. 그녀는 칼빈이 여성은 교회에서 잠잠하라는 바울의 명령을 '아디아포라'(*adiaphora*), 또는 비본질적인 것으로 여긴 유일한 주요 종교개혁자였다고 지적했다.

'아디아포라' 로 말하는 것은 상황에 따라 변할 수 있는 문제이었음을 암시하는 것이다. 사회의 태도가 급하고 있기 때문에 질서와 예법을 위해 여성이 지도력을 갖도록 하는 것에는 준비가 아직 되어있지 않았지만, 칼빈은 교회가 다른 문화에서는 여성의 지도력을 허용할 수 있다는 가능성을 열어놓았다. 그럼에도 칼빈은 "가부장적 사회의 편견으로 너무 깊이 형성되어 있었기에 가까운 미래에 그 가부장적 체제를 포기한다는 것은 상상할 수 없었다."[13] 존 탐슨(John Thompson)은 일부 결론에 의문을 제기했다. 칼빈이 고린도교회에서 여성에게 부과하는 바울의 제한을 비본질적인 것('아디아포라')으로 간주하는 점에서 다른 종교개혁자와 구별된다는 것에는 동의하면서도, 탐슨은 칼빈이 여성의 순종에 대해 전통적 견해를 가지고 있었다고 주장하며, 칼빈은 "더글러스가 주장하는 것처럼 여성의 역할에 대해 유연성이 있지 않았다" 고 말한다. 그는 "위기시기에 여성의 공공 사역" 을 수용할 준비는 되어있었지만, 그것은 단지 "필요의 근거 위에서만" 수용되는 것이었다.[14]

루터도 마찬가지로 여성에 대한 태도에서 입장이 불분명했다. 조나단 W. 조피(Jonathan W. Zophy)는 루터와 여성에 대한 논문의 시작 문단에서 루터의 모순적으로 보이는 태도를 묘사했다. "루터에 의하면, 여성은 마음이 약하고, 변덕스러우며, 오만하고, 영적으로 약하고, 수다스러우며, 허영심이 많고, 심오한 생각을 잘 하지 못하며, 공공 책임의 요구를 감당하지 못한다. 그러나 루터는 자신의 부인과 딸은 깊이 사랑했고 다른 많은 여성에게 친절했다. 그는 또한 여성들을 많은 훼방꾼들로부터 공적으로 방어해주었고 소녀들을 위해 교육의 기회를 증가시키려고 노력했다."[15]

때로 루터는 여성의 진가를 인정하고 여성에게 동정을 보였지만, 여전히 전통적인 태도를 지속했고 하나님께서 여성에게 정하신 주요 역할은 어머니와 아내였다고 확실히 믿었다. 당시의 평균 남자와는 대조적으로, 루터는 여성이 남성보다 더 많은 고통을 겪었다고 생각했다. 창세기 주석에서 그는 이렇게 말했다. "여성은 상당히 낮추어졌고 시련을 겪었으며 남성보다 훨씬 더 혹독하고 심한 벌을 견디어냈다." 여성이 고난을 겪은 것과 비교해 볼 때 "남성이 자신의 육신으로 겪은 그러한 고난이 어디 있겠는가?"[16] 그는 종종 여성을 방어했고 여성을 욕하는 자들을 비난했으며, 교육을 받을 여성의 권리를 주장했음을 인정받아야 한다. 1520년에 벌써 루터는 『기독교 귀족에게 드리는 연설』(*Address to the Christian Nobility*)에서 이렇게 말했다. "모든 마을에 소녀를 위한 학교가 있기를 바라며, 그곳에서 소녀들이 복음을 배웠으면 한다."[17] 1533년 루터는 비텐베르그(Wittenberg)에 학교를 세워 젊은 소녀들이 읽기, 쓰기, 수학, 음악의 기본 기술을 훈련시키도록 도왔다. 이 학교는 나중에 독일 마을에 세워진 소녀 학교들의 모델로 여겨졌다.

여성 교육에 대한 헌신은 루터가 교육을 여성의 직업 기회 확장 방법으로 생각했다는 것을 의미하지는 않는다. 그것은 단순히 여성이 부인과 어머니로서 더 효과적으로 기능을 발휘할 수 있는 도구를 제공하는 것이었다. 루터가 결혼을 파트너십으로 본 것은 인정받아야 하고, 자신의 결혼에서 루터는 이 믿음을 실천에 옮겼다. 그러나 아내는 분명히 남편을 순종했다. 루터는 여성의 역할이 가정에 있었다고 믿었고, 여성은 정치에 참여해서는 안 되고 교회에서 지도적인 역할을 해서도 안 된다고 믿었다. 여성이 남성의 역할을 가로챈다면, "사회의 모든 질서와 모든 것에 혼란과 혼동이 있을 것"이라고 루터는 말했다.[18] 여성에게 보낸 루터의 편지에 대한 연구는 여성에 대한 그의 모순적 견해를 확인해 준다. 그는 여러 가지 이유로 40명의 다른 여성에게 83개의 편지를 썼다. 이 편지들은 당시 일반적이었던 것 보다 더욱 긍정적인 여성의 이미지를 보여주기는 하지만, 루터는 서신 왕래에서 여성들과 지적인 질문이나 신학적 관건에 대해서는 이야기하지 않았다.[19]

마틴 부처(Martin Bucer)는 어떤 다른 종교개혁자 보다 여성에 대해 훨씬 더 계몽된 견해를 가졌던 것으로 보인다. 이것은 이혼과 결혼에 대한 그의 믿음에서 드러난다.[20] 부처는 결혼을 파트너들이 상호 의무를 가지고 언약을 맺는 교제로 보았다. 아내는 여전히 순종해야하지만, 남편은 아내를 위해 자신을 희생하며 폭군적인 방식으로 행동해서는 안 된다. 부처는 간음, 가족유기, 성관계를 못하게 만드는 질병, 그리고 학대 등을 비롯한 몇 가지 이유에 한해 이혼을 마지막 수단으로 허용했다. 대부분의 개혁자들이 수용하지 못했을 것으로 보이는 이유로 이혼을 허락하는 것 이외에, 부처는 죄가 없는 쪽 및 죄가 있지만 회개한 쪽에게 다 재결혼을 허락했다. 부처는 여자가 결혼에서 순종적이어야 한다고 계속 믿었지만, 그는 여성이 때로 결혼에서 폭력적인 남편으로부터 겪는 학대를 잘 알고 있었다. 학대로 말미암은 이혼을 기꺼이 허락한 부처의 입장은 그가 학대받는 여성에 대한 관심을 가지고 있었음을 보여준다. 이런 관심은 그 시대에 흔치 않았다. 부처는 또한 결혼 제도의 이유에 관한 믿음이 특이했다. 그는, 다른 종교개혁자들이 믿었던 것처럼, 결혼이 근본적으로 출산을 위한 것이라고 가르치지 않았다. 그는 상호 섬김이 결혼의 근본적 목적이라고 주장했다. 다른 종교개혁자들과 공통적으로, 부처는 결혼을 육욕을 위한 구제책으로 보았지만, 그는 결혼에서 교제관계와 상호애정의 중요성을 강조했다. 그는 또한 그의 믿음을 자신의 결혼에서 실천에 옮겼다. 그러나 결혼에 대한 일부 측면에 대한 그의 발전된 견해에도 불구하고, 부처도 다른 종교개혁자들과 마찬가지로 여성의 역할은 대체적으로 가정에 제한되어 있다고 계속해서 믿었다.

종교개혁이 가져온 변화

종교개혁자들이 여성에 대해 고수했던 전통적 믿음을 볼 때, 종교개혁이 중세시대에 여성이 가졌던 제한적 역할에서 해방을 가져다주지 못했고 교회에서 주요 역할을 얻게 해주지도 못한 것은 놀랄 일이 아니다. 그러나 여성의 삶에 중요한 결과를 가져다 준 변화들은 분명히 있었다. 결혼과 가족에 대해 변화된 태도는 중세의 가치가 수정된 영역이었으나, 이미 본 것처럼, 역사가들은 그것이 여성 해방에 긍정적인 단계였는지에 대해서는 의견이 일치하지 않는다. 종교개혁자들이 결혼을 파트너십으로 보기는 했지만, 그것은 동등한 파트너십은 아니었다.[20] 가부장제가 이상적이었고, 가족은 순종의 계급적 체계에 의해 조직되었으며, 아내는 남편에 순종하고 자녀들은 부모에 순종하는 것이었다. 독일 종교개혁에 대한 연구에서, 로버드 스크립너(Robert Scribner)는 여성, 결혼, 그리고 가족에 대한 개신교 믿음의 제한적 양상을 강조했다. "크리스천 아내와 어머니의 이상적 이미지를 투영시킴으로 개신교주의가 여성의 지위를 향상시켰다고 종종 말한다. 그러나 수용될 수 있는 여성 정체성을 축소시켰다고 또한 말할 수도 있다. 여성이 자신의 은사를 발전시킬 수 있는 독립적이고 종교적인 직업의 선택이 제거되었다. 그 자리에 목사 부인이라는 새로운 이상만이 가부장적인 배경에서 성취되어야 하도록 놓여졌다."[21] 대조적으로 스티븐 오즈먼트(Steven Ozment)는 여성이 결혼에 대한 새로운 태도의 결과로 얻은 것을 강조했고 종교개혁자들과 다른 자들의 결혼이 어떻게 상호 애정, 존경, 그리고 교제관계에 기초했는지를 보여주었다.[22]

교회에서 여성의 역할은 "여자들은 잠잠하고 남자들에 대해 권위를 행사하지 말라"는 전통적 믿음에 의해 계속 제한되었다. 심지어 칼빈과 부처도 여성이 안수 받을 수 있다고 믿지 않았고, 칼빈은 "여자들은 교회에서 잠잠하라"는 것에 대한 성경적 진술을 '아디아포라'로 보았지만, 자기 믿음의 함축적 의미를 실천에 옮길 준비는 되어있지 않았다. 그럼에도 종교개혁 신학은 중세시대에 주어지지 않았던 기회들을 여성에게 열어놓았다고 주장할 수 있다. 예를 들면 성경의 권위에 대한 종교개혁의 강조는 신학적 논쟁에서 남성에 대해 여성 자신의 견해를 지킬 수 있는 기회를 제공했다. 롤랜드 베인톤은 "순교록과 이단 법정에 나타난 심지어 비교적 교육을 잘 받지 못한 자들이, 하나님 말씀이 관련되는 모든 국면에서 재판관에게 놀라운 도전을 안겨 주었다."[23] 재세례파는 설교를 안수 받은 자들에게 제한시키지 않았고 여성에게 말씀을 전할 수 있는 많은 기회를 주었으며 여성이 남성과 같이 참여할 수 있는 예배에서 성경의 메시지를 전하는데 참여하도록 격려했다. 많은 재세례파 여성은 순교자가 되었고, 재판과 용감한 죽음에서 자신의 믿음을 증언했으며 성경에 대한 철저한 지식을 보여주었다. 예를 들면, 엘리자베스 더크스(Elizabeth Dirks)는 1549년 고문 가운데 조사를 받은 후에 익사당한 자로 이단적 믿음의 교사로 고소되었고, 그녀는 자신의 믿음을 부인하지 않았다. 그녀는 또한 성경의 이해에 있어서 그녀를 고문한 자들보다 우위에 있었다. 그녀는 많은 성경 구절을 기억으로 인용할 수 있었다.[24]

여성은 가톨릭 종교개혁에서도 중요한 역할을 했으나, 그들이 할 수 있는 범위에는 제한이 있을 수밖에 없었다. 이미 앞에서 본 아빌라의 테레사(Teresa of Avila)는 가톨릭 종교개혁에 중요한 공헌을 했지만 이 제한을 인식하며 다음과 같이 기록했다. "나는 프랑스가 겪고 있는 비참함과 루터교도들이 거기서 일으키고 있는 골치 거리들에 대해 들었다.…나는 거기서 멸망당하고 있는 많은 영혼 중 하나라도 구원하기 위해 천 개의 목숨이라도 내놓고 싶다. 그러나 나는 단지 연약하고 허점 많은 여자이기 때문에, 내가 원하는 방식으로 하나님을 섬기기는 불가능하다."[25]

아빌라의 테레사는 여성으로 수용될 수 있는 것으로 여겨지는 범위를 벗어났을 때, 여성이 직면하는 비판을 경험했다. 교황 대사 펠리페 세가(Felipe Sega)는 그녀가 "불안정하게 일없이 어정거리고, 불순종하며, 오만한 여인으로, 악한 교리를 만들어 그것을 경건이라고 부르며, 여자가 가르치는 것을 금지했던 성 바울의 명령에 반하여 다른 자들을 가르쳤다"고 1579년 기록했다. 심지어 테레사를 흠모하고 지지하던 자들도 그녀가 여성의 역할을 벗어났다고 생각했다. 테레사가 1627년 스페인의 수호성인으로 추대되는 축제에서 카멜라이트(Carmelite) 수사가 한 논평은, 전형적인 여성의 역할이 아닌 것에서 뛰어나는 여성을 대상으로 남성이 설명하는 한 방식을 드러낸다. 그는 이렇게 말했다. "이 여인은 여성이기를 중단하고, 자신을 남성의 상태로 회복하여 처음부터 남성이었던 것보다 더 위대한 영광으로 돌아갔다. 그녀는 자연의 오류를 교정하여 덕을 통해 그녀가 솟아나온 뼈로 자신을 변화시켰다."[26)]

소명을 따르려 하고 남성의 세상에 영향을 주려고 했던 여성은 테레사와 같이 예외적인 사람이어야 했다. 예외적인 은사와 용기가 종교개혁에 중요한 공헌을 할 수 있도록 한 많은 다른 여성이 있다. 그들은 여러 가지 방법으로 이것을 했으나, 우리 시대까지 그들의 이야기는 일부 특별한 역사가들에게만 알려져 있다. 본 장의 남은 부분은 종교개혁에서 여성이 담당했던 역할의 방식을 잘 보여주는 세 여인의 이야기에 집중할 것이다. 비브란디스 로젠블라트(Wibrandis Rosenblatt)는 아내와 어머니의 역할로 가장 적합하나, 그녀는 아주 특별했다. 그녀는 4명의 다른 종교개혁자들과 결혼했고 그들 모두 보다 더 오래 살았다. 캐서린 젤(Katherine Zell)은 종교개혁자의 아내였으나, 여성의 사역을 거부한 교회에서 놀랄만한 사역을 수행하여 예외적인 업적을 남겼다. 마지막으로 비토리아 콜로나(Vittoria Colonna)는 뛰어난 지성인으로 가톨릭 종교개혁의 초기 단계에 남성의 회의에 자신의 회의를 개최한 여성으로 뛰어난 본을 보였다. 언급될 수 있고 또 언급되어야 하는 많은 다른 여인들의 이야기들이 있고, 이 선별된 세 명의 이야기가 종교개혁에서 여성의 역할을 가장 잘 입증한다는 것에 모두가 동의하지는 않을 것이다. 그러나 이들의 이야기를 말 할 가치가 없다고 주장하기는 어려울 것이다.

비브란디스 로젠블라트의 결혼들

비브란디스는 1504년 바셀(Basel)의 비교적 부유한 집안에서 태어났다. 그녀의 아버지는 황제를 보좌하는 직에 있었다. 16세기에 대개 그러했듯이, 비브란디스는 20세가 되기 전에 인문주의자이고 초기 개신교도인 러드비히 켈러(Ludwig Keller)와 결혼했다. 켈러는 1526년, 불과 2년 동안의 결혼 생활 후 죽었다. 비브란디스에게는 자신의 이름을 가진 딸과 불확실한 미래만 남게 되었으나, 그녀의 독신생활은 오래 가지 않았다. 2년 이내에 그녀는 바젤의 개혁자, 에코람파디우스(Oecolampadius)와 결혼했다. 에코람파디우스는 자신의 집을 돌보아주던 어머니가 돌아가신 후, 친구 카피토(Capito)의 결혼 권유로 비브란디스와 결혼했다. 에코람파디우스가 24세인 비브란디스와 결혼했을 때, 그의 나이 45세였고 결혼한 적이 없었다. 이 결혼은 난항이 예상되었다. 그러나 에코람파디우스는 점잖은 사람이었고 자신의 젊은 부인을 매우 귀하게 생각했다. 그들이 결혼했을 때, 그는 그녀가 좀 더 나이가 들었으면 좋았겠다고 말했으나 그녀에게는 "젊은 사람이 가지는 어떤 부족한 모습"도 볼 수 없었다.[27] 비브란디스의 두 번째 결혼은 3년 이상을 가지 못했으나, 그들은 바빴고 많은 일을 했으며 행복했다. 그 시기는 바젤의 종교개혁 기간이었고 그녀는 그 일에 완전히 몰입되어 있었다. 그녀는 남편을 방문하러 온 많은 사람들을 잘 대접했고, 그 중에는 그녀의 세 번째 남편이 된 카피토가 포함되어있었다. 그녀는 또한 안나 츠빙글리(Anna Zwingli), 아그네스 카피토(Agnes Capito), 그리고 엘리자베스 부처(Elizabeth Bucer)를 비롯한 다른 도시 개혁자들의 부인들과 편지를 주고받았다.

비브란디스는 에코람파디우스와의 사이에 세 아이를 두었다. 비브란디스는 1531년 11월 남편이 죽었을 때, 4명의 자녀를 가진 과부가 되었으나 이번에도 그녀는 독신으로 오래 남지 않았다. 그녀의 남편, 에코람파디우스가 죽은 바로 그 달에 카피토의 아내인 아그네스가 죽었고, 자신의 동료와 친구들을 위한 대단한 결혼중매자인 부처는 자신의 친구 카피토를 위해 비브란디스를 마음에 두었다. 비브란디스는 1532년 8월 카피토와 결혼했고, 스트라스부르그(Strasbourg)로 가서 또 다른 도시 종교개혁에 관여했다. 다시 그녀의 삶은 바빠졌다. 목사이고 교수인 남편을 즐겁게 해주고 지원해주며 동시에 아이들을 낳았다. 10년이 되기 전에 그녀는 두 아들과 세 딸 등 다섯 자녀를 더 두었으나, 그 후 끔찍한 재앙이 닥쳐왔다. 1541년의 전염병은 많은 생명을 앗아갔고, 많은 아이들이 죽었다. 종교개혁자 헤디오(Hedio)는 다섯 자녀 모두를 잃었고, 부처와 아내 엘리자베스는 원래 13명의 자녀를 두었으나 1541년까지 다섯만 살아남았었는데, 그 중 넷이 죽었다. 비브란디스는 세 자녀와 남편을 잃었다. 부처도 자신의 아내 엘리자베스를 잃었으나, 그녀가 죽기 전에 남편에게 카피토의 과부와 결혼하라고 부탁했고, 비브란디스에게 부처의 아내로서 자신의 자리를 대신해 달라고 호소했다. 그녀가 죽으면서 바랐던 것이 1542년 4월 이루어졌다. 비브란디스는 30대 후반이었고 50세인 마틴 부처와 네 번째 결혼을 했다.

또 다시 비브란디스는 매우 바쁜 남편을 돌보고 자신의 다섯 자녀와 부처의 홀로 남은 아들을 키우는 집안일에 직면했다. 비브란디스는 부처와의 사이에 두 자녀를 두었으나 그 중 딸 하나만 생존했다. 부처는 자신의 새 아내를 고맙게 생각했으나, 그가 사랑했던 엘리자베스를 그리워했다. 부처는 1542년 4월 친구에게 이렇게 편지했다. "나는 나의 새 아내에게 더 바랄 것이 없다. 그녀는 너무도 많은 관심을 베풀고 열심인 것이 흠이었다. 그녀는 내 첫 아내처럼 자유롭게 비판하지 못했고, 이제 나는 그럴 수 있는 자유가 좋을 뿐만 아니라 필요하다는 것을 알게 되었다.… 나는 나의 새 아내가 나에게 친절한 것만큼 그녀에게 친절할 수 있기를 바란다. 그러나 아, 내가 잃은 자로 말미암아 나는 너무도 마음이 아프다!"[28)]

부처는 종교개혁자로서 사역을 하며 많은 여행을 했고, 비브란디스는 종종 홀로 남아 집안일을 돌보아야했다. 그녀는 또한 부처를 만나기 위해 찾아온 많은 사람들을 환대했으나 누구도 그녀를 알아주지 않았다. 예를 들면, 그녀의 집을 찾아온 많은 손님들 중 하나인 피터 마터 버미글리(Peter Martyr Vermigli)는 바쁜 부처의 삶과 그 집의 환대에 대해 긴 편지를 썼으나, 그는 그 환대를 베풀어주고 부처가 많은 책무를 수행하는데 필요한 모든 지원을 제공한 여인에 대해서는 한 마디의 언급도 없었다. 1548년 재앙이 다시 찾아왔다. 이번에는 인간이 만든 재앙이었다. 아우그스부르그 협정(Augsburg Interim) 때문에 부처는 영국으로 도피해야 했고, 비브란디스는 집에 홀로 남아 자녀들과 집안일을 돌보아야 했다. 결국 그녀와 모든 가족은 영국으로 이주했고, 또 다시 그녀는 모든 일을 해결해야 했다. 1551년 겨울, 낯선 외국에 간신히 정착하기 시작했을 때, 그녀의 네 번째 남편은 죽었다.

그 후 비브란디스는 모든 재정 문제를 돌보아야했고 가족이 스트라스부르그로 돌아갈 수 있도록 준비해야 했다. 이 시기 동안 그녀는 이주를 위한 자원을 마련하기 위해 대주교 크랜머(Cranmer)에게 쓴 편지를 비롯하여 독일어와 라틴어로 여러 편지를 썼다. 비브란디스는 가족과 함께 스트라스부르그로 이주했고 그 후 자신의 고향인 바젤로 이사했다. 그녀는 바젤에서 남은 자녀들을 양육하며 살았다. 아이들이 집을 떠난 후에도 그녀는 그들을 여전히 돌보고 있었다. 막데부르그 대학(the University of Magdeburg)에 신학을 공부하러 간 아들, 존 사이몬 카피토(John Simon Capito)에게 쓴 비브란디스의 편지는 염려하는 어머니가 방탕한 대학 생활을 하는 아들에게 보내는 전형적인 편지의 모습이었다. 그녀는 이렇게 기록했다.

> 내가 너로부터 좋은 소식을 들을 날까지 살 수 있다면 나는 기쁘게 죽을 것이다. 아끼고, 열심히 공부하며, 술 마시지 말고, 게임을 금하며, 여자를 조심해라. 네가 아버지의 행보를 따라간다면, 할머니, 누나들, 그리고 친척들이 너를 위해 목숨을 내놓을 것이다. 그러나 네가 행동을 고치지 않는다면, 누구도 너에게 관심을 두지 않을 것이다. 바르게 행동한다면, 집에 돌아오라. 그렇지 않는다면, 마음대로 해라. 저축해라. 좋은 한 해가 되기를 바란다. 너의 신실한 어머니가.[29)]

비브란디스는 "신실한 어머니"였고 네 명의 종교개혁자들에게 헌신된 아내였다. 그녀는 1564년 60세의 나이에 전염병으로 죽었고 거의 잊혀졌다. 어머니와 아내로 비브란디스는 거의 들리지 않고 알려지지 않은 한 편의 종교개혁에 중요한 공헌을 했다. 그녀는 지성적이고, 기략이 풍부했으며, 일상의 구석구석을 돌보아 남편들이 종교개혁을 제대로 수행할 수 있도록 했다. 오늘날 이런 일은 별 가치가 없고 보상도 없는 것으로 여겨지나, 그것은 그녀의 남편들이 한 어떤 것만큼이나 힘든 일이었고, 그녀는 이 일을 남자들은 겪을 필요가 없는 출산이라는 것을 거치며 해야 했다. 더욱이, 남편이 결혼에 명백히 지배적인 인물이었지만, 그녀의 남편들은 자신의 목표를 달성하기 위해 추진하는 일에 그녀를 파트너로 인식했음을 보여주는 많은 증거들이 있다.

캐서린 젤의 사역

캐서린 젤[30)]은 스트라스부르그에서 놀라운 사역을 했고 그녀의 남편, 마태(Matthew)는 그녀를 사역의 동역자로 인식했다. 그녀는 자신을 "축복받은 자, 마태 젤의 갈비뼈에서 나온 조각"으로 불렀고, 그는 그녀를 "나의 조력자"라고 불렀다.[31)] 캐서린은 결혼 전 성이 슈츠(Schutz)였고, 존경받는 스트라스부르그 목수의 딸이었으며, 스트라스부르그의 지방어 학교에서 최소한의 교육을 받았고 라틴어 몇 글자 외에는 읽기와 쓰기를 배우지 못했던 것으로 보인다. 루터가 겪었던 것과 유사한 영적 투쟁의 기간 후, 그녀는 루터의 소책자를 읽고 이신칭의 교리를 믿게 되었다. 1523년 캐서린이 25세 또는 26세가 되었을 때, 그녀는 종교개혁을 스트라스부르그에 소개한 마태 젤과 결혼했다. 이 결혼은 두 사람에게 대단한 축복이 되었다. 그들은 처음에 두 자녀의 축복을 받았지만, 둘 다 죽었다. 그리고 캐서린은 비브란디스와는 달리 자신을 완전히 그녀의 남편의 사역을 위한 조력자로 헌신할 수 있었다.

캐서린은 수동적인 조력자가 아니었다. 그녀는 감독이 자기 남편의 결혼을 근거로 남편을 출교한 것에 대한 강한 투쟁 정신을 보여주었다. 사제의 결혼은 놀랍게도 많은 감독의 눈에 심각한 비리로 보였고, 그들은 사제들이 첩과 사는 것으로부터 그들의 눈을 애써 피하려했다. 그 결과 결혼한 스트라스부르그 사제들은 모두 출교 당했다. 우리는 이미 성직자의 결혼에 대한 캐서린의 강렬한 방어를 보았고, 그녀는 감독에게 보낸 글에서 추호도 뒤로 물러서지 않았다. 그녀는 자신의 편지가 "심했다"고 인정했으며, 또한 감독이 스트라스부르그 시의회에 불만을 토로할 정도로 공격적인 소책자도 썼다. 시의회는 앞으로 이런 종류의 저술을 금지했으나 결혼한 성직자들은 계속 지지했다.

마태의 조력자로서의 캐서린의 사역은 감독에게 분노의 편지와 성직자 결혼을 수호하는 소책자를 보내는 것 이상이었다. 스트라스부르그는 다른 곳에서 거부당한 사람들을 기꺼이 받아드렸고, 그녀는 스트라스부르그로 모여드는 수천 명의 난민들을 섬겼다. 예를 들면, 켄싱겐(Kensingen) 마을에서 온 150명은 루터교 성직자를 잠시 동행했다는 이유로 그 성직자와 함께 마을로부터 추방당했다. 한 사람이 붙잡히고 처형당한 후, 나머지는 스트라스부르그로 도피했고, 캐서린은 숙소에서 80여 명을 돌보았으며 60명에게 3주 동안 음식을 제공했다. 그녀는 또한 다른 자들을 위한 편의를 마련했고 그들의 아내들에게 위로와 격려의 편지를 보내며 그들을 섬겼다.

> 내가 당신 여자들처럼 고난을 받기로…선택되었다면 나는 목걸이와 금사슬을 가진 스트라스부르그의 모든 관리들 보다 더 행복했을 것입니다. 이사야 선지자를 통한 주님의 말씀을 기억하십시오. "넘치는 진노 가운데 잠시 나는 너희로부터 내 얼굴을 숨겼으나 영원한 사랑으로 나는 너희를 불쌍히 여길 것이다."…이것은 금과 같은 말씀이 아닙니까? 믿음은 시험을 받지 않으면 믿음이 아닙니다. "애통하는 자는 복이 있나니." 당신을 핍박하는 자들을 위해 기도하십시오. 그래서 당신이 "하늘에 계신 당신의 아버지가 완전하신 것처럼 완전하십시오."32)

1525년 농노전쟁은 스트라스부르그에 심각한 도전을 안겨주었다. 3,000명의 난민들이 패배 후에 부인과 아이들과 함께 군주들의 응징을 피해 그곳으로 도피했기 때문이다. 캐서린과 함께 농노들의 야영지를 방문하여 폭력을 사용하지 말라고 촉구했던 카피토와 마태 젤의 호소를 난민들은 듣지 않았지만, 그들이 도움을 요청했을 때 그들은 등을 돌리지 않았다. 수많은 난민의 유입은 25,000명의 도시에 심각한 문제를 안겨 주었고, 난민들을 돕기 위해 두 명이 그들의 음식과 숙소문제를 다루도록 선임되었다. 한 사람은 정부 구제 지휘관 중 하나인 루카스 하크푸르트(Lucas Hackfurt)이었고, 두 번째는 캐서린 젤이었다. 난민들이 집으로 돌아갈 때까지 6개월의 비상사태가 지속되었다. 이 시기 동안 캐서린과 하크푸르트는 난민들의 숙소와 음식문제를 돌보는 엄청난 일을 성공적으로 수행했다.

위에 묘사된 사역 외에도, 캐서린은 1530년대에 찬송가를 출판하여 스트라스부르그 예배에 중요한 공헌을 했다. 이 책은 진정한 개신교 예배를 소개하기 위해 스트라스부르그가 예배 의식의 변화를 겪는 과정에 나타났다. 개신교 종교개혁의 예배에 대한 주요 공헌 중 하나는 회중의 일반어 찬송 소개였고, 이것은 찬송가 생산의 필요성을 야기했다. 캐서린의 찬송가는 스트라스부르그에서 출판된 첫 번째 것이었고, 이보다 앞선 1531년 보헤미안 형제단(Bohemian Brethren) 찬송가에 기초했으나, 캐서린은 그것에 많은 곡조들을 첨부했고 왜 그녀가 그것을 출판하는지와 그것을 사용하는 자들에게 무엇을 기대하는지를 설명하는 서문을 기록했으며 찬송가의 주해를 제공했다. 이 찬송가의 현대 편집자는 찬송가를 출판하는 젤의 주요 목적이 일반 그리스도인에게 믿음을 가르치는 것이었음을 주시했다.

> 캐서린은 일반 그리스도인과 그들의 개인적 영적 양분과 표현을 위한 부족한 자원에 대해 깊은 관심을 가지고 있었다. 서문이 분명하게 지적하듯이, 슈츠 젤은 이 책을 일반 그리스도인을 위해 "가르치고, 기도하고 찬양하는" 책으로 생각했다. 그들에게 신앙에 대한 성경적 지식을 주고, 개인적 헌신의 삶을 위한 말씀을 제공하며, 그들이 일상을 사는데 하나님을 찬양하고 가족과 이웃에게 덕을 끼치는 방법을 공급했다.[33)]

서문에서 캐서린은 또한 예배에 찬송이 있어야하는지와 어떤 종류의 찬송이 허락되어야하는지를 비롯한 종교개혁자들의 입장이 나누어진 일부 관건을 직면했다.

루터는 회중의 찬송에 대해 매우 열정적이었고 일부 훌륭한 찬송가를 작곡했지만, 모든 종교개혁자들이 다 같은 마음을 가진 것은 아니었다. 츠빙글리는 공중 예배에서 음악을 허용하지 않았고, 칼빈주의자들은 회중 찬송을 시편으로 제한했다. 캐서린은 이 논란에 대해 스스로의 입장을 취했고, 성경 구절을 인용하며 하나님 백성은 예배에서 찬송을 해야 한다고 주장했다. 그리고 그녀는 시편과 같은 성경적 표현만이 찬송되어야 한다는 신념을 표출했다. 캐서린은 그리스도인의 노래가 성경에서 취해져야하나, 성경의 정확한 표현이어야 할 필요는 없고 무엇보다 찬송이 성경적 내용을 갖는다는 것이 중요하다는데 동의했다. 캐서린의 서론과 주해는 신학적으로 훈련을 받지 않은 사람으로는 성경과 기독교 신학에 대해 대단히 수준 높은 이해를 가지고 있음을 드러냈다. 불행히 캐서린의 찬송가는 재출판되지 않아 오래 가지 못했다. 그러나 1541년과 1545년에 출판된 공식 스트라스부르그 예배 찬송가를 보면 그것의 영향은 분명하다.

캐서린의 활동은 스트라스부르그에 국한되지 않았다. 그녀는 남편과 함께 비텐부르그에서 루터와 시간을 보내는 것을 비롯하여 개혁의 여러 중심 도시를 방문하며 많은 여행을 했다. 캐서린이 1529년 마르부르그 회담(Marburg Colloquy) 이후 루터의 행동에 대해 의문점을 가졌지만, 루터는 그들을 환영했다. 루터와 츠빙글리가 동의에 실패했을 때, 캐서린은 루터에게 상호교제에 동의하지 않는 것에 대해 츠빙글리와 디볼이 저항하는 편지를 보내며 첫 번째 가장 중요한 그리스도인의 행동은 사랑으로 동기부여가 되어야한다고 지적했다. 루터는 “하나님의 말씀이 위태로워지는 것을 제외하고는” 동의한다고 답장했다.[34] 칼빈은 스트라스부르그에 있을 때 젤을 방문했고, 그녀는 칼빈이 제네바에서 추방당한 것으로 말미암은 분노를 극복하는데 도움을 주는 역할을 했다. 캐서린은 많은 사람들을 대접함으로 기대된 부인의 역할을 잘 수행했다. 그녀는 츠빙글리와 에코람파디우스가 1529년 마르부르그로 가는 길에 그들을 두 주 동안 먹이고 재웠으며, 그녀는 집에서 스트라스부르그를 방문하는 대표자들을 정기적으로 환대했다. 우리는 그녀가 특별한 방문자들이 집에 있을 때 조용히 있지는 않았을 것이고 종교개혁과 관련된 관건에 대한 자신의 입장을 자유롭게 표현했을 것으로 추정할 수 있다.

캐서린이 보여준 가장 놀라울 만한 것 중 하나는 그 시대에는 볼 수 없는 관용이었다. 사람이 시대의 정신을 초월하기는 어려운 것이나 캐서린은 인상적인 방법으로 그렇게 할 수 있었다. 그녀는 정통 그리스도인이었으나, 원수 사랑에 대한 기독교 가르침을 입으로만 한 것이 아니고 정의를 위해 싸웠고 위선과 모든 종류의 거짓 가르침을 비난했다. 1529년과 1533년 사이에 스트라스부르그는 루터교와 가톨릭 핍박을 피해 온 재세례파 난민들로 넘쳐났다. 스트라스부르그는 놀라울 정도로 관용을 베풀었으나, 그것에도 한계는 있었다. 과격한 재세례파 멜키오르 호프만(Melchior Hoffman)이 스트라스부르그에서 과거 10년 동안 투옥되었을 때, 대부분의 사람들은 그를 무시했다. 홀로 남고 거의 잊힌 그는 감옥에 있는 동안 기대했던 그리스도의 재림이 일어나지 않은 것에 크게 실망했을 것이다. 그러나 그는 최소한 한 사람의 방문자를 맞이했다. 그 방문자는 캐서린으로, 감옥에 있는 자를 방문하라는 그리스도의 명령을 실천에 옮겼다. 그녀는 또한 그들의 신학과 동의하지 않더라도 거부당하고 핍박받은 자들에 대한 동정심을 표현했다. 미카엘 세르베투스(Michael Servetus)가 제네바에서 처형되었을 때, 캐서린은 그에 대한 염려를 표현한 몇 안 되는 사람 중 하나였다. 나아가, 그녀는 성령주의자 카스파 슈벵크펠트(the Spritualist Caspar Schwenckfeld)와 정기적으로 편지왕래를 했고, 스트라스부르그 목사가 강단에서 그를 공격했을 때 심지어 그를 방어했다. 누군가 부당하게 공격을 받았을 때 캐서린은 분노하며 성직자에게 다음과 같이 기록했다.

> 왜 당신은 슈벵크펠트에게 욕울 퍼붓는가? 당신은 마치 그가 불쌍한 제네바의 세르베투스처럼 화형에 처할 듯이 말한다. 당신은 여기 성직자들이 너무 느슨하여 스트라스부르그를 떠나 우름(Ulm)으로 갔다고 말한다.… 당신은 마치 정글의 야수에 의해 키워진 것처럼 말한다. 재세례파들은 마치 사냥개를 가진 사냥꾼들에 의해 쫓기는 야생 멧돼지처럼 추적당한다. 그러나 재세례파들은 우리처럼 모든 핵심적인 것에서 그리스도를 믿는다. 그들은 비참, 감옥, 불, 그리고 물 가운데 자신의 믿음을 증거했다. 당신 같은 젊은 자들은 스트라스부르그의 이 교회 첫 선조들의 무덤을 짓밟고 당신과 동의하지 않는 모든 자들을 벌하나. 믿음은 강요될 수 없는 것이다.… 당신은 스트라스부르그의 느슨함 때문에 창피하고 모든 독일에 비웃음거리라고 말한다. 그러나 그것은 그렇지 않다. 스트라스부르그는 오히려 자비와 동정의 본보기이다.… 선한 사마리아인은 강도들에게 당한 사람을 만났을 때, 어느 교단에 그가 속한지 묻지 않았고, 그를 자신의 나귀에 태우고 여인숙으로 그를 데려 갔다.[35)]

캐서린은 7년 동안 과부가 된 후인 1555년에 이 말을 기록했다. 마태는 1548년 1월에 죽었고, 캐서린은 스트라스부르그에서 14년 이상 사역을 했다. 처음 그녀는 마태의 죽음에 압도되었으나, 곧 그의 장례에서 이런 연설을 했다. "나는 설교자 또는 사도의 자리를 찬탈하지 않는다. 나는 막달라 마리아(Mary Magdalene)처럼 사도라는 의식 없이 단지 부활하신 주를 만났다는 것을 제자들에게 말하려고 왔다."[36] 처음에 그녀는 1년 동안 스트라스부르그를 떠나 마태의 친구 중 한 사람과 바젤에 머물렀으나 아우그스부르그 협정 와중에 스트라스부르그를 찾아 돌아왔다. 부처는 스트라스부르그를 떠나라고 강요당했고, 그가 허용된 시간 안에 떠날 수 없게 되었을 때, 캐서린은 그를 정부 관리들로 부터 숨겼다. 부처는 감사 표시로 두 개의 금동전을 남겼다. 캐서린은 영국에 있는 그에게 동전 중 하나를 보냄으로 응답했고, 왜 그녀가 다른 하나를 보내지 않았는지 설명했다.

> 당신이 나에게 돈을 남기지 않을까라는 생각을 들게 함으로 나를 부끄럽게 했습니다. 마치 내가 가난한 순례자와 나의 존경하는 성직자인 당신으로부터 무언가를 얻을 것처럼 말입니다. 나는 당신을 위해 더 잘 해주었더라면 좋았을 것이라고 생각하나 내 마태가 나의 모든 쾌활함을 빼앗아갔습니다. 나는 이 편지와 함께 두 금동전을 돌려주려 했습니다.… 그러나 난민 목사가 방금 다섯 아이들을 데리고 왔고, 자신의 눈앞에서 참수를 당한 남편을 본 아내가 왔습니다. 나는 한 금동전을 당신의 선물로 그들 사이에 나누어주었습니다. 다른 하나는 동봉합니다. 당신이 필요할 것입니다.[37]

캐서린이 이것을 기록할 때가 되었을 때 그녀의 건강은 악화되기 시작했으나, 어려운 형편에 있는 자들을 돌보려는 그녀의 열정은 여전했다. 스트라스부르그의 한 관리가 문둥병으로 진단받고 기관에 감금되었을 때, 그녀는 질병에 감염될 위험에도 불구하고 정기적으로 그를 방문했다. 그녀가 너무 아파서 그를 지속적으로 방문하기 어려워졌을 때, 그녀는 그에게 위로의 말과 그를 위해 쓴 시편 51편에 대한 묵상을 보냈다. 그녀는 또한 매독에 걸린 조카와 함께 매독 병원에 머물며 그를 섬겼다. 그녀는 그 기관의 상태에 소름이 끼쳤고 스트라스부르그 시의회에 편지를 보내 불만을 토로하며 이 문제를 해결하기 위한 대안을 제시했다. 그녀의 마지막 사역은 1562년 슈벵크펠트의 제자인 스트라스부르그 의사의 아내가 죽었을 때 이루어졌다. 장례식을 부탁받은 목사는 장례식에서 그녀가 진정한 믿음에서 이탈했음을 말해야만 한다고 주장했고, 남편은 그런 장례 없이 땅에 묻히는 것이 그의 아내에 대한 기억에 더 명예롭겠다고 생각했다. 그는 아무도 참석할 수 없는 이른 아침에 장례식을 갖기로 결정했다. 그러나 캐서린은 이 말을 들었다. 베인톤(Bainton)은 캐서린 사역의 마지막 행동을 다음과 같이 묘사한다. "이제 걷기에도 너무 연약해 진 캐서린 젤은 그 시간에 운반기에 실려 무덤으로 데려와졌고 자신이 장례식을 거행했다. 시의회는 캐서린이 회복된 후에 처벌을 받아야한다고 결의했다. 그러나 그것은 행동으로 옮겨지지 않았다. 같은 해 캐서린은 모세처럼 '하나님의 키스로 죽었기' 때문이다. 그리고 누구도 그녀의 무덤이 어디에 있는지 모른다."[38)]

비토리아 콜로나(Vittoria Colonna)와 가톨릭 종교개혁

비토리아 콜로나는 배경과 종교개혁에의 공헌에서 캐서린 젤이나 비브란디스 로젠블라트와는 현저하게 달랐다. 그녀는 이태리 귀족의 가장 높은 지위출신의 귀족 여인이며 카스티글리오네(Castiglione)와 미카엘안젤로(Michaelangelo)를 비롯한 당대 지도급 지성인과 문화적 거성에 의해 인식되고 인정받은 문학가였다. 그녀는 개신교주의를 받아드리려고 심각하게 고려한 적이 없는 가톨릭이었으나 교회 개혁에는 헌신했고, 가톨릭 종교개혁의 초기 단계에서 포울(Pole)과 콘타리니(Contarini)를 비롯한 일부 지도급들과 이 일에 파트너였다. 그들처럼 그녀는 분열 없이 개혁을 달성하려했고 개혁의 길에 방해가 되는 교회의 관심거리에 도전을 결의했다. 비토리아는 두 교황, 클레멘트 7세와 바울 3세와 가까운 관계였으나, 후자와는 결국 좋지 않은 사이가 되었다. 그녀는 프랑스 인문주의 개혁의 위대한 여성 지도자이고, 왕 프란시스 1세의 여동생이며, 나바레(Navarre) 왕의 부인인 앙굴렘의 마구에리떼(Marguerite of Angouleme)와 정기적으로 편지왕래를 했다. 마구에리떼는 비토리아처럼 개신교도가 되지는 않았지만, 나바레에 인문주의자들과 복음주의자들을 위한 피난처를 제공했다. 마구에리떼는 또한 저자였고, 유사한 신학적 견해를 가진 이 두 능력 있는 여성들 사이의 편지왕래는 그들의 공통 관심에 대해 많은 것을 알려준다.[39)]

비토리아는 1490년에 태어났고 19세에 페스카라의 마키스(the Marquis of

Pescara)인 페르디난드 아발로스(Ferdinand d'Avalos)와 결혼했으나, 황제 찰스 5세와의 전쟁 또는 투옥으로 여러 해 동안 남편과 떨어져있어야 했다. 남편이 없는 동안, 그녀는 그의 임무를 대신 맡았고 교황 도시인 베네벤토(Benevento)를 통치했다. 그녀는 또한 남편을 찬양하고 그의 부재를 한탄하는 시를 쓰기 시작했다. 1525년 페르디난드가 전쟁 부상으로 죽었을 때, 비토리아는 수녀원에 들어갈 계획을 세웠으나, 그녀의 오빠는 교황 클레멘트 7세의 지원을 받아 그렇게 하지 않도록 그녀를 설득했다. 이 때 쯤 그녀는 이태리 문화 활동에 참여했을 뿐만 아니라 교회 개혁을 위한 캠페인에 관련되어 있었다.

비토리아는 영적 주제를 가지고 시를 쓰기 시작했다. 1538년 그녀가 쓴 시의 첫 판이 출판되었고, 그 후 여러 다른 판이 나왔으며, 그녀는 이태리에서 잘 알려진 문학가가 되었다. 1530년대 중반 그녀는 성 프란시스 규칙의 엄한 준수를 위해 헌신한 프란시스칸 수도회의 지부로 1528년에 세워진 새 개혁 수도회 중 하나인 카푸친스(Capuchins)를 수호했다.[40] 그 수도회는 복음을 가난한 자들에게 설교하는 일에 헌신했다. 이것은 거룩한 일로 반대에 부딪힐 이유가 없는 것이었다. 그러나 삶의 유형이 수도회의 이상에 의해 도전받게 된 교회지도자들은 개혁에 대항하며 수도회를 반대했다. 비토리아는 수도회의 총대리가 될 베르난디노 오키노(Bernandino Ochino, 1487-1564)를 만난 후 수도회를 더욱 방어하고 나섰다. 1536년 그녀는 그들이 이단이라는 고소에 대항하여 수도회를 방어하는 편지를 추기경 콘타리니에게 보냈다.

> 카푸친스는 루터교도들이라고 고소를 당했다. 성 프란시스가 이단이라면, 그들을 루터교도라고 불러라. 성령의 자유를 설교하는 것이 악이라면, 교회의 규칙에 복종할 때, "성령은 생명을 준다"는 본문은 무엇을 의미하는 것인가? 이 수도사들을 괴롭히는 자들이 그들의 겸손, 가난, 순종, 그리고 사랑을 보았다면, 그들은 창피할 것이다.…교황은 그들을 지지해야 한다.…하나님에 의해 영감을 받은 추기경은 잘 표현했다. "당신의 거룩함이 이 규칙을 승인하지 않는다면, 당신은 그것이 기초하고 있는 그리스도의 복음을 거부해야만 할 것이다."[41]

비토리아는 카푸친스를 위해 교황에게 중재했고, 1536년 교황 클레멘트 3세는 수도회를 확립하는 초기 클레멘트 칙령을 승인했다. 6년 후 수도회의 총대리인 오키노는 개신교주의로 전환했고, 이것은 오키노의 설교에 깊은 영향을 받았던 비토리아에게 대단한 충격이었다. 오키노는 대군중에게 강력한 설교를 했고, 사람들에게 세속적인 길을 회개하라고 촉구했다. 처음에 그는 큰 인기를 얻었고 심지어 교황 바울 3세의 지지도 받았으나, 개신교도들을 대적하려는 의도로 개신교 책자들을 읽다가 점점 그들의 영향을 받았다. 비토리아는 1534년 로마에서 오키노를 처음 만났고, 1537년 5월 페라라(Ferrara)로 갔으며, 거기서 오키노가 죄, 은혜, 그리고 구속의 주제에 대해 행한 설교를 들었다. 그녀는 칭의를 이해하기 위해 씨름하고 있었으며 이 설교들에 깊은 영향을 받았다. 콘타리니는 양쪽이 레겐스부르그(Regensburg)에서 수용했던 칭의에 대한 논문을 수호하는 그의 편지의 사본을 그녀에게 보냈으나, 그녀가 이 입장을 완전히 받아드렸는지는 불확실하다.

비토리아와 오키노는 둘 다 '스피리추알리'(spirituali)와 관계를 맺고 있었다. 스피리추알리는 가톨릭 개혁에 헌신되어 있었고 교회에 충성했으나 개신교도들에게 양보하고 개신교 가르침에서 가치 있다고 생각하는 것은 받아드릴 준비가 되어 있었다. 앞 장에서 보았듯이 스피리추알리는 1541년 레겐스부르그 회담에서 개혁 운동에 가장 큰 영향을 끼쳤다. 그러나 회담의 실패로 스피리추알리에게 상황은 좋지 않게 갔다. 회담이 열렸을 때, 오키노의 설교는 벌써 의혹의 대상이 되고 있었다. 그는 교황의 권위를 의문시하고 칭의에 대해 점점 개신교 가르침의 방향으로 기울어져가는 것으로 보였다. 1542년 7월 그가 로마에 호출되었을 때, 그는 처음 추기경 콘타리니를 만났다. 콘타리니는 죽어가고 있었고, 제네바로 도피했으며, 거기서 자신의 가톨릭주의를 포기했다.[42] 떠나기 전에 그는 비토리아에게 편지를 써서 자신의 행동을 설명하려 했으나, 그녀는 편지를 열지 않았다.

오키노가 가톨릭교회를 떠나기 전, 비토리아는 이미 개신교주의에 대한 전면적 거부와 완전수용 사이에 중간노선을 어떻게 유지할 수 있는지 고민하고 있었다. 그녀 편지의 편집자는 그녀와 다른 스피리추알리의 딜렘마에 대해 다음과 같이 묘사했다.

> 그녀와 다른 스피리추알리들은 이단과 순종 사이에서 선택해야할 날에 더 가까이 다가가고 있었다. 그러나 외적 압력이 비토리아의 어려움의 핵심은 아니

> 었다. 그녀는 무엇을 믿을 것인지 결정하지 못하고 있었다. 그녀와 다른 스피리추알리들은 루터의 통찰력과 로마 가톨릭교회의 필요성을 다 이해했고 깊이 인식했다. 그들은 양쪽에 다 반항했으나, 몇 가지의 견고한 종교적 원칙과 실천을 가지고 있었음에도 불구하고 그들은 스스로 종교개혁과 로마 사이에 선택을 할 수 있는 일관된 종교적 입장을 가지고 있지 않았다.[43)]

오키노의 변절 여파로, 비토리아는 다른 영적 지도자인 추기경 레지날드 포울에게로 점점 향했다. 영국에서 헨리 8세의 행동에 대한 포울의 거부와 정죄에 대한 반발로 헨리 8세가 포울의 어머니를 처형했다는 것을 포울이 들었을 때, 포울에게 비토리아와의 영적 교제는 너무도 소중했다. 비토리아는 포울에게 두 번째 어머니가 되었고 포울의 현명한 영적 도움으로 큰 유익을 얻었다.

교황 바울 3세는 1541년 9월 추기경 포울을 비테르보(Viterbo)의 교황 총독으로 발령했고, 비토리아는 그를 거기서 합류했다. 그녀는 '비테르보 사회' (Viterbo Circle)의 유일한 여성 구성원이 되었다. 비테르보 사회는 공동 관심사를 논의하기 위해 포울을 중심으로 그의 집에 모이는 개혁자들의 모임이었다. 그녀는 뛰어난 지성인들과 교회 지도자들 사이에 자신의 입장을 취할 수 있었다. 포울은 또한 그녀를 설득하여 카푸친스의 모델을 따라 그녀가 채택한 극심한 금욕주의를 포기하게 했다. 이 기간 동안 비토리아는 개혁을 위해 지속적으로 일했고, 그녀의 친구인 마구에리떼도 마찬가지였다. 1540년 마구에리떼는 비토리아에게 편지를 보내 일을 계속하라고 촉구했고 그들은 고난 가운데 서로를 격려해 주어야할 필요가 있다고 말했다. "나는 내 투쟁 가운데 소망을 잃을지 모른다. 그러나 나는 소망에 대항하여 소망에 승리를 가져다주는 그 믿음을 잃고 싶지 않다. 당신의 좋은 직분을 통해 하나님만이 영광을 받으실 것이고 하나님은 당신에게 그것을 위한 공로를 주실 것이다.… 이런 이유로 당신이 계속 기도하고 유용한 편지를 계속 보내는 것은 꼭 필요하다."[44)]

가톨릭 종교개혁의 과격파의 증가된 힘은 비토리아 생애의 마지막 시기를 슬프게 했다. 로마 재판소(Roman Inquisition)의 설립과 1546년 개신교 입장과의 어떤 타협도 수용하지 않는 칭의에 대한 진술을 채택한 트렌트 종교회의 모임은 스피리추알리에게 전격적인 패배를 안겨주었다. 포울와 더불어 비토리아는 이단으로 고소당할 위험에 처했으나, 각 그리스도인에게 역사하시는 성령의 능력으로 상황은 변할 수 있다고 믿으며 소망을 잃지 않았다. 비토리아는 자신의 믿음에서 큰 평화와 확신을 발견했다. 1545년 5월 마구에리떼에게 보낸 마지막 편지에서 비토리아는 자신이 발견한 평화에 대해 이렇게 평했다. "하나님의 실재들에 진정으로 속하는 것이 이 삶에서 욕망을 순화시키고 세상에서 살고 있는 영혼을 진정시키기 때문에, 우리는 하나님의 것들을 바라는 것을 중단해서는 안 된다.… 하나님 안에서 진정한 평화와 모든 욕망의 진정한 목표가 발견된다."[45] 비토리아는 건강의 악화와 이단의 의심으로 고난을 당하며 인생의 마지막을 로마에 있는 수녀원에서 보냈다. 그녀는 1547년 2월 죽었고 추기경 포울을 그녀의 후손으로 남겼다. 생의 말기에 그녀가 소중하게 여긴 친구 중 하나는 미카엘안젤로(Michaelangelo)였다. 이 친구관계는 1530년대 말에 시작되어 그녀가 죽을 때까지 지속되었다. 비토리아보다 17세 위인 이 예술가는 그녀에게 단시(sonnet)를 들려주었고, 그녀를 위해 세 개의 그림을 그렸으며, 적어도 비토리아의 그림 하나를 그렸다. 그것은 서로를 격려해 주는 아름다운 친구관계였고, 그녀가 죽어갈 때 당연히 그는 함께 있었다.

비브란디스, 캐서린, 그리고 비토리아는 다양한 방법으로 종교개혁에 공헌한 많은 여성 중 세 가지 실례를 제공한다. 종교개혁 역사에 대한 우리의 지식은 그들의 이야기가 더 이상 무시되지 않기에 훨씬 풍성해진다. 학자들은 여성들이 경험한 것의 어떤 면을 강조하는 가에 따라 종교개혁이 여성에게 긍정적인 영향을 주었는지 그렇지 않은지에 의견이 갈라질 것이다. 종교개혁은 여성에게 어떤 것에는 기회를 열어주었고 일부 다른 것에는 닫았다. 여성은 개신교와 가톨릭 종교개혁에 모두 중요한 역할을 했고, 당대를 살았던 통찰력 있는 남성들은 그런 여성의 역할을 인식했고 진정으로 고맙게 생각했다. 교황의 외교관으로 섬긴 후 열정적인 개혁자가 되고 스피리추알리의 멤버가 된 카포디스트리아(Capodistria)의 감독, 피에르 파올로 베르게리오(Pier Paolo Vergerio)는 1540년 비토리아 콜로나에게 편지를 보내 개혁의 지도자였던 여성들에 대한 감사를 표시하고 그들이 영적 삶에 보여준 본보기에 칭찬을 아끼지 않았다. 비토리아를 비롯하여 몇 명의 이름을 언급한 후, 그는 이렇게 말했다. "만일 하나님께서 우리의 눈을 무겁게 한 잠에서 우리를 깨우실 이런 종류의 남성과 여성의 영들을 일으키신다면, 우리 마음은 하나님의 방법과 하나님 섬김에 대한 지식을 향해, 개혁에 대해 기록하기 위해 사용된 전 세계의 모든 잉크

보다 더 많은 것을 향해, 그리고 사람이 품을 수 있는 모든 생각들을 초월하는 것을 향해 불을 집힐 것이다."46)

제12장

비-서양 교회와 선교사역

> [마귀]의 위성들은 서쪽과 남쪽의 인디언과 최근 알게 된 다른 사람들이 우리를 섬기기 위해 창조된 무지한 짐승으로 취급되어야 한다고 외국에서 출판했다. 그들은 마치 이들이 가톨릭 신앙을 받아들일 능력이 없는 것처럼 말한다. …[그러나] 인디언은 참된 사람들이고 가톨릭 신앙을 이해할 수 있을 뿐만 아니라, 우리가 가진 정보에 의하면, 그것을 받아들이기를 열렬히 소망한다.
>
> 교황 바울 3세(Pope Paul III)[1)]

위 인용은 1537년 '수블리미스 데우스'(*Sublimis Deus*)란 제목의 교황 칙령에서 발췌한 것이다. 교황개혁위원회(the Papal Reform Commission)를 세워 심각한 교회개혁을 시작하는 것 외에, 바울 3세는 스페인과 포르투갈에 의해 식민지화 되고 있는 땅의 원주민에 대한 비인간적인 취급을 종식시키는데 관심이 있었다. 그 땅의 원주민은 정복자에 의해 짐승처럼 취급당했고, 심지어 근본적인 인성마저도 의심받았다. '수블리무스 데우스'는 피정복자도 "진정한 사람"이고 "가톨릭 신앙을 이해할 수 있는" 자일 뿐만 아니라 그것을 받아드리기를 열망하고 있다고 주장했다. 교황 칙령은 또한 그들이, 그리스도인이 되지 않는다 하더라도, 재산과 자유를 몰수당해서는 안 된다고 강하게 진술했다. '수블리미스 데우스'가 정죄한 관습을 약화시

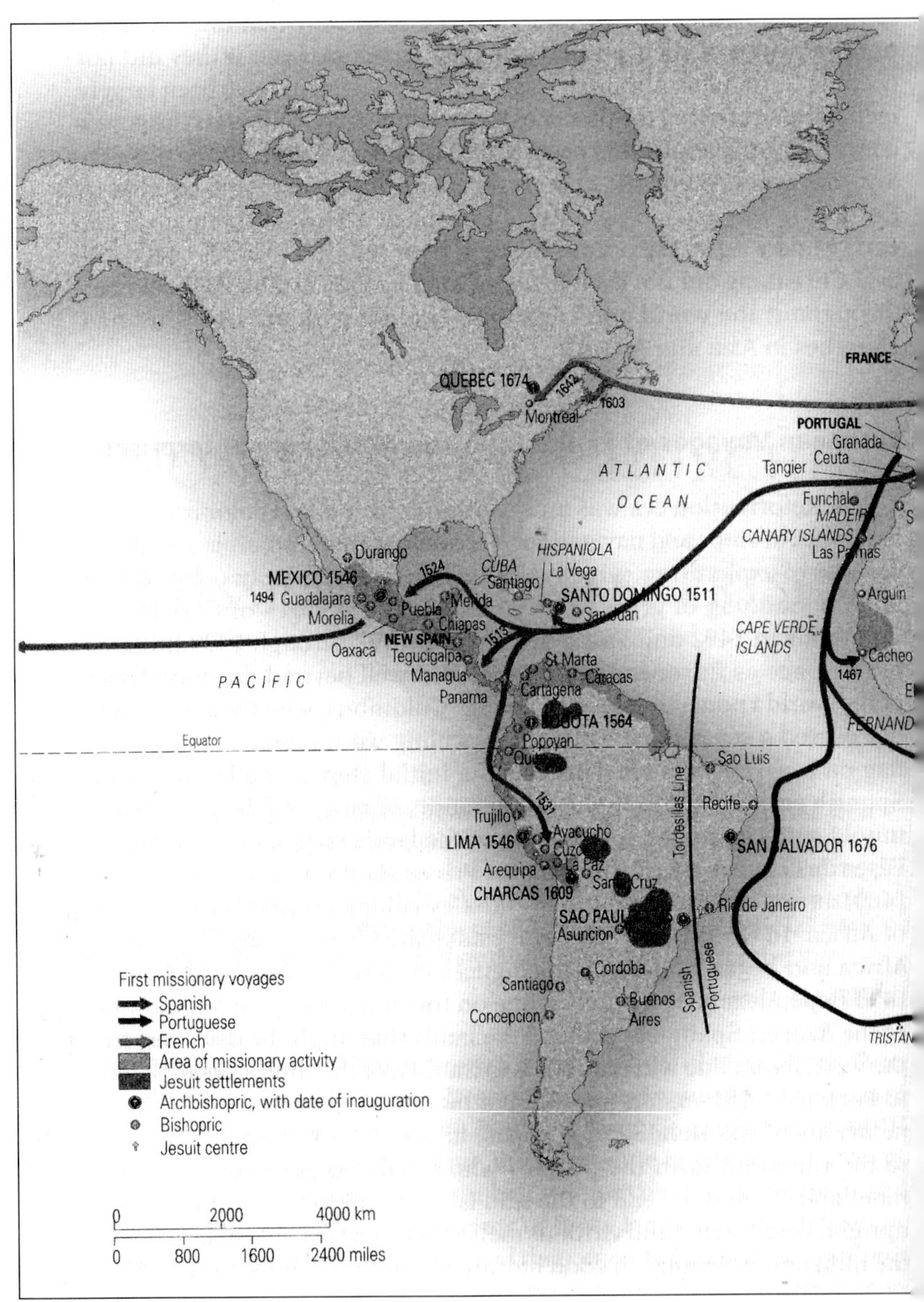
FRANCE
QUEBEC 1674
1642
1603
Montreal
PORTUGAL
Granada
Ceuta
Tangier
ATLANTIC
OCEAN
Funchal
CANARY ISLANDS
Durango
MEXICO 1546
1494 Guadalajara
Morelia
Puebla
1524
CUBA
Santiago
HISPANIOLA
La Vega
Chiapas
NEW SPAIN
Oaxaca
Tegucigalpa
Managua
Panama
1513
PACIFIC
CAPE VERDE
ISLANDS
Arguin
1467
St Marta
Caracas
Cartagena
Equator
Popoyan
Sao Luis
Tordesillas Line
Recife
1531
Trujillo
LIMA 1546
Avacucho
Arequipa
CHARCAS 1609
Asuncion
Cordoba
Santiago
Concepcion
Spanish
Portuguese
First missionary voyages
Spanish
Portuguese
French
Area of missionary activity
Jesuit settlements
Archbishopric, with date of inauguration
Bishopric
Jesuit centre
0 2000 4000 km
0 800 1600 2400 miles

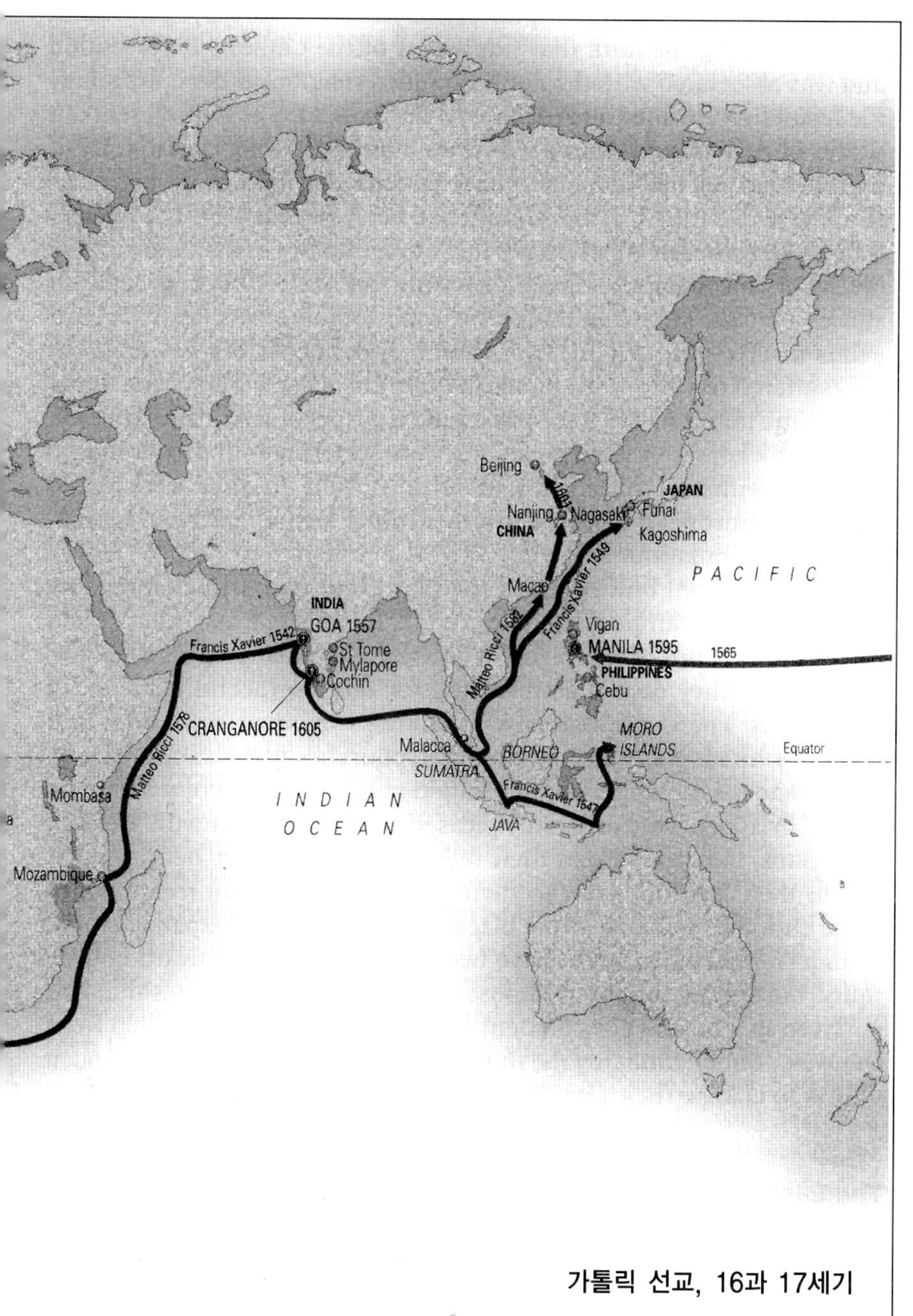

가톨릭 선교, 16과 17세기

키는데 대체적으로 비효과적이었던 것으로 보이지만, 그것은 원주민에 대한 교황의 근심과 선교 활동을 격려하려는 그의 노력을 입증해 준다. 교회가 유럽에서 분열과 투쟁을 겪고 있는 동안, 유럽 밖에서는 초기 중세시대 이후 볼 수 없었던 속도로 확장해 나아갔다. 유럽인은 그들의 종교를 과거 중세 그리스도인은 존재하는지 알지도 못했던 땅에 가져왔다. 그들은 전 세계에 걸쳐 식민지를 세웠고 아시아와 아프리카의 고대 기독교회와 접촉하게 되었다.

탐험과 선교 사역을 위한 유럽의 항해

종교개혁 시대는 탐험과 식민지화의 시대였다. 새로운 스타일의 배와 항해기술은 대담한 탐험 항해를 가능하게 했고, 그것은 결국 유럽의 식민지화와 거대한 세계적 제국의 건설로 이어졌다. 1492년 크리스토퍼 콜럼부스(Christopher Columbus)와 1497년부터 1499년까지 바스코 다 가마(Vasco da Gama)의 항해는 새 시대를 열었고 유럽의 항해사들은 중세 사람들에게 알려진 세상의 경계를 훨씬 초월하여 항해했다. 서쪽으로 항해하여 동쪽으로 가는 해로를 발견했다고 생각한 콜럼부스는 새 대륙에 스페인 국기를 꽂았다. 이것은 스페인 제국을 건설하는 첫 단계였고, 스페인에게 엄청난 양의 새로운 부를 가져다주었으며 스페인 사람들에 의해 점거된 땅의 주민들에게 새로운 고통을 부과했다. 바스토 다 가마는 아프리카 대륙을 돌아 항해하여 인도로 가는 해로를 발견하여, '군주 헨리 항해자' (the Prince Henry the Navigator, 1394-1460)의 꿈을 실현시켰다. 이 과정에서, 포르투갈은 아프리카의 해안을 따라 근거지를 건립했고 아프리카와 아시아에 포르투갈 제국을 건설하기 시작했다. 1493년 교황 알렉산더 6세(Pope Alexander VI)는 지도 위에 아조레스(Azores)의 서쪽에 극지로부터 극지까지 선을 그었다. 그리고 그 선의 서쪽으로 발견되는 땅은 스페인에게 허락되었고, 그 선의 동쪽 땅은 포르투갈에 속하는 것으로 되었다.[2] 이런 사악한 르네상스 교황의 특성과는 잘 맞지 않겠지만, 그는 또한 스페인에게 "이 섬들과 내륙에 살고 있는 사람들에게 기독교 신앙을 가져오고…그 섬들과 내륙에 원주민들을 선한 윤리와 가톨릭 신앙으로 잘 가르칠 수 있는 지혜롭고, 바르며, 하나님을 두려워하고, 덕스러운 사람들을 보내라고" 명령했다.[3] 이렇게 해서 선교 사역은 시작부터 탐험의 시대와 맞물렸고 이 시기 동안 그렇게 진행되었다.

선교활동을 추진시킨 또 하나의 요소는 신앙을 전파하려는 새로운 열정이었다. 이것은 가톨릭 종교개혁의 한 부분이고 새로 창설된 수도원인 예수회와 관련된 것이었다. 개혁되고 재활된 로마 가톨릭교회는 수 십 명의 열정 있고 용감한 선교사를 보내 기독교 선교사를 전혀 본 적이 없는 아시아의 여러 지역과 기독교회가 고대 이래로 세워진 적이 없는 곳에 기독교를 전파했다. 종교개혁 시기 서방 선교사역의 기록은 감동과 실망을 다 안겨준다. 그것은 위대한 신앙과 극복할 수 없어 보이는 장애물 앞에서의 성공, 그리고 용감한 순교의 이야기지만, 새롭게 발견된 지역의 원주민은 유럽 정복자의 손에 끔찍한 고통을 당했다. 동시에 선교사들은 평화와 사랑의 복음을 설교했고, 그들이 설교한 사람들은 다른 유럽인들의 손에 끔찍한 착취와 노예화의 고난을 겪었다. 어떤 지역에서는 강제 노동과 유럽의 질병으로 원주민의 전 인구가 사실상 몰살당하기도 했다.

바울 3세의 교황 칙령은 비유럽인을 다룰 때 교회 최상의 모습을 보여주었다. 앞으로 보겠지만, 식민지화 기록에 다른 좋은 면들과 함께 회심에 동반되는 노력도 있었지만, 그것은 유럽인의 불명예스러운 행위를 보상하지는 못한다. 탐험가를 따라온 선교사는 다른 종교를 추종하는 수백만 명 외에 아시아와 아프리카에 오래된 기독교회와 접촉했다. 이 그리스도인들은 처음에 서양 그리스도인들을 만나서 즐거웠지만, 서양 그리스도인들이 그들의 전통이나 필요에 민감하지 않다는 것을 알게 되었다. 이 교회에 대한 교만한 취급은 서양 확장에 드리운 검은 그림자 중 하나였고, 그것은 교회 연합을 위해 긍정적일 수 있었던 움직임을 손상시켰다. 유럽인은 자신의 방식을 서양의 아무런 도움 없이 수백 년 동안 적대적 환경에서 생존해 온 교회에 강요하려 했다. 토착 교회는 그들의 관습을 변화시키려는 유럽인의 노력에 당연히 분개했다.

동방정교(The Eastern Orthodox Church)

신성로마제국의 몰락, 이슬람의 정복, 그리고 중세시대 부패한 제국의 장악을 이겨낸 동방정교가 16세기 초 무슬림 오토만 투르크족(Muslim Ottoman Turks)의 통치 하에 들어갔다. 1453년 천 년 동안 외국 정복자들을 저지해 냈지만, 드디어 동부로마제국의 수도, 콘스탄티노플(Constantinople)이 오토만 투르크족에게 넘어간 것이다. 1526년이 되었을 때, 투르크족은 발칸 반도의 대부분을 정복했고, 루터교 종교개혁 초기 10년 안에 동방정교가 차지했던 대부분의 땅은 러시아만 제외하고 적대적 통치 하에 들어갔다. 콘스탄티노플이 함락 된 후, 투르크족 통치자, 모하메드 2세(Mohammed II)는 처음에 기독교 황제들보다 더 많은 자유를 교회에 허락했고, 전 총대주교가 로마로 도피한 후, 감독들은 새 총대주교를 선출하라고 초청되었다. 성 소피아(St. Sophia) 성당을 비롯하여 콘스탄티노플에 있는 교회의 절반이 모스크로 변했지만, 다른 절반은 기독교회로 지속했고 예배의 자유가 허용되었다. 1516년, 투르크족이 시리아(Syria)와 팔레스타인(Palestine)을 정복한 후, 이 지역의 교회는 콘스탄티노플 총대주교의 관할 하에 놓여졌다. 1517년 이집트가 함락되었고, 알렉산드리아의 총대주교는 그 지역의 그리스도인들을 통치하는 특별한 권위를 위임받았다. 그다음, 투르크족은 성지(the Holy Land)와 예수의 지상사역과 관련된 지역을 장악했고, 그들은 그것을 재정적 유익을 위해 그리스도인들 사이의 차이점을 이용했다. 예루살렘에서 가장 존경받는 장소 중 하나는 예수의 무덤을 가지고 있을 것으로 추정되는 '신성무덤교회' (the Holy Sepulchre Church)였다. 그것은 여러 기독교 그룹들 사이에 투쟁의 대상이었다. 그들은 투르크족 위정자들로부터 그들의 주장을 합법화하는 '피르만스' (firmans, 왕의 법령)를 얻어서 건축물의 전체나 부분을 장악하려 했다. 투르크족은 약삭빠르게 이 '피르만스' 를 경쟁하는 기독교 그룹들에게 팔았다. 예를 들면, 17세기에 그들은 신성무덤교회의 관리 권한을 먼저 프란시스칸들에게 주었고, 다음에는 정교에게, 그리고 마지막으로 다시 프란시스칸들에게 주었다. 1633년 동방정교 총대주교, 테오파니우스(Theophanius)는 7세기로 날짜가 되어있는 피르만스로 교회를 장악하기 위해 입찰을 했다. 그 피르만스는 총대주교에게 여러 개의 신성 유적들에 대한 관할권을 주는 것으로 되어있었다. 이 문서가 위조로 드러나고 철수된 후, 신성 유적의 여러 부분들은 여섯 번 소유자가 바뀌었고, 약삭빠른 술탄, 무라드 4세(Murad IV)에 의해 매번 가장 높은 값을 부른 자에게 팔렸다.

중세시대에 걸쳐 이집트의 콥틱(Coptic) 교회는 수세기 동안 무슬림 통치 하에 있었고 활동에 여러 제한은 있었으나 자체를 유지할 수는 있었다. 이집트의 무슬림 통치자들은 기독교 인구의 행정적, 문학적, 그리고 상업적 기술을 환영하고 사용한 반면, 관용정책에는 한계가 있었다. 그리스도인들은 전도가 허용되지 않았고 결국 슬럼가에 살며 특정 옷을 입도록 강요되었다. 기독교 남자들은 기독교 공동체 밖에서 결혼하도록 허용되지 않았고, 기독교 여자가 무슬림 남자와 결혼할 때, 아이들은 무슬림으로 자라도록 되어 있었다. 무슬림이 아닌 자들에게 부과되는 무거운 세금으로부터의 구제는 또한 이슬람으로의 회심을 유도했고, 기독교는 마침내 이집트에서 소수 신앙이 되었다. 로마 교회가 이집트에서 그들과 같은 종교를 믿는 사람들이 직면한 문제에 민감하지 못했기에, 십자군은 이집트 기독교 공동체에 어려움만 증가시켰다. 콥틱 교회가 생존은 했지만, 누비아(Nubia)에서 한 때 건강하고 튼튼한 기독교회가 16세기에 와서 초토화되었고, 1500년 쯤 그 지역에 기독교는 거의 사라지고 말았다.

투르크족은 발칸 반도로 전진하면서 다른 기독교 왕국들을 정복했다. 1533년 평화협정은 현재 상태를 공식적으로 인정했고 상당한 부분의 발칸 반도를 투르크족 지배하에 남겨 두었다. 동방정교의 중심부가 무슬림 통치자들에 의해 지배되었고 수세기 동안 그렇게 남게 되었다. 그러나 다시 한 번 투르크족은 기독교 피지배자들을 다루는데 합리적인 관용을 베풀었다. 그리스도인과 유대인은 "책의 사람들(people of the Book)"로 간주되었고, 이론적으로 신앙 때문에 핍박을 받거나 회심을 강요받게 하지 않게 되어 있었다. 그들은 자신의 지도자의 지휘 하에 놓였고, 그 지도자는 세금을 걷고, 질서를 유지하며, 시민 정의와 교육을 제공하는 책임을 지게 되었다. 오토만 제국이 장악한 거대한 지역의 각 기독교회는 자신의 감독의 직접적 권위 하에 있었고, 모두가 콘스탄티노플의 총대주교의 총괄적 권위 하에 있었다. 그러나 후자의 선거는 투르크족 술탄의 손에 있었고, 그 직책은, 많은 다른 감독직들이 그러했던 것처럼, 보통 돈을 주고 샀다. 술탄은 또한 자신의 기분에 따라 총대주교를 제거했고, 그러므로 교회의 지도력은 완전히 정부 지도자의 통제 하에 있었다. 그러나 이것은 비잔틴 제국 하에서도 마찬가지였다. 실질적으로 콘스탄티노플의 총대주교는 기독교 황제들 하에서 보다 술탄 하에서 더 많은 교회적 권위를 가지고 있었다. 거의 모든 정교들이 총대주교의 권위 하에 있었기 때문이다.[4)]

많은 자들이 분개하는 체제 때문에 그리스도인은 오토만 제국에서 때로 높은 위치에 올랐다. 기독교 소년들이 군대와 정부의 행정직으로 징집되었기 때문이다. 그들은 가족들로부터 분리되었고, 강제적으로 무슬림이 되었으며, 결혼이 금지되었다. 자니싸리즈(Janissaries)라고 알려진 그들은 술탄 군대의 엘리트 군인이 되었고, 일부는 장관의 지위를 비롯한 중요한 지도자의 자리에 오르기도 했다. 오토만 제국을 통치하는 소수는 무슬림이었지만, 기독교는 대중의 종교로 남았고, 기독교회는 자신의 문화적 유산과 국가적 정체성을 보존하도록 도왔다. 동방정교가 오토만 통치 하에 생존은 했고 피정복자를 위한 정체성을 제공하는 역할은 했지만, 심각한 하락세를 겪었다. 한 역사가는 이렇게 지적한다. "신학은 창의성과 활력을 잃었고, 구제와 교육 사역은 최소화되었으며, 많은 교구 성직자는 문맹이었고, 선교활동은 전체적으로 중단되었다."[5]

어려운 시기 동안, 동방 그리스도인들은 서방 동료 그리스도인들로부터 거의 도움을 받지 못했다. 두 교회가 1439년의 페라라/플로렌스 종교회의(the Council of Ferrara/Florence)에서 차이점을 일시적으로 화해했음에도 그랬던 것이다. 그 동의는 1439년 7월 '라에텐투르 코엘리'(*Laetentur coeli*) 교황칙령을 통해 교황 유게니우스 4세(Eugenius IV)가 선언했고, 논의가 지연된 후에 도착했다. 비잔틴 황제 존 8세 팔라에올로구스(Palaeologus, 1425-1448)는 교회의 동의가 오토만 투르크족에 대항하여 서방이 군사적 도움을 제공하는 결과를 가져다주기 바랐으나, 실망했다. 그 동의가 예배 의식과 성직자 결혼에서 정교에 일부 양보하는 내용을 포함했고 황제에 의해 수용되었지만, 동방에서는 매우 인기가 없었다. 서방이 콘스탄티노플을 투르크족으로부터 구원하기 위해 필요한 군사적 도움을 제공하지 않았을 때, 종교회의는 1472년 그 동의를 거부했다. 황제 찰스 5세와 프랑스 왕 프란시스 1세 같은 서방 지도자들이 콘스탄티노플을 투르크족으로부터 회복하기 위해 십자군에 대해 언급했지만, 아무 것도 이루어지지 않았다. 투르크족에 대한 서방의 유일한 주요 승리는 바다에서 발생했다. 1571년 투르크족이 싸이프러스(Cyprus)를 취하고 말타(Malta)를 공격한 후, 스페인, 베니스, 그리고 교황청으로 구성된 신성 연합체(Holy League)는 효과적인 방법으로 반항했다. 그들은 찰스 5세의 사생아인 돈 완(Don Juan)의 지휘 하에 50,000명의 선원과 28,000명의 군인으로 갖추어진 200척 이상의 함대를 동원했다. 1571년 10월 7일 돈 완의 함대는 더 큰 투르크족 함대를 무찔렀고, 레판토 전투(Battle of Lepanto)에서 사실상 그들을 말살시켰다. 승리는 투르크족 해군의 지중해 장악을 종식시켰으나, 콘스탄티노플에 대한 공격이나 싸이프러스(Cyprus)의 회복은 추구하지 않았기에 술탄 하에 있는 기독교 백성에게는 실질적인 유익이 없었다.

라틴 로마 가톨릭교회와 동방정교 사이의 한 가지 일관성 있는 양상이 있었다. 그것은 정교로 하여금 교황청에 순복하고 로마와 교제 관계로 들어오라는 로마 교회의 지속적인 설득 노력이었다. 1569년 약간의 진전이 있었다. '브레스트-리토브스크 연합' (the Union of Brest-Litovsk)에서 키에브(Kiev)의 대주교(Metropolitan)와 유크레인(Ukraine)의 일부 감독들은 로마와의 연합을 수용했다. 그러나 일부 다른 러시아정교와 동방정교는 이런 노력에 경멸의 눈초리를 보냈고, 그 연합체를 묘사하기 위해 불명예를 뜻하는 의미로 '우니아테' (Uniate)라는 이름을 사용했다. 이 용어는 이제 로마와 교제관계에 있는 여러 동방교회를 묘사하는데 사용되었다. 그러나 그들은 자신의 예배의식, 예배언어, 그리고 빵과 포도주 둘 다 사용하는 성찬식과 성직자 결혼을 비롯한 다른 관습과 예식들을 유지했다. 정교와 로마 사이의 적대관계를 고려할 때, 개신교도들이 정교와 공통적 유대관계를 느꼈던 것은 놀랄 일이 아니다. 루터교도들은 그들과 친분관계를 만들기 원했고, 일부 루터교도들은 정교와 연합하는 것까지도 가능하다고 믿었다. 1559년 멜랑톤(Melanchthon)의 친구는 아우그스부르그 신조(Augsburg Cofession)를 헬라어로 번역했고, 사본을 콘스탄티노플의 총대주교, 예레미아스 2세(Jeremias II, 1574-1584)에게 주었으며, 두 교회가 공통적인 신학을 가지고 있다는 것을 그가 볼 수 있기를 소망했다. 불행히도 루터교도들의 소망과는 달리 예레미아스는 그렇게 보지 않았다. 오히려 그는 권위, 믿음, 은혜, 그리고 성례와 같은 질문들에 정교가 루터교와 어떻게 다른지를 지적하며, 루터교가 그의 가르침을 수용하여 정교와 통합하라고 점잖게 제안했다.

예레미아스 2세는 루터교 신학으로부터 좋은 인상을 받지 못했다. 반세기 후 콘스탄티노플의 다른 총대주교는 개신교 입장에 관심을 가지게 되었으나, 그에게는 비극적인 결과를 초래했다. 1620년 콘스탄티노플의 총대주교가 된 시릴 루카리스(Cyril Lucaris, 1572-1638)는 폴란드에 있을 때, 개신교 가르침에 확신을 갖는 것으로 보였다. 로마에 대항하여 정교의 입장을 방어하려할 때, 그는 개신교도들이 유용한 동맹이 될 수 있다고 판단했다. 그가 총대주교가 된 후, 그는 캔터베리의 대주교를 비롯한 개신교 지도자들과 편지왕래를 가졌고, 개신교도들과 공부하라고 젊은이들을 유럽으로 보냈다. 그는 심지어 이신칭의를 비롯한 종교개혁의 중심교리를 가르치는 신앙고백서의 인쇄를 허락했다. 루카리스의 종교개혁 신학과의 접촉은 동방에서 지지자를 얻을 수 없었다. 그는 몇 번 자신의 위치에서 면직되었고, 매번 돈을 지불하고 복위되었다. 그는 결국 술탄의 명령으로 사형 언도를 받았고, 1638년 목이 졸려 죽었으며 그의 몸은 보스포러스(Bosporus)에 던져졌다.[6] 이 모든 것은 개신교 총대주교가 동방에서는 환영받지 못한다는 것을 알려주었다. 루터교도들이 정교와 종교개혁 신학 사이의 유사성에 대해 생각하는 모든 것에 정교는 동의하지 않았다. 루카리스의 처형 후, 정교의 종교회의는 그와 그의 신앙고백을 파문했다. 1642년 또 다른 종교회의가 루카리스의 신앙고백과 칼빈주의를 정죄했고, 이것은 정교가 개신교 종교개혁의 교리에 관해 어디에 서있는지에 대해 의심의 여지를 지워버렸다.

종교개혁은 또한 정교의 한 분파에 대해 영향을 주는 것에 실패했다. 그 분파는 종교개혁 시대에 외국의 장악으로부터 자유로웠던 러시아 정교(the Russian Orthodox Church)였다. 나머지 정교와는 대조적으로, 16세기는 러시아 정교를 위해 좋은 시기였다. 그 당시 러시아 정교는 러시아 정부가 동쪽으로 확장하며 놀라운 성장을 경험하고 있었다. 러시아 통치자들은 자신을 로마 기독교 황제의 계승자라고 주장했다. "두 번째 로마"라고 여겨졌던 콘스탄티노플의 함락 후, 모스크바(Moscow)는 "세 번째 로마"라고 주장했다. 1547년 이반 4세(Ivan IV)는 '차르' (czar), 또는 황제라는 칭호를 취했고 자신을 옛 로마 황제의 계승자로 간주한다고 말했다. 1589년 콘스탄티노플의 총대주교는 러시아 정교의 수장을 대주교의 직위에서 총대주교의 직위로 올렸고, 4명의 러시아 감독을 대주교의 계급으로 올렸다. 러시아 정교는 이렇게 해서 알렉산드리아(Alexandria), 안디옥(Antioch), 예루살렘, 그리고 콘스탄티노플의 총대주교들과 동등한 신분을 확보했다. 러시아인들은 로마와 종교개혁의 타락에 대항하여 기독교 진리의 순결을 수호하는 자들로 자신을 여겼다. 그들은 헬라정교, 로마가톨릭, 그리고 개신교를 비롯한 기독교회의 모든 다른 분파에 대해 논쟁적인 글을 쏟아내며, 자신만을 진정한 기독교회로 여기고 러시아 정교의 최상의 신분을 선포했다. 교회는 또한 17세기 초 내전과 외부 침공의 기간 동안 러시아인들에게 정체성과 연합의 근원을 제공했다. '불화의 시기' (Time of Trouble)라고 알려진 기간이 1598년에 계승의 분쟁으로 시작되었다. 지도자의 자리를 주장했던 자 중 한 사람은 모스크바를 점령하고 후에 포로로 잡혀 죽임을 당한 정교의 총대주교를 투옥시킨 로마 가톨릭 폴란드인들의 도움을 얻으려했다. 그러나 정부는 교회의 주도 하에 모스크바에서 폴란드인들을 추방했고, 1613년에 미카엘 로마노프(Michael

Romanov)를 러시아 황제(czar)로 선출했으며, 그의 아버지 필라레트(Philaret)를 모스크바의 총대주교로 세웠다. 그 후 24년 동안 부/자 팀은 러시아에서 가장 중요한 정치적 영적 지위를 차지했다. 교회와 정부의 동맹은 1918년 공산주의 혁명이 일어날 때까지 러시아의 특징이 되었다. 러시아 정교는 종교개혁 시기에 분열을 경험했다. 1652년에 총대주교가 된 니콘(Nikon)은 그리스인들의 용도에 입각한 예배서적과 예배의식의 변화를 포함한 개혁을 시도했다. 이 과정에서 그는 매우 강한 저항에 부딪혔고 결국 면직되었다. 예배서적의 일부 수정이 교회의 종교회의에서 수용되었을 때, '옛 신자들' (Old Believers)이라고 알려진 그룹이 교회가 그리스인들의 오류를 따라가며 배교했다고 주장했다. 아바쿰(Avvakum, 1620-1682)의 지도력 하에, 그들은 교회를 떠났다. 아바쿰은 결국 화형에 처해졌고 그의 추종자들은 그 후 러시아 황제들에 의해 혹독하게 핍박을 당했지만, '옛 신자' 들은 20세기까지 생존했다.

포르투갈의 아프리카와 아시아 선교

무슬림 정복과 서양 영향에 대한 러시아 정교의 저항이 동방으로 더 이상의 확장을 막았던 반면, 탐험과 식민지화 시대는 라틴 가톨릭 기독교의 확장을 위한 광범위한 새 기회를 제공했다. 포르투갈 탐험가들은 이슬람 세계를 넘어 아프리카 대륙을 돌아가는 길을 찾음으로 이 과정을 시작했다. 이 노력은 항해자 헨리 왕자에 의해 1420년대에 주도되었고 부분적으로는 프레스비터 존(Presbyter John)의 전설적 왕국과 연결하는 노력에 의해 동기부여가 되었다.[7] 이 왕국은 무슬림에 대항하는 매우 중요한 동맹국으로 입증된 강력하고 부유한 기독교 왕국으로 알려져 있었다. 탐험가들이 점점 아프리카 해변을 따라 내려가면서, 포르투갈 탐험은 먼저 그 나라를 사하라 사막 이남의 아프리카 사람들과 접촉시켰다. 1482년 포르투갈 탐험가들은 콩고(Congo)의 입구에 노날했고, 1487년 바돌로메뮤 디아즈(Bartholomew Diaz)는 '케이프 오브 굿 호프' (the Cape of Good Hope)를 발견했고, 한 10년 후 바스코 다 가마(Vasco da Gama)는 인도(India)에 도착했다.

포르투갈 사람들은 또한 에티오피아(Ethiopia) 그리스도인들과 접촉하고 연결하는데 성공했다. 그러나 그들은 오해하여 에티오피아 왕국을 프레스비터 존의 왕국이라고 잘 못 생각했다. 에티오피아에는 고대 기독교회와 기독교 황제가 있었지만,

특별히 부유하거나 강한 왕국은 아니었고, 포르투갈 사람들은 에티오피아 황제를 프레스비터 존이라고 여전히 생각했다. 사실, 포르투갈 사람들이 도착했을 때, 에티오피아 왕국은 이슬람으로부터 심한 압박을 받고 있었다. 무슬림들은 1529년에서 1543년 사이에 고지(highlands)의 기독교 영토를 황폐화했고, 에티오피아 기독교 왕국은 필사적으로 포르투갈의 도움을 요청했다. 포르투갈의 중재가 에티오피아의 교회를 구하는데 결정적이었을지는 몰라도, 그것은 동시에 에티오피아 교회를 서방과 접촉하게 했고, 그것은 결국 에티오피아 교회를 파괴하는 결과를 초래했다. 스페인의 예수회 수사, 파에즈(Paez) 신부는 1603년 에티오피아에 왔고 황제에게 좋은 인상을 주어 이슬람에 대항하기 위해 로마의 도움을 요청하도록 했다. 그 결과 포르투갈 예수회 수사, 알폰수스 멘데즈(Alphonsus Mendez)가 감독(abuna)으로 임명되었다. 그러나 그의 교만과 에티오피아 교회의 전통과 신학에 대한 무감각함은 큰 실패를 불러왔다. 그는 에티오피아 그리스도인들에게 재세례, 성직자의 재안수, 그리고 교회의 재성별을 강요했다. 이것은 내란과 황제의 폐위 그리고 그의 아들의 영입으로 이어졌으며, 황제의 아들은 1632년 로마와의 연합을 무효화하고 예수회 수사를 추방했다. 로마와의 잘못된 동맹의 결과는 에티오피아 교회 내에서 고통과 신학적 논쟁의 유산이 되었다.

포르투갈 사람들이 아프리카의 다른 지역에서는 좀 더 낳은 결과를 가져왔다. 탐험가들이 인도에 이르는 새로운 항로를 열기 위해 아프리카 서쪽으로 내려가며 항해했을 때, 그들은 원주민 아프리카 통치자들과 접촉하게 되었다. 무역과 이윤 다음으로 그들은 신앙과 반-이슬람 운동을 퍼뜨리는데 관심을 가지고 있었다. 아프리카 통치자들은 기독교 믿음으로의 회심 없이 때로 외교적이고 군사적인 이유로 세례를 받았으나, 콩고 왕국에서는 기독교가 상당히 깊게 침투했다. 포르투갈 사람들이 1482년 처음 착륙했을 때, 통치자, 응징가 응쿰와(Nzinga Nkumwa)는 세례를 받았고, 1506년에서 1543년까지 통치한 그의 아들 아폰소(Afonso)의 지도력 하에 왕국에 기독교를 건설하기 위한 실질적인 노력이 이루어졌다. 아폰소의 아들, 돈 헨리퀘(Don Henrique)[8]는 교육을 받기위해 포르투갈로 갔고, 유티카(Utica)의 감독과 콩고의 로마교황 대리(vicar apostolic)가 되어 돌아왔다. 불행히도 에티오피아에서처럼 포르투갈 사람들의 탐욕과 교만은 서방 기독교의 최초 긍정적 영향을 희석시켰다. 처음에는 유망한 미래가 보이는 듯했으나, 후에 포르투갈 사람들은 콩고의 기독교회를 지속하기 위해 필요한 선교사들을 제공하지 않았고 오히려 다른 나라 선교사들의 출입 금지를 시도했다. 1645년 그 지역에 포르투갈 권력의 하락과 더불어 이태리 카푸친 수사들(Capuchin friars)이 콩고에 들어왔을 때, 진보가 재현되기 시작했고 기독교가 지방으로 확장되어 나아갔다.

포르투갈 탐험가들이 아프리카를 지나 전진했을 때, 그들은 아시아에서 가장 오래된 기독교회와 접촉하게 되었다. 그 교회는 전설에 의하면 예수님의 사도 중 한 사람인 도마(Thomas)에 의해 설립되었다. 그 전설이 입증될 수는 없어도, 4세기 전에 인도에 그리스도인들이 있었다는 것은 분명하다. 처음에 도마 그리스도인들은 포르투갈 사람들을 소중한 동맹으로 환영했고, 1502년 인도 기독교 지도자들은, 바스코 다 가마(Vasco da Gama)가 두 번째 인도에 왔을 때, 무슬림과 그들을 에워싸고 있는 다른 적들로부터의 보호를 요청했다. 포르투갈 사람들은 귀한 도움을 제공했다. 그러나 이슬람 적들이 물리쳐지자, 유럽 그리스도인들은 인도 그리스도인들에게 자기들의 예식과 권위를 강요하기 시작했다. 유럽인들은 네스토리안(Nestorian) 견해 때문에 인도 그리스도인들이 이단이라고 믿었고,[9] 인도인들은 기독교 윤리의 모든 가르침을 무시하는 것으로 보이는 포르투갈 사람들의 비도덕성과 잔인함에 충격을 받았다. 고대 인도 교회에 권위를 강요하는 포르투갈 사람들 행위의 길고 슬픈 이야기는 여기서 다 말하기에 너무도 복잡하다. 그러나 그것은 결국 실패로 끝났고, 인도 교회에 심각한 피해를 안겨 주었다. 포르투갈 사람들은 추종자들이 그들의 기독교 신앙을 유지하려고 애썼던 인도 고대 교회와 문화에 전적으로 무감각했다. 예를 들면, 포르투갈 선교사는 인도 그리스도인에게 그들을 둘러싸고 있는 힌두교도(Hindus)와 구별되는 성상의 거부가 이단이라고 말했다.

젊은 귀족, 대주교 알렉시스 메네지스(Alexis Menezes)의 도착은 16세기 말 고대 교회의 운명을 결정지었다. 메네지스는 인도의 모든 교회에 대한 관할권을 확보하고, 인도 교회가 트렌트 종교회의의 결정에 순응하며 로마의 권위 하에 들어오도록 하는데 최선을 다했다. 1559년 6월 디암페르 종교회의(Synod of Diamper)에서 메네지스는 수치스럽고 전적으로 불필요한 방법으로 인도 교회의 독립을 파괴하며 자신의 목표를 달성했다. 라틴어가 예배 언어로 시리아 언어(Syriac)을 대체했고, 로마 관습과 질서가 모든 상세한 부분에 강요되었다. 종교개혁 시기가 로마의 인도 교회 장악으로 종결되었지만, 그 장악은 지속되지 않았다. 1653년 도마 그리스도인들이 로마 교회를 떠났고 자신의 대주교를 선출했으며, 그는 마르 도마 1세(Mar Thomas I)란 직함을 취했다. 인도 교회의 한 부류가 로마로부터 독립했고, 다른 인도 교회들은 로마의 관할 하에 있었다. 그러므로 가톨릭 종교개혁은 두 개의 경쟁 교회가 작은 소수의 인도 교회 내에 세워지는 결과를 초래했고, 유망한 관계로 시작했던 것이 교회분열로 끝이 났다. 에티오피아의 경우처럼, 고대 비-서방 기독교회의 전통과 관습에 대한 서방의 무감각함은 기독교의 대의에 유익 보다는 해를 가져왔다.

포르투갈 탐험가들은 16세기 전반에 인도에서 출발하여 아시아 대륙의 다른 지역을 탐험했다. 그들은 1511년 말레이 반도(Malay Peninsula)에 무역항을 설치했고 그곳으로부터 인도네시아와 마침내 중국 해안으로 이동했다. 그들은 1540년대에 일본과 무역을 시작했고 1577년 중국 해변의 마카오(Macao)에 항구를 설치했다. 예수회 선교사들은 포르투갈 탐험가들과 상인들을 따라다니며 가톨릭 종교개혁의 뒤를 이어 기독교를 그 지역에 가져왔다.

가장 성공적인 유럽 선교 노력은 필리핀(Philippines)에서 발생했다. 황제 찰스 5세의 명령에 따라 항해하던 포르투갈 탐험가 페르디난드 마겔란(Ferdinand Magellan)은 1521년 최초로 착륙했을 때 피살되었고, 16세기 말엽에 이르러서야 멕시코(Mexico)로부터 항해하던 스페인 사람들이 필리핀 섬들과 무역을 시작했다. 선교사들은 무역상들을 따라 다녔다. 1565년 첫 어거스티니안(Augustinian) 선교사들이 도착했고, 16세기 말 예수회를 비롯한 여러 다른 수도회가 섬에서 선교사역을 했다. 남부 섬들에 일부 이슬람의 침투도 있었지만 대부분 정령숭배자들인 필리핀인들(Filipinos)은 신속하게 회심했다. 1586년까지 400,000명이 세례를 받았고, 1612년까지 루존(Luzon) 섬에만 대략 300,000명 이상의 그리스도인이 있었던 것으로 추정된다. 1612년 도미니칸들(Dominicans)이 마닐라(Manila)에 대학을 세웠고, 그것은 추후에 종합대학이 되었으며, 한 세기 내에 남부와 일부 원거리 부족의 이슬람을 제외하고, 섬들의 전체 인구가 그리스도인이 되었다. 그러나 필리핀 기독교의 상당 부분은 피상적이고 기독교 이전 신앙의 요소를 많이 가지고 있었다. 스페인과 포르투갈이 원주민을 회심시키는데 대단한 성공을 거둔 또 다른 지역인 라틴 아메리카도 마찬가지였다.

라틴 아메리카 선교

교황 알렉산더 6세가 그어놓은 경계선을 따라, 포르투갈 사람들은 브라질을 식민지화 했고 라틴 아메리카의 나머지는 스페인 영역이 되었다. 콜럼부스(Columbus)는 스페인 사람들이 그들의 마지막 스페인 요새에서 무어족(Moors)을 몰아낸 같은 해 서인도에 착륙했고, 콜럼부스를 따라온 사람들은 십자군과 같은 열심을 새로운 세계로 가져왔다. 부와 군사적 성공 그리고 크리스천 선교의 깊은 헌신이 결합되어, 그들은 아메리카에 대단한 스페인 왕국을 개척했다. 스페인의 라틴 아메리카 정복을 인도했던 사람들이 자신의 목표를 달성하기 위해 때로 끔찍하게 잔인하고 매우 의심스러운 방법을 사용했지만, 그들은 원주민을 우상숭배와 미신적 관습들로부터 해방하기 위해 하나님을 위한 성전(crusade)을 수행하는 것으로 생각했다. 예를 들면, 멕시코의 정복을 주도한 파렴치하고 부도덕한 자, 코르테즈(Cortez)는 외적으로 매우 종교적이었다. 그는 매일 미사에 참석했고, 어느 곳이든지 성모 마리아 상을 가지고 다녔으며, 그가 가지고 다니는 깃발에 십자가를 가지고 있었다. 수적으로 우세한 스페인 사람들은 연속적인 대학살을 비롯하여 가장 잔인하고 파렴치한 방법을 사용하여 멕시코의 아즈텍(Aztec) 제국과 페루(Peru)의 잉카 제국을 정복했다. 코르테즈는 멕시코에 있는 3,000명 이상의 초롤라(Cholola) 시민을 학살했고, 1532년 11월 페루의 정복자, 피자로(Pizarro)는 지도자와 함께 그를 만나러 온 수천 명의 잉카인을 학살했다. 그들의 지도자는 후에 재판에 회부되었고, 화형에 선고되었으나, 세례받기로 동의하였기에 교살(strangling)로 감형되었다.

멕시코와 페루의 정복은 스페인에게 거대한 귀금속 창고와 거대한 토지를 제공했고, 그것은 스페인 거주자들에게 거대한 사유지 또는 '엔코미엔다'(*encomienda*)로 주어졌다. 땅을 개간하기 위해 노동이 필요했고 광산 귀금속이 정복된 원주민으로부터 추출되었다. 보호와 기독교 신앙에 대한 가르침에 대한 보상으로 땅주인은 원주민으로부터 노동을 요구할 수 있도록 허용되었다. 원주민은 형식적으로 자유가 주어졌지만, 사실상 노예로 취급되었다. 스페인 여왕 이사벨라(Isabella)는 원주민의 노예화를 금했고 황제 찰스 5세는 그들의 권익을 보호하려 했지만, 식민지 개척자들은 멀리 떨어져 있는 정부가 세워놓은 규칙을 무시할 수 있었다. 결과적으로 원주민의 착취는 줄어들지 않았다. 스페인 사람들이 그들을 다룬 방법을 고려할 때, 그렇게 많은 사람이 기독교로 회심했다는 것이 놀랄 따름이다. 보고에 의하면, 1524년과 1531년 사이에 백만 명 이상이 세례를 받았고, 1529년 6월에 쓰인 편지는 하루에 약 14,000명이 세례를 받았다고 말한다. 세례가 반드시 원주민이 크리스천이 되었다는 것을 의미하지는 않는다. 기독교 가르침은 대개 매우 초보적이었고, 새로운 개종자들은 새 신앙에 그들의 이전 종교 관습들을 혼합시켰다. 미신과 기독교 신앙 사이의 혼동은 다음의 이야기를 통해 입증된다.

> 어떤 도시에서 코르테즈(Cortez)는 거주민들에게 크리스천 하나님을 예배하고 절름발이인 그의 말 하나를 돌보라고 엄한 명령을 내렸다. 거주민들은 그의 명령을 충성스럽게 복종했다. 그들은 말에게 과일과 꽃을 먹였고, 그 말은 죽었다. 그들의 혼동된 마음은 말과 크리스천 하나님이 동일하다고 생각했고, 두 프란시스칸 선교사는 그들이 말의 형상을 만들어 그것에 예배를 드리고 있는 것을 발견했다. 그들은 말이 천둥과 번개의 신이라고 믿었던 것이다.[10)]

스페인 사람들은 원주민을 명백히 열등하게 취급했고, 1536년 진보적 감독이 멕시코 시 근처에 대학을 세웠지만, 스페인 신도들은 원주민 성직자의 개념을 거부했다. 1555년 멕시코 교회협의회는 "무어족 인종(Moorish race)" 누구에게도 안수를 금했다. 그것은 스페인의 정의에 의하면 모든 원주민 아메리칸을 포함했고, 1794년에 와서 그들은 성직을 위한 안수를 받을 수 있었다.

부당하고 잔인한 원주민 취급은 항의를 불러일으키기도 했다. 그리스도의 진정한 가르침을 이해하기에, 당시 발생하고 있는 것에 항의하고 그것을 노출시킨 스페인 성직자들이 있었다. 이런 성직자 중 가장 잘 알려진 사람은 바르톨로메 데 라스 카사스(Bartolome de las Casas)였고, 그의 아버지는 두 번째 여정에서 콜럼부스와 행해했다. 1502년 18세의 나이에, 라스 카사스는 그의 고향 세빌(Seville)을 떠나 새 스페인 식민지에 정착했고 그 자신 원주민의 착취에 동참했다. 쿠바 정복을 도운 후, 그는 '엔코미엔다'(*encomienda*)를 얻었고 그것으로 원주민 아메리칸들의 강제 노동을 사용했다. 그는 1510년 신성한 명령을 따랐지만, 4년 후 도미니칸들의 영향으로 그가 유익을 챙겨온 체제가 악한 것이고 예수 그리스도의 가르침에 상반된다는 확신이 들었으며, 그의 방식을 바꾸었다. 그 결과 그는 체제를 거부했고, 그의 일꾼들을 해방시켰으며, 스페인으로 돌아가서 추기경 씨메네스(Ximenes)의 지지를 얻어냈다. 그 당시 라스 카사스는 31세였고, 원주민 아메리칸들의 인권을 위한 활동을 하며 여생을 보냈다. 그는 스페인과 스페인 식민지에서 열심히 일하여 그들의 운명을 향상시켰고, 그의 많은 글들은 그의 성전(Crusade)을 널리 알렸다. 1552년 그는 『인도인들의 파괴에 대한 짧은 이야기』(*A Short Account of the Destruction of the Indies*)를 출판했고 그의 동료 자국인들의 잔인함을 폭로했다. "나는 이 책을 쓸 수밖에 없었다.… 하나님께서 이런 큰 죄로 말미암아 내 조국 카스티야(Castile)를 멸하시지 않도록 하기 위함이다.… 나는 황제를 위한 큰 소망을 가지고 있고 왕은 하나님과 자신의 뜻과는 상반되게 이 백성에게 현재 행해지고 있고 그동안 행해져 온 악행과 배반을 이해하기 시작했다. 지금까지 진실은 면밀하게 그로부터 숨겨져 왔고… 저 폭군들은 왕을 섬긴다는 핑계로 하나님을 불명예스럽게 하고 왕을 도둑질하며 파괴한다."[11]

여행이 길고 위험한 시기에 라스 카사스는 대서양을 14번 건넜다. 그는 스페인 식민지 전역을 돌았고, 때로 강렬한 반대를 직면하면서도 원주민 아메리칸들의 대의를 신장시키기 위해 지칠 줄 모르게 노력했다. 그는 "인디안들(Indians)"[12]이라고 불리는 자들을, 그들을 위해 죽으신 그리스도 안에서 형제들임도 불구하고, "비인간적인 야만함"으로 핍박한다고 동료 자국인들을 고소했다. 그는 복음이 그들에게 "평화롭게, 사랑, 달콤함, 애정, 온유함으로 그리고 좋은 본보기를 보이며" 전해져야 하고, 그들은 "선물로 설득되어야지 어떤 것도 빼앗겨져서는 안 된다"고 주장했다.[13] 그의 수고는 1542년 보상되었다. 그의 영향의 결과로 황제 찰스 5세가 엔코미엔다 체제를 제한하는 새 법을 공포했다. 개인적으로는 스페인의 새로운 세상에서 가장 중요한 지위 중 하나로 제안을 받았으나, 그는 대신 가장 가난한 지역 중 하나인 키아파스(Chiapas)의 감독 자리를 선택했다. 라스 카사스가 키아파스의 감독이 되었을 때 그는 70세였다. 이 직위를 3년 동안 유지한 후, 그는 스페인에 돌아와서 거의 20년 후 그가 죽을 때까지 그의 활동을 계속했다. 바르톨로메 데 라스 카사스의 이야기는 우리를 흥분케 한다. 그리스도와 스페인의 대의를 위해 행동한다고 주장하는 동료 자국인들의 탐욕과 잔인함 앞에서, 예수 그리스도께서 실제로 가르치신 것을 위해 결연하게 섰기 때문이다.

다행히도 라스 카사스는 원주민의 방어에 혼자가 아니었다. 다른 성직자들과 평신도들도 그들의 방어에 나섰다. 예수회 회원들은 특히 논란을 일으킨 접근 방법을 취했다. 그것은 백인 거주자들로부터 분리되어 자급자족 할 수 있는 원주민 보호거주지를 만들어 원주민 아메리칸들을 착취로부터 보호하는 것이었다. 예수회 회원들은 오늘날 파라구아이(Paraguay)인 구아라니스(Guaranis) 부족에게 1583년과 1605년 사이 이 체제를 도입했다. "리덕션스(Reductions)"라고 알려진 30개의 이런 보호거주지가 설립되었고, 그것은 병원, 학교, 놀이와 일을 위한 시설들이 포함되었다. 거주민들은 조직화된 삶을 영위했고 광범위한 사회의 부패로부터 분리되었으며, 이 체제는 원주민 아메리칸들을 백인 착취로부터 보호하려는 예수회 회원들의 관심을 증언한다. 그러나 그것은 또한 온정주의(paternalism)와 조직화된 삶 때문에 상당한 비판을 받았다. 이것은 다음의 "리덕션" 삶의 묘사에 의해 입증된다.

> 모든 공동체의 모든 구성원이 미사와 저녁 기도를 매일 참석했고, 일터에서 찬송을 불렀다. 아이들을 위해서는 요리문답이 있었다. 매일 8시간의 노동이 있었고, 오케스트라 음악과 연극 그리고 스포츠가 격려되었다. 적어도 초기 리덕션 중 하나에서 모두가 주일 미사 후 교회에서 곱셈을 암송하며 배웠다. 그들은 몇 개의 리덕션을 파괴하고 수천 명의 인디안들을 죽이거나 노예화하고 선조들을 몰아 정글을 통해 15,000명의 집단 대이동을 인도하게 한 토지강탈자들과 노예 무역상들을 대항하여 정착지를 보호해야했다. 예수회 회원들은 인디안들을 무기로 훈련시킬 권한을 신청했고 드디어 얻어냈다. 그렇게 해서 사적 군인들이 인디안 농경 사회를 오염으로부터 보호했다.[14)]

리덕션스는 종교개혁 다음 세기에 큰 번영을 이룩했으나, 1750년 스페인 왕, 페르디난드 6세는 다른 곳의 영토와 교환으로 그 지역의 상당 부분을 포르투갈에게 양도했다. 브라질 원주민에 대한 포르투갈의 취급은 스페인 식민지의 양상을 따랐다. 브라질은 스페인 사람이 거주한 지역만큼 인구 밀도가 높지 않았고, 그곳에는 아즈텍이나 잉카처럼 발전된 문명이 없었다. 포르투갈 사람들은 원주민을 끔찍하게 착취했고, 식민지의 윤리적 상태는 혐오스러울 정도였다. 여기서도 가톨릭 종교개혁에서 출현한 수도회 출신의 용감한 남자들과 여자들이 원주민 아메리칸들의 대의를 호소했다.

예수회 선교

가톨릭 종교개혁에서 매우 중요한 역할을 한 새로운 수도원들도 놀라운 선교활

프란시스 싸비에르(1506-1552)
베자 형상(Beza *Icones*)의 발췌한 그림

동 기록을 보여주었다. 그중 특히 예수회가 활동적이었다. 가장 최초의 예수회 선교사, 프란시스 싸비에르(Francis Xavier, 1506-1552)는 바스케(Basque) 귀족의 아들이었다. 싸비에르의 여행과 업적에 대한 이야기는 너무 내단하기 때문에 그에 대한 글을 쓸 때에는 신화로부터 사실을 분리할 필요가 있다. 그가 후대에 매우 강력한 인상을 남겼기 때문이다.[15] 싸비에르는 파리 대학에서 공부했고, 그곳에서 동료 바스케, 이그나시우스 로욜라(Ignatius Loyola)에게 영향을 받았으며, 예수회의 초창기 회원 중 하나가 되었다. 1541년 포르투갈 왕은 인도에 있는 포르투갈 소유지에서 사역할 4명의 선교사를 달라고 로욜라에게 요청했다. 그러나 로욜라는 단지 두 명만 준비시킬 수 있었고, 그나마 그중 한명은 병이 들었으며, 싸비에르 혼자만 가게 되었다. 1542년 그가 고아(Goa)에 도착했을 때, 그의 천재적 에너지는 즉시 명백하게 드러났다. 그는 감옥의 죄수들을 섬겼고, 아이들을 가르쳤으며, 설교했고, 병든 자들을 위로했으며, 예수회 성직자들을 훈련시키기 위해 대학을 세웠다. 싸비에르는 또한 인도의 끝에 살고 있는 새로 개종한 인도 크리스천 그룹, 파라바스(Paravas)를 가르쳐달라고 요청을 받았다. 그들은 강력한 무슬림 이웃으로부터 지속적인 위협에 놓여있던 어부, 진주 잠수부, 그리고 무역상들이었다.

파라바스가 몰살의 위협을 느꼈을 때, 그들은 포르투갈의 도움을 요청했고, 1637년 20,000여 명의 파라바스 전체 공동체가 스스로 그리스도인이라고 선언하고 세례를 받았다. 다음 해, 포르투갈 사람들은 힌두와 무슬림 군사를 물리치는데 도움을 주었고, 새로이 설립된 기독교 공동체는 보존되었다. 그러나 싸비에르가 와서 그들을 가르치기 전까지 그들은 새 신앙을 거의 이해하지 못했다. 싸비에르는 타밀어

(Tamil)를 배우지 못했고 그의 교육방법은 경험이 없었기에 이 일을 위해 잘 준비되지 못했지만, 그는 새 개종자들에게 주기도문, 교리, 십계명을 가르치는데 성공했다. 1545년 그가 떠날 때 그는 다른 자들이 그의 일을 계속할 수 있도록 확실하게 했다. 3년 후 그는 잠시 돌아왔고 파라바스는 그리스도인들로서 생존할 뿐만 아니라 왕성하게 성장하고 있었다. 부분적으로 싸비에르의 노력 때문에, 파라바스는 기독교 신앙에 충분히 잘 뿌리를 내렸고 그들의 교회는 현재까지 생존하고 있다.

싸비에르가 인도를 떠난지 3년 동안, 그는 쎄일론(Ceylon) (Sri Lanka), 말레이(Malay) 반도에 있는 멜라카(Melaka), 그리고 지금의 인도네시아, 몰루카스(Molucas)를 방문하고 그곳에서 설교했다. 그는 인도네시아 섬들에서 2년을 보냈고 수천 명을 개종시킨 것으로 추정된다. 그가 떠난 후에도 기독교는 계속적으로 퍼져나갔고, 1555년까지 암본(Ambon) 섬에 30개의 기독교 마을이 있었다. 불행히도, 종교개혁으로 말미암은 분열이 결국 선교 현장을 괴롭히기 시작했다. 17세기 초 네덜란드 개신교도들은 포르투갈 사람들을 몰아냈고, 수도원과 교회들을 파괴했으며, 개신교 기독교를 소개했다. 네덜란드 사람들은 17세기 말에 100,000 그리스도인들이 자바(Java)에 40,000이 암본에(이곳에 현재까지 그 교회가 생존하고 있다) 있었고 신약이 말레이어로 번역되었다고 주장하지만, 선교 역사가 스데반 닐(Stephen Neill)은 "그 사역이 가엽게도 피상적이었다"고 주장한다.[16] 싸비에르는 네덜란드의 정복 때쯤 죽었고, 그는 죽기 전에 일본에 기독교회를 세웠다.

포르투갈 무역상들이 1543년 일본에 도착했고, 프란시스 싸비에르는 6년 후 도착했다. 1548년 그는 고향에서 사람을 죽이고 인도의 고아(Goa)로 도피한 야지로(Yajiro)란 이름의 일본인을 만났다. 야지로는 그에게 자신의 고국에 대해 말했고, 싸비에르는 복음을 그 먼 섬나라에 전하기로 결심했다. 그는 1549년 8월 두 예수회 회원과 기독교로 개종한 야지로와 함께 그곳에 도착했다. 처음에 싸비에르는 일본에서 별 성공을 거두지 못했다. 그럼에도 그는 일본인들을 흠모하는 것을 배웠고, 이 사람들에게서 높은 도덕 수준과, 좋은 예절, 그리고 지성을 발견했다. 그는 27개월 동안 머물렀고 첫 일본 개종자를 뒤로하고 떠났다. 그리고 그는 심지어 더 야심적인 선교지로 향했다. 그는 중국이라는 거대한 왕국으로 들어가려 했던 것이다. 프란시스 싸비에르는 대단한 사람이었다. 그는 예수 그리스도의 복음을 우리 지구의 가장 먼 곳까지 전하기 위해 자발적으로 고통, 극심한 위험, 그리고 커다란 장애를 견디어 냈다. 전설의 싸비에르는 사실로 입증될 수 있기보다 훨씬 더 성공적이었다고 보고되지만, 진짜 프란시스 싸비에르가 성공한 정도는 그가 직면한 어려움의 관점에서 놀랄만한 것이다. 그가 죽은 후 예수회 회원들이 그가 시작한 사역을 지속했고, 일본과 같은 지역에서 그들은 상당한 성공을 거두었다.

1549년에는 단지 몇 명의 일본 그리스도인이 있었고 교회는 300,000명 이상의 회원으로 성장했으나 그 후 핍박에 의해 많은 사람이 죽었다. 초기에 일본은 선교사들을 좋아했다. 권력은 약 250 다이묘스(daimyos) 또는 지방 봉건주들에게 귀속되었고, 불교는 하락세에 있었다. 싸비에르를 따라갔던 예수회 회원들은 일부 지방 다이묘스의 지지를 받았고 일본 사제들을 훈련시키기 위해 신학교를 세웠다. 중앙 권력이 재건되었을 때, 통치자는 그리스도인을 매우 의심하게 되었고, 그들을 전복적이고 지방 세력과 동맹관계라고 생각했다. 16세기 말, 스페인 프란시스칸들이 일본에 왔고, 기독교 권력들 간의 경쟁이 통치자, 토요토미 히데요스키(Toyotomi Hideyoski)를 그리스도인들에 대항하게 만들었다. 1597년 그는 20명의 일본 사제와 6명의 스페인 사람을 나가사키(Nagasaki)에서 십자가에 못 박았고 예수회 회원들과 프란시스칸들을 추방했다. 기독교적 입장에서는 다행히 히데요시는 다음해 죽었고, 그의 계승자, 토쿠가와 예야수(Tokugawa Ieyasu)는 처음에 몇 크리스천 다이묘스와 동맹을 맺었고 그리스도인들은 다시 묵인되었다. 교회는 다시 성장하기 시작했으나, 네덜란드 사람들이 일본의 무역상대로 포르투갈 사람들의 자리를 차지했을 때, 그들과 영국인들은 스페인 제국주의에 대해 일본 통치자를 경고했다. 마침내 일본 쇼군(Shogun)은 이 그리스도인들의 싸움에 역겨워졌고 1614년 다음의 칙령을 공포했다. "키리쉬탄[크리스천] 일당들은 일본에 왔다. 그들의 상선을 보내 상품들을 교환할 뿐만 아니라 악법을 퍼뜨리고 진정한 가르침을 전복하려고 온 것이다. 그렇게 해서 그들은 나라의 통치를 바꾸고 이 땅의 소유를 얻으려고 하는 것이다. 이것은 재앙의 병균이고 분쇄되어야 한다."[1)]

이 칙령은 교회 역사에서 가장 잔인한 핍박 중 하나의 결과를 초래했다. 그것은 그리스도인들이 주도적인 역할을 한 농노 반란이 1637-1638년에 잔인하게 억압된 후 더욱 심했다. 그리스도인들은 배교를 위해 가장 비안간적인 방법으로 다루어졌다. 그들은 죽음 직전까지 고문을 당했고, 그런 다음 충분히 회복될 때 까지 고문이 중단되었고, 회복되면 바로 다시 고문을 당했다. 이것은 그들이 믿음을 포기할 때까지 반복되었다. 많은 그리스도인은 또한 처형되었다. 일본 그리스도인은 십자가에 못 박혔고 유럽 그리스도인은 화형에 처해졌다. 몇 명이 죽었는지 모르지만, 약 6,000명 정도의 그리스도인이 핍박 기간 동안 처형되었거나 당한 결과로 죽었을 것으로 예측한다. 1640년 일본 정부는 그리스도인의 뿌리를 뽑기 위해 기독교 사건들을 위한 종교재판소를 설립했다. 은밀한 그리스도인을 함정에 빠뜨리기 위해 그들은 그림-짓밟기 예식을 실시했다. 그것은 모두가 예수 그리스도나 성모 마리아의 그림을 짓밟도록 명령받는 것이다. 이 이야기의 가장 수치스러운 부분은 네덜란드와 영국 무역상들이 때로 정부가 일본 로마 가톨릭교도들을 핍박하도록 도왔다는 것이다. 종교개혁으로부터 기인한 쓰라린 분열이 심지어 선교지로 이동했고, 일본 교회는 뿌리째 뽑혔으며, 단지 작은 지하 교회만 이 끔찍한 핍박을 생존했다.

싸비에르는 중국에 들어가는데 성공하지 못했지만, 다른 예수회 회원, 마테오 리치(Matteo Ricci, 1552-1610)는 중국에 들어가는데 성공적이었을 뿐만 아니라 중국 지성인 계급의 존경을 받을 수 있었고 여러 명을 개종시킬 수 있었다. 싸비에르가 죽은 해에 태어난 리치는 수학과 천문학에 잘 교육을 받았고, 중국인들을 놀라게 할 암기 체계를 발전시켰다. 그는 중국 해변의 마카오(Macao)에 위치한 포르투갈 정착지에서 그의 사역을 시작했다. 거기서 그는 중국의 언어와 관습을 공부했다. 그의 전략은 중국 엘리트의 수용을 얻어내고 기독교가 중국의 믿음과 문화에 상반되는 것이 아니라고 설득하는 것이었다. 1583년 그와 동료 예수회 회원은 중국 입국 허가를 받았고, 1601년 그는 수도 베이징에 들어갈 수 있는 허락을 받았다. 그는 중국 엘리트에게 감명을 주기 위해 천문학과 수학의 지식과 그의 암기 체계를 사용했다. 그는 유럽인이 야만인이 아니라는 것을 설득하기 원했던 것이다. 시계와 지도 만드는 기술의 지식은 중국인들을 놀라게 했고, 그는 황제를 청중으로 삼을 만큼 성공적이었다.

리치가 중국 지도급의 존경을 얻게 되자, 그는 기독교 신학을 설교하기 시작했다. 그러나 그는 중국인의 믿음이나 관습과 불필요한 투쟁을 피하기 위한 방법으로 했다. 기독교 신학을 중국인의 믿음에 조정하려는 그의 노력은 공자를 존경할 준비와 조상숭배와 관련된 예식의 수용을 포함했다. 그는 이런 것이 단지 문화적 중요성을 가지고 있으므로 그리스도인이 죽은자에게 기도하는 것과 같은 기독교 믿음에 상반되는 행위를 피하는 한 그것을 행할 수 있다고 주장하며 이것을 정당화시켰다.

리치의 조정 행위가 상당히 물의를 일으켰기에 다른 수도회 선교사들은 교황에게 불평을 털어놓았으나, 그것은 여러 개종의 결과를 가져왔다. 1610년 리치가 죽었을 때, 많은 중국 지성인을 비롯하여 약 2,000명의 중국인이 개종했다. 리치가 죽은 후 그리스도인들이 산발적인 핍박으로 고난을 받기는 했지만, 선교는 계속 번성했고, 한 세기 내에 300,000명의 개종자와 중국 사제들과 감독들이 있었던 것으로 추정된다.

마태오 리치와 유사한 방법을 사용한 또 다른 예수회 선교사는 로버트 데 노빌리(Robert de Nobili, 1577-1656)였다. 그는 1606년부터 시작하여 남부 인도에서 사역했다. 그는 믿음을 인도 사람들에게 전달하려면 그 사람들과 일체가 되어야할 필요가 있다는 것을 인식했다. 그는 타밀어(Tamil)와 상스크리트(Sanskrit)를 배웠고, 인도 신성인처럼 옷을 입었으며, 가죽신을 신거나 머리를 자르는 것을 거부했다. 나아가 그는 카스트 제도와 그들의 관습을 수용하여 브라민들(Brahmins)에 대한 존경을 보여주었다. 리치처럼 그는 기독교가 먼저 지배계급을 접근해야 한다고 느꼈고, 또한 조정을 실천했다. 예를 들면, 높은 카스트로부터 약 600명의 개종자들을 얻은 후, 그는 그들이 전 관습들을 유지하도록 했고, 심지어 낮은 계급의 카스트에 속한 그리스도인들로부터 분리하는 것도 허용했다. 그는 다른 선교사들로부터 강한 반발에 부딪혔다. 그가 개종자들을 얻기 위해 믿음을 타협한다고 느꼈던 것이다. 그러나 그는 반세기 동안 지속된 놀라운 사역을 했다. 기독교를 서양 문화와 동일시하고 그것을 믿음과 함께 강요하기 보다는 그들이 섬기는 사람들의 문화를 수용하여 리치와 데 노빌리와 같은 예수회 선교사들은 그들의 시간을 앞서 갔다. 그들은 많은 서방 선교사들의 실수를 피하기는 했지만, 동시에 그들의 조정 정책은 위험하기도 했다. 문화와 동일시하려는 과정에서 그들은 믿음의 본질을 잃어버릴 수 있었기 때문이다.

아시아의 가장 성공적인 예수회 선교 중 하나는 프랑스 예수회 회원 알렉산드레 데 로데스(Alexandre de Rhodes, 1591-1660)에 의해 베트남에서 시작되었다. 그는 1627년 처음 도착했고 1630년까지 머물렀다가 추방당했다. 10년 후 그는 베트남에 돌아왔고, 많은 반대를 직면했다. 그는 1645년에 떠나도록 강요당했지만, 상당한 성장을 경험한 교회를 세울 수 있었고 1658년까지 약 300,000명의 개종자들이 있었던 것으로 추정된다. 데 로데스는 또한 원주민 성직자를 세우기 위해 열심히 노력했다. 유럽에 돌아온 후, 그는 1659년 파리 외국 선교회(Foreign Missionary Society of Paris)를 세우는데 중요한 역할을 했다. 프랑스인들도 그들의 아메리카 식민지에서 선교 활동에 마찬가지로 활동적이었다. 1632년에 예수회 선교사들의 첫 그룹이 북 아메리카에 도착했다. 7년 후 세 명의 우르술라인(Ursuline) 자매들이 우르술라인 수녀, 성육신의 메리(Mary of the Incarnation)가 1633년 12월에 가졌던 카나다에 대한 비전에 대한 반응으로 카나다에 왔다. 프랑스 선교의 이야기는 많은 선교사들의 용기, 믿음, 순교의 이야기다. 여러 선교사들이 잔인하게 고문을 당했고 두 유럽의 열강 사이의 전쟁에서 영국과 동맹을 맺었던 이로코이스(Iroquois)에 의해 심지어 산채로 화형되었다. 그러나 그것은 많은 원주민 아메리칸들에게 슬픈 이야기이다. 일부는 개종했지만, 더 많은 자들은 백인과 그의 "화주(火酒, fire-water)"와의 접촉으로 타락했다. 스데반 닐에 의하면, "백인이 인디안들을 자신의 싸움으로 말려들게 하고 인디안들과 인디안들 사이에 그리고 인디안들과 유럽인들 사이에 싸움을 붙이는 비인간적인 냉소주의는 식민지 역사의 가장 창피한 과정 중 하나를 만든다. 상황을 더욱 악화시킨 것은 '술과 마귀가 나머지를 처리했다' 는 것이다. 인디안들은 백인의 화주의 유혹을 물리칠 수 없었고, 다른 곳에서처럼 이곳도 원시인들에게 알코홀의 제공은 거의 계획적인 살인과 마찬가지였다."[18]

북 아메리카의 영국 식민지

가톨릭 종교개혁이 전 세계 선교 활동을 고취시켰고 스페인과 포르투갈 같은 가톨릭 국가들은 전 세계에 식민지들을 건설하는 동안, 영국과 네덜란드 같은 개신교 국가들도 탐험과 식민지화에 활동적이었다. 그러나 그들은 접촉한 사람들을 전도하는데 그렇게 적극적이지 않았다. 종교개혁 시기 동안, 루터교도들과 칼빈주의자들은 로마 가톨릭들에게 전도 노력의 초점을 맞추었던 것이다.

북 아메리카의 영국 식민지화는 1607년 버지니아(Virginia)의 제임스타운 식민지(Jamestown Colony) 설립으로 시작되었다. 이것은 주로 상업적인 목적이었다. 그러나 1620년대와 1630년대에 거의 전적으로 종교적인 이유로 동기부여가 된 영국인의 정착지들이 뉴잉글랜드(New England)에 세워졌다. 뉴잉글랜드의 첫 영국 식민지는 우리가 일반적으로 필그림즈(Pilgrims)라고 부르는 영국 분리주의자(English Separatists) 그룹에 의해 1620년 설립되었다.[19] 그들은 종교적 핍박으로 원래 영국을 떠나 네덜란드로 갔다. 그리고 그들은 자신의 신앙을 실천하고 이상적인 크리스천 사회를 세울 수 있는 장소를 찾기 위해 네덜란드를 떠났다. 그들의 동료 자국인들은 10년 쯤 후에 메사추세츠 베이 식민지(Massachusetts Bay Colony)를 세웠다. 1630년과 1643년 사이에 약 20,000명의 청교도들(Puritans)이 영국을 떠났다. 영국교회에 도입한 변화에 대한 반대와 순응을 거부한 것으로 말미암은 핍박 때문이었다. 그들은 이 변화가 로마 가톨릭 실천에 대한 항복이라고 간주했다. 영국의 상황에 대한 반대에는 연합했지만, 그들은 어떻게 반응하는지에 대해서는 동의하지 못했다.

필그림즈는 분리주의자들로서 영국교회가 개혁될 수 없다고 확신했고, 그들은 영국교회로부터 분리하여 모여진 교회(gathered church)를 세워야하겠다고 결심했다. 대조적으로 메사추세츠 베이 식민지 정착자들은 영국교회에 남아 교회 내부에서의 개혁에 헌신했다. 양쪽 그룹은 사회가 기독교 원칙으로 통치되는 기독교 국가에 대한 이상을 믿었다. 아메리카에서 그들은 천국 도시의 지상 원형을 달성하려 했고, 그들의 모델은 많은 부분 칼빈의 제네바였다. 메사추세츠 베이 식민지의 첫 총독, 존 윈트롭(John Winthrop, 1588-1649)은 "우리는 언덕 위의 도시와 같이 되어야 함을 생각해야 한다. 모든 사람의 눈이 우리를 바라보고 있다"고 말했다.[20] 그들은 교회의 멤버나 식민지의 시민이 되기 위해서, 진정한 회심의 경험을 증언해야 했다. 다른 모든 사람들은 교회의 "참석자들" 또는 식민지의 "거주민들"로 간주되었다. 사회의 지도자들은 자신을 하나님과의 언약관계 하에 있는 것으로 간주했고, 그들의 세속적 임무를 종교적 소명으로 수행했으며 그들의 사회를 "하나님의 새로운 이스라엘"로 생각했다. 그들이 "신성한 공동체"를 달성한 정도, 그들이 직면했던 문제들, 그리고 그들 노력의 궁극적 결과는 또 다른 부분의 이야기이다. 그것은 종교개혁 시기의 시간적 제한 밖에서 발생했기 때문이다. 그러나 종교개혁이 종식되기 전에, 미국 종교의 특징이 되어버린 다양성과 관용이 영국 식민지들에 세워지기 시작하고 있었다.

1634년 두 예수회 회원들을 비롯한 로마 가톨릭 교도들이 메릴랜드(Maryland)에 도착하여 영국 왕이 칼버트 경(Lord Calvert)에게 하사한 지역에 정착했고, 1649년 메릴랜드 입법부는 시대를 훨씬 앞선 종교적 관용법을 공포했다. 그러나 영국 내전(English Civil War) 동안, 개신교도들은 메릴랜드 식민지를 장악했고 관용법을 철폐

했다. 영국교회가 후에 공식 교회로 되었지만, 관용에 대한 메릴랜드 실험은 아메리카의 궁극적 종교 안정의 전조가 되는 것이었다. 10년 전 로저 윌리암스(Roger Williams)가 주도하여 뉴잉글랜드 정통주의를 반대하여 나온 자들은 로드 아일랜드(Rhode Island)에 종교적 다양성으로 특징지어질 새로운 식민지를 창립했다. 그곳에 정착한 침례교도들(Baptists)은 미래 아메리칸 안정의 또 다른 특징에 열심을 가졌다. 그것은 그들이 교회와 정부의 분리를 믿었던 것이다. 그 세기 후 윌리암 펜(William Penn)은 펜실바니아(Pennsylvania)에 퀘이커(Quaker) 식민지를 시작했고 메노나이트들(Mennonites)과 루터교도들(Lutherans)이 합류했다.

존 엘리오트(John Eliot)와 기도하는 마을

아메리카의 영국 식민지들이 종교개혁에서 우러나온 많은 기독교 전통의 서식지를 제공했지만, 로마 가톨릭이 남부와 중부 아메리카에서 성취한 것과는 대조적으로 개신교 식민지들은 그들의 믿음을 원주민 아메리칸들과 나누는 데 제한된 성공밖에는 거두지 못했다. 예수 그리스도의 메시지를 북 아메리카의 원주민들에게 전하기 위한 가장 최초의 그리고 가장 계몽적인 노력은 존 엘리오트(John Eliot, 1604-1690)의 사역이었다. 북 아메리카에서의 그의 사역은 종교개혁의 마지막 시기에 시작하여 이 책의 시간적 범위를 초월하여 지속되었다.

엘리오트는 1631년 뉴잉글랜드로 간 영국교회의 성직자였다. 그는 이로쿠오이스(Iroquois)의 페쿠오트(Pequot) 부족의 언어를 배운 후, 1646년 원주민 아메리칸들 사이에서 사역을 시작했다. 그의 첫 원주민 아메리칸 세례가 1651년에 있었고, 개종자들이 부족에서 그리스도인의 삶을 살 수가 없다는 것이 명백해지자, 그는 소위 일컫는 "기도 마을"(Praying Towns)를 세웠다. 이것은 많은 면에서 남아메리카의 예수회 리덕션스와 유사한 것이었다. 1671년까지 엘리오트는 14개의 자치 공동체를 세웠고, 그것은 약 3,600명의 멤버를 포함했다. 그는 또한 원주민 아메리칸 성직자를 훈련하기 시작했고 성경과 요리문답을 비롯한 여러 다른 책을 개종자들의 언어로 번역했다. 그의 원주민 아메리칸 문법에 인쇄된 표어는 그의 믿음을 이렇게 요약했다. "기도와 고통은 예수 그리스도를 믿는 믿음 안에서 무엇이든지 할 것이다."21)

원주민 아메리칸을 위한 또 다른 선교사, 토마스 메이휴 2세(Thomas Mayhew Jr.)는 1647년 마사스 비냐드(Martha's Vineyard)에서 사역을 시작했고, 약 25년 후 그 지역 대부분의 원주민 아메리칸들은 그리스도인이 되었다. 왕 필립 전쟁(King Philip's War)이 그 사역을 붕괴시킨 1675년까지 뉴잉글랜드 원주민 아메리칸 인구의 약 20퍼센트가 적어도 명목적 그리스도인이 되었던 것으로 추정된다.

모든 뉴잉글랜드 청교도들이 엘리오트나 메이휴와 같이 원주민 아메리칸들에게 동일한 호의적 태도를 가졌던 것은 아니었다. 많은 자들이 그들에 대해 극심한 의심을 가졌고, 어떤 자들은 그들의 땅을 탐냈으며 그것을 얻기 위해 무엇이든지 할 것으로 보였다. 왕 필립 전쟁(1675-1678)으로 식민지 거주자들과 원주민 아메리칸들 사이에 싸움이 벌어졌을 때, 크리스천 원주민 아메리칸들은 영국인들 편에서 싸웠고 그들의 가까스러운 승리를 얻어내는데 도움을 주었다. 그러나 많은 원주민들이 적으로 취급당했고 분노한 식민지 거주자들에 의해 투옥되었으며, 또 다른 자들은 학살당했다. 그렇게 하여 존 엘리오트의 사역은 그의 죽음 전에 많이 훼손되었다. 궁극적으로, 청교도 선교는 실패로 입증되었다. 그것은 왕 필립 전쟁에서 백인 거주지에 대한 공격으로 야기된 혼란과 적대감 때문만이 아니라 심지어 존 엘리오트와 같은 가장 민감한 청교도 선교사들도 원주민 아메리칸의 문화를 좋게 생각하지 않았기 때문이다. 그들은 그 문화가 이교도주의에 너무 깊이 연결되어서, 원주민 아메리칸들이 그리스도인이 되었을 때, 유지될 수가 없었다고 생각했다. 그래서 부분적으로 개종자들을 그들의 백성들로부터 분리시키고 그들을 "문화화" 하기 위해 기도 마을이 세워졌던 것이다. 그러나 이것은 그들로 하여금 자신의 문화와 완전한 결별을 의미하는 것이었다.

기도 마을의 이야기는, 유럽인들이 식민지화 하고 있는 지역에 거주했던 사람들에게 신앙을 전하려 할 때, 세상의 다른 지역에서 일어나고 있던 것과 유사하다. 엘리오트는 원주민 아메리칸들의 운명에 대해 깊은 관심을 가졌다. 그는 대단한 믿음과 비상한 에너지를 가진 사람이었고, 믿음을 전달하는데 놀라울 정도의 성공을 거두었다. 그러나 결국 그의 동료 서양인들의 탐욕과 근시안적 사고방식은 엘리오트가 달성하려고 했던 것을 훼손시켰다.

결 론

종교개혁에서 갱신을 경험한 용감하고 재능이 있는 믿음의 남자와 여자들은 예수 그리스도에 대한 메시지를 세상의 다른 지역에 전하기에 종종 불가능하게 보였던 상황에서 훌륭한 사역을 했다. 종교개혁 시기 동안 선교를 위해 대단한 역경과 큰 위험을 기꺼이 견디어 냈던 것이다. 어떤 경우 그들의 성공은 제한적이었고 일시적이었으나, 다른 경우에는 놀랄만했고 지속적이었다. 때로 그들은 섬기던 사람들의 문화와 믿음에 대단한 민감성을 보여주었고, 그들의 사역은 주님을 향한 사랑과 선교 대상자들을 향한 사랑에 의해 움직여졌다.

슬프게도 이런 인상적인 이야기들과 함께 너무도 많은 고통을 주는 이야기들이 있었다. 가톨릭 종교개혁의 열성적인 그리스도인들은 때로 그들이 접촉한 고대 기독교회의 믿음과 관습에 전적으로 무감각했고, 이 동료 그리스도인들에 대한 그들의 교만한 행동은 지속되는 분열과 증오를 만들어 냈다. 원주민 아메리칸들에 대한 잔인한 취급과 착취는 선교사들이 나누어주려는 기독교 가치에 모순이었다. 다행히 일부 유럽인들은 예수 그리스도의 가르침에 대한 헌신에 감동되어 저항의 목소리를 높였고, 원주민 아메리칸들을 위한 라스 카사스와 존 엘리오트와 같은 사람들의 노력은 우리를 흥분시키고 감동을 준다.

마지막으로, 개혁과 투쟁의 주제는 본 장에서 논의된 사건들에서 명백하게 드러난다. 로마 가톨릭과 개신교회의 개혁 운동은 비그리스도인들에 대한 선교를 고무시키는데 도움을 주었고, 라스 카사스 같은 사람과 예수회 리덕션스와 기도 마을과 같은 실험은 일부 최악의 남용을 시정하려고 했다. 그러나 투쟁은 또한 지속적인 주제이다. 고대 기독교회들과 투쟁이 있었고 다른 신앙들과도 그랬다. 로마 가톨릭 안에서 심지어 다른 종교 수도원들 사이에도 투쟁이 있었다. 종교개혁 시기의 기독교 선교 이야기 중 가장 슬픈 부분은 종교개혁으로 말미암은 분열이 선교사들에 의해 세워진 새 교회에 옮겨진 것이고, 어떤 경우에는 다른 기독교단에 의해 개척된 교회들의 파괴를 불러일으킨 것이다. 그럼에도 유럽 선교 노력의 전반적인 영향은 지속적이었다. 기독교회들이 세워졌고, 전세계적으로 기독교가 그전에 영향을 주지 못했던 지역에 지금까지 지속되었다.

제13장

신학적 투쟁, 신조, 그리고 신조화

> 예언자들과 재세례파들을 놔두고, 츠빙글리(Zwingli), 루터(Luther) 그리고 오시앤더(Osiander)가 서로에 대항하여 쓴 악의 있는 소책자들을 보라. 나는 항상 지도자들의 독을 정죄했으나, 그들은 특정한 사람들의 행동에 의해 선동된다. 사실로 당신이 스스로 자랑하는 그것이라면, 그들은 거룩하고 인내하는 행동의 본을 보였을 것이고 복음이 널리 받아들여질 수 있도록 했을 것이다.
>
> 데시데리우스 에라스무스(Desiderius Erasmus)[1)]

1527년 11월 에라스무스는 마틴 부처(Martin Bucer)에게 "왜 내가 당신의 교회에 참여하지 않았는지"를 설명하는 편지를 썼다. 위에 인용된 설명의 부분은 종교개혁 시기 동안 싸운 신학적 논쟁의 사악함에 대한 날카로운 고발이다. 에라스무스 같은 민감한 사람이 개신교도들이 자신의 신학적 입장들을 방어하고 자신과 다른 자들을 공격했던 방법이 그들 신학의 진정성을 의심하는 좋은 이유라고 생각했던 것은 놀랄 일이 아니다. 가톨릭교도들이 개신교 적들을 공격하는 방법도 마찬가지로 신랄했다. 그리스도인들 사이에 발생한 깊고 지속적인 분열은 심지어 선교 사역을 방해했다. 우리는 네덜란드와 영국 개신교도들이 어떻게 인도네시아에 있는 로마 가톨릭 선교 전진기지들을 공격했고 일본 선교를 훼손했는지 이미 보았다. 종교개혁 시기의 마지막 세기에 투쟁은 계속되고 강렬해 졌다. 말뿐이 아닌 전투가 일어났고 그것은 정치적이고 군사적인 투쟁도 포함했다. 이것은 다음 장에서 논의될 것이다. 신학적 분열이 역사가들이 "신조화"(confessionalization)라고 명칭을 붙인 것에 반영되었다. 주요 크리스천 그룹이 각각 기록된 신조를 작성했고, 그들의 믿음을 상세하고 강직한 방법으로 진술했다. 이 신조들은 그것을 채택한 사회의 정체성을 확립해 주는 표시가 되었고, 그것은 초기 현대 정부의 발전에 심오한 영향을 끼쳤다.

투쟁과 신조

개신교도와 로마 가톨릭교도 사이의 분열을 치유하려는 노력의 실패는 아마도 개신교도들 사이의 지속적인 분열 보다 이해하기 더 쉬울 것이다. 후자는 믿음의 본질적인 것들에서 합의되었기 때문이다. 모든 관료 종교개혁자들은 '솔라 스크립투라'(*sola scriptura*)에 대한 믿음과 로마 가톨릭 교리와 관례의 거부에 헌신했다. 그들은 또한 칭의 교리와 만인제사장론에 대체적으로 합의했다. 나아가 그들은 공동 목표와 공동 적도 가지고 있었다. 적은 가톨릭 종교개혁에서 출현한 새롭게 갖추어진 강한 로마 가톨릭주의였고, 공동 목표는 교회에 진정한 신학적이고 윤리적인 개혁을 이루는 것이었다. 그러나 개신교도들은 성경의 유일한 권위에 대한 헌신과 성경의 명백성에 대한 믿음이 반드시 성경이 실제로 무엇을 가르치는가에 쉽게 합의하게 하지 않는다는 것을 곧바로 발견했다. 마르부르그 회담(Marburg Colloquy)은 개신교도들 사이의 분열을 치유하려는 여러 비성공적인 노력 중 단지 첫 번째 였다. 루터교도들, 츠빙글리안들, 칼빈주의자들, 그리고 재세례파들 사이에 발전한 분열들 외에, 다른 투쟁들이 그들의 설립자들이 죽은 후 주 교단 내에서 발생했다. 루터교도들은 루터가 죽은 후 심한 내적 신학적 전투가 벌어졌고 칼빈이 죽은 후 칼빈주의자들도 마찬가지였으며, 심지어 메노나이츠(Mennonites)도 메노 시몬즈(Menno Simons)가 죽은 후 몇 개의 반목 그룹으로 나뉘어졌다. 로마 가톨릭교도들도 또한 분열을 경험했다. 교회 내에서 그룹들 간의 확장된 투쟁이 마침 그들이 개신교주의에 잃었던 지역들을 회복하려 할 때에 로마 가톨릭교도들을 어렵게 했다.

의견의 일치보다는 투쟁이 훨씬 더 일반적이었지만, 이 시기 동안 화해를 이루기 위해 열심히 노력하고 적어도 일부 성공을 이루어낸 사람들이 있었다. 마틴 부처, 존 칼빈(John Calvin), 필립 멜랑톤(Philip Melanchthon), 야콥 안드레아(Jakob Andreae), 그리고 그 외의 사람들은 어느 정도 연합을 회복하기 위해 헌신된 노력을 기울였고, 그것은 "하나가 되라"(요 17:21)는 제자들을 위한 예수님의 기도가 당시의 투쟁 가운데 완전히 잊어버리지는 않았다는 소망적인 징표였다. 1550-1650년 기간은 또한 신조의 시대였다. 신학적 투쟁과 연관된 하나의 발전은 신조의 기록이었기 때문이다. 1530년의 아우그스부르그 신조(Augsburg Confession)로 시작된 이 신조들은 신학적 논쟁에서 특정 분파의 믿음을 선명하게 진술하기 위한 시도로 기록되었다. 때로 그것은 아우그스부르그 신조가 그랬던 것처럼 평화를 가져오기 위해 고안되었다. 때로 그것은 루터교도들이 화합신조(Formula of Concord)로 그렇게 한 것처럼 어느 정도의 화합을 달성하기도 했다. 그러나 그것들은 동시에 교리를 명확하고 비타협적인 방법으로 정의했고, 거부된 믿음의 내용을 일방적으로 정죄했기 때문에 그 이상의 대화를 위한 여지를 남겨 놓지 않았다. 예를 들면, 트렌트 종교회의(Council of Trent)의 교회법과 교리들은 모든 개신교 종교개혁자들의 신앙내용을 구체적으로 목록화했고 정죄했다. 화합 신조는 많은 루터교도들을 연합시켰지만, 동시에 칼빈주의자들을 비롯하여 다른 자들의 믿음을 구체적으로 정죄했다.

성례 신학에 대한 투쟁

성례신학, 특히 성찬에 대한 믿음은 여러 신조 중 중심적 관심 거리였다. 이 관건이 개신교도를 가톨릭교도로부터 그리고 개신교도들 사이를 분열시켰기 때문이다. 마르부르그에서 츠빙글리안과 루터교도의 합의를 얻어내는데 실패한 사건은 1530년 아우그스부르그 회의(Diet of Augsburg)에서 황제에게 세 가지 신조를 제출하는 결과를 초래했다. 부처는 1536년의 비덴베르그 화합(Wittenberg Concord)에서 루터교도들과 합의를 타협해낼 수 있었지만, 스위스인들은 화합에 묘사된 루터교도의 입장을 수용하지 않았다. 우리는 1539년과 1541년 사이의 회담들에서 가톨릭교도와 개신교도 사이의 분열을 치유하려는 노력이 어떻게 성찬에 대한 차이를 해결할 수 없었는지 이미 보았다. 참여자들은 이신칭의의 종교개혁 중심교리에는 합의할 수 있었지만, 성찬에 대한 그들의 다른 견해들은 1541년 레겐스부르그

(Regensburg)에서 연합을 재건하려는 마지막 시도에 실패를 안겨주는 주요 요소가 되었다. 슬프게도, 그리스도인들을 하나 되게 하려고 의도되었던 성찬 음식이 종교개혁에서 분열의 가장 큰 원인이 되었다.

개신교도 중 헌신된 중재인 중 하나는 존 칼빈이었다. 그는 "하나님께서 한 개인이 모든 부분에 충분하고 완전한 지식을 가지도록 그렇게 당신의 종에게 호의를 결코 베푸시지 않는다"는 것을 잘 인식했다. 그는 하나님께서 "우리를 겸손하게 하시고 형제로서 의사소통을 하라고" 이렇게 하셨다고 믿었다. 그러므로 "우리는 가장 바람직한 것을 소망해서는 안 되고, 성경 구절들을 이해하는데 우리 사이에 지속적인 합의가 있어야 한다." 그는 또한 "다른 사람을 조롱하는 것을 좋아하는 것에 끌리는" 것이나 "적대감으로 부추김을 받는" 것을 경고했다.[2] 싸우고 있는 자신의 동료 개신교도들 사이에서 화해를 이루려는 그의 시도를 통해 칼빈은 논박과 욕설을 피하려 했으나, 항상 성공하지는 못했다. 그는 성찬으로 말미암은 분열에 대해 특히 관심을 가지고 있었고, 1557년 3월에 쓴 편지에서 복음에서 연합된 자들이 성찬에 대한 불일치로 분열되고 있는 것을 한탄했다. 성찬은 그들 사이에 연합을 위한 근원이 되었어야 했기 때문이다. 그는 연합을 이루려고 노력했으나, 그도 츠빙글리안 입장이나 루터교 입장과 완전히 합의할 수 없다는 것을 발견했다. 루터의 입장에 어느 정도 끌렸지만, 칼빈은 루터교가 가르치는 그리스도 몸의 무소부재에 대한 믿음을 수용할 수 없었다. 그는 또한 비텐베르그 화합도 수용할 수 없었다. 1538년 1월 부처에게 보낸 편지에서 칼빈은 화합의 내용이 많은 헌신된 개신교도들의 믿음을 제외했다고 그의 낙담을 표현했다. 그는 이렇게 말했다. "우리가 화합의 핑계로 난폭하게 괴롭힘을 당한 수천 명의 사람들을 생각하지 않는다면, 우리는 세 번 무정하고 야만적이다."[3]

칼빈이 비록 루터교도들과 츠빙글리안들을 연합시킬 수는 없었지만, 오랜 협상 끝에 츠빙글리의 계승자, 하인리히 불링거(Heinrich Bullinger)와의 합의에 도달할 수 있었다. 칼빈은 이 협상에서 대단한 재치와 외교 능력을 보여주었다. 불링거는 그리스도가 성찬에 실제로 존재한다는 칼빈의 주장으로 말미암아 항상 루터교 성향을 의심했기 때문이다. 칼빈은 자신이 루터의 견해를 가지고 있지 않다고 지속적으로 불링거를 확신시켜야했다. 그것은 특히 1544년 저술한 『거룩한 성례에 대한 짧은 고백』(*Short Confession on the Holy Sacrament*)에서 루터가 스위스 신학자들에 대한 난폭한 공격을 개시한 후였다. 이것은 루터의 최악의 모습을 보여주었다. 그가 자신의 성례 신학이 변했다는 소문에 반응하며, 루터는 그의 글에 이성보다는 감정을 노출했다. 이 책자는 츠빙글리와 성례에 대해 츠빙글리의 견해를 가졌다고 믿었던 사람들에 대한 강렬한 공격으로 가득 차 있었고, 그들을 이단, 위선자, 거짓말쟁이, 그리고 신성모독자라고 불렀다. 루터는 심지어 그들을 위한 기도를 중단했다고 말했다. 루터는 또한 마르부르그 회담에서 츠빙글리를 위선자라고 고소했다. 루터보기에 츠빙글리가 사실상 믿지 않는 기독교 조항들에 합의했기 때문이다. 루터는 츠빙글리가 이교도보다 더 나쁘고 자신이 교황주의자였을 때 보다 열배 더 나쁘다는 결론을 내렸다.[4] 루터는 불링거의 친구와 이미 가버린 동료에 대한 공격에 그보다 더 악랄할 수가 없었다. 불링거가 분노했던 것은 당연하다.

악랄한 공격에도 불구하고, 칼빈은 루터의 공헌을 불링거가 인식하도록 하기 위해 1544년 11월 불링거에게 편지를 썼고, 그것은 대단한 용기와 재치를 보여주었다. 칼빈은 루터가 공격한 사람들이 반응을 보이는 것이 정당하다는 것을 인정했지만, "그들이 그렇게 하는 것이 신중하지는" 않을지 모른다고 말했다. 칼빈은 또한 불링거에게 "인간 루터가 얼마나 탁월하고 그의 뛰어난 능력이 대단한지를 고려하라"고 요청했다. 그는 불링거에게 "얼마나 대단한 기술로, 교리적 진술의 대단한 효율성과 능력을 가지고" 루터가 "지금까지 적그리스도의 통치를 무너뜨리기 위해 자신의 모든 에너지를 헌신했고, 동시에 구원의 교리를 가까이와 멀리 퍼뜨리는데 총력을 기울였는지" 기억나게 했다. 상당부분, 칼빈은 심지어 루터가 "나를 마귀라고 부른다고 해도, 나는 여전히 그를 하나님의 뛰어난 종으로 존경하고 인정해야 한다"고 추가했다. 칼빈은 불링거에게 "먼저 당신의 동료들과 더불어 당신은 이 뛰어난 그리스도의 종과 연관 되어있고, 우리 모두가 거의 그에게 큰 빚을 지고 있다는 것을 고려해야 한다"고 호소하며 결론을 내렸다.[5] 칼빈은 또한 루터에게 분노로 답변해야 아무 것도 얻을 것이 없다고 불링거에게 충고했다. 그렇게 해서 그가 정당화될 수는 있어도, 그것은 복음의 대의를 섬기기보다는 복음을 훼손시킬 것이라는 의미였다.

칼빈의 충고에도 불구하고, 불링거는 루터에게 답장을 했고 1546년 칼빈에게 사본을 보냈다. 다음 해 칼빈은 불링거 답장에 대한 비판을 썼고, 불링거는 칼빈이 쓴 것에 대한 반박으로 답했다. 칼빈은 다시 그의 반응에서 재치와 외교력을 보여주었고, 그는 그와 함께 더 충분한 합의에 도달하고 싶기 때문에 논쟁에 휘말리고 싶지 않다고 불링거에게 썼다. 더욱이 칼빈은 그들의 입장이 불링거의 생각 보다는 훨씬 더 가깝다고 느꼈다. 1547년 11월 칼빈은 취리히(Zürich)를 방문했고 협상을 시작했다. 그 결과는 결국 '콘센수스 티구리누스'(Consensus Tigurinus)라고 출판된 것이었다. 협상은 어려웠다. 불링거가 비판에 매우 민감했고 두 사람은 확실히 다른 견해들을 가지고 있었기 때문이다. 그러나 그들은 1549년 5월까지 대화를 계속했고, 그 때 칼빈은 파렐(Farel)과 함께 취리히로 돌아갔다. 놀랍게도 그들은 단지 몇 시간의 논의 후에 성찬에 대한 합의에 이를 수 있었다. 결과는 '콘센수스 티구리누스'(Consensus Tigurinus)였다. 이것은 타협의 문서로, 아마도 칼빈은 원했던 것보다 츠빙글리안 견해에 더 많은 양보를 했다. '콘센수스'는 성찬에 그리스도의 물리적 현존을 거부했다. 그리스도의 육신적 몸은 하늘나라에 아버지 우편에 계시기 때문이다. 성례가 표시(sign)와 인침(seal)으로 츠빙글리안 언어로 정의되었지만, 두 사람은 그것이 믿는 자들에게 효력적이고 영적 은사를 전달한다는 데 합의했다.

칼빈주의자와 루터교도 사이의 투쟁

불링거와의 합의는 칼빈과 보수적 루터교도들 사이의 투쟁으로 이어졌다. 칼빈은 멜랑톤과 좋은 관계를 유지했고, 멜랑톤은 루터와 칼빈을 서로 만나게 하려고 정기적으로 시도했으며 루터가 칼빈을 높이 평가한다고 언젠가 칼빈에게 말했다. 우리가 아는 것처럼, 칼빈은 아우그스부르그 신조의 '바리아타'(Variata)에 서명했다. 그것은 그리스도의 몸과 피가 성찬에 "진정으로 나타난다"(루터교의 "진정으로 현존한다"로부터 변화된 것)고 단순하게 진술했다. 이것은 다른 견해를 인정하지 않는다고 표현하는 신조 원본의 진술을 삭제했다. 칼빈은 또한 그리스도인들을 서로 더욱 분리시킬지 모르는 성찬에 대한 어떤 공개 논쟁도 피하려 애썼다. 그러나 칼빈은 인생 말엽에 그런 논쟁에 휘말리고 말았다. 그것은 루터교 목사 조아킴 베스트팔(Joachim Westphal, 1510-1574)이 여러 스위스 교회들이 공식적으로 채택한 콘센수스 티구리누스가 출판된 후 1552년 그에 대한 공격을 시작했을 때였다.[6)]

베스트팔은 루터교 목사로 후에 함부르그(Hamburg)의 감독자(superintendent)가 되었다. 한 역사가는 그가 "루터의 비관용과 난폭한 성질은" 이어받았고 "루터의 천재성과 아량은 이어받지 못했다"고 평했다.[7] 그리고 칼빈에 대한 그의 공격은 칼빈과 츠빙글리 사이에 아무런 차이를 두지 않았고, 둘 다를 그리스도의 육체적 현존을 거부하는 "성례주의자"(sacramentarians)와 이단이라고 불렀다. 그는 또한 그들의 "성경의 불경건한 왜곡"과 그들의 "사탄적 신성모독"에 대해 말했다.[8] 칼빈은 첫 책자는 무시했다. 그러나 베스트팔은 이 사건을 놓아줄 준비가 되어있지 않았고, 두 번째 책자를 썼다. 그는 또한 성찬에 대해 다른 견해를 가지고 있는 자들을 가장 혐오스러운 방법으로 취급했다. 존 어 래스코(John a Lasco)와 그의 회중은 영국에서 메리의 핍박을 피해 대륙으로 도피하는 중이었으나, 그 추운 겨울에 임시 보호소도 거부당했다. 베스트팔이 그들을 이단이라고 비난하며 사람들로 하여금 그들을 대항하게 만들었기 때문이다. 칼빈이 이것을 들었을 때, 그는 분노했고 베스트팔에게 대응해야만 한다고 느꼈다. 결과는 두 사람 사이의 뜨거워진 소책자 전쟁이었다. 불링거와 파렐은 그런 식으로 반응하지 말라고 촉구했으나, 칼빈은 확실히 인내를 잃었고 1557년 파렐에게 이렇게 편지했다. "베스트팔과 그 나머지에 관해 내가 성질을 다스리고 당신의 충고를 따르는 것이 어려웠다. 당신은 그것을 거절할 뿐만 아니라 저주하는 저들을 '형제들'이라고 부른다. 과연 우리가 그 이름을 그들에게 붙여 주어야 하는지. 형제의 이름을 우리를 가장 나쁜 이단으로 보는 자들과 주고받는 우리가 얼마나 우습게 보이는가."[9]

베스트팔에 대한 답변에서, 칼빈은 수정된 아우그스부르그 신조가 "우리 교리와 상반된 내용을 가지고 있지 않다"고 말했고, "모든 경건하고 학식이 있는 자들은 즉시 존경을 표시할 그 저자"를 높게 평가했다.[10] 칼빈은 또한 "그것의 저자"에게 자신의 입장을 지지하는 공개적 진술을 해달라고 호소했다. 물론 그 저자는 멜랑톤이었다. 멜랑톤은 개인적 편지에서 그리스도 육신의 무소부재 교리를 수용하지 않는다는 것을 명백하게 했지만, 칼빈과 베스트팔 사이의 논쟁에 능동적인 부분을 담당하지 않으려 했다. 칼빈은 그의 친구가 공개적으로 자신을 지지해 주지 않는 것에 대해 심하게 실망했다. 1555년 3월 칼빈은 멜랑톤에게 다음과 같이 편지했다. "당신의 지나친 느림은 나를 불쾌하게 한다. 그것으로 당신이 보기에도 교회의 파괴를 향해 달려가는 자들의 광기는 유지될 뿐만 아니라 매일 같이 증가된다."[11] 멜랑톤은 베스트팔과의 논쟁에서 칼빈 편을 들기는 꺼려했지만, 칼빈과 그의 추종자들과의 화해를 위해 지속적으로 일했다.

1557년 베자와 파렐은 프랑스 개신교도들을 위한 독일의 지지를 얻기 소망하며 보름즈(Worms)로 갔다. 거기서 그들은 멜랑톤, 브렌츠(Brenz), 안드레아(Andreae), 그리고 여러 다른 루터교 신학자들을 만났다. 그 모임에서 베자(Beza)는, 성찬에 대한 조항을 제외하고는, 스위스 교회가 아우그스부르그 신조를 수용할 수 있을 것이라고 말했다. 그것은 틀린 말이었다! 스위스는 아우그스부르그 신조를 증오했고, 칼빈은 피해를 수리해야하는 난처한 입장에 놓이게 되었다. 1564년 칼빈이 죽기 전에, 그는 엄격한 루터교 틸레만 헤쓰후스(Tilemann Hesshus)에 대한 답변으로 성찬에 관한 마지막 논문을 썼다. 헤쓰후스는 하이델베르그 대학(University of Heidelberg)에서 가르쳤고, 성찬 신학에 대한 논쟁에 휘말려 있었다. 이 논쟁에서 헤쓰후스는 칼빈과 불링거와 함께 성찬을 드릴 수가 없다고 진술했다. 대학의 총장은 만일 칼빈과 불링거가 천국에 있다면 그곳에 가기를 원하는가 물었다. 그의 대답은 기록되지 않았으나, 그는 나중에 성찬에 대한 논문을 썼고, 칼빈은 1561년 그 논문에 답을 했다. 역설적으로, 성찬에 대한 논쟁을 피하려했던 칼빈은 루터교도들에 대항하여 자신의 입장을 방어하며 그의 인생을 마쳤다. 칼빈은 개신교도들을 연합하기 위해 사역의 많은 시간을 보냈지만, 개신교 세상을 괴롭혔던 논쟁을 피할 수는 없었다.

베자도 마찬가지로 루터교도들과 합의를 이루어내는 노력에 성공적이지 못했다. 칼빈이 죽은지 20년 후, 베자는 루터교 신학자 야콥 안드레아(1528-1590)를 몬트벨리아드 회담(Colloquy of Montbeliard)에서 만났다. 몬트벨리아드 주는 현재 프랑스 경계 안쪽 지역이었지만, 그 당시에는 뷔르템베르그의 루터교 공작령(Lutheran Duchy of Wurttemberg)의 관할 하에 있었다. 그 지역 주민들은 대부분 칼빈주의자였고 자신을 루터교주의에 순응하게 하려는 노력을 저지했다. 프랑스 난민들이 대거 도착했을 때, 그들은 칼빈주의 예식에 따라 성찬을 받기 원했다. 여기에 복잡한 상황이 발생했다. 나바레의 헨리(Henry of Navarre)는 프랑스 종교전쟁에서 루터교의 도움을 원했으나, 그들은 칼빈주의자들이 루터교 교리에 순응하지 않으면 도움을 주지 않겠다는 것이었다. 몬트벨리아드의 프레데릭 백작(Count Frederick of Montbeliard)는 이 문제의 해결을 찾기 위해 데오도르 베자(Theodore Beza)를 초청하여 뷔르템베르그의 루드비히 공작(Duke Ludwig of Wurttemberg)의 궁전에서 야콥 안드레아와 논쟁을 하게 했다. 1586년에 있었던 이 논쟁은 기독론, 세례, 미술, 교회 음악, 그리고 성찬 신학과 예정론의 질문을 다루었다. 음악과 미술에 대해 일부 합의가 있었지만, 다른 주제에 대해서는 합의를 얻어내지 못했다.

논쟁에 관련된 하나의 흥미로운 질문은 예정론을 다루는 것이었다. 베자는 이중 예정의 입장이었고, 반면에 안드레아는 선택 교리만 수용할 준비가 되어있었으며 하나님께서 사람들을 영원한 정죄로 예정하신다는 칼빈주의 가르침을 거부했다. 베자는 하나님께서 모든 백성을 사랑하시거나 모든 자들이 구원받기를 원하신다고 말하는 모든 포함적인 구절들이 선택받은 자들만을 의미하는 것으로 해석했고, 안드레아는 자신의 입장이 비논리적이라는 베자의 주장에 직면하게 되었다. 베자는 만일 하나님께서 택함 받은 자들을 선택하셨다면, 다른 자들은 버리셨어야만 했다고 주장했다. 한 사람의 선택은 다른 자의 버림을 의미하는 것이기 때문이다. 회담은 그들이 결국에는 합의에 도달하기를 바라는 베자의 소망적 표현으로 끝났다. 베자는 하나님께서 그들이 어디에서 오류가 있었는지 양쪽에 보여주시고 그들을 진리로 이끌어 주시기를 기도했다고 진술했다. 안드레아는 그렇게 관대하지는 않았다. 안드레아는 그들이 합의에 도달하지 못해서 미안하다고 말했으나, 상대방이 성경으로 하여금 인간의 이성에 순응하게 하지 않고 스스로를 말할 수 있도록 했다면, 합의에 도달할 수 있었을 것이라고 말했다. 그는 또한 하나님께서 베자를 조명하시어 그의 오류를 보여주시라고 기도했다고 말했다. 베자가 형재애의 손을 그에게 내밀었을 때, 안드레아는 거부했고 그는 인간애의 손을 내밀겠다고 말했다. 회담의 결과는, 자신의 성경 해석이 옳고 유일하게 수용될 수 있는 견해라고 너무도 확신하고 있는 자들 사이에는 심지어 공통적 위협도 연합을 가져올 수 없다는 것을 보여주었다.

독일 개신교도들 사이의 분열은 종교개혁 시기의 마지막 10년에 강렬해졌다. 그 때는 독일이 일부 역사가들이 말하는 "두 번째 종교개혁"을 경험하는 시기였다.[12] 칼빈주의자들은 루터교 종교개혁이 중도 집안이라고 간주했다. 루터교도들이 너무도 많은 가톨릭 관습들을 유지했기 때문이다. 그들은 가톨릭 종교개혁이 개신교도들에게 잃었던 지역들을 회복시키려 했기 때문에 이것을 특별히 위험하게 생각했다. 그들은 실질적 존재 교리와 "베텐베르그 예배의식에 잔존하는 전통적 예식 일체"와 같은 루터교주의에 남아있는 가톨릭 믿음과 관례들을 "옛 교황의 미신"과의 심각한 타협이라고 간주했다. 그들은 이렇게 말했다.

> 제단, 성체, 촛불, 예식복을 갖춘 미사의 외적 형태; 세례반과 구마(exorcism) 예식; 십자가상(crucifixes), 제단 뒤 선반 그리고 다른 교회 예술품; 준비된 인용구, 마리아와 다른 축제들이 들어있는 전통적 교회 달력 등은… 루터교도들이 주장하는 것처럼 단순히 무관하거나 비본질적인 것이 아니고, 가톨릭-개신교 차이를 흐리게 하여 사람들을 혼란에 빠뜨리는 위험한 "교황 성물들"이다.[13)]

16세기 후반과 17세기 초반에 칼빈주의자들은 독일 지역을 루터교주의에서 칼빈주의로 회심시키는데 많은 성공을 거두었다. 이 과정은 프레데릭 3세(Frederick III, 1559-1576)가 1559년 팔라티네(Palatine)의 선제후(Elector)가 되었을 때 팔라티네에서 시작되었다. 그는 선임자가 루터교도이든 칼빈주의자이든 구별하지 않고 당대의 가장 훌륭한 학자들로 교수진을 만든 대학을 물려받았다. 그 결과, 대학은 앞에서 논의한 성찬에 대한 논쟁으로 끓게 되었고, 그 안에는 불굴의 루터교 논쟁자 틸레만 헤쓰후스도 들어있었다. 논쟁의 과정에서 프레데릭 3세는 칼빈주의 견해를 확신하게 되었고 그로 말미암아 루터교 교수들을 해고했으며 칼빈주의자들로 대체했다. 그는 또한 그의 통치 영역에 있는 교회들로부터 예술품, 오르간, 성직복, 세례반, 십자가상, 그리고 제단들을 "제거했다." 그는 대학에 카스파 올레비아누스(Kaspar Olevianus)와 자카리아스 우르사이누스(Zacharias Ursinus)라는 두 명의 새로운 교수들을 임명했고, 그들은 하이델베르그 요리문답(Heidelberg Catechism)이라 불리는 새로운 칼빈주의 신조를 준비했다. 하이델베르그 요리문답은 개혁주의 신앙의 표준 진술 중 하나가 되었고, 대학은 중요한 칼빈주의 센터가 되었다. 칼빈주의가 된 다른 독일 지역은 1578년 나쏘-딜렌부르그(Nassau-Dillenburg), 1580년 바덴-두르라크(Baden-Durlach), 1604년 리페(Lippe), 그리고 1605년 헤쎄 카쎌(Hesse Kassel)이었다. 1613년 브란덴부르그의 존 시기스문드(John Sigismund of Brandenburg)는 칼빈주의로 회심을 선언했으나, 그의 백성들에게 칼빈주의가 루터교 종교개혁의 연속이고 완성이라는 것을 설득할 수는 없었다. 그들은 통치자가 자신의 루터교주의를 포기한데 경악했고, 베를린(Berlin)과 몇 다른 도시에서 폭동이 일어난 후, 1615년 존 시기스문드는 나라가 루터교로 남아야한다는 것에 양보했고 법정은 칼빈주의로 했다.

칼빈주의 도전에 대한 반응으로 덜 가톨릭이 되기보다는, 루터교도들은 실질적 존재에 대한 루터교 믿음을 강조하기 위해 성찬을 베풀 때 성체거양(elevation of the host)과 같은 더 많은 가톨릭 관례들을 채택했다.[14] 심지어 30년 전쟁(Thirty Years' War)에서 개신교 대의가 독일 전역을 잃어버릴 수 있는 위험에 놓이게 되었을 때에도, 루터교도들과 칼빈주의자들은 신학적 합의에 도달할 수가 없었다. 칼빈주의자들은 루터교 "유비퀴티스츠"(ubiquitists, 그리스도의 몸이 모든 것에 계시다는 것을 믿는 자들)를 교황주의자들과 공통적 신학적 근거를 마련한 자들로 보았고 그들이 이신칭의 교리를 타협했다고 고소했다. 1619년 『왜 칼빈주의자들보다 교황주의자들과 동맹하는 것이 더 좋은가』(*Why It Is Better to Ally with Papists Than with Calvinists*)라는 제목을 가진 익명의 루터교 소책자는 루터교도들이 칼빈주의자보다 가톨릭교도를 신뢰하는 것이 더 좋다고 주장했다. 이것은 칼빈주의자들로 하여금 루터교도들이 적그리스도의 편을 선택했다는 의심을 확신하게 했다. 이 치열한 논쟁 가운데, 브라덴부르그의 법정 설교자, 존 베르구이스(John Berguis)는 30년 전쟁 동안 신성로마제국에서 개신교주의 존재가 공통적 위협에 직면하고 있는 상황에서 루터교도들과 칼빈주의자들을 합치려고 시도했다. 이것은 1631년의 라이프치히 회담(Leipzig Colloquy)으로 이어졌다. 그 회담은 성찬과 기독론에 대해 합의를 얻어내는 것에는 실패했지만, 양쪽은 라이프치히 메니페스토(Leipzig Manifesto)로 알려진 정치적 합의에 도달했다. 승리하고 있는 스페인과 황제 군사력의 공통적 위협에 직면하여, 그들은 독일 개신교 주들의 자유를 보호하기 위한 방어 동맹의 결성에 합의했다. 위험이 신학적 합의를 가져오지는 못했지만, 적어도 참여자들은 신학적 차이를 초월하여 공통적 위협의 면전에서 군사적으로 연합할 필요가 있다는 것을 인식할 수 있었다.

루터교도들 사이의 투쟁

칼빈주의자들과 루터교도들이 성찬 신학을 논쟁하고 있는 동안, 루터교도들은 서로 간 동일하게 신랄한 논쟁에 휩싸여 있었다. 루터교도들 사이의 차이는 이미 루터 생애 동안 명백했으나, 루터가 살아있는 동안 그들은 조심하고 있었다. 루터교의 칭의 신학은 성경적 윤리법이 구원에서 역할이 있다는 것을 거부하는 것과 선행은 칭의의 필수적 열매라는 가르침 사이의 섬세한 균형을 유지하는 것을 내포하고 있었다. 두 명의 루터 친구는 그들의 신학에서 율법을 서로 다른 방법으로 다루었다. 공중 윤리 보존에 대해 관심이 있었던 멜랑톤은 1527년 색슨(Saxon) 교회 심방을 위해 구성한 그의 가르침에서 율법 설교의 필요성을 강조했다. 반면에 루터 밑에서 공부했고 후에 비텐베르그 대학에서 가르친 요한 아그리콜라(Johann Agricola, 1492-1566)는 반대 입장을 고수하며 율법 설교는 전적으로 불필요하다고 가르쳤다. 그는 그리스도인의 삶에 율법의 어떤 역할도 거부했고, 사람들에게 죄를 깨닫게 하는 것도 불필요하다고 주장했다. 복음만이 그것을 한다는 것이었다. 1527년 그는 공개적으로 멜랑톤을 비판했으나, 루터가 중재 역할을 하여 그의 두 친구들 사이의 갈라진 틈을 꿰매었다.

아그리콜라의 반율법주의(antinomianism)가 명백히 그의 견해와 조화를 이루지 않았지만, 루터는 오류에 빠져 있는 그의 친구에 대해 놀랍게 인내하고 있었다. 그러나 1539년 루터는 대학의 여러 공식적 논쟁에서 아그리콜라의 견해를 도전했다. 이것은 두 사람 사이의 분열로 이어졌고, 아그리콜라는 비텐베르그를 떠나 브란덴부르그 선제후를 위한 법정 설교자의 직위를 취하게 되었다. 멜랑톤의 견해와 합의하지 못한 또 하나의 루터 친구는 니콜라스 폰 암스도르프(Nikolas von Amsdorf, 1483-1565)였다. 암스도르프는 루터에게 선행의 필요성에 관한 멜랑톤의 입장에 대해 불평했다. 루터가 살아있는 동안에는 멜랑톤과 공개적 관건을 삼는 것을 피했지만, 루터 사후 루터교도들 사이의 차이는, 아우그스부르그 잠정협정(Augsburg Interim)에 대한 서로 다른 접근의 결과로, 공개적이 되었다.

독일에 종교적 평화를 구축하기 위한 노력으로 황제 찰스 5세는 아우그스부르그 잠정협정에서 루터교도들에게 몇 개의 작은 양보를 했다. 그것은 빵과 포도주를 둘 다 사용하는 성찬식과 성직자 결혼을 허락하는 것을 포함했다. 대부분의 루터교도들은 아우그스부르그 잠정협정을 거부했지만, 멜랑톤은 특별히 어려운 상황에 놓이게 되었다. 그는 비텐베르그 대학에서 가르치고 있었고, 당시 그 대학은 황제의 루터교 동맹, 삭소니의 모리스(Maurice of Saxony)의 지배하에 있었다. 모리스는 아우그스부르그 장정협정 대신 루터교주의의 본질적 가르침을 여전히 보유하는 타협안을 준비했다. 1548년 12월 삭손 지역들은 라이프치히 잠정협정(Leipzig Interim)이라고 알려진 타협안을 수용했다. 그 협정은 성경의 가르침을 범하지 않고 지켜질 수 있는 이차적인 것들(아디아포라, *adiaphora* 또는 "무관한 것들")을 양보하고 루터교의 칭의교리를 보존하려 했다. 멜랑톤은 본질적인 교리들을 보존하고 교회에 복음의 가르침을 유지하기 위해서는 위기 상황에서 이차적인 것들에 약간의 타협을 하는 것은 필수적이라고 주장했다.

멜랑톤의 딜렘마와 그의 타협적 해결책의 합리성을 이해할 수는 있었지만, 마그데부르그(Magdeburg) 시에 잡혀있는 한 그룹의 루터교도들에게는 합리적 해결처럼 보이지 않았다. 마그데부르그 시는 황제의 장악 밖에 남아있는 몇 안 되는 독일 도시 중 하나였다. 마그데부르그 그룹의 지도자들 중에는 암즈도르프(Amsdorf)와 마티아스 플라키우스 일리리쿠스(Matthias Flacius Illyricus, 1520-1575)가 있었다. 플라키우스는 비텐베르그 대학의 전 학생이었고 거기서 후에 히브리어 교수가 되었다. 그는 또한 멜랑톤의 개인 비서였으나, 두 사람은 라이프치히 잠정협정으로 일구어진 관건에 대해 싸우면서 적이 되었다. 마그데부르그의 피난처에서 플라키우스는 라이프치히 잠정협정의 타협을 비난했고, 예식들과 관례들이 부과될 때, 그것은 더 이상 아디아포라가 아니라고 주장했다. 이런 경우 분명한 믿음의 신조가 요구되어 그것이 "무관한 것들"이라고 불릴 수 없도록 해야 한다고 말했다. 그는 핵심 문제는 우리가 하나님을 순종할 것인지 아니면 인간의 명령에 복종할 것인지라고 주장했다.

황제 찰스 5세의 패배와 1555년의 아우그스부르그 평화협정(Peace of Augsburg)이 아우그스부르그와 라이프치히 잠정협정을 둘 다 종식시켰지만, 주변의 논쟁은 해결되지 않았다. 그들의 반대편은 플라키우스를 추종했던 그룹을 "진정한 루터교도" 또는 "그네시오-루터교도"(Gnesio-Lutherans)라고 경멸적으로 불렀고, 다른 쪽은 필립 멜랑톤의 추종자들이었기 때문에 "필립피스트들"(Philippists)이라고 불렀다. 플라키우스와 그의 지지자들은 멜랑톤과 그가 택했던 타협을 끊임없이 비난했다. 그들은 심지어 필립피스트들이 라이프치히 잠정협정을 저술하고 수호한 역할에 대해 공개적으로 회개하라고 주장했다. 멜랑톤은 그가 취한 입장이 실수였다는 것을 인정했지만, 그와 그의 추종자들은 공개적 회개라는 치욕에 순종할 준비는 되어 있지 않았다. 이 논쟁들은 또한 비텐베르그 대학과 제나(Jena) 대학 사이의 투쟁으로 확대되었다. 삭소니의 공작 존 프레데릭이 슈말칼딕 전쟁(Schmalkaldic War)에서 비텐베르그를 모리스에게 잃었을 때, 그리고 그가 대학을 그의 영토에 있는 제나로 이동시킬 수 없었을 때, 그는 제나에 새 대학을 세웠고, 그것은 그네시오-루터교들의 요새가 되었으며, 비텐베르그는 필립피스트들의 보존지가 되었다.

이 후의 논쟁은 너무도 광범위한 주제들을 다루었기에 주요 관건들을 요약하는 것만도 어렵다. 루터교 신학자들은 매우 세밀한 신학적 논점에 대해서 싸웠기에, 논쟁에 있던 멜랑톤이 '라비에스 데올로고룸' (*rabies theologorum*) 또는 "신학자들의 광기"에 대해 말한 것도 놀랄 일이 아니다. 좋은 예가 소위 일컫는 마조리스틱 논쟁(Majoristic Controversy)이다. 윤리적 삶에 대한 멜랑톤의 관심에 동의한 필립피스트들 중 하나인 조지 메이저(George Major, 1503-1574)는 "선행이 구원에 필요하다"고 진술했다. 그는 구원이 믿음을 통해 은혜로 된다는 루터의 가르침을 거부하지 않았다고 주장했다. 그는 믿음이 필연적으로 선행을 만들어내며, 만일 그렇지 않다면, 그것은 진정한 구원에 이르는 믿음이 아니라는 것을 의미했다. 루터의 이신칭의 가르침을 포기하는 것이 아니라는 메이저의 지속적인 주장에도 불구하고, 플라키우스는 그가 아무리 자신의 입장을 설명하려 한다 해도, "선행은 구원에 필수적이다"라는 문구는 필연적으로 오해될 수밖에 없다고 지적했다. 이신칭의 교리를 강조하는 방법으로 종교개혁 교리를 진술하려고 노력하며, 그네시오 루터교도 암즈도르프는 "선행이 구원에 해가된다"는 과격한 진술로 맞섰다. 그는 만일 구원을 위해 선행을 신뢰한다면, 그것은 "해가된다"는 것이나, 그도 쉽게 오해될 수 있는 것이었다. 양쪽이 서로를 지나치면서 말을 하고, 아마도 실제로는 서로 다르지 않았어도, 그들은 화합신조로 루터교도들 사이에 합의를 이룬 1580년까지 그 논점을 계속 주장했다.

또 하나의 관건이 신입협력설적 논쟁으로 나타났다. 그것은 인간의 의지가 구원에서 역할을 하는 정도를 다루었다. 멜랑톤은 말씀과 성령과 더불어 인간의 의지가 회심의 한 가지 요소라고 가르쳤다. 그네시오-루터교도들은 회심에서 인간 의지의 어떤 역할도 완전히 거부했고, 필립피스트들은 인간의 의지가 성령에 의해 감동을 받아 회심에서 역할을 한다고 주장했다. 즉, 인간의 의지는 하나님의 은혜와 협동한다는 것이다. 또 다른 논쟁적 진술이 멜랑톤의 친구이고 라이프치히 대학의 교수인 요한 페핑거(Johann Pfeffinger)에 의해 나왔다. 그는 "성령은 찾는 자들이…받는다. 즉, 그분을 경멸하거나 거부하지 않는 자들, 그러나 탄식으로 그분의 도움을 간구하는 자들이 받는다"고 말했다.[15] 이것은 인간의 협동이 회심에 필수적임을 함축하는 것으로 보였다. 또 하나의 관건은 그리스도인의 삶에서 율법의 역할이었다. 루터가 율법이 인간의 죄를 깨닫게 하고 재갈을 물리는데 필요하다고 가르쳤지만, 율법이 그리스도인을 위한 인도로서의 세 번째 용도를 가지고 있다는 것은 수용하지 않은 것으로 보인다. 루터 사후 이 주제는 당연히 루터교도들 사이에 논쟁의 주제가 되었다. 성찬이 또 다른 분열의 관건이었다. 멜랑톤이 베스트팔과 칼빈 사이의 논쟁에 휘말리기를 거부했지만, 그는 비밀-칼빈주의(crypto-Calvinism) 또는 은밀하게 칼빈주의자인 것으로 비난을 받았다.

필립피스트들과 그네시오-루터교도들은 양쪽 다 안드레아스 오시안더(Andreas Osiander, 1496-1552)의 입장에 반대했다. 오시안더는 누렘베르그(Nuremberg) 개혁자로 프러시아에 있는 쾨닉스베르그(Konigsberg) 대학의 교수가 되었다. 오시안더는 그리스도의 의로움이 믿음을 통해 죄인에게 전가되었다는 사상을 거부했다. 오히려 그는 구원에 이르는 의로움은 믿는 자들 안에 그리스도의 거하심의 결과라고 주장했다. 믿는 자들이 소유한 의로움은 그리스도께서 가지고 계신 의로움이며, 그분이 하나님의 아들이시기 때문이지 십자가에서 죽음을 통해 그에 의해 얻어진 의로움 때문이 아니라는 것이었다. 오시앤더는 루터와 불일치하지 않는다고 주장했지만, 그네시오-루터교도들과 필립피스트들은 모두 그의 입장을 은밀한 가톨릭주의의 한 유형으로 생각하고 거부했다.

"신학자들의 광기"가 루터교주의를 파괴하고 종교개혁의 업적을 훼손하려 위협했던 시기에, 평화를 추구하는 자들이 대부분의 루터교도들에 의해 수용된 해결책을 이루어낼 수 있었던 것은 다행이다. 루터교도들 사이에 화합신조를 작성하는데 주도적인 역할을 한 두 사람은 야콥 안드레아와 마틴 켐니츠(Martin Chemnitz, 1522-1586)였다. 언뜻 보기에 안드레아가 평화인의 역할을 한다는 것이 놀라워 보인다. 그는 몬트벨리아드 회담에서 베자에게 교제의 손을 내미는 것을 거부했고, 로마 가톨릭교도와 다른 개신교도들에 대항하여 심한 논박을 벌렸기 때문이다. 나아가, 그는 총장과 신학 교수로 봉직하던 튜빙겐 대학(University of Tubingen)에서 그의 동료들과 심각한 불일치를 겪기도 했다. 안드레아의 거친 성격은 화합신조의 공동 저자, 마틴 켐니츠와의 관계를 비롯하여 많은 친구관계의 파괴를 초래했다. 그럼에도 안드레아는 그의 동료 루터교도들 사이에 평화를 이룩하는데 견고하게 헌신되어 있었다. 자신은 논쟁에서 양쪽으로부터 공격을 경험했음에도 불구하고 말이다.

마틴 켐니츠는 안드레아와는 매우 다른 성품을 가졌다. 그는 논쟁주의자라기 보다는 천성적으로 조용하고 평화로운 사람이었다. 그는 신학적으로 뛰어났으며, 논쟁을 피하고 싶었겠지만, 논쟁 상황에서 대응해 달라는 부탁을 지속적으로 받았다. 1565년과 1573년 사이에 켐니츠는 트렌트 종교회의(Council of Trent)에 대한 대응으로 책 세 권을 저술했고, 그것은 동료 루터교도들 뿐만 아니라 칼빈주의자들에게도 칭송을 받았다. 그는 또한 성찬에 대해 칼빈주의 입장을 반대하는 글을 써달라고 부탁을 받았다. 가장 중요한 일로, 화합신조에 최종적으로 도입된 성찬에 대한 입장의 골격을 세운 것이 바로 켐니츠였다. 그리스도의 인간적 몸의 편재성(ubiquity)을 가르치기보다, 켐니츠는 그리스도의 인성과 신성 사이의 "속성의 교류"에 입각하여 그의 육신이 하나님께서 뜻하시는 어떤 형태이든, 어느 곳이든, 언제든, 현존하실 수 있다고 가르쳤다. 이 교리는 '멀티볼리프레즌스' (*multivolipresnece*)라는 불가능한 이름이 주어졌고 루터교 가르침의 표준이 되었으며 화합신조에 도입되었다. 사실 켐니츠는 예정과 선택을 다루는 조항 11번을 비롯하여, 신조의 많은 신학적 언어를 스스로 만들었다.

화합신조가 어떻게 협상되었는지는 여기서 말하기가 너무 복잡하다. 그것은 필립피스트들과 그네시오-루터교도들 사이에 있던 안드레아와 켐니츠를 비롯한 중도파 사람들의 광범위한 협상과 끊임없는 노력의 결과로 나타났다. 화합신조에는 각 교리의 간단한 진술인 "대요"(Epitome)가 있고, 그 다음에는 "상세한 선언"(Thorough Declaration)이라 불리는 자세한 논의가 나온다. 각 부분은 고려중인 교리를 다루는 논쟁을 논의하며 시작한다. 두 번째 부분은 '아피르마티바'(*Affirmativa*)리 불리며, 저자가 옳다고 생각하는 그 교리에 대한 성경적 가르침을 제시한다. 마지막 부분은 "반론"(Antithesis) 또는 "네가티바"(*Negativa*)라 불리며 그들이 거부한 입장들을 목록화 했다. 이 신조는 루터의 대소요리문답과 아울러 세 개의 에큐메니칼 강령인 아우그스부르그 신조(Augsburg Confession), 아우그스부르그 신조의 변증(Apology of the Augsburg Confession), 그리고 슈말칼드 조항(Schmalkald Articles)을 포함한 화합문서(Book of Concord)에 도입되었다. 그것은 아우그스부르그 신조가 발표된 지 50년 후인 1580년 6월 25일 공개적으로 제시되었다. 화합신조를 작성하고 그것을 수용하도록 확신시킨 자들의 업적은 상당한 것이었다. 독일의 모든 루터교 영토의 삼분의 이가 그것을 수용했고, 8,811 명의 신학자들, 목사들, 그리고 교사들이 그것에 서명동의 했다. "루터교주의를 산산조각 낼 위협을 하고 있던 관건들이 마침내 해결되었다. 심지어 화합문서의 수용을 거부한 독일의 루터 교회들도 일반적으로 그 가르침에 대한 공개적인 정죄를 피했다."[16]

화합신조는 논쟁적인 질문들을 매우 조심스러운 방법으로 다룬 균형 잡힌 신학 작업이었다. 그러나 그것은 성경에 입각해 보았을 때 모순적으로 보이는 입장들을 화합하기 위해 이성에 의존하지 않는다. 예를 들면, 조항 11번은 루터교도들과 칼빈주의자들을 쪼개놓은 선택과 예정의 교리를 다룬다. 이 조항은 이런 진술로 시작한다. 비록 "이 조항에 관해 아우그스부르그 신조의 신학자들 사이에 어떤 공개적 분쟁도 발전하지 않았"지만, "미래에 그것에 관해 공격적인 분쟁이 교회에 소개되지 않도록 하기 위해" 그것이 신조에 포함되었다.[17] 그것은 하나님의 신비 안으로 너무 깊이 들어가는 것이나 우리 이성의 기초 위에서 판단을 내라는 것을 경고하고 예정 교리가 그리스도인들에게 대단한 위로의 근원이 되어야 한다고 진술한다. 그리고 그것은 하나님께서 일부를 택하셨기 때문에 다른 자들은 거부하셨다고 논리적으로 유추되어서는 안 된다. "많은 자들이 부름 받았으나, 소수가 택함 받았다"는 그리스도의 진술은 "하나님께서 모두를 구원하실 의도가 없으시다"는 것을 의미하지는 않는다. 인간은 자신의 정죄에 대해 칙임이 있다. 스스로 하나님의 말씀을 수용하지 않기 때문이다. 그들은 "그것을 의도적으로 경멸하고, 그들의 귀를 막고 마음을 강퍅하게 하며, 이런 방식으로 성령님에 대한 보편적인 길을 제외시키어 그들 안에서 당신의 사역을 수행하실 수 없게 한다."[18]

이 교리가 주려는 위로를 빼앗아 가는 어떤 가르침도 거부되었다. 이것은 많은 칼빈주의자들이 가졌던 믿음과 아울러 예정이 인간의 공로에 기초하고 있다는 반대 관점도 포함했다. "네가티바"는 다음의 내용을 포함했다. "하나님은 모든 사람이 회개하고 복음을 믿기를 원하지 않으신다.… 하나님은 모두가 구원받기를 원치 않으신다. 그러나 어떤 자들은 하나님의 권고, 목적, 의지로부터 그들의 죄와 상관없이 구원받을 수 없도록 정죄 받세 정해졌나.… 하나님의 자비와 그리스도의 가장 거룩한 공로뿐만 아니라, 우리 안에도 하나님의 선택의 원인이 있고, 그것으로 말미암아 하나님은 우리를 영원한 생명으로 선택하셨다."[19] 이 조항은 성경의 관련된 구절들을 단순하게 인용했고 모순으로 보이는 제안들을 조화시키려는 노력을 하지 않았다. 화합신조에 표현된 루터교의 입장은 반대되는 것들을 긴장 가운데 그대로 놓아두고 루터가 접근한 것처럼 역설을 하나님께서 자신을 드러내시는 방법으로 받아드리는 것이었다. 앞으로 보겠지만, 칼빈주의자들은 이 접근 방법에 편안하지 않았으나, 예정 교리를 논리적인 방법으로 다루는 노력은 칼빈주의자들 사이에 주요 신학적 논쟁으로 이어졌다.

화합신조가 대부분의 루터교도들을 연합시켰지만,[20] 루터교도들을 로마 가톨릭교도나 다른 개신교도들에게 더 가깝게 이끌어가지는 않았다. 사실, 루터교주의 역사에서 다음 세기는 "루터교 스콜라주의 시대"라고 명칭 되었다. 그 때 루터교 신학자들은 루터교도들과 다른 그리스도인들 사이의 차이점들을 강조하는 방대한 교리 저작들을 저술했다. 루터의 아리스토텔레스에 대한 정죄에도 불구하고,[21] 이 신학자들은 그들의 체계를 아리스토텔레스의 논리학과 형이상학 위에 세웠다. 이것은 스콜라주의라고 불린다. 중세 체계와 같이 그것은 학교의 신학이었고, 일반인들로부터 동떨어져 있었으며, 대부분이 학자들과 다른 신학자들에게 말하는 것이었기 때문이다. 이런 신학자들 가운데 가장 잘 알려진 사람 중 하나는 요한 게르하르트(Johann Gerhard, 1582-1637)였다. 그의 9권 저작, 『로치 데올로기치』(*Loci Theologici*)는 1610년와 1622년 사이에 출판되었고 루터교 신학 중 가장 영향력 있는 저작이 되었으며, 로마 가톨릭주의와 칼빈주의에 대한 변증을 제공했다. 제2판은 23권으로 확장되었다.

루터교도들은 일반적으로 신학적으로 게르하르트와 스콜라주의적 접근 방법을 따르는 경향이 있었지만, 일부는 그리스도인들을 연합하려고 지속적으로 노력했다. 에를 들면, 헬름스테트 대학(Universiy of Helmstedt)의 신학교수, 조지 칼릭스투스(George Calixtus, 1586-1656)는 종교개혁이 만들어 낸 분열을 화합하는데 그의 삶을 헌신했다. 확실한 루터교도였지만, 그는 모든 다른 그리스도인들을 이단으로 거부할 준비가 되어 있지 않았고, 멜랑톤처럼, 근본적인 교리와 이차적인 교리 사이에 차별을 두었다. 근본적인 교리는 구원을 위해 필수적인 것들 이었다. 그는 칼빈주의자와 가톨릭교도가 비근본적인 교리에 오류가 있었지만, 그들이 이단이라고 믿지는 않았다. 신학적 정통주의 시대에 당연히 그는 이것을 주장하는데 성공적일 수가 없었다. 그는 모든 사람들로부터 의심을 받았고 혼합주의로 부당하게 비난을 받았다. 여기서 혼합주의란 여러 믿음들로부터 요소들을 혼합하고 모든 것을 동일한 가치가 있는 것으로 수용하는 것이다. 킬릭스투스는 로마 가톨릭교도의 적대심을 유발했다. 그들은 그의 출판물이 자신을 향한 것이라고 느꼈고, 반면에 그의 동료 루터교도들은 그가 너무 가톨릭이라고 비난했다. 1645년 그는 칼빈주의자들과 가톨릭교도들을 프러시아에 있는 토른 회담(Colloquy of Thorn)에서 만났다. 이 회담은 종교적 연합을 이룩하려는 노력으로 폴란드 왕, 블라디슬라브 4세(Vladislav IV)에 의해 소집되었다. 일부 합의가 이루어졌으나, 예수회의 반대와 루터교의 내적 갈등이 회담을 실패로 운명 지었다. 이 회의를 통해 동료 루터교도들은 칼릭스투스가 칼빈주의로 편향했다고 비난했다. 칼릭스투스는 에큐메니칼 접근에 성공하지 못했고, 그것은 대중적 옵션이 될 때까지 3세기를 기다려야 했다.

신조화

그리스도인들을 연합하려는 노력이 실패한 이유 중 하나는 역사가들이 "신조화"라고 명칭을 붙인 현상이었다. 이 개념의 주도적 주창자인 하인츠 쉴링(Heinz Schilling)은 중세 시대의 연합된 교회가 "루터교, 칼빈주의 또는 개혁주의, 그리고 트렌트 종교회의 이후의 로마 가톨릭 등, 세 개의 신조주의 교회"에 의해 대체된 것을 주시했다. "각각은 매우 조직화된 체계를 형성했고, 그것은 개인, 국가, 그리고 사회와 관련되어 전면적인 세계관을 가지는 경향이 있었고, 정치와 윤리에서 엄중하게 공식화된 기준을 세워 놓았다."22)

교회와 사회는 매우 가깝게 연합되어 사회는 스스로를 종교적 믿음으로 정의했다. 군주는 교회와 정부의 수장이었고 모든 교회 일에 최종 권위였다. 그의 수입은 교회 토지와 자원을 장악하여 크게 증가했다. 역사가들은 현대 국가가 이 종교의 장악에 그 기원을 가지고 있다고 믿는다. "공개적 신조가 운명에 대한 국가의 진화적 감각을 위한 지적 기틀을 만들었기" 때문이다. 그리고 "종교가 이 시대의 어떤 다른 주제보다, 사회적이고 정치적인 관계를 위한 동력을 더 많이 제공했다."23) 군주는 믿음을 오류로부터 디렵히지지 않게 보존해야할 의무가 있었고 윤리법이 자신의 영역에 집행되도록 해야만 했다. 대중들이 참 믿음으로 교리화 되도록 교육적 제도들의 마구가 채워졌다. 처음에는 교회 예배 후에 요리 문답 교육을 통해서, 다음에는 교회 직원들에 의해 운영되는 학교를 통해서, 마침내는 대학들을 통해서 이루어졌다.

> 상세하고 명백한 신조(또는 진술)들이 참 종교와 거짓 종교 사이의 차이점을 확연히 드러냈고 교회의 각 멤버는 공개적 신조 전체를 명예롭게 하도록 기대되었다. 옳은 믿음은 개인이 결정할 문제가 아니었다. 충성스러운 자들은 구별된 종교적 신조에 속했고 그 신조는 국가에 의해 합법화되었다. 더욱이 그것은 믿음의 연합과 순수성이 확실히 지켜지도록 하나님께서 주신 국가의 의무였다.[24)]

대중의 철저한 교리화의 견지에서, 신조화의 한 결과는 심지어 군주도 신조를 바꾼다거나 군주의 명령으로 새 신조를 부과한다는 것이 매우 어려워졌다는 것이다. 요한 시기스문드(Johann Sigismund)는 브란덴부르그(Brandenburg)에서 자신의 왕국의 종교를 바꾸려했을 때 이 교훈을 배웠다. 신조주의는 또한 철저하게 교리화되어있는 대중을 화해와 크리스천 하모니를 위해 그들의 신조에 심지어 약간의 변화를 가져오는 것도 매우 어렵다는 것을 의미했다. 통치자들은 종교적 단일화가 국가의 안녕을 위해 본질적이고 "법과 질서는 국가의 모든--또는 거의 모든--백성이 동일한 종교나 또는 동일한 교회에 속할 때 유지될 수 있다"는 것을 확신했다.[25)] 교회와 국가는 그러므로 종교적 삶과 표현의 모든 양상을 규제하기 위해 합쳐졌다.

> 그들은 대중 종교의 전통적 형태를 억압했다. 그들은 마술적 관행들을 못하게 했다.…그들은 씨뿌리기와 수확의 순환 그리고 대중적 오락과 연관되어진 대중 의학과 예식의 요소를 제거하려 했다. 종교적 관례를 지배하고 있는 교회와 국가가 세워놓은 기준에 따라 표준화되었다. 어떤 지역에서는 반대자나 외국인을 위한 특별한 교회들이 허용되었지만, 그들은 지정된 기준으로부터 이탈하는 예식을 위해서는 허락을 받아야만 했다.[26)]

신조화는 그러므로 다른 종교적 전통과 그리고 같은 전통 내에서 지속되는 종교적 투쟁의 불을 지피는데 도움을 주었다.

칼빈주의자들 사이의 투쟁

17세기 초반에 칼빈주의를 분열시킨 투쟁들은 칼빈주의자들 사이에 악명 높아진 이름, 야코부스 알미니우스(Jacobus Arminius, 1560-1609)와 관련이 있다. 역설적으로 그는 자신의 이름을 알미니안주의(Arminianism)라고 명칭이 부쳐진 일련의 교리들에 넘겨주었다. 그리고 알미니우스는 칼빈주의의 반대 입장으로 여겨지는 자신을 칼빈의 진정한 추종자라고 생각했다. 알미니우스는 제네바에서 데오도르 베자 밑에서 공부한 네덜란드인(Dutchman)이었다. 그는 1563년 홀란드(Holland)로 갔고, 교수진 중 한 사람이며 남부 네덜란드에서 온 피난민인 프란시스쿠스 고마루스(Franciscus Gomarus, 1563-1641)가 그를 반대했음에도 불구하고, 라이덴 대학(University of Leiden)의 신학 교수가 되었다. 알미니우스는 훌륭한 선생이었고 교수직 중 유일한 화란인 이었기 때문에 인기 있는 교수였다. 1604년 그는 예정론에 대한 견해에 관해 고마루스와 논쟁으로 들어갔고, 예정은 그리스도 안에서 믿음을 가지게 되고 인내하는 자들에 대한 하나님의 예지에 기초한다고 주장했다. 더욱이 은혜는 불가항력적이 아니라고 말했다. 알미니우스가 1606년 대학의 연설에서 그리스도인들 사이에 차이점들을 화합하는 것에 대해 말했고 기도와 선한의지, 그리고 겸손을 요구했지만, 그의 가르침은 교회에 불화를 만들어 냈다. 고마루스 같은 엄격한 칼빈주의자에게 이것은 구원을 인간의 반응에 의존하게 만드는 것으로 보였고 하나님의 주권을 의심하게 만드는 것이었다. 그것은 또한 칼빈주의자들이 모든 성직자들에게 구속력이 있기를 원하는 하이델베르그(Heidelberg) 신조와 벨기에 신조(Belgic Confession)의 가르침을 의심하게 만드는 것이었다.[27] 알미니우스의 입장을 고수하는 자들은 예정에 대한 칼빈주의 가르침이 들어있는 이 신조들에 서명할 수 없었기 때문에, 알미니우스는 벨기에 신조를 수정하기 위해 종교회의를 요청했다.

알미니우스는 1609년에 죽었으나, 논쟁은 그의 죽음으로 끝나지 않았다. 라이덴에 있는 그의 계승자가 알미니우스의 입장을 고수했고 고마루스와 논쟁을 계속했기 때문이다. 나아가, 고마루스와 알미니우스의 양쪽 학생들이 네덜란드 공화국(Dutch Republic) 전역에 성직자의 지위를 차지하고 있었고 논쟁을 계속했다. 논쟁은 그 범위가 학계를 초월했고, 시의회와 교회 의회들이 이 관건에 대해 분열되었으며 두 정치 지도자들이 관련되었다. 홀란드(Holland) 영토의 비공식적 대통령, 올덴바르벨트(Oldenbarnvelt)는 알미니안들 편이었고, 군대를 장악한 나쏘의 모리스(Maurice of Nassau)는 칼빈주의자들 편이었다. 이때까지 논쟁의 양쪽은 명칭이 붙어 있었다. 알미니안들은 "항의자들" (Remonstrants) 그리고 칼빈주의자들은 "반-항의자들"

(Counter-Remonstrants)이라고 불렸다. 1610년 44명의 목사들이(그중 많은 자들이 알미니우스의 학생들이었음) 자신의 입장을 진술한 항의서를 제시했기 때문이다. 이 문서는 논쟁의 관건들을 다루는 5개 조항으로 구성되어 있었다. 첫 조항은 예정에 대해 모호한 진술을 담고 있었다. 그것은 단순히 하나님께서 세상이 시작되기 전에 누가 구원될 것인지 결정하신다고 진술했다. 그러나 그 결정이 알미니우스가 가르친 것처럼 예지에 근거한 것인지 명확하게 하지 않았다. 두 번째 조항은 십자가에서의 그리스도의 죽음이 모두를 위한 화해를 얻어 내셨으나, 믿는 자들만이 그것의 유익을 얻는다고 진술했다. 세 번째 조항은 인간이 성령님을 통해 그리스도 안에서 다시 태어나지 않는다면 죄사함을 위해 하나님께 올 수 없다고 진술했다. 그러나 네 번째 조항은 많은 자들이 성령님을 저항했기 때문에 이 은혜의 선물이 불가항력적이지 않다고 진술했다. 다섯 번째 조항은 믿음을 가진 자들이 은혜에서 떨어질 수 있는지의 질문을 열어 놓고, 믿는 자들이 믿음 안에서 인내하기 위해 도움을 받지만, 그들이 은혜로부터 떨어질 수 있는지를 결정하기 위해서는 성경을 조심스럽게 조사해야할 필요가 있다고 말했다.[28)]

항의자들에 대한 반응은 매우 강했다. 반-항의자들은 항의자들이 종교개혁의 본질적인 가르침을 위협하고 가톨릭주의로 돌아가고 있다고 믿었다. 인간이 구원에 어떤 역할을 하도록 허락했기 때문이었다. 반-항의자들은 1611년 그들의 입장을 분명하게 했으나, 항의자들은, 홀란드와 올덴바르넨벨트의 지원을 받아, 나쏘의 모리스가 반대편에 설 때까지 우위를 차지했던 것으로 보였다. 1618년 올덴바르넨벨트는 반역죄로 체포되고 투옥되었다. 그 고소에는 실체가 없었지만, 그는 유죄판결이 났고 1619년 5월 처형되었다. 동시에 종종 도르트 종교회의(Synod of Dort)라고 알려진 국가적 종교회의가 도르트렉트(Dordrecht)에서 모이기로 소집되었다. 그것은 1618년 11월에서 1619년 5월까지 열렸고 국제적인 모임이었다. 초청장이 여러 다른 개혁주의 교회들에 전달되었고, 영국, 스위스, 그리고 독일의 대표들이 참석했다. 13명의 항의자 지도급들이 호출되었다. 5주 동안의 충돌 후, 그들은 해산되었고 종교회의는 항의자들에 반대하며 소위 일컫는 도르트렉트 신조(Canons of Dordrecht)로 자신의 입장을 정의했다.

도르트렉크 신조는 벨기에 신조의 일부 요점들을 잘 다듬어 제시한 것이었고, 나중에 네덜란드 개혁교회를 위해 "화합신조"(formulas of concord) 중 하나로 하이델베르그 신조와 벨기에 신조에 추가되었다. 도르트 신조에 담겨진 5개 요점의 각각에 있는 첫 글자에 입각한 영어단어 연상기억(mnemonic) TULIP은 도르트렉트 종교회의 가르침을 요약하기 위해 전통적으로 사용되었다. 다섯 요점은 다음과 같다.

- **전적타락(Total Depravity)** – 인간이 하는 모든 것은 죄로 더럽혀져 있고, 인간의 의로움은 하나님 보시기에 가치가 없다.
- **무조건적 선택(Unconditional Election)** – 하나님은 그들이 소유할 수 있는 어떤 공로와 상관없이 누가 구원받을 것인지 선택하신다. 그러므로 예정은 하나님의 예지에 입각하지 않는다.
- **제한속죄(Limited Atonement)** – 그리스도는 택함 받은 자들만을 위해 효력적으로 죽으셨다. 이 믿음에 대한 방어로 하나님의 사역은 필연적으로 효력적이기 때문에, 하나님께서는 효력이 없는 방법으로 일하지 않으신다. 더욱이, 인간은 스스로의 행동으로 그리스도의 희생을 쓸모없게 만들 수 없다. 그러므로 그리스도께서 구원을 위해 선택받지 않은 자들을 위해 죽지 않으셨다.
- **불가항력적 은혜(Irresistible grace)** – 하나님의 은혜는 인간에 의해 저지될 수 없다.
- **성도의 견인(Perseverance of the saints)** – 어떤 진정한 그리스도인도 그의 또는 그녀의 구원을 절대로 잃을 수 없다. 그러므로 믿는 자들은 그들이 구원받았다는 충만한 확신을 그들의 심령에 가질 수 있다. 구원은 전적으로 하나님의 사역이시기 때문에, 잃어버려질 수 있는 위험이 없다.

종교회의 직후, 항의자들에 대해 신각한 조처가 취해졌다. 수배 명의 항의자 목사들이 추방되거나 그들의 사역이 몰수되었다. 알미니안 개념을 계속 설교한 자들은 종신형을 선고를 받았고, 알미니안 예배를 참석하는 평신도들은 무거운 벌금이 매겨졌다. 그러나 도르트 종교회의를 뒤따랐던 비관용은 지속되지 않았다. 모리스 사후 그의 계승자, 프레데릭 헨리(Frederick Henry)는 항의자 설교자들이 핍박의 두려움 없이 돌아오도록 허락했다. 그들은 가정-교회들에서 예배가 허용되었고, 암스테르담(Amsterdam)에서는 메노나이트들(Mennonites)과 루터교도들에게도 같은 기회가 주어졌다. 심지어 가톨릭교도들도, 비록 가정-교회들을 세우는 것은 허락되지 않았지만, 개인 집에서 별 괴로움 없이 예배드릴 수 있었다. 1619년 항의자들은, 시몬 에피스코피우스(Simon Episcopius, d. 1643)의 인도 하에, 신조를 작성했다. 신학교가 1634년 암스테르담에 세워졌고, 알미니안주의가 공개적으로 가르쳐졌다. 그러므로, 칼빈 정통주의가 네덜란드 공화국에서 승리를 누리는 동안, 그 국가는 유럽에서 공식적인 관용 정책으로 움직이는 첫 국가 중 하나가 되고 있었다.

가톨릭교도들 사이의 투쟁

흥미롭게도, 칼빈주의자들이 예정론에 대해 분열되어 있는 동안, 로마 가톨릭교도들도 마찬가지였다. 알미니우스가 자신의 입장을 발전시키고 있었던 거의 같은 시기에, 스페인 예수회 회원, 루이스 데 몰리나(Luis de Molina, 1535-1600)는 예정이 예지에 입각한다고 진술했다. 몰리나의 믿음은 도미나칸들(Dominicas)에 의해 어거스틴의 가르침에 상반된다고 도전을 받았다. 그가 하나님의 은혜를 수용하는 인간 의지의 자유로운 결정을 구원을 위해 사람을 선택하기 위한 하나님의 조건으로 만들었기 때문이었다. 결과는, 예수회 회원들이 도미니칸들을 칼빈주의자들이라고 고소했고 도미니칸들은 예수회 회원들을 펠라기안들이라고 고소하는 가톨릭교도들 사이의 극심한 논쟁으로 번지게 되었다. 두 수도회 사이의 투쟁은 개신교 진영 내에서의 싸움이나 개신교와 로마 가톨릭교도 사이의 싸움처럼 심해졌다. 그리고 칼빈주의 내의 투쟁에서 논쟁되었던 많은 동일한 관건들이 이 두 경쟁 수도회에 의해 진행되었다. 이 싸움은 스페인 종교재판소(Spanish Inquisition) 앞에서 서로를 고소하는 지경까지 가게 되었다. 종교재판소는 관여하기를 원치 않았고 이 사건을 교황에게 넘겼으며, 교황은 상당한 지연 끝에 양쪽에 대해 부정적인 판결을 내렸다. 교황은 양쪽의 고소가 잘못되었고 두 가톨릭 수도회는 서로에 대한 공격을 중단하라고 명령했다. 그러나 교황의 판결은 바라던 결과를 가져오지 못했고, 두 수도회는 서로에게 혹독한 공격을 계속했다. 이 논쟁은 또 다른 수준으로 또 다른 장소에서 계속되었다.

심지어 스페인의 예수회 - 도미니칸 투쟁보다도 전에, 스페인의 네덜란드(Spanish

Netherlands) 출신 가톨릭 신학자, 미카엘 바이우스(Michael Bajus, 1513-1589)는 어거스틴 연구에 입각하여, 인간의 본성이 너무 근본적으로 타락하여 죄를 피할 수 없다고 진술했다. 많은 그의 주장이, 비록 어거스틴에게서 취한 것이지만, 그가 직면하려 했던 개신교 입장과 너무 흡사하게 들려서 1560년 파리 대학의 신학 교수진은 바이우스가 가르친 것으로 여겨지는 여러 개의 진술을 질책했다. 바이우스는 자신이 이 진술을 가르쳤다는 것을 당연히 거부했다. 신학자들의 오래된 책략을 사용하며, 그는 자신이 잘못 해석되었다고 주장했다. 이 논쟁은 트렌트 종교회의(Council of Trent)의 마지막 기간 동안 진행되고 있었고, 로마는 논쟁 중에 있는 양쪽이 종교회의가 그 관건에 대해 판결할 때까지 잠잠하라고 명령했다. 그러나 종교회의는 이 논쟁에 관련된 질문에 행동을 취하지 않았고, 바이우스에게 추가 고소가 부과되었으며, 바이우스는 자신의 입장을 진술하는 세 개의 책자를 출판했다. 교황 파이우스 5세(Pius V)는 1567년 마침내 그에게 불리하게 판결을 내렸다. 그러나 많은 바이우스의 진술이 중세 가톨릭주의의 위대한 교부 중 하나인 어거스틴(Augustine)의 직접 인용이었기 때문에, 교황령은 어거스틴의 가르침을 정죄하는 것으로 보이지 않도록 매우 조심스럽게 표현되어야 했다. 바이우스는 1580년 순종했지만, 어거스틴의 입장을 정확하게 가르쳤다고 계속해서 믿었다.

바이우스의 순종은 이 논쟁을 종식시키지 못했다. 17세기 전반 기간 동안 로마 가톨릭교도들 사이에 동일한 관건들이 다시 논쟁의 근원이 되었기 때문이다. 스페인의 네덜란드의 감독, 코넬리우스 얀센(Cornelius Jansen, 1585-1638)은 몰리나의 반-펠라기안주의를 직면하기 위해 어거스틴을 다시 사용했다. 얀센은 로우베인(Louvain)에서 공부했고 미카엘 바이우스의 사상에 영향을 받았다. 그는 『어거스티누스』(*Augustinus*)란 제목의 저작을 저술했고, 이것은 은혜와 예정의 주제에 대한 어거스틴 사상의 해설이라고 주장했다. 그러나 그는 1640년 『어거스티누스』가 출판되기 전에 전염병으로 죽었다. 그럼에도 이 책은 예수회 회원들과 얀센의 가르침을 따랐던 자들 사이에 격렬한 논쟁의 근원이 되었다.

"얀센주의"(Jansenism)이라 불린 것에 가장 책임 있는 사람은 얀센의 친구, 장 두 베르기에르(Jean du Vergier, 1581-1643)였다. 그는 포르트 로얄(Port Royal)이라 불리는 파리 근처의 시스터시안(Cistercian) 수도원의 수녀 그룹을 위한 영적 조언자가 되었던 사람이다. 이 수도원은 상류층의 일부 깊이 있는 영적 젊은이들이 관련된 영적 갱신 운동의 중심지였다. 그들이 자신을 그렇게 부른, '솔리타이레스'(solitaires)는 묵상을 하고 그들이 흉내 내기 원했던 성인들의 삶을 연구하여 영적이고 윤리적인 갱신을 추구했다. 그들은 성경과 어거스틴의 작품을 읽고 그들의 사상을 학교 소년들에게 가르쳤다. 이 운동은 어떤 면에 영국 청교도주의(English Puritanism)와 유사했다. 즉, 솔리타이레스들은 헌신되고 잘 교육받은 젊은이들로서, 그들의 사회에 윤리적 변화를 가져오려 했다. 그러나 예수회 회원들은 그들을 이단이라고 비난했고, 베르기에르, 또는 성 싸이란(Saint Cyran)은 투옥되었다. 그것은 성 싸이란이 30년 전쟁에서 개신교도들과 동맹을 맺은 그의 외교 정책을 비판한 것에 대해 왕의 최고 목사, 리셸리우(Richelieu)와 투쟁으로 들어갔을 때였다. 성 싸이란은 1643년 리셸리우 사후 풀려났으나, 그 해에 그도 죽었다. 이 운동은 그 후 안토이네 아르놀드(Antoine Arnauld)의 지도력 하에 계속되었다.

1653년 교황 인노센트 10세(Innocent X)는 얀센주의를 정죄하는 교황령을 공포했다. 그는 『어거스티누스』(*Augustinus*)에 있다고 주장하는, 은혜는 저항할 수 없고 그리스도는 택함 받은 자들만을 위해 죽으셨다는, 진술을 비롯하여 다섯 개의 진술을 이단 목록에 올렸다. 아르놀드는 교황이 이 가르침을 이단적이라고 정죄할 모든 권한을 가지고 있다는 것에 동의했지만, 얀센은 이 진술을 가르친 적이 없다고 주장했다. 이 질문은 소르본네(Sorbonne)를 언급했고, 1656년 소르본네와 교황 알렉산더 7세(Alexander VII)는 얀센이 정죄 받은 진술을 가르쳤다고 선언했다. 얀센주의의 대의는 당대 가장 뛰어난 지성인 중 하나에 의해 전승되었다. 그는 모든 시대를 거쳐 가장 위대한 기독교 변증학자 중 하나인 파스칼(Pascal, 1623-1662)이었다. 그의 『대교구장에게 드리는 편지』(*Letter to a Provincial*, 1656-1662)에서 수학자이고 물리학자인 파스칼은 예수회에 현명하고 효과적인 공격을 시작했고 얀센주의 운동에 새로운 생명을 불어넣는데 도움을 주었다. 편지는 그 지방의 주민들로부터 파리 시안(Parisian) 예수회 회원들에게 쓰인 편지 형태로 제시되었다. 그것은 대단한 유머로 쓰였고 예수회 회원들은 웃음거리가 되었으며, 당분간 얀센주의자가 되는 것은 파리에서 유행을 따르는 것이었다. 얀센주의의 그 이후 역사는 이 책이 다루는 시기를 초월한다. 그러나 얀센주의는 결국 새로운 프랑스 왕, 루이 14세(Louis XIV)의 정부 사람들을 비롯하여 여러 적들의 희생물이 되고 말았다는 것을 알린다. 1713년 새 교황령은 얀센주의자들이 고수하고 있다고 추정되는 101개의 진술들을 이단적이라고 정죄했고, 그 지도자들은 투옥되거나 추방되었다. 수녀들은 포르트 로얄에서 추방되었고, 그들의 건물은 파괴되었다. 그러나 예수회 회원들도 이 논쟁으로 고난을 받았고, 1762년 그들도 프랑스에서 추방되었다.

이제 우리는 그리스도인들 사이에 있었던 투쟁의 이 슬픈 이야기의 끝에 왔다. 이 투쟁은 결국 아무 것도 해결하지 못했고 기독교 신앙에 말로 다 할 수 없는 피해를 주었다. 상당 부분의 투쟁이 성경의 증거를 초월하는 질문에 대한 답을 하려는 시도 때문에 발생했다. 신학자들은 이런 시도를 하여 자신의 주장을 발전시키는 것이 필요하다고 생각했던 것이다. 같은 질문들이 개신교도와 가톨릭교도 사이에, 개신교도들 사이에, 그리고 가톨릭교도들 사이에 논쟁 되었다는 것은 흥미롭다. 알미니우스에 의해 제시된 일부 주장은 사실 로마 가톨릭교도들이 가르쳤던 것과 유사하다. 또한 얀센주의자들과 같은 로마 가톨릭교도들은 칼빈주의에 적어도 약간의 친근성을 가지고 있었다. 결국, 신학적 투쟁의 진짜 승리자는 "당신 집 양쪽에 다 내린 재앙"이라고 말한 사람들이었다. 마지막 장에서 보겠지만, 종교적 논쟁의 강렬함과 그것을 동반한 물리적 폭력은 일부 사람들로 하여금 무절제한 종교적 열정과 가장 기본적인 원칙을 초월하여 신학을 정의하려는 노력을 완전히 거부하게 만들었다. 종교개혁 시대의 신학적이고 정치적인 고투는 새로운 유럽의 승리를 위한 길을 준비했다. 그 길은 기독교의 가장 근본적인 믿음의 내용들을 의심하는 믿음의 체계에 의해 기독교가 도전 받는 것이었다. 종교개혁 논쟁에서 사실 그런 근본적인 믿음의 내용은 적어도 양쪽에 의해 고수되었던 것이다.

제14장

군사적 투쟁의 세기

조심하자. 폭동으로 왕국에 전쟁을 불러오지 말고 모든 것을 어지럽히고 혼란에 빠뜨리지 말자. 우리는 이제부터… 우리의 적을 사랑, 기도, 설득 그리고 하나님의 말씀으로 공격해야한다. 그것이 그런 투쟁을 위한 적절한 무기다.…친절함이 엄격함보다 더 많은 것을 이룰 것이다. "루터교도(Lutherans)," "위그노(Huguenot)," "교황주의자(papist)"와 같은 그 마귀적인 이름을 버리자. 그것은 단지 분열과 소란만을 번식시킨다. 한 가지의 이름만 유지하자. 그것은 "그리스도인(Christian)"이다.

미셸 데 르오삐딸(Michel de L'Hopital)[1)]

프랑스의 대법관, 미셸 데 르오삐딸은 1560년 12월 올레앙(Orleans)의 프랑스 국회(Estates General)에서 한 연설에서 위의 호소를 했다. 그가 이 연설을 할 때, 프랑스는 종교 전쟁의 가장자리에 서 있었고, 르오삐딸은 프랑스의 종교적 평화는 개신교를 용인함으로만 달성될 수 있다는 것을 인식할 만큼 현명한 황실 위원회의 몇 안 되는 멤버 중 하나였다. 그의 정책이 1562년과 1563년의 관용 칙령을 통해 잠시 실천에 옮겨졌지만, 억압과 종교 전쟁은 결국 그의 용인과 관용 정책을 대체했다. 타협보다는 투쟁이 종교적 다양성의 문제에 대한 가장 일반적인 해결이었다. 그것은 결국 신학적 차이가 정치적이고 사회적인 긴장과 혼합되어 종교개혁 시기의 마지막 세기에 유럽을 재앙에 빠뜨린 군사적 투쟁을 불러왔다.

이 종교 전쟁 중 첫 번째는 1555년에 아우그스부르그 평화협정(Peace of Augsburg) 타협의 결과를 가져왔다. 이 전쟁은 신성로마제국을 루터교도와 로마 가톨릭교도로 분열시켰다. 이 전쟁이 끝난 직후, 프랑스와 베네룩스(Low Countries)는 오래 지속된 종교전쟁으로 들어갔고, 그것도 역시 타협으로 이루어진 분할의 해결책으로 종식되었다. 두 전쟁이 다시 일어나는 로마 가톨릭주의가 계속 성장하고 있는 개신교 운동을 억압하려는 결과였지만, 비종교적인 요소도 중요한 역할을 했다. 대륙의 마지막 종교전쟁인 30년 전쟁은 관련된 여러 권력 때문에 앞의 전쟁들 보다 훨씬 더 복잡했다. 그것은 대체적으로 정치적 투쟁으로 끝났다. 전쟁의 마지막 단계에서 가톨릭 국가인 프랑스는 루터교인 스웨덴과 동맹을 맺고 가톨릭 합스부르그(Hapsburg)를 무찔렀고 그 결과로 제국 내에서 개신교의 운동의 생존을 보장하는데 도움을 주었다. 1648년 30년 전쟁이 마침내 끝났을 때, 영국 해협을 건너 또 하나의 전쟁이 시작되고 있었다. 그것은 왕과 의회가 맞서게 된 영국 내전(English Civil War)으로 역시 부분적으로 정치적 투쟁이었다. 그러나 대륙의 전쟁들과는 대조적으로, 이 전쟁은 개신교끼리 싸웠다. 종교전쟁의 비극은 종교적 경쟁자들에 대항하여 평강의 왕(Prince of Peace)의 이름으로 저질러졌다는데 있다. 종교 전쟁의 끔찍함과 비인간적인 잔인함은 종교적인 이유로 투쟁에 참여한 자들이 수호하려는 믿음을 오히려 의심하도록 만드는데 도움을 주었다. 나아가, 궁극적으로 나타난 해결책은 협상으로 도달할 수 있었을 것이다. 역설적으로, 미셸 데 르오삐뗄이 프랑스 전쟁 시작 전에 제안한 해결책은 38년 후 낭떼 칙령(Edict of Nante)에서 주어진 것과 거의 유사했다.

프랑스 종교개혁과 종교전쟁

중세 시대의 프랑스 교회는 생동감이 넘쳤던 것과 동시에 많은 비리로 특징지어 졌다. 첫 장에서 논의된 종교적 헌신과 열심의 동일한 증거들이 프랑스 교회에서 특히 자명했다. 중세 말 프랑스의 종교적 삶의 생동감은 다음에 잘 묘사된다.

> 이것은 시민적 신비 희곡과 그리스도의 몸 행렬의 황금시대였다. 조합들이 증가했고, 그것은 묵주 기도의 낭송 또는 복된 성례의 영화(glorification)와 같은 실행에 전념하는 경건한 연합체들, 그리고 삶과 죽음에서 동료 멤버들에게 상호 도움의 의무로 일반 연회와 교회 예배를 혼합한 동업 조합과 교회 협회들이었다. 100년 전쟁 종말 후 나타난 경제적 회복은 연옥에 있는 영혼의 운명에 대해 널리 공유된 관심을 재강화했고, 믿는 자들이 전에는 찾아 볼 수 없는 수준으로 많은 기념 미사를 위탁하여 행해지도록 했다.[2)]

인쇄의 보급은 증가하는 종교적 출판이 바로 가능하게 했고, 더 깊은 종교적 체험을 추구하는 자들 또는 믿음을 더 잘 이해하려는 자들이 그것들을 열심히 구매했다.

그렇게 많은 종교적 생동감의 징표를 목격한 동 시대는 또한 프랑스 교회의 많은 부패에 대한 여러 항의를 목격했다. 고위 성직자는 크리스천 경건의 모델이 아니었다. 성직겸임과 장기부재가 널리 퍼져있었다. 대단한 귀족 가문의 멤버들은 종종 여러 개의 감독직을 가지고 있었고 그중 어떤 곳도 방문하지 않았기 때문이다. 많은 자들이 왕의 측근을 통해 다른 귀족 계급의 멤버들과 함께했고, 특권층의 삶의 방식을 누렸으며 그들의 종교적 임무에는 관심을 두지 않았다. 프랑스 교회는 군주와 교황 사이에 두 가지 합의 결과로 로마로부터 거의 독립했다. 1438년 부르쥬의 실용적 재가(Pragmatic Sanction of Bourges)는 교황의 간섭 없이 감독과 종교적 기관의 수장 선출을 허용했고, 1516년 볼로나 협약(Concordat of Bologna)은 프랑스 왕이 모든 감독을 임명하는 권한을 허용했다. 하위 성직 계급에는 많은 헌신된 사제들이 있었지만, 성직자로부터 기대되는 수준에 도달하지 못하는 자들도 많이 있었다. 그들은 제대로 교육을 받지 못했고 설교를 할 수가 없었으며, 윤리적 타락도 드물지 않았다. 많은 자들이 성직금혼의 규칙을 어겼고, 심지어 수도원에서도 수도회 규칙의 집행이 상당히 느슨해 졌다. 깊이 종교적인 대중은 항의했고 개혁을 요구했으나, 이루어진 것은 별로 없었다.

개혁을 요구하는 가장 논리 정연한 목소리는 프랑스 인문주의자들로부터 나왔다. 이들 중 가장 잘 알려진 사람은 쟈크 루뻬브루 데따쁠루(Jacques Lefevre d'Etaples, 1438-1534)로 다른 북쪽 인문주의자처럼 성경 연구에 헌신되어 있었다. 그는 시편과 여러 성경 주석 판을 출판했고, 1521년 미유(Mwaux, 1470-1534)의 개혁 감독이고,

과거 자신의 학생 중 하나였던, 기욤 브리꼬네(Guillaume Briconnet)의 서클(circle)에 들어갔다. 이 서클에는 다른 개혁자들도 있었고, 그중에는 후에 기욤 파렐(Guillaume Farel)과 같이 개신교 지도자가 된 사람들도 있었다. 브리꼬네는 성경에 매우 헌신되어 있었고 헬라 신약 성경의 새로운 불어 번역의 재정을 공급했으며 자신의 주교 관구에 있는 모두에게 성경을 읽도록 격려했다. 종교개혁이 프랑스에 퍼져나가자, 브리꼬네 같은 인문주의 개혁자는 점점 의심을 받게 되었다. 그럼에도 왕 프란시스 1세(Francis I)는 그들을 보호했고, 그의 누이, 앙굴렘의 마구에리떼(Marguerite of Angouleme)는 본인이 인문주의 개혁자였다.

황제 찰스 5세의 군대가 1525년 파비아 전투(Battle of Pavia)에서 프랑스 왕을 체포했을 때, 파리 의회는 미유 감독의 서클을 공격했고, 그들을 이단으로 고소했으며, 서클은 분열되고 멤버들은 흩어지는 결과를 맞이하게 되었다. 자신의 칭의 이해가 종교개혁 교리와 유사했던 루뻬브루는 앙골렘의 마구에리떼의 궁전으로 은신했고 거기서 여생을 보냈다. 그러나 그는 종교개혁에 공개적인 서약을 하지는 않았고 숙련되게 형세를 관망했으며 로마 가톨릭주의나 종교개혁에도 자신 입장의 공개적 선언을 피했다. 대조적으로 브리꼬네는 1523년 루터의 사상을 공개적으로 정죄했다. "독이 있는 식물이 그가 우리에게 맡긴 땅으로 뿌리를 뻗지 않도록" 하기 위해서였다.[3] 파렐과 같이 서클과 관련이 있었던 사람 중 일부는 개신교 종교개혁의 지도자가 되었고, 다른 자들은 로마 가톨릭 감독이 되었다. 그동안 루터교주의가 프랑스에 퍼지기 시작했다. 루터의 책들은 이미 1519년 파리에서 팔렸고, 2년 후 보수적인 소르본네(Sorbonne)는 루터의 가르침을 정죄하며 반응했고, 그의 책을 소유하는 것은 죄가 되었다. 그럼에도 루터의 저작은 지속적으로 퍼져 나아갔다. 루터의 생애 동안 그의 저작 중 적어도 22개의 다른 판이 프랑스에서 출판되었고, 그중 많은 것이 프랑스어로 번역되었다.

스위스 특히 제네바에서 나온 개혁주의 개신교가 결국 프랑스의 루터교주의를 대신했다. 여기서도 인쇄는 개신교 신앙을 퍼뜨리는데 중요한 방법이었으나, 프랑스 개신교도들은 그들의 신앙 보급을 위해 가장 효과적인 방법을 항상 사용하지는 않았다. 예를 들면, 1534년 10월 그들은 대판지나 플래카드를 붙이고 파리, 올레앙, 그리고 여러 개의 다른 도시들에서 미사를 비난했다. 플래카드는 누프차텔(Neufchatel)의 난민 교회 목사, 안토이네 마르코트(Antoine Marcourt)가 작성했고 프랑스로 몰래 들여왔다. 마르코트는 미사가 그들 예배의 중심이었던 로마 가톨릭 나라에 그의 개념을 외교적인 방법으로 어떻게 제시해야 하는지 몰랐다. 미사는 "우리 주님이 굉장히 망령되게 여기시는 것이며 사람들을 유혹하고 눈을 멀게하는" 관습이라는 그의 진술은 미사가 깊은 종교적 경험이었던 자들에게 감명을 줄 수가 없었다. 마르코드는 또한 교회의 계급제도를 비난하기 위해 특히 욕설적인 언어를 사용했다. 그는 이렇게 말했다. "교황, 그리고 모든 그의 기생충인 추기경, 감독 그리고 사제, 수도사와 다른 신성한 체 하는 미사를 말하는 자 그리고 그들과 동의하는 모든 자들은 거짓 선지자, 저주받은 사기꾼, 배교자, 늑대, 거짓 목자, 우상숭배자, 유혹자, 거짓말쟁이, 그리고 불쌍한 모독자, 영혼의 살인자, 그리스도와 그의 죽음과 십자가를 비난하는자, 위증자, 배신자, 도둑, 하나님의 명예를 강탈하는자 그리고 마귀보다 더 혐오스러운 자다."[4] 플래카드는 잘 조직된 그룹에 의해 배포되었던 것으로 보이나, 플래카드가 붙여진 장소는 전략적이지 못했다. 어떤 것은 심지어 암보이즈(Amboise)에 있는 왕의 침실 문에 붙여졌다.

예상된 것처럼, 플래카드 사건은 그 실행자들이 소망했던 것과는 반대 효과를 내었다. 교회에 대한 인문주의자들의 비판과 교회 개혁을 위한 요청에 매우 관용적이었던 왕 프란시스 1세(Francis I, 1515-1547)는 개신교도들을 핍박하기 시작했다. 6명의 개신교도가 한 달 내에 화형에 처해졌고 다른 자들은 투옥되었지만, 극렬분자들은 그들의 캠페인을 단념하지 않았고, 1535년 1월 파리에서 마르코트가 쓴 다른 책자들을 퍼뜨렸다. 이것은 더 많은 처형과 새 책의 금지를 초래했다. 앞에서 본대로, 왕 프란시스 1세가 프랑스 개신교도가 재세례파 반란자가 아니라는 것을 부분적으로 확신하도록 하기 위해 『기독교강요』(*Institutes*)를 저술한 존 칼빈을 비롯한 여러 개신교도들은 핍박을 피하기 위해 프랑스를

프란시스 1세(1515-1547)
베자 형상(Beza *Icones*)에서 발췌한 그림

1560년의 대중적 종교제휴

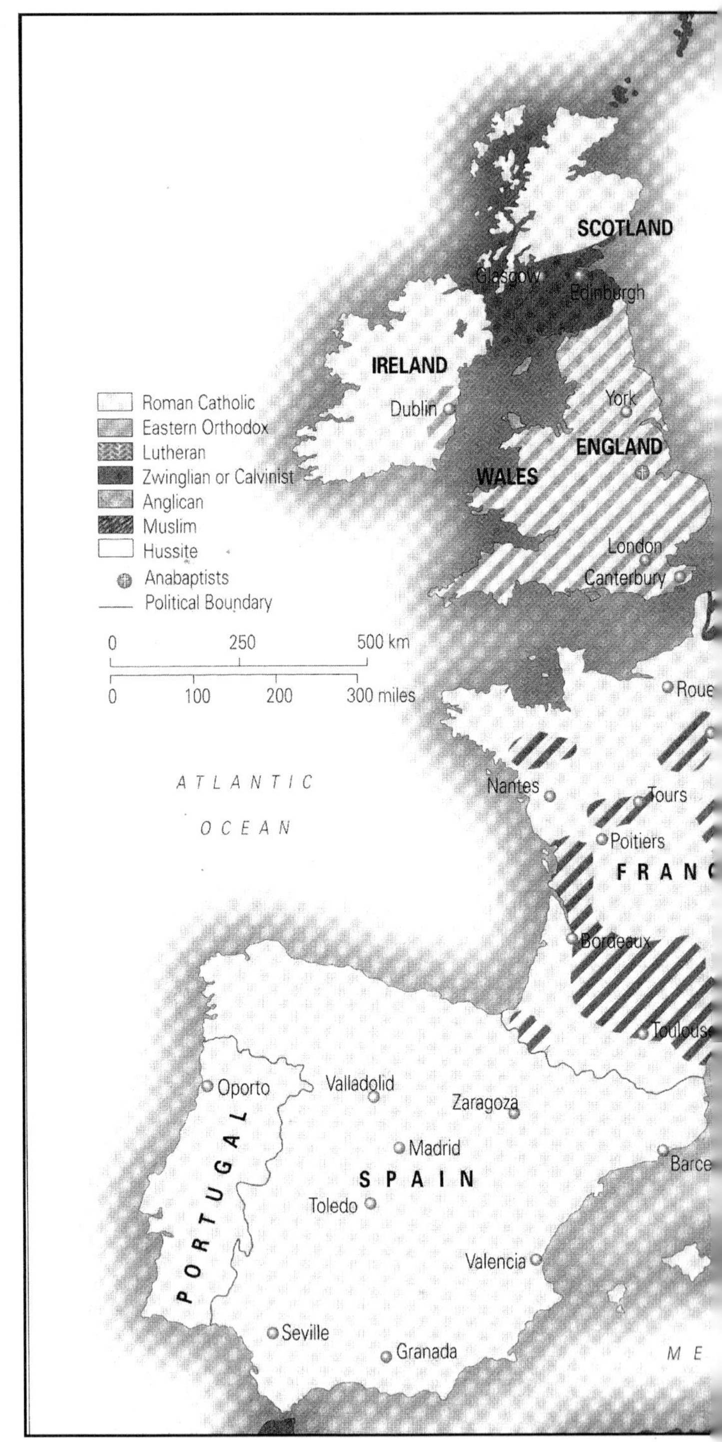

NORWAY
SWEDEN
RUSSIA
ESTONIA
Stockholm
LIVONIA
COURLAND
BALTIC SEA
DENMARK
Copenhagen
LITHUANIA
Konigsberg
PRUSSIA
Danzig
Bremen
Hamburg
Warsaw
Magdeburg
Munster
Wittenberg
POLAND
HOLY ROMAN EMPIRE
Zwickau
Frankfurt
Prague
Edict of Worms, 1521, condemns Lutheranism
BOHEMIA
MORAVIA
Brno
Regensburg
Worms
Augsburg
Vienna
Munich
Budapest
Zurich
Salzburg
Peace of Augsburg, 1555, recognizes existence of Lutheranism
HUNGARY
Geneva
Milan
Venice
Bucharest
Modena
Ferrara
Florence
ADRIATIC SEA
OTTOMAN EMPIRE
PAPAL STATES
Rome
KINGDOM OF NAPLES
Naples
SICILY

떠났다. 그럼에도 개신교주의는 프랑스에서 계속 성장했고, 1550년 후 제네바는 개신교 문학과 목사들의 주요 근원지가 되었다. 1560년대까지, 프랑스에 칼빈과 베자의 저술을 배포하기 위한 인쇄소가 제네바에 적어도 34개가 있었다.

개신교도들은 또한 프랑스 전역에 교회를 조직하고 세우기 시작했다. 1550년과 1565년 사이에 1,200개 이상의 교회가 프랑스에 세워졌고, 대부분은 1562년 이전에 만들어 졌다. 인구의 약 10퍼센트인 2,000,000명의 사람이 이 교회에 관련되었다고 추정되며, 그들을 섬기기 위해 제네바에서 꾸준하게 목사들이 들어왔다. 1555년에서 1562년 사이에 220명의 목사가 제네바에서 프랑스로 왔고, 1559년 그들은 제네바에서 작성한 문서에 기초한 신앙고백을 채택했다.

많은 개종자가 상위계급 귀족 가문 출신이었기 때문에, 프랑스 개신교도, 또는 위그노(Huguenots)[5)]라고 일컫는 자들은 상당한 군사적 저력을 가지고 있었고 로마 가톨릭 군주에게 상당한 도전을 제기할 수 있었다. 그러므로 종교적 안력은 정치적 안력과 미묘하게 연결되었고 결국에는 프랑스 보좌의 계승과 관련이 있게 되었다. 프란시스 1세가 1547년에 죽었을 때, 아버지의 인문주의를 향한 동정심을 가지지 않은 앙리 2세(Henry II, 1547-1559)는 보위를 계승했다. 왕 앙리 2세의 통치 기간 동안 핍박이 상당히 증가했고, 그는 심지어 이단자들을 심판하는 특수 법정을 세웠으며, 이단자들에 대한 열성적인 추구로 말미암아 그것을 적절하게 '샴브레 아르뎅' (chambre ardent) (불타는 방, the burning chamber)라고 불렀다. 3년 동안 그것은 37명을 죽음으로 정죄했고 1550년 해체되었다. 왕 앙리 2세는 프랑스로부터 "이 루터교도 찌꺼기"라 부른 것을 제거하기 원했으나, 스페인과의 지속되는 전쟁으로 말미암아 1559년 스페인과 평화조약을 맺을 때까지 그 일을 처리할 수 없었다. 개신교도들에게는 다행히도, 그가 프랑스로부터 이단을 척결하기 위한 모든 에너지를 모을 수 있도록 자유로워졌을 때 평화조약 체결의 서명을 축하하기 위해 준비된 마상시합에서 치명적인 상처를 입었고 열흘 후에 죽었다.

앙리 2세는 그의 십대 아들, 프란시스 2세(1559-1560)를 후계자로 남겨놓고 떠났다. 프란시스 2세는 1558년 메리 스튜어트(Mary Stuart)와 결혼했다. 새 왕은 경험이 없었기 때문에, 그의 어머니, 캐서린 데 메디치(Catherine de' Medici)가 섭정이 되었다. 플로렌스(Florence)의 데 메디치 가문의 멤버인 그녀는 14세에 앙리 2세와 결혼했고, 그는 그녀를 혐오스럽게 취급했다. 10년 동안 그녀는 임신을 못했고, 왕실은 앙리가 그녀를 이혼하기 바랐다. 그 대신 그는 공개적으로 첩을 들였고 캐서린은 뒷전으로 밀려났으나, 그의 침대 밖으로는 보내지 못했다. 1544년 그녀는 첫 아이를 가졌고 결국 일곱 아이를 더 가졌다. 왕이 죽었을 때, 그녀는 모든 간계를 사용하여 자신의 아들들을 위해 왕위를 보존했다. 메리 스튜트와 관련이 되어 있는 기즈(Guise) 가문의 멤버들은 프랑스를 통치하는데 캐서린을 도왔다. 그 멤버들은 메리의 삼촌인 프란시스, 기즈의 공작, 그리고 로레인(Lorraine)의 추기경인 그의 형제 찰스를 포함했다. 기즈 가문은 열성적인 가톨릭이었고, 왕 프란시스 2세와 함께 그들의 지배력 하에, 개신교도들의 핍박은 증가했다. 몬트모렌시(Montmorency)와 볼본(Bourbon)의 경쟁 귀족 가문들은 기즈의 지배에 분개했다. 나바레(Navarre)의 왕, 안토이네(Antoine) 그리고 콘데(Conde)의 군주, 루이(Louis)는 위그노였고, 볼본의 지도자들이었으며 왕좌 순위에서 바로 다음이었다. 1560년 3월 콘데는 프란시스 2세를 기즈 가문의 장악으로부터 제거하려는 암보이즈의 음모(Conspiracy of Amboise)로 알려진 계략에 연좌되었다. 콘데는 체포되었고, 다른 음모자들은 매복 습격당해 살해되었거나 결국 처형되었고 그들의 시체는 성벽에 매달려졌다.

더 이상의 행동이 콘데에게 취해지기 전에, 왕 프란시스 2세는 1560년 12월에 죽었고, 그의 10세 동생이 왕 찰스 9세(Charles IX, 1560-1574)가 되었다. 캐서린은 섭정을 계속했으나, 아들을 위해 왕국을 결합하려는 새 정책을 채택했다. 그녀는 몇 감독들과 대법관 미셸 데 르오삐딸을 비롯한 교회지도자 및 지성인 그룹과 동맹을 맺었다. 그들은 개신교도들을 가톨릭 우리 안으로 돌아오도록 설득할 수 있는 개혁 프로그램을 통해 종교적 연합을 회복하려 했다. 이 새 접근은 위그노를 온건하게 다루고, 콘데를 석방하며, 위그노 귀족이 왕실에서 자신의 예배를 갖도록 허용하는 것들을 수반했다. 르오삐딸은 폭력을 사용했기에 처벌을 받아야하는 위그노와 폭력을 피했던 위그노를 구별했다. 후자는 그들의 종교를 평화롭게 실천할 수 있도록 허용해야 한다고 주장했다. 일부 사람들이 언급했던 것처럼, 그는 철학적으로 종교적 관용에 대한 신념을 가지지는 않았지만, 이것이 왕국을 비참한 내란으로부터 보존할 수 있는 유일한 길이라고 인식했다. 본 장의 서두에 인용된 올레앙의 프랑스 국회 연설은 나라의 깊은 분열을 치유하기 위한 그의 노력의 한 부분이었다. 그 후 1561년 포이씨(Poissy)에서 국가 회의 소집이 있었고, 거기서 두 당 사이에 대화가 이루어질 수 있기를 소망했다.

포이씨 회담은 위그노에게 중요한 승리였다. 이단과의 만남이라는 개념 자체에 대하여 저항하는 일부 가톨릭 감독의 반대에도 불구하고 그들의 합법성이 이제 인정되었기 때문이다. 회담에서 위그노의 입장은 데오도르 베자에 의해 설득력 있게 제시되었고, 그가 성찬에 대해 논평을 할 때까지 그의 온건함과 합리성은 회의에 좋은 인상을 남겼다. 이 모임의 한 보고에 의하면, 사람들은 베자가 칼빈의 교리를 요약할 때 세밀한 주의와 상당한 긍정으로 들었다. 그러나 그가 어리석게 성찬에서 그리스도의 몸이 "하늘이 땅에서 떨어져있는 것처럼 빵으로부터 멀리 떨어져 있다"고 진술했을 때,[6] 대단한 소동이 뒤따랐다. 그의 온건하고, 잘 표현된 앞의 진술로 그가 얻은 모든 지지는 가톨릭 감독들이 그를 신성모독이라고 비난하고 심지어 일부는 모임에서 퇴장하여 흩뜨려졌다.

회담이 한 달 더 지속되었지만, 종교적 연합을 달성하기 위한 모든 소망은 물거품이 되었다. 역설적으로, 그리스도인이 자신을 위하여 주님의 희생을 기억하고 그리스도 안에서 그들의 연합을 표현하는 음식은 연합을 회복하려는 노력을 무너뜨리는 돌이 되었다. 그러나 캐서린의 목표를 달성하려는 포이시 회담의 실패는 위그노의 편의를 도모하려는 그녀 정책의 끝이 아니었다. 1562년 1월 쌩 제르망 칙령(Edict of Saint Germain)이 공포되었고, 그것은 개신교도들에게 종교적 관용의 조치를 취해 주었으며 성직자들에게 상대를 모욕하는 것을 금했다. 그러나 종교적 관용의 조치를 선포하는 것은 그것을 달성하는 것보다 훨씬 쉬웠다. 칙령이 공포된 지 일 년이 조금 지난 후, 개신교 예배자들에 대한 난폭한 공격이 나라를 잔인한 종교전쟁으로 몰아넣었다.

관용의 주 반대자 중 하나는 기즈의 공작, 프란시스였다. 그의 영토에는 바씨(Vassy)라는 작은 마을이 있었고 거기에는 큰 위그노 마을이 있었다. 1662년 3월 1일 공작은 200명 정도의 무장 호위 군사들과 함께 그 지역을 지나가고 있었고 가톨릭교회 근처에서 약 500명의 위그노 회중이 헛간에서 예배드리고 있는 광경을 목격했다. 그가 사람들을 보내 예배자들을 해산시키려 했을 때, 그들은 저항했고, 많은 사람이 공작의 호위군사에게 학살당했다. 위그노의 말에 의하면 50명이 살해되었고 200명이 부상을 당했다. 그의 행동으로 벌을 받기는커녕, 기즈의 공작은 가톨릭 사람들로부터 영웅으로 환영을 받으며 파리로 입성했다. 다른 가톨릭 귀족들과 함께, 기즈의 공작은 왕이 자신의 어머니와 거주하고 있는 뽕따느블루(Fontainebleau)

로 갔고, 그들을 다 파리로 데려왔다. 개신교도들은 왕이 납치되었다고 선포했고 약 20개의 도시를 장악했다. 1563년 3월 기즈의 공작, 프란시스는 암살되었다. 깨질듯한 종교적 평화가 산산조각 나고 말았고, 종교전쟁이 시작되었으며, 여러 번의 평화조약과 실패한 휴전으로 산재되며 30년 이상 간헐적으로 지속되었다.

평화를 위한 노력은 전쟁 최악의 잔인행위인 그 유명한 성 바톨로메유 날 대학살(St. Bartholomew's Day Massacre)에 의해 깨졌다, 이 대학살은 지역 대 귀족들이 볼본의 후계, 나바레의 앙리(Henry of Navarre)와 왕의 여동생, 발로이의 마구에리떼(Marguerite of Valois)의 결혼을 위해 모인 파리에서 시작되었다. 결혼식은 1572년 8월 18일에 열릴 예정이었다. 이 결혼은 전쟁 중의 파벌을 연합하기 위한 방법으로 준비되었고, 프랑스의 제독이고 강력한 몬트모렌시 가문의 멤버인 가스파드 데 콜리그니(Gaspard de Coligny)를 비롯한 위그노 귀족들이 파리로 왔다. 콜리그니는 왕 앙리 2세의 가까운 친구였으나, 칼빈과 루터의 저작을 읽고 개신교로 개종했다. 바씨 학살 후 그는 위그노 군대에 참여했고 1569년 3월 지휘권을 취했다. 그는 또한 왕 찰스 9세에 의해 많은 존경을 받았다. 왕은 지금 22세였으나, 여전히 그의 어머니의 영향 하에 있었고, 어머니는 자기 아들에 대한 콜리그니의 영향을 두려워했다. 기즈 가문은 콜리그니를 증오했고, 프란시스 기즈의 암살에 대해 그를 비난했다. 8월 22일 콜리그니가 루브르(Louvre)에서 자신의 집으로 걸어가는 동안, 고용된 암살자가 그를 암살하려고 시도했으나 그는 오른 손과 왼 팔에 상처만 입었다. 그 암살자는 아마도 캐서린이나 기즈 가문이 고용했을 것이다. 위그노는 분노했고, 캐서린은 공포에 질렸다. 위그노가 자기와 왕을 칠 것이 두려워, 그녀는 먼저 그들을 치기로 결심했다. 8월 23일 황실 회의 긴급 모임에서 위그노 지도자들이 먼저 살해될 것을 결정했다. 살인행위는 아침 4시에 시작되었다. 먼저 콜리그니와 위그노 지도자들이 살해되었다. 많은 자들이 침대에서 살해되었고, 다수는 도피하려다 총에 맞았다. 신랑, 나바레의 앙리는 가톨릭주의로 환원하여 간신히 목숨을 건졌다. 그리고 폭군이 도시 전역에 걸쳐 개신교도들에 대항했고, 살인의 광란 속에 남자, 여자 그리고 아이들의 학살이 3일 동안 지속되었다.

파리 사건 후, 폭력은 올레앙(Orleans)과 리용(Lyons)을 비롯한 다른 도시들로 퍼졌고, 론 강(Rhone River)은 수천의 쌓인 시체의 피로 빨갛게 물들었다고 전해진다. 6,000명 정도가 파리에서 살해되었고 20,000명이 프랑스 전체에서 죽은 것으로

발로이의 마구에리떼(1553-1615)
베자 형상(Beza *Icones*)에서 발췌한 그림

추산된다. 비록 위로부터 시작되었지만, 학살은 위그노를 증오한 일반 프랑스인에 의해 자행되었다. 위그노는 종종 가톨릭 예배와 대중적 종교 문화에 대한 그들의 혐오를 표현했고, 성찬의 빵과 포도주를 모독했으며, 종교적 물건을 부서뜨렸기 때문이었다. 위그노는 많은 종교 대중문화로 부터 자신들을 분리했고 종교적 축제와 행렬 그리고 종교단체 등에 참여를 거부했다.

개신교 권력자들의 성 바톨로메유 날 대학살에 대한 반응은 놀랍게도 약했고 가톨릭 지도자들은 은혜롭지 못하게 승리의 기쁨을 감추지 못했다. 스페인의 필립이 생애 처음 공개적으로 웃었고, 앞에서 본대로 교황 그레고리 13세는 특별 감사 예배가 매년 열린다고 공표했다. 후자는 또한 학살을 "거룩한 사건"으로 기념하기 위해 큰 메달을 발행했다. 위그노들은 대거 그들의 믿음을 포기하며 반응했다. 베자는 "배교의 숫자가 거의 셀 수 없을 정도였다"고 평했고, 프랑스의 많은 지역에서 대학살은 위그노 공동체를 초토화했다. 많은 사람이 믿음을 떠났다. 그들은 하나님께서 왜 이런 끔찍한 고난이 예정하신 자들에게 내려지도록 허락하시는지 이해할 수 없었다. 위그노는 숫자와 자신감을 다 잃었고, 대학살 후 그들의 힘은 거의 남서부 지방에 집중되었으며, 북쪽에서는 한 때 수많은 위그노 회중이 거의 사라지고 말았다.

성 바톨로메유 날 대학살은 칼빈주의 저항 이론의 발전으로 이어졌다. 칼빈 자신은 제정된 권위에 대항하는 반발을 승인하지 않았지만, 대학살 후, 데오도르 베자를 비롯한 칼빈주의 저자들은 군주에 대한 저항과 반항은 정당화 될 수 있다고 주장하기 시작했다. 1574년에 출판된 『그들의 백성에 대한 관리들의 권한』(*The Right of Magistrates over Their Subjects*)에서 베자는 왕은 백성에 의해 그의 권한이 주어졌고, 만일 그가 독재자로 판명난다면, 의회(Estates General)에 있는 백성의 대표자들은 그를 폐위할 수 있다고 주장했다. 1579년에 출판된 『빈디키아에 콘트라 티라노스』(*Vindiciae Contra Tyrannos*)의 익명의 저자와 같은 다른 저자들은 더 나아가서 반항과 독재자의 살해도 정당화했다. 성 바톨로메유 날 학살 후 위그노 신분으로부터의 대 이반(defection)이 프랑스를 개신교화 하려는 그들의 소망을 말살시켰지만, 그것은 운동 자체를 파괴하지는 못했다. 위그노들은 남서부 프랑스의 라 로셸(La Rochelle)과 같은 그들의 본거지들에서 재결성했고, 그들을 대항해 싸웠다.

대학살 후 3년 동안 감옥에 있었던 나바레의 앙리는 탈옥했고 그의 가톨릭주의를 포기했으며 개신교 군대의 지도급 위치를 얻었다. 한편 왕 찰스 9세는 1574년 5월 결핵으로 죽었고, 그의 동생이 왕 앙리 3세(1574-1589)가 되었다. 그는 헌신된 가톨릭교도이었으나, 왕국에 평화를 회복하기 위해 위그노와 타협을 할 준비가 되어 있었다. 과거 역사가들은 그를 나라의 통치보다는 개인적 즐거움에 관심이 더 많았던 부적절한 왕으로 혹독하게 평가했지만, 최근 해석은 좀 더 친절한 평가를 내린다. 비록 앙리 3세가 사치스러운 삶과 지나치게 멋을 부리는 방식으로 살고 스캔들의 남성들과 가까이 함으로 열심적인 많은 신하들을 소외시켰지만, 그는 지성적이었고 일부 개혁 입법을 후원했다. 그는 1576년 5월 비우리우 칙령(Edict of Beaulieu)에서 위그노에게 상당한 양보를 했다. 그것은 그들에게 파리와 그 교외 그리고 왕실을 제외하고 "자유로운 공개적 그리고 일반적 개신교 믿음의 실행"을 허락했다. 그것은 이렇게 진술했다. "우리의 현명하고 중요한 목적은 우리 백성을 한 종교로 다시 연합하는 것이고, 우리는 하나님께서 점진적으로 자유롭고 거룩한 회의를 통해 이것을 이루실 것으로 소망한다."[7)]

이 칙령은 열정적 가톨릭교도인 기즈 분파를 성나게 했다. 그들은 위그노에게 어떤 양보도 반대했다. 그들은 1576년 왕의 어릴 때 친구이었으나 이제는 왕의 적이 된 기즈의 앙리의 지도력 하에 가톨릭 연합체(Catholic League)를 창설했다. 세 번째 앙리이고 새로 개종한 위그노 지도자, 나바레의 앙리는 앙리 3세의 동생인 안주의 공작(Duke of Anjou)이 1584년 6월에 죽었을 때 왕위의 계승자가 되었다. 세 앙리의 전쟁(War of the Three Henries)이라고 불리는 이 세 앙리 사이의 투쟁은 위그노 앙리의 승리로 끝이 났다. 1588년 5월 기즈의 앙리는 '차단의 날' (Day of Barricade)로 알려진 대중의 반란으로 왕을 파리에서 몰아냈다. 왕 앙리 3세는 1588년 12월 기즈의 앙리를 암살로 대응했다. 그 결과 교황 식스투스 5세(Pope Sixtus V)는 그를 출교했고, 1589년 8월 앙리 3세는 도미니칸 수도사에 의해 암살당했다. 이것은 위그노의 지도자, 나바레의 앙리를 유일한 생존자로 남겼으나, 가톨릭 상대에 대한 연속적인 군사적 승리에도 불구하고, 그는 프랑스 전역을 정복할 수 없었다. 나바레의 앙리의 완전한 승리의 길에 주요 장애물은 파리 도시였다. 파리는 프랑스에서 가장 중요하고 가장 가톨릭적인 도시였다. 파리의 시민들은 그들이 이단으로 여겼던 자를 왕으로 인정하는 것에 너무 반대했고 심지어 전통적으로 프랑스의 적이었던 스페인의 지원을 얻으려 했다. 파리의 충성을 얻는 방법을 놓고 딜렘마에 직면한 나바레의 앙리는 1593년 7월 파리를 점령하고 있는 동안 해결책을 얻어냈다. 완고한 개신교인 술리의 공작(Duke of Sully)은 앙리에게 "파리는 미사의 가치를 가지고 있다"는 조언을 해주었고, 앙리는 동의했다. 그래서 그는 로마 가톨릭주의로 환원했다.

1594년 3월 나바레 앙리의 군대는 파리에 입성했고, 거의 저항을 받지 않았다. 앙리는 노트르 담(Notre Dame) 성당에 가서 미사에 참여했다. 그의 개종은 확실히 정치적인 동기였으나, 그의 이전 관습과는 대조적으로 새 종교를 심각하게 취급했던 것으로 보인다. 그의 개종은 많은 그의 과거 개신교 백성의 지지를 잃게 했으나, 그 후 4년 기간 동안 왕 앙리 4세(1589-1610)는 프랑스의 남은 부분을 장악했고 스페인을 물리쳤다. 그는 또한 자신의 과거 동료 신자들을 잊지 않았다. 1598년 그는 낭떼 칙령(Edict of Nantes)을 공포하여 위그노에게 관용의 법령을 허락했다. 그 칙령은 목적이 왕의 백성에게 "명백하고, 정확하며 완전한 일반적 법이 그들 사이에 일어났던 모든 논쟁에 적용되고…선하고 지속적인 평화를 세우기 위하여" 주는 것이었다.[8] 이 목표를 달성하기 위해, 위그노는 종교적 관용의 합리적 조치가 허락되었고 프랑스 전역에 걸쳐 위그노 귀족의 지역과 다른 장소에 예배의 자유가 허용되었다. 단, 파리 내에서만은 제외되었다. 로마 가톨릭주의가 국가 종교로 선언되었지만, 개신교 목사들은 공공 기금에서 봉급이 지급되었고, 위그노는 프랑스 전역에 요새를 유지할 수 있는 200여 장소를 허락받았다.

전쟁이 위그노에게 이해할 수 있을만한 이득을 가져다주었지만, 칼빈주의 지도자들은 전쟁이 종식된 방법에 대해 반드시 행복해 하지 않았다. 프랑스에 칼빈주의 승리를 가져오기 위해 그렇게 열심히 일했던 데오도르 베자는 개신교 운동의 위대한 지도자가 되기를 소망했던 앙리가 로마 가톨릭교도가 된 것에 실망했다. 1600년

11월 25일 앙리 4세와 베자가 마지막 만남을 가졌다. 왕은 제네바 근처에 진을 쳤고, 81세의 칼빈주의 원로는 약 30년 동안 보지 못했던 앙리를 만나러 나갔다. 그것은 통렬한 만남이었다. "앙리는 베자를 부둥켜안았고, 그를 자신의 아버지와 친구라고 불렀다." 그리고 왕은 베자를 자리에 앉게 하고 본인은 서서 이야기를 했다. 앙리는 베자에게 밤을 함께 지내자고 초청했으나, 그는 그 초청을 거절했고 제네바로 돌아왔다.[9)]

왕 앙리 4세나 종교적 평화도 오래 동안 생존하지 못했다. 1610년 가톨릭 열광주의자가 세 앙리 중 마지막을 암살했다. 앙리 4세가 프랑스에 가져온 평화도 지속되지 못했다. 앙리가 죽은 지 10년 후, 그의 후계자, 왕 루이 13세(Louis XIII, 1610-1643)의 통치 하에 내전이 발발했다. 8년의 전쟁 후, 라 로셸이 왕의 군대로 넘어갔을 때, 위그노는 1629년 그들의 마지막 요새를 잃었다. 전쟁은 알라이스 평화 조약(Peace of Alais)으로 종식되었고, 그것은 낭떼 칙령이 허용한 정치적이고 군사적인 권한을 빼앗아갔으나 그들의 시민적이고 종교적인 권리는 재확인 되었다. 반세기 후 왕 루이 14세(1643-1715)가 1685년 그 칙령을 철회했을 때, 위그노는 낭떼 칙령이 허용한 종교적 관용을 빼앗겼다. 그 후 위그노는 매우 심하게 핍박을 받았고 많은 사람이 프랑스를 떠나 다른 나라로 이주했다. 그러나 일부는 여전히 남았고, 프랑스 개신교 교회는 프랑스 혁명까지 생존했으며, 1797년 드디어 영구적 관용을 얻었다.

네덜란드 종교 전쟁

네덜란드 종교전쟁은 프랑스 종교전쟁과 비슷한 시기에 시작되었다. 두 투쟁 사이에는 많은 유사성들이 있지만, 중요한 차이점들도 있었다. 베네룩스(Low Countries) 사람들은 스페인과 프랑스 사람들과는 다른 삶의 유형과 문화를 가지고 있었다. 그들은 양모 무역과 직물 생산으로 벌어들인 경제적 이득으로 가장 높은 일인당 수입을 올리며 유럽에서 가장 번성하는 경제를 가지고 있었다. 그들은 또한 위치의 도움을 받았다. 그들은 위치로 말미암아 무역의 중심지가 될 수 있었고 매우 성공적인 청어잡이 산업을 발전시킬 수 있었다. 정치적으로 그들은 언어를 비롯하여 많은 차이점을 가진 17개의 자율적 지역으로 나누어졌다. 북쪽 지방 사람들은 로우 게르만(Low German)과 관련된 플레미쉬어(Flemish) 또는 네덜란드어(Dutch)를 사용했고, 남부 지장에 사는 왈룬즈(Walloons)는 프랑스어의 사투리를 사용했다. 그 지역들은 부르군디(Burgundy) 공작의 지배하에 연합되어 있었지만, 그들은 강렬한 독립심을 가지고 있었고 지방적 자유에 열심이 있었다. 1509년 찰스 5세는 그의 아버지, 필립이 죽은 후 부르군디의 공작이 되었다. 필립의 어머니는 부르군디의 메리였다. 찰스는 베네룩스에서 태어났고, 그들의 언어를 사용했으며, 그들의 문화와 그들의 지방적 자유를 존중했다. 전쟁을 재정적으로 후원하기 위해 그들에게 심하게 세금을 부과했지만, 그는 정부를 지방 귀족의 손에 남겨 두었다.

찰스 5세의 통치 기간 동안, 개신교는 베네룩스에 진입하기 시작했다. 첫 개신교도들은 루터교도였고, 다음은 재세례파였으며, 그들은 상당한 성공을 이루었다. 멜키오르 호프만은 1530년 동 프리시아(East Frisia)에서 활동했고, 과격한 재세례파가 1543년에 차지한 도시, 뮨스터(Munster)는 네덜란드 경계에 있었다. 뮨스터의 함락 후, 소위 바텐부르거스(Batenburgers) (얀 반 바텐부르그 - Jan van Batenburg - 의 추종자들)라 불리는 도둑 갱단은 농장과 수도원을 약탈하고 그들이 활동하던 지역에 파괴를 자행했다. 그들은 결국 퇴치되었고, 칼빈주의가 1550년대에 진입을 시작할 때까지 평화로운 메노나이트들(Monnonites)이 베네룩스에 지배적인 재세례파 그룹이 되었다. 1561년 제네바에서 훈련받고 프랑스어를 하는 목사, 가이 데 브레이(Guy de Bray)는 벨기에 신조(Belgic Confession)를 작성했고, 그것은 1566년 안트워프(Antwerp)에서 열린 종교회의에 의해 수용되었다. 1559년의 프랑스 신조를 따른 이 신조는 프랑스어로 작성되었으나 나중에 네덜란드어로 번역되었다. 칼빈은 단지 복음의 설교와 성례의 집행을 참 교회의 두 표지로 올렸으나, 벨기에 신조는 치리를 세 번째 표지로 추가했다.

1562년 벨기에 신조가 정부에 대한 충성 서약과 함께 네덜란드의 새로운 통치자, 왕 필립 2세에게 제시되었다. 그러나 왕은 로마 가톨릭주의에 대한 그의 헌신에 타협하지 않았고 반항자들과 이단자들이라고 생각하는 백성에게 어떤 양보도 할 의사가 없었다. 그는 그의 아버지 황제 찰스 5세가 1556년에 사임했을 때 베네룩스의 통치자가 되었고, 통치에 매우 다른 정책을 시도했다. 그는 네덜란드어를 구사할 수 없었고, 네덜란드 사람을 싫어했다. 네덜란드 사람들도 마찬가지 감정이었다. 찰스는 동포였으나, 필립은 외국인이었다. 찰스는 자신의 실수로부터 배울 수 있었으나,

필립은 자신의 백성을 소외시킨다는 것이 분명할 때에도 핍박의 정책을 고집했다. 찰스는 처음에 증가하는 종교적 다양성에 대해 억압의 정책으로 반응했다. 1518년과 1528년 사이에 약 400명이 종교적 이탈로 선고받았다. 1529년 이후 심지어 입장을 철회한 이단자들도 사형선고를 받았다. 처음 화형된 자는 1523년 두 명의 루터교도였다. 그리고 재세례파와 칼빈주의자들이 뒤 따랐으나, 핍박은 가톨릭교도들 사이에도 결코 인기가 없었다. 지방 위정자들은 이단에 대해 법을 집행하는 것을 꺼려했고, 때로 사람들은 지방마다 처형에 항의하며 일어났다. 찰스 통치의 말기 그는 이단을 다루는데 훨씬 느슨해졌으나, 그의 아들은 이단이나 지방의 자율성에 대한 조심스러운 정책에 동정심을 가지고 있지 않았다. 필립은 이단의 척결과 베네룩스의 독립정신에 단호했고, 그들로 하여금 중앙화 된 스페인의 통치에 복종하도록 강요했다. 이 정책은 종교적 차이에 뿌리를 내리기는 했지만 베네룩스의 고대 자유에 대한 정치적 관건과 함께 미묘하게 엮어져 있었다.

베네룩스의 종교전쟁은 대체적으로 스페인에 대한 반항이었다. 에그몬트(Egmont)와 호른(Horn) 백작들과 가장 중요하게 오렌지의 윌리암(William of Orange)은 왕 필립 2세에 대항하는 반대세력의 지도자들이었다. 윌리암은 – 그의 진심을 종종 비밀로 했기에 '비밀의 윌리암' (William the Secret)이라고 별명이 붙음 – 종교적 반항을 인도하리라고는 기대하기 어려운 유형의 사람이었다. 그는 사치스러운 삶을 살았고 항상 빚을 지고 있었으며, 나바레의 앙리처럼 종교를 상황의 요구에 따라 루터교주의에서 가톨릭주의로 또 칼빈주의로 이동하며 바꿀 수 있는 것으로 보였다. 비록 그가 특별히 훌륭한 장군은 아니었지만, 스페인의 독재에 대항하여 싸우는 용감하고, 지적이며, 효과적인 백성의 지도자로 입증되었다. 1564년 윌리암은 의회(Council of State)에서 이단법은 집행될 수 없고 군주들은 백성의 양심을 장악할 권한을 가지고 있지 않다고 일방적으로 진술했다. 1566년 300명의 귀족들이 베네룩스 대사인 왕의 누이, 파르마의 마가레트(Margaret of Parma)에게 종교재판을 폐지해 달라고 청원했다. 조신(朝臣, courtier)이 경멸적으로 "왜 이 거지들을 무서워합니까?"라고 말했을 때, 그것은 대의를 위한 제목을 붙여주었다. "거지들 만세!"가 개신교 집회의 외침이 되었다. 스페인에 대항하는 가장 효과적인 군사적 캠페인은 능숙한 항해자인 열정적 칼빈주의자들에 의해 수행되었다. 그들은 스페인 함대를 무찔렀을 뿐만 아니라 1572년 질란드(Zeeland)와 홀란드(Holland)에 있는 항구들을 점령했고 전쟁 기간 동안 그것을 유지했다. 그들은 자신을 "바다 거지들"이라고 불렀다.

1566년에 전환점이 발생했다. 성상파괴 폭동이 베네룩스 전역에 일어났고 열정적 개신교도들이 교회와 수도원을 공격하며 성상을 파괴했다. 개신교 지도급은 마가레트가 종교적 양보를 할 때까지, 폭동을 억압할 준비가 되어 있지 않았다. 폭동은 번져 나아갔고 그녀가 양보했을 때, 윌리암, 에그몬트, 그리고 호른은 질서를 회복시키는데 도움을 주었다. 1566년 4월부터 1567년 4월까지의 기간은 "놀라운 해"라고 불렸다. 핍박에 짧은 유예가 있었고 개신교 교회는 상당한 성장을 경험했기 때문이다. 안트워프 성벽 외부에서 행해지는 칼빈주의자들의 설교에 25,000명으로 추산되는 군중이 몰려왔고, 많은 사람들이 개종했다. 그러나 유예는 잠시였다. 그 후 왕 필립 2세가 자신의 반항적인 백성에 대해 복수를 했기 때문이다. 그는 대단한 병력으로 반응했다. 성상파괴 폭동에 직접 관련되지 않은 사람들에 대해서도 공격을 감행했다. 폭동은 개신교 운동에 많은 중립적 입장과 동정적 입장을 취하고 있는 시민들의 지지를 잃게 했다. 그들은 폭력과 사회의 혼란에 경악을 금치 못했으나, 필립 2세의 행동은 사람들을 더 공포에 떨게 만들었다. 1567년 그는 능력 있고 잔인한 장군, 알바(Alba)의 공작을 10,000명의 군인들과 함께 베네룩스에 보냈고, 공포의 통치에 들어갔다. 반란의 지도자들에만 공격을 집중하는 것이 아니고, 알바는 개신교주의에 조금이라도 물이든 사람이면 모두 다 쳤다. 폭동 진압을 도왔고 필립에게 자신의 충성을 선언했던 에그몬트와 호른은 공개적으로 처형되었고, 이것은 동포의 눈에 순교자가 되는 결과를 보여주었다. 이것을 다루기 위한 특별법정이 만들어 졌다. "문제의 회의"(Council of Trouble)라고 공식적으로 불렸지만, 필립의 반항적인 백성은 그것에 "피의 회의"(Council of Blood)이라고 명칭을 붙였다. 이단으로 의심받은 6,000 내지 8,000명의 사람들이 호출되었고, 수천 명이 처형되었기 때문에, 그 명칭은 정당화 될 수 있었다. 무거운 세금이 베네룩스에 부과되었고, 지방의 자율성은 억압되었다.

왕 필립 2세 정책의 결과는 상인들과 기술공들을 비롯하여 많은 능력 있고 부유한 사람들이 이웃 나라로 도피하는 것이었다. '비밀의 윌리암'은 자신의 재산을 몰수당했고 스페인 투쟁의 영웅으로 나타났으며, 그와 작은 그룹의 난민들이 필립 2세에 대항하여 전과 같지는 않지만 투쟁을 계속했다. 다른 개신교 군대로부터 도움을 얻지 못하게 되었을 때, 윌리암은 홀란드, 질란드, 그리고 우트렉(Utrecht) 등, 칼빈주의가 상당한 유익을 얻을 수 있었던 북쪽 지방에서 지원을 얻을 수 있었다. 1572년, 성 바톨로메유 날 학살의 해에 윌리암의 "바다 거지들"은 몇 개의 항구를 점령했고, 스페인 함대는 주이더 지(Zuider Zee)에서 패했다. 반란을 일으켰던 북쪽 도시 대표들은 윌리암을 군대의 수장으로 선출했다. 낮게 위치한 지역을 장악한 반란자들은 지형을 자신의 유익을 위해 사용할 수 있었다. 그것은 침공하는 스페인 군대를 저지하기 위해 제방을 여는 것까지 포함했다. 필립 2세는 이 북쪽 지역을 결코 다시 획득할 수 없었고, 1577년 그는 베네룩스의 거의 대부분을 잃게 되었다. 스페인은 봉급을 받지 못한 남부지역의 스페인 수비대가 안트워프 시를 공격하고 그 주민 8,000명을 살해했을 때 지지를 더 잃었다. 소위 일컫는 "스페인 분노"(Spanish Fury)는 남부 지역 사람들을 분노케 했고, 1576년 11월 그들은 북부 지역과 합류하여 겐트의 화해(Pacification of Ghent)라고 알려진 조약을 체결했다. 이 조약은 '비밀의 윌리암'에게 전쟁을 이끌어 나가는 주권적 권한을 부여했다. 다음 해 모든 지역은 브러쎌의 연합(Union of Brussel)에 참여했고, 모든 신앙의 입장이 스페인 독재에 대한 그들의 저항에 하나가 되었으며, 필립 2세가 그의 군대를 철수하고 베네룩스의 권한을 회복할 때까지 스페인에 대항하여 싸울 것이라고 맹세했다.

스페인 운동은 1578년 20,000명의 군대와 함께 도착한 새 스페인 지휘관인 파르마의 공작에 의해 지속되었다. 전투의 승리 외에, 그는 북쪽과 남쪽 사이의 언어, 민족, 그리고 종교적 차이에 호소하며 남부지역의 충성을 얻어냈다. 1579년 그는 아라스 연합(Union of Arras)을 통해 남부 지역을 조직했다. 그들은 그들의 옛 자유가 존중되고 가톨릭 예배가 지켜진다는 약속에 대한 대가로 왕 필립 2세에게 충성을 표현했다. 몇 주 후 홀란드, 질란드, 우트렉, 겔더란드(Gelderland), 프리즈란드(Friesland), 오베리즈쎌(Overijssel), 그리고 그로닝겐(Groningen)이 우트렉 연합(Union of Utrecht)에 참여했고, 그들은 모든 시민들을 위한 양심의 자유에 헌신했으나 "복음주의적 개혁주의 종교"를 제외하고 모든 공개적 관습은 금지했다. 1580년 여름 필립 2세는 윌리암을 제거하면 저항이 무너질 것이라 믿고, "비밀의 윌리암"을 무법자로 선언했고, 생사를 막론한 그의 체포에 25,000 크라운의 포상을 걸었다. 윌리암은 자신의 『변증』(*Apology*)으로 반응했고, 필립의 통치권을 거부했다. 필립은 베네룩스 백성에 대한 그의 의무를 감당하지 못했기 때문이라고 선언했다. 1581년 『변증』의 주장이 실천에 옮겨졌다. 북쪽 지역의 의회는 필립 2세가 폐위되었다고 선언했고 '네덜란드 공화국의 연합 지역'(United Provinces of the Dutch Republic)의 독립을 선포했다. 법령은 다음과 같다. "우리는 공통적 일치, 결정 그리고 동의로 스페인의 왕으로부터 '입소 주레'(*ipso jure*) 그의 주권, 지배권, 사법권 그리고 이 국가들의 상속권을 몰수하고, 그리고 우리는 이제부터 이 베네룩스에 대한 지배, 통치, 사법 또는 영토에 관한 모든 문제에 있어서 그를 인식하지 않기로 결정했다고 선언했고 이를 통해 지금 선언한다."10)

'비밀의 윌리암'은 독립이 실제로 이루어지는 것을 보지는 못하고 죽었다. 1584년 7월 발타자르 게라드(Balthasar Gerard)라는 이름을 가진 사람이 윌리암의 관대함을 배반하고 그를 살해했다. 그의 아버지가 개신교주의를 위해 순교 당했고 그는 그 대의를 섬기기 원한다고 주장하며, 게랄드는 윌리암의 마음을 샀고, 윌리암은 심지어 그에게 개신교 군대에 참여할 수 있도록 그에게 신발 살 돈까지 주었다. 게라드는 그 돈으로 권총 두 개를 샀다. 7월 10일 그는 청원자 그룹에 합류했고, 윌리암이 나타났을 때, 윌리암이 준 돈으로 산 권총으로 그를 쏘았다. 윌리암은 바로 죽었고, 게라드는 도주하려다 붙잡혔으며 처형되었다. '비밀의 윌리암'이 죽은 후, 개신교 운동은 심각한 위험에 처했다. 파르마는 여러 도시를 성공적으로 점령했고, 1585년 8월 많은 칼빈주의자 인구를 가진 안트워프의 정복으로 쐐기를 박았다. 사면초가 된 개신교도들은 필사적으로 외국의 도움을 요청했고, 1585년 '연합지역'은 영국의 엘리자베스와 조약 체결을 끝냈다. 그 조약은 영국이 보내는 총독의 수용에 동의하는 것이었다. 엘리자베스는 그들을 돕기 위해 그가 좋아하는 리체스터(Leicester)의 백작, 로버트 더들리(Robert Dudley)를 소수의 군대와 함께 보냈으나, 리체스터는 능력있는 군사 지도자도 아니고 좋은 외교관도 아니었다. 그의 고압적인 방법은 네덜란드 마을의 지배 계급을 소외시켰고, 군사적 성공도 거두지 못했다. 엘리자베스의 관련은 왕 필립 2세가 영국을 침략하기 위해 함대를 보내는 결과를 초래했다. 그러나 이미 앞에서 본 것처럼, 그의 계획은 영국의 "바다 개들"과 소위 일컫는 "개신교 바람"에 의해 좌절되었다.

한편 네덜란드 개신교도들은 두 명의 능력 있고 참신한 지도자들을 영입했다. 하나는 요한 반 올덴바르넬트(Johan van Oldenbarnvelt)로 정치적 지도력을 발휘했고, 다른 하나는 '비밀의 윌리암'의 17세 아들, 나쏘의 모리스(Maurice of Nassau)로 군사적 지도자였다. 올덴바르넬트는 열렬한 칼빈주의자는 아니었고, 그의 목표는 종교적이기 보다는 정치적이었다. 그는 각 지방의 독립정신을 인식했고 강한 중앙 집권 정치를 부과하려 하지 않았다. 비중앙화된 체제는 매우 잘 운영되었으며 전쟁을 지원하기 위한 재정을 잘 공급했다. 전쟁은 특히 1592년 파르마가 죽은 후 나쏘의 모리스가 뛰어나게 잘 진행시켰다. 모리스는 파르마가 점령한 많은 마을들을 회복했고, 다음 세기 초에는 남부 지역으로부터 더 이상의 전진을 효과적으로 막을 수 있는 요새의 선을 구축했다.

1609년 새로운 스페인의 통치자, 왕 필립 3세는 현 상황을 인식했고 베네룩스를 가톨릭 남부지역과 개신교 북부지역으로 분할하는 12년 정전협정(Twelve Years' Truce)에 서명했다. 평화 기간 동안, 북쪽의 '연합지역' 은 경제적으로 번성했다. 그들은 쉘트 강(Scheldt River)의 봉쇄선을 유지했고, 바다로부터 안트워프를 차단했으며, 그로 말미암아 무역은 로테르담(Rotterdam)의 북쪽 항구로 옮겨졌다. 반면 남부 지역은 경제적 하락세를 겪었다. 한편 마지막 장에서 다루었던 칼빈주의 공동체 내의 종교적 분열은 '연합 지역' 으로 하여금 가장 능력 있는 지도자를 잃게 했다. 그것은 1619년 5월 반역으로 말미암은 올덴바른벨트의 처형이었다. 2년 후 전쟁은 다시 시작되었고, 이번에는 네덜란드가 모든 유익을 얻게 되었다. 모리스가 1625년에 죽었을 때, '비밀의 윌리암' 의 막내아들, 프레데릭 헨리(Frederick Henry)는 군대의 지배력을 얻었고 스페인 군대를 심지어 더 남쪽으로 밀어 내렸다. 네덜란드 함대는 바다에서 스페인에 대항해 큰 성공을 거두었다. 그들은 1628년 아메리카 식민지로부터 은을 운반하는 스페인 함대를 포획했다. 아침내, 스페인은 그들의 노력을 포기했고, 1648년의 웨스트팔리아 평화조약(Peace of Westphalia)에서 공식적으로 '연합지역' 의 독립을 인정했다.

칼빈주의자들이 스페인으로부터 독립을 얻어내는 데에는 중심적 역할을 했지만, 목사들은 네덜란드를 새로운 제네바로 전환하겠다는 목표 달성에 성공하지 못했다. 마지막 장에서 본 것처럼, 프레데릭 헨리는 도르트 종교회의(Synod of Dordrecht)에서의 패배 후 추방된 '항의자들' (Remonstrants)에게 관용을 베풀었고, 그들을 돌아오라고 격려했다. 칼빈주의가 국가 종교가 되었지만, '항의자들,' 메노나이트들, 그리고 루터교도들은 집에서 예배드리는 것이 허용되었고, 심지어 로마 가톨릭 가정-교회도 지방 위정자들에 의해 훼방을 받지 않았다. 대조적으로, 남부 지역에는 가톨릭주의가 복귀되었고 개신교 남은 자들은 억압을 받았다. 소생된 가톨릭주의는 소위 일컫는 스페인계 네덜란드(Spanish Netherlands)에서 번성했고, 그것은 19세기에 벨기에(Belgium) 국가가 되었다.

30년 전쟁(The Thirty Years' War)

프랑스와 네덜란드 종교전쟁이 끝날 무렵, 신성로마제국은 피비린내 나고 훨씬 더 파괴적인 전쟁으로 치닫고 있었다. 아우그스부르그 평화조약(Peace of Augsburg)이 제국을 위해 50년의 종교적 평화를 제공했지만, 그것은 항상 불안한 평화였다. 평화조약에 표현된 소망은 신조화 시대 동안 그리스도인들을 평화 가운데 함께 살도록 하는 현실보다는 상당히 이상적이었다. 그 조약은 경쟁적인 신앙들이 "논쟁되고 있는 종교를 전체가 동의하고 크리스천 이해와 화해에 이르는 크리스천적이고, 친절하며, 평화로운 방법과 길 외에는 어떤 다른 방법으로도" 취급하지 말라는 진술을 포함하고 있었다.[11] 조약의 주요 조항은 독일 지배자들에게 그들이 통치하는 지역의 종교를 결정할 수 있는 권한을 부여했다.[12] 단, 두 지역만은 예외였다. 첫 번째는 자유도시로, 루터교주의와 가톨릭주의가 다 존재하고 두 신앙이 교회를 공유해야하는 것이었다. 두 번째는 논쟁이 되는 "교회 예약"(Ecclesiastical Reservation)으로, 황제가 개신교 정부의 동의 없이 추가한 것이었다. 그것은 다음과 같다.

> 우리 옛 종교의 대주교, 주교, 또는 감독, 또는 어떤 다른 사제가 그만두는 곳에는, 그의 대주교직, 주교직, 감독직 그리고 그가 지금까지 소유했던 그들의 모든 수입과 재정을 비롯한 다른 성직록은 어떤 다른 반대나 지연 없이 그에 의해 포기될 것이다. 그 곳의 관습법에 의해 그것에 주어진 총회와 그와 같은 회의는 옛 종교를 채택하는 사람을 선출할 것이다. 그는 어떤 더 이상의 훼방 없이 그리고 종교에 대해 어떤 궁극적 우호적인 해결을 사전에 판단하지 않고 그 장소의 권한과 수입을 소유하고 즐기며 들어온다.[13]

간단히 말하면, 이것은 교회 지도자가 루터교도가 되면, 그는 자신의 재산과 수입을 가져갈 수 없고, 가톨릭 계승자가 그의 자리에 선출되어야 한다는 것을 의미했다. 아우그부르그 평화조약 이후, 이 조항은 계속적으로 어겨졌으며 교회 지도자들이 개신교주의로 개종했고 그들의 토지를 세속화했다. 평화조약 이후 반세기 동

안 발전된 소위 일컫는 "두 번째 종교개혁"은 루터교도들이 칼빈주의로 개종하면서 또 다른 문제를 제시하게 되었다. 이것은 아우그스부르그 조약의 상호 관용을 위한 조항에 포함되지 않았다.

개신교 운동에 큰 위협은 예수회 회원들(Jesuits)에 의해 주도된 가톨릭 종교개혁의 극렬한 개혁 가톨릭주의로부터 왔다. 예수회는 바바리아(Bavaria) 제국과 오스트리아 영토로 강력한 진입을 시작했다. 바바리아는 공작 알베르트 5세(Albert V, 1550-1579)가 예수회 회원들을 그 지역에서 사역하라고 초청했을 때 부활된 가톨릭주의 주요 중심지가 되었다. 잉골스타트 대학(University of Ingolstadt)이 그들 활동의 중심지가 되었다. 오스트리아 영토도 가톨릭 종교개혁의 전적인 영향을 경험했고 개신교 귀족은 억압되고 교회는 개혁되었다.[14] 가톨릭주의와 개신교주의 양쪽의 새로운 개혁 열정으로부터 고난을 받은 또 다른 그룹은 마법(witchcraft)으로 의심되는 자들이었다. 1580년과 1660년 사이에 40,000 내지 50,000명이 유럽에서 마법행위로 처형되었고, 그 처형의 절반은 신성로마제국에서 집행되었다. 개신교와 로마 가톨릭 사이의 불안한 평화는 오토만(Ottoman) 위협의 존재로 어느 정도 유지되었다. 그러나 1606년 동쪽에 있는 페르시안들(Persians)의 압력이 술탄으로 하여금 서방과 정전협정에 동의하는 결과를 초래했고, 공동의 적이 제거되자, 개신교와 가톨릭은 서로를 행해 공격하기 시작했다.

합스부르그(Hapsburg) 후계자, 시리아의 페르디난드(Ferdinand of Syria, 1578-1637)가 1617년 보헤미아의 왕으로 선출되었을 때, 보헤미아에서 전쟁이 발발했다. 보헤미아는 개신교였고 페르디난드는 예수회 교육을 받은 가톨릭교도이었으며 오스트리아에 있는 루터교도에 대한 핍박으로 알려져 있는 인물이었다. 페르디난드가 두 명의 열렬한 가톨릭교도를 그의 대리인으로 보냈을 때, 개신교도들은 분노했다. 그들은 1618년 5월 23일 왕실 궁전으로 진군했고 황제의 대리인들을 창문 밖으로 던져버렸다. 두 사람은 50피트의 추락에서 살아남았지만 (가톨릭 버전에 의하면, 천사들의 전격적인 비행으로 그들을 구출했음),[15] 소위 일컫는 프라하(Prague)의 '창밖으로 내던지기' (defenestration)는 전쟁으로 이어졌다. 개신교도들은 군대를 일으켰고, 예수회 회원들을 추방했으며, 가톨릭 영토를 몰수했다. 페르디난드가 1619년 만장일치로 신성로마제국의 황제로 선출되었고 그것이 삭소니(Saxony), 브란덴부르그(Brandenburg), 그리고 팔라티네트(Palatinate)가 그에게 표를 던졌다는 것을 의미했지만, 보헤미아의 개신교 귀족들은 그를 폐위하고 팔라티네트의 프레데릭 5세(Frederick V)를 보헤미아 왕으로 선출했다.

그들은 최악의 선택을 했다. 프레데릭 5세는 23세로 군사 경험이 없었다.[16] 그는 전쟁을 할 자원이 부족했고 동맹을 얻을 외교적 기술도 없었다. 심지어 그의 장인, 영국의 왕 제임스 1세(James I)도 청교도의 압력에도 불구하고 그를 돕지 않았고, 삭소니의 루터교 통치자는 가톨릭교도와 함께 그를 대항하여 싸웠다. 황제 페르디난드 2세는 군대도 없었고 보헤미아에서 많은 지원도 없었으나, 그의 합스부르그 사촌 스페인의 필립 3세, 바바리아의 맥시밀리안(Maximailian), 그리고 영토 이익을 위해 연합군에 참여한 삭소니의 루터교 선제후의 도움을 얻었다. 전쟁의 첫 국면은 오래 가지 않았다. 1620년 프레데릭 5세가 인도하는 보헤미안 군대는 '흰 산 전쟁' (Battle of White Mountain)에서 참패를 당했다. 단지 한 겨울동안 왕이었던 불쌍한 프레데릭은[17] 폐위되었다. 그의 문제는 끝나지 않았다. 2년 후 바바리아와 스페인 군대는 팔라티네트를 정복했기 때문이다.

프레데릭의 형편없는 패배는 30년 전쟁을 종식시켜야 했으나, 그렇게 되지 않았다. 여러 백성과 국가가 투쟁을 계속하는데 흥미를 두었기 때문이다. 이 사람 중에는 사적 군대를 키우고 약탈물과 전리품을 위해 싸우는 용병 두령들이 있었다. 그 중 하나인 에른스트 폰 만스펠트(Ernst von Mansfeld)는 원래 스페인을 위해 싸웠으나 칼빈주의자가 되었고 그의 병력을 프레데릭에게 팔았다. 30년 전쟁의 과정 동안 그는 여러 번 입장을 바꾸었고, 자신의 병력을 가장 높은 가격을 주는 자에게 팔았다. 가장 악명 높은 용병 두령은 알브렉트 폰 발렌스타인(Albrecht von Wallenstein, 1583-1634)으로, 비록 모태신앙으로 보헤미안 개신교였지만, 가장 뛰어난 가톨릭 지휘관이 되었다. 용병 군대는 신성로마제국의 주민들을 특히 황폐화 시켰다. 군대가 땅에 의존하여 생활했고, 양쪽이 다 시골을 약탈했기 때문이다. 나아가, 몇 몇의 외국 군대가 전쟁에 관련되었다. 종교전쟁이라고 명칭이 붙었지만, 정치적 요소와 개인적 유익을 위한 단순한 욕망이 투쟁 전체에 걸쳐 중요한 역할을 했다. 1625년 루터교 덴마크 왕, 크리스천 5세(Christian V, 1588-1648)는 전면적 가톨릭 승리를 방지하기 위해 전쟁에 돌입했으나, 그는 독일 동맹을 찾을 수 없었다. 삭소니와 브란덴부르그의 양쪽 선제후들이 그와 함께하기를 거절했기 때문이었다.

1626년 루테르 전쟁(Battle of Lutter)에서 바바리안들에 의한 크리스천 5세의 패배는 개신교 운동을 소망 없이 보이게 했다. 발렌스타인은 덴마크와 브란덴부르그의 많은 지역을 차지했고, 1629년 반환 칙령(Edict of Restitution)을 공포하여 칼빈주의를 불법화했고 루터교도들로 하여금 그들이 세속화한 교회 재산을 환원하도록 강요했다.[18] 한편 발렌스타인 군대는 심지어 막데부르그(Magdeburg)를 차지했다. 막데부르그는 첫 독일 종교전쟁에서 황제에 대한 저항의 상징이었고 아우그스부르그의 주요 루터교 도시였다. 두 도시 다 가톨릭주의로 재개종하도록 강요당했다. 황제가 아우그스부르그 평화조약을 무효화하고 가톨릭주의를 제국에 재부과할 입장에 있을 바로 그 때, 스웨덴 왕, 구스타부스 아돌푸스(Gustavus Adolphus, 1594-1632)가 그의 동료 루터교도들을 구출하려고 왔다. 구스타부스 아돌푸스는 원래 독일 루터교 군주들의 도움을 얻는데 문제가 있었으나, 프랑스 왕의 주 성직자, 추기경 리셸리우(Richelieu)로부터 보조금을 얻어냈다. 그는 라인란드(Rhineland)에 있는 황제 영토에 야망을 가지고 있었고 그의 합스부르그 적이 제국의 전쟁으로 계속 흩뜨려지는 것을 원했다. 구스타부스 아돌푸스는 뛰어난 군사적 지도자였고, 1631년 브라이텐펠트 전투(Battle of Breitenfeld)에서 가장 결정적인 승리를 거두었고, 개신교 운동을 구원했다. 그러나 다음 해 그는 루트젠 전투(Battle of Lutzen)에서 발렌스타인을 만났고 피살당했다. 발렌스타인은, 황제의 적과 협상을 했기 때문에 황제가 그를 지휘관의 자리에서 해고한 후, 1634년 암살당했다. 가장 성공적인 장군들이 죽었지만, 전쟁은 지루하게 계속되었다. 마지막 단계에서, 프랑스가 개신교 쪽으로 합류했고 스웨덴과 함께 13년 동안 전쟁을 더 지속했다.

1648년 웨스트팔리아 조약(Treaty of Westphalia)으로 30년 전쟁이 드디어 끝났을 때, 가장 이득을 많이 얻은 자들은, 예상했던 대로, 전쟁의 마지막 단계에서 장악을 했던 두 세력, 프랑스와 스웨덴이었다. 프랑스는 알사케(Alsace)와 로레인(Lorraine)을 얻었고, 스웨덴은 서쪽 포메르아니아(Pomerania)를 합병했다. 몇 개의 독일 주들이 영토를 얻었다. 삭소니는 루자이타(Lusaita)를 얻었고, 브란덴부르그는 동쪽 포메르아니아와 막데부르그를 얻었으며, 바바리아는 팔라티네트에 있는 영토를 얻었고 황제 선제후 중 하나가 되었다. 가장 큰 패배자는 독일 백성이었다. 30년 동안 군인들은 토지를 의존하며 살았고, 약탈, 강간, 그리고 파괴를 일삼았다. 제국은 심각한 인구 감소를 겪었다. 전쟁 전에 비해, 전쟁 후 8,000,000명의 독일 인구가 감소한 것으로 추정된다. 전쟁으로 독일 인구가 적어도 25 퍼센트 감소했고, 전체 인구 감소는 약 35 내지 40퍼센트인 것으로 추정되었다. 그 시대 사람들이 손실을 과장했을지는 몰라도, 전쟁이 독일에 끼친 영향이 비참했다는 것에는 의심의 여지가 없다.[19] 종교적 해결은 칼빈주의를 아우그스부르그 평화조약이 허락한 두 개의 신앙에 추가했고, 이제 지배층은 그들의 지역 내에 가톨릭주의, 루터교주의, 또는 칼빈주의를 국가종교로 설립할 수 있게 되었다. 30년 전쟁은 분할의 해결책으로 종식되었다. 어느 쪽도 전면적인 승리를 얻을 수 없었기 때문이다. 역설적으로, 종교전쟁은 어느 정도의 관용을 가져오는데 중요한 역할을 했다. 어느 쪽도 다른 쪽을 말살시킬 수 없었고, 이 긴 전쟁에서 나타난 참여자들은 너무 피곤해져 반대편을 억압함으로 종교적 연합을 이루려는 시도를 계속할 수 없게 되었다.

영국 내전

유럽은 30년 전쟁이 끝날 무렵, 종교전쟁을 하나 더 치렀다. 여왕 엘리자베스 1세가 1603년에 죽었을 때, 그녀는 영국에 종교전쟁을 피하는 목표를 달성한 것처럼 보였다. 종교전쟁이 프랑스와 베네룩스를 휩쓰는 동안, 엘리자베스는 청교도들(Puritans)이 종교적 안정을 흔들지 못하게 하면서, 동시에 그들을 영국교회 내에 유지할 수 있었다. 과격 가톨릭 반대파가 여왕을 암살하려 하고 스코틀랜드의 가톨릭 메리 여왕을 보좌에 올리려 했지만, 그들의 노력은 일찍이 무산되었고, 대부분의 로마 가톨릭교도는 보좌에 충성했다. 군사적 방법으로 로마 가톨릭주의를 부과하려는 필립 2세의 노력은 함대의 패배로 실패했고, 엘리자베스 통치 말 청교도들이나 로마 가톨릭의 종교적 안정에 대한 반대는 전보다 적었다. 청교도 신학의 지도자는 윌리암 퍼킨스(William Perkins, 1558-1602)였다. 그는 신학적으로 과격한 칼빈주의자이었고 성직복과 기도서의 여러 부분에 대해 전형적인 청교도 태도를 가지고 있었지만, 그는 합리적인 사람이었다. 예를 들면, 왕 에드워드 6세 통치 시절, 성찬에서 무릎을 꿇는 것은 우상숭배라는 존 낙스(John Knox)의 주장과는 대조적으로, 퍼킨스는 성찬에서 무릎을 꿇는 것이 가능성에서 제외되지는 않았지만, 그는 그리스도께서 첫 성찬 시에 앉으셨기 때문에 앉는 것을 선호한다고 설명했다. 왕 제임스 1세(King James I, 1603-1625)가 1603년에 보좌에 올랐을 때, 그는 청교도 백성을 효과적이고 현명한 방법으로 다루었고 그들을 소외시키지 않으면서 그들의 요구에도 양보하지 않았다.

제임스가 처음 왕위에 올랐을 때, 그의 청교도 백성은 스코틀랜드에서 장로교 성직자들에 의해 양육된 왕이 그들이 요구에 동정적일 것이라고 기대하고 '천의 청원서'(Millenary Petition)라 불리는 청원서를 그에게 제시했다. 그것이 1,000명의 성직자들에 의해 서명되었기 때문이다. 그것은 성직복, 안식일의 준수, 그리고 더 많은 설교의 공급에 대한 평상적인 청교도의 불평을 담고 있었다. 제임스는 그 청원서를 받았을 뿐만 아니라, 선임자와는 대조적으로 청원서에 서명한 자들의 대표들을 1604년 햄톤 궁전 회의(Hampton Court Conference)에서 만나기로 동의했다. 왕 제임스 1세는 종교적 안정을 위협하는 중요한 양보는 피하면서, 일부 중요하지 않은 것들에 대해서는 동의해 줄 용의가 있었다. 그는 또한 모든 교회에서 사용되는 유일한 버전이 될 하나의 균일한 성경 번역이 있어야한다는데 동의했다. 이것은 지금 우리가 '킹 제임스 버전'(King James Version)이라 부르는 번역을 만들어 냈고, 수세기 동안 영어를 구사하는 나라의 표준 성경이 되었다. 청교도들은 왕 제임스 1세의 통치 시절 일부 괴로움을 겪었지만, 교회 내에서 일하는 것에 대체적으로 만족했고, 거기서 그들은 상류층의 많은 신사계급을 비롯한 상당한 추종을 얻어냈다. 제임스가 여러 개인적 약점을 가지고 있었지만, 그의 통치 동안 엘리자베스의 합의(Elizabethan Settlement)는 원래대로 유지되었고 영국교회는 가장 과격한 분리주의자들(Separatists)이나 전적으로 헌신된 로마 가톨릭교도들을 제외하고는 모두를 포함할 수 있기에 충분했다. 그러나 이 모든 것은 그의 아들, 찰스 1세의 통치에서 종식되었다.

역사가들은 영국 내전(English Civil War)에 누가 가장 책임이 있는가를 놓고 계속 논쟁을 하지만, 왕 찰스 1세(King Charles I, 1625-1649)는 그의 아버지가 결코 그렇게 하지 않았던 방법으로 청교도 백성을 소외시킨 것에 대한 책임을 피할 수 없다.20) 찰스는 그들의 감정에 전혀 민감하지 않았다. 청교도들은 충성스러운 백성이 되기 원했으나 그의 종교 정책에 경악을 금치 않을 수 없었으며, 찰스는 이런 백성을 완전히 소외시켰다. 청교도들은, 찰스가 알미니안들(Arminians)을 교회의 지도급에 승진시켰을 때, 특히 실망했다. 소위 일컫는 영국 알미니안들이 합법적으로 알미니안이라고 불릴 수 있는지 많은 논쟁이 벌어졌다. 그들은 알미니우스의 저작이 출판되기 전에 자신의 입장을 표현했기 때문이다. 그들은 또한 자신이 가르친 교리에 반드시 연합하지도 않았다. 그들은 단지 반대하는 것에 연합되어 있었다. 그들은 칼빈주의에 대항했고, 한 저자는 그들을 "반-칼빈주의자들"이라고 호칭했다.21) 그들은 또한 영국교회의 "고교회파"("high church party")와 연결되어 있었다. 그들이 예배의 아름다움을 강조했기 때문이다. 그들은 은혜의 수단으로 성례를 강조했고 청교도들이 주장하는 설교에 대한 지나친 강조를 반대했다. 도르트 종교회의 결정은 알미니안들에게 특히 고통을 주었고 영국교회에 분열을 심화하는 결과를 초래했다.

한편 청교도들은 30년 전쟁에 대한 영국의 입장에 대해 기쁘지 않았다. 팔라티네트의 프레데릭이 왕 제임스 1세의 사위였고 칼빈주의자였지만, 제임스는 그의 곤경을 무시하는 것으로 보였다. 반면 제임스는 스페인을 비롯한 가톨릭 세력이 유럽의 개신교주의를 억압하려는 바로 그 시기에 그의 아들 찰스를 위해 스페인의 가톨릭교도 인판타 마리아(Infanta Maria)와 결혼 동맹을 추구하고 있었다. 왕 제임스 1세 통치 말기, 많은 영국 알미니안들이 감독으로 임명되었다. 비록 왕이 칼빈주의자로 양육되었고 1619년에 출판된 그의 『주 기도문에 대한 묵상』(*A Meditation of the Lord's Prayer*)에서 알미니안들의 오류를 정죄했고 칼빈의 신학에 계속 헌신되었음에도 불구하고 말이다. 대조적으로 그의 아들 찰스는 칼빈주의에 전혀 동정적이지 않았다. 그는 프랑스 가톨릭 공주와 결혼했을 뿐 아니라 청교도들이 알미니안이라고 여기는 자들과 분명하게 입장을 같이했다. 통치 처음부터 찰스의 정책은 반-칼빈주의였다. 칼빈주의자들은 사실상 여러 교회위원회에서 제외되었고, 의회의 개회 설교자는 윌리암 로드(William Laud, 1573-1645)란 이름의 알미니안 성공회 성직자였다. 그는 1633년 캔터베리(Canterbury)의 대주교로 임명되었다.

로드는 사람들이 사랑하거나 증오한 역사적 인물 중 하나였다. 청교도들은 그들이 이룩해 놓은 것을 그가 전부 위협하고 있는 것으로 보였기에 그를 증오했고, 그가 가톨릭주의를 교회에 재 소개하는 것으로 믿었다. 그의 지지자들은 그를 거룩함, 질서, 그리고 예배의 아름다움을 위해 일어선 믿음의 위대한 영웅으로 생각했다. 이런 일에 대한 논쟁에서 그렇듯이, 진실은 양극단 사이 어디에 놓여있다. 로드는 원칙의 사람이었고 깊이 헌신된 그리스도인이었으나, 그는 또한 기도서(Book of Prayer)의 적절한 사용을 집행하기로 확고하게 결심한 사람이었다. 청교도들은 공인된 예배의 부분들을 정기적으로 바꾸거나 삭제했다. 일부 관례들이 우상숭배적이고 그들 생각에 "참 종교"이고 하나님을 즐겁게 하는 예배의 형태를 방해한다고 믿었기 때문이다. 그들은 또한 예배 의식의 상당 부분을 일상적으로 제외하여 더 긴 설교를 할 수 있도록 했다. 로드가 대주교가 된 해, 그는 체스터(Chester)의 주교관구로부터 다음의 보고를 받았다. "기도서는 대부분의 장소에서 잘라지고, 바꾸어지고, 수정되고, 누락되고, 성직자의 뜻대로 추가되어, 마치 그들은 지시된 형태에 묶여 있지 않은 것처럼, 소홀히 취급되고 남용되고 있다. 갖가지 장소에서 기도서는 너무 무시되어 많은 사람들이 기도서에 의한 예배를 어떻게 읽는지 조차 모른다."[22)]

대주교 로드는 이 상황을 바꾸려고 고안된 정책을 소개했다. 그는 또한 성직자 재산을 정당한 위치로 회복시키려는 데 전념했다. 그는 그것이 종교개혁에 의해 훼손되었다고 믿었다. 그러므로 그는 규칙을 엄하게 집행하고 순응을 거부하는 성직자를 해고하기 시작했다. 가장 큰 논쟁과 반대를 야기한 두 정책은 설교의 제한과 본당 회중석에서 성찬 탁자를 제거하려는 캠페인이었다. 로드는 설교가 기도와 성례에 부수적이라고 믿었다. 그는 설교를 선호함으로 만들어진 불공평을 시정하고 성단소에 성찬 탁자를 놓고 난간(rail)을 통해 그것을 회중으로부터 분리하여 성찬에 더 큰 강조를 두려고 생각했다. 청교도들은 이것이 특히 반대할 수밖에 없는 것이라고 생각했다. 그들의 견해에 의하면 로드는 성찬 탁자를 제단으로 바꾸는 것이고, 성찬에서 음식보다는 희생이 일어남을 가르치는 교리로 환원하는 것이었다. 왕 찰스 1세는 또한 춤, 오월주(maypole), 맥주(ales), 그리고 활쏘기 등과 같은 주일 오락을 권장하는 『스포츠 문서』(*Book of Sports*)를 재발행했다. 청교도들은 이 모든 것들을 안식일에 대한 모독이라고 간주했다.

대주교 로드는 그의 정책으로 청교도들을 불쾌하게 했을 뿐 아니라, 규정들을 엄하게 집행했다. 그의 정책에 순응하지 않거나 비판하는 자들은 잔혹한 형벌에 처해졌다. 왕 찰스 1세는 로드를 전적으로 지원했고, 청교도 백성의 감정과 양심에 마찬가지로 무감각했으며, 청교도들은 보좌로부터 점점 소외되었다. 많은 청교도들이 북 아메리카로 떠났고 다른 사람들은 의회에서 싸우려고 남았다.

청교도들은, 의회에 자리를 차지하고 있으며 불만을 의회에서 논쟁하려고 가져온 신사계급 사이에 강한 지지를 얻었다. 왕 찰스 1세가 왕의 일이라고 생각하는 안건을 의회가 다루는 것을 중지하려고 했을 때, 그들은 왕이 그들의 옛 권한을 범하는 것이라고 항의했다. 청교도들이 아닌 자들에게 이것은 논쟁의 중심 관건이 되었다. 예를 들면, 교회의 고위직에 알미니안을 임명한 것에 대해 청교도들이 소란스러운 공격을 시작했을 때, 찰스는 그들이 이 일에 대해 논의하는 것을 막기 위해 하원을 휴회하려 했다. 그러나 하원이 종교적 변혁을 소개한 자들에 대항하여 세 결의안을 통과시키는 동안 하원의장은 좌석에 잡혀 있었다. 1629년 찰스는 이렇게 난폭한 집단과는 상관없이 일을 하겠다고 결심했고, 11년 동안 의회를 소집하지 않았으며, 준-입법적인 방법으로 정부를 운영하기 위해 재정을 모았다. 그 결과 분개는 더 쌓였고, 항의를 위한 배출구도 없는 상태에서 분노가 수면 하에 끓어 폭발 직전이 되어 있었다. 왕이 스코틀랜드와 전쟁으로 진입하게 되어 1640년 의회를 소집할 수밖에 없는 상황이 되었을 때, 그는 밀물 같은 항의 물결에 직면하게 되었다.

스코틀랜드와의 전쟁은 1637년, 대주교 로드가 영국에 집행했던 것과 동일한 획일주의를 스코틀랜드에 강요하려 했을 때 발발했다. '공동 기도서' (Book of Common

Prayer)에 입각한 새 예배의식이 스코틀랜드를 위해 작성되었고, 1637년 7월 23일 그것이 성 자일 성당(St. Giles's Cathedral)의 예배에 사용되었을 때, 폭동이 일어났다. 감독이 새 기도서에 순종하여 회중을 향해 그의 등을 돌려 섰을 때, 회중은 "미사가 우리 가운데 왔다"고 소리 지르기 시작했다. 30명 또는 40명의 여자들이 욕을 퍼붓기 시작했고, 누군가 감독을 향해 발판을 던졌으며, 감독은 간신히 생명의 위협에서 벗어날 수 있었다. 스코틀랜드 사람들은, 항의에도 불구하고 그의 종교적 정책을 계속하겠다고 주장한 왕 찰스 1세에 대항하여 공개적 반항을 시작했다. 스코틀랜드 사람들은 회의를 열고 기도서를 비난하는 국가 언약(National Covenant)을 작성했다. 1638년 11월 그들은 또한 감독제도를 폐지했다.

그 후 스코틀랜드 군대가 영국을 침공하기 시작했을 때, 왕은 전쟁 비용을 위한 재정을 마련하기 위해 의회를 소집하는 것 외에는 선택의 여지가 없었다. 그가 소집한 첫 의회는 세금을 왕에게 바치기 전에 그동안 쌓인 불만의 시정을 요구했고, 찰스는 3주 후 그들을 해산시켰다. 그러나 그는 여전히 스코틀랜드 문제에 대한 해결책이 없었고, 충분한 자금이 없었기 때문에, 다시 의회를 소집할 수밖에 없었다. 이 의회는 장기의회(Long Parliament)라고 알려져 있다. 오랜 기간 동안 모였고 결국 내전을 초래한 영국 정부와 교회에 혁명적인 변화를 가져왔기 때문이다. 내전으로 이어진 사건들의 이야기는 너무 복잡하여 여기 다 묘사할 수가 없다. 그러나 대부분의 책임은 왕의 어리석은 행동에 있다. 찰스는 여전히 상당한 지지를 얻고 있었고, 합리적인 타협을 하기만 했더라면, 당시 승리를 얻을 수 있었다. 청교도의 극렬분자들은 의회의 온건파를 소외시키는 경향이 있었기 때문이다. 계속해서 왕은 온건파를 소외시키는 식으로 행동했다. 왕이 의회의 반대파 중 5명의 지도자급 멤버들을 체포하려 했을 때, 1642년 6월 그는 의회로 하여금 '19개 제안' (Nineteen Propositions)을 통과하도록 자극한 것이 되었다. 이 제안은 왕을 얼굴마담 정도로 만드는 것이었다. 당연히 왕 찰스 1세는 제안을 거부했고, 1642년 8월 런던을 떠나 노팅햄(Nottingham)에서 자신의 입지를 높이려 했다. 왕의 행동은 누구도 예상하거나 원하지 않았던 내전으로 이어졌다.

역사가들은 영국 내전이 헌법적 관건에 대한 왕과 의회 사이의 투쟁인지 아니면 근본적으로 종교적 관건에 대한 투쟁인지에 대해 합의가 이루어지지 않는다. 대부분 양쪽 관건이 다 역할을 했다는데 동의는 하지만, 최근 역사가들 사이에는 전쟁

발발에 종교적 동기를 강조하는 경향이 더 있다.[23] 어느 쪽도 군사적 충돌을 원치 않았고, 양쪽 다 전쟁으로 큰 피해를 입었다. 청교도들이 왕을 무너뜨리는데 성공했지만, 종국에는 청교도 대의를 위해 핍박의 기간이 치렀던 것보다 더 많은 값을 이 승리가 치르게 했다. 청교도들이 성공했을 때, 그들은 자신들 사이에 나타난 분열과 거룩한 공동체에 대한 그들의 비전을 달성하는데 따르는 상당한 어려움을 포함한 많은 새로운 문제들을 직면하게 되었다. 그들은 또한 패배한 상대편 지도자들을 어떻게 해야 하는지 결정해야 했다. 증오의 대상이었던 대주교 로드는 1641년 대역죄로 의회에 의해 탄핵되었고 옥에 갇혔다. 1644년 3월 매우 불공정한 재판 후, 로드는 사형이 선고되었고 1645년 1월 10일 타워 힐(Tower Hill)에서 참수되었다. 4년 후 왕 찰스 1세도 내전에서, 위대한 군사 지도자이며 청교도들의 정치 지도자가 된 올리버 크롬웰(Oliver Cromwell, 1599-1658)이 이끈 군대에 패한 후 참수되었다.

크롬웰은 역사에 수수께끼 같은 인물 중 하나였다. 크롬웰은 자신의 특성을 이해하려고 시도하는 현대 저자들을 계속적으로 당혹하게 한다. 그의 동기와 세상을 보는 시각은 21세기 대부분의 사람들이 가지고 있는 것과는 근본적으로 다르기 때문이다.[24] 크롬웰은 아일랜드 사람과 중세 색유리를 사랑하는 자에 의해 당연히 증오의 대상이었지만,[25] 많은 흠모할 만한 기질을 가졌고 매우 능력 있는 지도자였다. 그는 낮은 신사계급 출신이었고, 그의 인생 첫 40년간 대부분의 삶은 잘 알려져 있지 않다. 그 기간 중 가장 중요한 사건은 1638년에 있었던 회심 체험으로 그의 삶의 방향을 근본적으로 바꾸어 놓았다. 크롬웰에 대해 우리가 무엇이라고 생각하든지, 회심 체험 후 그의 생애의 주요 동기는 하나님을 섬기고 영국을 향한 하나님의 목적이라고 믿는 것을 이루기 위해 자신의 은사를 사용하는 것이었다.

1640년 크롬웰은 의회에 선출되었고, 군사적으로 뛰어났기에 점점 중요한 인물이 되었다. 내전 전까지 어떤 군사적 경험이나 훈련을 받지 않았지만, 그는 전투에서 한 번도 패하지 않은 뛰어난 장군이었다. 그는 '새 모델 군대'(New Model Army)라 일컫는 헌신된 청교도 군대를 양성했고, 전투로 강해진 장군들이 이끄는 훨씬 더 많은 경험을 가진 군대를 대상으로 승리를 거두었다. 결정적인 전투가 1645년 네스비(Naseby)에서 벌어졌고, 크롬웰의 훈련된 새 모델 군대는 왕의 군대를 무찔렀다. 그 시점에, 크롬웰은 종교적 자유, 의회의 개혁, 그리고 왕 찰스 1세의 권력으로 복귀를 보장하는 해결책을 준비했다. 그러나 찰스는 도피했고, 스코틀랜드와 동맹을 맺었으며, 전쟁을 재개했다. 찰스가 패하고 포로가 되었을 때, 크롬웰은 왕이 반역자이며 그의 반역죄에 대한 대가를 자신의 생명으로 지불해야한다고 결정했다. 많은 의회 회원들이 그런 과격한 단계를 밟는 것에 주저했을 때, 크롬웰은 의회로부터 200명 이상의 멤버를 숙청했고, 남은 154명의 멤버로 구성된 소위 일컫는 '잔여의회' (Rump Parliament)는 왕을 대역죄로 유죄판결 내렸고 그를 사형에 선고했다. 그의 처형은 1649년 1월 와이트홀(Whitehall)에서 집행되었다.

왕 찰스 1세의 처형은 이 책이 다루는 시간적 순서의 끝 부분에 온 것이다. 그러나 우리는 적어도 내전의 결과를 요약해야 할 필요가 있다. 크롬웰은 왕의 처형 후 10년 미만의 삶을 살았고, 그 기간 동안 그는 아일랜드의 폭동을 진압하며, 드록헤다(Drogheda)와 웩스포드(Wexford)에서 잔인한 학살에 전념했다. 그는 또한 찰스 1세의 아들을 왕으로 인정한 스코틀랜드를 쳐부수었고, 영국에 헌법적 정부를 회복하려는 여러 실험을 시도했다. 그러나 종국에 크롬웰은 의회 없이 통치했다. 거룩한 의회를 세우려는 모든 그의 노력이 실패했기 때문이다. 그는 군사적 독재자가 되기를 원치 않았으나, 나라에 군사적 독재를 부과하지 않고는 영국을 향한 하나님의 목적을 달성할 수 없음을 발견했다. 그는 사회정의와 윤리적 개혁에 깊은 관심을 가졌고 여러 다양한 방법으로 그것을 이루려 했다. 그는 또한 양심의 자유를 믿었고, 그가 권력에 있는 동안, 영국은 과거 어느 때보다 또는 1689년 관용법이 다시 통과될 때까지 가졌던 것 보다 더 많은 종교적 자유를 가졌다. 결국 크롬웰의 모든 헌법적 실험이 실패했을 때, 그는 영국을 주요 장군들이 통치하는 군사 지역으로 분할했다. 그것은 정치적 조정으로 1658년 9월 크롬웰이 죽을 때까지 계속되었다.

호국경(Lord Protector)으로서 크롬웰은 살아 있는 동안 분열된 나라를 하나로 묶을 수 있었지만, 군주의 패배는 승리를 얻은 청교도들 사이에 깊은 종교적 분열을 드러냈다. 웨스트민스터 회의(Westminster Assembly)가 종교적 안정을 이행하려고 소집되었고 1643년부터 1652년까지 모였으며 스코틀랜드와 북 아메리카의 대표자들을 비롯한 칼빈주의자들로 구성되었다. 그러나 그들은 교회 정치에 관한 질문에 깊이 나누어져 있었다. 대부분의 대표들은 장로교 체제에 헌신되었으나, 일부는 수정된 감독제도를 주장했으며, 독립파는 두 교회정부 형태를 다 거부했다. 상당한 논의 끝에 위대한 개혁주의 신조(웨스트민스 신조, the Westminster Confession), 두 요리문답, 그리고 공중예배 규칙서(Directory of Public Worship)가 나왔으나, 장로교도들이 열망했던 스코틀랜드 체제를 따른 국가 장로교 교회는 전국적으로 세워지지 못했다.

크롬웰은 개인적으로 양심의 자유에 헌신했으나, 그는 종파의 증식에 직면하게 되었고, 대부분의 종파들은 그에게 많은 문제를 야기했다. '제5왕국 사람들' (Fifth Monarchy Men)과 같은 일부 사람들은 천년왕국주의자들로 그들의 목적을 달성하기 위해 폭력을 사용할 준비가 되어 있었다. 레벨러즈(Levellers) 또는 디거즈(Diggers)와 같은 자들은 정치적이고 사회-경제적인 관심을 가지고 있었다. 머글토니안즈(Muggletonians)와 랜터즈(Ranters)와 같은 자들은 과격한 믿음에 제한을 두지 않았다.[26]

크롬웰이 죽었을 때, 그의 아들 리차드(Richard)가 호국경으로 그를 계승했으나, 그는 1년도 지속하지 못했다. 그는 깊이 분열된 나라에 불가능한 일을 유산으로 물려받았고, 군대의 지지를 잃었을 때 그의 상황은 소망이 없어졌다. 스코틀랜드에서 의회 군대를 지휘한 몽크 장군(General Monck)은 1660년 그의 훈련된 군대를 런던으로 진군시켰고 새로운 의회를 위한 선거를 명령했다. 새 의회는 1660년 4월에 모였고 찰스 1세의 아들이 프랑스의 망명에서 돌아오도록 초청했다. 찰스 2세(Charles II, 1660-1685)는 종교적 분열이 너무도 명백한 왕국에 돌아왔다. 의회는 종교적 안정을 집행하려는 임무로 돌아갔고, 왕은 어느 정도의 종교적 관용을 허용하는 것에 기뻐할 것이었다. 그는 로마 가톨릭주의에 기울어져 있었기 때문이다.[27] 그러나 청교도들에 대한 분노의 반응으로 의회는 극단적으로 비관용적인 해결책을 부과했다. '회복 합의' (Restoration Settlement)는 영국교회를 제도화된 교회로 회복했고 청교도들에게 소위 클러렌던 코드(Clarendon Code)라 불리는 엄한 규제를 부과했으며, 이것은 결국 그들을 영국교회 밖으로 몰아냈다. 클러렌던 코드 결과로 많은 청교도들은 분리파(Separatists)가 되었고, 영국교회는 일부 가장 뛰어나고 열정적인 성직자들을 잃었다. 영국교회는 또한 많은 종교적 열정을 잃었고, 많은 사람들은 단지 종교적 행위를 거쳐 가는 것이 되었다. 런던 사회는 청교도 국가의 엄한 윤리에 대한 반발로 영국 역사에 매우 방탕한 시기에 들어갔고, 청교도들은 서로와 끊임없는 신학적 논쟁에 빠져 있었다. 대부분의 사람들이 신학적으로 중요하지 않은 요소들이라고 여길 그들의 신학적 차이들과 논쟁들은 너무 난해해서 외부 사람들이 그 차이를 이해하는 것은 어려웠다. 그러나 관련된 사람들은 클러렌던 코드 하에 핍박을

받을 때에도 서로를 분열시킬 만큼 그것이 심각하다고 생각했다.[28)]

내전은 영국 기독교에 재앙이었다. 그것은 영국 역사에 가장 피비린내 나는 전쟁 중 하나였다. 14명 중 한 명의 남자가 피살되었다. 이것은 세계 2차 대전에서 목숨을 잃은 인구보다 더 높은 퍼센트이다. "평화의 왕"이라는 깃발 하에 범해진 끔찍하고 피비린내 나는 잔혹한 행위들은 유럽 대륙에서도 그랬던 것처럼 영국의 기독교 신앙을 훼손시키는데 일조했다. 그 결과 이것은 종교가 개인적인 일로 좌천되는 현대 시대를 위한 길을 준비하는데 도움을 주었다. 전쟁은 또한 종교적 관용으로 이어졌다. 전쟁의 효과 중 하나가 영국이 그들의 종교를 더 이상 과거처럼 그렇게 심각하게 취급하지 않게 된 것이다. '회복 합의' 후 30년 내에 로마 가톨릭교도들과 반삼위일체주의자들을 제외한 모두를 포함하는 종교적 관용의 형태가 영국에 자리 잡게 되었다.

제15장

종교개혁의 영향

이렇게 짧은 시간에 그렇게 많은 감탄할만한 것들 볼 수 있었던 시기가 언제 있었는가? 왕국, 종교 그리고 생활상태에 그렇게 많은 변화가 있었던 시기가 언제 있었는가?

요한 슬라이단(Johann Sleidan)[1]

최근 연구는 종교개혁에 대해 매우 다른 이해로 우리를 인도한다. 그러므로 많은 …그것의 영향에 대한 일반적 개념이 근본적으로 수정되어야 한다.

스크립너 (R. W. Scribner)[2]

종교개혁의 전반적인 영향은 무엇이었나? 1537년 종교개혁의 첫 역사가가 논평한 "왕국, 종교, 그리고 생활상태의 변화"는 얼마나 중요했나? 이 연구를 통해 우리는 새로운 연구가 종교개혁 역사의 옛 해석을 어떻게 의문시했는지 조사해 왔다. 그래서 종교개혁의 영향에 관한 "많은 일반적 개념"도 "수정"되어야 한다는 것은 놀랄 일이 아니다. 역사가들은 새로운 질문을 하고 새로운 연구는 과거의 "종교개혁 이해"에 대해 의문을 제기하기 때문이다. 짧은 결론 장에 논쟁이 되고 있는 모든 질문을 고려한다는 것은 가능하지 않지만, 적어도 논쟁의 관건의 일부를 소개하고 종교개혁이 유럽 문화와 사회의 양상에 어떤 영향을 주었는지는 논평할 수 있다.3)

종교개혁의 예술적 표현에 대한 영향은 매우 중요했다. 경쟁 교회들이 그들의 믿음을 미술, 음악, 그리고 문학으로 표현하려고 했기 때문이다. 종교개혁은 또한 정치 지도자들이 종교적 다양성을 억압하려는 노력에 대한 반응으로 저항 이론을 발전시켰다. 일부 역사가들은 과학적 혁명, 현대 정부, 그리고 자본주의가 종교개혁에 그 기원을 두고 있다고 믿는다. 이것은 그들로 하여금 종교개혁을 현대 세계의 시작이라고 부르게 했다. 그러나 다른 사람들은 종교개혁자들이 어디까지 '현대'(modern)라는 용어를 사용할 수 있는 것들과 동일시 될 수 있는지 의문을 제기한다. 동등하게 논쟁적인 질문이 종종 표현된다. "종교개혁은 성공인가 실패인가?"4) 이 질문에 대한 답은 종교개혁자들이 그들의 메시지를 유럽 사람들에게 전하는데 얼마나 성공했는지의 조사를 필요로 한다. 종교개혁은 유럽 대중의 믿음과 행동을 변화시켰나, 아니면 기본적으로 교육받은 엘리트들에게 영향을 주었는가? 우리는 종교개혁이 미술에 어떤 영향을 끼쳤는지 먼저 조사함으로 덜 논쟁적인 질문부터 시작한다.

미술과 음악

종교개혁은 미술에 여러 가지 영향을 미쳤다. 루터교도들은 미술과 음악이 예배에 유익하다고 생각했지만, 츠빙글리(Zwingli), 칼빈(Calvin), 그리고 재세례파들(Anabaptists)들은 예술에서 우상숭배라고 생각하는 것들에 의심을 가졌고 예배에서 음악의 사용에 혼란스러운 반응을 보였다. 그럼에도 여러 종류의 시각적 표현이 종교개혁 교리를 전파하기 위해 음악과 설교와 함께 사용되었다. 종교개혁 가르침의 대중적 표현을 연구한 피터 매더슨(Peter Matheson)은 "시인, 미술가, 음악가, 페인터 그리고 팸플릿저자들이 설교자와 동맹하여, 루터의 말로, 복음이 설교될 뿐만 아니라 그림 그려지고, 노래 불러지고, 그리고--추가로--운율이 맞아지게 했다"고 주시한다.5)

목판화(woodcuts)는 상대의 입장을 공격할 뿐만 아니라 종교개혁의 가르침을 전달하는 특별히 효과적인 방법을 제공했다. 싼 넓은 면을 사용하여 목판 삽화는 종교적 전통 사이의 투쟁을 일반인들이 이해할 수 있는 단순한 방법으로 표현했다. 목판화는 또한 종교개혁 문학의 일부 주요 저서들 외에 개신교 인쇄소들에 의해 상당한 숫자로 생산된 일반어 성경을 비롯하여 상당히 광범위한 출판물들을 예증하기 위해 사용되었다. 많은 목판의 질이 떨어지고 종교 만화들이 때로 거칠고 심지어 추잡했지만, 루카스 크라낙 디 엘더(Lucas Cranach the Elder, 1472-1553)와 한스 홀바인(Hans Holbein, 1498-1543) 같은 잘 알려진 종교개혁 예술가들도 목판화를 생산하는데 관련되어 있었다. 크라나크는 종교개혁 초기에 중요한 역할을 한 많은 루터교 목화와 책 삽화를 만들었고, 홀바인은 씨리즈의 목판 삽화를 만들어 바젤에서 출판된 루터 성경 번역의 여러 판들이 나오는데 공헌했다. 목판화는 또한 일부 가장 잘 알려진 종교개혁 작품들의 메시지를 시각적으로 전하는데 사용되었다. 예를 들면, 존 폭스(John Fox)의 『사도행전과 기념비들』(*Acts and Monuments*)의 겉 페이지는 '핍박받는 교회'를 한 쪽에 그리고 '핍박하는 교회'를 다른 쪽에 보여준다. 개신교 설교와 용감한 순교자들은 두 틀에 그려져 있고, 교황의 미신과 대조되어 있다. 목판화는 또한 개신교 순교자들이 천국으로 안내되고 반면에 교황주의자들은 심판 날에 하늘에서 추방되는 것을 그리고 있다.

루터교도와 개혁주의 그룹의 예술에 대한 서로 다른 태도는 대조적인 예술적 전통의 결과를 초래했다. 복음을 전하는데 예술의 가치를 인식했던 루터교도들은 북유럽의 일부 뛰어난 예술가들을 끌어들였다. 종교개혁 전부터 당대 위대한 예술가 중 하나로 평판이 높았던 알브렉트 뒤러(Albrecht Durer, 1471-1528)는 루터교 종교개혁의 초기 신봉자였던 것으로 보인다. 1521년 루터가 투옥되었다는 보고를 들었을 때, 그는 이렇게 탄식했다. "그가 여전히 살아 있는지 피살되었는지 나는 모른다…. 오 모든 경건한 그리스도인들이여, 하나님의 감동으로 이 사람을 위해 간절한 애도로 나와 함께해 주시기 바랍니다. 그의 자리에 그처럼 견식 있는 또 다른 사람을 보내달라고 하나님께 기도해 주시기 바랍니다."[6] 루터처럼, 뒤러도 재세례파의 과격성에 혼란스러웠고, 그의 마지막 위대한 작품은 허위 선지자들에 대해 경고하는 성경 본문과 함께 네 명의 사도들을 그렸다.

루카스 크라낙 디 엘더(Lucas Cranach the Elder, 1472-1553)와 루카스 크라낙 더 영거(Lucas Cranach the Younger, 1515-1586)는 가장 많은 작품을 내놓은 두 명의 루터교 예술가이었다. 부친은 루터의 가까운 친구였고 그의 한 자녀의 대부였다. 루터와 협력하여, 그는 종교개혁 신학을 가르치는 여러 목판화와 책 삽화를 만들었다. 예를 들면, 『율법과 복음』(*Law and Gospel*)은 율법 하에 있는 인류의 심판을 그리스도께서 복음 하에 얻어내신 구원과 대조하며 루터교 가르침을 그림의 형태로 제시했고, 그것은 목판화와 판넬화 두 가지 방법으로 만들어졌다. 추가로, 그는 가난한 자들에 대한 그리스도의 섬김을 교황의 화려한 허세와 대조한 '파쑈날 크리스티 운트 안티크리스티' (*Passional Christi und Antichristi*)에 의해 예증된 것처럼 그의 예술적 재능을 사용하여 교황을 공격했다. 우리는 또한 루터와 멜랑톤을 비롯한 많은 종교개혁자들의 초상화에 대해 아버지와 아들 크라낙에게 빚을 지고 있다.

독일 예술가 한스 홀바인은 영국 종교개혁과 관련된 많은 예술품을 만들었다. 유럽 대륙에서 중세말 종교 전통에 견고했던 페인팅으로 명성을 얻고 루터 성경 번역의 여러 판을 위한 목판화를 만든 후, 그는 바젤(Basel)에서 에라스무스(Erasmus)의 초상화를 그렸다. 그 결과, 1526년 홀바인이 영국에 갔을 때 그는 에라스무스로부터 추천서를 얻어 갈 수 있었고, 그것은 에라스무스의 친구 토마스 모어 경(Sir Thomas More)의 관심을 사게 했다. 모어는 그를 왕에게 소개했으며, 그것은 홀바인이 헨리 8세(Henry VIII)의 궁전 화가 중 한 사람이 되는 결과를 가져왔다. 역사가들은 에라스무스와 모어에게 감사해야 한다. 우리가 헨리와 그의 부인들의 육체적 외모에 대해 잘 알 수 있는 것은 거의 홀바인의 재능 덕이기 때문이다.[7] 홀바인은 또한 크롬웰(Cromwell)의 지시로 '위대한 성경' (the Great Bible)의 겉 페이지에 삽화를 넣는 작업을 했다. 이 성경은 왕의 명령으로 모든 나라 교회들에 비치되었다. 불행히도, 홀바인은 영국 종교개혁의 다음 단계를 그릴 수 있을 만큼 오래 살지 못했다. 그는 헨리 8세의 통치 말엽 전염병으로 죽었다.

종교개혁은 또한 교회 예술에 부정적인 영향을 주었다. 에드워드 6세(Edward VI)의 통치에서 반포된 법령은 "모든 …그림, 페인팅, 그리고 상상하여 만들어 낸 기적, 순례, 우상 그리고 미신"을 파괴하여 "그런 것이 벽, 유리, 창문, 그리고 그들의 교회나 집의 다른 곳에 남지 않도록" 명했다.[8] 이 명령을 집행하려는 노력은 저항에 부딪혔고, 정부는 대중적 성상파괴를 막으려 했으나, 많은 중세 예술품이 파괴되었다.[9] 메리(Mary) 통치 시절 그녀 동생의 통치 기간 동안 제거된 예술품을 복귀시키려는 노력이 이루어졌고, 숨겨져 있던 성상들이 교회를 장식하기 위해 다시 나타났다. 그러나 엘리자베스가 여왕이 된 후 새로운 법령이 그것들의 제거를 명령했다. 엘리자베스의 금지명령은 에드워드 시절보다는 덜 극단적이었던 것으로 여겨지나, 그것의 집행을 위해 임명된 위원들은 거의 메리 시대의 망명객들이었고, 그들은 우상이라고 생각되는 것을 교회에서 제거하려는 노력에 열정적이었다. 남아있던 대부분의 중세 종교 예술품은 크롬웰 군대에 의해 파괴되었다. 그들은 영국 전역에 걸쳐 영국 대성당들 대부분의 색 유리를 깨뜨렸고 참사회 건물의 동상들의 머리를 잘랐다.

중세말 종교 예술품의 파괴는 그림 표현이 우상적이라는 칼빈과 츠빙글리 믿음의 반영이었다. 칼빈은 『기독교강요』(*Institutes*)에서 형상과 그림의 사용이 성경에 위배된다고 주장하며 "형상이 교육받지 못한 자들의 책"이라는 믿음을 특별히 공격했다. 그는 "형상으로부터 배운 하나님에 대한 모든 것은 허망하고 거짓된 것"이라고 주장했다.[10] 칼빈 추종자들은 형상에 대한 공격이 교회의 모든 중세 장식을 제거해야한다는 것을 의미한다고 생각했고, 이런 현상은 칼빈주의가 승리하는 곳 어디에서나 나타났다. 프랑스, 네덜란드, 영국, 그리고 스코틀랜드에서 나타난 성상파괴 발발은 모두 형상과 그림이 우상적이라는 믿음을 반영했다. 칼빈주의가 종교 예술에 부정적인 효과를 가져왔지만, 다른 형태는 억제하지 않았다. 종교적 예술에 대한 개혁주의 태도의 긍정적 효과는 세속 예술의 자극이었다. 종교적 주제에 한 때 집중했던 칼빈주의 지역의 예술가들은 다른 주제로 관심을 돌렸다. "가톨릭 지역에서 종교적 예술에 여전히 집중되었던 에너지가 새로운 세속적 장르를 발전시키는 방향으로 쏟아져 들어갔다." 그 결과 "초상화법, 새로운 풍경화 미술, 장르화 및 정물화로 알려진 일상생활에 대한 그림들이… 개신교주의가 전통 종교 예술을 위해 가장 작은 범위로 남겨놓은 유럽의 지역에 넘치게 되었다."[11]

가톨릭 종교개혁은 페인팅에 의미 있는 영향을 끼쳤다. 트렌트 종교회의(Council of Trent)는 시각적 예술에 대해 별로 언급하지 않았지만, 페인팅과 교회 장식이 믿음과 윤리를 타락시키셔서는 안 된다는 것을 분명히 했다. 예를 들면, 메리가 아기 예수에게 젖을 먹이는 장면은 예수의 신성을 약화시키고 그의 인성을 지나치게 강조한다는 이유로 그리지 못하게 했다. 새로운 교황의 윤리적 강화는 "브리치즈 페인터"("breeches painter")가 고용되어 시스틴 채플(Sistine Chapel)에 있는 미켈란젤로(Michelangelo)의 『마지막 심판』(*Last Judgement*)의 누드 그림에 옷을 그려 넣도록 했다. 나체에 대한 관심은 플로렌스(Florence)에 있는 분수대 위에 누드를 만든 조각가로 하여금 공개적으로 회개하도록 했다. 그림은 개신교도들이 거부한 가톨릭 교리들을 "시각적으로 재 주장했다." 그것은 "연옥에 있는 거룩한 영혼, 그리고 그것과 연관되어 있는 것, 거룩한 수호천사," 그리고 "성찬의 실질적 존재 교리가 마지막 성찬에서 빵을 떼는 장면의 채택을 통해 다시 주장되었고… 엠마오(Emmaus)에서의 식사가 같은 의미로 표준 페인팅에 들어갔다."[12] 이 새로운 태도의 부정적 결과는 가톨릭 종교개혁에 의해 영감 받은 예술적 표현의 대단한 성황으로 극복되었다. 로마에 있는 성 베드로 성당의 내부를 장식하기 위해 사용된 그 중 일부는 교황 위원회의 직접 지휘 하에 이루어졌으나, 대부분의 예술품은 개인 후원으로 이루어졌다.

스페인은 가톨릭 종교개혁에 의해 영감 된 많은 예술품이 생산된 곳이었다. 스페인에서 일하며 그들의 생애를 보낸 세 명의 화가가 페인팅의 다양성과 깊이의 본보기를 제공한다. 가톨릭 종교개혁의 예술과 관련된 많은 이름 중 도메니코 데오토코풀리(Domenico Theotocopuli)란 본명을 가진 엘 그레코(El Greco, 1545-1614)보다 더 잘 알려진 사람은 없다. 아마도 스페인 사람들은 본명을 발음하기 어려웠을 것이고, 그가 크레테(Crete)에서 태어났기 때문에 그를 "그리스인"("The Greek," El Greco)라 불렀을 것이다. 위대한 이태리 화가 티티안(Titian)의 학생으로 몇 년을 이태리에서 보낸 후, 엘 그레코는 스페인으로 와서 스페인 왕 필립 2세(Philip II)에 의해 고용되어 그의 위대한 에스코리알(Escorial) 궁전에서 그림을 그렸다. 엘 그레코는 나중에 톨레도(Toledo)에 거주했고, 그의 많은 작품 중에는 그 도시의 강력하고 드라마틱한 그림들이 있다. 그의 그림들에 있는 풍성한 색깔과 길게 늘어진 인물들은 밝은 색에서 어두운 색으로의 뚜렷한 전환과 함께 가톨릭 종교개혁의 높은 감정과 깊은 영성의 인상을 준다.

가톨릭 종교개혁에서 특히 대중적이 된 동정녀 마리아(Virgin Mary)의 숭배는 또 다른 스페인 예술가, 바르톨로메 무릴로(Bartolome Murillo, 1617-1682)에게 영감을 주어 약 30개가 되는 여러 버전의 원죄없는 잉태[13]와 아기와 함께 있는 동정녀를 그리게 했다. 무릴로는 종교 화가였고, 세르빌(Serville)에서 삶의 대부분을 살았으며, 그곳에서 수도원과 대성당을 위해 많은 분량의 그림을 완성했다. 또 다른 스페인 예술가, 프란시스코 데 추르바란(Francisco de Zurbaran, 1598-1664)은 황홀한 종교 체험을 묘사하는 화가로 잘 알려져 있다. 추르바란은 또한 거의 교회 후원자를 위해 일했고, 수도원, 수녀원, 그리고 교회를 위해 그림을 그렸다. 깊은 엄숙함과 신비주의와 현실주의의 혼합이 그의 작품의 특징이며, 그는 자기 그림의 영적이고 경건적인 영향에 깊이를 주기 위해 빛과 그늘을 드라마틱한 방법으로 사용했다.

음악이 종교개혁에 의해 크게 영향을 받은 또 하나의 영역이었다. 우리는 종교개혁자들 사이에 음악에 대한 다른 태도들을 이미 보았고 루터가 루터교주의의 특징이 된 위대한 음악 전통에 어떻게 공헌했는지 보았다. 이 전통은 17세기와 18세기에 찬송가 작가 폴 게르하르트(Paul Gerhardt, 1607-1676)와 가장 위대한 종교 작곡가, 요한 세바스찬 바하(Johann Sebastian Bach, 1685-1750)와 함께 정점에 도달했다. 심지어 노래를 시편으로 제한시킨 칼빈주의자들 사이에도, 종교개혁은 더 많은 회중참여를 초래했고, 개신교계를 통해 일반어 노래가 강조되었다. 이것은 "대부분의 음악 행위가 전문가들에 의해 제공되었던 종교개혁 이전 사회보다 훨씬 더 음악적으로 문화적이 된 대중을 만들어 냈다."[14] 1562년 프랑스 시인 끌레망 마로(Clement Marot, 1496-1544)와 데오도르 베자(Theodore Beza)에 의해 시로 고쳐진 칼빈주의 시편이 출판되었다. 대중적인 프랑스 노래의 곡조로 불려지는 운율의 시편이 칼빈주의 영성의 정체를 알려주는 특징이 되었다. 위그노 군대는 그 노래를 부르며 전투장으로 갔고, 칼빈주의 순교자들은 그 노래를 부르며 죽어 갔으며, 회중들은 다른 사람들이 보기에는 상대적으로 제한적인 음악 전통 가운데 이 노래에서 대단한 위로와 기쁨을 발견했다.

엘리자베스 영국은 칼빈주의 신학에 크게 영향을 받았지만, 영국교회는 제네바와 대부분의 대륙 칼빈주의보다 훨씬 더 넓은 음악 전통을 가지고 있었다. 종종 영국 대성당 음악의 아버지라고 불리는 토마스 탈리스(Thomas Tallis, 1505-1585)와 윌리암 버드(William Byrd, 1543-1623)는 영국 교회 음악가들 가운데 가장 잘 알려진 이름 중 일부다. 교회 음악은 교단의 경계를 넘었다. 헌신적인 로마 가톨릭이었던 버드는 아침기도(Matins)와 저녁기도(Evensong)를 위한 곡과 아울러 영국교회의 예배를 위한 여러 개의 영어 성가를 작곡했다. 그는 또한 세 개의 라틴 미사곡을 작곡했다.

가톨릭 종교개혁은 교회 음악에 놀랄만한 공헌을 하도록 영감을 주었다. 지오반니 피에르루이기 데 팔레스트리나(Giovanni Pierluigi de Palestrina, 1525-1594)는 세 명의 다른 교황을 섬겼고 거대한 분량의 다양한 교회 음악을 작곡했으며 가장 잘 알려진 가톨릭 교회 음악가 중 하나였다. 두 명의 위대한 작곡가가 베니스(Venice)

에 있는 성 마가 대성당(St. Mark's Cathedral)을 섬겼다. 그들은 가톨릭 종교개혁의 음악 유산에 주요 공헌을 한 클라우디오 몬테베르디(Claudio Monteverdi, 1567-1643)와 지오반니 가브리엘리(Giovanni Gabrieli, 1557-1612)였다. 몬테베르디는 종교음악 작곡 외에 이태리 오페라의 창시자 중 하나였고 30년 동안 성 마가 대성당의 음악 지휘자였으며, 가브리엘리는 타고난 재능을 가진 교회 음악가였고 20년 이상 그곳의 오르간 연주자였다. 음악은 신학적 분열을 넘을 수 있었다. 유망한 독일 음악가, 하인리히 슈츠(Heinrich Schutz, 1585-1672)는 그의 완고한 칼빈주의 군주에 의해 가톨릭 이태리에 공부를 위해 보내졌다. 위대한 개신교 작곡가 중 하나가 된 슈츠는 먼저 자신을 전문 음악가가 되도록 감동을 준 가브리엘리 밑에서 공부했고, 그 후 베니스로 돌아 와 몬테베르디와 공부했다.

문학

종교개혁은 문학에 지대한 영향을 주었다. 신학적, 경건적, 그리고 논쟁적 글을 진전시켰고 일반어로 글 쓰는 것을 고취시키는데 도움을 주었기 때문이며, 그것은 국가 언어 발전에 크게 기여했다. 우리는 루터의 성경 번역이 독일 언어 형성에 어떻게 영향을 끼쳤는지 이미 보았다. 칼빈의 『기독교강요』(*Institutes*)는 프랑스 언어에 중요한 영향을 주었고, 틴데일(Tyndale)의 성경 번역은 영국 언어 역사에 가장 영향을 많이 준 저작 중 하나로 여겨진다. 종교개혁 시대는 또한 일부 서양의 위대한 고전이 저술된 시기이기도 하다. 영국에 그것은 에드먼드 스펜서(Edmund Spenser, 1552-1599), 윌리암 쉐익스피어(William Shakespeare, 1564-1616), 존 밀톤(John Milton, 1608-1674), 그리고 존 번연(John Bunyan, 1628-1688)이었다. 후자 둘의 저작은 종교개혁자들의 믿음에 의해 직접 영향을 받은 것이다. 밀톤과 번연은 둘 다 청교도였고 영국 내전에서 의회파에 속했던 자들이었다. 번연은 군대에 참여했고, 전쟁 후 면허증 없이 설교한 것 때문에 감옥에서 12년을 지냈다. 번연은 공식 교육을 받은 적이 없는 땜장이였지만, 감옥에서 책을 썼고 1678년 성경 연구와 청교도 설교에 감동을 받아 서양 문학의 위대한 알레고리 중 하나인 『천로역정』(*The Pilgrim's Progress*)을 출판했다. 크리스천이란 이름을 가진 겸손한 영웅에 대한 이야기를 하며, 번연은 자신과 모든 크리스천의 영적 여정을 묘사했다. 그는 여러 세대의 크리스천들에게 그들의 지상 순례에서 직면하는 위험에 대해 가르쳤고 어떻게 천상의 도시에 도달하는지 깨닫게 했으며, 『천로역정』은 크리스천 문학의 가장 널리 읽혀진 작품 중 하나가 되었다.

밀톤의 배경은 번연과는 매우 달랐다. 그는 부유한 런던 집안에서 태어났고 훌륭한 교육을 받았다. 그는 내전에서 의회를 지지했고 감독제도를 공격하는 논쟁적 소책자들과 정부 검열로부터 출판의 자유를 제창하는 『아레오파기티카』(*Areopagitica*)라 불리는 소책자를 저술했다. 1649년 밀톤은 왕 찰스 1세(Charles I)의 처형을 수호했고, 군주는 그들의 백성의 승낙으로만 통치할 수 있다고 주장했다. 그는 올리버 크롬웰(Oliver Cromwell)을 흠모했고 그의 정부에서 섬겼다. 그는 1652년에 완전히 장님이 되었지만, 왕정복귀 후 그의 역작, 『실락원』(*Paradise Lost*)을 저술했다. 『실락원』은 1667년에 출판되었고 서양 문학의 위대한 대작 중 하나가 되었다. 밀톤의 저작은 지옥의 공포 및 천국의 영광과 아름다움을 표현하고, 그것을 자기 시대에 효과적으로 전달했으며, 다음 세기들에 걸쳐서도 마찬가지로 그렇게 했다.

우리는 종교개혁이 가톨릭교회 내에 남은 일부 작가들에 영향을 준 다양한 방법의 예를 위해 프랑스로 간다. 당대 문학적 천재 중 하나인 프랑수아 라벨레(Francois Rabelais, 1494-1553)는 종교개혁 초기에 교회 체제를 공격하기 위해 그의 기술을 사용했다. 인문주의자이고 풍자작가인 라벨레는 신화적 거인 가르간투아(Gargantua)와 그의 아들 판타그루엘(Pantagruel)의 이야기를 사용하여 교회를 비롯한 그의 시대의 많은 기관을 조롱했다. 그의 작품은 개신교 입장에 대해 일부 동정을 드러내고 사악한 반교황적 풍자를 포함하지만, 라벨레는 또한 지나치게 열정적인 개신교도들을 공격했고, 그의 작품은 인간의 내재적인 선함에 대한 믿음을 드러낸다.

미셸 데 몬테인(Michel de Montaigne, 1533-1592)과 르네 데카르트(Rene Descartes, 1596-1650)는 종교개혁에서 기인된 분열과 증오에 대해 괴로워했다. 몬테인은 회의론으로 반응했고, 데카르트는 모든 인간이 수용할 수 있는 지식에 대한 새로운 접근을 찾으려 했다. 몬테인은 프랑스 귀족으로 프랑스 종교전쟁에서 발생한 극심한 증오와 끔찍한 잔인함을 목격했다. 그는 관심을 두지 않으려고 노력했지만, 전적으로 도피할 수 없었고, 기즈의 공작(Duke of Guise)이 살해되었을 때 그 자리에 있었다. 1580년에 처음 출판된 그의 『에세이』(*Essay*)에서, 몬테인은 여러 다른 주제에 관해 숙고했다. "레이몬드 세본드을 위한 변증"("Apology for Raymond Sebond")이란 제목의 긴 에세이는 하나님을 아는 것과 이성적인 방법으로 확신에 도달하는 것의 가능성에 대한 회의를 표현했다. 그는 또한 종교전쟁에서 자신이 목격한 그리스도인들의 행동에 대한 극심한 풍자에서 이렇게 논평했다. "그리스도인의 적대감을 능가할 수 있는 적대감은 없다. 우리의 열정은 우리가 증오, 잔인, 야망, 탐욕, 비난, 반항을 향해 기울어지는 것에 동의할 때 놀라운 일을 한다. 기적으로 일부 보기 드문 본성이 그것을 낳지 않는다면, 기질에 대항하여, 선함, 인자함, 온순함을 향하여 갈 수가 없다. 그것은 걷지도 않고 날지도 않을 것이다. 우리 종교는 악을 근절하기 위해 만들어졌다. 그러나 그것은 악을 감싸고, 악을 양육하며, 악을 격려한다."[15]

데카르트는 헌신된 가톨릭으로 몬테인의 회의론과 개신교도들이 교회 권위에 대항하기 위해 일으킨 도전에 혼란스러웠다. 30년 전쟁의 초기 전투에 참여한 후, 그는 네덜란드로 가서 20년 동안 은둔하여 살며 인간 지식에 대한 확신에 도달할 수 있는 수학적 방법을 적용하는 체계를 고안했다. 그는 이것이 모두가 수용할 수 있는 방법이 되기를 소망했다. 그는 가장 먼저 모든 물려받은 믿음을 버리고 이성으로 증명될 수 있는 것만을 수용해야 한다고 생각했다. 그래서 그는 부정할 수 없는 한 가지 진리로 시작했다. 그것은 자신의 존재였다. 이것은 그의 유명한 격언, '코기토 에르고 숨'(*cogito ergo sum,* I think, therefore I am. 나는 생각한다. 그러므로 나는 존재한다)을 만들어 냈다. 그다음 데카르트는 분석적 기하(analytical geometry) 원칙을 사용하는 체계를 구축했다. 논리적으로 자명한 것으로 시작하여, 단순한 것으로부터 복잡한 것으로 이동하고 그 과정의 모든 단계를 위한 이성적 증명을 제공하는 것이었다. 그는 기독교 교리를 믿는 자로 남았지만, 데카르트는 종교개혁에서 양쪽에 의해 수용된 진리들에 대해 질문을 제기하는 새로운 세대의 사상가들을 위한 길을 준비했고, 이성을 진리의 궁극적 재판자로 만들었다.[16]

데카르트의 동료이고 동포인 블레이즈 파스칼(Blaise Pascal, 1623-1662)은 데카르트의 접근방법에 위험성을 보았고 하나님을 철학에서 빠뜨린 것에 대해 그를 비난했다.[17] 당대의 가장 뛰어난 사람 중 하나인 파스칼은 기하에 대한 책을 저술했고 십대 청소년이었을 때 계산기를 발명했다. 성인으로 그는 초기 현대 과학과 수학에 주요 공헌을 했다. 그러나 파스칼이 이전 과학 이론과 결론들을 질문하고 시험하기 위해 이성을 사용할 준비가 되어있었지만, 신학에서는 이성에만 의존할 수 없다고 믿었다. 1654년 11월 23일 밤, 파스칼은 그의 삶의 전체 방향을 바꾸어 놓고 종교적 지식에 대해 생각하는 방식에 깊은 영향을 준 강력한 하나님의 체험을 했다. 그는 점점 파리의 얀센주의자들(Jansenists)에 끌렸고, (앞 장에서 본 것처럼) 그는 그 운동을 수호하고 예수회 운동은 반대하는 글을 효과적으로 썼다. 파스칼은 또한 기독교 믿음의 방어를 저술하려고 계획했으나, 그것을 완성하기 전 39세의 나이에 죽었다. 이 책을 위해 그가 의도했던 생각들은 나중에 출판되었고 단순히 『빵세』(*Pensees*, thought, 생각)이란 제목이 붙었다. 그것은 여러 주제들에 대한 임의적 숙고처럼 보이나, 『빵세』는 기독교 변증학의 고전 중 하나가 되었다. 파스칼은 이성의 가치를 거부하지 않으면서도 이성의 연약함을 지적했다. 그의 가장 잘 알려진 진술 중 하나가 "심령(heart)은 이성 그 자체가 알지 못하는 그것의 이성을 가지고 있다"고 말하지만, 그는 또한 "만일 우리가 모든 것을 이성에 복종시킨다면, 우리의 종교는 신비스럽거나 또는 초자연적인 어떤 것도 포함하지 않을 것이다. 만일 우리가 이성의 원칙에 충격을 준다면, 우리의 종교는 어리석을 것이고 우스꽝스러울 것이다"라고 기록했다. 파스칼은 회의론자들에게 그의 유명한 "내기"("wager")로 반응했다. 그는 하나님이 존재하시거나 존재하시지 않으며, 우리는 이쪽이나 저쪽으로 걸어야 한다고 주장했다. 만일 그분이 존재하시고 우리가 그를 거부한다면, 우리는 모든 것을 잃을 것이다. 그러나 만일 그분이 존재하시지 않고 우리가 그분이 존재하신다고 건다면, 우리는 아무 것도 잃지 않을 것이다. 파스칼은 독자들에게 하나님에 대해 걸라고 촉구하며, 이렇게 지적했다. "만일 당신이 이기면, 당신은 모든 것을 얻을 것이다. 만일 당신이 지면, 당신은 아무 것도 잃지 않을 것이다. 그렇다면 그분이 존재한다고 걸어라. 주저하지 말고 말이다."[18)]

과학

우리가 방금 논의한 세 명의 작가는 동시에 과학자와 수학자였다.[19)] 과학의 신보는 과거에 믿었던 내용을 과격하게 수정했고, 이들은 그 과격한 수정으로 말미암아 "과학적 혁명"이라 명칭이 붙여진 운동에 참여한 큰 그룹의 훌륭한 사람들 가운데 속해 있었다. 1500-1700년 기간 동안 얼마나 많은 과학자들과 수학자들이 일하고 있었는지 놀라울 정도다. 과학자들은 많은 다른 나라에서 왔기 때문에 그것은 국제적 혁명이었다. 라벨레, 데카르트, 그리고 파스칼은 프랑스 사람이었고, 천문학에는 포울(Pole), 니콜라스 코페르니쿠스(Nicholas Copernicus, 1473-1543)가 있었다. 특히 코페르니쿠스는 우주의 태양중심설을 처음 주장했다. 덴마크 사람, 타이코 브라하(Tycho Brahe, 1546-1601)는 천문학적 관찰로 독일사람, 요한네스 케플러(Johannes Kepler, 1571-1630)에게 증거를 제공하여 천체 운동의 세 가지 법칙의 공식을 만들 수 있게 했다. 이태리 사람, 갈릴레오 갈릴레이(Galileo Galilei, 1564-1642)는 코페르니쿠스의 이론을 위한 지지 증거들을 제공했고, 진자(pendulum)와 낙하물체를 지배하는 법칙의 실험으로 물리학 연구의 진보에 크게 기여했다. 의학에서는 영국 의사, 윌리암 하비(William Harvey, 1578-1657)가 혈액순환의 중요한 발견을 했고, 벨기에 사람(Fleming), 안드레아스 베살리우스(Andreas Vesalius, 1514-1564)는 해부학에 관한 첫 현대 도서를 출판했다. 생물학에서는 스위스 과학자, 콘라드 게스너(Conrad Gesner, 1515-1565)가 식물과 동물의 분류에 중요한 진보를 이룩했다. 현미경, 망원경, 측미계, 그리고 진자시계와 같은 이 기간 동안에 발전된 새로운 측정과 관찰 기구들은 많은 발견을 가능하게 했다. 네덜란드 사람들은 이 기구들을 발전시키는데 특히 중요한 공헌을 했다. 한스(Hans)와 자카리우스 얀센(Zacharius Janssen)은 보통 1660년 경 현미경을 발명한 것으로 인정되고, 또 다른 네덜란드 사람, 안토니 류웬호크(Anthony Leeuwenhoek, 1632-1723)는 중요한 발전을 이룩하여 미생물학의 창시자가 되었다. 네덜란드 광학기계사, 한스 리페르쉐이(Hans Lippershay)는 1608년 망원경을 발명했으나, 갈릴레오가 천문학적 관찰을 위해 사용될 수 있는 첫 광선 굴절 망원경을 제작했다.

한 때 교회는, 개신교든 가톨릭이든, 과학의 발전에 방해가 되었다고 믿었다. 이태리 종교재판소의 갈릴레오 정죄는 과학이 현대 세계의 특징이고 교회는 과학에 반대하며 새로운 과학적 발전에 걸림돌이 된다는 견해를 지지하는 증거로 종종 인용된다. 이 해석은 이제 "가장 잘 봐주어도 지나치게 단순한 것이었고, 나쁘게 보면 종교개혁 세기 동안 과학, 의학, 그리고 신학의 복잡한 관계에 대한 심오한 오해"라고 일컬어진다.[20] 많은 초기 과학자들은 과학에 대한 관심이 하나님의 영광을 드러내고 인류에게 유익을 줄 수 있는 것으로 생각했고, 그들은 이것을 위해 하나님의 창조를 연구하려는 욕망으로 동기부여 된 헌신적인 개신교도였다. 파리의 과학학술원(Academy of Science in Paris)과 런던의 왕실학회(Royal Society of London)의 대부분의 멤버들은 개신교도였다. 많은 왕실학회 멤버가 학회의 첫 비서였고 추후 체스터(Chester)의 감독이 된 존 윌킨스(John Wilkins, 1614-1672)를 비롯한 성직자들이었다. 과학에 대한 반대보다 오히려 개신교 지도자들은 종종 과학적 발견을 육성했다. 루터교 군주, 프러시아의 알브렉트(Albrecht of Prussia)는 코페르니쿠스의 책, 『천체의 회전』(*On the Revolution of Heavenly Bodies*)의 출판을 보조했고, 루터교 신학자, 안드레아스 오시앤더(Andreas Osiander)는 서문을 썼다. 다른 루터교도들은 인쇄에 도움을 주었고 후에 그들의 가르침에서 코페르니쿠스의 입장을 지지했다. 코페르니쿠스에 대한 루터의 반응은 (의문스러운 자료로 보이는 것에서 발견된 언급에 기초했음) 부정적이었던 것으로 보이지만,[21] 그는 다른 과학적 진보를 지지했고 환영했다. 멜랑톤은 해부학에 대한 베살리우스의 저작에 특히 깊은 인상을 받았고 그 과목을 1535년 비텐베르그 대학(University of Wittenberg)의 교과과정에 도입했다.

종교와 과학의 충돌의 주요 증거는 종교재판소의 갈릴레오 정죄다. 갈릴레오의 취급이 수치스러웠지만,[22] 그것은 반드시 과학과 종교 사이의 충돌을 보여주는 것은 아니다. 갈릴레오는 자유롭게 출판할 수 있었고, 사실 그는 생애 대부분에 걸쳐 교회 권위자들의 지지를 받았다. 그에 대한 초기 반대는, 아리스토텔레스의 이론에 대한 그의 거부와 물리학을 통한 그의 실험 결과에 대해 화가 난 학문적 보수주의자들에게서 왔다. 1613년 갈릴레오는 태양이 멈추었다는 여호수아의 성경구절에 모순된다고 공격을 받았고, 1616년 추기경 벨라민(Bellarmine)은 갈릴레오에게 지구의 움직임에 대한 코페르니쿠스의 견해를 수호하지 말라고 명령했다. 그럼에도 갈릴레오는 계속 집필했고, 로마의 정치적 상황 변화, 개인적 경쟁, 그리고 『두 주요 세상체계의 대화』(*Dialogue of Two Chief World System*)의 출판이 그에 대한 강렬한 항의를 초래하기 전까지 근 20년 동안 이 고귀한 입장을 고수했다. 갈릴레오는 천문학의 다양한 견해를 논의하는 세 인물 사이에 추정되는 대화에서 코페르니쿠스의 입장을 수호하지 않았다고 주장했으나, 심플리키오(Simplicio)라 불리는 코페르니쿠스의 입장을 반대하는 사람은 분명하게 더 약한 주장을 펼쳤다.[23]

코페르니쿠스의 견해를 반대했던 자들은 (교황 우르반 8세 -Urban VIII-를 포함, 그는 갈릴레오의 좋은 친구이었음) 갈릴레오가 그들을 속이고 모욕을 주었다고 느꼈고, 그는 종교재판소에서 답변하라고 호출되었다. 갈릴레오는 69세였고 건강이 좋지 않았으며, 그에게 놓인 압력을 저항할 입장이 아니었다. 고문의 위협 하에, 그는 결국 지구가 태양 주위를 회전한다는 자신의 믿음을 철회했다. 그는 가택연금 상태로 플로렌스(Florence) 근처 자신의 별장에서 여생을 보냈으나, 그는 잘 대우받았고 새로운 과학 논문들을 계속 집필했다. 유럽 전역에 걸쳐 많은 자들이 그의 방어에 나섰고, 개신교 네덜란드 국회는 심지어 그에게 금사슬을 수여하며 존경을 표시했다. 후대들은 갈릴레오의 취급을 돌아보며 그것을 과학의 새로운 세상과 종교의 옛 세상 사이의 충돌의 증거로 본다. 반면에 개신교도들은 그것을 개신교주의가 가톨릭주의보다 새로운 과학에 더 호의적인 성향으로 기울어져 있었다는 증거로 사용한다. 그것이 종교개혁 이후 세기에 발생할 충돌의 전조이었지만, 종교개혁 시기 동안 이 충돌은 일상적이기 보다는 예외적인 것이었다. 전체적으로 과학에 대한 종교개혁의 영향은 긍정적이고 건설적이었다.

경제와 정치

경제에 대한 종교개혁의 영향은 광범위한 논쟁의 주제였다. 20세기 초 독일 사회학자 막스 베버(Max Weber, 1864-1920)는 자본주의 성장을 칼빈주의와 연관시키는 흥미로운 이론을 제시했다. "개신교 윤리와 자본주의 정신"("The Protestant Ethic and the Spirit of Capitalism")이란 제목의 고전적 에세이에서, 베버는 종교개혁 후 시대에 나타난 새로운 유형의 자본주의는 부분적으로 칼빈주의 윤리의 결과였다고 주장했다. 새 자본주의는 이득을 위한 끊임없는 노력과 소비의 제한으로 특징지어졌다. 그것은 잉여자본의 축적을 초래하며, 더 많은 경제적 성장을 이루기 위해 재투자된다는 것이다. 칼빈주의의 근면, 절약, 훈련, 그리고 소명의식은 윤리에 부착하여 경제적 이득으로 복을 받음으로 선택의 확신을 추구하는 예정 교리의 이해와 합쳐져 이 유형의 자본주의를 자극하는데 도움을 주었다. 초기 자본주의가 칼빈주의가 강했던 영국과 네덜란드와 같은 지역에서 번창했다는 사실은 이 이론을 지지해주는 경향이 있었다.

베버의 논지에 의혹을 던지는 사람들은 자본주의가 종교개혁 훨씬 전에 존재하고 있었다고 지적하고 베버의 논지를 지지하는 자들에 의한 칼빈주의 윤리와 자본주의 사이의 많은 용이한 연결들이 개신교 윤리의 오해에 기초한다고 주장한다. 칼빈과 루터는 둘 다 자본주의 성장과 관련된 많은 실행을 반대했고 그들의 이름이 이득 추구를 경제활동의 주요 동기로 만드는 체제와 연관되어있다는 것에 경악을 금지 못했을 것이다.[24] 일반 직업의 신분을 상승시킨 소명 개념과 같은 일부 개신교 믿음은, 이자소득에 대한 변화가 그랬던 것처럼,[25] 경제적 영향을 주었다. 그러나 종교개혁과 현대 경제체제 사이에 어떤 직접적 연관 관계를 세우는 것은 어렵다.

종교개혁의 정치적 영향은 추적하기가 훨씬 쉽다. 예를 들어, 종교개혁이 저항 이론의 발전에 직접적인 영향을 주었다는 것은 자명하다. 루터와 칼빈은 권세가 하나님에 의해 제정되었고(롬 13:1) 그러므로 독재를 해도 이 권세에 복종해한다는 성경적 가르침을 고수했어도, 추종자들은 그들의 종교를 억압하려는 관리들에 대한 저항을 정당화하는 길을 찾았다. 루터교도들은 우선 황제가 무력으로 개신교주의를 제거하려고 위협할 때 황제에 대한 저항을 정당화했다. 1531년의 슈말칼딕 연합체(Schmalkaldic League) 설립은 신성로마제국 헌법이 "하위 관리들"("inferior magistrates")[26]에게 독재하는 황제를 저항할 수 있는 권한을 주었다는 주장에 기초하고 있었다. 찰스 5세(Charles V)가 1547년 루터교 군주들을 패배시킨 후, 막데부르그(Magdeburg) 도시에 있는 보수적 루터교도들은 황제에 의해 부과된 종교적 해결책을 저항할 수 있는 권리를 방어했다. 칼빈주의자들은 요한 슬라이단(Johann Sleidan)의 역사를 읽으며 배운 이 주장이 프랑스에서 정부의 핍박에 직면했을 때 매우 유용하다는 것을 알게 되었다. 프랑스 저자들은 하나님의 뜻에 반대하여 자신의 의지를 부과한 독재자를 저항할 수 있는 권한을 수호하며 성 바톨로메유 날 대학살(St. Bartholomew's Day Massacre)에 반응했다. 대학살을 간신히 피한 인문주의 학자이고 위그노 전도사인 프란시스 호트만(Francis Hotman, 1524-1590)은 제네바로 도피하여 1573년 『프랑코 갈리아』(*Franco Galia*)라는 제목의 책을 저술했다. 프랑스 초기 역사를 연구한 후, 그는 프랑스 군주제가 원래 선출되어야 하는 것임을 알았고, 왕이 독재를 하면 그를 폐위할 수 있는 권한을 가진 의회에 왕은 책임을 져야한다고 주장했다. 1579년 익명으로 출판된 『빈디키아에 콘트라 티라노스』(*Vindiciae Contra Tyrannos*)는 심지어 더 나아가서, 정부는 지배자와 백성 사이의 계약에 의해 만들어지고 통제된다고 주장했다. 통치자가 이 계약을 범하면, 백성은 더 이상 그를 복종할 의무가 없다. 하위 관리들은 지배자를 점검하는 자로서 섬기는 것이고, 독재 통치자와 투쟁하는 백성을 지지하기 위해 외국 세력이 간섭할 수 있다는 것이다. 더 과격한 정치 이론은 심지어 폭군살해로 진전했다. 영국에 메리 시대의 망명자, 존 포넷(John Ponet, 1516-1556)은 1556년 『정치적 권력에 대한 짧은 논문』(*A Short*

Treatise of Political Power)을 저술했고 독재자를 살해할 수 있는 권한을 방어했다.

과격한 저항이론은 개신교 저자들에게만 국한되지 않았다. 예수회 회원(Jesuit), 완 데 마리나(Juan de Marina, 1536-1624)와 같은 가톨릭 저자들도 왕실의 권한은 사회계약에 기초한다고 주장했고 통치자가 왕국의 기본법을 어기는 경우, 폐위 – 그리고 심지어 폭군살해 – 의 권한을 정당화 했다. 종교개혁 투쟁에서 야기된 저항이론이 매우 일반적이었지만, 폭군살해 같은 훨씬 과격한 입장은 넓은 지지를 얻지 못했고 대중의견을 주도하는 지도자들에 의해 거부되었다. 종교개혁자와 저항이론가는 그들의 신학이나 이론이 민주주의를 주장하는데 사용될 수 있는가에 대한 의견에 주춤했을 것이다. 그들은 민주주의를 무정부상태와 농노반란(Peasants' Revolt)의 지도자들 같은 과격파와 연관시켰기 때문이다. 그 시대에 민주주의는 대중을 이끄는 자들에 의해 저주받을 것으로 여겨질 수밖에 없는 것이었다. 그러나 교회 특권에 대한 종교개혁자들의 공격과 그들의 만인제사장 교리는 정치체제의 발전을 훗날 도울 수 있는 기본적인 동등개념을 암시해 주었다. 정치이론가들은 나중에 18세기 혁명들을 정당화하기 위해 종교개혁 시기에 처음 명확하게 표현된 저항이론의 근거를 사용한다. 마지막으로, 앞 장에서 본 것처럼, 많은 역사가들은 종교개혁이 현대 정부의 창조에 주요 역할을 했다고 주장한다. 그것은 "독립적 의회, 기록된 헌법, 복잡한 관료정치, 표준화된 법전 그리고 대학교육을 받은 정부 관료"에 의해 특징지어진다.[27] 그들은 "현대 정부는 그 시작이 세금 독점과 군대에 있는 것이 아니고 그것의 종교 독점화에 있다"고 주장했다.[28]

교육

과학과 경제학에 끼친 종교개혁의 영향에는 일부 논쟁이 있을 수 있지만, 개신교와 가톨릭 종교개혁 모두 교육 기관의 발전을 격려했다는 것에는 의문의 여지가 없다. 개신교주의는 책(성경)의 종교였고, 그러므로 사람들을 교육시켜 성경과 요리문답을 읽을 수 있게 하는 것이 필요했다. 루터는 공공 도서관 외에 모든 도회지에 학교를 세우기 원했고, 소년과 소녀들에게 강제 교육을 제창했다. 그는 교사 직분을 매우 귀중하게 여겼고 그것을 성직자 직분 다음으로 등급을 매겼다. 헤쎄의 필립(Philip of Hesse)은 모든 도회지와 마을에 학교를 세우기 원한다고 말했고, 그것은 독일 대부분의 루터교 위정자들에 의해 공유되었다. 종교개혁 첫 세기 동안 이 목표를 이루는데 놀라운 진보가 있었다. 예를 들면, 뷔르템베르그(Wurttemberg)의 학교 수는 1520년 89개에서 16세기 말 400개 이상으로 증가했다. 종교개혁자들은 모두 학교 설립에 전념했고, 개신교주의가 승리하는 곳에는 어디든지 학교가 세워졌다. 일반어로 읽는 것과 쓰는 것을 가르치는 학교들 외에, 라틴어 학교들이 도시에 세워져 라틴어 문법과 작문 그리고 히브리어와 헬라어 입문을 가르쳤다. 영국에는 이것이 "문법학교"("grammar schools")라고 불렸고, 그 숫자는 1480년 약 30개에서 종교개혁 시대 말에 400개 이상으로 증가했다. 재능 있는 사람들이 신학, 법학, 또는 의학을 배울 수 있도록 대학 교육의 기회가 크게 확장되었다. 독일에서는 종교개혁 시대 시작에 존재했던 약 50개의 대학에 20개의 새 대학이 추가되었다. 가톨릭 종교개혁 또한 교육에 대단한 강조를 했고, 이미 앞에서 본 것처럼, 예수회 학교들은 유럽에서 가장 존경받는 교육 기관 중 일부였다.

교육 기회의 확장은 일반적으로 사회에 의미 있는 영향을 끼쳤다. 그것은 더 많은 사람들이 읽고 쓰는 것을 배우는 가장 초보적 단계로부터, 교회 역사에서 존재한 적이 없었던 훨씬 높은 교육을 받은 성직자들을 양산해 내는 대학들에까지 넓은 범위를 차지했다. 인쇄된 책의 분량과 더 넓게 퍼진 책 소유권의 확장은 대중의 읽고 쓰는 능력의 증가를 입증하기 위한 자료로 사용되나, 인구의 몇 퍼센트까지 읽고 쓰게 되었는지 파악하는 것은 어려운 일이다. 독일에서는 종교개혁 시대 말, 전체 인구의 5에서 10퍼센트부터 도시 거주민의 거의 30퍼센트까지 글을 읽고 쓰는 것으로 추정한다. 인쇄술의 도입과 새로운 개념의 소개와 같은 다른 요소들이 분명히 역할을 했지만, 종교개혁은 유럽에 읽고 쓰는 능력을 갖춘 인구를 증가시키는 주요 촉진제였다. 그러나 종교개혁자들은 사람들을 단순히 읽을 수 있도록 가르치기 위해 학교를 세우자고 제창한 것은 아니었다. 그들의 주요 관심은 성경을 알고, 종교개혁의 교리를 믿으며, 그들의 믿음을 삶에 실천하는 좋은 그리스도인을 만들어 내는 것이었다. 요리문답을 가르치는 데 큰 비중을 둔 새롭게 설치된 교육 체계가 이 목표를 이루기를 그들은 소망했다. 그들이 어느 정도 성공적이었는지는 역사가들 사이에 또 하나의 주요 논쟁 주제였고, 그것은 단순한 질문을 제기하는 결과를 초래했다. 그 질문은 "종교개혁이 성공이었는가 아니면 실패이었는가?" 였다.

종교개혁은 성공이었나 실패이었나?

종교개혁자들이 성공 또는 실패를 평가하는 척도는 그들이 믿는 예수 그리스도 안에 있는 하나님의 복음 메시지의 효과적 전달의 목표가 어느 정도 이루어졌는가 하는 것이었다. 그들은 사람들이 믿음을 이해하고 그것을 믿으면, 그들의 삶이 변화된다는 것을 확신했다. 그러므로 성공의 척도는 사회 대중의 변화된 마음과 변화된 삶이었다. 그들은 이것을 이루는데 성공했는가? 1975년 저술된 자주 인용되는 논문에서, 제랄드 스트로스(Gerald Strauss)는 그들이 성공하지 못했음을 보여주는 상당한 증거를 제공했고, 그는 그러므로 종교개혁은 "실패"였다고 주장했다.[29] 3년 후 그는 책을 출판했다. 그 책에서 그는, 종교개혁 초기에 소망적으로 시작한 이후, 심지어 종교개혁자들도 "모든 사람들이" 믿음을 이해하고 실천하도록 하는 것에 대한 이상적 소망은 이루어질 수 없다는 것을 인식하기에 이르렀다고 주장했다. 주로 심방 자료의 증거를 사용하여, 그는 그들의 기계적 암기법 교육 방법을 갖춘 새 학교들이 좋은 개신교도들을 만들어 내기 보다는 분노와 지루함을 만들어 냈다고 주장했다. 그는 이렇게 결론을 내렸다.

> 만일 종교개혁의 목적이 중세교회의 분열을 완성하는 것이라면, 그것은 성공했다. 만일 그것의 목표가 교회 행정을 합리화하고 그것을 초기 현대 국가의 목표와 조화시키는 것이라면, 그것은 분명히 성공했다. 만일 그것이 지적 엘리트의 종교적 에너지에 수로를 여는 것이라면, 그것은 대체적으로 성공적이었다. 그러나 만일 그것의 중심적 목적이 사람들 －모든 사람들－로 하여금 그리스도인으로 생각하고, 느끼고 그리고 행동하는 것이라면, 그들을 그리스도인의 마음-자세, 동기적 욕망 그리고 삶의 방식으로 고취시키는 것이라면, 그것은 실패했다.[30]

다른 역사가들은 종교개혁이 교회와 사회에 과거 세대의 역사가들이 언급한 그런 종류의 변화를 가져오는데 실패했다는 것에 동의했다. 탐 스콧(Tom Scott)은 "종교개혁의 '성공' 은… 상당히 문제가 있는 것"이라고 말했고 "폭넓은 청중에 대한 호소는 종종 종교개혁자들 자신이 믿었고 가르쳤던 것과는 동떨어져 있었다"고 주장했다.[31] 심방 기록은 평신도들이 루터교 신학의 일부 가장 기본적인 가르침을 이해하지 못했고, 심지어 성직자들은 종교개혁 이전 종교의 부분을 계속해서 믿고 있었으며, 마술과 미신은 대중적인 종교 믿음의 부분으로 남아 있었음을 보여주었다. 목사들은 성도들이 자신을 경멸했다고 불평했고 심방자들은 억압에도 불구하고 미신적 관행들이 계속되었음을 보게 되었다. 어떤 경우에는 종교개혁자들의 그림이 성인들의 그림을 대체했고, 사람들은 기적을 그들의 덕분으로 생각했다. 1634년 사람들은 루터의 그림을 소장한 집을 완전히 태운 불 속에서 그 그림이 기적적으로 해를 받지 않았다고 주장했다. 소위 일컫는 "불타지 않는 루터"("incombustible Luther")가 1689년 다시 나타났다. 그보다 앞서 1651년 설교 도중 피방울이 루터의 형상으로부터 강단과 설교자에게 흘렀다고 보고되었다.[32)]

스트로스의 결론은 보편적으로 수용되지 않았고 그것이 많은 새로운 연구를 자극했다는 것은 놀랄 일이 아니다. 일부 학자들은 그의 근거자료들에 도전했고, 심방 기록들은 공동체의 진정한 종교적 상태를 판단 할 수 있는 특별히 믿을 만한 자료들은 아니라고 주장했다. 심방자들은 그들이 방문한 교구에 잘되어 있는 것 보다는 잘못되어 있는 것을 찾고 있었던 것이다. 그러나 심지어 이 기록들도, 조심스럽게 사용된다면, 종교개혁이 일반 사람들에게 영향을 주는데 반드시 실패한 것은 아니라는 것을 드러낸다. 제임스 키텔슨(James Kittelson)은 심방 기록들을 사용하여 1580년대 말경 스트라스부르그(Strasbourg) 근교의 교구들을 연구했고 젊은 사람들을 헌신된 개신교도로 교육시키는데 진정한 성공이 있었다고 결론 내렸다.[33)] 나아가, 심방 기록은 종교개혁이 가장 큰 영향을 미쳤던 도시들에 매우 드물었다.

스트라스부르그와 같은 개별 도시들에 대한 연구는 종교개혁의 성공 또는 실패에 대해 스트로스의 연구에서 발견한 것과는 매우 다른 그림을 보여준다. 스트라스부르그에서 종교개혁을 연구한 로나 제인 아브레이(Lorna Jane Abray)는, 전체 인구의 어느 부분이 조사되었는지에 평가 결과가 달렸기 때문에 성공 또는 실패처럼 단순한 용어로 그것을 묘사하기는 너무 복잡했다고 주장했다. 성공은 중산층에 분명히 가장 컸으나, 그들에게 국한되지는 않았다. 나아가, 성직자들이 종종 "지나치게 야망적인 목표"를 가지고 개혁이 이루어지기를 바랐던 그 기준에 도달하지는 못하더라도, 어느 정도까지의 성취를 성공이라고 말할 수 있는 것인지 고려해야 할 필요가 있다. 성직자의 질에 상당한 발전이 있었고, 그들은 "교구 성도들의 존경과 심지어 애정을 얻는데 성공했다." "모든 스트라스부르그 사람들이 성직자들의 이상을 수용하지는 않았지만,… 성직자의 게으름, 무지, 비윤리, 또는 탐욕에 대하 불평은 더 이상 없었다."[34] 아브레이는, 변화에 시간이 결렸고 종교개혁자들은 그들의 이상을 충분히 달성하지는 못했다고 결론을 내렸다. 그러나 종교개혁은 "스트라스부르그 사람들이 기독교 믿음을 이해하는 방법에 확실히 깊은 변화를 가져다주었고, 시간이 걸리고 불완전했지만, 그들이 삶을 사는 방식에 부인할 수 없는 영향을 주었다."[35]

몇 저자들은 종교개혁의 성공과 실패를 평가하는 것은 시각을 얼마나 높게 잡는가에 의존한다고 지적했다.[36] 종교개혁이 개신교 교구들에 가져온 변화의 정도가 종교개혁자들의 기대에 항상 미치지는 못했지만, 그들 앞에 놓여있는 임무의 막대함을 고려할 때 그들의 기대가 실질적으로 가능한 것보다 더 높았다. 관료 종교개혁자들(Magisterial Reformers)은 전체 공동체를 포용하는 교회 개념을 가지고 있었고, 원래 전체 공동체가 모여진 공동체(gathered community) 또는 분파로서 열정적인 종교적 헌신, 지식, 그리고 윤리를 이룩할 것으로 기대했다. 그들은 실망할 수밖에 없었다. 전체 공동체는 대체적으로 종교개혁자들이 종교개혁을 성공이라고 간주하기에 필요하다고 느끼는 것을 달성하거나 또는 달성하기를 바랄 수 없었기 때문이다. 그러나 이것은 "거룩한 공동체"("Godly Community")라고 명칭이 붙었던 자들에 의해 달성될 수 있었고 그리고 실제로 달성되었다. 그들은 자신의 종교를 특히 심각하게 여겼던 사람들이었고, 믿음의 교리를 이해했으며, 그것을 실천에 옮기는 노력을 한 사람들이었다. 때로 개신교 지도자들은 "보편적 치리 교회 내에 복음적 열정과 활동에서 평균 그리스도인을 능가하는 경건한 자들의 '내부 조직'('inner ring')이 일어날 수 있는 가능성을 논의했다."[37]

영국에서 "거룩한 공동체"는 영국교회 전체를 변화시키기 위해 매우 열심히 노력했으나 그들의 노력에서 실패한 청교도들로 확인된다. 그들의 경우를 보면, 종교개혁이 성공이었다는 데에는 의심이 있을 수 없다. 그러나 그들은 영국 그리스도인 중 소수였다. 중세시대에 교회는 단지 소수만이, 종교개혁자들이 모두가 도달하기를 기대했던 높은 수준에 도달할 수 있다고 인식했고, 그래서 사회를 위해 종교적 임무를 수행하는 사제직을 만들었다. 사제들은 더 넓은 사회를 위한 중재자로 행동했고 공동체의 죄에 대해 산자와 죽은자 모두를 위한 성찬 희생제사를 드렸다. 교회는 또한 대중 종교의 미신들을 성별했고 공동체가 종교적 행사에 참여할 수 있는 길을 제공했다. 헌신된 소수가 사제직에 참여했고 수녀원이나 수도원에 들어갔거나, 또는 공동생활형제회(the Brethren of Common Life)와 같은 평신도 단체에 합류했다. 종교개혁자들은 중재 역할을 하는 사제직을 각자 하나님에 대한 개인적 책임으로 대신했고 대중 종교의 미신을 종식시키려 했다. 그들이 자신의 목표를 완전히 달성하는데 성공하지 못했다는 것은 놀랄 일이 아니다. 우리를 놀라게 하는 것은 그들이 유럽 사회에 많은 숫자의 사람들의 종교를 변화시키는데 상당한 정도의 성공을 이루었다는데 있다.

종교개혁의 성공을 측정할 때 종종 종교개혁의 전세계적 차원이 간과된다. 종교개혁의 성공과 실패가 유럽에서 무엇이든지, 그것은 기독교를 전세계적인 종교로 만드는 과정에서 주요 역할을 했다. "역사가들이 종교개혁의 영향에 대해 가진 주저함은 종종 유럽 중심적이거나 서양적 협소함을 노출한다. 사실상, 종교개혁은 유럽외의 역사를 가지고 있다. 그것은 유럽 문화를 주빈으로 하여 전세계를 돌았다."[38] 일부 경우에는, 유럽인들이 떠난 후 기독교가 생존하지 못했으나, 대부분의 16세기 선교는 종교개혁 시기에 기독교가 처음으로 심어진 그 지역들에서 지속적인 영향을 남겼다.

종교개혁은 현대 세계의 시작인가?

> 때로 종교개혁이 우리가 정의하는 현대 세계－합리적인 실천적 가치의 세계, 개인적인 노력과 보상의 세계, 또는 교리적 권위에 대항하는 대중의 의지의 세계－를 출범시켰다고 주장되곤 한다. 이 견해는 대체적으로 터무니없는 것이다. 종교개혁자 자신들은 지적 다원주의, 상대주의 또는 합리주의의 선구자라는 생각에 반대했을 것이다.[39]

효과를 위해 자신의 입장을 의도적으로 지나치게 진술하기는 했지만, 위에 인용된 자극적 진술의 저자는 종교개혁자들이 현대 사회에 관해 어떻게 생각했을 것인가에 대해 옳게 평가했다. 루터, 칼빈, 그리고 다른 종교개혁자들은 사회를 현대화하려는 의도를 가지고 있지 않았고, 현대 유럽의 정착으로 인도된 많은 변화들은 종교개혁이 시작했을 때 이미 진행되고 있었다. 그러나 종교개혁은 궁극적으로 현대 사회를 만들어 내는 다른 변화에 문을 열었다. 일부 그 변화들은 종교개혁자들이 원했던 것에 대한 반대로 발생했거나 또는 종교개혁의 유감스런 양상의 후폭풍으로 나타났다. 한 중요한 예는 회의론의 성장이다. 종교개혁 시대의 마지막 세기를 지배했던 혹독한 투쟁들은 일부 사람들에게 환멸을 느끼게 했다. 그들은 경쟁적인 많은 진실-주장 사이에 옳은 것을 결정하게 하기 보다는 그 모든 것에 반대했다. 1582년 브러쎌(Brussel)의 칼빈주의 목사는 그의 동료에게 다음과 같이 말했다. "우리는 무신론자들과 자유분방주의자들을 곳곳에서 찾을 수 있다. 그들 중 일부는 모든 종교를 공개적으로 조롱하며 우화와 장식이라고 부른다… 다른 사람들은 하나님에 대한 그들의 경멸을 감추기 위해, 서로 싸우는 너무 많은 신조들이 우리 조국에 나타나서 어떤 것이 진실 된 것인지 또는 어떤 것을 믿어야 하는지 알 수가 없다고 말한다. 일부 다른 자들은 그들의 코트를 바람에 날리며, 외적 행동으로, 자신을 모든 종교에 맞추어 준다."[40] 이런 태도가 얼마나 넓게 퍼졌는지는 알기 어려우나, 우리는 몬테인(Montaigne)과 같은 민감한 지성인들은 그리스도인들이 서로에게 대했던 잔인함에 대한 반응으로 회의론의 씨앗을 심었던 것을 이미 보았다. 끔찍한 종교전쟁은 그들이 진전시키려는 믿음을 훼손시키는데 일조했고 결국 이성의 시대를 위한 길을 준비했다.

회의론의 성장에 첨부된 것이 관용의 시작이었다. 현대 세계의 한 가지 주요 특징은 종교 다원주의의 수용이다. 이것은 근본적으로 새로운 태도로 중세시대와 종교개혁 시대에 다 전혀 받아드려질 수 없는 것이었다. "관용이나 종교의 자유는 16세기 사람의 단어에 있지 않은 것이었다…. 가톨릭과 개신교를 막론하고 모든 나라들은 종교적 획일성이 정치적 국가의 평온함에 필수불가결하다는 개념에 사로잡혀 있었다."[41] 가톨릭교도들은 그들이 국가를 장악한 곳에서 개신교도들을 핍박했고, 반면에 개신교도들은 그들이 정치적 세력을 가진 지역에서 가톨릭교도들을 핍박했으며, 양쪽은 다 재세례파를 핍박했다. 종교개혁 시대의 두 번째 세기에 개신교도들과 가톨릭교도들은 양쪽 다 수만 명의 사람들을 처형했다. 그들은 대개 여자들이었고 마술행위(witchcraft)로 고소된 사람들이었다. 소위 "위치크레이즈"("witchcraze")라 일컫는 이것은 당시의 특징이었던 편협과 잔인의 또 다른 표현이었다.[42]

종교개혁의 과정에서, 일부 개인들은 당시 문화가 수용한 가치를 반대했다. 그들은 복음서의 연구에 근거하여 종교적 믿음을 위해 다른 사람들을 핍박하는 것은 그리스도의 가르침에 맞지 않는 것이라고 결론을 내렸다. 우리는 이미 재세례파의 핍박에 반대한 세바스찬 카스텔리오(Sebastian Castellio)와 캐서린 젤(Katherine Zell)을 만났다. 영적주의자인 재세례파, 세바스찬 프랑크(Sebastian Franck, 1499-1542)도 상호 관용을 가르쳤다. 그는 1539년 이렇게 기록했다. "나에게 나의 안위를 바라고 자기 옆에 있는 나를 인내해 줄 수 있는 자는, 교황주의자, 루터교도, 츠빙글리안, 재세례파 또는 심지어 투르크족이라 하더라도 누구든지 좋은 형제이다…. 나는 나를 거부하지 않는 자는 누구도 거부하지 않는다."[43] 불행히도, 이것은 프랑크가 거부할 수밖에 없는 많은 숫자의 사람들을 만들었다. 상대적으로 적은 숫자의 사람이 가시적 교회와 성례를 거부하는 그의 과격한 교리를 받아드렸기 때문이다.

관용에 대한 가장 영향력 있는 저작 중 하나는 이태리 반-삼위일체주의자, 야콥 아콘티우스(Jacob Acontius, 1500-1567)가 저술했다. 그의 『사타나에 스트라타게마타』(*Satanae Stratagemata*)는 나중에 『사탄의 전략』(*Satan's Stratagem*)이란 제목으로 영어로 번역되었고, 관용을 주장했으며, 이단들은 진정한 믿는 자들에게 유익을 가져다주었다고 지적했다. "그들 때문에 경건한 자들은 훨씬 더 조심스럽고 부지런하게 성경을 찾도록 자극 받았다. 아니었으면 그들은 게으름으로 포기하고 일반적 무지의 상태로 점점 가라앉았을 것이다."[44] 종교적 관용을 위한 첫 주장은 주류 교회들 보다는 정통주의 가장자리에 있던 사람들로부터 왔다. 그러나 무력으로 종교적 다양성의 문제를 해결하려는 시도는 실패했고, 그 실패는 결국 다른 종교적 믿음의 법적 타당성 수용을 필연케 하는 분할 해결책으로 이어졌다. 유럽이 종교적 관용 개념을 완전히 수용하는 데는 몇 세기가 걸려야 했으나, 이미 영국 내전 동안 회중교회주의자들은 제한된 형태의 종교적 관용을 주장했고 존 오웬(John Owen, 1616-1683)과 같은 영국 칼빈주의자는 관용의 방어를 위한 글을 썼다. 1689년 영국에 있는 개신교 비국교도들은 관용이 허락되었다. 비록 진정한 종교적 자유가 영국에 오기까지는 추가로 한 세기 반이 걸렸지만, 초기 발걸음은 이미 떼어졌던 것이다.

현대 유럽이 만들어지는데, 종교 단일화 파괴의 중요성은 아무리 강조해도 지나치지 않다. 종교개혁은 "과거에 알려져 있지도 않았고 상상할 수도 없었던 교회 다원주의 발생으로" 이어졌다. "여러 다른 종교들을 오랫동안 합성시킬 수 있었던 보편 교회는 몇 개의 다르고, 구별되며, 상호배타적인 종교적 체제로 분열되었다."[45] 이것은 과거와는 매우 다른 유럽으로 인도했다. 한 때 하나의 기독교 가족 내에 분파이었던 정치적 단위는 이제 자기-관심사 외에는 서로와 어떤 연결도 없는 독립적인 주권을 가진 국가가 되었다. 추가로, 개별 국가 내에서의 종교적 영역과 세속적 영역은, 중세시대의 세속적 영적 영역들의 혼합과는 대조적으로 날카롭게 분리되었다. "세속적 간섭으로부터 자유롭기 위하여, 교회들은 모든 세속적 영역으로부터 철수해야 했고… 국가가 교회의 반대로부터 독립적이려면 그들은 모든 종교적인 일들로부터 벗어나야만 했다…. 이 개념은 … 국가의 비종교화와 세속화를 진전시켰다."[46] 그러므로 세속화된 사회를 가진 현대 유럽 국가 체계는 한 편으로 종교개혁의 간접 결과였다.

종교개혁이 현대 세계의 시작이었는가? 분명히 일부 현대 개념들과 오늘날 바람직하다고 여기는 것들은 종교개혁 시대 대부분의 태도와는 뚜렷하게 대조된다. 종교개혁자들의 여러 태도와 믿음의 내용은 확실히 "현대적"이지 않다. 그러나 그들이 가르쳤던 것과 종교개혁이 사회에 준 영향은 일반적으로 현대 유럽을 만드는데 중요한 역할을 했다. 그러므로 우리는 "종교개혁의 효과들은 현대 사회가 발전해 나간 과정의 부분이었고 유럽의 '현대화'에 강력한 추진력을 주었다"고 결론을 내릴 수 있다.[47]

결 론

결론에서 우리는 이 책의 주제 - 개혁과 투쟁 - 로 돌아간다. 이 두 가지는 종교개혁 영향의 부분이었고 둘 다 결론적 진술에서 고려되어야한다. 우리 종교개혁 유산의 긍정적인 관점으로 시작하자면, 전체 교회는 개혁되었다. 종교개혁 시대가 끝났을 때, 교회의 모든 분파들은 수준을 갖추고 영적으로 헌신된 사역을 획득하는 목표를 상당한 범위로 달성했다. 일반 대중이 종교개혁자들의 가르침을 흡수한 정도에 대해서는 논쟁이 있을 수 있어도, 성경이 그 전 어느 때보다 더 넓게 일반어로 보급되었고, 더 많은 사람들이 읽었다. 심지어 글을 읽고 쓰는 대중은, 루터를 그렇게 공포에 떨게 했던 중세말 묘사에서 공통적으로 그림 그려진 엄한 심판자와는 근본적으로 다른 하나님에 대한 견해가 제시되었다. 대중적 표현은 그리스도를 부드럽고 사랑스러운 구원자로 제시하는 경향이 있었다. "그리스도는… 인성에 더 가깝게 오셨다. 그는 더 이상 멀리계신 끔찍한 심판자가 아니었다." 아이들이 그리스도를 "그들의 가장 좋고, 그들의 가장 신실하며, 그들의 가장 친절한 친구"로 생각하도록 했다.[48] 종교개혁 신학은, 구원이 하나님을 달래기 위해 인간이 무엇을 해야 하는지 요구하기 보다는 하나님께서 예수 그리스도의 품격 안에서 인류를 위해 무엇을 하셨는가에 의존하도록 가르쳤다. 그 신학의 중심에는 무조건적인 사랑으로 구원의 확신을 제공하는 사랑스러운 아버지로서의 하나님의 그림이 있었다. 이것이 종교개혁이 미래 세대를 위해 남겨놓은 유산의 핵심 부분이었다. 영국 종교개혁의 영향을 요약하며, 딕킨스(A. G. Dickens)는 독자들에게 "종교개혁자들이 그들의 임무를 불완전하게 수행했지만," 그들은 "사람들을 사랑 안에서" 예수 그리스도의 "진실된 품격으로 더 가까이 오게 하려" 했다는 것을 상기시켰다. 그는 "이런 유형의 염원이 우리 세기를 위한 그들의 메시지의 중심에 놓여있다"고 결론 내렸다.[49]

사람들은 그들의 구원을 위해 자신의 생명을 희생시킬 만큼 그들을 돌보신 하나님을 위해 죽을 각오가 되어 있었다. 최근 연구에서 브래드 그레고리(Brad Gregory)는 왜 사람들이 고난을 당하고 끔찍한 죽음을 죽었는지를 설명하기 위해 현대 이론과 믿음들을 적용하기보다, 16세기 상황에서 순교자들을 이해하려 했다. 그의 말에 의하면, "순교의 행동은, 자신의 신념을 위해 죽을 각오가 되어있는 사람들의 입장에 근거하여 종교를 심각하게 여기지 않는다면 아무런 의미를 발견할 수 없다." 그는 다음과 같이 지적한다.

> 16세기에 그리스도인들의 죽음에 대한 각오는 형태와 내용에 있어서 개신교, 재세례파, 그리고 로마 가톨릭 순교자들에 의해 공유된다. 믿음과 성경은 그리스도인의 삶을 모든 세 가지 전통에 기초하게 했다…. 무엇보다 순교자들은 성경을 통해 하나님께서 그들에게 말씀하셨다고 믿었다…. 하나님의 말씀은 그 목적을 달성했고, 그리스도께서는 그것들을 떠받치셨다. 이런 점들에 있어서 현대 크리스천 순교자들은 상당히 유사하다. 그러나 그들이 속한 믿음의 공동체들은 동시에 깊이 분열되었다. 순교자들은 그리스도를 향한 그들의 충성으로 죽었으나, 그들은 그리스도인이 되는 것이 무엇을 의미하는지에 대해서는 동의하지 못했다. 그들은 하나님의 진리를 위해 죽었으나, 그들은 하나님의 진리가 무엇인지에 대해서는 논쟁했다.[50]

슬프게도, 이것은 우리에게 종교개혁의 부정적인 면을 상기시킨다. 순교자들의 놀라운 신앙적 헌신과 함께 그들의 순교에 책임이 있는 자들의 두려움과 증오가 있기 때문이다. 이런 말이 있다. "하나의 종교적 풍경 내에 매우 모순적인 운동들이 공존할 수 있다. 빛과 자유의 형상이 영혼의 가장 어두운 밤과 교대한다."[51] 종교개혁자들은 어두움이 악, 죽음, 그리고 죄로부터의 자유를 동반한 것에 놀라지 않았을 것이다. 그것은 종교개혁 신학이 가르쳤던 것이기 때문이다. 종교개혁 신학은 또한 인간의 본질에 대한 교리를 포함했다. 그것은 인간의 역사에 걸쳐 그들의 행위로 입증되었고 나타난 투쟁들에 대해 책임이 있다. 역사가들은 종교개혁의 이야기를 한쪽으로 치우쳐진 방식으로 제시하여 그 투쟁에 기여했다. 우리는 선전 역사기술을 넘어 가기를 바라고, 오늘 우리의 종교개혁 연구는 차이점들을 강조하기 보다는 이해하도록 도울 수 있기를 소망한다. 우리는 마지막 말을 위해 다시 딕킨스로 돌아간다. 그는 일상적인 균형 잡힌 방식으로 무엇이 모든 종교개혁 역사가들의 목표가 되어야하는지 묘사했다. 이것이 우리가 이 연구에서 이루려고 노력했던 것이다.

> 만일 크리스천 역사가가 종교개혁 연구에서 실제의 목표를 마음에 품는다면, 그는 동정과 냉정한 현실주의의 타당한 배합으로 종교개혁 역사를 설명하여, 적어도 일부 옛 불화를 종식시키는 것을 정당하게 바랄 수 있다. 또한 그렇게 함으로, 최초의 논쟁과 관련된 어느 쪽도 덕과 분별력을 갖지 못하거나 믿음 안에서 사랑과 이해 같은 것을 가지지 못했던 것과는 달리, 그는 명백한 진리를 확연히 드러나게 할 수 있다.[52]

연대표(Time Line)

연도	주요사건
1302-1303	교황 보니파세 8세(1294-1303)가 교회와 국가에 교황 수위권을 주장하는 교황칙령 '우남 상툼'을 공포함
1304-1374	프란체스코 페트락, 이태리 시인
1309-1377	교황청이 "바벨론 유수" 기간 동안 아비뇽으로 이동
ca. 1330-1384	존 위클리프, 영국 개혁자
1337-1453	영국과 프랑스의 100년 전쟁
1348-1351	흑사병이 유럽을 휩쓸음
1373-1415	존 후스, 보헤미안 개혁자
1378-1417	2명과 3명의 동시 교황 사이의 대분열("서방 분열")
1414-1418	콘스탄스 종교회의가 교황 분열을 종식시키고 후스를 정죄함
1438	'부르쥬의 실용적 재가'가 프랑스에서 교황청의 권세를 축소함
1452-1519	레오나르도 다 빈치, 이태리 화가 및 발명가
1453	콘스탄티노플이 투르크족에 함락
1455-1485	영국의 장미 전쟁
1467-1536	로테르담의 에라스무스, 네덜란드 크리스천 인문주의자
1471-1528	알브렉트 뒤러, 독일 예술가
1483-1546	마틴 루터, 독일 종교개혁자
1485-1531	울리히 츠빙글리, 스위스 종교개혁자

1489-1556	토마스 크랜머, 캔터베리 대주교 및 영국 종교개혁자
1491-1556	이그나시우스 로욜라, 스페인 개혁자 및 예수회 창설자
1492-1503	교황 알렉산더 6세 (로드리고 보르기아)
1496-1561	메노 시몬스, 과격파 개혁자, 메노나이츠의 창설자
1497-1543	한스 홀바인, 독일 화가
1498?-1526	콘라드 그레벨, 스위스 과격파 개혁자
1505	루터가 어거스티니안 수도원에 들어감
1505/15-1572	존 낙스, 스코틀랜드 개혁자
1506	로마 성 베드로 성당의 재건축 시작함
1508-1512	미켈란젤로가 로마의 시스틴 채플에 프레스코를 그림
1509	영국의 헨리 8세(1509-1547)가 아라곤의 캐서린과 결혼함
1509-1564	존 칼빈, 프랑스 종교개혁자
1512-1517	로마의 제5차 라테란 종교회의
1515	교황 레오 10세(1513-1521)가 성 베드로 성당의 재건축의 재정을 마련하기 위해 전면고해를 공포함
1516	영국 헨리 8세의 첫 자녀, 메리 튜더가 출생함 볼로나 협약이 프랑스 왕에게 교황과 상관없이 모든 감독을 임명할 수 있는 권한을 부여함 에라스무스의 헬라어 신약성경이 출판됨
1517	루터의 『95개 논제』가 나옴
1519	라이프치히 논쟁에서 루터가 에크와 논쟁을 가짐 찰스 5세(1500-1558)가 신성로마제국 황제로 선출됨 츠빙글리가 취리히에서 설교를 시작함
1520	루터가 세 개의 종교개혁 논문을 출판함 교황 레오 10세가 '엑수르게 도미네' 칙령으로 루터를 파문함
1521	루터가 보름즈 회의에서 입장철회를 거부함 헨리 8세가 루터를 반대하며 '아쎄르티오 셉템 사크라멘토룸'을 출판함

1522	루터의 헬라어 신약성경이 출판됨 루터가 비텐베르그 문제를 다루기 위해 바르트부르그 성에서 돌아옴
1524	마틴 부처(1491-1551)가 스트라스부르그로 옴 에라스무스가 루터에 대항하여 '디아트리베' 또는 『자유의지에 관한 설교』를 출판함
1525	독일의 농노 반란 루터가 캐서린 폰 보라와 결혼함 루터가 『노예의지』논문으로 에라스무스에 반응함
1527	로마의 약탈 재세례파 펠릭스 만츠가 취리히에서 처형됨 헨리 8세가 아라곤의 캐서린과의 결혼을 무효화하려고 시작함
1529	루터와 츠빙글리가 마르부르그 회담에서 성만찬 동의에 실패함 두번째 스파이어 회담에서 "프로테스테이션"--그래서 '프로테스탄트' 용어 헨리 8세가 영국에서 종교개혁 의회를 소집함 바젤의 종교개혁이 완성됨 스트라스부르그에서 미사가 폐지됨
1530	아우그스부르그 신조, 루터교의 첫 번째 공식 신앙 진술
1531	토마스 빌니(ca. 1495-1531)가 이신칭의 교리를 가르침으로 영국에서 처형됨 츠빙글리가 두 번째 카펠 전투에서 전사함 루터교 군주들의 슈말칼딕 연합체 결성
1533	크랜머가 캔터베리의 대주교로 임명 캐서린과 헨리 8세의 결혼이 무효화됨; 그는 앤 볼레인(1507-1536)과 결혼함; 딸 엘리자베스 튜더 출생
1534	헨리 8세가 수장령에 의해 영국교회의 수장으로 선언됨
1534-1535	뮌스터에 재세례파 왕국
1535	존 피셔와 토마스 모어 경이 영국에서 처형됨
1536	작은 영국 수도원들이 억압됨 앤 볼레인이 처형됨 헨리 8세가 제인 시모어와 결혼함

	부처와 루터교도들이 비텐베르그 화합에서 성찬에 동의함 덴마크와 노르웨이에서 종교개혁 칼빈의 『기독교강요』 첫 판 윌리암 틴데일(b.1494)이 처형됨
1536-1538	제네바에서 칼빈의 첫 사역 시기
1537	교황개혁위원회의 보고 슈말칼딕 조항이 루터교 신앙을 요약함 바울 3세(1534-1549)가 교황 칙령 '수블리미스 데우스'를 공포함
1538-1541	칼빈의 스트라스부르그 시절
1539	영국의 6개 조항이 가톨릭 교리로의 환원을 표시함 큰 영국 수도원들이 억압됨
1540	교황 바울 3세가 예수회를 재가함
1541	레겐스부르그(라티스본) 회담이 개신교도들과 가톨릭교도들 사이의 분열을 치유하지 못함 칼빈이 제네바로 귀환
1542	프란시스 싸비에르(1506-1552)가 고아 인디아에 도착하여 선교를 시작
1545-1547	트렌트 종교회의의 첫 모임
1546	스코틀랜드 개혁자 조지 위스하트(b. ca. 1513)가 화형 당함
1547	슈말칼딕 전쟁: 루터교도들이 뮬베르그 전투에서 패배함
1547	에드워드 6세가 영국에서 통치(1553까지) 6개 조항 폐지됨 이태리 시인 비토리아 콜로나(b. 1490) 죽음
1548-1552	아우그스부르그 잠정협정이 신성로마제국에 가톨릭주의를 재부과 시도함
1549	칼빈과 불링거(1504-1574) 사이에 '콘센수스 티구리누스' 합의 첫 영국 기도서 출판됨 싸비에르가 일본에 도착
1551-1552	트렌트 종교회의의 두 번째 모임
1552	두번째 영국 기도서 출판됨

	바톨로메 데 라스 카사스(1474-1566)가 원주민 아메리칸들에 대해 감행된 끔찍한 잔학행위를 묘사하는 『인도의 파괴에 대한 짧은 설명』을 출판함
1553	반삼위일체주의자 미카엘 세르베투스(b. 1511)가 제네바에서 처형됨
1553	메리 튜더가 영국에서 통치함 (1558까지) 에드워드 종교개혁이 영국에서 폐지됨
1555	독일의 아우그스부르그 평화조약이 첫 종교전쟁을 종식시킴 요한 슬라이단이 종교개혁 첫 역사, 『찰스 5세 통치의 종교와 국가에 대한 해설』을 출판함
1555-1558	영국에서 메리의 핍박; 토마스 크랜머가 1556에 처형됨
1558	존 낙스가 『여자의 괴물같은 통치에 대항하는 트럼펫의 첫 나팔』을 출판함
1558	엘리자베스 1세가 영국을 통치함 (1603까지) 메리의 가톨릭 입법 폐지됨 수장령이 엘리자베스를 "영국 교회의 최고 통치자"로 선언함 통일령이 1558 기도서를 예배의 공식 형태로 제정함
1559	칼빈의 『기독교강요』의 마지막 판 낙스가 스코틀랜드로 돌아옴
1560	프랑스의 첫 관용 칙령
1561	프랑스의 포이씨 회담이 로마 가톨릭교도들과 개혁주의 지도자들을 소집함 개혁주의 신앙의 벨기에 신조
1561-1563	트렌트 종교회의의 세 번째 모임
1562	아빌라의 테레사(1515-1582)가 아빌라에 개혁 수녀원을 창설함 캐서린 젤 (b. 1497)이 사망
1562-1598	프랑스의 종교전쟁
1563	영국교회가 39개 조항을 공표함
1564	칼빈 사망 '공동예배서'가 스코틀랜드의 공식 예배서로 채택됨

1564-1616	윌리암 쉐익스피어, 영국 극작가 및 시인
1566	대주교 파커가 영국 성직복을 규제하는 '공시'를 공포함
1567	메리 스튜어트 ("스코틀랜드의 여왕")가 영국으로 도주함
1568	윌리암 알렌(1532-1594)이 영국 가톨릭교도들을 섬기는 사제들을 훈련시키기 위해 도우나이에 신학교를 설립함
1568-1648	네덜란드 종교전쟁
1572	프랑스의 성 바톨로메유 날 학살 존 낙스 사망
1574	영국 청교도, 월터 트레버스(1548-1635)가 장로교주의를 묘사하는 『교회 치리에 대한 충분하고 명료한 선언』을 출판함
1575	에드먼드 그린달(1519?-1583)이 캔터베리의 대주교가 됨
1577	그린달이 청교도 "예언운동"의 억압 거부로 대주교 직위 중지됨
1578	스코틀랜드의 두 번째 치리문서
1580	화합신조가 대부분의 독일 루터교도들을 연합함 미셸 데 몬테인 (1533-1592)이 『에세이』를 출판함
1581	네덜란드의 복부 지방 국회가 스페인으로부터 독립을 선언함
1583	이태리 예수회 회원, 마테오 리치(1552-1610)가 중국 입국 허가를 받음
1583-1605	예수회 '리덕션스'가 오늘날의 파라구아이에 설립됨
1584	오렌지의 윌리암(b. 1533)이 네덜란드에서 암살됨
1586	몬트벨리아드 회담이 루터교도와 개혁주의자들의 연합에 실패함
1587	메리 스튜어트 처형됨
1588	스페인 함대가 영국 침공에 실패 첫 "마틴 마프리레이트" 책자가 영국에서 출판됨
1595-1596	브레스트-리토브스크 연합이 러시아에 유니아테 교회를 설립함
1598	낭뜨 칙령이 프랑스 위그노에게 파리 밖에서 관용과 정치적 및 군사적 권한을 부여함

1599	인도의 디암퍼 종교회의가 인도 교회의 독립을 종식시킴
1603-1625	영국에 제임스 1세의 통치
1605	이태리 예수회 회원, 로베르트 데 노빌리가 인도에 도착하여 선교를 시작함
1608-1674	존 밀톤, 영국 청교도 시인
1609	12년 평화조약이 베네룩스를 가톨릭 남부 지역과 개신교 북부 지역으로 분리함
1610	프랑스의 앙리 4세가 암살됨
1618-1619	네덜란드의 도르트(도르트렉트) 종교회의가 알미니안주의를 거부함
1618-1648	독일의 30년 전쟁
1620	"개신교 총대주교," 씨릴 루카리스(1572-1638)가 콘스탄티노플의 총대주교로 임명됨
1623-1662	블레이즈 파스칼, 프랑스 종교 사상가
1625-1649	영국에 찰스 1세의 통치
1627	알렉산드라 데 로데스(1591-1660)가 베트남에 도착하여 선교 시작
1631	스웨덴 왕 구스타부스 아돌푸스(1594-1632)가 브라이텐펠트 전투에서 가톨릭을 무찌르고 30년 전쟁에서 개신교 대의를 구원함
1633	갈릴레오 갈릴레이(1564-1642)가 코페르니칸 이론을 제창하여 종교재판소에 호출됨
1637	프랑스 철학자, 르네 데카르트(1596-1640)가 『방법에 대한 논문』을 출판함
1640	프랑스 가톨릭, 코넬리우스 얀센(1585-1638)이 『어거스티누스』를 출판함
1642-1649	영국 내전
1643	웨스트민스터 회의가 모임을 시작함
1646	존 엘리오트(1604-1690)가 원주민 아메리칸들 사이에서 사역을 시작
1648	웨스트팔리아 평화조약이 30년 전쟁을 종식시킴

1649	영국의 찰스 1세 처형
1656	파스칼의 『대교구 편지』가 예수회 회원들을 조롱하고 얀센주의자들을 수호함
1658	영국의 호국경, 올리버 크롬웰(b. 1599)의 사망
1660	영국의 찰스 2세(1660-1685)의 복귀

추가도서 소개

Writing the History of the Reformation

Historiography and Bibliography

Dickens, A. G., and John M. Tonkin, with Kenneth Powell. *The Reformation in Historical Thought*. Cambridge: Harvard University Press, 1985. Survey of historical writing about the Reformation.

Maltby, William S., ed. *Reformation Europe: A Guide to Research*, vol. 2. St. Louis: Center for Reformation Research, 1992.

Ozment, Steven, ed. *Reformation Europe: A Guide to Research*. St. Louis: Center for Reformation Research, 1982.

Maltby and Ozment contain bibliographical essays on various Reformation topics that provide an introduction to changing interpretations within the field of study.

Survey Texts

Brady, T. A., Heiko A. Oberman, and James D. Tracy, eds. *Handbook of European History 1400–1600*. 2 vols. New York: E. J. Brill, 1994–1995. Chapters are written by specialists in their areas who introduce the reader to some of the more recent interpretations.

Cameron, Euan. *The European Reformation*. Oxford: Clarendon Press, 1991.

Grimm, Harold J. *The Reformation Era 1500–1650*. 2nd ed. New York: Macmillan, 1973. Standard Reformation textbook for decades after it was first published in 1954, which continues to be a useful source of factual information.

Lindberg, Carter. *The European Reformations*. Oxford: Blackwell, 1996.

MacCulloch, Diarmaid. *Reformation: Europe's House Divided 1490–1700*. London: Allen Lane, 2003; New York: Viking Books, 2004.

Pettegree, Andrew. *Europe in the Sixteenth Century*. Oxford: Blackwell, 2002.

———, ed. *The Reformation World*. London: Routledge, 2000. Includes articles by specialists on a variety of topics including culture.

Tracy, James D. *Europe's Reformations 1450–1650*. Lanham, MD: Rowman & Littlefield, 1999.

Wallace, Peter. *The Long European Reformation: Religion, Political Conflict and the Search for Conformity 1350–1750*. Basingstoke, U.K.: Palgrave, 2004.

Reformation Theology

George, Timothy. *Theology of the Reformers*. Nashville: Broadman Press, 1988.

McGrath, Alister E. *Reformation Thought: An Introduction*. 3rd ed. Oxford: Blackwell, 1999.

Reardon, Bernard M. G. *Religious Thought in the Reformation*. 2nd ed. London: Longmans, 1995.

Primary Source Collections

Hillerbrand, Hans J., ed. *The Reformation: A Narrative History Related by Contemporary Observers and Participants*. New York: Harper and Row, 1964.

Janz, Denis R., ed. *A Reformation Reader*. Minneapolis: Augsburg Fortress, 1999.

Lindberg, Carter, ed. *The European Reformations Sourcebook*. Oxford: Blackwell, 2000.

Naphy, William G., ed. *Documents on the Continental Reformation*. London: Macmillan, 1996.

Noll, Mark A., ed. *Confessions and Catechisms of the Reformation*. Leicester, U.K.: Apollos, 1991.

Chapter 1

Primary Sources

Moriarty, Catherine, ed. *The Voice of the Middle Ages in Personal Letters 1100–1500*. New York: Peter Bedrick Books, 1989.

Strauss, Gerard, ed. *Manifestations of Discontent in Germany on the Eve of the Reformation*. Bloomington, IN: Indiana University Press, 1972. Collection of documents illustrating the grievances of all classes in Germany in the late Middle Ages.

Secondary Works

Allmand, Christopher, ed. *The New Cambridge Medieval History*. Vol. 3, 1415–ca.1500. Cambridge: Cambridge University Press, 1998. New edition that reflects the revisionist interpretations of the late Middle Ages viewing it as period of "innovation and development" rather than "doubt, decline, and division."

Aston, Margaret. *The Fifteenth Century: The Prospect of Europe*. New York: Harcourt Brace, 1968.

Brown, Peter. *Church and Society in England 1000–1500*. New York: Palgrave Macmillan, 2003.

Cohn, Samuel K., Jr. *The Black Death Transformed: Disease and Culture in Early Renaissance Europe*. London: Arnold 2002. Claims that the Black Death was not the bubonic plague.

Dykema, Peter A., and Heiko A. Oberman, eds. *Anticlericalism in Late Medieval and Early Modern Europe*. Leiden, Netherlands: E. J. Brill, 1993.

Ferguson, Wallace K. *The Renaissance in Historical Thought: Five Centuries of Interpretation*. Cambridge, MA: Houghton Mifflin, 1948. Survey of interpretations of the Renaissance.

Hale, John. *The Civilization of Europe in the Renaissance*. New York: Atheneum, 1994.

Huizinga, Johan. *The Waning of the Middle Ages*. London: Penguin; Garden City: Doubleday Anchor, 1955. Classic work that paints a very bleak picture of late Middle Ages.

Kristeller, Paul O. *Renaissance Thought and Its Sources*. Edited by Michael Mooney. New York: Columbia University Press, 1979.

Le Goff, Jacques. *Medieval Civilisation 400–1500*. Oxford: Blackwell, 1988.

Lynch, Joseph H. *The Medieval Church: A Brief History*. London: Longman, 1992.

Oberman, Heiko A. *The Harvest of Medieval Theology: Gabriel Biel and Late Medieval Nominalism*. Cambridge, MA: Harvard University Press, 1963.

———, ed. *The Reformation in Medieval Perspective*. Chicago: Quadrangle Books, 1971. Collection of essays by different scholars on late medieval religion.

Sumption, Jonathan. *Pilgrimage: An Image of Mediaeval Religion*. London: Faber; Totowa, NJ: Rowman and Littlefield, 1975.

Tuchman, Barbara W. *A Distant Mirror: The Calamitous 14th Century*. New York: Knopf, 1978. Very readable popular work that, as the title suggests, views the late Middle Ages as a period of unmitigated disaster.

Waley, Daniel. *Later Medieval Europe from Saint Louis to Luther*. London and New York: Longmans, 1964.

Chapter 2

Primary Sources

Crowder, C. M. D., ed. *Unity Heresy and Reform 1378–1460: The Conciliar Response to the Great Schism*. New York: Palgrave Macmillan, 1977. English translations of conciliar documents.

Olin, John C., ed. *Christian Humanism and the Reformation: Selected Writings*. New York: Harper, 1965.

Secondary Works

Augustijn, Cornelis. *Erasmus: His Life, Works and Influence*. Translated by C. G. Gayson. Toronto: University of Toronto Press, 1991. One of the best comprehensive recent biographies.

Duffy, Eamon. *Saints and Sinners: A History of the Popes*. New Haven, CT: Yale University Press, 1997.

———. *The Stripping of the Altars: Traditional Religion in England 1400–ca.1580*. New Haven, CT: Yale University Press, 1992. Detailed work that portrays late medieval religion in a very positive way as both healthy and popular.

Fudge, Thomas A. *The Magnificent Ride: The First Reformation in Hussite Bohemia*. Aldershot, U.K.: Ashgate, 1998.

Goodman, Anthony, and Angus MacKay, ed. *The Impact of Humanism on Western Europe*. London: Longman, 1990. Twelve essays that provide a good introduction to the subject.

Jansen, Katherine L. *The Making of the Magdalen: Preaching and Popular Devotion in the Later Middle Ages*. Princeton, NJ: Princeton University Press, 2000. Studies the cult of Mary Magdalen, which provides insight into popular devotion in the late Middle Ages.

Kirk, James, ed. *Humanism and Reform: The Church in Europe, England and Scotland 1400–1643*. Woodbridge, U.K.: Boydell and Brewer, 1997.

Lambert, Malcolm D. *Medieval Heresy: Popular Movements from the Gregorian Reform to the Reformation*. 3rd ed. Oxford: Blackwell, 2003. New edition of what has long been a standard study.

Leff, Gordon A. *Heresy in the Later Middle Ages*. 2 vols. Manchester, U.K.: Manchester University Press, 1967.

McConica, James. *Erasmus*. Oxford: Oxford University Press, 1991.

Mollat, G. *The Popes at Avignon 1305–1378*. London: Nelson, 1963.

Oakley, Francis. *The Western Church in the Later Middle Ages*. Ithaca, NY: Cornell University Press, 1979. One of the early revisionist works presenting a positive view of the late medieval church.

Ozment, Steve. *The Age of Reform 1250–1550*. New Haven, CT: Yale University Press, 1980.

Scribner, R. W. *The German Reformation*. Atlantic Highlands, NJ: Humanities Press, 1986. Brief revisionist study that has a very useful analysis of late medieval religion.

Shaw, Christine. *Julius II: The Warrior Pope*. Oxford: Blackwell, 1993.

Stump, Phillip H. *The Reforms of the Council of Constance*. Leiden, Netherlands: E. J. Brill, 1994. Excellent recent work on the most important of the councils.

Swanson, R. W. *Religion and Devotion in Europe ca.1215–ca.1515*. Cambridge: Cambridge University Press, 1995.

Tentler, Thomas N. *Sin and Confession on the Eve of the Reformation*. Princeton, NJ: Princeton University Press, 1977.

Thomson, John A. F. *Popes and Princes 1415–1517: Politics and Polity in the Late Medieval Church*. London: Allen & Unwin, 1980.

Tierney, Brian. *Foundations of the Conciliar Theory*. Cambridge: Cambridge University Press, 1968.

Chapter 3

Primary Sources

Dillenberger, John, ed. *Martin Luther: Selections from His Writings*. New York: Doubleday, 1961.

Pelikan, Jaroslav, and H. T. Lehmann, eds. *Luther's Works*. 55 vols. St. Louis: Concordia, 1955–1975. The most complete English translation, including excellent introductions.

Rupp, E. G., and B. Drewery, eds. *Martin Luther*. London: Edward Arnold, 1970. Very useful selections from a variety of documents including letters.

Secondary Works

Althaus, P. *The Theology of Martin Luther*. Translated by Robert C. Schultz. Philadelphia: Fortress, 1966.

Atkinson, James. *The Trial of Luther*. London: Batsford, 1971.

Bagchi, D. V. N. *Luther's Earliest Opponents: Catholic Controversialists 1518–1525*. Minneapolis: Fortress, 1991.

Bainton, Roland H. *Here I Stand: A Life of Martin Luther*. New York: Abingdon Press, 1950. Brilliantly written study that was a best seller when first published and remains a classic study.

Brecht, Martin. *Martin Luther*. 3 vols. Translated by James L. Schaaf. Minneapolis: Fortress, 1985–1993. Best recent biography. A remarkable work that incorporates a vast amount of new Luther research.

Edwards, Mark. *Printing, Propaganda and Martin Luther*. Berkeley: University of California Press, 1994.

Erikson, Erik H. *Young Man Luther*. New York: Norton, 1962. Psychohistorical study. Useful primary text for illustrating this questionable method.

Hendrix, Scott H. *Luther and the Papacy: Stages in a Reformation Conflict*. Philadelphia: Fortress, 1981.

Iserloh, Erwin. *The Theses Were Not Posted: Luther between Reform and Reformation*. Translated by Jared Wicks. Boston: Beacon, 1968.

Kittelson, James M. *Luther the Reformer: The Story of the Man and His Career*. Leicester, U.K.: InterVarsity Press; Minneapolis: Augsburg, 1989. Well-written short biography very favorable to Luther.

Loewenich, Walther von. *Martin Luther: The Man and His Work*. Minneapolis: Augsburg, 1982.

Lohse, Bernhard. *Martin Luther's Theology: Its Historical and Systematic Development*. Translated by Roy A. Harrisville. Minneapolis: Fortress, 1999.

MacDonald, Stewart. *Charles V: Ruler, Dynast and Defender of the Faith 1500–1558*. London: Hodder & Stoughton, 1992.

Marius, Richard. *Martin Luther: The Christian between God and Death*. Cambridge, MA: Belknap Press, 1999. One of most recent biographies. Interpretations are at times questionable.

Oberman, Heiko A. *Luther: Man between God and the Devil*. Translated by Eileen Walliser-Schwarzbart. New Haven, CT: Yale University Press, 1989. One of the best publications of the Luther quincentenary.

Rupp, Gordon. *Luther's Progress to the Diet of Worms*. New York: Harper and Row, 1964. Short study by one of the great Reformation scholars of our age.

Schwiebert, E. G. *Luther and His Times*. St. Louis: Concordia, 1950. Older work, but still very valuable, which stresses role of University of Wittenberg in spread of the Reformation.

Steinmetz, David C. *Luther in Context*. Bloomington, IN: Indiana University Press, 1986. Excellent series of essays on aspects of Luther's theology.

Yule, George, ed. *Luther: Theologian for Catholics and Protestants*. Edinburgh: T & T Clark, 1985. Collection of essays by well-known Protestant and Catholic scholars exploring the relationship between the teachings of Luther and Catholicism.

Chapter 4

Primary Sources

Lund, Eric, ed. *Documents from the History of Lutheranism*. Minneapolis: Fortress, 2002. Good selection of documents illustrating transition from Luther to Lutheranism.

Scott, Tom, and Robert W. Scribner, ed. and trans. *The German Peasants' War: A History in Documents*. Atlantic Highlands, NJ: Humanities Press, 1991. Documents collection with excellent, detailed introductions.

Vandiver, Elizabeth, Ralph Keen, and Thomas D. Frazel, eds. *Luther's Lives: Two Contemporary Accounts of Martin Luther*. Manchester, U.K.: Manchester University

Press, 2002. English editions of Luther's earliest biographies by Melanchthon and Cochlaeus.

Secondary Works

Blickle, Peter. *The Revolution of 1525: The German Peasants' War from a New Perspective*. Translated by Thomas A. Brady Jr. and H. C. Erik Midelford. Baltimore: Johns Hopkins University Press, 1981.

Bluhm, Heinz. *Martin Luther, Creative Translator*. St. Louis: Concordia, 1965.

Bornkamm, Heinrich. *Luther in Mid Career 1521–1530*. Translated by Theodore Backmann. Philadelphia: Fortress, 1983.

Brecht, Martin. *Martin Luther*. 3 vols. Minneapolis: Fortress, 1985–1993.

Dixon, C. Scott. *The Reformation in Germany*. Oxford: Blackwell, 2002.

Ebeling, Gerhard. *Luther: An Introduction to His Thought*. Translated by R. A. Wilson. Philadelphia: Fortress, 1970.

Edwards, Mark U. *Luther's Last Battles: Politics and Polemics 1531–46*. Ithaca, NY: Cornell University Press, 1983.

———. *Luther and the False Brethren*. Stanford, CA: Stanford University Press, 1975.

Grell, Ole Peter, ed. *The Scandinavian Reformation: From Evangelical Movement to Institutionalisation of Reform*. Cambridge: Cambridge University Press, 1995.

Gritsch, Eric W. *A History of Lutheranism*. Minneapolis: Fortress, 2002.

Haile, H. G. *Luther: An Experiment in Biography*. New York: Doubleday, 1980.

Höpfl, Harro, ed. *Luther and Calvin on Secular Authority*. Cambridge: Cambridge University Press, 1991.

Janz, Denis R., ed. *A Reformation Reader*. Minneapolis: Augsburg Fortress, 1999.

Kolb, Robert. *Martin Luther as Prophet, Teacher and Hero: Images of the Reformer 1520–1620*. Grand Rapids: Baker Books, 1999. Traces impact of images of Luther on Lutheranism.

Lohse, Bernhard. *Martin Luther: An Introduction to His Life and Work*. Philadelphia: Fortress, 1980. Includes a good discussion of Luther interpretation and sources.

Maurer, Wilhelm. *Historical Commentary on the Augsburg Confession*. Translated by H. George Anderson. Philadelphia: Fortress, 1986.

Ozment, Steven E. *Protestants: The Birth of a Revolution*. New York: Doubleday, 1992.

———. *When Fathers Ruled: Family Life in Reformation Europe*. Cambridge: Harvard University Press, 1983.

Scribner, Robert W. *Popular Culture and Popular Movements in Reformation Germany*. London: Hambledon, 1987. Traces relationship between Luther, lay piety, and German culture.

Tjernagel, Neelak S. *Martin Luther and the Jewish People*. Milwaukee: Northwestern, 1985. Traces and attempts to explain the changes in Luther's attitude toward the Jews.

Tracy, James D., ed. *Luther and the Modern State in Germany*. Kirksville, MO: Sixteenth Century Publishers, 1986. Contains articles that deal with the relationship between Lutheran movement and German territorial state.

Chapter 5

Primary Sources

Bromiley, G. W. *Zwingli and Bullinger*. Philadelphia: Westminster Press, 1979.

Furcha, Edward J., and H. Wayne Pipkin, eds. *Huldrych Zwingli: Writings*. 2 vols. Alison Park, PA: Pickwick, 1984. Best translation of Zwingli's major works into English.

Potter, G. R., ed. *Huldrych Zwingli*. London: Edward Arnold, 1978.

Secondary Works

Baker, J. Wayne. *Heinrich Bullinger and the Covenant: The Other Reformed Tradition*. Athens, OH: Ohio University Press, 1980. Major study of Bullinger's theology in English.

Biel, Pamela. *Doorkeepers at the House of Righteousness: Heinrich Bullinger and the Zurich Clergy 1535–75*. Berne, Switzerland: Lang, 1990.

Brady, Thomas A. *Ruling Class, Regime and Reformation at Strasbourg 1520–1555*. Leiden, Netherlands: E. J. Brill, 1978.

Brecht, Martin. *Martin Luther*. 3 vols. Minneapolis: Fortress, 1985–1993.

Chrisman, Miriam U. *Lay Culture, Learned Culture: Books and Social Change in Strasbourg, 1480–1599*. New Haven, CT: Yale University Press, 1982.

Eells, Hastings. *Martin Bucer*. New York: Russell & Russell, 1971. Comprehensive biography in English. Although somewhat dated as it was first published in 1931, still very useful.

Farner, Oskar. *Zwingli the Reformer: His Life and Work*. Translated by D. G. Sear. Hamden, CT: Shoe String Press, 1967. Brief and very sympathetic biography.

Gäbler, Ulrich. *Huldrych Zwingli: His Life and Work*. Translated by Ruth Gritsch. Philadelphia: Fortress, 1986. More critical biography.

Gordon, Bruce. *The Swiss Reformation*. Manchester, U.K.: Manchester University Press, 2002.

Greschat, Martin. *Martin Bucer: A Reformer and His Times*. Translated by Stephen E. Buckwalter. Philadelphia: Westminster John Knox Press, 2004.

Locher, Gottfried W. *Zwingli's Thought: New Perspectives*. Leiden, Netherlands: E. J. Brill, 1981.

McGrath, Alister E. *Iustitia Dei: A History of the Christian Doctrine of Justification*. 2 vols. Cambridge: Cambridge University Press, 1986. Most comprehensive study of central Reformation doctrine.

Moeller, Bernd. *Imperial Cities and the Reformation: Three Essays*. Philadelphia: Fortress, 1972. Contains his classic essay on imperial cities and the Reformation.

Nicholas, David. *Urban Europe 1100–1700*. New York: Palgrave Macmillan, 2003.

Ozment, Steven E. *The Reformation in the Cities*. New Haven, CT: Yale University Press, 1975. Offers a different perspective from Moeller.

Potter, G. R. *Zwingli*. Cambridge: Cambridge University Press, 1977. Standard biography in English.

Stephens, W. P. *The Theology of Huldrych Zwingli*. Oxford: Oxford University Press, 1986.

———. *Zwingli: An Introduction to His Thought*. Oxford: Oxford University Press, 1992. Best studies of Zwingli's theology. Second work is a shorter version of the first.

Walton, R. C. *Zwingli's Theocracy*. Toronto: University of Toronto Press, 1967. Explores political ramifications of Zwingli's thought.

Wandel, Lee Palmer. *Voracious Idols and Violent Hands: Iconoclasm in Reformation Zurich, Strasbourg and Basel*. Cambridge: Cambridge University Press, 1995.

Wright, David F., ed. *Martin Bucer: Reforming Church and Community*. Cambridge: Cambridge University Press, 1994.

Chapter 6

Primary Sources

Baylor, M. G., ed. *The Radical Reformation*. Cambridge: Cambridge University Press, 1991.

Harder, Leland. *The Sources of Swiss Anabaptism: The Grebel Letters and Related Documents*. Scottdale, PA: Herald Press, 1985.

Klaassen, Walter, ed. *Anabaptism in Outline: Selected Primary Sources*. Waterloo, Ontario: Herald Press, 1981.

Liechty, Daniel. *Early Anabaptist Spirituality: Selected Writings*. New York: Paulist Press, 1994.

Secondary Works

Bender, Harold S. *Conrad Grebel, 1498–1526: Founder of the Swiss Brethren, Sometimes Called Anabaptists*. Scottdale, PA: Herald Press, 1971. Reprint of classic work by one of the best-known Mennonite scholars.

Clasen, Claus Peter. *Anabaptism: A Social History, 1525–1618*. Ithaca, NY: Cornell University Press, 1972.

Deppermann, Klaus. *Melchior Hofmann: Social Unrest and Apocalyptic Visions in the Age of the Reformation*. Translated by Malcolm Wren. Edinburgh: T & T Clark, 1987.

Goertz, Hans-Jürgen, ed. *The Anabaptists*. Translated by Trevor Johnson. London: Routledge, 1996. Provides a summary of new approaches to the study of the Radical Reformation.

———. *Profiles of Radical Reformers*. Kitchener, Ontario: Herald Press, 1982.

Gritsch, E. W. *Thomas Müntzer: A Tragedy of Errors*. Minneapolis: Fortress, 1989.

Hillerbrand, Hans, ed. *Radical Tendencies in the Reformation: Divergent Perspectives*. Kirksville, MO: Sixteenth Century Journal Publishers, 1986.

Littell, Franklin H. *The Anabaptist View of the Church*. 2nd ed. Boston: Star King Press, 1958. Classic work that reflects Free Church historiography.

Packull, Werner O., and Geoffrey L. Dipple, eds. *Radical Reformation Studies*. Aldershot, U.K.: Ashgate, 1999. Collection of essays by some of major scholars in Anabaptist studies, introducing recent research.

Rempel, John D. *The Lord's Supper in Anabaptism: A Study in the Christology of Balthasar Hubmaier, Pilgram Marpeck and Dirk Philips*. Waterloo, Ontario: Herald Press, 1993.

Scott, Tom. *Thomas Müntzer: Theology and Revolution in the German Reformation*. New York: St. Martins, 1989.

Snyder, C. Arnold. *Anabaptist History and Theology: An Introduction*. Kitchener, Ontario: Herald Press, 1995.

Stayer, James M. *Anabaptists and the Sword*. Lawrence, KS: Coronado, 1972.

———. *The German Peasants War and the Anabaptist Community of Goods*. Montreal: McGill-Queen's University Press, 1991. Stayer is one of the most important scholars in the redefinition of Anabaptism.

Weaver, J. Denny. *Becoming Anabaptist: The Origin and Significance of Sixteenth-Century Anabaptism*. Scottdale, PA: Herald Press, 1987.

Williams, George H. *The Radical Reformation*. 3rd ed. Kirksville, MO: Sixteenth Century Journal Publishers, 1992. Massive work that remains indispensable for Anabaptist studies.

Chapter 7

Primary Sources

Calvin, John. *Institutes of the Christian Religion*. Translated by Henry Beveridge. 2 vols. Grand Rapids: Eerdmans, 1957.

Dillenberger, J., ed. *John Calvin: Selections from His Writings*. New York: Doubleday, 1975.

Kingdon, R., T. Lambert, I. M. Watt, and M. W. McDonald, eds. *The Registers of the Consistory of Geneva in the Time of Calvin*. Grand Rapids: Eerdmans, 2000. First volume in a major project to edit and translate Consistory records.

Olin, John C., ed. *A Reformation Debate: Sadoleto's Letter to the Genevans and Calvin's Reply*. New York: Fordham University Press, 2000. Useful introduction to Calvin's thought via debate he had with Cardinal Sadoleto in 1539.

Torrance, David, and Thomas Torrance, eds. *Calvin's New Testament Commentaries*. 12 vols. Grand Rapids: Eerdmans, 1972.

Secondary Works

Benedict, Philip. *Christ's Churches Purely Reformed: A Social History of Calvinism*. New Haven, CT: Yale University Press, 2003.

Bouwsma, William J. *John Calvin: A Sixteenth Century Portrait*. Oxford: Oxford University Press, 1988.

Gerrish, B. A. *Grace and Gratitude: The Eucharistic Theology of John Calvin*. Minneapolis: Fortress, 1993.

Greef, W. de. *The Writings of John Calvin: An Introductory Guide*. Translated by Lyle Bierma. Grand Rapids: Baker, 1989. Clear, concise introduction to Calvin's life and his writings.

Höpfl, Harro. *The Christian Polity of John Calvin*. Cambridge: Cambridge University Press, 1982.

Kingdon, Robert M. *Geneva and the Consolidation of the French Protestant Movement 1564–1572*. Geneva, Switzerland: Droz, 1967.

Klooster, Fred. *Calvin's Doctrine of Predestination*. Grand Rapids: Baker, 1977.

McGrath, Alister E. *A Life of John Calvin*. Oxford: Blackwell, 1990. Very readable recent biography.

McKim, Donald K., ed. *The Cambridge Companion to John Calvin*. Cambridge: Cambridge University Press, 2004.

Monter, E. William. *Calvin's Geneva*. New York: Wiley, 1967.

Muller, Richard A. *The Unaccommodated Calvin: Studies in the Foundation of a Theological Tradition*. New York: Oxford University Press, 2000. Controversial new study that seeks to understand Calvin in a sixteenth-century context and to correct accommodation to modern agendas.

Naphy, William G. *Calvin and the Consolidation of the Genevan Reformation*. Manchester, England: Manchester University Press, 1994.

Niesel, Wilhelm. *The Theology of Calvin*. Philadelphia: Westminster, 1978.

Parker, T. H. L. *John Calvin: A Biography*. Tring, U.K.: Lion Publishing, 1975.

Pettegree, A., A. Duke, and G. Lewis, eds. *Calvinism in Europe 1540–1620*. Cambridge: Cambridge University Press, 1994. Contains essays by scholars on various aspects of Calvinism.

Schnucker, Robert V., ed. *Calviniana: Ideas and Influence of John Calvin*. Kirksville, MO: Sixteenth Century Journal Publishers, 1988. Useful essays on aspects of Calvin's theology and impact of Calvinism.

Walker, W. *John Calvin: The Organiser of Reformed Protestantism 1509–1564*. New York: Schocken Books, 1969. Reprint of classic biography first published in 1906.

Wendel, François. *Calvin: Origins and Development of His Religious Thought*. New York: Harper and Row, 1963.

Chapter 8

Primary Sources

Bray, Gerald, ed. *Documents of the English Reformation*. Minneapolis: Fortress, 1994.

Dickens, A. G., and Dorothy Carr, eds. *The Reformation in England to the Accession of Elizabeth I*. New York: St. Martin's Press, 1968. Collection of documents with useful introductions.

Foxe, J. *The Acts and Monuments of John Foxe*. Edited by George Townsend. 8 vols. New York: AMA Press, 1965.

Hughes, P. L., and James F. Larkin. *Tudor Royal Proclamations*. Vol. 1. New Haven, CT: Yale University Press, 1964.

Secondary Works

Brigden, Susan. *New Worlds, Lost Worlds: The Rule of the Tudors 1485–1603*. New York: Viking Penguin, 2001. Good introduction to period that uses the most recent research.

Brooks, Peter N. *Thomas Cranmer's Doctrine of the Eucharist*. 2nd ed. London: Macmillan, 1992. New edition of what remains the best study of the subject.

Daniell, David. *William Tyndale: A Biography*. New Haven, CT: Yale University Press, 1994. Best biography of the translator of the English Bible.

Dickens, A. G. *The English Reformation*. 2nd ed. London: Batsford, 1989. Second edition of classic work.

Duffy, Eamon. *The Voices of Morebath: Reformation and Rebellion in an English Village*. New Haven, CT: Yale University Press, 2001. Study by a leading revisionist scholar of how the Reformation affected a single English village.

Elton, G. R. *Reform and Reformation: England 1509–1558*. London: Edward Arnold, 1977. Extremely well-written survey by an outstanding Tudor scholar of our age.

Haigh, Christopher. *English Reformations: Religion, Politics and Society under the Tudors*. Oxford: Clarendon Press, 1993. One of the major revisionist studies.

———, ed. *The English Reformation Revised*. Cambridge: Cambridge University Press, 1987. Collection of revisionist articles by various authors, including the editor.

Heinze, Rudolph W. *The Proclamations of the Tudor Kings*. Cambridge: Cambridge University Press, 1976.

Jones, Norman. *The English Reformation: Religion and Cultural Adaptation*. Oxford: Blackwell, 2001.

Loades, David M. *The Reign of Mary Tudor*. London: Longmans, 1991.

MacCulloch, Diarmaid. *The Boy King Edward VI and the Protestant Reformation*. New York: St. Martin's Press, 2001. Balanced, detailed study.

———. *Thomas Cranmer: A Life*. New Haven, CT: Yale University Press, 1996. Best biography of central figure in English Reformation.

Schnucker, Robert V., ed. *Calviniana: Ideas and Influence of John Calvin*. Kirksville, MO: Sixteenth Century Journal Publishers, 1988. Useful essays on aspects of Calvin's theology and impact of Calvinism.

Walker, W. *John Calvin: The Organiser of Reformed Protestantism 1509–1564*. New York: Schocken Books, 1969. Reprint of classic biography first published in 1906.

Wendel, François. *Calvin: Origins and Development of His Religious Thought*. New York: Harper and Row, 1963.

Chapter 8

Primary Sources

Bray, Gerald, ed. *Documents of the English Reformation*. Minneapolis: Fortress, 1994.

Dickens, A. G., and Dorothy Carr, eds. *The Reformation in England to the Accession of Elizabeth I*. New York: St. Martin's Press, 1968. Collection of documents with useful introductions.

Foxe, J. *The Acts and Monuments of John Foxe*. Edited by George Townsend. 8 vols. New York: AMA Press, 1965.

Hughes, P. L., and James F. Larkin. *Tudor Royal Proclamations*. Vol. 1. New Haven, CT: Yale University Press, 1964.

Secondary Works

Brigden, Susan. *New Worlds, Lost Worlds: The Rule of the Tudors 1485–1603*. New York: Viking Penguin, 2001. Good introduction to period that uses the most recent research.

Brooks, Peter N. *Thomas Cranmer's Doctrine of the Eucharist*. 2nd ed. London: Macmillan, 1992. New edition of what remains the best study of the subject.

Daniell, David. *William Tyndale: A Biography*. New Haven, CT: Yale University Press, 1994. Best biography of the translator of the English Bible.

Dickens, A. G. *The English Reformation*. 2nd ed. London: Batsford, 1989. Second edition of classic work.

Duffy, Eamon. *The Voices of Morebath: Reformation and Rebellion in an English Village*. New Haven, CT: Yale University Press, 2001. Study by a leading revisionist scholar of how the Reformation affected a single English village.

Elton, G. R. *Reform and Reformation: England 1509–1558*. London: Edward Arnold, 1977. Extremely well-written survey by an outstanding Tudor scholar of our age.

Haigh, Christopher. *English Reformations: Religion, Politics and Society under the Tudors*. Oxford: Clarendon Press, 1993. One of the major revisionist studies.

———, ed. *The English Reformation Revised*. Cambridge: Cambridge University Press, 1987. Collection of revisionist articles by various authors, including the editor.

Heinze, Rudolph W. *The Proclamations of the Tudor Kings*. Cambridge: Cambridge University Press, 1976.

Jones, Norman. *The English Reformation: Religion and Cultural Adaptation*. Oxford: Blackwell, 2001.

Loades, David M. *The Reign of Mary Tudor*. London: Longmans, 1991.

MacCulloch, Diarmaid. *The Boy King Edward VI and the Protestant Reformation*. New York: St. Martin's Press, 2001. Balanced, detailed study.

———. *Thomas Cranmer: A Life*. New Haven, CT: Yale University Press, 1996. Best biography of central figure in English Reformation.

MacDonald, Alan R. *The Jacobean Kirk, 1567–1625*. Aldershot, U.K.: Ashgate, 1998.

Marshall, Peter. *The Impact of the English Reformation 1500–1640*. New York: St. Martin's Press, 1997.

Mason, Roger A., ed. *John Knox and the British Reformations*. Aldershot, U.K.: Ashgate, 1999.

Neale, J. E. *Queen Elizabeth I*. Chicago: Academic Chicago Publishers, 1992. Reprint of what was once the standard biography of Elizabeth.

Packer, J. I. *Among God's Giants: Aspects of Puritan Christianity*. Eastbourne, U.K.: Kingsway, 1991.

Ridley, Jasper. *John Knox*. Oxford: Oxford University Press, 1968. Detailed, thorough study.

Todd, Margo. *The Culture of Protestantism in Early Modern Scotland*. New Haven, CT: Yale University Press, 2002.

Wormald, Jenny. *Mary Queen of Scots: A Study in Failure*. London: Palgrave Macmillan, 1988.

Chapter 10

Primary Sources

Ignatius Loyola. *The Spiritual Exercises of St. Ignatius*. Translated by Anthony Mottola. Garden City, NY: Doubleday, 1964.

Schroeder, H. J., ed. *Canons and Decrees of the Council of Trent*. St. Louis: Herder, 1941.

Teresa of Avila. *A Life of Prayer*. Edited by James M. Houston. Basingstoke, U.K.: Pickering and Inglis, 1983. Anthology of Teresa's writings with useful introductions.

Secondary Works

Bangert, William. *A History of the Society of Jesus*. 2nd ed. St. Louis: Institute of Jesuit Sources, 1986. Comprehensive study in a new edition.

Bowd, Stephen D. *Reform before the Reformation: Vincenzo Querini and the Religious Renaissance in Italy*. Leiden, Netherlands: E. J. Brill, 2002. Study of Venetian humanist illustrates that Catholic reform preceded Luther's Reformation.

Brodrick, James. *St. Peter Canisius*. Chicago: Loyola Press, 1962. Reprint of what is still the best study.

Dalmases, Candido de. *Ignatius of Loyola, Founder of the Jesuits: His Life and Work*. Translated by Jerome Aixala. St. Louis: Institute of Jesuit Sources, 1985.

Davidson, N. S. *The Counter-Reformation*. Oxford: Blackwell, 1987. Very brief but useful introduction.

Delumeau, Jean. *Catholicism between Luther and Voltaire: A New View of the Counter-Reformation*. Philadelphia: Westminster John Knox Press, 1977. Important study with a provocative thesis.

Dickens, A. G. *The Counter Reformation*. New York: Harcourt Brace, 1969. Clear, well-written introduction, designed for students, with useful illustrations.

Evennett, H. O. *The Spirit of the Counter-Reformation*. Notre Dame, IN: Notre Dame University Press, 1970.

Fenlon, Dermot B. *Heresy and Obedience in Tridentine Italy: Cardinal Pole and the Counter Reformation*. Cambridge: Cambridge University Press, 1972.

Gleason, Elizabeth G. *Gasparo Contarini: Venice, Rome and Reform*. Berkeley: University of California Press, 1993. Study of Contarini's thought and ideas on reform.

Jedin, Hubert. *A History of the Council of Trent*. 2 vols. St. Louis: Herder, 1957.

Jones, Martin. *The Counter Reformation: Religion and Society in Early Modern Europe*. Cambridge: Cambridge University Press, 1995.

Monter, William. *Frontiers of Heresy: The Spanish Inquisition from Basque Lands to Sicily*. Cambridge: Cambridge University Press, 1990.

O'Connell, Marvin R. *The Counter Reformation 1559–1610*. New York: Harper and Row, 1974.

Olin, John C. *Catholic Reform from Cardinal Ximenes to the Council of Trent, 1495–1563*. New York: Fordham University Press, 1990. Useful introduction with illustrative documents.

O'Malley, John. *Trent and All That: Renaming Catholicism in the Early Modern Era*. Cambridge: Harvard University Press, 2000.

Posset, Franz. *The Front-Runner of the Catholic Reformation: The Life and Works of Johann von Staupitz*. Aldershot, U.K.: Ashgate, 2003.

Wright, A. D. *The Counter-Reformation: Catholic Europe and the Non-Christian World*. New York: St. Martin's, 1982.

Chapter 11

Primary Sources

Collett, Barry. "A Long and Troubled Pilgrimage: The Correspondence of Marguerite d'Angoulême and Vittoria Colonna 1540–1545." *Studies in Reformed Theology and History*, New Series, 6 (2000).

McKee, Elsie Anne. *The Writings: A Critical Edition*. Leiden, Netherlands: E. J. Brill, 1999. Second volume in her study of Katherine Zell.

Wilson, Katharina, ed. *Women Writers of the Renaissance and Reformation*. Athens, GA: University of Georgia Press, 1987. Includes selections from Vittoria Colonna and Marguerite of Navarre.

Secondary Works

Bainton, Roland. *Women of the Reformation from Spain to Scandinavia*. Minneapolis: Augsburg, 1977.

———. *Women of the Reformation in France and England*. Minneapolis: Augsburg, 1973.

———. *Women of the Reformation in Germany and Italy*. Minneapolis: Augsburg, 1971.

Brink, Jean R., Allison P. Coudert, and Maryanne C. Horowitz, eds. *The Politics of Gender in Early Modern Europe*. Kirksville, MO: Sixteenth Century Journal Press, 1989.

Charlton, Kenneth. *Women, Religion and Education in Early Modern England*. New York: Routledge, 1999. Study of how women received and provided religious education.

Crawford, Patricia. *Women and Religion in England 1500–1720*. New York: Routledge, 1993.

Douglas, J. D. *Women, Freedom and Calvin*. Philadelphia: Westminster John Knox Press, 1985.

Giles, Mary, ed. *Women in the Inquisition: Spain and the New World*. Baltimore: Johns Hopkins Press, 1999.

Hutson, L., ed. *Feminism and Renaissance Studies*. Oxford: Oxford University Press, 1999. Collection of seventeen essays by feminist scholars beginning with the question, "Did women have a Renaissance?"

Marshall, S., ed. *Women in Reformation and Counter Reformation in Europe*. Bloomington, IN: Indiana University Press, 1989. Nine articles on various aspects of women's experiences in Reformation Europe.

Matheson, Peter, ed. *Argula von Grumback: A Woman's Voice in the Reformation*. Edinburgh: T & T Clark, 1995.

Mattox, Mikey. *Defender of the Most Holy Matriarch: Martin Luther's Interpretation of the Women of Genesis*. Leiden, Netherlands: E. J. Brill, 2003.

McKee, Elsie A. *Katharina Schutz Zell*. Vol. 1. *The Life and Thought of a Sixteenth-Century Reformer*. Leiden, Netherlands: E. J. Brill, 1999.

———. "Reforming Popular Piety in Sixteenth-Century Strasbourg: Katharina Schutz Zell and Her Hymnbook." *Studies in Reformed Theology and History* 2, no. 4 (Fall 1994).

Meek, Christine, ed. *Women in Renaissance and Early Modern Europe*. Dublin: Four Courts Press, 2000. Ten essays examining the status of women within Renaissance culture.

Ozment, Steven. *When Fathers Ruled: Family Life in Reformation Europe*. Cambridge: Cambridge University Press, 1983.

Peters, Christine. *Patterns of Piety: Women, Gender and Religion in late Medieval and Reformation England*. Cambridge: Cambridge University Press, 2003. Believes that the loss of Virgin Mary and saints was detrimental to women in transition from Catholic to Protestant England.

Roper, L. *The Holy Household: Women and Morals in Reformation Augsburg*. Oxford: Clarendon Press, 1989.

Selderhuis, H. J., J. Vriend, and L. D. Bierma. *Marriage and Divorce in the Thought of Martin Bucer*. Kirksville, MO: Thomas Jefferson University Press, 1999.

Snyder, C. Arnold, and Linda A. Huebert Hecht, eds. *Profiles of Anabaptist Women*. Waterloo, Ontario: Laurien University Press, 1998. Biographies of Anabaptist women as well as excerpts from their writing.

Thompson, J. *John Calvin and the Daughters of Sarah*. Geneva, Switzerland: Droz, 1992.

Zophy, J. W. "We Must Have the Dear Ladies: Martin Luther and Women." *Pietas et Societes*. Edited by Kyle Sessions and Phillip Bebb. Ann Arbor, MI: Edwards, 1985.

Chapter 12

Primary Sources

Casas, Bartolomé de las. *A Short Account of the Destruction of the Indies*. Translated by Nigel Griffin. London: Penguin, 1992.

Nobili, Roberto de. *Preaching Wisdom to the Wise: Three Treatises by Roberto de Nobili S.J.* Edited and translated by Anand Amaladass and Francis X. Clooney. St. Louis: Institute of Jesuit Sources, 2000.

Xavier, Francis. *The Letters and Instructions of Francis Xavier*. St. Louis: Institute of Jesuit Sources, 1992.

Secondary Works

Boxer, C. R. *The Christian Century in Japan*. Berkeley: University of California Press, 1951.

———. *The Church Militant and Iberian Expansion 1440–1770*. Baltimore: Johns Hopkins University Press, 1978. Analytical survey of the role of Portuguese and Spanish missionaries in overseas expansion.

Bremer, Francis J. *The Puritan Experiment: New England Society from Bradford to Edwards*. New York: St. Martin's, 1976.

Chatzeantoniou, Giorgios A. *Protestant Patriarch: The Life of Cyril Lucaris (1572–1638)*. Richmond, VA: John Knox Press, 1961.

Chidester, David. *Christianity: A Global History*. San Francisco: Harper, 2000.

Drummond, Richard H. *A History of Christianity in Japan*. Grand Rapids: Eerdmans, 1971.

Elison, George. *Deus Destroyed: The Image of Christianity in Early Modern Japan*. Cambridge: Harvard University Press, 1988.

Friede, Juan, and Benjamin Keen. *Bartolomé de Las Casas in History*. De Kalb, IL: Northern Illinois University Press, 1971.

Gibson, Charles. *Spain in America*. New York: Harper and Row, 1966.

Hastings, Adrian, ed. *A World History of Christianity*. Grand Rapids: Eerdmans, 1999. Chapters written by specialist scholars dealing with different world regions.

Latourette, K. S. *A History of Christian Missions in China*. New York: Macmillan, 1929.

———. *A History of the Expansion of Christianity*. Vol. 3. *Three Centuries of Advance 1500 A.D. to 1800 A.D.* Grand Rapids: Zondervan, 1967. Reprint of outstanding detailed history of Christian missions.

Michalski, Sergiusz. *The Reformation and the Visual Arts: The Protestant Image Question in Western and Eastern Europe*. New York: Routledge, 1993. Has a useful chapter on Eastern churches and the Reformation.

Neill, Stephen. *A History of Christian Missions*. 2nd ed. New York: Viking Penguin, 1986. Second edition of valuable survey work with detailed bibliography.

———. *A History of Christianity in India: The Beginnings to 1707*. Cambridge: Cambridge University Press, 1984.

Ronan, Charles E., and Bonnie C. Oh, eds. *East Meets West: The Jesuits in China 1582–1773*. Chicago: Loyola Press, 1988. Story of earliest contact between Chinese intellectuals and Catholic missionaries.

Schurhammer, Georg. *Francis Xavier*. 4 vols. Rome: Jesuit Historical Institute, 1973–1982.

Spence, Jonathan D. *The Memory Palace of Matteo Ricci*. New York: Penguin, 1984. Fascinating study of how Ricci's method of memorization impressed Chinese intellectuals.

Thornton, John K. *The Kingdom of Kongo: Civil War and Transition, 1641–1718*. Madison: University of Wisconsin Press, 1983.

Ware, Timothy R. *The Orthodox Church*. 2nd ed. New York: Penguin, 1993.

Chapter 13

Primary Sources

Arminius, James. *Works*. 3 vols. Translated by James and William Nichols. Grand Rapids: Baker, 1991.

The Book of Concord: The Confessions of the Evangelical Lutheran Church. Translated and edited by Theodore G. Tappert. Philadelphia: Mühlenberg, 1959.

Cochrane, Arthur C., ed. *Reformed Confessions of the 16th Century*. Philadelphia: Westminster, 1966.

Secondary Works

Abercrombie, Nigel B. *The Origins of Jansenism*. Oxford: Clarendon Press, 1936.

Bangs, C. *Arminius: A Study in the Dutch Reformation*. Grand Rapids: Asbury Press, 1985.

Dixon, C. Scott, ed. *The German Reformation: The Essential Readings*. Oxford: Blackwell, 1999. Has articles on confessionalism as well as other aspects of German Reformation.

Harrison, Archibald H. W. *The Beginnings of Arminianism to the Synod of Dort*. London: University of London Press, 1926.

Jungkuntz, Theodore R. *Formulators of the Formula of Concord: Four Architects of Lutheran Unity*. St. Louis: Concordia, 1977. Discusses Chemnitz, Selneccer, Andreae, and Chytraeus.

Kolb, Robert. *Luther's Heirs Define His Legacy: Studies on Lutheran Confessionalization*. Aldershot, U.K.: Ashgate, 1996.

Maag, Karin, ed. *Melanchthon in Europe: His Work and Influence beyond Wittenberg*. Grand Rapids: Baker, 1999.

Manschreck, Clyde L. *Melanchthon: The Quiet Reformer*. Westport, CT: Greenwood Press, 1975.

Muller, Richard A. *After Calvin: Studies in the Development of a Theological Tradition*. Oxford: Oxford University Press, 2003. Essays dealing with development of Reformed theology in the second half of sixteenth and seventeenth centuries.

Neuser, Wilhelm H., ed. *Calvinus Sacrae Scripturae Professor: Calvin as Confessor of Holy Scripture*. Grand Rapids: Eerdmans, 1994. Includes article on *Consensus Tigurinus*.

Nischan, Bodo. *Lutherans and Calvinists in the Age of Confessionalism*. Aldershot, U.K.: Ashgate, 1999. Fourteen essays dealing with Lutheran and Calvinist doctrinal controversies.

———. *Prince, People and Confession: The Second Reformation in Brandenburg*. Philadelphia: University of Pennsylvania Press, 1994.

Nobbs, Douglas. *Theocracy and Toleration: A Study of the Disputes in Dutch Calvinism from 1600 to 1650*. Cambridge: Cambridge University Press, 1938.

Raitt, Jill. *Colloquy of Montbéliard*. New York: Oxford University Press, 1993.

———. *The Eucharistic Theology of Theodore Beza*. Chambersburg, PA: American Academy of Religion, 1972.

Rorem, Paul. *Calvin and Bullinger on the Lord's Supper*. Cambridge, U.K.: Grove, 1989.

Rummel, Erika. *The Confessionalization of Humanism in Reformation Germany*. Oxford: Oxford University Press, 2000.

Sedgwick, A. *Jansenism in Seventeenth Century France*. Charlottesville, VA: University of Virginia Press, 1977.

Spitz, Lewis W., and W. Lohiff, eds. *Discord, Dialogue and Concord: Studies in the Lutheran Formula of Concord*. Philadelphia: Fortress, 1977.

Wengert, Timothy. *Law and Gospel: Philip Melanchthon's Debate with John Agricola of Eisleben over Poenitentia*. Grand Rapids: Baker, 1997.

Chapter 14

Primary Sources

Abbott, W. C., ed. *The Writings and Speeches of Oliver Cromwell*. 4 vols. Cambridge: Harvard University Press, 1937–1947.

Clarendon, Edward Hyde, 1st Earl of. *History of the Rebellion*. Edited by W. Dunn Macray. 6 vols. Oxford: Oxford University Press, 1888. History of civil war by man who was a moderate participant in first stage, joined Charles II in exile, and became his chancellor after the Restoration.

Duke, Alastair, Gillian Lewis, and Andrew Pettegree, eds. *Calvinism in Europe 1540–1620: A Collection of Documents*. Manchester, England: Manchester University Press, 1992.

Secondary Works

Benedict, Philip. *The Faith and Fortunes of France's Huguenots, 1600–1665*. Aldershot, U.K.: Ashgate, 2001.

Crew, Phyllis Mack. *Calvinist Preaching and Iconoclasm in the Netherlands, 1544–1569*. Cambridge: Cambridge University Press, 1978.

Cunningham, Andrew, and Ole Peter Grell. *The Four Horsemen of the Apocalypse: Religion, War, Famine and Death in Reformation Europe*. Cambridge: Cambridge University Press, 2000. Deals with the many tragic events of the period viewed as an apocalyptic age.

Diefendorf, Barbara B. *Beneath the Cross: Catholics and Huguenots in Sixteenth Century Paris*. Oxford: Oxford University Press, 1991.

Dunn, Richard S. *The Age of Religious Wars 1559–1689*. New York: Norton, 1970.

Greengrass, Mark. *The French Reformation*. Oxford: Blackwell, 1987. Brief survey in Historical Association Studies series.

Hill, Christopher. *God's Englishman: Oliver Cromwell and the English Revolution*. New York: Harper and Row, 1970. Classic biography by one of the great civil war scholars.

Holt, Mack P. *The French Wars of Religion 1562–1629*. Cambridge: Cambridge University Press, 1995.

Kendall, R. T. *Calvin and English Calvinism to 1649*. Oxford: Oxford University Press, 1979. Controversial study argues that English Calvinism reflected the thought of Beza rather than that of Calvin.

Kingdon, Robert M. *Geneva and the Coming of the Wars of Religion in France, 1555–1563*. Geneva, Switzerland: Droz, 1956.

———. *Geneva and the Consolidation of the French Protestant Movement 1564–1572*. Geneva, Switzerland: Droz, 1967. Important study by one of the leading scholars of French Calvinism.

Knecht, R. J. *The French Wars of Religion 1559–1598*. London: Longman, 1989. Brief survey with illustrative documents.

Morrill, John, ed. *Oliver Cromwell and the English Revolution*. London: Longman, 1990. Essays by specialist scholars on Cromwell and the civil war.

Pages, G. *The Thirty Years War, 1618–1648*. Translated by David Maland and John Hooper. New York: Harper and Row, 1970. A very readable and long standard account and survey.

Parker, Geoffrey, and Simon Adams, eds. *The Thirty Years' War*. 2nd ed. London: Routledge, 1997. Second edition of standard work with contributions by a number of scholars.

Prestwich, Menna. *International Calvinism 1541–1715*. Oxford: Clarendon, 1985.

Racaut, Luc. *Hatred in Print: Catholic Propaganda and Protestant Identity during the French Wars of Religion*. Aldershot, U.K.: Ashgate, 2002.

Raitt, Jill. *The Colloquy of Montbéliard*. Oxford: Oxford University Press, 1993.

Richardson, R. C. *The Debate on the English Revolution*. London: Methuen, 1977.

Swart, K. W. *William of Orange and the Revolt of the Netherlands, 1572–84*. Translated by J. C. Grayson. Aldershot, U.K.: Ashgate, 2003.

Tyacke, Nicholas. *Anti-Calvinists: the Rise of English Arminianism 1590–1640*. Oxford: Oxford University Press, 1987. Argues Arminians rather than Puritans were responsible for civil war.

Wedgewood, C. V. *William the Silent*. London: Jonathan Cape, 1948.

White, Peter. *Predestination, Policy and Polemic: Conflict and Consensus in the English Church from the Reformation to the Civil War*. Cambridge: Cambridge University Press, 1992.

Woolrych, Austin. *Britain in Revolution 1625–1660*. Oxford: Oxford University Press, 2003.

Chapter 15

Primary Sources

Galilei, Galileo. *Dialogue Concerning the Two Chief World Systems—Ptolemaic and Copernican*. 3rd ed. Translated by Stillman Drake. Berkeley: University of California Press, 1981.

Montaigne, Michel de. *Complete Works*. Translated by Donald M. Frame. Stanford, CA: Stanford University Press, 1967.

Pascal, Blaise. *Pensées and Other Writings*. Translated by Honor Levi. Oxford: Oxford University Press, 1995.

Secondary Works

Abray, Lorna Jane. *The People's Reformation: Magistrates, Clergy, and Commons in Strasbourg, 1500–1598*. Ithaca, NY: Cornell University Press, 1985.

Cameron, Euan. "The Godly Community in the Theory and Practice of the European Revolution." *Studies in Church History* 23 (1986): 131–53.

Chrisman, Miriam U. *Lay Culture, Learned Culture: Books and Social Change in Strasbourg 1480–1599*. New Haven, CT: Yale University Press, 1982.

Christensen, Carl C. *Art and the Reformation in Germany*. Athens, OH: Ohio University Press, 1979.

Davies, Richard. *Descartes: Belief, Skepticism and Virtue*. London: Routledge, 2001.

Dillenberger, John. *Images and Relics: Theological Perceptions and Visual Images in Sixteenth-Century Europe*. New York: Oxford University Press, 1999. Deals with what theology meant for artists including Dürer, Cranach, Michelangelo, and Holbein within the context of art.

Gregory, Brad S. *Salvation at Stake: Christian Martyrdom in Early Modern Europe*. Cambridge: Harvard University Press, 1999. The significance of martyrdom in the Reformation.

Guggisberg, Hans. *Sebastian Castellio 1515–1563: Humanist and Defender of Religious Toleration in a Confessional Age*. Translated by Bruce Gordon. Aldershot, U.K.: Ashgate, 2002.

Henry, John. *The Scientific Revolution and the Origins of Modern Science*. 2nd ed. Basingstoke, U.K.: Palgrave, 2002. Brief survey written for the nonscientist.

Hillerbrand, Hans J. "Was There a Reformation in the Sixteenth Century?" *Church History* 72, no. 3 (September 2003): 525ff.

Kamen, Henry. *The Rise of Toleration*. New York: McGraw Hill, 1967.

Kittelson, James. "Success and Failures in the German Reformation: The Reform from Strasbourg." *Archiv fur Reformationsgeschichte* 73 (1983): 153–75.

Lehmann, Hartmut, and Gunther Roth, eds. *Weber's "Protestant Ethic": Origins, Evidence, Contexts*. Cambridge: Cambridge University Press, 1993. Series of essays dealing with the thesis and its critics.

Lindberg, David C., and Robert Westman, eds. *Reappraisals of the Scientific Revolution*. Cambridge: Cambridge University Press, 1990. Discusses relationship between scientific revolution and the Reformation.

Matheson, Peter. *The Imaginative World of the Reformation*. Minneapolis: Fortress, 2001.

Oberman, Heiko. *The Impact of the Reformation*. Grand Rapids: Eerdmans, 1994.

Oettinger, Rebecca Wagner. *Music as Propaganda in the German Reformation*. Aldershot, U.K.: Ashgate, 2001. Shows role of music in Reformation polemics.

Panofsky, Erwin. *The Life and Art of Albrecht Dürer*. Princeton, NJ: Princeton University Press, 1983.

Parker, Geoffrey. "Success and Failure during the First Century of the Reformation." *Past and Present* 136 (1992): 43–82.

Shea, William R., and Mariano Artigas. *Galileo in Rome*. Oxford: Oxford University Press, 2003. Balanced and well-written account of Galileo's life and work.

Strauss, Gerald. *Luther's House of Learning: Indoctrination of the Young in the German Reformation*. Baltimore: Johns Hopkins University Press, 1978.

———. "Success and Failure in the German Reformation." *Past and Present* 67 (1975): 30–63.

Zapalac, Kristin E. S. *In His Image and Likeness: Political Iconography and Religious Change in Regensburg*. Ithaca, NY: Cornell University Press, 1990.

주(註)

저자 서문

1) David Bebbington, *Patterns in History: A Christian Perspective on Historical Thought* (Leister; U.K.: Apollos, 1979), 4.

종교개혁사의 기술

1) I. B. Vogelstein, *Johann Sleidan's Commentaries*, vol. 1 (Lanham, MD: University Press of America, 1968), 12.

2) A. G. Dickens and John M. Tonkin, *The Reformation in Historical Thought* (Cambridge: Harvard University Press, 1985), 13.

3) Sleidan은 객관적 역사를 기술하는데 완전히 성공하지는 못했다. 정당하고 정확하려는 그의 시도에도 불구하고, 그는 개신교적 편견을 벗어날 수 없었다. "그가 비록 사실적 비진리들과 격렬한 정죄들을 피하기는 했지만, 그가 수행한 자료와 내용의 선정들과 누락들은 획일적으로 반교황주의적이고 반감독제도적인 분위기를 창출했다" (ibid., 15).

4) 변증적 역사 기술의 과정은 Sleidan이 그의 Commentaries를 쓰기 전에 시작되었다. 1549년 가톨릭 저자, Johannes Cochlaeus(1479-1552)는 루터와 그의 신학에 대한 신랄한 공격을 담은 *Commentaries on the Acts and Writing of Luther*를 출판했다.

5) 전설에 의하면 남자로 변장한 학자적인 여자가 9세기에 교황으로 선출되었다. 2년간의 직무 후, 그녀는 행렬에 참여하는 도중 아이를 낳았다. 이 이야기는 중세시대에 널리 믿어졌고 교황의 반대자들에 의해 사용되었다. 그것은 의심할 수밖에 없는 증거 위에 세워졌기에 오늘 어떤 학자도 그 진실성을 수용하지 않는다. Peter Stanford, *The Legend of Pope Joan* (Berkeley: Henry Holt, 1999)를 보시오.

6) 1565년까지 그 작업을 계속하여 추가로 10권의 서적이 1647년과 1677년 사이에 출판되었다.

7) 가장 최근 일반 교과서 가운데 두 권은 제목에 복수 형태를 사용한다. Carter Lindberg, *The European Reformations* (Oxford: Blackwell, 1996), 그리고 James D. Tracy, *Europe's Reformations 1450-1650* (New York: Rowman and Littlefield, 1999). Tracy는 종교개혁을 "11세기에서 18세기 사이에" 일어난 "종교개혁들의 씨리즈 가운데 최고점" 으로 간주한다 (Tracy, Europe's Reformation, 3).

8) 예를 들면 Andrew Johnston, *The Protestant Reformation in Europe* (London: Longman, 1991), 1을 보시오.

제1장 중세 말의 교회와 사회

1) "Petrartch to Socrates." in Catherine Moriarty, ed., *The Voice of the Middle Ages in Personal Letters 1100-1500* (New York: Peter Bedrick Books, 1989), 322-23.

2) Matteo Palmieri, "On Civic Life," in Margaret Aston, *The Fifteenth Century: The Prospect of Europe* (New York: Harcourt Brace, 1968), 175.

3) Barbara W. Tuchman, *A Distant Mirror: The Calamitous 14th Century* (New York: Knopf, 1978).

4) "Journal d'un bourgeois de Paris sous Charles V et Charles VIII," in Daniel Waley, *Later Medieval Europe from Saint Louis to Luther* (London: Longmans, 1964), 101.

5) "Petrarch to Gasparo Squaro dei Broaspini of Verona," in Moriarty, *Voices of the Middle Ages*, 158.

6) 금칙령은 이전 세기에 제정되었던 선거의 진행을 성문화했다. 7명의 선제후(삭소니 공작[Duke of saxony], 브란덴부르그의 후작[the Margrave of Brandenburg], 보헤미아 왕[the king of Bohemia], 라인의 백작 선제후령[the Count Palatinate of the Rhine], 그리고 콜론[Cologne], 티에르[Tier], 마인츠[Mainz]의 대주교들[the archbishops])에게 황제를 선출하는 권한이 주어졌다. 과거에 황제 선거에 종종 간섭했던 교황은 이제 이 과정의 어떤 역할로부터 제외되었다.

7) Waley, *Later Medieval Europe*, 198.

8) 계승으로 말미암은 투쟁을 막기 위해, 모하메드 2세는 계승을 위해 선택된 아들은 그의 친형제들과 이복형제들을 죽이도록 하는 정책을 출범했으나, 그의 두 아들이 생존했고 곧바로 서로 싸웠다.

9) 흑사병은 전통적으로 가래톳흑사병(bubonic plague)으로 알려져 왔으나, 최근 연구는 그 연관성에 의문을 제기한다. Samuel K. Cohn Jr., *The Black Death Transformed: Disease and Culture in Early Renaissance Europe* (London: Arnold, 2002)

10) Jakob Burkhardt, *The Civilization of the Renaissance in Italy* (London: G. G. Harrap, 1892). Original German edition Basel, 1860.

11) Aston, *The Fifteenth Century*, 176.

12) 플로렌타인 학술원(The Florentine Academy)는 플라토(Plato) 연구의 중심지였다. 기독교와 플라토적 사상을 융합시키기 위해 피치노(Ficino)는 플라토의 전집을 편집했고, 플라토의 『대화』(*Dialogues*)를 번역했으며, 플라토의 『심포지움』(*Symposium*)에 대한 주석을 저술했다.

13) 학자들은 회복의 시간을 계속 논쟁한다. 일부는 경제적 감속은 제한되었고 회복은 빨리 왔다고 주장한다. 특히 이태리에서 그랬다는 것이다. 그러나 회복이 15세기 말까지 오지 않았다고 주장하는 사람들도 있다.

14) Alister McGrath, *Reformation Thought: An Introduction*, 3rd ed. (Oxford:

Blackwell, 1999), 31.

15) 펠라기우스(Pelagius)는 구원에 있어서 인간의 역할에 대해 어거스틴과 논쟁에 들어갔던 영국 수도사였다. "펠라기우스는… 하나님께서 인간이 수행할 수 없는 것을 결코 명령하지 않으신다고 주장했다.… 인류는 궁극적인 자유의 은혜로 창조되었고, 그것에 우리가 무엇을 해야하는지 가르치는 성경에 하나님 명령의 은혜가 추가되었다." Stuart G. Hall, *Doctrine and Practice in the Early Church* (London: SPCK, 1991), 205. 펠라기우스의 견해는 에베소 종교회의(Council of Ephesus, 431)와 두 번째 오렌지 종교회의(the Second Council of Orange, 529)에서 정죄되었다.

16) Gabriel Biel, "The Circumcision of the Lord" (ca. 1460), in Denis R. Janz, *A Reformation Reader* (Minneapolis: Augsburg Fortress, 1999), 51.

17) 불행히도, 토마스 브래드워다인은 캔터베리의 대주교 성별 40일 후 전염병으로 죽었다.

18) Thomas Bradwardine, *The Case of God against Pelagians, in Janz, Reformation Reader,* 41-42.

19) Norman P. Tanner, ed., *Decrees of the Ecumenical Councils*, vol. 1 (Washington, DC: George Washington University Press, 1990), 250-51

20) Gerald Strauss, ed., *Manifestations of Discontent in Germany on the Eve of the Reformation* (Bloomington, IN: Indiana University Press, 1971), 219.

21) Ibid., 221.

제2장 중세말 개혁과 투쟁

1) Thomas a Kempis, *The Imitation of Christ*, in Janz, *Reformation Reader*, 13.

2) Desiderius Erasmus, *In Praise of Folly*, in Janz, *Reformation Reader*, 61.

3) 그런 연구의 좋은 예는 Eamon Duffy, *The Stripping of the Altars: Traditional Religion in England 1400-ca. 1580* (New Haven CT: Yale University Press, 1992)이다. 또한 R. N. Swanson, *Religious and Devotion in Europe ca. 1215-ca. 1515* (Cambridge: Cambridge University Press, 1995)를 보시오.

4) 예를 들면 Euan Cameron, *The European Reformation* (Oxford: Clarendon Press, 1991), 71ff을 보시오.

5) *Boniface VIII, Unam Sanctam*, in Carter Lindberg, *The European Reformations Sourcebook* (Oxford: Blackwell, 2000), 10.

6) 교황 요한 22세는 교황 수입의 63 퍼센트를 전쟁에 사용했다고 추정된다.

7) Aston, *The Fifteenth Century*, 120에서 인용됨.

8) Lindberg, *Sourcebook*, 12-13.

9) 아비뇽(Avignon) 계열이나 반교황파의 피산(Pisan) 계열이나 교회의 인정을 받

지 못했다. 그 결과, 1958년 안겔로 기우세페(Angelo Giuseppe)가 교황으로 선출되었을 때, 그는 요한 23세의 호칭을 취할 수 있었다. 교회가 15세기 요한 23세를 합법적인 교황으로 인정하지 않았기 때문이다.

10) 베네딕트(Benedict)의 세 명의 남아있는 추기경은 또 다른 교황을 선출하여 그 계열을 지속하려 했으나, 그는 결국 1429년에 사임했다.

11) Lindberg, *Sourcebook*, 14.

12) Eamon Duffy, *Saints and Sinners: A History of the Popes* (New Haven, CT: Yale University Press, 1997), 149.

13) 알렉산더 6세(Alexander VI)의 교황시절에 비테르스보스(Vitersbos)의 로마 묘사의 에디기우스(Edigius)에서 발췌했음. S. Harrison Thomson, *Europe in Renaissance and Reformation* (New York: Harcourt Brace, 1963), 451.

14) 에라스무스는 그것의 저술을 거부했지만, 그 작품의 현대 편집자는 그가 했음을 확신하며 그의 믿음을 지지하는 인상 깊은 증거를 제공한다. J. Kelley Sowards, *The "Julius Exclusus" of Erasmus*, trans. Paul Pascal (Bloomington, IN: Indiana University Press, 1968).

15) Ibid., 8.

16) Ibid., 86.

17) Ibid., 90.

18) Bengt R. Hoffman, *Luther and the Mystics* (Minneapolis: Augsburg, 1976), 33.

19) 루터는 때로 신비주의자들을 잘못 이해했다. "비록 그들이 매우 다른 방향으로 갔음에도, 루터는 의식하지 못한 채 그들을 동맹자들과 동료들로 변형시켰다. 그는 읽는 모든 것에서 항상 자신의 숙고와 경험에 의해 야기된 매우 개인적인 질문들과 문제들에 대한 답을 찾고 있었기 때문이다." Heinrich Boehmer, *Martin Luther: Road to Reformation* (New York: World Publishing, 1965), 146.

20) 에크하르트(Eckhart)는 재판이 열리기 전에 죽었지만, 그의 글에서 나온 28개의 제안들은 1329년 교황 요한 22세에 의해 정죄되었다.

21) 스콜라주의자들은 종종 얼마나 많은 천사들이 핀 끝에서 춤을 출 수 있는가와 같은 무의미한 질문들을 논쟁한다고 비난을 받았다. 이것은 허위 비난이었던 것으로 보이지만, 그들은 사회의 종교적 관심과는 상관없어 보였던 질문들을 논쟁했다. 그것은 "하나님이 인간 대신에 오이가 될 수 있으셨을까?" "하나님은 창녀를 처녀로 만드는 것 같이, 과거를 되돌려 놓으실 수 있을까?"와 같은 질문이었다. Alister McGrath, *Reformation Reader*, 57.

22) Janz, *Reformation Reader*, 57.

23) 황제 법정의 교황 대사, 지롤라모 알레안더(Girolamo Aleander)는 에라스무스가 루터보다 교회에 더 큰 피해를 주었다고 말한 적이 있다. 에라스무스가 "알을 낳았고 루터는 그 알을 부화했다"는 자주 반복되는 평은 그를 두고 하는 말이다.

24) 카메론(Cameron)은 인문주의 개혁이 기초하고 있었던 원칙들인 "교육, 학식 그

리고 윤리적 자제"는 '기본적으로 엘리트주의 원칙들로, 전체적으로 사람들은 놔두고라도, 모든 성직자들의 환심을 사거나 그들에게 실용적인 것도 아니었다고 진술한다. Euan Cameron, *European Reformation*, 68.

25) Lindberg, *Sourcebook*, 15.

제3장 마틴 루터와 루터교 종교개혁의 기원

1) Philip Melanchthon, *The Life and Acts of Martin Luther* (London: Unwin, 1845), 4-5. 다음의 온라인에서 얻을 수 있다. http://iclnet. org/pub/resources/text/wittenberg/melan/lifea-01.txt.

2) 멜랑톤이 95개 논제가 붙여졌다고 처음 언급한 사람이다. 이 말은 사건 후 거의 30년 만에 기록되었고 멜랑톤은 그 사건을 직접 목격한 것도 아니었으며 95개 논제를 붙이는 것이 그 전에는 한 번도 언급되지 않았기 때문에, 일부 역사가들은 그것이 실제로 붙여진 것인지에 대해 의문을 제기했다. Erwin Iserloh, *The Theses Were Not Posted: Luther between Reform and Reformation*, trans. Jared Wicks (Boston: Beacon, 1968)를 보시오.

3) 가장 잘 알려진 정신분석학적 해석의 예는 Erik H. Erikson, *Young Man Luther* (New York: Norton, 1962)이다. 대부분의 최근 역사가들은 에릭슨의 방법과 그의 해석에 의문을 제기한다. 에릭슨에 대한 보다 동정적인 평가를 위해서는 Richard Marius, *Martin Luther: The Christian between God and Death* (Cambridge, MA: Belknap Press, 1999), 20ff을 보시오.

4) E.G. Rupp and Benjamin Drewery, eds,. *Martin Luther* (London: Edward Arnold, 1970), 3.

5) Ibid., 2-3.

6) Jaroslav, Pelikan and Helmut T. Lehmann, eds., *Luther's Works*, vol. 24 (St. Louis: Concordia, 1955-1986), 260. 이후로는 LW로 표시함.

7) *LW* 4:340-41.

8) 한 시점에 그는 6시간 동안 고백했다고 진술했다. 새로운 죄가 마음에 다가오기만 하면, 그는 그의 고백자에게 서둘러 달려갔다.

9) *LW* 24:24.

10) Walter von Loewenich, *Martin Luther: The Man and His Work* (Minneapolis: Augsburg, 1982), 81.

11) LW 49:48. 스타우피츠가 종교개혁의 첫 단계에서 루터를 지지했고 그에게 보낸 마지막 편지에서 루터에 대한 사랑을 표현했지만, 그는 종교개혁에서 발생한 것에 동정적이지 않음을 확실히 했다. 비록 그가 가톨릭교회와 전적인 교제관계로 1524년에 죽었지만, 그의 책들은 1559년 금지된 서적 색인(Index of Prohibited Books)에 놓여졌다.

12) 그는 자신의 부모님을 연옥에서 자유롭게 해드릴 수 있었을 것이 때문에, 그분들이 아직 살아계심을 후회했다고 말했다.

13) E. G. Schwiebert, *Luther and His Times* (St. Louis: Concordia, 1950), 187.

14) 에르푸르트(Erfurt)에 비하면, 비텐베르그(Wittenberg)는 마을 정도 되는 곳으로, 약 2000명 정도의 거주민들이 살고 있었고 "그들 중 많은 사람들은 진한 맥주를 빚으며 생계를 유지했고, 상당 부분은 자기들이 마셨다." James M. Kittelson, *Luther the Reformer* (Minneapolis: Augsburg, 1989), 53.

15) Heiko A. Oberman, *Luther: Man between God and the Devil,* trans. Eileen Walliser-Schwarzbart (New Haven, CT: Yale University Press, 1989), 146.

16) LW 54:50.

17) Roland H. Bainton, *Here I Stand: A Life of Martin Luther* (New York: Abingdon Press, 1950), 62.

18) 일부 소문에 의하면 이 경험은 "클로아카 탑"에서 있었다. '클로아카'(*cloaca*)는 변소를 의미하는 라틴어이기 때문에, 일부 사람들은 그것이 변소에서 있었지 않았나 의심한다. 그러나 루터의 서재가 클로아카 탑에 위치하고 있었기 때문에, 그것이 그의 서재에서 발생했을 가능성이 높다. "루터가 변소 위에서 그의 종교개혁적 발견을 한 것에 대한 개념이 얼마나 논쟁자들, 심리학자들, 그리고 심지어 신학자들의 환상과 조화를 이룰지는 몰라도, 그가 주석 작업을 하는 동안 그의 책상에서 그의 통찰을 얻었다는 것이 실제로 훨씬 더 가능성이 있다. Martin Brecht, *Marin Luther*, trans. James L. Schaaf (Minneapolis: Fortress, 1985-1993), vol. 1, 227.

19) Bernhard Lohse, *Martin Luther's Theology: Its Historical and Systematic Development*, trans. Roy A. Harrisville (Minnealolis: Fortress, 1999), 86-87.

20) 베른하르트 로제(Bernhard Lohse)는 1999년 "현재 이 다소 만족스럽지 못한 논쟁에 대한 결론이 보이지 않는다"고 평했다(ibid., 88). 로제가 편집한 이 주제에 대한 에세이 수집에 있는 저자들은 유사한 결론에 도달한다. Bernhard Lohse, ed., *Der Durchbruch der Reformatorischen Erkenntnis bei Luther; Neuere Untersuchungen* (Stuttgart, Germany: Franz Steiner, 1988). 조금 시간은 지났지만, 탑 경험의 날짜의 논쟁에 대해 잘 정리된 논의를 위해서는 W. D. J. Cargill Thompson, "The Problems of Luther's Tower-Experience and Its Place in His Intellectual Development," in Derek Baker, ed., *Studies in Church History*, vol. 15 (London, 1978), 187-212를 보시오.

21) *LW* 34:336-37.

22) "나중에 나는 어거스틴의 『영과 문자』(*The Spirit and the Letter*)를 읽었다. 거기서 생각과는 반대로, 나는 그도 하나님의 의를 유사한 방법으로 해석했음을 발견했다. 하나님께서 우리를 의롭게 하실 때 하나님이 우리에게 옷을 입히신 그 의로움인 것으로 말이다. 비록 이것이 지금까지 불완전하게 언급되었고 전가(imputation)에 대해 분명하게 모든 것을 설명하지는 않았지만, 그럼에도 우리가 의로워지는 것이 하나님의 의로움으로라는 것이 가르쳐졌다는 것은 즐거운 일이었다." *LW* 34:336-37.

23) Brecht, *Martin Luther*, vol. 1, 230.

24) Ibid., 229.

25) John Dillenberger, *Martin Luther: Selections from His Writings* (New York: Doubleday, 1961), 87-88.

26) Bernard M. G. Reardon, *Religious Thought in the Reformation*, 2nd ed. (London: Longman, 1995), 54.

27) Dillenberger, *Martin Luther*, 89.

28) Rupp and Drewery, *Martin Luther*, 15-17.

29) Lindberg, *Sourcebook*, 31.

30) Rupp and Drewery, *Martin Luther*, 17-18. 95개 논제로 대중적으로 알려져있는 이 문서의 실질적 제목은 『면죄부의 능력과 효력에 대한 논쟁』(*Disputation on the Power and Efficacy of Indulgences*)이었다. 그것은 아마도 11월 중순에 붙여졌을 것이다. Brecht, *Martin Luther*, vol. 1, 201.

31) Dillenberger, *Martin Luther*, 490.

32) Ibid., 490-500.

33) Brecht, *Martin Luther*, vol. 1, 211. 결코 욕으로 이겨질 수 있는 사람이 아닌 루터는 진혹한 반응으로 맞대응하며 엑크의 신학자로서의 기본적 능력에 의문을 제기했다.

34) LW 31: 83; Kittelson, *Luther the Reformer*, 114.

35) Oberman, *Luther*, 193.

36) 레오(Leo)는 두 가지 평을 한 것으로 받아드려 진다. 그것은 아마도 출처가 분명치 않지만, 독일의 다툼에 대한 그의 초기 반응이 무엇이었는지를 잘 보여준다. 그는 상황을 잘 이해하고 있지 못했다. 그에게 그것은 단지 성베드로 성당 건축을 위한 그의 계획을 방해하고 있었던 것뿐이었다. 하나는 "루터는 술취한 독일인이다. 술이 깨면 다르게 느낄 것이다" 이었다. 두 번째는 "수도사 마틴은 뛰어난 놈이다. 전체 소동은 수도사들의 시기 때문이다" 이었다. Bainton, *Here I Stand*, 85.

37) Lindberg, *Sourcebook*, 34.

38) 그는 "그 어리석은 멍청이가 그런 형편없는 것을 써서 내가 웃을 수밖에 없었다"라고 평했다. *LW* 54:83.

39) 루터는 프레데릭(Frederick)을 한 번도 접촉한 적이 없다. 그는 그의 군주와의 의사소통을 위해 전적으로 스팔라틴(Spalatin)에게 의존했기 때문이다. 편지들은, 400개가 생존했는데, 루터의 감정과 반응을 드러내는 중요한 자료들이다.

40) 프레데릭은 19,000개의 성물 수집을 가지고 있었고, 성물의 한 조각 당 100일의 면죄부를 받을 수 있게 되어 있었다. 그러므로 그것들 모두를 보는 것은 1,900,000 일의 면죄부 결과를 초래할 것이다. 그는 보물같이 소중한 수집물을 쉽게 포기하지 않았고, 그 성물은 1522년까지 전시되었다. 그러나 그는 죽을 때 빵과 포도주로 성찬을 받았다. 이것은 그의 생애 말에 루터의 가르침을 수용했다는 것을 암시한다.

41) 카제탄은 이렇게 기록했다. "저는 귀하의 명예와 양심을 생각하라고 귀하께 권고하고 부탁을 드립니다. 수도사 마틴을 로마로 보내거나 귀하의 영토에서 쫓아내 주십시오. 귀하께서는 별 볼일 없는 수도사 하나가 귀하와 귀하의 집에 그런 치욕을 가져오게 해서는 안

됩니다." Oberman, *Luther*, 16.

42) Schwiebert, *Luther and His Times*, 371.

43) LW 48:94; Kittelson, *Luther the Reformer*, 127.

44) 찰스의 외조부모는 스페인의 페르디난드(Ferdinand)와 이사벨라(Isabella)였고, 그들을 통해 그는 스페인, 이태리에 있는 스페인의 소유물, 그리고 새 세상(New World)의 부유한 제국의 상속인이 되었다. 그의 아버지는 합스부르그(Hapsburg)의 막시밀리안(Maximilian)의 아들, 부르군디의 필립(Philip of Burgundy)이었고, 그를 통해 그는 동부 유럽에 있는 합스부르그 영토와 부르군디 영토들을 상속했다.

45) Brecht, *Martin Luther*, vol. 1, 271.

46) 라이프치히 대학(The University of Leipzig)은 1409년 프라하 대학(the University of Prague)에서 학생들과 교수진이 나와서 만들었다.

47) Schwiebert, *Luther and His Times*, 408.

48) Bainton, *Here I Stand*, 116-17.

49) Ibid.

50) *LW* 18:153.

51) Janz, *Reformation Reader*, 91.

52) Ibid.

53) Ibid., 93.

54) Schwiebert, *Luther and His Times*, 471.

55) Janz, *Reformation Reader*, 99-100.

56) Ibid., 100.

57) Ibid., 104.

58) Ibid., 327-29.

59) Brecht, *Martin Luther*, vol. 1, 424.

60) Bainton, *Here I Stand*, 179.

61) 이 진술은 루터의 재판에 대한 스팔라틴(Spalatin)의 설명에서 취한 것이다. 전체 설명은 James Atkinson, *The Trial of Luther* (London: Batsford, 1971), 149에서 볼 수 있다.

62) Atkinson, *The Trial of Luther*, 155.

63) Ibid., 161-62. 그는 "내가 여기 서 있고, 나는 다르게 할 수 없다"라는 말을 했을 수 있으나, 이 진술은 연설의 추후 인쇄된 버전에서만 발견된다.

64) Melanchthon, *Life and Acts of Martin Luther*, 6.

제4장 루터교 종교개혁의 강화와 확장

1) *LW* 48:356.

2) 1521년 루터의 추종자들이 그들의 행동을 방어하는데 그의 이름을 사용하기 시작

했을 때, 루터는 공포 가운데 이렇게 기록했다. "나는 사람들이 나의 이름을 언급하지 않도록 요구한다. 그들은 자신을 루터교도라고 부르지 말고 그리스도인이라 부르도록 해라. 루터가 무엇인가? 결국, 가르침은 내 것이 아니다. 내가 누구를 위해 십자가에 못 박힌 것도 아니다.…그런데 어떻게 나 같은 형편없고 냄새나는 구더기 음식물 같은 내가 사람들로 하여금 그리스도의 자녀들을 나의 비참한 이름으로 부르도록 하게 되었는가? 그래서는 안 된다. 내 친구여. 모든 당파적 이름을 제거하고 우리 자신을 그리스도인이라 부르자. 우리는 그분의 가르침을 따른다." *LW* 45:70-71.

3) Bainton, *Here I Stand*, 194.

4) Rupp and Drewery, *Martin Luther*, 72.

5) 엠제르(Emser)와 루터는 루터의 만인제사장론에 관한 가르침에 대해 맞붙었다. 루터의 가장 끈질긴 반대자 중 하나였던 엠제르는 루터를 성직자와 평신도 사이의 구별을 말살한다고 비난했다. 루터는 소책자로 반응했는데, 그것은 루터만이 고안할 수 있는 유형의 제목이었다. 그 제목은 『지나친 그리스도인, 지나치게 영적이고 지나치게 박식한 염소 엠제르의 책에 대한 답변』(*Answer to the Hyperchristian, Hyperspiritual and Hyperlearned Book of Goat Emser*)이었다. 지독한 논쟁이 따랐고 엠제르는 자신이 그의 공격을 위한 제목을 고안하는데 루터와 버금감을 보여주었다. 그의 책자 중 하나는 이런 제목이었다: 『비텐베르그의 성난 황소의 답변에 대한 응답』(*Reply to the Answer of the Raging Bull of Wittenberg*). 그러나, 욕설 외에, 엠제르와 루터 사이의 교전은 루터가 민인제사장과 크리스천 사역 사이의 구별을 명확하게 해주는 결과를 가져다주었다. 1521년에 저술한 소책자에서 루터는 이렇게 기술했다. "나의 모든 글에서 나는 더 이상 말하려 하지 않았고, 실로 이 정도만 말하려 한 것이다. 그것은 모든 그리스도인들이 제사장들이지만 모두가 감독에게 안수 받는 것이 아니고, 모두가 다 설교하는 것도 아니고, 미사를 집행하거나 사제직을 수행하는 것도 아니다. 그것을 위해서는 안수 받고 소명을 받아야만 하는 것이다." *LW* 39:233.

6) *LW* 36:134.

7) Bainton, *Here I Stand*, 328.

8) Rupp and Drewery, *Martin Luther*, 94.

9) Ibid., 75.

10) Ibid., 101.

11) Kittelson, *Luther the Reformer*, 183.

12) 세 사람 모두 다른 시기에 루터를 만났으나, 루터는 좋은 인상을 받지 못했다. 스토크(Storch)는 1525년 뮤닉(Munich)에서 죽었다.

13) Janz, *Reformation Reader*, 166.

14) 프레데릭은 처음으로 성찬을 빵과 포도주 양쪽으로 다 받은 후 5월 5일에 죽었다.

15) Rupp and Drewery, *Martin Luther*, 121-22.

16) Martin Luther, *The Small Catechism in Book of Concord* (St. Louis: Concordia, 1952), 158.

17) Schwiebert, *Luther and His Times*, 664.

18) Kittelson, *Luther the Reformer*, 209.

19) Heinrich Bornkamm, *Luther in Mid-career 1521-1530* (Philadelphia: Fortress Press, 1983), 616.

20) *LW* 49:297-98.

21) Augsburg Confession, Article VII, *Book of Concord*, 13.

22) Harold J. Grimm, *The Reformation Era, 1500-1650*, 2nd ed. (New York: Macmillan, 1954), 178.

23) Roland H. Bainton, *Women of the Reformation in Germany and Italy* (Minneapolis: Augsburg, 1971), 26.

24) *LW* 49:117.

25) 캐이티(Katie)는 출판사들이 그의 글로부터 거액의 이득을 남기고 있다고 루터를 상기시켰다. 그녀는 그 돈으로 가족의 비용을 충당하는데 도움을 얻을 수 있었으나, 루터는 그의 많은 저서들로 부터 이득을 챙기는 것을 완고하게 거부했다.

26) Schwiebert, *Luther and His Times*, 597.

27) 루터의 딸 중 하나만 성인까지 살았다. 엘리자베스(Elizabeth)는 8개월 만에 죽었고, 막달레나(Magdalena)는 13세에, 가장 여린 딸 마가렛(Margaret)은 부유한 브란덴부르그(Brandenburg) 귀족과 결혼하여 1570년 36세의 나이에 죽었으며, 루터의 아들들은 여러 가지 직업을 가졌다. 그의 큰 아들 한스(Hans)는 변호사가 되어 후에 왕실 의원이 되었다. 마틴(Martin)은 신학을 공부했지만 성직자가 되지 않았다. 바울(Paul)은 유명한 박사가 되어 가장 큰 성공을 이룩했다.

28) Bainton, *Here I Stand*, 302.

29) Kittelson, *Luther the Reformer*, 211.

30) 유명한 인문주의자 토마스 모어(Thomas More)도 마찬가지로 루터의 공격에 냉혹했다. 그는 이렇게 말했다. 루터는 "지껄임에서 수다쟁이들을, 사악함에 있어서 악당들을, 음란함에 있어서 창녀들을 그리고 익살에 있어서 모든 어릿광대들을 능가했다.… 불경건함, 범죄, 더러움 중 가장 어리석은 찌꺼기들은 루터교도(Lutherans)라고 불려야 한다." Neelak S. Tjernagel, *Martin Luther and the Jewish People* (Milwaukee: Northwestern, 1985), 100.

31) 1544년 루터는 그의『거룩한 성례에 대한 짧은 고백』(*Short Confession on the Holy Sacrament*)를 출판했다. 거기서 그는 자신의 성찬 신학에 동의하지 않는 자들을 공격하기 위해 가장 포악한 언어를 사용했다. 그가 죽는 해에 그는 시편 1편을 풍자하여 다시 그들을 공격했다. "성례주의자들의 충고로 걷지 않는 자, 츠빙글리안들의 길에 서지 않는 자, 또는 취리히 사람들의 자리에 앉지 않는 자는 복이 있다." B. A. Gerrish, *The Old Protes-tantism and The New: Essay on the Reformation Heritage* (Chicago: University of Chicago Press, 1982), 33.

32) *LW* 45:229.

33) Eric Gritsch, "The Unrefined Reformer," in *Church History*, 39 (1993): 37.

34) Rupp and Drewery, *Martin Luther*, 173.

35) Kittelson, *Luther and the Reformer*, 397.

36) Oberman, *Luther*, 322.

37) Schwiebert, *Luther and His Times*, 845, n. 162.

38) Robert Kolb, *Martin Luther as Prophet, Teacher and Hero: Images of the Reformer 1520-1620* (Grand Rapids: Baker Books, 1999). Robert Scribner, "Incombustible Luther: the Image of the Reformer in Early Modern Germany," in *Past and Present 110* (February 1986): 39-68.

39)한 루터 자서전은 마틴 루터의 독일어 저작들만을 조사하기 위해 77 페이지를 차지했다.

40) 멜랑톤과 코크레우스 자서전의 새로운 판을 위해서는 Elizabeth Vandiver, Ralph Keen, and Thomas D. Frazel, eds. and trans., *Luther's Lives* (Manchester, England: Manchester University Press, 2002)을 보시오.

41) G. R. Elton, "Commemorating Luther," *Journal of Ecclesiastical History* 35, no. 4 (October 1984); 619.

제5장 도시 종교개혁

1) Bernd Moeller, *Imperial Cities and the Reformation: Three Essays* (Philadelphia: Fortress Press, 1972), 41.

2) A. G. Dickens, *The German Nation and Martin Luther* (New York: Harper and Row, 1974), 182.

3) 예를 들면, Moeller, *Imperial Cities and the Reformation*, 74ff를 보시오. 이 해석은 Steven Ozment, *The Reformation in the Cities: The Appeal of Protestantism to Sixteenth-century Germany and Switzerland* (New Haven, CT: Yale University Press, 1975)에 의해 반론이 제기되었다.

4) 츠빙글리와 에라스무스는 1523년 여름에 갈라섰다. 그것은 에라스무스를 글로 공격한 울히리 폰 후튼(Ulrich von Hutton)에게 츠빙글리가 보호를 제공했을 때였다. 후튼이 에라스무스가 죽기 바로 전에 취리히의 안전지대에서 그를 다시 공격했을 때, 에라스무스는 응답을 했고 그것을 츠빙글리에게 헌정했다. 그는 다시는 츠빙글리에게 글을 쓰지 않았다.

5) 스위스 군인들은 높게 평가되었다. 그들은 용감하고 유능한 전사들이었기 때문이었다. 그 결과 그들을 용병으로 찾는 많은 요구가 있었다. 스위스는 가난한 지역이었기 때문에, 용병 서비스는 중요한 수입의 근원을 제공했다.

6) 츠빙글리는 그것을 거부하지 않으면서 비난에 대해 자신을 방어했다. 편지에서 그는 이렇게 고백했다. "내가 아직 글라루스에 있으면서 이 부분에 약간의 유혹에 떨어져 있을 때, 나는 매우 신속하게 그것을 했기 때문에 나의 친구들도 알지 못했다." Janz, *Reformation*

Reader, 152.

7) 그가 "그리스도의 복음"이라고 불렀던 것이 실제로 이신칭의의 종교개혁 교리였는지에 대해서 의문이 제기되었다. 대중적 종교개혁 교과서의 저자는 이렇게 평했다. "이른 시기에 복음에 대한 그의 개념은… 일종의 에라스무스적인 그리스도 중심적 사랑의 윤리, '그리스도의 철학'이었다." Lewis Spitz, *The Renaissnace and Reformation Movements* (Chicago: Rand McNally, 1971), 389.

8) Lindberg, *Sourcebook*, 112. 츠빙글리는 그의 신학적 발전에서 그가 주장한 것처럼 루터로부터 독립적이지 않았을 수 있다. 츠빙글리가 루터를 알았고 1518년 말 루터의 글을 읽었던 것은 분명하다.

9) Ulrich Zwingli, "Of the Clarity and Certainty of the Word of God," in *The Library of Christian Classics*, vol. 24, Zwingli and Bullinger, ed. g. W. Bromiley (Philadelphia: Westminster Press, 1953), 90-91.

10) William G. Naphy, ed. *Documents on the Continental Reformation* (London: Macmillan, 1996), 38-39.

11) 한 해에 콘스탄스(Constance) 교구의 사제들은 1,500명 사생아들의 아버지였고, 감독은 각각에 4 또는 5 굴덴(gulden)의 벌금을 받았다. George R. Potter, *Ulrich Zwingli* (London: Chameleon Press, 1983), 18.

12) Janz, *Reformation Reader*, 157.

13) Moeller는 다음과 같이 주장한다. "츠빙글리와 부처는…둘 다 루터와 도시들 사이의 골이 가장 명확한 도시 사상과 종교개혁 사이의 바로 그 접촉점에서 루터와 달랐다. 즉, 그것은 교회의 개념과 윤리의 근거에서 였다." Moeller, *Imperial Cities and the Reformation*, 75.

14) 이 입장의 주도적 해설자인 Alister McGrath는 이렇게 말한다. "루터에게 성경은 하나님의 약속을 선언하는 것으로 믿는자를 다시 확신시켜주고 위로해 준다. 그것은 하나님께서 그리스도 안에서 죄인 된 인간을 위해 무엇을 하셨는지 말해주고 선포하는 것에 근본적으로 관심이 있다. 츠빙글리에게, 성경은 하나님께서 인간에 대해 만드신 윤리적 요구를 제시하는 것이다. 그것은 그리스도에 의해 제공된 본보기에 대해 인간이 무엇을 해야 하는지를 지적하는데 근본적으로 관심이 있다.

15) Martin Luther, *The Larger Catechism*, in *The Book of Concord*, *The Confessions of the Evangelical Lutheran Church* (Philadelphia: Muhlenberg, 1959), 210.

16) Lindberg, *Sourcebook*, 121.

17) Janz, *Reformation Reader*, 159.

18) Brecht, *Martin Luther*, vol. 2, 309.

19) Ibid., 314.

20) Ibid., 318.

21) Ibid., 322.

22) Schwiebert, *Luther and His Times*, 708-9.

23) Naphy, *Documents on the Continental Reformation*, 100.

24) Schwiebert, *Luther and His Times*, 711.

25) Janz, *Reformation Reader*, 162.

26) Rupp and Drewery, *Martin Luther*, 137.

27) Janz, *Reformation Reader*, 164.

28) Ernest Winter, ed., *Erasmus-Luther Discourse on Free Will* (New York: Ungar, 1961), 113.

29) Ibid., 132-33.

30) Ibid., 137.

31) Philip Schaff, *History of the Christian Church*, vol. 8, 3rd ed. (Grand Rapids: Eerdmans, 1953), 112-3.

32) Erika Rummel, "Voices of Reform from Hus to Erasmus," in T. A. Brady, H. Oberman, and J. Tracy, *Handbook of European History 1400-1600*, vol. 2 (New York: E. J. Brill, 1994), 78.

33) Ibid.

34) 다른 표지들은 "목자의 음성에 귀를 기울이는 것…가르침의 사역…적절한 목사들의 소유" 그리고 "성례의 합법적 집행"이었다. Johnston, *Protestant Reformation in Europe*, 94.

35) Ibid., 95.

36) Brecht, *Martin Luther*, vol. 2, 410.

37) Kittelson, *Luther the Reformer*, 266.

제6장 과격파 종교개혁

1) Janz, *Reformation Reader*, 183.

2) Sattler는 그 명령을 Schleitheim Confession의 조항 6에서 인용한다. Ibid., 178.

3) 가장 포괄적인 초기 역사를 저술한 불링거는 사탄이 이 운동에 책임이 있다고 생각했다. 그의 태도는 그가 1548년에 저술한 책의 제목에 의해 잘 드러난다: 『재세례파의 치명적인 이단과 분파에 대한 유익한 처방 또는 해독제』(*A Wholesome Antidote or Counter-poison against the Pestilent Heresy and Sect of the Anabaptists*).

4) James M. Stayer, "The Anabaptists," in *Reformation Europe: A Guide to Research*, ed. Steven Ozement (St. Louis: Center for Reformation Research, 1982), 135.

5) Ibid., 136.

6) 이 해석을 제시하는 고전 저작은 Franklin H. Littell, *The Anabaptist View of the Church*, 2nd ed. (Boston: Star King Press, 1958)이다.

7) 재세례를 치명적인 범죄로 만드는 로마법의 조항은 초기 교회에서 분열주의 그룹 중 하나인 도나티스트들(Donatists)을 향한 것이었다.

8) 제 3판은 1,311 쪽 본문과 68쪽 참고문헌을 가지고 있다. George H. Williams. *The Radical Reformation*, 3rd ed. (Kirksville, MO: Sixteenth Century Journal Publishers, 1991).

9) Ibid., 1289.

10) 비판자들은 윌리암이 과격파 종교개혁의 특징이라고 주장하는 믿음의 내용 중 "심지어 하나도 모든 과격파들이 고수하지는 않았다" 고 지적했다. James M. Stayer, "The Radical Reformation," in Brady, *Handbook of European History*, 249.

11) Adolf Laube, "Radicalism as a Research Problem in the History of the Early Reformations," *Radical Tendencies in the Reformation: Divergent Perspectives*, ed. Hans J. Hillerbrand (Kirksville, MO: Sixteenth Century Journal Publishers, 1988), 10. 또한 Hans-Jurgen Goertz, "History and Theology: A Major Problem of Anabaptist Research Today," in *Mennonite Quarterly Review* 53 (1979): 177-88을 보시오.

12) Stayer, "The Anabaptists," 146; Hans-Jurgen Goertz, ed. *The Anabaptists,* trans. Trevor Johnston (London: Routledge, 1996).

13) Lindberg, *Sourcebook*, 128-29.

14) Eric W. Gritsch, "Thomas Muntzer and Luther: A Tragedy of Error," in Hillerbrand, *Radical Tendencies in the Reformation*, 55ff.,는 여러 해석들을 잘 요약하고 있다.

15) Lindberg, *Sourcebook*, 84.

16) Ibid., 90.

17) Gritsch, "Thomas Muntzer and Luther," 64.

18) Lindberg, *Sourcebook*, 85.

19) Ibid., 85-86.

20) Gritsch, "Thomas Muntzer and Luther," 69.

21) Janz, *Reformation Reader*, 165.

22) Lindberg, *Sourcebook*, 88.

23) Williams, *Radical Reformation*, 187.

24) 그는 푸른 코트를 의미하는 Blaurock이란 이름을 얻었다. 그가 푸른 코트를 입고 있었던 어떤 모임에서 이름을 모르는 누군가가 그를 푸른 코트를 입은 사람이라고 불렀기 때문이다.

25) Daniel Liechty, ed., *Early Anabaptist Spirituality* (New York: Paulist Press, 1994), 2.

26) Lindberg, *Sourcebook*, 131.

27) "The Schleitheim Confession," *Christian History* 4, no. 1:29.

28) 마태복음 18:15-17은 "너희에게 죄를 짓는 형제" 에게 사용되는 절차를 묘사하고 있다. 너희는 먼저 그에게 개인적으로 말하라. 만일 그것이 문제를 해결하지 못하면, 몇 몇 다른 사람들을 데리고 가서 그를 다시 보도록 하라. 만일 그가 여전히 자신의 죄를 지속한다면,

"교회에 말하라, 그리고 만일 그가 심지어 교회도 듣기를 거부한다면, 그를 이방인 또는 세리처럼 취급하라."

29) "The Schleitheim Confession," 10.

30) 가톨릭들은 화형의 전통적 방법을 사용했으나, 자비의 행위로 화약 가방을 범죄자의 목에 두르도록 해서 죽음을 촉진했다. 개신교도들은 익사나 참수를 처형의 선호적인 방법으로 사용하는 경향이 있었다.

31) Sebastian Franck, *Liechty, Early Anabaptist Spirituality*, 11-12에서 인용함.

32) Williams, *Radical Reformation,* 263-64.

33) Ibid., 342.

34) Liechty, *Early Anabaptist Spirituality*, 37-38.

35) Claus Peter Clasen, *Anabaptism: A Social History 1525-1618* (Ithaca, NY: Cornell University Press, 1972), 131ff.

36) Klaus Deppermann, *Melchior Hoffman*, trans. Malcolm Wren (Edinburgh: T & T Clark, 1987), 293.

37) 필립스는 1535년 2월 암스테르담에서 극단주의자 그룹이 나체로(naked) 거리를 다니며 자신들이 "하나님의 순수한(naked) 진리"를 선포하고 있다고 부르짖는 것을 보고 끔찍하게 느꼈다.

38) 뮌스터(Munster)는 네덜란드 국경의 북서 독일에 있는 군주-감독의(prince-bishopric) 주요 도시였고, 약 15,000명의 인구를 가지고 있었다.

39) 마티즈(Matthijs)는 원래 모든 "불경건한" 자들을 다 죽이겠다고 선언했으나, 다행이 동료가 이것은 모든 국가들로 하여금 자신들을 증오하게 할 것이라고 확신시켰다.

40) 이미 결혼한 존 뷰켈스(John Beukels)가 마티스의 과부를 향한 음욕 때문에 이 법률을 소개했다고 주장되어진다.

41) 저항하는 자들은 "유기된 자들로 간주(그리고 그러므로 처형의 위험에 처해 있다고)될 것이다." Williams, *Radical Reformation*, 568.

42) Gunter Vogler, "The Anabaptist Kingdom of Munster in the Tension Between Anabaptism and Imperial Policy," in Hillerbrand, *Radical Tendencies in the Reformation*, 115.

43) 메노 시몬즈는 존 뷰켈스에 대항하는 책자를 저술했다. 그것은 아마도 뮌스터가 함락되기 전에 썼을 것이다. 그러나 뮌스터가 함락된 후, 그는 그것을 내놓지 않기로 결정했고, 1627년까지 출판되지 않았다.

44) 논의되지 않은 자들 가운데는 Sebastian Franck (1499-1542)와 Caspar Schwenckfeld (1490-1561)와 같은 영적주의자들(Spiritualists), Michael Servetus (1511-1553)와 같은 반삼위일체주의자들, 그리고 Pilgram Marpeck (1490-1556)과 같은 절충주의 재세례파들이 있다. 그중 일부는 후에 다룰 것이다.

제7장 칼빈과 칼빈주의

1) John Calvin, *Preface to the Commentary on Psalms*, in *John Calvin: Writings on Pastoral Piety*, ed. Elise Anne McKee (New York: Paulist Press, 2001), 60.

2) Spitz, *Renaissance and Reformation Movements*, 412.

3) 칼빈의 적 중 하나인 Jerome Bolsec은 1551년 적대적인 전기를 출판했다. 그의 『칼빈의 생애』(Life of Calvin)는 종교개혁자 칼빈을 매우 부정적으로 그렸다. 그는 "칼빈이 자신의 말을 마치 하나님의 말씀처럼 취급했고 자신이 마치 하나님처럼 경배 받도록 했다"고 주장했다. Alister McGrath, *A Life of John Calvin* (Oxford: Blackwell, 1990), 16-17.

4) John Calvin, *Commentary on the Epistle of Paul the Apostle to the Romans and the Thessalonians*, ed. David W. Torrance and Thomas F. Torrance (Grand Rapids: eerdmans, 1961), 4.

5) Wulfert de Greef, *The Writings of John Calvin: An Introductory Guide* (Grand Rapids: Baker Books, 1993), 135.

6) William J. Bouwsma, "The Quest for the Historical Calvin," in *Archiv fur Reformationsgeschichte* 77 (1986): 48.

7) Ibid.

8) 루터가 칼빈의 『성찬에 대한 짧은 논문』(*Short Treatise on the Lord's Supper*)을 읽었을 때, 루터는 비텐베르그 책판매자에게 칼빈이 루터 자신과 츠빙글리안들 사이의 성찬 문제를 해결했을지 모른다고 말한 것으로 추정된다. 이 묘사는 정확하지 않을 수 있으나 (Gerrish, *The Old Protestantism and the New*, 286-87, n. 53을 보시오), 루터가 다음과 같이 말한 것으로 인용한다. "나는 처음부터 이 논쟁의 전체 사건을 그에게 의탁했었어야 했을는지 모르겠다. 만일 내 상대가 그같이 했더라면, 우리는 빨리 화해했을 것이다." Robert D. Linder, "The Early Calvinists and Martin Luther: A Study in Evangelical Solidarity," in Regnum, *Religio et Ratio, ed. Jerome Friedman* (Kirksville. MO: Sixteenth Century Journal Publishers, 1987), 116.

9) Gerrish, *The Old Protestantism and the New*, 38.

10) Calvin, *Preface to the Commentary on Psalms*, 59.

11) Gerrish, *The Old Protestantism and the New*, 37.

12) 데오도르 베자는 칼빈이 그 연설문을 섰다고 주장했지만, 그의 주장을 증명할만한 확실한 증거가 없다.

13) 소위 일컫는 플라카즈 사건의 더 확실한 전말을 위해서는 14장을 보시오.

14) John Calvin, *Institutes of the Christian Religion*, vol. 1, trans. Henry Beveridge (Grand Rapids: Eerdmans, 1957), 3.

15) Ibid., vol. 2, 19.

16) 1536년 판을 위해서는 John Calvin, *Institutes of the Christian Religion* (1536 edition), ed. Ford Lewis Battles (Grand Rapids; Eerdmans, 1986)를 보시오.

17) Calvin, *Institutes*, trans. Beveridge, vol. 2, 206 (book 3, chapter 21, 5).

18) Ibid., vol.2, 204 (book 3, chapter 21, 1).

19) Ibid., vol. 2, 402 (book 2, chapter 12, 3).

20) Ibid., vol. 1, 475 (book 3, chapter 2, 7).

21) Ibid., vol. 2, 38 (book 3, chapter 11, 2).

22) McGrath, *Reformation Thought*, 125.

23) Calvin, *Institutes*, ed. Battles, vol. 2, 560 (book 4, chapter 17, 5).

24) De Greef, *Writings of John Calvin*, 135. 루터처럼, 칼빈도 성찬이 매주 주일 치러져야 한다고 믿었으나, 제네바 시의회는 동의하지 않았고, 그 결과 일 년에 4번 성찬을 치루는 츠빙글리안 실행이 채택되었다.

25) Calvin, *Institutes,* ed. Battles, vol. 2, 563 (book 4, chapter 17, 10).

26) McGrath, *A Life of John Calvin*, 94-95.

27) Calvin, *Preface to the Commentary on Psalms*, 61.

28) Johnston, *Protestant Reformation in Europe*, 102.

29) Ibid.

30) Calvin, *Preface to the Commentary on Psalms*, 62.

31) 레겐스부르그 회담(Colloquy of Regensburg)의 논의를 위해서는 10장을 보시오.

32) Hans J. Hillerbrand, *The Reformation: A Narrative History Related by Contemporary Observers and Participants* (New York: Harper and Row, 1964), 184.

33) "Of the Lord's Supper," article 10 in *The Book of Concord*, 13.

34) Schaff, *History of the Christian Church*, vol. 8, 666. Variata도 가톨릭 관습을 더 강하고 전면적으로 비난했다. "교회 사역과 고해에 대한 부분은 잘못된(즉, 가톨릭) 칭의 교리를 가르치는 자들을 비난했다. 교회예식에 대한 조항은 특정한 의식을 위한 필요에 대해 '미신적 의견으로 [양심]에 짐을 지우는 것' 을 정죄했다. 미사에 대한 논의는 사적 미사와 미사가 죄사함을 얻는 '선행' 이라는 개념에 대한 새롭고 신랄한 공격을 포함했다." Euan Cameron, "Philip Melanchthon: Image and Substance," in *Journal of Ecclesiastical History* 48 (Oct. 1997): 719.

35) Steven Ozment, *The Age of Reform 1250-1550* (New Haven, CT: Yale University Press, 1980), 365.

36) 칼빈은 먼저 부유한 독일 여자를 고려했으나, 그녀는 프랑스어를 구사하지 못했고 배우려 하지 않는 것으로 보였다. 나아가 칼빈은 파렐에게 자신은 부유한 여자가 가난한 성직자와 결혼하는 것에 편하겠는지 근심하는 편지를 썼다. 파렐의 후보자는 프랑스어를 구사하고 경건한 개신교도였으나, 칼빈보다 15세 연상이었다. 다른 후보는 프랑스어를 했고 돈이 없었으며, 칼빈에게 관심을 끌어 인터뷰를 위해 스트라스부르그로 그녀를 초청했으나, 만남은 이루어지지 않았다.

37) William J. Petersen, "Idelette: Calvin's Search for the Right Wife," in *Christian History*, 5, no. 4 (1986): 13.

38) Ibid., 15.

39) T.H.L. Parker, *John Calvin* (Tring, U.K.: Lion Publishing, 1975), 96. 파렐이 제네바의 날씨가 칼빈의 건강을 위해 더 좋을 것이라는 것을 상기시키며 칼빈이 돌아오도록 설득하려 했을 때, 칼빈은 파렐이 진정으로 그의 건강을 근심한다면 다시는 그에게 제네바를 언급하지 말라고 반응했다.

40) Calvin, *Preface to the Commentary on Psalms,* 51.

41) H. Oberman, "Calvin and Farel: The Dynamics of Legitimization in Early Calvinism," in *Reformation and Renaissance Review* 1 (June 1999): 29.

42) Ozment, Age of Reform, 366.

43) 박사는 "건건한 교리"를 가르치게 되어있는 교사였다. 집사는 목사들을 도와 가난한 자들을 구제하고 과부와 고아들을 돌보며, 병든자들과 어려움에 놓인 자들을 방문하고, 시 병원의 행정일을 돌보았다.

44) Hillerbrand, *The Reformation*, 192.

45) Ibid., 193.

46) 이 글을 쓸 때 단지 첫 권만 번역되었다. Robert M. Kingdon, Thomas A. Lambert, Isabella M. Watt, and M. W. McDonalds, eds. and trans., *The Registers of the Consistory of Geneva in the Time of Calvin* (Grand Rapids: Eerdmans, 2000).

47) R. Kingdon, "The Geneva Consistory," in *Calvinism in Europe, 1540-1620*, ed. Andrew Pettegree, Alastair Duke, and Gillian Lewis (Cambridge: Cambridge University Press, 1994), 26.

48) 제네바의 거주민들은 citoyens, bourgeois, 또는 habitants 였다. Citoyens는 그것에서 citoyens인 부모에게서 태어난 제네바의 시민이었고, 그들만 선거를 할 수 있고 공직을 가질 수 있었다. Bourgeois는 시민권을 구입한 장기 거주자이었으나, 그들은 소위원회(Little Council)에 선출될 수 없었다. Habitants는 등록된 외국인으로 시민권이 없었다. 칼빈은 1559년 시민권이 부여되기 전까지 세 번째 부류에 속했다.

49) Harold Grimm의 탁월한 종교개혁 교과서를 사용한 학생들의 세대는 치리법정(Consistory)에 대해 다음의 묘사를 읽었을 것이다. "그것은 심지어 가족의 사생활도 침범했다. 의문시되는 부모의 자녀들을 때로 심문했다. 사람들은 아주 바르고 좁은 길로부터 조금이라도 벗어난 것에 대해 답을 하기 위해 치리법정에 불려왔다. 설교에 참석 못한 것, 가족 다툼, 목사들에 대한 비판, 극장 참석--특히 '뻔뻔한 철면피' 여자들은 여성의 역할을 취하기 시작했기 때문에--외설적인 노래 부르기, 춤, 카드놀이, 그리고 많은 작은 위반행위들이 치리법정 기록의 페이지들을 가득 채운다." Harold Grimm, *Reformation Era*, 2nd ed. (1954; repr., New York: Macmillan, 1973), 280-81.

50) Johnston, *Protestant Reformation in Europe*, 103. 칼빈은 그를 반대하는 자들에 대한 방법 때문에 아마도 일부 부정적인 반응을 받을 만 했었을 것이다. 예를 들면, Pierre Ameaux가 저녁 파티에서 칼빈이 거짓 교사이고 너무 많은 영향을 끼친다고 말했을 때, 그는 위원회 앞에서 칼빈에게 사과하라고 판결을 받았다. 칼빈은 그 선고가 불충분하다고 느꼈고

Ameaux가 시의 구석구석을 돌며 무릎을 꿇고 회개하여 공개 고해를 하라고 주장했다.

51) 그들은 "libtertines"라고 칼빈의 전기에서 종종 언급되지만, 그 용어는 실제로 칼빈이 죽은 후에 사용되었다. E. William Monter, *Calvin's Geneva* (New York: Wiley, 1967), 91, n. 31.

52) Parker, *John Calvin*, 137.

53) Andrew Pettegree, "Michael Servetus and the Limits of Tolerance," in *History Today* (February 1990): 41.

54) Ibid., 45.

55) Lindberg, *Sourcebook*, 182.

56) Pettegree, "Michael Servetus," 45.

57) McGrath, *A Life of Calvin*, 116.

58) Parker, *John Calvin*, 180.

59) John Dillenberger, ed., *John Calvin: Selections from His Writings* (New York: Doubleday, 1971), 38.

60) Ibid., 43.

61) Ibid., 42.

62) Lindberg, *Sourcebook*, 249.

63) 칼빈이 비윤리적이라고 여겼을 일부 활동들이 상당히 줄었던 것으로 보인다. 예를 들면, 사생아 출산 수가 놀랍게 줄었고, 1580년 제네바를 통과하며 여행을 하던 예수회 회원은 "어떤 신성모독이나, 욕설이나 또는 점잖지 못한 언어를 듣지 못했다"는 놀라움을 표현했다. 당시 기록자는 1555년 사건 후에는 "모두가 하나님을 섬기는 일에 헌신했다.…심지어 위선자들도 그렇게 했다"고 언급했다. Philip Benedict, *Christ's Churches Purely Reformed: A Social History of Calvinism* (New Haven, CT: Yale University Press, 2003), 103.

64) Williston Walker, *John Calvin: The Organiser of Reformed Protestantism 1509-1564* (New York: Schocken Books, 1969), 444.

제8장 영국 종교개혁의 기원

1) Gerald Bray, ed., *Documents of the English Reformation* (Minneapolis: Fortress Press, 1994), 114.

2) Maurice Powicke, *The Reformation in England* (Oxford: Oxford University Press, 1941), 1.

3) A. G. Dickens, *The English Reformation* (London: Batsford, 1964). 두 번째 수정판은 1989년에 출판되었다.

4) Lollard라는 단어는 14세기에 존 위클리프의 추종자들을 지적하기 위해 경멸의 용어로 처음 사용되었다. 그것은 중얼거림(기도자의 중얼거림을 지적함) 중세 네덜란드어,

lollen에서 왔거나, 아니면 "가라지(tares)"를 뜻하는 라틴어, lolia로 부터 왔을 것이다.

5) J. J. Scarisbrick, *The Reformation and English People* (Oxford: Basil Blackwell, 1984); Christopher Haigh, ed., *The English Reformation Revised* (Cambridge: Cambridge University Press, 1987); Duffy, *The Stripping of the Altar; Christopher Haigh, English Reformation: Religion, Politics and Society under the Tudors* (Oxford: Clarendon Press, 1993); Eamon Duffy, *The Voices of Morebath: Reformation and Rebellion in an English Village* (New Haven, CT: Yale University Press, 2001).

6) Haigh, *English Reformation Revised*, 215. Haigh의 결론은 모든 수정주의자들에 의해 받아드려지지는 않는다.

7) 보기들은 다음과 같다. Peter Marshall, *Beliefs and the Dead in Reformation England* (Oxford: Oxford Univeristy Press, 2002); Norman Jones, *The English Reformation: Religion and Cultural Adaptation* (Oxford: Blackwell, 2001); Ethan H. Shagen, *Popular Politics and the English Reformation* (Cambridge: Cambridge University Press, 2003); Susan Wabuda, *Preaching during the English Reformation* (Cambridge: Cambridge University Press, 2002); Christopher Marsh, *Popular Religion in Sixteenth-Century England: Holding Their Peace* (New York: St. Martin's, 1998); Diarmaid MacCulloch, *The Boy King Edward VI and the Protestant Reformation* (New York: St. Martin's, 2002); Susan Brigden, *London and the Reformation* (Oxford: Clarendon Press, 1991).

8) 이 문단에서 제시된 주장들은 Marsh, *Popular Religion;* Peter Marshall and Alec Ryrie, eds., *The Beginnings of English Protestantism* (Cambridge: Cambridge University Press, 2002); 그리고 Shagan, *Popular Politics*에 근거한 것이다.

9) 첫 출판으로 요크(York)의 주교 관구에 있는 Lollardy를 다룬 Dickens는 (A. G. Dickens, *Lollards and Protestants in the Diocese of York, 1509-1558* [Oxford: Oxford University Press, 1959]) 다음과 같이 주장했다. "아마도 Wycliffe가 기대했다고 말할 수 없는 16세기 종교개혁의 유일한 주요 교리는 이신칭의였을 것이다." A. G. Dickens, *The English Reformation*, 2nd ed. (London: Batsford, 1989), 46.

10) 다른 것들과 함께, Lollards는 성직금혼, 화체설, 세속직을 갖는 성직자들, 죽은 자를 위한 기도, 순례, 그리고 사제들에게 하는 고해를 공격했다. 전체 본문은 "Twelve Conclusions of the Lollards," in *English Historical Review* 22 (1907): 292-304에서 찾을 수 있다.

11) Anne Hudson, ed., *English Wycliffite Sermons*, vol. 1 (Oxford: Oxford University Press, 1983). 이 설교들의 복사본은 은밀한 Lollard 필사실에서 아마도 거의 조립-라인 방식으로 생산되었을 것이다. 일군(一群)(cycle)의 31개 복사본이 남아있다.

12) 최근 출판된 Lollardy 연구 중에는 Curtis V. Bostick, *The Antichrist and the Lollards: Apocalypticism in Late Medieval and Reformation England* (Leiden, Netherlands: E. J. Brill, 1998); Richard Rex, *The Lollards* (London: Palgrave Macmillan, 2002), Fiona Somerset, Jill C, Havens, and Derrick G. Pitard, eds., *The Lollards and Their Influence in Late Medieval England* (Woodbridge, U.K.: Boydell, 2003); Norman Tanner and

Sharon McSheffrey, eds. and trans., *Lollards of Coventry 1486-1522* (Cambridge: Cambridge University Press, 2003)가 있다.

13) Christopher Haigh는 "빙산의 일각" 주장을 거부한다. 그는 "이단에 대한 일반적 증오는 보고율이 아마도 높았을 것이고 빙산이 가라앉아 있는 부분은 그러므로 그리 크지 않음을 암시한다"고 주장한다. 그는 "이단자들은 교회법정의 비판자들, 십일조의 거부자들 그리고 성직자들에 대한 불평자들과 같이 1530년까지만 해도 그리 많지 않았다"고 주장한다. Haigh, *English Reformation*, 55. Richard Rex는 또한 상대적으로 Lollards는 많지 않았으며 그 운동은 종교개혁에 별 영향을 미치지 않았다고 주장한다 (Rex, *The Lollards*).

14) Amersham에는 20명의 가장 부유한 시민들 중 10명이 1522년 Lollardy로 고소당했고, Coventry와 Colchester에는 "시민과 상인 엘리트" 중 Lollards가 있었다." Andrew Hope, "Lollardy: The Stone the Builders Rejected?"in *Protestantism and the National Church in Sixteenth Century England*, ed., Peter Lake and Maria Dowling (London: Croom Helm, 1987), 5.

15) 1497년 영국을 방문한 이태리 방문자는 외적으로 영국은 매우 경건하고 그들의 교회를 후하게 지지했다고 관찰했다. Christopher Harper-Bill, *The Pre-Reformation in England 1400-1530* (London: Longman, 1989), 97. 수정주의 연구들은 그의 관찰의 정확성을 지지하는 경향이 있다.

16) 반성직주의에 대한 논쟁의 첫 단서는 Christopher Haigh의 1983년 논문으로 "반성직주의와 영국 종교개혁"이란 제목이었다. 그것은 Haigh, *English Reformation Revised,* 56-74로 재출판되었다. A. G. Dickens는 "반성직주의의 형성과 영국 종교개혁"으로 답변했고, 그것은 Dickens, *English Reformation*, 2nd ed. (1989), 316ff에 포함되었다.

17) Chauccer의 저작은 1428과 1526년 사이에 5판을 찍었다. Dickens는 Piers Plowman이 Tudor 기간에 "가장 큰 영향을 끼쳤다"고 주장한다. Dickens, *English Reformation* (1964), 318; 수정주의 입장을 위해서는 8-10를 보시오. 일부 후기수정주의자들은 반성직주의가 영국 종교개혁에 중요한 역할을 했다고 믿는다. Shagan, *Popular Politics*, 160를 보시오.

18) Johan Huizinga, *Erasmus and the Age of Reformation* (New York: Harper and Row, 1957), 200.

19) W. J. Sheils, *The English Reformation 1530-1570* (London: Longman, 1989), 79. Christopher Harper-Bill은 Colet이 성직자들에 대해 비난을 했다는 것은 거의 근거가 없다고 주장했다. Christopher Harper-Bill, "John Colet's Convocation Sermon and the Pre-Reformation Church in England," in *History* 73 (1988): 191-210.

20) Richard Rex, "The Early Impact of Reformation Theology at Cambridge University, 1522-1547," in *Reformation and Renaissance Review* 2 (December 1999): 71. Protestant란 단어가 1540년까지 일반적이 되지 않았기 때문에, 일부 학자들은 evangelical이란 용어의 사용을 선호한다.

21) 실제적인 제목은 Acted and Monuments이었다. Foxe는 Henry VIII의 통치

시절 개신교도가 된 인문주의자였다. 그는 Mary의 통치 시절 망명해 있는 동안 역사를 시작했고, 1563년 처음 출판되었다.

22) David Daniell, *William Tyndale: A Biography* (New Haven, CT: Yale University Press, 1994), 176에서 인용됨. Greg Walker에 의한 새 연구는 그를 성자 보다는 기획자로 더 간주한다. Greg Walker, *Persuasive Fictions: Fiction, Faith and Political Culture In the Reign of Henry VIII* (Aldershot, U.K.: Scolar, 1996), 146-64. Latimer는 핸리 8세의 딸 메리의 통치 하에 그의 새 믿음으로 말미암아 순교당했다.

23) Foxe가 이 이야기의 근원이다. Barnes는 그에게 다음과 같이 말한 친구의 충고로 행동했다. "그는 추기경에게 편지를 써서 그가 누워있는 그의 탁자 위 옆에 있는 종이 위에 그것을 놓아두어, 자신을 익사하러 어디로 갔는지 그리고 그의 옷을 같은 장소에 놓아두었는지 선언해야 한다. 그리고 또 하나의 편지를 도시의 시장에게 써서 그를 강에서 찾도록 해야 한다." John Foxe, *The Acts and Monuments of John Foxe,* ed. George Townsend, vol. 5 (New York: AMS Press, 1965), 419.

24) Tyndale에 대한 가장 최근 전기를 저술한 David Daniell은 "White Horse가 어디 있는지를 그가 안다는 조금의 증거도 없다"고 평한다. Daniell, *William Tyndale*, 50.

25) William Tyndale, *Selected Works* (Lewers, U.K.: Focus Christian Ministries Trust, 1986), 3.

26) 1408년의 옥스퍼드 헌법은 자신의 권위로 누구든지 성경을 영어로 번역하는 것을 금지했다. 어기면 이단으로 처벌받는 고통을 치러야 했다. 어느 시점에 Tyndale은 "지식인에게 . . . 만일 하나님께서 그의 생명을 살려주신다면, 여러 해 전에 하나님은 쟁기를 운전히는 소년으로 하여금 그가 알았던 것 보다 더 많은 성경을 알도록 했을 것이다"라고 말한 것으로 추정된다. Foxe, *Acts and Monuments*, vol. 5, 117.

27) Lindberg, *Sourcebook*, 222.

28) Tyndale은 또한 요나서를 번역했다. 구약 번역은 Miles Coverdale(1488-1568)에 의해 완성되었다. 그는 히브리어를 알지 못했기 때문에, 1528년에 만들어진 라틴 번역과 루터의 독일어 번역을 사용했다. 처음 완성된 영어 성경은 1535년 Coverdale에 의해 아마도 취리히에서 인쇄되었다.

29) Foxe, *Acts and Monuments*, vol. 5, 127.

30) Tyndale의 단어들 90 퍼센트가 수 세기 동안 전세계 영어권 국가들에서 표준 번역이었던 King James (Authorized) 번역에 포함되었다. 그의 단어들의 75 퍼센트가 Revised Standard Version에 포함되었다.

31) Daniell, *William Tyndale*, 141.

32) Dickens, *English Reformation* (1989), 95.

33) 헨리 8세가 루터에게 "그것은 내 것으로 잘 알려져 있고, 나는 내 것을 위해 그것을 인정한다,"고 말했지만, *Assertio Septem Sacramentorum*을 저술하는데 "신학자 위원회"로부터 도움을 받았을 가능성이 높다. Susan Brigden, *New Worlds, Lost Worlds: The Rule of Tudors 1485-1603* (New York: Viking Penguine, 2001), 96.

34) J. J. Scarisbrick, *Henry VIII* (Berkeley: University of California Press, 1968), 13.

35) Henry I가 1135년 남자 후손 없이 죽었을 때, 그는 그의 딸 Matilda를 그의 계승자로 임명하고 그가 죽기 전에 그의 남작들로 하여금 그녀에게 충성을 맹세하도록 했다. 그러나 평화로운 여성 계승을 이룩하려는 노력은 형편없이 실패했고 19년의 내란과 무법 시대로 이어졌다.

36) Retha M. Warnicke, *The Rise and Fall of Anne Boleyn* (Cambridge: Cambridge University Press, 1989), 48.

37) Clement VII는 관련된 쪽 중 하나의 죽음이나 변덕스러운 왕의 감정의 변화를 소망하고 있었을지 모른다.

38) Venetian 대사는 Anne을 다음과 같이 묘사했다. "세상에서 가장 잘 생긴 여자 중 하나는 아니고; 그녀는 보통 체격이고, 거무스레한 얼굴색에, 긴 목, 넓은 입, 높지 않은 가슴, 그리고 실로 영국 왕의 대단한 입맛 밖에는 아무 것도 없고 그리고 그녀의 눈은 검고 아름답다." Warnicke, *Rise and Fall of Anne Boleyn*, 58.

39) Anne과의 관계가 정확하게 언제 심각하게 되었는지는 말하기가 어렵다. Scarisbrick은 1525-1526년 정도까지로 일렀을 것으로 믿었으나 (Scarisbrick, Henry VIII, 149), 그의 추정을 확인할 남아있는 기록의 증거들이 없다. 17개의 연애편지가 어떻게 관계가 자랐는지를 보여주는 가장 좋은 증거이다. 흥미롭게도, 그것은 교황청 기록보관소에 있다. 아마도 도난 되어 이혼을 반대하는 누군가에 의해 나라 밖으로 빼돌려졌을 것이기 때문이다. 편지와 그 내용에 대해서는 E. W. Ives, *Anne Boleyn* (Oxford: Blackwell, 1986), 102ff., 그리고 Warnicke, *Rise and Fall of Anne Boleyn*, 76ff을 보시오.

40) 헨리 8세는 한 편지에서 이렇게 기록했다. "이제부터는 내 마음이 당신에게만 갈 것이라고 당신에게 약속하오. 내 몸도 당신을 매우 원하고 있소. 그것이 주님을 기쁘시게 한다면 하나님께서 이루시게 하실 것이오. 나는 매일 한 번씩 그것의 성취를 위해 간구하고 있소. 결국 내 기도가 받아드려질 것이라고 믿고, 그 시간이 곧 오기를 바라오." Ives, Anne Boeyn, 107.

41) Bray, *Documents of the English Reformation*, 78.

42) 일부 역사가들은 Elizabeth가 아들이 아니라서 Henry가 너무 실망하여 세례식에도 참석하지 않았다고 주장했다. Warnicke는 이 해석에 의문을 제기한다. Warnicke, *Rise and Fall of Anne Boleyn*, 169.

43) 10개 조항(Ten Articles)과 감독의 문서(Bishops' book)는 둘 다 전반적인 신학에서 가톨릭이었으나, 가톨릭 가르침의 어떤 부분들은 제외했다. 예를 들면, 7개의 가톨릭 성례 중 단지 3개만 10개 조항에 언급되었고, 죽은자들을 위한 기도는 천거되었지만, Ten Articles는 연옥의 존재에 대해 일부 의문을 남기며, "그들이 있는 장소, 그것의 이름, 그곳에서의 고통의 종류 등은 성경에 확실하지 않다. 그러므로 이것은 모든 다른 것들과 함께 우리는 전능하신 하나님께 맡겨드린다"고 말했다. 비록 성찬에 그리스도의 몸과 피의 실질적 존재를 분명하게 가르쳤지만, 그것은 또한 화체설(transubstantiation)이란 단어를 사용하지 않

았다. Bray, *Documents of the English Reformation*, 173.

44) Warnicke, *Rise and Fall of Anne Boleyn*, 198.

45) Ives는 Anne이 궁전의 분파들에 의해 해를 당했다고 믿었다 (Ives, Anne Boleyn, 346ff). 최근에 Warnicke는 Anne이 유산했을 때 기형 태아를 낳았고 그것이 Henry로 하여금 그녀가 마녀(witch)라고 생각하게 만들었다는 이론을 내놓았다. Warnicke, *Rise and Fall of Anne Boleyn*, 3-4.

46) 어떤 사람도 처형당한 벌에 대한 죄책이 있다는 아무런 확증이 없다. Anne은 자신을 그렇게 비열한 방법으로 취급한 왕에게 충성의 말을 하며 죽음으로 갔다. "나는 누구도 비난하러 오지 않았고 내가 고소당하고 죽음으로 정죄받은 것에 대해 말하러 오지 않았다. 단지 나는 하나님께서 왕을 구원하시고 그가 오래 통치하도록 기도한다. 그보다 더 온화하고 더 자비로운 군주는 없었기 때문이다. 나에게 그는 선하고, 온화하고 주권적인 주였다." Ives, Anne Boleyn, 410.

47) 1540년 Cromwell은 외교적 이유로 독일 군주의 딸, Anne of Cleves와 결혼을 준비했으나, Henry VIII는 그녀를 좋아하지 않았고, 그는 결혼을 무효화했다. 49세의 군주는 그의 4번째 결혼이 무효화된 같은 달에 Catherine Howard란 이름의 19세 소녀와 결혼했다. 그러나 그녀는 결혼 전과 후에 성적 경솔함의 죄가 있었던 것으로 보인다. 2년 내에 그녀는 간음으로 처형되었다. Henry의 마지막 부인은 Katherine Parr란 이름의 31세의 과부로 그보다 오래 살았다.

48) R. W. Heinze, *The Proclamation of the Tudor Kings* (Cambridge: Cambridge University Press, 1976), 139-49.

49) "궁전과 회의실 외에, 그들의 주요 지지는 정치와 상관이 없는 사람들로 부터 왔다. 그들은 Cambridge 연구원들, 소수의 성직자들, 그리고 사회적으로 신사계급 아래 사람들로, 모두 영국 남동쪽에 집중되어 있었다." MacCulloch, *Boy King Edward VI*, 59.

50) 금지명령 다음 해, 여러 개의 왕실 선포가 설교에 제한을 두었다. 첫 번째는 설교를 면허증을 받은 설교자들에게만 국한 시켰고, 1548년 9월 homilies를 제외한 모든 설교는 금지되었다. Heinze, *Proclamation of the Tudor King*, 209.

51) Paul L. Hughes and James F. Larkin, eds., *Tudor Royal Proclamations*, vol. 1, The Early Tudors (1485-1553) (New Haven, CT: Yale University Press, 1964), 411.

52) 첫 영국 기도서의 시간도 대륙의 사건들에 의해 영향을 받았을 수 있다. Consensus Tigurinus의 결과를 가져다 준 Calvin과 Bulling의 협상은 Cranmer가 기도서에 대한 작업을 하고 있던 것과 같은 시간에 일어나고 있었다. MacCulloch은 "1548-49년 부터와 츠빙글리 사이에 있었던 20년 된 성찬 논쟁의 상처를 치유하려고 외국에서 섬세한 노력이 진행되는 동안, 유럽에 가장 중요하게 생존하고 있는 복음적 힘인 영국이 성찬에 대한 어떤 공식적인 선언을 하는 것은 치명적이었을 것이다. MacCulloch, *Boy King Edward VI*, 87.

53) Cranmer의 성찬 신학에 대한 가장 좋은 연구는 Peter N. Brooks, *Thomas Cranmer's Doctrine of the Eucharist: An Essay in Historical Development*, 2nd ed. (London: Macmillan, 1992).

54) MacCulloch는 기도서의 많은 예식이 실질적 존재를 암시하지만, 성찬 신학은 실질적 존재를 가르치지는 않았다고 주장한다. Diarmaid MacCulloch, *Thomas Cranmer: A Life* (New Haven, CT: Yale University Press, 1996), 414ff.

55) *The First and Second Prayer Books of Edward VI* (London: Dent, n.d.), 212 (spelling은 현대화되었음).

56) 이것은 Canon of Mass에 있는 Missa, 다른 예배들을 포함한 Breviary, 사제의 소책자인 Sacerdotal, 다른 성례들을 제시하는 Pontifical, 그리고 음악적 분위기를 제공하는 Processional을 포함했다.

57) Peter N. Brooks, *Cranmer in Context* (Cambridge: Lutterworth Press, 1989), 54.

58) 이 입장의 설득력 있는 방어를 위해서는 Colin Buchanan, *What Did Cranmer Think He Was Doing? Grove Liturgical Study 7* (Bramcote, Notts, U.K.: Grove Books, 1976).

59) Bucer는 대륙의 핍박을 피하여 영국으로 온 대륙의 몇 출중한 난민 중 하나였다. 그들은 또한 Cranmer의 가까운 친구가 된 Peter Martyr Vermigli, Bernardino Ochino, 그리고 폴란드 개혁자 John a Lasco였다.

60) N. Scott Amon, "Martin Bucer and the Revision of the 1549 Book of Common Prayer: Reform of Ceremonies and the Didactic Use of Ritual," in *Reformation and Renaissance Review* 2 (December 1999): 112.

61) *Prayer Books of Edward* VI, 377, 225, 289.

62) Paul Ayris, "The Correspondence of Thomas Cranmer," in *Reformation and Renaissance Review* 3 (June 2000): 30.

63) Hooper도 1549년 기도서에 강하게 반대했다. 그는 1550년 3월 Bullinger에게 이렇게 편지했다. "나는 그 책에 매우 불쾌합니다…만일 수정되지 않는다면, 나는 성찬의 집행에 있어서 교회와 소통할 수도 없고 하지도 않을 것입니다." Brooks, *Cranmer in Context*, 72.

64) G. R. Elton, *Reform and Reformation: England 1509-1558* (London: Edward Arnold, 1977), 370.

65) Jones, *The English Reformation*, 149.

66) Foxe, *Acts and Monuments*, vol. 8, 625.

67) Elton, *Reform and Reformation*, 376.

68) 수정주의자 입장을 알려면 J. Loach and R. Tittler, eds., *The Mid-Tudor Polity ca. 1540-1560* (Basingstoke, U.K.: Macmillan, 1980); Jennfer Loach, *Parliament and the Crown in the Reign of Mary Tudor* (Oxford: Clarendon Press, 1986); Haigh, *English Reformations*, 203ff을 보시오.

69) David H. Pill, *The English Reformation 1529-58* (London: University of London Press, 1973), 107.

70) David M. Loades, *Revolution in Religion: The English Reformation 1530-*

1570 (Cardiff, Wales, U.K.: University of Wales Press, 1992), 83.

71) "하원의 거의 사분의 일이 변화에 반대표를 던졌다. 더 안 좋은 상황을 기대했던 비관주의자들에게는 편안하게 작은 소수였으나 여전히 놀랄 일이었다." Brigden, *New Worlds, Lost Worlds*, 204.

72) Mary는 자신의 직함에 *etcetera*란 단어를 사용하여 문제를 비켜갔다. 그녀는 자신을 "영국과 프랑스의 여왕, 믿음의 수호자, 아일랜드의 주 *etcetera*"라고 불렀다.

73) Edward 통치 동안 의회는 성직자들에게 결혼을 허락하는 법령을 통과했다. 메리의 금지명령은 수도사였던 사제들이 부인을 포기해야 하나, 일반성직자는 결혼한 상태로 남아 평신도의 삶을 살 수 있거나 또는 부인을 버리고, 공개 고해를 하며, 새로운 삶을 살 수 있게 했다. 대부분의 성직자들은 그들의 유익 보다는 부인들을 버리기를 선호했던 것으로 보인다.

74) Bray, *Documents of the English Reformation*, 316.

75) 반란이 Devon, Leicestershire, 그리고 Wales에서도 계획되었으나, Kent에서만 실제로 일어났다. 역사가들은 반란에 종교가 한 역할의 범위에 동의하지 않는다. 반대 견해를 위해서는, David Loades, *Two Tudor Conspiracies* (Cambridge: Cambridge University Press, 1965), 그리고 M. R. Thorp, "Religion and the Wyatt Rebellions of 1554," in *Church History* 47 (1978): 363-80을 보시오.

76) Pole는 20년 동안 망명을 했고 가톨릭 종교개혁에 주요 역할을 했다. 그는 헨리 8세가 좋아하는 자이었지만, 그와 관계를 끊었고 로마에 충성스럽게 남았다. Pole는 교황 Julius III에 의해 교황 대사로 임명되었고, 그는 그 권한을 사용하여 영국을 분열의 죄로부터 면제했다. 가톨릭 종교개혁에서 Pole의 역할에 대한 논의를 위해서는 10장을 보시오.

77) Brigden, *New Worlds,* Lost Worlds, 203.

78) Loades는 "메리가 병과 자신의 욕망의 희생자였다"고 평한다 (Loades, Reign of Mary Tudor, 219). 그녀는 난소 수종(ovarian dropsy)을 앓고 있었을 것으로 보이며, 그것은 임신으로 오해를 하도록 한 복부 팽창을 설명할 수 있다. Carolly Erickson, *Bloody Mary* (Garden City, NY: Doubleday, 1978), 402.

79) "그녀의 기도서가 남아있고, 페이지들은 낡고 흠이 묻어있다. 여왕의 눈물이 여인의 안전한 출산을 위한 기도를 담고 있는 페이지에 가장 자주 떨어진 것으로 보인다." Erickson, Bloody Mary, 421.

80) Haigh, *English Reformations*, 231.

81) Hooper 처형의 묘사를 위해서는 Foxe, *Acts and Monuments*, vol. 6, 647-48, 658-59를 보시오.

82) Rudolph W. Heinze, "'I Pray God to grant that I may endure to the end': A New Look at the Martyrdom of Thomas Cranmer," in *Thomas Cranmer: Churchman and Scholar*, ed. Paul Avris and David Selwyn (Woodbridge, U.K.: Boydell Press, 1993), 277.

83) Ibid., 279.

84) "개신교도들은 고난에 분노했으나, 호기심이 있는 대중에게 그것은 드라마였다. 시골 사람들은 1555년 7월 Christopher Wade의 화형을 보기 위해 Dartford로 몰려들었고, 과일장수들은 체리를 한 짐 가져와 관중들에게 팔았다. Haigh, *English Reformation*, 233.

제9장 스코틀랜드 종교개혁과 엘리자베스 합의

1) John Knox, "The First Blast of the Trumpet against the Monstrous Regiment of Women," in *Christian History* 46 (1995): 20.

2) 그 제목은 들리는 것처럼 그렇게 나쁜 것은 아니다. "Monstrous Regiment"는 "자연스럽지 못한 정부"를 의미한다.

3) R. Tudor Jones, "Preacher of Revolution," Christian History 46 (1995): 14.

4) 수정주의는 1960년 Gordon Donaldson, *The Scottish Reformation* (Cambridge: Cambridge University Press, 1960)의 출판으로 시작했다.

5) Gordon Donaldson과 James Kirk는 이 논쟁에서 서로 반대 관점을 가지고 있다. James Kirk, *Patterns of Reform, Community and Change in the Reformation Kirk* (Edinburgh: T & T Clark, 1989)을 보시오. 스코틀랜드 종교개혁에 대한 역사전기적 논문을 위해서는 W. Fred Graham, "The Reformation in Scotland," in *Reformation Europe: A Guide to Research*, vol. 2, ed. William S. Maltby (St. Louis: Center for Reformation Research, 1992), 235ff을 보시오.

6) J. Stephen Lang, "Martyrs and Architects," in *Christian History* 46 (1995): 33.

7) R. L. Mackie, *A Short History of Scotland*, ed. Gordon Donaldson (New York Praeger, 1963), 127.

8) Dickens, *English Reformation*, 2nd ed. (1989), 346.

9) John Knox, *Works*, vol. 4, ed. David Laing (Edinburgh: Bannatyne Society, 1846-1864), 240.

10) Knox는 영국에서 목회를 하는 동안, 그의 미래의 아내, Marjory Bowes와 그녀의 어머니, Elizabeth를 만났다. Marjory는 1560년 죽기 전에 그에게 두 아들을 낳았고, Elizabeth는 그녀의 딸이 죽은 후에도 Knox의 집에서 계속 살며 손자들을 돌보았다. 50세에 Knox는 Mary Queen of Scots의 먼 친척인 17세, Margaret Stewart와 결혼했고, 그녀는 그에게 세 딸을 낳았다.

11) John Knox, *First Blast of the Trumpet*. Jasper Ridley, John Knox (Oxford: Clarendon Press, 1968), 271-72에서 인용됨.

12) Ridley, *John Knox*, 190.

13) Ian B. Cowan, ed., *The Enigma of Mary Stuart* (London: Gollancz, 1971)는 이 논쟁에 대한 매우 유용한 서론을 제공한다. Mary에 대한 모순된 견해를 제시하는 두 최근

전기는 Jenny Wormald, *Mary Queen of Scots: A Study in Failure* (London: Palgrave Macmillan, 1988), 그리고 Gordon Donaldson, *Mary Queen of Scots* (London: English Universities Press, 1974).

14) Ridley는 Knox가 음모에 가담했다고 확신한다. Ridley, *John Knox*, 448.

15) Ibid., 458.

16) Margo Todd는 스코틀랜드 사람들이 "서방 유럽 어느 곳에 뒤지지 않는 놀랍게 성공적인 종교개혁을 경험했다"고 주장한다. Margo Todd, *The Culture of Protestantism in Early Modern Scotland* (New Haven, CT: Yale University Press, 2002), 15.

17) *Christian History* 46 (1995): 17.

18) Ridley, *John Knox*, 396.

19) Gordon Donaldson, "The Scottish Church 1567-1625," in *The Reign of James VI and I*, ed. Alan G. R. Smith (London: Macmillan, 1973), 46.

20) Ibid., 51.

21) David H. Wilson, *King James VI and I* (Oxford: University Press, 1967), 207. Hampton Court Conference에 대한 자세한 논의를 위해서는 14장을 보시오.

22) John A. Guy, *Tudor England* (Oxford: University Press, 1988), 251-52.

23) Kenneth Hylson-Smith, *The Churches in England from Elizabeth I to Elizabeth II*, vol. 1, 1558-1688 (London: SCM Press, 1996), 33.

24) Elizabeth의 의회에 대한 연구에 선구적인 역할을 한 J. E. Neale은 Elizabeth가 하원에서 과격한 개신교도들 때문에 그녀가 원했던 것보다 더 과격한 합의로 강제적으로 끌려들이갔다고 믿었다. 최근에 Norman Jones는 합의가 Elizabeth가 바랐던 것이고 그녀의 주요 반대는 하원의 과격한 개신교도들 보다 상원에 있는 보수적인 가톨릭교도로부터 왔다고 주장했다. J. E. Neale, *Elizabeth and Her Parliament 1559-1581*, vol. 1 (London: Cape, 1953); Norman L. Jones, *Faith by Statute: Parliament and the Settlement of Religion 1559* (London: Royal Historical Society, 1982).

25) Gerald Bray, *Documents of the English Reformation*, 330, 334.

26) Geoffrey R. Regan, *Elizabeth I* (Cambridge; Cambridge University Press, 1988), 28.

27) Brigden, *New Worlds, Lost Worlds*, 227.

28) Hylson-Smith, *Churches in England*, 39.

29) 그들은 자신을 "거룩한 자들," "진정한 복음자들," 또는 "택함받은 자들"이라고 부르기를 선호했다.

30) 일부 역사가들은 의미가 너무 모호하기 때문에 Puritan이란 용어 사용을 꺼려한다. Puritanism을 정의하는데 관련된 문제에 대한 논의를 위해서는 Christopher Durston and Jacqueline Eales, eds., *The Culture of English Puritanism 1560-1700* (London: Macmillan, 1996), 1-9를 보시오.

31) Patrick Collinson, *The Elizabethan Puritan Movement* (Oxford: Clarendon Press,

1990), 27.

32) Patrick Collinson, *English Puritanism* (London: Historical Association, 1983), 9. 청교도 믿음에 대해 덜 중상적인 묘사는 그들이 "설교 외에는 아무 것도 갖지 않으려는" 자들이었음을 주시했다. 그리고 "그 분파가 우리 사이에 먼저 왔기 때문에 결코 즐겁지 않았다" 고 추가했다. R. Heinze, *Delham and the Puritans* (Delham, U.K.; Delham Ecclesiastical Trust, 1993), 1.

33) Collinson, *English Puritanism*, 10.

34) 이것이 William Bradshaw의 입장이다. 그는 또한 "영원하든 내적이든, 윤리적이든 예식적이든, 전체든 부분이든, 하나님께서 당신의 말씀에서 스스로 요구하시는 것과 다른 예배를 하나님께 드리는 것"은 죄라고 말했다. Durston and Eales, *Culture of English Puritans*, 17.

35) Hastings Robinson, ed. *Zurich Letters 1558-1579*, vol. 1 (Cambridge: Cambridge University Press, 1842), 169.

36) Patrick V. MacGrath, *Papists and Puritans under Elizabeth I* (London: Blandford Press, 1967), 74-75.

37) Collinson, *Elizabethan Puritan Movement*, 69.

38) Sheils, *English Reformation*, 104.

39) Robinson, *Zurich Letters*, 355.

40) Ibid.

41) 무엇이 의도되었는지 오해가 없도록 하기 위해, Parker는 1566년 3월 110명의 런던 성직자를 Lamberth Palace로 불러서 성직자 모양의 마네킹을 가지고 그들을 직면하여 성직자가 어떻게 옷을 입어야 하는지 보여주었다. 그리고 그는 그들이 같은 방식으로 옷을 입을 것에 동의하는 서명 승낙을 명령했다. 그 중 37명이 거절했고 그들은 즉시 성직 기능에서 정지되었다.

42) Hylson-Smith, *Churches in England*, 58.

43) 1560년 Peterborough 주교 관구의 설문조사는 166명의 성직자 가운데 단지 9명의 설교자만 찾을 수 있었다. 심지어 1576년까지 230명의 성직자 중 단 40명의 설교자만 있었다. 296 교구를 통해 복음을 전파해야 하는 상황에서 말이다. 1561년 Wiltshire에서는 220명의 성직자 가운데 20명의 설교자가 있었고, 그들은 300교회 이상을 섬겼다. 폭넓은 전도가 될 가능성은 희박했다. 어떤 지역에는 조금 더 많은 설교자가, 어떤 지역에는 더 적은 설교자들이 있었다. 1561년 런던 자체에는 거의 절반의 성직자가 설교할 수 있었고, Devon과 Cornwall에서는 14명 중 1명만이 설교할 수 있었다. 그러나 사실상 모든 곳에서 설교 자료는 부적절했고 과장되었다.

44) Ibid., 274.

45) Collinson, *Elizabethan Puritan Movement*, 191.

46) Ibid., 196.

47) Regan, *Elizabeth I*, 71-72.

48) Ibid., 358.

49) Collinson, *Elizabethan Puritan Movement*, 266.

50) Hylson-Smith, *Churches in England*, 65.

51) Browne은 결코 영국교회 모델 성직자는 아니었다. 그는 순경을 폭행한 죄로 1633년 감옥에서 죽었다. Hylson-Smith는 이렇게 말한다. "그는 의심의 여지없이 거북하고 심술궂은 사람이었으나, 용기와 비전을 가지고 있었고 현대 비국교도의 진정한 선구자 중 하나로 간주될 수 있다." Ibid., 67.

52) Alan Dures, *English Catholicism 1558-1642* (London: Longman, 1983), 9.

53) Lindberg, *Sourcebook*, 237.

54) Brigden, *New Worlds, Lost Worlds*, 264.

55) 이 시간 동안 Elizabeth에 대항하는 여러 음모들이 노출되었으나, 1586년에 가서야 Mary가 직접적으로 관련되었다는 것이 밝혀졌다. 그 해 젊은 가톨릭 신사(gentleman), Anthony Babington은 외국 군대의 도움을 얻어 Elizabeth를 암살하고 Mary를 영국 여왕으로 만들려는 음모에 관련되었다. Babington이 Mary에게 편지하여 그 계획을 알려주었을 때, 그녀는 그 음모를 묵인하는 답장을 했다. 그녀와 Babington이 알지 못했던 것은 모든 그녀의 은밀한 편지들이 Elizabeth의 요원에 의해 가로채어졌고, 그녀의 Puritan Secretary of State, Francis Walsingham에 의해 지휘되었다. 그는 그 편지들이 통과되도록 허락했고 그것을 통해 반박의 여지가 없는 Mary의 반역음모를 확보할 수 있도록 했다. 그는 심지어 Babinton에 보내는 Mary의 답장에 추신을 달아 Elizabeth를 죽이려하는 자들의 명단을 요청했다. 편지가 Elizabeth에게 제시되었을 때, 그녀는 불가피한 상황을 인식할 수밖에 없었고 1587년 Mary 처형의 허가증에 서명했다.

56) David Cressy, *Bonfires and Bells* (Los Angeles: University of California Press, 1989), 113-114. 그는 "영국의 군사적 준비의 허술함을 고려할 때, 아마도 기도가 가장 유망한 방어이었을 것이다"라고 말했다 (p. 113).

57) "축하는 영국 군대의 승리를 위한 것이 아니고 친영파 성직자들이 영국에 보여준 주목할 만한 자비를 위한 것이었다" (ibid., 117).

58) Ibid., 122.

59) Diarmaid MacCulloch, *The Later Reformation in England 1547-1603* (London: Macmillan, 1990), 57.

60) 실질적 저자는 발견되지 않았으나, 역사가들은 많은 이론을 가지고 있다. 가장 그럴듯한 후보는 Warwickshire의 청교도 신사, Job Throckmorton이다. Ibid., 56.

61) Powel Mills Dawley, *John Whitgift and the English Reformation* (New York; Scribner, 1954), 184.

62) 청교도들과 순응주의자 글에서 발견되는 칼빈의 저작에 대한 상당한 의존과는 대조적으로, Hooker는 그의 8권 전집에서 칼빈을 단지 9번 언급하고, 그중 세 번은 그와 동의하지 않기 위해 언급한다.

63) Susan Doran, *Elizabeth I and Religion, 1558-1603* (London: Routledge,

1993), 66.

제10장 가톨릭 종교개혁

1) Janz, *Reformation Reader*, 346-47.

2) 위원회는 Contarini, Carafa, Pole, Sadoleto, 그리고 Giberti를 비롯하여 추기경 협회의 지도급 개혁자들을 포함했다.

3) 18세기 루터교 역사가 Johann Stephen Putter는 그의 Augsburg Confession 판의 소개에서 처음 이 용어를 사용했다. 그는 그것이 루터교 지역을 강제적으로 가톨릭주의로 복귀시키는 것을 의미하는 것으로 이해했다. 19세기를 걸쳐 그 용어는 대체적으로 독일 루터 교도들에 의해 불가피하게 부정적인인 의미로 사용되었다.

4) John W. O'malley, *Trent and All That: Renaming Catholicism in Early Modern Europe* (Cambridge: Harvard University Press, 2000), 5. O'Malley는 중립적인 제목 "초기 현대 가톨릭주의"를 이 운동을 위한 또 하나의 이름으로 제시한다.

5) A. G. Dickens, *The Counter Reformation* (New York: Harcourt Brace, 1969), 7.

6) 가장 악명 높은 종교재판소 소장(Inquisitor General)은 Tomas de Torquemada로, 그는 수천 명을 처형한 것으로 비난을 받아왔다. 종교재판소가 고문을 사용했고 그 진행을 비밀로 수행했지만, 최근 연구는 악질적인 평판이 전적으로 맞는 것은 아니라고 주장한다. William Monter, *Frontiers of Heresy: The Spanish Inquisition from the Basque Lands to Sicily* (Cambridge: Cambridge University Press, 1990).

7) Teresa of Avila, *A Life of Prayer*, ed. James M. Houston (Basingstoke, U.K.: Pickering & Inglid, 1983), xxi.

8) Stewart MacDonald, *Charles V: Ruler Dynast and Defender of the Faith 1500-1558* (London: Hodder and Stoughton, 1992), 70.

9) Martin D. W. Jones, *The Counter Reformation: Religion and Society in Early Modern Europe* (Cambridge: Cambridge University Press, 1995), 45.

10) N. S. Davidson, *The Counter-Reformation* (Oxford: Blackwell, 1987), 7.

11) Janz, *Reformation Reader*, 346.

12) 초고는 심지어 "이중 의로움"이란 어구를 사용했다.

13) Vinzenz Pfnur, "Colloquies," in *The Oxford Encyclopedia of The Reformation*, vol. 1(Oxford: University Press, 1996), 378.

14) Donald Ziegler, ed., *Great Debates of the Reformation* (New York: Random House, 1969), 168.

15) Janz, *Reformation Reader*, 369.

16) Ibid., 371-72.

17) Ozment, *Age of Reform*, 413.

18) Hillerbrand, *The Reformation*, 442.

19) Ibid., 446. "북쪽 나라들"을 향한 이 선교를 수행하는 Loyola의 방법 중 하나는 1552년 Collegium Germanicum의 설립이었다. 이것은 독일 선교를 위한 훈련 학교였다.

20) Ibid., 446-47.

21) Diergo Lainez와 Alfonso Salmeron은 트렌트 종교회의의 모든 세 국면에 대한 신학적 조언자들이었다.

22) 이태리 사란들이 종교회의의 세 국면에 걸쳐 장악했다. 참석하는 270명의 감독 중 거의 70 퍼센트가 이태리 사람이었다.

23) Dickens, *Counter Reformation*, 108.

24) Hillerbrand, *The Reformation*, 463.

25) H. J. Schroeder, *Canons and Decrees of the Council of Trent* (St. Louis: Herder, 1941), 18-19.

26) "교회법 1. 만일 누군가가 인간이 자신의 행위로 하나님 앞에서 의로워질 수 있다고 말한다면, 자신의 자연적 능력으로 그렇게 된다고 하든지 아니면 예수 그리스도를 통한 하나님의 은혜없이 율법을 가르침을 통해 그렇게 된다고 하든지 하면, 그는 저주받을 찌니라. . . . 교회법 9. 만일 누군가가 죄인은 믿음만으로 의로워진다고 말한다면, 즉, 칭의의 은혜를 얻기 위한 협력을 위해 그것 외에 아무 것도 요구되어 지지 않는다는 것을 의미한다면, . . . 그는 저주받을 찌니라.…교회법 11. 만일 누군가가 인간은 그리스도의 의로움의 전가로만 또는 죄사함으로만 의로워진다고 말한다면,…그는 저주받을찌니라." Ibid., 42-43.

27) Ibid., 33, 39, 46.

28) Davidson, *Counter-Reformation*, 11-12.

29) Dickens, *Counter Reformation*, 118.

30) 로마 군중에 의한 격렬한 반응이 있었다. 그들은 종교재판소가 있는 건물을 파괴하고, 죄수들을 풀어주었으며, 기록들을 불태웠다. 그들은 또한 Paul VI의 동상을 쓰러뜨리고 절단했다.

31) Dickens, *Counter Reformation*, 118.

32) Schroeder, *Canons and Decrees*, 259.

33) Dickens는 트렌트가 "Thomism의 상승 물결을 위한 승리였고, 개신교 종교개혁을 자극하는데 도움을 주었고 Contarini와 Seripando와 같은 가톨릭들을 위해 너무도 중요했던 어거스티니안주의자들과 성경적 인문주의의 강조를 위해서는 패배" 였다고 진술한다. Dickens, *Counter Reformation*, 132.

34) 그리스도의 탄생 전 로마 황제 Julius Caesar에 의해 소개된 Julian 달력은 16세기에 천문학적 해를 약 10일 초월했다. 교회 해의 다양한 축제들을 축하하는데 교회가 교회의회의 법령을 정확하게 따르기 위해서 달력 수정이 필요했다.

35) Sixtus V(1585-90)은 Gregory VIII보다 더 격렬하게 개혁 작업을 추구했다. 그는 교회의 중앙 행정을 인정했고 감독은 그의 주교 관구의 상태에 대한 보고를 교황에게 제출해야한다는 규칙을 도입했다. 자신의 개인적인 경건으로 개혁의 본을 보여준 Clement

VIII (1592-1605)는 트렌트의 결정을 열정적으로 적용하는 교황 정책을 계속했다. Paul V(1605-21)는 동등하게 헌신된 개혁자로 감독의 거주 요구를 강화했고 종교 단체들에 치리를 집행했다.

36) Jones, *Counter Reformation*, 85.

37) St. Bartholomew's Day Massacre는 14장에서 논의된다.

38) Davidson, *Counter-Reformation*, 29.

39) 예를 들면, Brittany의 지역들에 교구 사제들의 35 퍼센트 이상이 1554년 첩과 살았으나, 1665년에는 3 퍼센트 이하로 감소되었다.

40) Ibid., 37.

41) Jean Delumeau, *Catholicism between Luther and Voltaire: A New View of the Counter-Reformation* (Philadelphia: Westminster John Knox Press, 1977).

42) Michael Mullet, *The Counter-Reformation* (London: Methuen, 1984), 21.

43) Davidson, *Counter-Reformation*, 43.

44) 종교 전쟁에 대한 논의를 위해서는 14장을 보라.

제11장 여성과 종교개혁

1) Bainton, *Women of the Reformation in Germany and Italy*, 55.

2) Merry E. Wiesner, "Beyond Women and the Family: Towards a Gender Analysis of the Reformation," in *Sixteenth Century Journal* 18, no 3 (1987): 311.

3) Mary Wiesner, "Studies of Women, Family and Gender," in Maltby, *Reformation Europe*, vol. 2, 159. 성별 연구의 예를 위해서는, Jean R. Brink, Allison P. Coudert, and Maryanne C. Horowitz, eds., *The Politics of Gender in Early Modern Europe* (Kirksville, MO: Sixteenth Century Journal Press, 1989).

4) 다른 두 권은 *Women of the Reformation in France and England* (Minneapolis: Augsburg, 1973) 그리고 *Women of the Reformation from Spain to Scandinavia* (Minneapolis: Augsburg, 1977)이다. 이 장의 상당 부분은 Bainton의 저작에 기초하고 있다.

5) Bainton, *Women of the Reformation in Germany and Italy*, 9.

6) Bainton은 종교개혁이 여자들에게 상당한 영향을 미쳤다고 주장한다. 종교개혁은 금혼 대신 결혼을 칭찬했기 때문이다. 많은 숫자의 여성 정치 지도자들과 여자들이 가톨릭과 개신교 종교개혁 양쪽에서 역할을 했다.

7) David C. Steinmetz, "Theological Reflections on the Reformation and the Status of Women," in *Duke Divinity Review* 41 (Fall 1976): 204.

8) Ibid.

9) Lyndal Roper, *The Holy Household: Women and Morals in Reformation Augsburg* (Oxford: Clarendon Press, 1991), 264.

10) Sherrin Marshall, ed. *Women in Reformation and Counter-Reformation Europe* (Bloomington: Indiana University Press, 1989), 7.

11) Steinmetz, "Theological Reflections," 200.

12) Janz, *Reformation Reader*, 18. 이 저작은 여자의 연약함에 대한 평으로 가득 차 있지만, 저자들은 "남자들에게 축복을 가져다주고 나라, 영토 그리고 도시들을 구한" 좋은 여자들도 성경에 있다는 것을 인식했다.

13) Jane D. Douglass, *Women, Freedom and Calvin* (Philadelphia; Westminster John Knox Press, 1985, 10.

14) John Lee Thompson, *John Calvin and the Daughters of Sarah* (Geneva, Switzerland: Droz, 1992), 280.

15) Jonathan Zophy, "We Must Have the Dear Ladies: Martin Luther and Women," in *Pietas et Societas: New Trends in Reformation Social History*, ed. Kyle C. Session and Phillip N. Bebb (Ann Arbor; MI: Edwards, 1985), 141.

16) Ibid., 145.

17) Ibid., 147.

18) Ibid., 150.

19) Matthieu Arnold, *Les femmes dans la correspondance de Luther* (Paris: Presses Universitaries de France, 1998)

20) 최근 연구를 위해서는 H, J, Selderhuis, John Vriend, and Lyle D. Bierm, *Marriage and Divorce in the Thought of Martin Bucer* (Kirksville, MO: Thomas Jefferson University Press, 1999)를 보시오.

21) R. W. Scribner, *The German Reformation* (Atlantic Highlands, NJ: Humanities Press International, 1986), 60.

22) Stephen Ozment, *When Fathers Ruled: Family Life in Reformation Europe* (Cambridge: Cambridge University Press, 1983).

23) Bainton, *Women of the Reformation in Germany and Italy*, 14.

24) 역사가들은 재세례파들이 교회와 사회에서 확장된 역할을 여자들에게 어느 정도 주었는지에 대해 계속 논쟁한다. Joyce Irwin은 "16세기 분파들에서 영성의 신분이 제도화된 교회보다 더 자유롭고 동등했다는 것"을 의심하는 하나의 학파의 사상을 대표한다 (Joyce Irwin, "Society and the Sexes," in Ozment, *Reformation Europe*, 351). George Huntson Williams는 반면 여자들이 재세례파에서 거의 동등한 신분이 주어졌다고 믿는다. 그는 "종교개혁 시대 어느 곳에서도 여자는 성인세례가 신학적으로 성별-동등 언약이었던 사람들 가운데서처럼 그렇게 거의 믿음의 동반자로, 선교 사역에서 동료로 그리고 순교를 위한 준비에 상호 권면자로 여겨지지 않았다"고 주장한다 (Williams, *Radical Reformation*, 763). 이 건에 대한 균형잡힌 견해를 위해서는 Sigrun Haude, "Anabaptist Women--Radical Women?" in *Infinite Boundaries--Order, Disorder and Reorder in Early Modern German Culture, ed. Max Reinhart* (Kirksville, MO: Sixteenth Century Journal Publishers, 1998), 313-27을

보시오.

25) Jones, *Counter Reformation*, 93.

26) Ibid.

27) Bainton, *Women of the Reformation in Germany and Italy*, 82. 모두가 Oecolampadius의 결혼을 승인한 것은 아니다. 적어도 당대 관찰자 한 명은 그의 부인에 대한 걱정을 표현하며 다음과 같이 평했다. "여위고 쇠약해 져서 살아있는 시체라고 밖에는 부를 수 없는, 떨리는 머리와 몸을 가진 노쇠한 노인이 20세의 품위있고 활짝 핀 소녀와 결혼을 했다."

28) Ibid., 87-88.

29) Ibid., 94.

30) Katherine Zell에 대해 Bainton이 저술했기 때문에 그녀는 추가적인 관심을 받았다. Elsie Anne McKee는 전기와 그녀 작품의 개정판을 출판했다: *The Life and Thought of a Sixteenth-Century Reformer*, vol. 1; The Writings: A Critical Edition, vol. 2 (Leiden, Netherlands: E. J. Brill, 1999).

31) Elsie Anne McKee, "Reforming Popular Piety in Sixteenth-Century Strasbourg: Katharina Schultz Zell and Her Hymnbook," in *Studies in Reformed Theology and History* 2, no. 4 (Fall, 1994): 55.

32) Ibid., 61-62.

33) Ibid., ix.

34) Bainton, *Women of the Reformation in Germany and Italy*, 64.

35) Ibid., 73.

36) Ibid., 66-67.

37) Ibid., 68.

38) Ibid., 73.

39) Barry Collett, "A Long and Troubled Pilgrimage: The Correspondence of Marguerite d'Angouleme and Vittoria Colonna 1540-1545," in *Studies in Reformed Theology and History*, New Series, 6 (2000).

40) 이름은 그들이 성 프란시스가 입었던 것을 흉내 내어 착용했던 cappuccio라 불리는 사각 두건(hood)에서 온 것이다. 그것을 착용한 사람은 "작은 두건(hood)의 사람"을 의미하는 cappuccino라 불렸다.

41) Bainton, *Women of the Reformation in Germany and Italy*, 204-5.

42) Ochino는 그 당시 56세였고 여러 장소를 돌며 그의 여생을 보냈다. Edward VI의 통치 시에는 영국에서 잠시 보내기도 했다. 그는 결국 78세의 나이로 Moravia에서 죽었다.

43) Collett, "Correspondence of Marguerite d'Angouleme and Vittoria Colonna," 74-75.

44) Ibid., 79.

45) Ibid., 117.

46) Ibid., 140. Vergerio 자신이 1545년 이단 처결을 직면하게 되었고, 그의 무죄를 입증하려는 4년의 노력 후, 그는 가톨릭 교회를 떠나 개신교도가 되었다.

제12장 비-서양 교회와 선교사역

1) Pope Paul III, *Sublimis Deus, in Janz, Reformation Reader*, 377.

2) 경계선은 1494년 Tordesillas 조약에 의해 수정되었고 동쪽으로 이동되었으며, 결국 포르투갈의 영토에 브라질을 포함하게 되었다.

3) Stephen Neill, *A History of Christian Missions*, 2nd ed. (New York: Viking Penguin, 1986), 121.

4) Balkans에 일부 예외가 있었다. 특히 Serbia에서는 1557년 Serbian 교회를 다스리기 위해 Pec의 족장정치가 회복되었다.

5) Philip Walters, "Eastern Europe Since the Fifteenth Century," in *A World History of Christianity*, ed. Adrain Hastings (Grand Rapids: Eerdmans, 1999), 286.

6) Lucaris의 이야기는 Giorgios A. Chatzeantoniou, *Protestant Patriarch: The Life of Cyril Lucaris (1572-1638)* (Richmond, VA: John Knox, 1961).

7) Presbyter("Prester") John의 전설은 십자군 전쟁 시기에 그 기원이 있다. 그 때 아시아에 위대한 크리스천 왕국이 있다고 믿었던 것이다. 중세말 그 장소는 Ethiopia와 관련이 있었다.

8) 개종 외에, 포르투갈 사람들은 아프리카 개종자들에게 포르투갈 이름들을 주었다.

9) 그리스도의 신성과 인성을 분리한다고 비난 받은 Nestorius는 431년 에베소 종교회의에서 정죄되었다.

10) Owen Chadwick, *The Reformation* (New York: Penguin Books, 1990), 329-30.

11) Janz, *Reformation Reader*, 379.

12) Columbus는 1492년 Hispaniola의 Caribbean 섬에 도착했을 때 East Indies에 도착했다고 믿었다. 그래서 그는 그 섬의 거주민들을 Indians라고 불렀다. 그 용어는 최근까지 일반적으로 사용되었다. 그러다 잘 못된 이름이 수정되었고 Americas의 토착 주민들이 Native Americans라고 적절하게 불리게 되었다.

13) Lindberg, *Sourcebook*, 281.

14) Chadwick, *The Reformation*, 333.

15) Xavier는 1622년 성인으로 추앙되었고, 1927년 교황 Pius XI는 그를 해외선교의 Patron이라 명칭을 붙였다.

16) Neill, *History of Christian Missions*, 191.

17) R. G. Tiedermann, "China and its Neighbors," in Hastings, *World History of Christianity*, 376.

18) Neill, *History of Christian Missions*, 171.

19) Pilgrim이란 용어는 William Bradford가 Holland를 떠나고 있는 분리주의자들을 "pilgrim"이라고 묘사했을 때 기원이 있다. 정착자들은 1799년이 되어서야 "Pilgrim fathers"라고 불리기 시작했다.

20) R. B. Mullin, "North America," in Hastings, *World History of Christianity*, 420.

21) Neill, *History of Christian Missions*, 192.

제13장 신학적 투쟁, 신조, 그리고 신조화

1) Naphy, *Documents on the Continental Reformation*, 90.

2) Gerrish, *The Old Testament and the New*, 47-48.

3) Ibid., 30.

4) 앞에서 언급한 것처럼(4장 각주 31), 1546년 1월 루터는 시편 1편을 풍자하여 츠빙글리안들을 공격했다. "성례주의자들의 충고로 걷지 않는 자, 츠빙글리안들의 길에 서지 않는자, 또는 취리히 사람들의 자리에 앉지 않는 자는 복이 있다." Ibid., 33.

5) Schaff, *History of the Christian Church*, vol. 7, 661.

6) "그 Consensus는 Zurich 교회와 Geneva, St, Gall, Schaffhausen, Grisons, Neuchatel 그리고 약간의 망설임 후에 Basel, 그리고 France 교회에서 호의적으로 그리고 독일의 일부 지역의 교회들에 의해 채택되었다." Philip Schaff, *The Creeds of Christendom with a History and Critical Notes*, vol. 1, 4th ed. (New York: Harper, 1884), 472. Consesus Tigurinus의 영어 번역과 해설을 위해서는, Ian Bunting, "The Consensus Tigurinus," in *Journal of Presbyterian History* 44 (1996): 45-61을 보시오.

7) Schaff, *History of the Christian Church*, vol. 8, 660-661.

8) Ibid., 661.

9) Ibid., 664.

10) Ibid., 666.

11) ibid., 667.

12) Bodo Nischan, Prince, *People and Confession: The Second Reformation in Brandenburg* (Philadelphia: University of Pennsylvania Press, 1994).

13) Bodo Nischan, *Lutherans and Calvinists in the Age of Confessionalism* (Aldershot, U.K.: Ashgate, 1999), x.

14) 루터교도들과 칼빈주의자들이 성찬신학에 대해 싸우는 동안, 그들은 여전히 대중 종교와 맞서야 했다. 대중 종교는 신학의 세밀한 부분에 대해 관심이 없었고 성찬을 일상의 문제를 다루는 방법으로 접근했다. 예를 들면, Brandenburg의 과부는 입에서 성찬 빵을 꺼내 빈대를 죽이기 위해 집에 가져간 것 때문에 기소되었다.

15) R. A. Kolb, "Historical Background of the Formula of Concord," in *A*

Contemporary Look at the Formula of Concord, ed. Wilbert Rosin and Robert Preus (St. Louis: Concordia, 1978), 30.

16) Bodo Nischan, "Germany after 1550," in *The Reformation World*, ed. Andrew Pettegree (London: Routledge, 2000), 395.

17) *Book of Concord*, 230.

18) Ibid.

19) Ibid., 231.

20) 화합신조가 독일 밖에서 반대에 부딪히고 덴마크에서는 거부되었지만, 독일 루터교도들의 삼분의 이에 의해 수용되었다. 그것을 수용하지 않은 사람들은 "그것의 가르침에 대한 공개적인 정죄는 피했다.… 화합신조에서 다수의 독일 루터교회들은… 성경의 해석을 위해… 중세 교황과 종교회의에 대한 대안을 얻었고 권위가 있는 근거와 안내를 발견했다." Robert Kolb, "Formula of Concord," in *The Oxford Encyclopedia of the Reformation*, vol. 2(1996): 120.

21) 루터는 신학자가 되기 위해서는 아리스토텔레스를 버려야 한다고 말한 적이 있다.

22) Heinz Schilling, "The Reformation and the Rise of the Early Modern state," in *Luther and the Modern State in Germany*, ed. James D. Tracy (Kirksville, MO: Sixteenth Century Publishers, 1986), 22.

23) C. Scott Dixon, "The Princely Reformation in Germany," in Pettegree, *Reformation World*, 160.

24) C. Scott Dixon, ed. *The German Reformation: The Essential Readings* (Oxford: Blackwell, 1999), 18.

25) Schilling, "Reformation and the Rise of the Early Modern State," 24.

26) Ibid., 29.

27) 벨기에 신조는 1561년에 처음 나타났고 Low Countries의 개혁교회에서 가장 이른 신조 진술이었다. 벨기에 신조에 대한 더 자세한 내용을 위해서는 14장을 보시오.

28) 1610년에 출판된 Peter Bertius의 소책자는 믿는자들이 은혜에서 떨어질 수 있다고 명료하게 진술한다.

제14장 군사적 투쟁의 세기

1) Lindberg, *Sourcebook*, 194-95.

2) Philip Benedict, "Settlements: France," in Brady, Oberman, and Tracy, *Handbook of European History 1400-1600*, 419.

3) Lindberg, *Sourcebook*, 277.

4) Ibid., 187-88.

5) Huguenots란 단어는 처음에 경멸적인 용어로 사용되었다. 그것의 유래는 불확실하다.

6) Lindberg, *Sourcebook*, 195-96.

7) R. J. Knecht, *The French Wars of Religion 1559-1598* (New York; Longman, 1989), 112-13.

8) Ibid., 80.

9) J. Raitt, *The Colloquy of Montbeliard* (Oxford; Oxford University Press, 1993), 192.

10) Janz, *Reformation Reader*, 215-16.

11) T. A. Brady, "Settlements: The Holy Roman Empire," in Brady, Oberman, and Tracy, *Handbook of European History 1400-1600*, 352.

12) 조약은 "*cuius regio, cuius religio*"(그에게 통치는 종교)란 문구를 실질적으로 포함시키지 않았다. 그것은 종종 주요 조항을 묘사하기 위해 사용된다. 그 문구는 나중에 독일 법학 교수에 의해 고정되었다.

13) Lindberg, *Sourcebook*, 161.

14) 그것은 확실히 윤리 개혁을 필요로 했다. 오스트리아 영토에 있는 122 수도원에 대한 조사는 그들이 금욕 맹세를 심각하게 취하지 않았음을 드러냈다. 463명의 수도사, 160명의 수녀, 199명의 첩, 55명의 부인, 그리고 443명의 아이들이 조사된 집들에 있었다고 보고되었다.

15) 더 믿을 만한 개신교 버전은 그들이 배설물 덩어리 위에 떨어졌기 때문이라고 말했다.

16) 어느 작가는 "그는 싸우는 것 보다 정원을 가꾸는 것에 대해 더 많이 알고 있었다" 고 말한다 (Brady, Oberman, and Tracy, *Handbook of European History 1400-1600*, 352에서 인용됨).

17) 이것이 그가 "Winterkoening"이라고 알려진 이유다.

18) 그것은 16개의 감독직, 28 도시와 마을들, 150개 이상의 수도원과 수녀원을 포함했다.

19) 전쟁이 과거 세대가 믿었던 것만큼 파괴적이지 않았다고 주장하는 수정주의자들의 노력은 설득력이 떨어진다.

20) 또 다른 관점을 위해서는, Kevin Sharpe, *The Personal Rule of Charles I* (New Haven, CT: Yale University Press, 1992).

21) Nicholas Tyache, *Anti-Calvinists: the Rise of English Arminianism ca. 1590-1640* (Oxford; Clarendon Press, 1991).

22) Hylson-Smith, *Churches in England*, 150.

23) R. C. Richardson, *The Debate on the English Revolution* (London: Methuen, 1977)은 내전에 대한 논쟁에 유용한 서론이다. 최근의 해석을 위해서는, Austin Woolrych, Britain in Revolution 1625-1660 (Oxford: Oxford University Press, 2003)을 보시오.

24) 유용한 간단한 연구는 다음에서 찾을 수 있다. Barry Coward, *Oliver Cromwell* (Harlow, U.K.: Longmans, 1991); John Morrill, ed., *Oliver Cromwell and the English Revolution*

(London: Longmans, 1990); 그리고 Christopher Hill, *God's Englishman* (London: Harper and Row, 1970). 베스트 셀러가 된 대중적 연구는 Antonia Fraser, *Cromwell: The Lord Protector* (New York: Dell, 1973)이다.

25) 크롬웰의 군대는 영국의 많은 중세 색유리를 파괴했다.

26) Loduwicke Muggleton은 런던 양복장이로 헌신된 청교도이었으나, 자신이 전능하신 하나님이고 죽은자들로 부터 선지자들을 일으키겠다고 주장하는 사람에 의해 영향을 받았다. 그는 자신이 택함받은 자들과 유기된 자들을 삶과 죽음의 영원한 봉인으로 인치기 위해 보내졌고, 그 후에 예수가 영광과 권능으로 나타나실 것이라는 계시록 11장의 증인들 중 하나라고 믿게 되었다. Ranters는 그리스도인들에게 적용되는 율법이 없다고 믿었고, 그래서 그들은 간음, 단체 성행위, 나체 춤 등을 행하며 청교도 윤리 규칙을 공개적으로 조롱했다. 그들에 관한 이야기는 너무 극단적이라서 일부 역사가들은 그것이 실제로 존재했는지 의심했고, 그 이야기들은 단지 사회의 두려움과 근심의 투영이라고 주장했다. J. C. Davis, Fear, *Myth and History: The Ranters and Historians* (Cambridge: Cambridge University Press, 1986).

27) 찰스 2세는 결국 죽기 직전에 가톨릭주의로 개종했다.

28) 1695년 John Locke은 이렇게 말했다. "나는 자신이 그들 사이의 논쟁의 차이점을 이해하지 못한다고 고백하는 일부 그들의 선생들과 이야기를 나누었다. 그런데 그들이 취하고 있는 입장은 종교에서 대단한 무게로, 매우 물질적으로, 매우 근원적으로 여겨지기에 그것은 교제를 분리시키고 그들을 분열시킨다." John Locke, *The Reasonableness of Christianity, cited in Peter Toon, Puritans and Calvinism* (Swengel, PA: Reiner, 1973), 93.

제15장 종교개혁의 영향

1) Vogelstein, *Johann Sleidan's Commentaries*, 12.

2) Scribner, *German Reformation*, 55.

3) 진행되고 있는 논쟁의 훌륭한 요약을 위해서, Hans Hillerbrand, "Was There a Reformation in the Sixteenth Century?" in *Church History 72*, no. 3 (September 2003): 525ff을 보시오.

4) 여러 개의 논문들이 바로 이 문구를 사용했다. 이 논쟁은 1975년 다음의 논문으로 시작되었다: Gerald Strauss, "Success or Failure in the German Reformation," in Past and Present 67 (May 1975): 30-63. 논쟁의 이슈들과 증거를 요약한 최근 논문은 Geoffrey Parker, "Success and Failure during the First Century of the Reformation," in *Past and Present 136* (1991): 41-82이다.

5) Peter Matheson, *The Imaginative Word of the Reformation* (Minneapolis: Fortress Press, 2001), 25.

6) A. G. Dickens, *Reformation and Society in Sixteenth-Century Europe* (London: Thames and Hudson, 1966), 67.

7) 이것이 Anne of Cleves의 경우는 아니었을 것이다. Holbein은 지나치게 아첨적인 그림을 그린 것으로 비난을 받았다. 그 그림은 헨리로 하여금 Anne이 실제보다 더 매혹적이라고 믿도록 유도했다.

8) Hughes and Larkin, *Tudor Royal Proclamation*, 401.

9) "중앙의 diktat에 대한 반응으로, 제단은 끌어내려졌고 벽은 하얗게 칠해졌으며, 창문은 깨졌거나 '가짜 기적'을 감추기 위해 더렵혀졌다. 1553년 베일과 예복, 성배와 궤 그리고 커튼에서 여러 세대에 걸쳐 축적된 경건한 기부가 왕의 위원들에게 양도되었고, 풀어지고, 깨지고, 또는 녹아졌다." Duffy, *Stripping of the Altar*, 478.

10) Calvin, *Institutes,* trans. Beveridge, vol. 1, chapter 11, 5.

11) Andrew Pettegree, "Art," in *Reformation World*, 489.

12) A. D. Wright, *The Counter-Reformation: Catholic Europe and the Non-Christian World* (New York: St. Martin's, 1982), 235.

13) 마리아가 원죄로부터 자유로웠다는 교리는 1854년 전까지는 공표되지 않았지만, 트렌트 종교회의는 동정녀 마리아를 원죄에 대한 교리에 포함하지 않았고, 죄없는 잉태의 믿음은 16세기 스페인에서 특별히 대중적이었다.

14) Francis Higman, "Music," in Pettegree, *Reformation World,* 502-3.

15) Michel de Montaigne, *Complete Works*, trans. Donald M. Frame (Stanford, CA: Stanford University Press, 1957), 324.

16) "분명한 것은 데카르트가 건드렸던 질문은 대륙 이성주의와 영국 경험주의를 위한 것뿐만이 아니라 일반적으로 현재까지 내려온 서양 철학을 위한 관건을 세운 질문들이었다." Colin Brown, *Christianity and Western Thought: A History of Philosophers, Ideas and Movements*, vol. 1 (Downers Grove: IVP, 1990), 184.

17) 파스칼은 다음을 말한 것으로 인용된다. "나는 데카르트를 용서할 수 없다. 그는 그의 전체 철학에서 하나님을 제거하고 싶어 한다. 그러나 그는 세상을 움직이기 위해 하나님으로 하여금 손가락을 움직이도록 허락하지 않을 수 없다. 그 후에 그는 하나님을 위한 더 이상의 용도를 가지고 있지 않다." Ibid., 194.

18) Blaise Pascal, *Pensees and Other Writings*, trans. Honor Levi (Oxford; Oxford University Press, 1995), 158, 60, 154.

19) Rabelais는 의사였고 첫 해부 중 하나를 수행한 것으로 알려져 있다. 그는 또한 여러 개의 과학 논문을 출판했다. 데카르트는 좌표 기하의 발전에 중요한 공헌을 했다. 그는 인문학은 분명한 답을 내지 않기 때문에 인문학보다 수학을 선호한다고 말한 적이 있다.

20) Charlotte Methuen, "Science and Medicine," in Pettegree, *Reformation World*, 521.

21) 이 말은 루터의 탁상담화에서 발견되고 코페르니쿠스의 책이 출판되기 전에 있었다. 그는 코페르니쿠스가 "전체 천문학을 뒤집어 놓기" 원한다고 말했다고 추정된다. 그리고 "나는 성경을 믿는다, 여호수아가 태양에게 정지하라고 명령했지 지구에게 하지 않았다." Owen Gingerich, "Did the Reformers Reject Copernicus?" in *Christian History 76* (2002): 22.

22) 그 이후로 가톨릭 교회는 사과했다. 1992년 교황 위원회는 교회가 갈릴레오를 잘못 대우했다고 공식적으로 진술했다. 갈릴레오에 대한 균형잡힌 설명을 위해서는, William Shea and Mariano Artigas, *Galileo in Rome* (Oxford: Oxford University Press, 2003)을 보시오.

23) Simplicio는 소설적 인물이다. 그러나 그의 이름은 이태리어로 "simpleton"처럼 들린다. "Simplicio는 명석하지도 않고 잘 교육 받지도 않았고 때로 바지를 발로 차이는 어릿광대 노릇을 한다." Ibid., 124.

24) Weber 논지와 후속 논쟁들에 대한 논의를 위해서는, Gordon Marshall, *In Search of the Spirit of Capitalism* (New York: Columbia University Press, 1982)를 보시오. Hartmut Lehmann and Gunther Roth, eds., Weber's "Protestant Ethic": *Origins, Evidence, Contexts* (Cambridge: Cambridge University Press, 1993)는 그 논지와 그것의 평가들을 다루는 연속 에세이들을 포함하고 있다.

25) 루터와 칼빈은 다 크리스천의 원칙에 입각하여 이자를 취하는 것에 제한을 두었다. 그러나 Hugh Grotius(1583-1645)와 Claudius Salmasius(1588-1653)는 종교적 원칙과 무관하게 경제적 근거에 의해 이자 받는 것을 정당화했다.

26) 황제를 선출한 7명의 선제후들과 같은 황제 밑에 있던 독일 통치 권세자들.

27) Dixon, "Princely Reformation in Germany," in Pettegree, *Reformation World*, 158-59.

28) Hillerbrand, "Was There a Reformation?" 538. Richard Van Dulmen은 "초기 현대 국가는 독재주의적이고 권위주의적이거나 또는 의회주의적이고 자유방임적이거나 종교개혁의 산물이 아니다." 그럼에도 그는 "종교개혁은 그것이 취한 모양에 특별한 자국을 남겼다"고 믿는다. Richard van Dulmen, "The Reformation and the Modern Age," in Dixon, *German Reformation*, 206.

29) Strauss, "Success or Failure in the German Reformation," 30-63.

30) Gerald Strauss, *Luther's House of Learning: Indoctrination of the Young in the German Reformation* (Baltimore: Johns Hopkins University Press, 1978), 307.

31) Tom Scott, "The Success of the Reformation in Germany," in *Early Modern History* 1, no. 2 (January 1992): 31.

32) Scribner, "Incombustible Luther," 38ff.

33) J.M. Kittelson, "Success and Failure in the German Reformation: the Reform from Strasbourg," in *Archiv fur Reformationsgeschichte* (1983): 153-75.

34) Lorna Jane Abray, *The People's Reformation: Magistrates, Clergy, and Commons in Strasbourg, 1500-1598* (Oxford: Blackwell, 1985), 214.

35) Ibid., 222.

36) Euan Cameron, "The Godly Community in Theory and Practice of the European Revolution," in *Voluntary Religious Studies in Church History 23* (Oxford: Blackwell, 1986): 153.

37) Ibid., 132.

38) Scott Hendrix, "Rerooting the Faith: the Reformation as Re-Christianization," in *Church History 69*, no. 3 (September 2000): 577.

39) Scott, "Success of the Reformation in Germany," 30.

40) Geoffrey Parker, "Success and Failure during the First Century of the Reformation," 80. Parker는 또한 Saxon 재판관의 보기를 인용한다. 그는 1555년 신학적 논쟁이 "평신도들과 일반 사람들로 하여금 신앙의 근본 자체를 의심하게 하고 설교자들과 실로 종교 전체를 경멸하게 한다"라고 평했다.

41) Hans Hillerbrand, "The Legacy of the Reformation," in *The Reformation, ed. Stephen Thompson* (San Diego: Greenhaven, 1999), 229.

42) 마녀 광기에 대한 균형된 논의를 위해서는 Brian P. Levack, "The Great Witch-Hunt," in Pettegree, Reformation World, 607-33을 보시오. Brink, Coudert, and Horowits, Politics of Gender는 마녀들에 대한 태도를 다루는 여러 개의 성별 연구를 포함하고 있다. 또한 Lyndal Roper, *Witch Craze Terror and Fantasy in Baroque Germany* (New Haven: Yale University Press 2004)를 보시오.

43) Henry Kamen, *The Rise of Toleration* (New York: McGraw Hill, 1967), 65.

44) Ibid., 84.

45) Dulmen, "Reformation and the Modern Age," 199.

46) Ibid., 206.

47) Ibid., 219.

48) Matheson, *Imaginative World of the Reformation*, 136.

49) Dickens, *English Reformation*, 2nd ed., 196.

50) Brad S. Gregory, *Salvation at Stake: Christian Martyrdom in Early Modern Europe* (Cambridge: Harvard University Press, 1999), 351, 137.

51) Ibid., 78.

52) Dickens, *English Reformation*, 2nd ed., 394.

주제색인

인명색인

「그리심」의 교회사에 관한 도서

개혁과 투쟁

2010년 9월 5일 초판 1쇄 인쇄
2010년 9월 10일 초판 1쇄 발행

저 자 • 루돌프 W. 하인즈(Rudolf W. Heinze)
역 자 • 원 종 천
발행인 • 조 경 혜
발행처 • 도서출판 그리심
156-763 서울시 동작구 사당5동 196인정 B동(B01)

등록번호 • 제 7-258호(1998. 4. 23)
출 판 사 • 전화 523-7589 팩스 523-7590
홈페이지 • http://grisim.biz
전자우편 • grisimcho@hanmail.net

값: 표지 뒷면에

ISBN 978-89-5799-264-7
ISBN 978-89-5799-263-0 (세트)